Anna Katharina Emmerick

# Das erste Lehrjahr Jesu

*Anna Katharina Emmerick hat sich über ihre Visionen wie folgt geäußert: «Die vielen wunderbaren Mitteilungen waren mir alle durch die Barmherzigkeit Gottes gegeben, nicht allein zu meiner Belehrung, denn vieles konnte ich nicht fassen, sondern zur Mitteilung um vieles Verschlossene und Versunkene wieder zu erwecken. Es ist mir dies stets wieder befohlen worden.»*
*- Ein anderes Mal sprach sie also: «Das hat mir mein Bräutigam gesagt, als ich meine Not und mein Elend klagte, und dass ich so viele Sachen sähe, die ich nicht verstehe: Die Gesichte gebe er nicht für mich, sie seien mir geschenkt, sie aufzeichnen zu lassen, und ich müsse sie mitteilen. Es sei jetzt keine Zeit, äußerlich Wunder zu wirken. Er gebe diese Gesichte und habe immer so getan, um zu beweisen, dass er bei seiner Kirche sein wolle bis ans Ende der Tage.»*

*Thomas Wegener,*
*Emmerick-Biograf*

*Anna Katharina Emmerick berichtet Clemens Brentano von ihren Visionen. Die Aufzeichnungen, die er während fünf Jahren an ihrem Krankenlager machte, füllen 40 Foliobände. Wo auf der Welt hat wohl je ein so langes und intensives geistliches Gespräch zwischen einer Nonne und einem Dichter stattgefunden wie in diesem Kämmerlein zu Dülmen?*

ANNA KATHARINA EMMERICK

# Das erste Lehrjahr Jesu

*Aus den Tagebüchern des Clemens Brentano*

*Zusammengestellt von P. Karl Erhard Schmöger CSSR*

*Vorwort von Prof. Dr. Arthur Hoffmann*

CHRISTIANA-VERLAG
im Fe-Medienverlag

Anna Katharina Emmerick

**Gesammelte Werke in sechs Bänden**

Eine Augenzeugin berichtet

*Aufgeschrieben von Clemens Brentano*

Band 1: Das Leben der heiligen Jungfrau Maria
Band 2: Das erste Lehrjahr Jesu
Band 3: Das zweite Lehrjahr Jesu
Band 4: Das dritte Lehrjahr Jesu
Band 5: Das bittere Leiden unseres Herrn Jesus Christus
Band 6: Geheimnisse des Alten und des Neuen Bundes

*Herausgeber:* Arnold Guillet †

*Imprimatur:* Würzburg, Dr. Brander, p. t. Generalvikar, 23. Juni 1954

Neuausgabe: 2. Auflage 2022

VIA·VERITAS·VITA


im Fe-Medienverlag • Hauptstr. 22, D-88353 Kisslegg-Immenried
*www.fe-medien.de*



Satz und Layout: CHRISTIANA-VERLAG im Fe-Medienverlag

Druck: orth-druk, Bialystok (Polen) – Printed in EU

**ISBN 978-3-7171-1293-8**

# Inhaltsverzeichnis

Vorwort *von Professor Dr. Arthur Hoffmann* ... *13*

Erstes Kapitel ... *35*

*Bilder aus der Jugendgeschichte Jesu bis zum Tod des hl. Joseph* ... *35*

*Die Heilige Familie in Nazaret* ... *35*

*Jesus lehrt als Knabe im Tempel – Fest bei Anna* ... *37*

*Tod des hl. Joseph – Umzug nach Kapharnaum* ... *42*

Zweites Kapitel ... *45*

*Vom Tod des hl. Joseph bis zur Taufreise Jesu an den Jordan – Vom 2. Juni bis 27. September 1821* ... *45*

*Anmerkung von P. Karl Erhard Schmöger CSSR* ... *45*

*Jesus wandert nach Hebron in Judäa* ... *46*

*Jesus und Maria ziehen von Nazaret nach Kapharnaum* ... *50*

*Jesus zieht über den Libanon nach Sidon und Sarepta* ... *53*

*Jesus auf dem Rückweg nach Nazaret – Blick auf Maria und die heiligen Frauen* ... *56*

*Das Synedrium sendet Briefe gegen Jesus an die Synagogen* ... *57*

*Jesus in Sephoris, Bethulia, Kedes und Jezrael* ... *62*

*Jesus in einem Zöllnerort und in Kisloth-Tabor* ... *68*

*Jesus bei den Essenern vor Nazaret* ... *75*

*Nazaret – Jesus besucht Eliud* ... *82*

*Jesus weist drei reiche Jünglinge ab – Er beschämt vielerlei Gelehrte* ... *89*

*Jesus verklärt sich vor Eliud* ... *93*

*Zur Taufe ziehende Jünger – Jesus in Gopha* ... *96*

*Jesus spricht gegen Herodes' Ehebruch – Reise der heiligen Frauen* ... *100*

*Jesus kommt nach Bethanien* ... *101*

*Blick auf Maria und die heiligen Frauen* ... *106*

*Blick auf die Freunde des Lazarus und der Susanna von Jerusalem* ........ 112

Drittes Kapitel ........ 115

*Johannes der Täufer – Von Ende Mai bis 26. September 1821* ........ 115

*Ergänzungen aus früheren Gesichten – Aufenthalt in der Wüste* ........ 115

*Wie oft Johannes den Heiland in leiblicher Weise gesehen* ........ 116

*Johannes gräbt nach einer Vision den Taufbrunnen* ........ 118

*Johannes verlässt die Wüste – Sein Wandel und sein Wesen* ........ 121

*Der Taufort des hl. Johannes zu Ainon bei Salem* ........ 124

*Herodes und Vorsteher bei Johannes* ........ 127

*Über die drei Witwen und deren Söhne* ........ 129

*Soldaten des Herodes – Abgesandte des Synedriums* ........ 130

*Johannes tauft Kranke und zieht gegen Jericho* ........ 132

*Abgesandte von Jerusalem – Viele Kranke und auch Heiden kommen zur Taufe* ........ 133

*Lehrort des Johannes – Herodes kommt – Festfeier* ........ 137

*Die Taufinsel Jesu tritt hervor – Bundesladenstelle* ........ 140

*Blick auf Josua und Melchisedech* ........ 141

*Dritte Gesandtschaft von Jerusalem – Johannes in Bedrängnis* ........ 144

Viertes Kapitel ........ 147

*Von der Taufe Jesu bis zum Beginn des 40-tägigen Fastens – Vom 28. September bis 26. Oktober 1821* ........ 147

*Jesus wird von Johannes getauft* ........ 147

*Jesus besucht die Adventsherbergen und Hirtenhäuser* ........ 155

*Blick auf den hl. Johannes den Täufer – Feldarbeiten – Sklaven* ........ 159

*Jesus im Tale der Hirten bei Bethlehem* ........ 161

*Saturnin tauft – Jesus geht allein zu Marias Fluchtherberge* ........ 166

*Höhle am Berg und die Stadt Ephraim unweit Hebron* ........ 169

*Sieh' das Lamm Gottes!* ........ 174

*Beratschlagung des Synedriums über Jesus* ........ *179*

*Jesus kehrt bei Zöllnern ein –*
*Er zieht nach Dibon zum Laubhüttenfest* ........ *180*

*Blick auf Lukas – Jesus in Groß-Chorazin* ........ *185*

*Jesus in Bethanien* ........ *189*

Fünftes Kapitel ........ *192*

*Jesus in der Wüste – Sein 40-tägiges Fasten –*
*Vom 27. Oktober bis 6. Dezember 1821* ........ *192*

*Der Berg Quarantania* ........ *192*

*Jesus sieht sein ganzes Leiden in Zerlegung eines Kreuzes*
*durch die Engel* ........ *196*

*Der Satan versucht Jesus durch Erscheinungen*
*mehrerer Jünger* ........ *198*

*Der Satan versucht Jesus in Gestalt des Esseners Eliud* ........ *200*

*Der Satan versucht Jesus in Gestalt eines Engels* ........ *201*

*Schauerliche Nacht – Der Erzählerin Gebetsarbeit* ........ *202*

*Jesus von Engeln erquickt* ........ *203*

*Der Satan versucht den Herrn in Gestalt*
*eines Unterhändlers des Herodes* ........ *205*

*Jesus wird sein Leiden vorgestellt* ........ *205*

*Satan fragt Jesus, ob er von den Früchten essen dürfe* ........ *206*

*Der Satan versucht Jesus durch Schaukünste* ........ *208*

*Der Satan versucht Jesus: Er solle Brot aus Steinen machen* ........ *208*

*Der Satan trägt Jesus auf die Zinne des Tempels –*
*Engel erquicken Jesus* ........ *209*

*Maria und der Täufer während des Fastens Jesu* ........ *213*

Sechstes Kapitel ........ *216*

*Beginn des öffentlichen Lehrwandels bis zur Hochzeit*
*von Kana – Vom 6. bis 30. Dezember 1821* ........ *216*

*Jesus zieht an den Jordan* ........ *216*

*Jesus lehrt in Ophra und Dibon* ........ *219*

*Jesus in der Levitenstadt Kibzaim und Thebez* ........ *227*

*Blick auf die Wege der Jünger und Freunde des Herrn* ........ *229*

*Jesus in Tarichäa und Kapharnaum* 231
*Heilung eines Knaben aus der Ferne* 234
*Jesus beruft den Philippus und Nathanael* 235

Siebtes Kapitel 240

*Hochzeit zu Kana – Vom 31. Dezember 1821 bis 5. Januar 1822* 240
*Jesus in Kana* 240
*Zweiter Tag der Anwesenheit Jesu in Kana* 242
*Dritter Tag – Trauung – Spiel der Frauen – Lostafel der Männer* 245
*Das Wunder zu Kana* 250
*Jesus lehrt im Festhaus – Die Gäste beginnen abzureisen* 255

Achtes Kapitel 257

*Jesu Lehrwanderungen am Jordan und am See Gennesaret – Vom 6. Januar bis 23. März 1822* 257
*Jesus kehrt von Kana nach Kapharnaum zurück* 257
*Jesus bei Maria – Erste Näherung Magdalenas* 260
*Blick auf das Tote Meer und Melchisedech* 265
*Jesus lehrt – Gespräch mit Lazarus – Äußerung Jesu über Magdalena* 267
*Jesus hält den Sabbat in Adummim, einer Freistätte für Verbrecher* 270
*Jesus in Jezrael – Er rührt durch einen Blick Magdalena* 275
*Jesus in Bethulien – Kisloth-Tabor – Jezrael – Sunem und Alama – Er kehrt nach Kapharnaum zurück* 278
*Jesus bei seiner Mutter in Kapharnaum – Lebensweise Marias* 288
*Er hilft Schiffbrüchigen aus der Ferne – Die Gestalt der Jungfrau Maria* 290
*Jesus in Nazaret – Die drei Jünglinge – Das Purimfest* 293
*Jesus in Legio – Er geht mit Lazarus auf dessen Gut bei Thirza* 297

Neuntes Kapitel ... 302

*Erste Osterfeier in Jerusalem – Vom 24. März bis 14. April 1822* ... 302

*Jesus in Bethanien und Jerusalem* ... 302

*Jesus lehrt bei Lazarus und im Tempel* ... 305

*Jesus weist die Krämer aus dem Tempelvorhof hinaus* ... 311

*Schlachten der Osterlämmer im Tempel* ... 313

*Ausbrechende Verfolgung – Die stille Maria stirbt – Nikodemus bei dem Herrn* ... 316

*Unterbrechung der täglichen Mitteilung der Gesichte* ... 318

*Ergänzung der gestörten Mitteilungen aus dem Gedächtnis* ... 319

Zehntes Kapitel ... 321

*Vom Schluss des ersten Osterfestes bis zur Gefangennahme des Täufers – Von Anfang Mai bis 24. Juli 1822* ... 321

*Brief des Königs Abgarus von Edessa – Jesus antwortet ihm* ... 321

*Verfolgung der Jünger – Jesus zieht nach Tyrus* ... 325

*Jesus bei Maria – Er lehrt in Adama und Seleucia* ... 327

*Jesus beruft die künftigen Apostel* ... 328

*Jesus verlässt Tyrus und wandert nach Sichor Libnath* ... 332

*Jesus hält einen großen Lehrvortrag* ... 344

*Jesus lehrt vom ungerechten Verwalter* ... 350

*Jesus heilt Kranke und Besessene* ... 357

*Jesus auf dem Lehrberg bei Adama* ... 360

*Der hl. Johannes der Täufer wird gefangengenommen* ... 366

*Johannes im Gefängnis zu Machärunt* ... 373

*Magdalena in Magdalum* ... 375

*Aus der Jugendgeschichte Magdalenas* ... 379

Elftes Kapitel ... 382

*Jesus am Jakobsbrunnen – Dina die Samaritin – Vom 25. Juli bis 2. August 1822* ... 382

*Jesus geht mit Lazarus nach Bethanien* ... 382

*Ölberg* ... 384
*Bethanien – Beratung über die Verpflegung Jesu und der Apostel auf den Lehrreisen* ... 386
*Jesus in Bethoron und der Umgegend – Leiden und Gesinnungen der Jünger* ... 389
*Brunnen Jakobs bei Sichar – Die Samaritin* ... 393

Zwölftes Kapitel ... 407
*Jesus an den Grenzen von Samaria und in Nicdergaliläa – Vom 2. bis 7. August 1822* ... 407
*Jesus auf Lazarus' Gut bei Ginäa* ... 407
*Jesus in Atharot – Hinterlist und Wut der Sadduzäer* ... 411
*Jesus in Engannim und Naim* ... 414
*Der Hauptmann von Kapharnaum – Heilung von Besessenen* ... 417
*Jesus lehrt und heilt – Beratung der Pharisäer* ... 425
*Jesus wandelt mit den Jüngern – Belehrt sie über den Zehnten* ... 428
*Jesus in Bethsaida* ... 431
*Die verschiedenen Arten der Wunderheilungen Jesu* ... 435
*Jesus verweist den Pharisäern ihre Fälschung des Gesetzes* ... 437
*Die Pharisäer wollen Jesus vom Berg hinabstürzen* ... 439

Dreizehntes Kapitel ... 444
*Jesu Lehrwanderungen am See Gennesaret – Vom 18. bis 24. August 1822* ... 444
*Jesus in Tarichäa* ... 444
*Martha und die besessene Witwe von Naim – Jesus unterweist die Jünger* ... 446
*Jesus lehrt in Gerasa und beschämt die Pharisäer* ... 452
*Jesus im Haus des Petrus – Maßnahmen der Pharisäer* ... 456
*Jesus heilt viele Kranke – Art und Weise seiner Heilungen* ... 459
*Jesus lehrt und heilt zwei Tage lang in Kapharnaum* ... 462
*Jesus heilt des Petrus Schwiegermutter* ... 468

Vierzehntes Kapitel ... 471

*Jesus am Badesee von Bethulien – In Jotapata – Dothaim und Gennabris – Vom 25. August bis 1. September 1822* ... 471

*Jesus kommt an den Badesee von Bethulien* ... 471

*Jesus in Jotapata und Dothaim* ... 480

*Johannes der Täufer* ... 485

*Jesus in Gennabris* ... 487

Fünfzehntes Kapitel ... 496

*Einiges aus dem Alten Testament – Maria die Suphanitin – Vom 2. bis 9. September 1822* ... 496

*Jesus in Abelmehola* ... 496

*Rebekkas Schule in Abelmehola* ... 498

*Jesus in der Schule zu Abelmehola* ... 506

*Jesus in der Mädchenschule zu Abelmehola* ... 510

*Jesus geht von Abelmehola nach Bezech* ... 512

*Jesus verlässt Bezech und kommt nach Ainon* ... 520

*Maria die Suphanitin* ... 522

Sechzehntes Kapitel ... 529

*Jesus auf dem östlichen Jordanufer – Vom 10. bis 30. September 1822* ... 529

*Jesus in Ramoth-Galaad* ... 529

*Fest der Tochter Jephtes* ... 531

*Bild aus dem Alten Testament von Jephte und seiner Tochter* ... 534

*Jesus lehrt die Heiden* ... 537

*Monument der Tochter Jephtes* ... 538

*Jesus verlässt Ramoth und geht nach Arga* ... 540

*Von einer in Azo getöteten falschen Prophetin* ... 545

*Einiges von Gideon* ... 547

*Jesus geht nach Ephron* ... 549

*Abigail, die verstoßene Frau des Tetrarchen Philippus* ... 552

*Jesus geht nach Abila* ... 558

*Heilung von Taubstummen, Blinden und Besessenen* ................ *560*
*Bild von Elias* ................................................................ *562*
*Jesus geht nach Gadara* ................................................. *564*
*Jesus heilt heidnische Kinder –*
*Er beschämt eine Götzenpriesterin* ............................... *566*
*Jesus geht nach Dium (Dion)* ........................................ *570*
*Beelzebub* ...................................................................... *571*

Anmerkungen........................................................................ *574*

# VORWORT

*Von Professor Dr. Arthur Hoffmann*

Wir leben offenbar in einer sehr merkwürdigen Zeit. Im Gegensatz zu der Meinung des bekannten evangelischen Theologen Dietrich Bonhoeffer, der nach dem Ende des Dritten Reiches eine religionslose Zeit voraussagte, ist das Gegenteil eingetreten. Wenn wir den Angaben des Instituts für Demoskopie in Allensbach (Prof. Elisabeth Noelle-Neumann) folgen und diese mit den Recherchen des Wochenmagazins «Der Spiegel» ergänzen, die er unter dem Titel «Was glauben die Deutschen?» veröffentlicht hat, so ist unsere Zeit randvoll gefüllt von Religiosität aller Art. Man interessiert sich für Mystik, Esoterik, orientiert sich im Bereich des New Age. Man ist offen für alle Strömungen, die aus dem Fernen Osten kommen, beschäftigt sich mit Yoga und praktiziert sogar Zen-Buddhismus, nicht nur in der Kunst des Blumensteckens (Ikebana). Die Tendenz geht hin auf die sogenannte Selbstverwirklichung. Dabei werden die Kirchen weitgehend abgelehnt. Den Beweis liefert sicherlich die zunehmende Anzahl der Kirchenaustritte. Man hat eine Abneigung gegen Dogmen als angebliche Zwangsglaubenssätze.

Zugleich ängstigt man sich vor den angeblich starren Machtstrukturen in der katholischen Kirche. Solche gibt es zwar in den evangelischen Kirchen nicht, dafür sind diese aber so erfüllt von Pluralismen, dass man vergeblich eine Orientierung sucht. Eine solche erwartet man in der Gestalt von Jesus Christus. Anders wäre es schwer verständlich, dass so viele Jesus-Bücher auf dem Markt erscheinen. Im Computer meiner Buchhandlung sind zur Zeit 69 Bücher gespeichert, in deren Titel «Jesus» vorkommt. Dabei geht es offenbar weniger um Lebenshilfe, die man von Jesus erwartet, als vielmehr um eine gewisse Neugier darüber, was es mit Jesus eigentlich auf sich hat; denn man lehnt das mehr oder weniger traditionelle Jesus-Bild der Kirche ab. Bevorzugt werden Bücher, die im Stile eines Enthüllungs-Journalismus geschrieben sind. So bringt man Jesus mit den Schriften zusammen, die man in Höhlen am Toten Meer in der Nähe der klosterähnlichen Siedlung Kirbet el Qumran gefunden hat. Dort fanden die Archäologen sogar das Scriptorium (Schreibsaal) mit den Schreibtischen und Fässern mit Tintenresten. Diese Schriften, auf Pergament und Papyrus geschrieben, sind zum allergrößten Teil von der wissenschaftlichen Forschung entziffert und herausgegeben worden. Sie sind allgemein zugänglich. Deshalb gibt es keine «Verschlusssache Jesus». Auch nicht im Vatikan. Trotzdem hat sich ein Buch mit diesem Untertitel mehr als eineinhalb Jahre lang auf der Bestsellerliste eines Wochenmagazins an der Spitze gehalten. Dabei ist es so minderwertig im Inhalt, dass sich die Fachwissenschaft bisher geweigert hat, es überhaupt zu besprechen. Die Behauptungen, dass die Person und die Lehre Jesu schon hier bezeugt seien und dass die Evangelien des Neuen Testamentes hier vorgebildet wären, haben sich als falsch erwiesen.

Die Neigung zu solchen Spekulationen ist jedoch sehr alt. Sie stammt bereits aus der Zeit der Aufklärung, die durch die Französische Revolution eine gewaltige Schubkraft erhalten hat. Unter Aufklärung versteht man eine Bewegung der europäischen Geistesgeschichte mit der Tendenz zur Ablösung von der in der Bibel bezeugten und in den Glaubenssätzen der Kirche weitergegebenen geschichtlich-übernatürlichen Gottesoffenbarung. Bisher war der christliche Gottesgedanke die Sinnmitte in der Theologie, der Weltanschauung und der Kultur gewesen. Statt dessen wollte man nun ein neues natürliches Weltbild mit Hilfe der Vernunft errichten und eine Diesseitskultur mit eigenen Gesetzen aufbauen. «Ecrasez l'infame – Zerstört die Schamlose (gemeint ist die Kirche)!» war das Schlagwort des französischen Philosophen Voltaire. Auch Immanuel Kant, den wir als deutschen Philosophen so hoch schätzen, beurteilte die Kirche recht abfällig, indem er von religiösem Wahn und Afterdienst in ihr sprach. Kant formulierte so: «Aufklärung ist der Ausgang aus der selbstverschuldeten Unmündigkeit.» In seiner Erkenntnislehre, die er in der «Kritik der reinen Vernunft» (1781) entwickelt hatte, behauptete er, dass eine direkte Erkenntnis

Gottes, wie sie in der Bibel bezeugt wird (vgl. Röm 1 und 2; Apg 14 und 16), grundsätzlich unmöglich sei. Damit war die Theologie, die sich seit ältesten Zeiten als eine Wissenschaft von Gott verstand (doctrina de Deo) erledigt. Sie hatte kein Objekt mehr. Gott wurde von Kant in der «Kritik der praktischen Vernunft» (1788) nur als ein Postulat akzeptiert, also ein Wunschgebilde, das man als Garant für die Sittlichkeit benötige. Dabei hätte dafür der Kategorische Imperativ völlig ausgereicht.

Das Werkzeug der Aufklärung war die Vernunft (ratio). Mit dieser Ratio kritisierte man die Lehren der Kirche und begann, alles Übernatürliche zu beseitigen. Jesus Christus war nicht mehr Gott in Menschengestalt, sondern nur noch ein Mensch, wenn auch mit besonderen Anlagen begabt. Er wurde als der größte, der tiefste, der edelste, der beste aller Menschenkinder tituliert. Nur Gottes Sohn durfte er nicht mehr sein. In diesem Sinne entstand eine Literatur, die vor allen Dingen sein Leben darstellen sollte, und zwar so, wie es angeblich wirklich gewesen ist, und nicht, wie die Bibel es bezeugt. Als Hauptwerk in dieser Zeit ist das Buch von Ernest Renan «La vie de Jésus» («Das Leben Jesu», 1863) zu nennen. Es schildert in guter Kenntnis der Verhältnisse des Heiligen Landes in romanhafter Breite sein Leben eben als das eines begabten Menschen. Bald wurde es in alle europäischen Sprachen übersetzt und erregte großes Aufsehen. Diese Art einer legendären Verklärung seines Lebenslaufes ist bis auf die heutige Zeit beibehalten worden.

Außer vielen Büchern gibt es auch eine ganze Reihe von Filmen über Jesus. Inzwischen ist er sogar zum Superstar eines Musicals «erhöht» worden. Hier geht es längst nicht mehr um Aufklärung, sondern um Enthüllung, um Sensation. Nicht um Verehrung, geschweige denn um Anbetung, sondern um den Tanz ums goldene Kalb. Der Name Jesus eignet sich offenbar noch immer gut zur Vermarktung eigener Interessen. Und die Kirchen verharren dabei in einem engagierten Schweigen, statt laut zu protestieren. Dieses Verhalten hat vielleicht seinen tiefen Grund: Er besteht in den Ergebnissen der sogenannten Leben-Jesu-Forschung. In dieser wird wissenschaftlich nach dem historischen Jesus im Gegensatz zu dem Christus des Glaubens gefragt. Was dabei herauskommen kann, zeigt das Buch von David Friedrich Strauss «Das Leben Jesu», 1835. Strauss beseitigt radikal alles Übernatürliche aus dessen Leben. Das Buch erregte Entsetzen unter den Fachleuten und in den Gemeinden. Unter dem Einfluss der Geschichtsphilosophie von Georg Wilhelm Friedrich Hegel kam er zu der Behauptung, die Evangelien seien nichts anderes als Mythologie. Sie entstammten der unbewusst dichtenden Phantasie der Gemeinde. Eine Theorie, die heute – mutatis mutandis – von Rudolf Bultmann und Eugen Drewermann wieder behauptet wird. Wie liest man doch im Prediger Salomo: «Es gibt nichts Neues unter der Sonne.»

Alle weiteren wissenschaftlichen Versuche der neutestamentlichen Forschung, ein wissenschaftlich gesichertes Leben Jesu zu entwerfen, scheiterten, so dass um 1900 der berühmte evangelische Theologe Adolf von Harnack resigniert feststellen musste: «Vita Christi scribi nequit.» («Ein Leben Christi zu schreiben, ist unmöglich.») Von da an versuchte man wenigstens die Spuren eines sogenannten historischen Jesus zu erfassen. Auch das misslang, ja musste misslingen. Aus folgendem Grund: Der evangelische Theologe und Philosoph Ernst Troeltsch hatte 1898 einen Aufsatz geschrieben mit dem Titel: «Über historische und dogmatische Methoden in der Theologie». In ihm stellte er drei Grundsätze auf:

1. Kritik. Alles muss kritisch überprüft werden, auch die Bibel. Nichts steht von vornherein fest.

2. Analogie. Die Welt ist ein geschlossenes Ganzes. Darum kann in der Vergangenheit nur geschehen sein, was auch in der Gegenwart möglich ist. Es gibt also kein direktes Eingreifen Gottes in diese Welt. Darum ist damals auch nichts geschehen, was heute unmöglich ist: z.B. die Auferstehung eines Gekreuzigten von den Toten.

3. Korrelation. Es gibt immer einen Zusammenhang von Ursache und Wirkung. Alles hat seine natürliche Ursache. Es gibt keine übernatürlichen.

Die Folgen sind katastrophal. Troeltsch hat dies nicht nur klar vorausgesehen, sondern sogar provoziert: «Es bleibe in der Auslegung kein Stein auf dem anderen und auch in der Glaubenslehre.» In der Tat: Ein prophetisches Wort. Die Exegese ist ein Trümmerfeld von einzelnen Steinen geworden, die jeder Wissenschaftler nach seinem Gutdünken zusammensetzt. Auf diese Weise entstehen so viele Jesus-Bilder, wie es Autoren gibt.

In der Glaubenslehre kam man zu der Behauptung vom Tode Gottes und endete in einem Atheismus, der mit christlichen Worten verschleiert wurde. Der Weg zum Nihilismus war offen. Mit Hilfe der historisch-kritischen Methode, welche später durch die sogenannte Formgeschichte erweitert wurde, untersuchte man die Evangelien. Dabei setzte man wieder voraus, dass sie durch Mythen gestaltet worden seien. In seinem berühmt-berüchtigten Aufsatz von 1942 «Offenbarung und Heilsgeschehen» forderte der evangelische Theologe Rudolf Bultmann die Entmythologisierung des Neuen Testaments; denn diese Mythen passten nicht mehr in das moderne Weltbild und müssten daher zwar nicht eliminiert, aber interpretiert werden. Das sei möglich mit den Begriffen der Existenzphilosophie des Philosophen Martin Heidegger, die damals modern waren. Erledigt sind nach Bultmann deshalb die Jungfrauengeburt, das Kreuz Christi, die Auferstehung, die Himmelfahrt und die Wiederkunft.

Eine fast ähnliche Position nimmt der katholische Theologe Eugen Drewermann ein, der sich seit seinem 16. Lebensjahr zum Buddhismus bekannt hat und trotzdem zugleich katholischer Priester und Professor sein will. Auch er meint, dass es sich bei den Evangelien in Wirklichkeit um Mythen handle, die rehistorisiert seien. Von einem historischen Jesus hätten wir – wissenschaftlich – keine Kenntnisse. Man behauptet, dass wir «historisch-kritisch» nur aussagen könnten: Vor rund 2000 Jahren lebte in Galiläa ein Mann als Wanderprediger, der Jeshua = Jesus genannt wurde. Damit hat die neutestamentliche Wissenschaft ihren Offenbarungseid geleistet. Der evangelische Theologe Hans Conzelmann schreibt denn auch: «Die Kirche lebt praktisch davon, dass die Ergebnisse der wissenschaftlichen Leben-Jesu-Forschung in ihr nicht publik sind.» Kein anderer als der Journalist Rudolf Augstein hat sich berufen gefühlt, ein theologisches Buch zu schreiben mit dem Titel «Jesus, Menschensohn» (1972). Einleitend fragt er: «Wer war Jesus von Nazaret, hat es ihn gegeben und stammte er aus Nazaret? Bewiesen kann werden, dass er die Taten, die ihm zugeschrieben werden, nicht getan, dass er die Worte, die von ihm überliefert sind, nicht gesprochen hat.» Bisher war von Augstein nur bekannt, dass er eine Ausbildung zum Journalisten gemacht hat, aber von Theologie war nie die Rede. Wie kann er dann ein theologisches Buch von 511 Seiten schreiben, das als theologische Doktorarbeit das Prädikat: «summa cum laude» verdient? Also dürfte er Mitarbeiter oder Zuarbeiter gehabt haben, die er aber nicht nennt, die aber vielleicht in seinem Verlag oder seiner Redaktion für ihn gearbeitet haben. Der Stil des Textes in dieser unverwechselbaren Mischung von Zynismus und Arroganz stammt jedoch von ihm selbst. Deshalb ist es nicht verwunderlich, dass sein Endurteil über die Leben-Jesu-Geschichte lautet: «Der Jesus, der als Stifter der christlichen Religion gilt, ist die Mittelpunktfigur einer kollektiven Dichtung der Gemeinde, er ist ein Geschöpf der Menschen – Menschensohn.» Wie die neutestamentliche Gemeinde das geleistet haben soll, sagt er leider nicht.

Welches sind nun die Quellen, auf die sich alle Forschung berufen muss? Für die historische Existenz Jesu gibt es aus dem Altertum eine Reihe von einwandfreien Zeugnissen. So schreibt Tacitus in seinen «Annalen»: «Der Name leitet sich her von Christus, der unter der Regierung des Tiberius durch den Statthalter Pontius Pilatus hingerichtet worden ist.»

Sueton meldet in seinem Buch «Das Leben der Cäsaren»: Kaiser Claudius (41-50) habe die Juden aus Rom vertrieben, weil es wegen eines gewissen Christus ständig Unruhen gebe. Plinius, der Jüngere, schreibt an den Kaiser Trajan: «Dass (sie) sich an einem bestimmten Tag in der Frühe versammeln, um einem gewissen Christus als einem Gotte Lieder zu singen.» Flavius Josephus berichtet in seinen «Jüdischen Altertümern»: «Um diese Zeit lebte Jesus, ein weiser Mensch.» «Er war der Christus.» «Und noch bis auf den heutigen Tag besteht das Volk der Christen, die sich nach ihm nannten, fort.» Sogar im babylonischen Talmud heißt es: «Man hat Jesus von Nazaret gehängt, weil er gezaubert und verführt und Israel abspenstig gemacht hat.» Mit diesen Hinweisen sind alle Versuche gescheitert, die historische Nichtexistenz eines Jesus von Nazaret zu beweisen. Er hat also gelebt und gewirkt.

Was wissen wir darüber, welche Quellen gibt es? Sie stehen im Neuen Testament der Heiligen Schrift zur Verfügung. An erster

Stelle befindet sich das Evangelium, die Frohe Botschaft nach Matthäus. Es handelt sich bei ihm um den Zöllner Levi (Mk 2,14; Lk 5,27), den Jesus von seiner Arbeitsstelle direkt in seine Nachfolge beruft (Mt 9,9). Als Apostel trägt er den Namen Matthäus. Er begleitet von dieser Zeit an den Herrn Tag und Nacht und wird auf diese Weise ein Augen- und Ohrenzeuge. Die altkirchlichen Quellen berichten: «Dass er, der anfänglich zu den Hebräern gepredigt hatte, sein Evangelium in seiner Muttersprache (Hebräisch) abfasste, um durch dieses den Hebräern seine Abwesenheit zu ersetzen» (Eusebius, Kirchengeschichte). Papias, der Bischof von Hierapolis, berichtet: «Matthäus hat in Hebräisch (Aramäisch) die Logoi zusammengestellt.» Logoi heißt wörtlich: «Herrenworte». Gemeint sind nicht nur die Worte des Herrn, sondern das ganze Wirken des Herrn durch Wort und Tat. Das wird in der syrischen Übersetzung dadurch bestätigt, dass dort statt Herrenworte «Evangelium» steht. Dass Matthäus, der zwei Sprachen beherrschte, sein Evangelium selber in die griechische Sprache übersetzt hat, ist zu vermuten. Griechisch war damals die allgemeine Verkehrs- und Weltsprache (Koine), wie heute das Englische. Es liegt also hier der Bericht eines Augenzeugen vor, der zuerst mündlich verkündet und später schriftlich fixiert worden ist.

An zweiter Stelle steht das Evangelium nach Markus. Er gilt als Sohn der Maria, welche ihr Haus in Jerusalem für die Urgemeinde zur Verfügung stellte. Markus ist in Jerusalem aufgewachsen und hat die Zeit Jesu miterlebt. Wahrscheinlich ist er identisch mit dem Jüngling, der bei der Gefangennahme Jesu im Garten Gethsemane den Häschern entfliehen konnte. Sicherlich hat er in Kapitel 14, 51 und 52 sein Selbstbildnis gezeichnet, wenn er schreibt: «Und ein Jüngling folgte ihm mit einem Linnen auf dem bloßen Leib bekleidet, den wollten sie ergreifen. Er aber ließ das Linnen fahren und entfloh nackt.» Später ist er der Reisegefährte des Paulus und des Barnabas und wurde nach der Trennung von Paulus der Mitreisende und vor allem der Dolmetscher des Petrus. Er übersetzte dessen Ansprachen aus der hebräischen Muttersprache in die griechische Koine. In der altkirchlichen Überlieferung berichtet Papias (bei Eusebius): «Markus, der Dolmetscher des Petrus, hat alles von Christus Gesprochene oder Ausgeführte, was er im Gedächtnis hatte, genau aufgezeichnet, nicht jedoch der Reihenfolge nach. Seine Sorge war, nichts von dem, was er von Petrus gehört hatte, auszulassen, oder darin in irgend etwas zu irren.» Als Petrus in Rom predigte, sei er von den Hörern gebeten worden, den Inhalt der Verkündigung des Apostels niederzuschreiben. Bei Klemens Alexandrinus steht: «Er habe dieses getan und als Evangelium den Bittstellern übergeben. Als Petrus es erfuhr, habe er ihn ausdrücklich weder gehindert noch ermuntert.» Übrigens: Die Bittenden sollen Ritter des kaiserlichen Hofes gewesen sein.

Lukas, der dritte Evangelist, war ein hellenistischer Heide, der zum Glauben an Jesus Christus gekommen war. Nach biblischem Zeugnis (Kol 4,14) war er Arzt und sammelte zugleich als Historiker alle Quellen über Jesus, die er erreichen konnte; denn er wollte seinem Gönner Theophilus in einer großen Denkschrift alles mitteilen, was über Jesus zu erfahren war. Deshalb finden wir in seinem Evangelium auch so viel Sondergut. Später wurde er ein Begleiter des Paulus auf dessen Reisen und legte das von ihm verkündete Evangelium in seinem Evangelium nieder. Dabei fing er: «von vorne», «vollständig», «genau», «in guter Ordnung» an, um einen zuverlässigen Bericht zu erstellen. Außer dem Evangelium schrieb er die sogenannte Geschichte der Apostel, in der nicht von allen Aposteln, sondern vorwiegend von Petrus und vor allem von Paulus die Rede ist; denn diesen begleitete er auf verschiedenen Reisen. Das wird erkenntlich in den sogenannten Wir-Berichten. Die Apostelgeschichte schließt mit dem Aufenthalt und der Gefangennahme des Paulus in Rom ab. Sie endet abrupt mit dem Wort «ungehindert». Ein ungewöhnlicher Schluss. Daher rührt die Vermutung, dass Paulus noch einmal aus seiner Gefangenschaft freigekommen ist und die Möglichkeit hatte, nach Spanien zu reisen, wie es sein langgehegter Wunsch war (Röm 14,25.28). Darüber hätte Lukas in einem dritten Buch berichten sollen. Ein solches ist jedoch nicht erhalten, nur ein Hinweis von Klemens Romanus.

Das vierte Evangelium, das den Namen des Johannes trägt, erhebt den Anspruch, von einem Augenzeugen verfasst zu sein (1,14). Sein Name wird jedoch nicht genannt. Aus dem Zusammenhang ist es klar, dass es sich dabei um den Lieblingsjünger des

Herrn handelt; nicht um einen Presbyter mit dem gleichen Namen. Johannes schildert ausführlich, was er als Augenzeuge mit Jesus erlebt hat. Nach der altkirchlichen Tradition (wieder bei Eusebius) habe Johannes, der die ganze Zeit nur mündlich gepredigt hätte, sich aus folgender Ursache zum Schreiben entschlossen: Die drei anderen Evangelien wären nicht vollständig genug gewesen. Eusebius berichtet: «dass Johannes als letzter, da er sah, dass das Leibliche (Somatische) in den Evangelien (hinreichend) klargelegt sei, auf dringendes Zureden seiner Freunde ... ein geistiges (pneumatisches) Evangelium verfasst habe.»

Johannes kennt also die ersten drei Evangelien, die wegen ihres gemeinsamen Standpunktes Synoptiker genannt werden. Er bestätigt und ergänzt sie zugleich; denn er weiß, dass sie nicht alles aufgeschrieben haben. Sie bieten im Grunde genommen nur Zusammenfassungen an.

Am Ende seines eigenen Evangeliums ist zu lesen: «Noch viele andere Zeichen, die nicht in diesem Buche aufgeschrieben sind, hat Jesus vor seinen Jüngern gewirkt. Diese aber sind aufgeschrieben, damit ihr glaubt, dass Jesus der Christus ist, der Sohn Gottes, damit ihr glaubend Leben habt in seinem Namen» (Joh 20,30, Jerusalemer Bibel). Im Kapitel 21 ist als Anhang hinzugefügt (Vers 24f): «Das ist der Jünger, der über diese Dinge Zeugnis ablegt und dies geschrieben hat, und wir wissen, dass sein Zeugnis wahr ist.

Es gibt aber noch vieles andere, was Jesus getan hat. Wollte man das alles im einzelnen niederschreiben, würde, so glaube ich, selbst die (ganze) Welt die Bücher nicht fassen, die man da schreiben müsste» (Jerusalemer Bibel). Auffallend ist der Stil des Johannes im Unterschied zu dem der Synoptiker. Dieser versteht sich dadurch, dass er erst im hohen Alter schrieb.

Wer die Texte der drei ersten Evangelien nebeneinandergestellt in einer sogenannten Synopse liest, dem fällt deren enge Verwandtschaft auf. Damit entsteht die sogenannte synoptische Frage, welche die Übereinstimmungen und die Unterschiede bei ihnen behandelt.

Es gibt also eigentlich nur zwei Augenzeugen im strengen Sinne des Wortes: Levi-Matthäus, den Zöllner, und Johannes, den Sohn des Zebedäus. Sie haben an Ort und Stelle Jesus persönlich erlebt und darüber mündlich und schriftlich Bericht erstattet. Markus und Lukas sind nur Augenzeugen zweiten Grades.

Welchen Wert sollen nun unsere vier Evangelien als Quellen für ein Leben Jesu oder ein Bild des historischen Jesus haben? Man hat den Eindruck, dass man heute wie mit einer historisch-kritischen Planierraupe die Berichte der Evangelien beiseite räumt und dabei die altkirchlichen Überlieferungen einfach ignoriert. Dadurch schafft man sich gleichsam eine tabula rasa, auf der man nun ungestört seine eigenen Vorstellungen über Jesus entwickeln kann. Das gilt bedauerlicherweise auch von der wissenschaftlichen Arbeit an den theologischen Fakultäten unserer deutschen Universitäten. Vor allem aber stimmt das für die populäre Literatur, die sich mit Jesus beschäftigt. Professor Pfannmüller hat in seinem Buch «Jesus im Urteil der Jahrhunderte» über 800 Namen von Autoren zusammengestellt (1938), und die Kette reißt noch immer nicht ab. Jedes Jahr kommen immer wieder neue Jesus-Bücher auf den Markt. Nicht nur in Deutschland. So verschieden sie auch alle sind, so haben sie doch alle gemeinsam, dass sie samt und sonders falsch sind; denn die bisherigen Quellen respektieren sie nicht und eine neue Quelle kennen sie nicht. Das gilt auch für eine ansehnliche Reihe von Jesus-Büchern, die von jüdischen Autoren geschrieben wurden. Shalom Ben Chorin stellt die wichtigsten im Anhang seines Buches «Bruder Jesus» vor (1969).

Aber Gott kann das Unmögliche möglich machen. Es gibt eine solche Quelle, in der ein Augen- und Ohrenzeuge zu Wort kommt und uns berichtet, was wir gerne wissen möchten. Diese Quelle fließt als eine Privatoffenbarung durch die Augustinernonne Anna Katharina Emmerick aus Dülmen. Ihre Visionen über das Leben Jesu haben dabei einen bedeutungsvollen, geradezu universellen Charakter. Sie beruhen zum größten Teil auf einer historisch-realistischen Anschauung der Heilsgeschichte. Nur zu einem geringen Teil schaut sie symbolische Bilder. Die biblische Welt des Alten und des Neuen Testamentes wird vor ihren Augen in ihrer Realität und ihrer Bedeutsamkeit lebendig. In der Mitte erscheint die Gestalt Jesu Christi in ihrer ganzen Menschlichkeit und erhaben in ihrer Gottheit. Die Geschichte seines Lebens, seines Redens, Handelns und seines Sterbens wird durch eine Fülle von archäologischen und historischen Details so lebendig, dass wir gleichsam zu Zeitgenossen werden. Sie ist damit ein Zeuge, der etwas bezeugen kann, was er persönlich an Ort und Stelle erlebt, mit eigenen Augen gesehen und mit eigenen Ohren gehört hat, und der in der Lage ist, darüber zu berichten.

Wer ist nun diese Anna Katharina Emmerick? Sie wurde am 8. September 1774 als fünftes von neun Kindern in der Bauernschaft Flamsche bei Coesfeld (Westfalen) geboren. Ihr Vater bewirtschaftete als Kötter einen kleinen Hof. Zusammen mit seiner Frau Anna erzog er seine Kinder streng im katholischen Glauben. Die Familie war arm. Sie lebte zusammen mit dem Vieh unter einem Dach. Schlafzimmer gab es nicht, nur Kojen zum Schlafen. Selbst ein Rauchabzug fehlte. Gekocht wurde in der Nähe des Tores auf offenem Feuer. Von frühester Jugend an hatte Anna Katharina die Gabe des zweiten Gesichts, nur sie allein unter allen ihren Geschwistern. Diese Gabe des Hellsehens in Raum und Zeit ist in Westfalen als dem Land der Spökenkieker nicht unbekannt (vgl. C. Schmëing «Das zweite Gesicht in Niederdeutschland», 1937).

Anna Katharina sah dabei nicht nur die Geheimnisse der Natur und durchschaute das Wesen der Pflanzen und Tiere; vor allem sah sie Geschichten aus dem Alten und Neuen Testament. Oft nahm der Vater sie auf seine Knie und sagte: «Annthrinken, verteil mi wat!» Und sie erzählte ihm Geschichten aus der Bibel. Diese hatte sie nicht in der Schule gelernt; denn sie besuchte eine solche nur vier Monate lang und lernte nur Lesen und Schreiben. Als in der Osterzeit die Auferstehung Jesu behandelt wurde, erzählte sie diese so anschaulich, wie sie sie visionär erschaut hatte. Dabei verwunderte sie sich, dass die anderen Kinder sie auslachten und der Lehrer ärgerlich wurde. Damals erkannte sie, dass sie eine besondere Gabe des Schauens bekommen hatte, die andere Menschen nicht besaßen, und zog sich in das Schweigen zurück. Dabei lebte sie fortwährend zu gleicher Zeit in zwei Welten: In der jetzigen von Raum und Zeit, in der sie bescheiden und fleißig als Magd daheim und bei der Verwandtschaft arbeitete, in der sie später als Näherin zu Hause und auswärts tätig war. Dabei führte sie im wahrsten Sinne des Wortes ein vorbildliches, gottesfürchtiges Leben. Sie schaute zu gleicher Zeit die gesamte Heilsgeschichte vom Anfang der Welt bis zu ihrem Ende. Von da aus ist es verständlich, dass sie vor allem den einen Wunsch hatte, in einem Kloster dieser besonderen Berufung leben zu dürfen. Ihr Vater war jedoch sehr dagegen, nicht weil er kein Geld für die Aussteuer hatte, sondern weil er sie, nach seinen eigenen Worten, lieber auf dem Friedhof als dort gesehen hätte. Nach langen entbehrungsvollen Jahren gelang es ihr unter größten Schwierigkeiten endlich im kleinen Kloster Agnetenberg zu Dülmen aufgenommen zu werden, in dem nur acht Profess-Schwestern wohnten.

Sie ist jetzt 28 Jahre alt. Voller Freude empfindet sie die tägliche Nähe des Tabernakels und die Möglichkeit eines ungehinderten Gebetslebens. Sie merkt nicht, dass sie wegen ihrer Frömmigkeit als fremd empfunden wird. Dazu kommt, dass sie kein Geld ins Kloster mitbringen konnte. Deshalb muss sie die niedrigsten Arbeiten verrichten, die sie freudig in Angriff nimmt, obgleich sie sich bei einem Arbeitsunfall die Hüfte schwer verletzt hat. In dieser Zeit treten bei ihr eine Reihe von Erscheinungen auf, die in den Bereich der mystischen Theologie gehören. So kennt sie gleichsam telepathisch die Gespräche, ja sogar die Gedanken ihrer Mitschwestern. Es werden jetzt Stigmata an ihr sichtbar, die sie geheim hält, bis sie durch eine Mitschwester verraten und gegen ihren Willen zum Stadtgespräch im kleinen Dülmen werden. Dabei sind die allermeisten der Meinung, dass die Wunden durch eine Manipulation von ihr selbst oder vom französischen Klostergeistlichen Abbé Lambert verursacht worden seien. Am 3. Dezember 1811 wird das Kloster in einer Spätfolge der Säkularisation durch Napoleon aufgehoben. Da sie schwer erkrankt ist, darf sie noch einige Monate im Kloster verbleiben. Dann zieht sie mit Abbé Lambert in eine bescheidene Wohnung im Rotherschen Haus und hilft dem Geistlichen, so gut es geht, als Haushälterin. Im Jahre 1813 erfolgt ein neuer Umzug in das Haus der Schwester ihres Beichtvaters, Pater Limberg. Es befindet sich in einem Wirtshaus, eine Treppe hoch über einer Kegelbahn (!). 1821 folgt eine letzte Übersiedlung in eine kleine bürgerliche Wohnung (Ecke Neustraße). Einen Umzug in ein schönes Heim bei Münster hat sie immer abgelehnt. Nach ihrem Tode (1824) hat man die ganze einfache Einrichtung, bestehend aus einem Bett aus Korbgeflecht, einer Truhe, einer Schreibkommode, zwei Stühlen, u. a. m. in einer Gedächtnisstätte in Dülmen ausgestellt. Wer diese winzige Kammer mit diesem dürftigen Mobiliar einmal gesehen hat, der ist erschüttert von so viel Armseligkeit. Aber gerade in dieser äußeren Dürftigkeit wurde sie von Gott als eine demütige Magd mit Offenbarungen so reich beschenkt, wie es bisher in Deutschland in dieser Weise noch nie geschehen ist, wenn wir Hildegard von Bingen als eine Ausnahme betrachten dürfen.

Hier schaute sie visionär das Heilshandeln Gottes mitten in der Welt vom Anfang bis zum Ende. Vor allem schaute sie das Wichtigste dieses Geschehens: die Menschwerdung des Sohnes Gottes in Jesus Christus, und in der Mitte dieser Mitte die drei Jahre des «Lehrwandels» Jesu. Sie erlebte als Augenzeugin, wie der Herr einen engeren und weiteren Kreis von Jüngern um sich sammelte, die seine Worte hören und sie sich einprägen sollten, da sie dieses alles als Frohe Botschaft, als das Euangelion für die Zeit nach seinem Tod und seiner Auferstehung verkündigen und dadurch eine Gemeinde gründen und damit die Entstehung der Kirche vorbereiten sollten. Sie sah den sogenannten «Lehrwandel» Tag für Tag und Stunde für Stunde in Übereinstimmung mit dem historischen Geschehen vor rund 2000 Jahren im Heiligen Land.

Hier haben wir eine Augenzeugin, die uns endlich ausführlich und anschaulich über die entscheidenden drei Jahre Auskunft geben kann. Sie gehen weit über das hinaus, was die vier Evangelien uns erzählen. Dabei ergänzen sie deren Angaben und sind erfüllt mit einer Menge von historischen Details, die archäologisch nachprüfbar sind. Zugleich haben wir mit diesen Visionen eine legitime theologische Auslegung erhalten; denn Anna Katharina stand als Begleiter ein Schutzengel zur Seite, der ihr alles erklärte, was sie sah. Über diese Phänomene wissen wir gut Bescheid durch den Arzt Dr. med. Franz Wilhelm Wesener. Dieser war erst vor kurzem als Amtsphysikus nach Dülmen gekommen. In einem Wirtshaus hörte er von der stigmatisierten Nonne. Er besuchte sie, um den Schwindel aufzudecken. Bei seinem ersten Besuch sprach Anna Katharina kein einziges Wort mit ihm. Bei seinem zweiten Besuch jedoch sagte sie: «Setz dich!», und dann erzählte sie ihm sein ganzes bisheriges Leben und erwähnte zwei Dinge, die außer Gott nur er selbst wissen konnte. Denn sie besaß die Gabe der Herzenskenntnis. Tief erschüttert erkannte er, dass er keine Schwindlerin vor sich hatte, sondern einen heiligmäßig lebenden, von Gott begnadeten Menschen. Er wandelte sich daraufhin vom Freigeist zum praktizierenden Katholiken. Als ihr Hausarzt besuchte er sie fast täglich und führte darüber ein medizinisches Journal (vom 23. März 1813 bis 3. November 1819). Dieses ergänzte er später durch eine «kurzgedrängte Geschichte». Am 1. Mai 1813 steht folgende Notiz in diesem Buch: «Ich bedauerte es, dass wir nicht eine genauere Geschichte der früheren Lebenszeit Jesu besäßen. Darauf sagte sie mir, sie wisse alles so haarklein, als wenn sie es selbst alles gesehen hätte. Ein andermal erwähnte sie, dass sie die Geschichte Jesu und seiner Mutter bis in alle Einzelheiten vor sich sähe, die ganze Leidensgeschichte ganz wie in Wirklichkeit vor Augen habe».

Dr. Wesener beobachtete bei ihr in seinen fast täglichen Besuchen einige Besonderheiten. Außer ihrem normalen Zustand, der genau so wie bei anderen Menschen war, bemerkte er drei außergewöhnliche somatische Zustände, die mit entsprechenden psychischen Erlebnissen eng verbunden waren. Den ersten Zustand nannte er «Tetanus», weil dabei der Körper so steif wie eine Bildsäule war. Es war unmöglich, ein Glied zu bewegen. In diesem Zustand war sie unansprechbar. Auch durch Rütteln und Schütteln konnte man sie nicht wach bekommen. Nur auf den Befehl ihres Beichtvaters Limberg wurde sie sofort wach, selbst wenn er in lateinischer Sprache gesprochen wurde. Ja, es genügte sogar der gedankliche Befehl des Geistlichen zu dieser Reaktion. In diesem «kataleptischen» Zustand hatte sie Visionen in Form von Allegorien, Visionen über moralische und religiöse Gesetze und Bilder über das Verhältnis von Gott zu den Menschen und der Menschen untereinander. Den Inhalt konnte man oft von ihrem wechselnden Gesichtsausdruck ablesen.

Der zweite somatische Zustand ist dem ersten entgegengesetzt. Der Körper scheint federleicht zu sein, die Glieder sind schlaff und biegsam. Der Gesichtsausdruck ist immer heiter. Auch in diesem Zustand ist sie unempfindlich für alle Sinneseindrücke.

Der dritte Zustand gleicht einem Schlaf. Er tritt in der Regel nur nachts auf und setzt sich zuweilen auch am Tage fort. In diesem Zustand ist sie ansprechbar, so dass man sich mit ihr unterhalten kann. Wenn sie dann von ihren Erlebnissen spricht, so hat man den Eindruck, dass sie in diesem Zustand den Leib verlassen hat und mit ihrer Seele an Ort und Stelle im Heiligen Land weilt. Dr. Wesener schreibt: «Manchmal ist sie an Ort und Stelle mit den Zuschauern selbst gewesen und hat der Handlung wie eine Mitwandelnde, den Ort verändernd, beigewohnt, doch ist sie nicht jedesmal auf derselben Stelle gestanden, wenngleich alles, was sie von ihrer ersten Kindheit jährlich wiedersah, genau bis auf jede Bewegung in Zeit und Raum dasselbe gewesen. Manchmal war sie über die Szene emporgehoben und sah auf sie nieder. Dabei war alles durchscheinend.» Nach der Rückkehr ihrer Seele in den Leib kann sie eine bis ins Einzelne gehende Auskunft geben. Hier handelt es sich nicht um Halluzinationen einer frommen ehemaligen Klosterfrau, sondern um die Erfahrung von objektiven Tatsachen aus einer anderen früheren Welt. Dr. Wesener notiert ihre Aussage: «Ich weiß übrigens Einbildung und Täuschung sehr gut von Wirklichkeit und Wahrheit zu unterscheiden.»

Am 27. Juli 1820 setzte ganz unvermutet für Anna Katharina der große Zyklus der Visionen vom dreijährigen Lehrwandel Jesu ein. Er überdeckt damit die anderen Bilder, die im Laufe des Kirchenjahres vor ihrem geistigen Auge erscheinen. Sie begleitet im Geist den Herrn als eine Augenzeugin an Ort und Stelle, Stunde für Stunde, Tag für Tag, drei Jahre lang. Merkwürdigerweise und unerklärbar beginnt diese Visionskette am 27. Juli nicht mit dem ersten, sondern mit dem dritten Lehrjahr. Dieser Zyklus läuft bis zum 30. März. Dann folgt die Karwoche mit Kreuzigung, Auferstehung, Himmelfahrt und Pfingsten. Als historischen Tag des Todes Jesu nennt sie den 30. März, nicht den Karfreitag. Übrigens: Seine Geburt datiert sie auf den 25. November. Es schließen sich Visionen an, wie in der Apostelgeschichte aufgezeichnet; diese reichen etwa bis zum 10. Kapitel derselben. Am 2. Juni 1821 setzt sich der Zyklus mit dem eigentlichen Beginn des ersten Lehrjahres fort und endet am 27. April 1823. In diesem gibt es einen Ausfall. Anna ist schwer krank geworden, und Brentano reist für ein paar

Monate nach Frankfurt. Diese Lücke in der Visionskette wird nachgeholt, vom 21. Oktober 1823 bis zum 8. Januar 1824. Am 14. Januar 1824 fragt Anna unvermittelt: «Wo sind wir an der Zeit?» Todkrank sagt sie: «Ach, dass ich gar nichts mehr vermag – noch wenige Tage, so hätte ich das Leben Jesu ganz erzählt.»

Dieser ganze Schauungskomplex ist durchzogen von einer eigentümlichen Verzahnung. Die Verschlüsselung ist völlig einmalig. Sie war Anna nicht bewusst. Auch Brentano, ihr «Schreiber», entdeckte diesen Zusammenhang erst viele Jahre später bei der Zusammenstellung und Ordnung seiner Aufzeichnungen. Er erkannte die chronologische Struktur als ein festes Gerüst, an das man visionäre Einzelheiten aus anderen Zeiten sachgemäß einordnen kann. Man kann hier nicht mehr von einem Zufall sprechen. Hier wird vielmehr eine transzendente Steuerung sichtbar.

Derjenige, dem wir diese wertvollen Angaben verdanken, ist Clemens Brentano. Er löste gleichsam als Berichterstatter Dr. Wesener ab. Dieser schreibt in seiner kurzen Geschichte: «Hier breche ich ab, um dem besseren Berichterstatter nicht vorzugreifen.» Bereits in Berlin hatte Brentano von der stigmatisierten Nonne in Dülmen gehört. Sein Bruder Christian, der Medizin studiert hatte, war schon bei ihr zu Besuch gewesen. Dabei war er an ihren besonderen mystischen Gaben interessiert, einfach deshalb, weil er sich mit den Fragen des Magnetismus beschäftigt hatte. Denn Anna Katharina konnte z.B. mit geschlossenen Augen, oftmals sogar in einem tranceähnlichen Zustand, erkennen, ob z.B. Wasser geweiht war. Sie merkte auch, ob jemand ein echter Priester war, oder ob er sich nur mit einem Priesterornat bekleidet hatte. Gab man ihr eine Reliquie in die Hand, so sah sie visionär den Heiligen und konnte seine Vita beschreiben. Bei einem anderen Experiment gab man ihr «ein Stückchen versteinertes Knochengewebe, etwa zwei welsche Nuss groß, und einen kleinen Zahnsplitter desselben Tieres» in die Hand, die man bei Grabungsarbeiten am Ufer der Lippe gefunden hatte. Sogleich entstand vor ihrem inneren Auge das Bild von großen Tieren mit langem seidigen Fell, die außer ihrem Schwanz noch einen Rüssel haben. Sie schildert damit das Mammut, von dessen Existenz bisher kein Mensch auf der Erde eine Ahnung hatte; denn das erste Mammut wurde erst Jahrzehnte später – wohl konserviert im sibirischen Eis – gefunden. Durch diese Tatsache ist die Behauptung ein für allemal entkräftet, dass Brentano seine Gedanken auf Anna Katharina telepathisch übertragen hätte.

Am 24. September 1818 kommt Brentano um zehn Uhr mit der Postkutsche in der Stadt Dülmen an. Dr. Wesener empfängt ihn freundlich und geleitet ihn in die Stube zur Seherin. Zwei Welten begegnen sich, wie sie verschiedener nicht sein könnten. Da liegt das arme Bauernmädchen, eine ehemalige Nonne, die nur vier Monate lang die Schule besucht hat, die an Büchern nicht interessiert ist, die nur einen geringen Wortschatz hat und sich nur im westfälischen Platt ausdrücken kann. Und da kommt ein Herr von Welt, vornehm und reich, der studiert hat und inzwischen ein berühmter Dichter der Frühromantik geworden ist. Eine Persönlichkeit, die in Berlin sogleich der Mittelpunkt einer jeden Gesellschaft wird. Ein Gelehrter, der verschiedene Sprachen beherrscht und der über eine umfassende Bildung verfügt, wovon seine große Bibliothek ein eindrucksvolles Zeugnis ablegt. Wie passen diese beiden Naturen zusammen? Die Antwort lautet: Gut! Denn sie waren – von Gott – füreinander bestimmt. Zur Begrüßung sagt Anna Katharina: «Da kömmt er ja.» Dann fährt sie fort: «Ich kannte Sie, ehe Sie zu mir kamen. Oft ist mir in Vorgesichten meines Lebens ein Mann in dunkler Hautfarbe bei mir schreibend gezeigt worden; darum musste ich, als Sie zum ersten Mal in mein Zimmer traten, denken: ach, da ist er ja.»

Anna war als exklaustrierte Nonne bettelarm. Aber innerlich war sie erfüllt von einem unerhörten geistlichen Reichtum. Sie sagte: «Was ich habe, habe ich ja nicht von mir; ich bin nur ein Instrument in der Hand des Herrn.» Brentano hatte nach kurzer Zeit den Eindruck, dass hier durch Anna Katharina vermittelt eine Quelle aus der oberen Welt in die untere, niedrigere fließe, so mächtig in der schlichten Schwester, so klar und so rein, unvermischt durch Wissen und Bildung, wie bei keiner anderen Heiligen. Dabei wird ihm klar, dass hier seine eigentliche Lebensaufgabe liegt, dass er, der als «Pilger» nach Dülmen nur zu Besuch kam, nun dort bleiben muss, um als «Schreiber» eine neue Aufgabe zu übernehmen. Er weiß sich von Gott gewürdigt und berufen, alle Offenbarungen der Anna aufzuzeichnen. Nicht zu seinem Ruhm, sondern zur Ehre Gottes und zur Neubelebung seiner Kirche, die in geistlicher Armut am Boden liegend dahinsiecht. Der Zustand war damals dem heutigen, zumindest in Deutschland, ähnlich. «Ja», sagte Anna Katharina einmal, «hätten wir echte Priester, so hätten wir auch echte Katholiken. Niemand kann dem Worte widerstreben, wenn der Heilige Geist es spricht aus dem Munde eines würdigen Priesters.» Alle anderen Bemühungen bleiben äußerlich und sind wirkungslos, wenn nicht eine Bedingung erfüllt wird. Das gilt sowohl für damals wie für heute. «Eine Verbindung, die nicht Jesus, den Gekreuzigten, zum Mittelpunkt und allgemeine Liebe zur einzigen Richtschnur hat, die ist vom Bösen.»

Als Brentano sie besuchte, durchschaute sie ihn sofort aufgrund ihrer Herzenskenntnis, mit der sie jeden Menschen durchschauen konnte. Sie wusste sogleich, dass er zweimal verheiratet, einmal verwitwet und von seiner zweiten Frau geschieden war. Sie wusste, dass er in Berlin mit der achtzehnjährigen protestantischen Pfarrerstochter Luise Hensel eine Affäre gehabt hatte. Sie wusste, dass er mit seiner Kirche zerfallen war und in seinem zerrissenen Herzen Frieden suchte. Sie wusste auch, dass er sich nach einer Generalbeichte zu einem gläubigen Katholiken gewandelt hatte. Sie erinnerte sich, dass ihr visionär gesagt worden war, dass dieser Pilger als Schreiber die Aufgabe bekommen habe, die ihr anvertrauten Visionen aufzuschreiben, damit sie später veröffentlicht werden könnten.

In diese Aufgabe fügte sich Brentano und nahm die bedrückende Enge einer kleinen Provinzstadt auf sich. Täglich besuchte er Anna Katharina in ihrem Stübchen und notierte sich auf einem Blatt, was sie auf ihren Exkursionen in der Nacht erlebt hatte. In seiner nahegelegenen Wohnung arbeitete er die Angaben aus, die sie ihm gemacht hatte. Am Nachmittag oder Abend kam er wieder, um ihr den niedergeschriebenen Text vorzulesen. Dieser wurde zuweilen geändert, verbessert und ergänzt. Das war der geplante Tagesrhythmus. Aber er konnte nicht immer eingehalten werden; denn es gab Störungen der verschiedensten Art. Anna Katharina durfte nur Angaben machen, wenn ihr Beichtvater Limberg dazu die Erlaubnis gab. Er selbst war an diesen in keiner Weise interessiert, weil er kein Verständnis für diese sogenannten Privatoffenbarungen hatte und deshalb ihren Wert nicht erkennen konnte.

Dann kamen viele Besucher, die wertvolle Zeit wegnahmen und dadurch den Fluss der Erzählungen oft so unterbrachen, dass wichtige Dinge verloren gingen. Da war noch die «Drüke», die Schwester von Anna Katharina, welche neidisch auf sie war und sie immer wieder schikanierte. Und da war noch Anna Katharina selbst. Immer leidend und schmerzerfüllt. Oft physisch nicht in der Lage, von ihren nächtlichen Exkursionen zusammenhängend zu berichten. Die ihre Schwierigkeiten hatte, das, was sie als Augenzeugin deutlich an Ort und Stelle im Heiligen Land gesehen hatte, nun in Dülmen in Worte zu fassen. Die sich nicht vorstellen konnte, wie schwer es für Brentano war, der nicht wie sie Ort und Zeit schaute, sich aus ihren Angaben dieses Geschehen zu rekonstruieren. So ist es beinahe ein Wunder besonderer Art, dass unter diesen Umständen noch so viel zu Papier gebracht werden konnte. Denn Brentano schrieb in den rund sechs Jahren, die er in Dülmen blieb, 12'000 (!) Blätter in Folioformat, das Blatt vierfach gekreuzt und dann halbseitig beschriftet, wobei er jede Viertelseite nummerierte und mit dem Datum versah.

Der Verfasser suchte viele Jahre nach diesen Originalen, um eine quellenkritische Untersuchung durchzuführen. Auch in der Vatikanischen Bibliothek. Er fand sie endlich als Leihgabe im Freien Deutschen Hochstift im Frankfurter Goethe-Haus. Als Mitglied des Hochstiftes konnte er die originalen Text untersuchen und sich ein Bild über mögliche redaktionelle Änderungen machen. Alles, was von Brentano aus Dülmen nach dem Tod der Anna Katharina mitgebracht worden ist, ist bisher im Druck erschienen und kann von jedermann käuflich erworben werden. Die früher in Ko-Produktion beim Pattloch-Verlag Aschaffenburg und beim Christiana-Verlag Stein am Rhein erschienene selbständige Gesamtausgabe erscheint seit 1992 in gepflegter Aufmachung bei Christiana. Diese Ausgabe ist sprachlich leicht überholt, hält sich aber streng an die von P. K. Schmöger herausgegebene Originalausgabe.

Nach dem Tod von Anna Katharina am 9. Februar 1824 verließ Brentano Dülmen endgültig, beladen mit allen Manuskripten, und zog sich über Koblenz nach Regensburg und später nach München zurück, um einen Überblick und Durchblick über die ungeheure Fülle des Materials zu gewinnen. Zuerst gelang es ihm, «Das bittere Leiden unseres Herrn Jesu Christi» zusammenzustellen, das er 1830 anonym (!) erscheinen ließ. Es wurde ein bekanntes Volksbuch, hat viele Auflagen und auch Übersetzungen erlebt und ist vielen Menschen zu einer geistlichen Erbauung geworden. Dann folgte die Arbeit am Marienleben, dessen Druck er nicht mehr erlebte. Sein Bruder Christian und später dessen Frau haben es 1852 herausgegeben. Alle anderen Aufzeichnungen kamen schließlich in die Hände des Redemptoristenpaters Karl Erhard Schmöger. Ihm verdanken wir die Bearbeitung und Herausgabe der drei Jahre des Lehrwandels Jesu in drei Bänden. Dabei richtete er sich nach den Vorarbeiten von Brentano und versah das Werk mit Einleitungen und Anmerkungen.

Merkwürdigerweise haben diese Bände keinen großen Erfolg beim Publikum gehabt, auch nicht, als er sie später in veränderter Form herausgab. Auch die neutestamentliche Forschung ging auf Distanz. Man war der Meinung, dass die Probleme der Privatoffenbarung und der Bereich des Mystischen und Visionären erst vorher geklärt werden müssten. Man erwartet das noch heute, tut aber nichts in dieser Richtung.

Wem es schwerfällt, diese mystischen Ereignisse bei Anna Katharina zu verstehen und zu bejahen, der möge folgendes bedenken: In der heutigen Wissenschaft wird die Existenz einer Seele, die in einem Leibe wohnt, abgelehnt. So geschieht es in der Psychologie, der Anthropologie und leider auch in der Theologie. Dies ist der Fall, obgleich man seit der Antike eine andere Auffassung kennt. Auch das Neue Testament kennt eine Seele und spricht von einer Unterscheidung von Leib, Seele und Geist (vgl. 1 Thess 5,23). Diese Anschauung gilt in der katholischen Kirche als verbindliche Lehrmeinung. Dabei handelt es sich nicht um überholte Lehren.

Die neueren Forschungen, wie von Dr. Emil Matthiesen «Der jenseitige Mensch», 1925, und «Das persönliche Überleben des Todes», 1962, zwingen zu dieser Auffassung. Das gilt auch von den neuesten Forschungen von Dr. Elisabeth Kübler-Ross (1985) und Dr. Raymond Moody (1977), um nur die wichtigsten zu nennen. Sie beweisen die Annahme, dass die Seele den Leib zeitweilig verlassen kann, auf Reise geht und nach ihrer Rückkehr in den Leib Bericht erstattet, der verifiziert werden kann.

Am Ende des dritten Lehrjahres erlebt Anna Katharina zwei Reisen, die in den Evangelien nicht mitgeteilt werden. Bei der einen handelt es sich um eine Fahrt nach der Insel Zypern. Zu dieser nimmt Jesus nur drei Jünger mit. Die anderen bleiben daheim und sind zur Verschwiegenheit verpflichtet. Von einer solchen Missionsreise ist uns in den Evangelien nichts mitgeteilt. Das beweist jedoch nicht, dass eine solche Reise unhistorisch sein muss (vgl. Joh 21,15).

Der Inhalt dieser Reise steht nicht im Widerspruch zu dem, was wir aus den Evangelien wissen. Ähnliches gilt von der Reise in die Heimat der drei Könige und die Rückkehr über Ägypten nach Galiläa.

Wer sich diese Ausführungen über die Seele und über das erweiterte Weltbild zu eigen machen kann, der wird die mystischen Erlebnisse der Anna Katharina Emmerick, wie sie Clemens Brentano sorgfältig beschrieben hat, nicht nur bejahen können, sondern sie werden sein Leben innerlich bereichern. Nicht zuletzt darum, weil er in Jesus Christus, dem Gekreuzigten und Auferstandenen, seinen Heiland glaubend erfasst und damit den Sinn seines Lebens in Zeit und Ewigkeit. Dazu sind Anna Katharina die Visionen geschenkt worden. Dazu hat Brentano sie in mühevoller jahrelanger Arbeit so treu wie möglich aufgezeichnet, damit der Wille Gottes in Erfüllung gehe.

Wer nun alle Erscheinungen bei Anna Katharina Emmerick, die Visionen, Reliquienkenntnis, prophetische Aussagen und Herzensschau als supranatural ablehnt, kein Verständnis für ihre mystischen Erlebnisse hat und die Stigmata psychologisch wegerklärt, kann eines nicht leugnen: Anna Katharina hat in schlichter Demut ein einfaches Leben in der Nachfolge Jesu vorbildlich gelebt. Es ist deutlich, dass sie nichts, aber auch gar nichts für sich persönlich wollte: keine Ehre, keine Anerkennung, schon gar kein Geld. Dass sie ausschließlich für andere lebte, für sie litt, für sie betete und arbeitete. Dass sie nur einen Wunsch hatte, nämlich den, in der

Nachfolge des Gekreuzigten in aller Stille und Zurückgezogenheit leben zu dürfen. Die vielen Kritiker sollten sich fragen, wie es mit ihrer eigenen Nachfolge steht.

Ähnlich wie Anna Katharina ist auch Brentano missverstanden worden. Nach seiner Bekehrung sah er seine Lebensaufgabe darin, als Schreiber der Visionen Anna Katharinas Gott und damit seiner Kirche einen Dienst zu erweisen. Wenn ihm von den Literaturhistorikern unterstellt wird, er wollte im Sinne der Romantik als höchst begabter Dichter ein religiöses Weltepos verfassen, so hätte er das sehr gut in Berlin, in Weimar oder auch in München tun können, wo ihm wissenschaftliche Fachleute und Bibliotheken zur Verfügung gestanden hätten. Zudem hätte er in interessierten Kreisen seine Ansichten mit Freunden und Bekannten diskutieren können. Stattdessen begab er sich in die Enge einer Kleinstadt am Rande des literarischen Deutschlands, hatte außer Dr. Wesener keine Ansprechpartner am Ort und verbrachte fast sechs Jahre seines Leben damit, die Angaben Anna Katharinas so sorgfältig wie nur möglich aufzuzeichnen. Er tat das in dem Bewusstsein, dass er dafür von Gott als seinem eigentlichen Lebenswerk berufen worden sei. Er tat es eben nicht, um bekannt oder gar berühmt zu werden. Das war er schon als Dichter. Er tat es auch nicht um des Geldes willen. Davon hatte er als Sohn einer reichen Kaufmannsfamilie mehr als genug. Er tat es, weil er einer Berufung folgen wollte. Dieses sein Selbstverständnis sollte man respektieren, auch wenn es manchen Kritikern nicht passt.

# ERSTES KAPITEL

## *Bilder aus der Jugendgeschichte Jesu bis zum Tod des hl. Joseph*

### *Die Heilige Familie in Nazaret*

10. und 11. Juli 1819:

Ich sah die Heilige Familie nie mehr als zu dreien, Jesus, Maria und Joseph, und von etwa dem zehnten bis zwanzigsten Lebensjahr Jesu zweimal in einem fremden Haus in Nazaret wohnen, und zwar als wohnten sie zur Miete bei anderen Leuten. Vom zwanzigsten bis dreißigsten Lebensjahr Jesu ungefähr sah ich sie in einem Hause allein.

Es waren in dem Wohnraum drei Kammern abgesondert; der Raum der Mutter Gottes war der größte und angenehmste, wo sie auch zum Gebet zusammenkamen. Sonst sah ich sehr selten alle drei beisammen.

Sie standen beim Gebet und hatten die Hände über der Brust gekreuzt und schienen laut zu sprechen. Ich sah sie oft bei Licht beten unter einer Lampe mit mehreren Dochten. Oder es war an der Wand eine Art Armleuchter befestigt, auf dem die Flamme brannte. Jesus lebte meist in seinem Raum allein. Joseph zimmerte in dem seinen. Ich sah ihn Stäbe und Latten schnitzen, Stücke Holz glatt machen, auch wohl einen Balken herantragen, und sah Jesus ihm helfen.

Maria war meist mit Nähen und einer Art Stricken mit kleinen Stäben beschäftigt, wobei sie saß und ein Körbchen neben sich hatte.

Jesus sah ich gegen sein Lehramt zu immer mehr einsam und betrachtend. Jeder schlief in seinem Verschlag allein, und das

Lager bestand aus einer Decke, welche morgens zu einem Wulst zusammengerollt wurde.

Bis gegen das zwölfte Lebensjahr sah ich Jesus den Eltern alle mögliche Handreichung tun, und auch auf der Straße und wo Er Gelegenheit fand, war Er zu jedermann freundlich und auf alle Weise behilflich und dienstfertig.

In den früheren Jahren als Knabe war Er allen Kindern in Nazaret ein Muster. Sie liebten ihn und fürchteten, ihm zu missfallen. Die Eltern seiner Gespielen pflegten diesen bei Unarten und Fehlern zu sagen: «Was wird Josephs Sohn sagen, wenn ich ihm dies erzähle? Wie wird Er sich darüber betrüben!» Sie verklagten auch manchmal die Kinder freundlich vor ihm in ihrer Gegenwart und sagten ihm: «Sag ihm doch, dass er dieses oder jenes nicht mehr tue!» Und Jesus nahm das kindlich und spielend auf, und voll Liebe bat Er seine Freunde, es so und so zu machen, betete auch mit ihnen um Kraft vom himmlischen Vater, sich zu bessern, und beredete sie, Abbitte zu tun und ihre Fehler gleich zu bekennen.

### *Jesu Jugendgespielen – Sein Aussehen im zwölften Lebensjahr*

Sonntag in der Oktav von Epiphanie 1822 – (Die Erzählende hatte ein großes und sehr bestimmtes Bild von Jesu Jugendleben gehabt, wovon Krankheit und Störung aber nur folgendes übrig ließen:)

Eine Stunde etwa von Nazaret zwischen Morgen und Mitternacht gegen Sephoris zu liegt ein Dörfchen, Ophna genannt; da wohnten in Jesu Jugendzeit die Eltern des Johannes und Jakobus Major (der Ältere). Diese waren in früheren Jahren oft bei Jesus, bis ihre Eltern nach Bethsaida zogen und sie zur Fischerei kamen.

In Nazaret wohnte ein Mann, der Zebedia oder Sebadja hieß; ein ganz anderer als Zebedäus, der Vater des Johannes und Jakobus. Derselbe hatte eine Tochter, die mit einem Essener, einem Verwandten Joachims, verheiratet war; ihre Namen sind mir jetzt nicht gegenwärtig.

Diese Eheleute hatten vier Söhne, wenige Jahre älter oder jünger als Jesus. Sie hießen Kleophas, Jakob, Judas und Japhet, und sind später zuerst lange Johannesjünger gewesen und bei dessen Tod Jünger Jesu geworden. Kleophas ist derselbe, dem in Gesellschaft mit Lukas Jesus zu Emmaus erschienen ist. Er war verheiratet und wohnte damals zu Emmaus. Seine Frau kam später zu den Frauen der Gemeinde. Diese vier Jünger zogen um die Zeit von Jesu Taufe zu Johannes und blieben immer bei ihm. Sie kamen auch, da Andreas und Saturnin zu Jesus über den Jordan gegangen, denselben nach und blieben diesen Tag über auch bei ihm, und sie waren unter den Johannesjüngern, die Jesus mit auf die Hochzeit nach Kana brachte.

Diese Jünglinge waren in ihrer Jugend auch Gespielen Jesu und pflegten mit ihren Eltern immer mit der Heiligen Familie nach Jerusalem zum Fest zu reisen.

Sonntag in der Oktav von Epiphanie 1820: Der Heiland war schlank und zart, mit einem schmalen, leuchtenden Angesicht; gesund aussehend, aber doch bleich. Seine ganz schlichten rötlichblonden Haare hingen ihm gescheitelt über der hohen offenen Stirn auf die Schultern nieder. Er hatte einen langen lichtbräunlichgrauen Hemdrock an, der wie gewebt bis auf die Füße ging; die Ärmel waren etwas weit an den Händen.

### *Jesus lehrt als Knabe im Tempel – Fest bei Anna*

Sonntag in der Oktav von Epiphanie 1822: Acht Jahre alt, zog Jesus zum ersten Mal[1] mit den Eltern zum Osterfest nach Jerusalem und die folgenden Jahre immer.

Jesus hatte schon in den ersten Reisen bei den Freunden, wo sie in Jerusalem einkehrten, und bei Priestern und Lehrern Aufmerksamkeit erregt. Man sprach bei manchen Bekannten in Jerusalem von dem klugen, frommen Knaben, von dem wunderbaren Josephs-Sohn, wie man hierzulande bei jährlichen Wallfahrten auch diese oder jene einfältige fromme Person oder ein kluges Bauernkind kennt und, wenn es wiederkommt, sich seiner erinnert.

So hatte Jesus, als Er in seinem zwölften Jahr mit seinen Eltern in Gesellschaft ihrer Freunde und deren Söhne nach Jerusalem kam, schon allerlei Bekannte in der Stadt. Die Eltern hatten die Gewohnheit, mit ihren Landsleuten auf der Reise zu wandeln und wussten bei dieser nun fünften Reise Jesu, dass Er immer mit den Jünglingen aus Nazaret zog. Jesus hatte sich diesmal aber in der Gegend des Ölberges von seinen Begleitern getrennt, welche meinten, Er habe sich zu seinen Eltern, welche folgten, gesellt. Jesus aber war nach der bethlehemitischen Seite von Jerusalem gegangen in jene Herberge, wo die Heilige Familie vor Marias Reinigung eingekehrt war. Die Heilige Familie glaubte ihn mit den anderen Nazaretanern voraus; diese aber glaubten ihn mit seinen Eltern folgend.

Als diese alle auf der Heimkehr endlich in Gophna zusammentrafen, war die Angst Marias und Josephs über seine Abwesenheit ungemein groß, und sie begaben sich sogleich nach Jerusalem zurück und fragten unterwegs und überall in Jerusalem nach ihm, konnten ihn aber nicht gleich finden, weil Er gar nicht dort gewesen war, wo sie sich gewöhnlich aufhielten. Jesus hatte in der Herberge vor dem Bethlehem-Tor geschlafen, wo die Leute seine Eltern und ihn kannten. Dort hatte Er sich zu mehreren Jünglingen gesellt und war mit ihnen in zwei Schulen der Stadt gegangen; den ersten Tag in die eine, den zweiten in die andere. Am dritten Tag war Er morgens in einer dritten Schule am Tempel und nachmittags im Tempel selbst gewesen, wo ihn seine Eltern fanden. Es waren dies Schulen verschiedener Art und nicht alle gerade Schulen über das Gesetz; es wurden auch andere Wissenschaften darin gelehrt; die letzte war in der Nähe des Tempels, aus welcher Leviten und Priester genommen wurden.

Jesus brachte durch seine Fragen und Antworten die Lehrer und Rabbiner aller dieser Schulen in ein solches Erstaunen und auch in solche Verlegenheit, dass sie sich vornahmen, am dritten Tag nachmittags im Tempel selbst auf dem öffentlichen Lehrort den Knaben Jesus durch die gelehrtesten Rabbiner in verschiedenen Fächern wieder zu demütigen. Es taten dies die Lehrer und Schriftgelehrten untereinander; denn anfangs hatten sie eine Freude an ihm gehabt, nachher aber sich an ihm geärgert.

Es geschah dies in der öffentlichen Lehrhalle in der Mitte der Vorhalle des Tempels vor dem Heiligen in dem runden Kreis, wo Jesus später auch lehrte. Ich sah da Jesus in einem großen Stuhl sitzen, den Er bei weitem nicht ausfüllte. Er war von einer Menge alter und priesterlich gekleideter Juden umgeben.

Sie horchten aufmerksam und schienen ganz grimmig, und ich fürchtete, sie würden ihn ergreifen. Auf dem Stuhl, auf welchem Er saß, waren oben braune Köpfe, wie Köpfe von Hunden; sie waren grünbraun und auf den höchsten Stellen schimmerten und glänzten sie gelb. Ebensolche Köpfe und Figuren waren an mehreren langen Tischen oder Anrichten angebracht, welche seitwärts von diesem Ort im Tempel standen und voll von Opfergaben waren. Der ganze Raum war so ungemein groß und voll Menschen, dass man gar nicht fühlte, dass man im Haus Gottes war.

Da Jesus in den Schulen allerlei Beispiele aus der Natur und aus den Künsten und Wissenschaften in seinen Antworten und Erklärungen gebraucht hatte, so hatten sie hier Meister in allen solchen Sachen zusammengebracht, und als diese nun anfingen, mit Jesus im einzelnen zu disputieren, sagte Er, diese Dinge gehörten eigentlich nicht hierher in den Tempel, aber Er wolle ihnen auch hierauf Antwort geben, weil es seines Vaters Wille so sei. Sie verstanden aber nicht, dass Er hiermit seinen himmlischen Vater meinte, sondern glaubten, Joseph habe ihm befohlen, sich mit all seinen Wissenschaften sehen zu lassen.

Jesus antwortete und lehrte nun über Medizin[2] und beschrieb den ganzen menschlichen Leib, wie ihn die Gelehrtesten nicht kannten; ebenso von der Sternkunde, vom Ackerbau, von der Messkunst und Rechenkunst, von der Rechtsgelehrsamkeit und allem, was nur vorkam, und führte alles so schön wieder auf das Gesetz und die Verheißung, die Prophezeiungen und auf den Tempel und die Geheimnisse des Dienstes und der Opfer zurück, dass die einen immer in Bewunderung und die anderen beschämt in Ärger begriffen waren, und das immer abwechselnd, bis sie alle sich beschämt ärgerten – meistens weil sie Dinge hörten, die sie nie gewusst, nie so verstanden hatten.

Er hatte schon ein paar Stunden so gelehrt, als Joseph und Maria auch in den Tempel kamen und bei Leviten, die sie dort kannten, nach ihrem Kinde fragten. Da hörten sie, dass Er mit den Schriftgelehrten in der Lehrhalle sei. Da dies nun kein Ort war, wo sie hingehen konnten, sandten sie den Leviten hin, er solle Jesus rufen. Jesus ließ ihnen aber sagen, Er wolle zuerst seine Aufgabe beenden. Es betrübte Maria sehr, dass Er nicht gleich kam. Es war hier das erste Mal, dass Er die Eltern fühlen ließ, Er habe noch anderen Befehlen zu folgen als den ihrigen. Er lehrte wohl noch eine Stunde, und als alle widerlegt, beschämt und teils verärgert waren, verließ Er die Lehrhalle und kam zu seinen Eltern in den Vorhof Israels und der Frauen. Joseph war ganz schüchtern und verwundert und sprach nicht; Maria aber nahte sich ihm und sagte: «Kind, warum hast du uns dies angetan? Sieh, dein Vater und ich haben dich mit Schmerzen gesucht!» Jesus aber war noch ganz ernsthaft und sagte: «Warum habt ihr mich gesucht? Wusstet ihr denn nicht, dass ich in dem sein muss, was meines Vaters ist?»

Sie verstanden dies aber nicht und begaben sich gleich mit ihm auf die Rückreise. Die Zuhörenden waren ganz verwundert und sahen diese Leute an. Ich war in großer Angst, sie möchten den Jüngling ergreifen; denn ich sah sie teilweise voll Grimm. Aber mich wunderte, dass sie die Heilige Familie ganz ruhig hinwegziehen ließen: Es entstand in dem dichten Gedränge eine weite Bahn für sie.

Ich sah so viel Einzelnes hierbei und hörte das meiste, was Er gelehrt, ich kann aber vor Schmerzen und Kummer nicht alles behalten. Seine Lehre machte bei all den Schriftgelehrten großes Aufsehen; einige schrieben sich die Sache auf als eine Merkwürdigkeit, und es war hier und da ein Gemunkel und allerlei Geschwätz und Lüge davon. Sie hielten aber den ganzen Vorgang unter sich vertuscht, sprachen von einem sehr vorlauten Knaben, den man zurechtgewiesen; Er habe schöne Talente, aber das müsse sich noch abklären.

Ich sah die Heilige Familie wieder zur Stadt hinausgehen, und sie vereinigten sich vor der Stadt etwa mit drei Männern und zwei Frauen und einigen Kindern, die ich nicht kannte, die aber auch von Nazaret zu sein schienen. Mit diesen zusammen gingen sie noch um Jerusalem herum allerlei Wege, auch am Ölberg, und blieben in den schönen grünen Lustplätzen, welche da sind, hier und da stehen und beteten, die Hände auf der Brust gekreuzt. Ich sah sie auch über einen Bach mit einer großen Brücke gehen. Dieses Gehen und Beten der kleinen Gesellschaft erinnerte mich lebhaft an eine Wallfahrt.

Als Jesus in Nazaret zurück war, sah ich im Hause der Anna ein Fest bereitet, wo alle Jünglinge und Mägdlein von den Verwandten und Freunden versammelt waren. Ich weiß nicht, ob es ein Freudenfest über sein Wiederfinden war, oder sonst ein Fest, das man nach der Rückkehr vom Osterfest (Paschafest) feierte, oder ein Fest, das man im zwölften Jahr der Söhne feierte. Jesus war dabei die Hauptperson.

Es waren schöne Laubhütten über der Tafel errichtet; es hingen Kränze von Weinlaub und Ähren darüber; die Kinder hatten auch Trauben und kleine Brote.

Es waren bei diesem Fest 33 Knaben, lauter zukünftige Jünger Jesu, und ich hatte einen Bezug davon auf die Lebensjahre Jesu, den ich wie vieles andere vergessen habe. Jesus lehrte und erzählte das ganze Fest hindurch den anderen Knaben eine ganz wunderbare und meist nicht verstandene Parabel von einer Hochzeit, wo Wasser in Wein werde verwandelt werden und die lauen Gäste in eifrige Freunde, und dann wieder von einer Hochzeit, wo der Wein in Blut und das Brot in Fleisch werde verwandelt werden, und das werde bei den Gästen bleiben bis zum Ende der Welt als Trost und Stärke und als ein lebendiges Band der Vereinigung. Er sagte auch einem verwandten Jüngling Nathanael: «Ich werde auf deiner Hochzeit sein.» Das ist, was ich von dem Ganzen noch weiß.

Von diesem zwölften Jahre an war Jesus immer wieder Lehrer seiner übrigen Gespielen; Er saß oft mit ihnen zusammen und erzählte ihnen und wandelte mit ihnen in der Gegend. Von seinem achtzehnten Lebensjahr an begann Er dem hl. Joseph in seinem Handwerk zu helfen.

Anfang Mai 1821: Gegen das dreißigste Lebensjahr Jesu hin wurde Joseph immer schwächer, und ich sah Jesus und Maria öfter mit ihm zusammen. Maria saß auch manchmal vor seinem Lager auf der Erde oder auf einer niederen runden Platte, welche drei Stollen hatte und deren sie sich wohl auch als Tisch bedienten.

Ich sah sie selten essen, und wenn sie aßen, so waren es drei weiße, etwa zehn Finger breite, länglich viereckige Schnittchen, die auf einem Tellerchen nebeneinander lagen, oder kleine Früchte in einem Schälchen; auch gaben sie Joseph aus einer Art Krug zu trinken.

Als Joseph starb, saß Maria zu Häupten seines Lagers und hatte ihn in den Armen, Jesus stand in der Gegend seiner Brust. Ich sah die Stube mit Glanz und Engeln erfüllt. Er wurde, die Hände unter der Brust gekreuzt, ganz in ein weißes Tuch gewickelt, in einen schmalen Kasten gelegt und in einer recht schönen Grabhöhle beigesetzt, die er von einem guten Mann erhalten hatte. Es gingen außer Jesus und Maria nur wenige Menschen mit dem Sarge; aber ich sah ihn von Glanz und Engeln begleitet.

Joseph musste vor dem Herrn sterben, denn er hätte seine Kreuzigung nicht überstehen können. Er war zu schwach und zu liebend. Er litt schon sehr vieles durch die Verfolgungen, die der Heiland von seinem zwanzigsten bis dreißigsten Jahr durch allerlei heimliche Tücken der Juden zu leiden hatte. Diese konnten ihn nicht vor Augen sehen und sagten immer mit Neid, der Zimmermannssohn wolle alles besser wissen, da Er der Lehre der Pharisäer oft widersprach und immer viele junge Leute bei sich hatte, die ihm anhingen.

Maria hat bei diesen Verfolgungen unendlich gelitten. Mir sind solche Schmerzen immer größer erschienen als wirkliche Martern. Unbeschreiblich ist die Liebe, mit welcher Jesus die Verfolgungen und Tücken der Juden als Jüngling ertrug.

2. Juni 1821: Joseph, der Nährvater unseres Herrn, ist jetzt ungefähr zwei Monate tot. Er starb in Nazaret und wurde dort begraben. Er hat durch einen guten Mann ein recht schönes Grab erhalten. Sein Leib wurde später von Christen nach Bethlehem

in ein Grab gebracht. Ich meine, ihn immer noch jetzt unversehrt dort liegen zu sehen.

Vor Josephs Tod sah ich Jesus nur in der Nähe herumwandeln und sich nicht weit entfernen.

In den letzten Tagen sah ich, dass Jesus und Maria nach dem Tode Josephs gegen Kapharnaum zogen. Das Haus in Nazaret stand geschlossen. Wo sie hinzogen, war nicht die Stadt Kapharnaum, sondern wie ein Dorf aus einzelnen Häusern zwischen Kapharnaum und Bethsaida.

Es war der Ort, wo der Vater des Petrus hinzog, als er Petrus die Fischerei bei Bethsaida übergab. Jesus erhielt da ein Haus von einem Mann namens Levi aus Kapharnaum. Dieser Levi hatte die Heilige Familie lieb und gab Jesus dieses Haus zum Aufenthalt. Es war abseits gelegen und mit einem Graben von stehendem Wasser umgeben; es waren noch mehrere Häuser dabei. Dort wohnten Diener von Levis Leuten, und dieser sandte die Lebensmittel von Kapharnaum.

Jesus hatte seit seiner Jugend schon viele Anhänger unter den jungen Leuten von Nazaret gehabt; sie fielen aber immer wieder von ihm ab. Er wandelte viel mit ihnen im Lande um den See umher, zog auch nach Jerusalem zu den Festen; auch des Lazarus Familie in Bethanien war schon mit der Heiligen Familie bekannt. Die Pharisäer von Nazaret nannten ihn darum einen Landstreicher und nahmen Anstoß an ihm; Levi hatte ihm dies Haus gegeben, damit Er ungestörter sei und seine Zuhörer darin versammeln könne.

Es war am See um Kapharnaum herum eine Gegend, die aus ungemein fruchtbaren und luftigen Tälern bestand. Es waren dort mehrere Ernten im Jahr und wunderbar schönes Grün und Früchte und Blüten zugleich. Es hatten viele vornehme Juden Gärten und Schlösser dort, auch Herodes.

Die Juden zu Jesu Zeiten waren nicht mehr wie ihre Väter, sie waren durch Handel und Verkehr mit den Heiden sehr verderbt. Die Frauen sah man nie öffentlich und auch nicht beim Feldbau, außer sehr arme, etwa Ähren lesend. Man sah sie nur auf Wallfahrten nach Jerusalem und anderen Betorten. Der Ackerbau und allerlei Einkäufe geschahen meist durch Sklaven. Ich habe alle Städte in Galiläa in den letzten Nächten gesehen. Wo jetzt kaum drei kleine Orte liegen, waren damals schier hundert, und die Menge der Menschen war unbeschreiblich.

3. Juni 1821: Am Mittag sah ich, wie Maria, die Tochter der Cleophä, welche mit ihrem dritten Ehemann, dem Vater des Simeon von Jerusalem, das Haus Annas bei Nazaret bewohnte, in das Haus Marias nach Nazaret gezogen war.

Sie hatte ihren Knaben aus dritter Ehe, Simeon, bei sich. Ihre Knechte und übrigen Angehörigen waren in Annas Haus zurückgeblieben. Ich sah Jesus und Maria von Kapharnaum dahin gehen und glaube, Maria wird da wohnen bleiben und hat Jesus nur nach Kapharnaum begleitet; sie geht ihm immer so rührend nach. Ich habe auch gehört, Jesus wolle in diesen Tagen in die Gegend von Hebron reisen, wo Zacharias wohnte.

Joses Barsabas, der Sohn aus zweiter Ehe mit Sabas, war zu Hause, und es kamen noch ihre drei Söhne aus erster Ehe mit Alphäus: Simon, Jakobus Minor (der Jüngere) und Thaddäus, welche schon außer dem Hause ihre Geschäfte trieben, jetzt hierher, um die Heilige Familie nach Josephs Tod zu trösten und Jesus wiederzusehen, mit welchem sie seit seiner Kindheit keine nähere Verbindung mehr gehabt hatten.

Sie wussten zwar Allgemeines von Simeons und Hannas Prophezeiung bei Jesu Opferung im Tempel, aber glaubten nicht recht daran. Sie schlossen sich daher lieber Johannes dem Täufer an, der bald darauf durch die Gegend zog.

# ZWEITES KAPITEL

## *Vom Tod des hl. Joseph bis zur Taufreise Jesu an den Jordan*

*Vom 2. Juni bis 27. September 1821*

### *Anmerkung von Pater Karl E. Schmöger CSSR*

Es mag manchen Leser auf den ersten Augenblick vielleicht befremden, wenn ihm die Gesichte schon dieses Abschnittes den Heiland als lehrend und Wunder wirkend vor Augen führen, da man vielfach gewohnt ist, sich die Lehrtätigkeit Jesu und sein Wunderwirken als erst nach seiner Taufe beginnend vorzustellen und leicht könnte es darum geschehen, dass man darin einen Widerspruch der Gesichte mit den Evangelien erblicken wollte, zumal da der hl. Johannes in 4,11 berichtet, der Heiland habe mit der Wandlung des Wassers in Wein zu Kana den Anfang seiner Wunderzeichen gemacht. Dieser Widerspruch jedoch ist nur ein scheinbarer und leicht zu lösen. In die vier Monate nämlich, welche nach den Gesichten vom Tode des hl. Joseph bis zur Taufe Jesu im Jordan vergehen, fällt das öffentliche Wirken des Vorläufers und Wegbereiters, Johannes des Täufers.

Dieser begann ungefähr zur selben Zeit das Taufen und Predigen am Jordan, als Jesus noch von niemand erkannt und um der unaussprechlichen Liebe, Hoheit und Sanftmut seiner demütigen Erscheinung willen von vielen nur als der heilige Lehrer und Prophet angestaunt, durch Judäa, Peräa, Galiläa und selbst nach Sidon und Sarepta wanderte. Auf diesen Wanderungen zog der

Heiland auf den Wegen der alten Propheten, besuchte alle Orte, an denen auf ihn Bezügliches vorbildlich geschehen war, um alle Verheißung, alle Vorbereitung und jedes Vorbild zu erfüllen. Zugleich übte Er die mühsamsten und demütigsten Liebeswerke, die Er in seinen späteren Lehrjahren in gleicher Art nicht mehr vollbringen konnte, da seine Zeit durch anderes Wirken erfüllt war; vornehmlich aber wies Er alle, die ihn hörten, auf Johannes hin, mahnte sie, an den Jordan zu ziehen und von Johannes die Taufe zu empfangen. Nirgends aber redet der Heiland in diesem Zeitraum von sich selbst, nirgends offenbart Er, dass Er der von Johannes verheißene Messias sei; Johannes, seine Bußpredigt und Taufe sind der einzige Inhalt seiner Lehrworte.

Diesem entsprechend ist auch der Charakter der wenigen Wunderheilungen, von denen die Gesichte dieses Zeitraums berichten; sie gehören zu jenen Zeichen, welche Maldonat und nach ihm Cornelius a Lapide zu denjenigen rechnen, die Jesus mehr im Verborgenen und nicht in der direkten Absicht, sich als der erwartete Messias zu offenbaren, gewirkt hat. Mit den zu letzterem Zwecke gewirkten Wundern hat der Heiland allerdings zu Kana den Anfang gemacht, wie dies am geeigneten Orte von der Visionärin selbst auf tiefsinnige Weise erklärt wird; aber behaupten zu wollen, das Wunder zu Kana sei der Anfang aller und jeder Wunderwirkung Jesu, das – sagt Maldonat – wäre ebenso unglaublich wie die Behauptung, der erste Lehrvortrag Christi nach der Taufe sei seine erste Lehre überhaupt gewesen.

## *Jesus wandert nach Hebron in Judäa*

3. bis 22. Juni 1821:

Als Jesus von Kapharnaum über Nazaret nach Hebron reiste, kam Er in die Gegend, wo Er später viel Volk speiste und das Brot mehrte, auch in die Nähe jenes Berges und Ortes, wo Er nachmals einen Teil der Bergpredigt hielt. Diesem Berge etwa eine Stunde weit gegenüber an der Sonnenseite, wo alles so schön reift, war eben an einem sehr lustigen Ort, dicht an der Straße, ein Volksfest.

(Später bestimmt sie diesen Ort als das Bad bei dem Badesee von Bethulien, den man auch den Brunnen Kapharnaum nannte, im Landstrich Gennesaret.) Vorübergehend sah hier Jesus Männer und Frauen in getrennten Haufen Wettspiele halten; der Preis bestand in Früchten.

Da sah Jesus den Nathanael, der auch Chased hieß, bei den Männern unter einem Feigenbaum stehen, und da Nathanael, im Kampf gegen sinnliche Versuchung begriffen, nach dem Spiele der Frauen hinüberschaute, blickte ihn Jesus im Vorübergehen warnend an. Ohne Jesus zu kennen, fühlte sich Nathanael durch diesen Blick sehr gerührt; er dachte: Der Mann hat einen scharfen Blick. Es war ihm, als sei Er mehr als ein anderer Mensch. Er fühlte sich getroffen, ging in sich, besiegte seine Versuchung und wurde von nun an viel strenger gegen sich. Auch Nephtali, Bartholomäus genannt, meine ich hier gesehen zu haben, und dass Jesus auch ihn durch seinen Blick gerührt hat.

Maria blieb bei Maria Cleophä in Nazaret zurück, deren dritter Mann Jonas die Wirtschaft in Annas Hause führte. Jesus ging mit zwei seiner Jugendfreunde gegen Hebron in Judäa. Diese beiden blieben ihm nicht treu; sie wurden ihm Feind und haben sich erst wieder nach der Auferstehung bei seiner Erscheinung auf dem Berg Thebez in Galiläa bekehrt und sich der Gemeinde angeschlossen.

5. Juni: Ich habe hier Jesus in Bethanien bei Lazarus vorsprechen sehen. Lazarus sah viel älter aus als Jesus; er schien mir wohl acht Jahre älter. Er hatte eine große Hauswirtschaft mit vielen Leuten, Gütern und Gärten. Martha hatte ihr eigenes Haus, und eine Schwester namens Maria, die ganz für sich lebte, hatte auch ihre abgesonderte Wohnung. Magdalena lebte in Magdalum auf dem Schloss. Lazarus ist schon lange mit der Heiligen Familie bekannt, er hatte schon früher Joseph und Maria bei ihren vielen Almosen unterstützt. Ich sah auch deutlicher als je, wie viel Lazarus von Anfang bis zuletzt für die Gemeinde getan und wie der ganze Säckel, den Judas führte, und all die ersten Einrichtungen aus seinem Vermögen hervorgegangen sind. Jesus war auch im Tempel zu Jerusalem.

6. Juni: In Hebron ließ Jesus seine Gefährten zurück. Er sagte, Er wolle noch einen Freund besuchen. Zacharias und Elisabeth lebten nicht mehr. Jesus zog in die Wüste, wohin Elisabeth den Knaben Johannes gebracht hatte. Sie lag südlich zwischen Hebron und dem Toten Meer. Erst ging man über einen hohen Berg mit weißen Steinen und kam dann in ein liebliches Tal mit Palmbäumen. Dorthin sah ich Jesus gehen.

7. Juni: Jesus ist in der Höhle gewesen, in welche Johannes zuerst von Elisabeth gebracht wurde. Er hat dann einen kleinen Fluss überquert, über den Johannes auch gebracht wurde. Ich sah ihn einsam und betend, als bereite Er sich auf sein Lehramt vor.

8. bis 11. Juni 1821:

Ich sah Jesus aus der Wüste zurückkehren nach Hebron. Überall legte Er helfend Hand an. So sah ich, dass Er an einem breiten Wasser, es war Salzwasser, wahrscheinlich am Toten Meer, Leuten half, die auf einer Art Rost von Balken fuhren; man spannte auch wohl ein Zeltdach darüber. Es waren Menschen, Vieh und Gepäck darauf. Jesus rief ihnen zu und schob ihnen einen Balken vom Ufer an ihr Fahrzeug. Er half ihnen beim Landen heraus und stand ihnen beim Ausbessern des Fahrzeuges bei. Die Leute konnten nicht begreifen, wer Er sei; denn ohne durch seine Kleidung ausgezeichnet zu sein, war sein Wesen doch so wunderbar anmutig und würdevoll, dass die Leute sehr gerührt wurden.

Anfangs glaubten sie, Er sei Johannes der Täufer, der schon am Jordan erschienen war; aber sie sahen bald, dass Er es nicht war; denn Johannes war brauner und rauher von Gestalt. Zu Hebron hielt Jesus Sabbat. Er entließ dort seine Reisegefährten. Er ging in die Häuser zu Kranken, tröstete sie, tat ihnen Handreichungen, hob, trug, bettete sie; aber ich sah ihn nicht heilen. Seine Erscheinung war allen wohltätig und wunderbar. Ich sah ihn zu Besessenen gehen; sie wurden ruhig in seiner Nähe; doch trieb Er keine Teufel aus. Wo Er ging und wandelte, half Er überall, wo Hilfe nötig war. Er hob die Gefallenen auf, Er labte die Durstigen und leitete die Wanderer über Stege und Bäche, und alle staunten den liebevollen Reisenden an.

Samstag nachts verließ Er Hebron und kam am Sonntag früh an den Ausfluss des Jordans ans Tote Meer. Er schiffte hier über den Jordan und zog an der Morgenseite des Flusses nach Galiläa hinauf.

12. Juni: Ich sah Jesus in den letzten Tagen im Osten des Galiläischen Meeres zwischen Pella und der Gegend von Gergesa hinwandeln. Er macht kleine Reisen und hilft überall. Er geht zu allen Kranken, und selbst zu den Aussätzigen. Er tröstet, hebt und bettet sie, ermahnt sie zum Gebet, weist ihnen Pflege und Heilmittel an und wird von allen bewundert. Ich habe auch an einem Ort ein paar Leute gesehen, welche von der Prophezeiung Simeons und Hannas wussten und ihn fragten, ob Er dieser sei. Es begleiteten ihn gewöhnlich Leute aus Liebe von einem Ort zum anderen. Die Besessenen wurden in seiner Nähe ruhig. Ich sah ihn heute nacht an einem reißenden Flüsschen (Hieromax), welches unter dem Galiläischen Meer, nicht weit von jenem steilen Berg, von welchem Er später die Schweine ins Meer stürzte, in den Jordan fließt. An dem Fluss stand eine Reihe von kleinen Erdhütten, wie Hirtenhäuschen, worin sich Leute befanden, welche am Ufer Schiffe zimmerten, und diese Leute konnten sich nicht recht helfen. Ich sah Jesus zu ihnen kommen, ihnen freundlich raten, sah, dass Er Balken heranschleppte und an ihrer Arbeit mit Hand anlegte und ihnen allerlei Vorteile zeigte, und wie Er während der Arbeit sie zur Liebe und Geduld ermahnte usw.

20. Juni: Ich sah Jesus, seit ich ihn auf der Morgenseite des Galiläischen Meeres gesehen, noch mehrmals, habe es aber immer vergessen. Er kam wieder auf die Abendseite, und ich sah ihn heute nacht in einem auf ebener Höhe zwischen zwei Hügeln unweit Kapharnaum, Magdalum und Domna nordöstlich von Sephoris abseits liegenden kleinen Ort. Es war eine Synagoge dort. Sonst waren die Leute sehr vernachlässigt, doch nicht böse. Abraham besaß dort Weiden für sein Opfervieh, auch hüteten Joseph und seine Brüder dort herum, und Joseph ist in jener Gegend verkauft worden.

Der Ort heißt Dothaim und muss von Dothan, etwa vier Stunden von Samaria, unterschieden werden. Es war jetzt ein kleiner, wenig bewohnter Ort; aber guter Boden und viele Weiden zogen sich flach bis zum Galiläischen Meer. Es war hier ein großes Haus wie ein Irrenhaus, worin viele Besessene wohnten; sie waren ganz rasend und schlugen sich fast tot, als Jesus kam. Die Leute konnten sie gar nicht bändigen. Jesus ging zu ihnen hinein und sprach mit ihnen. Da wurden sie ganz ruhig. Er ermahnte sie, und sie gingen aus dem Haus ruhig in ihre Heimat. Die Einwohner waren hierüber sehr erstaunt, sie wollten Jesus nicht wieder weglassen, und man lud ihn zu einer Hochzeit ein. Ich habe alle die Hochzeitsgebräuche wie zu Kana gesehen. Er war bei dem Fest nicht anders als ein geehrter Fremder. Er redete freundlich und weise und ermahnte die Brautleute. Diese sind nachher bei der Erscheinung auf Thebez zu den Jüngern gekommen.

22. Juni: Heute sah ich unseren Herrn Jesus nach Nazaret zurück gekommen, und wie Er die Bekannten seiner Eltern im Ort herum heimsuchte, aber überall sehr kalt empfangen wurde. Ich sah heute nacht, dass Er in die Synagoge gehen wollte, um zu lehren, dass sie ihn aber abwiesen, und ich sah, dass Er auf offenem Markt vor vielen Menschen von dem Messias sprach, vor Sadduzäern und Pharisäern; der Messias werde anders sein, als sich jeder ihn nach seinem Gelüsten vorstelle; und Er sprach auch von Johannes dem Täufer, der Stimme in der Wüste. Es waren ihm aus der Gegend von Hebron zwei Jünglinge in langen Kleidern mit Gürteln, wie Priester, gefolgt. Ich sah sie hier, sie gingen aber nicht immer mit ihm. Er hielt hier den Sabbat.

### *Jesus und Maria ziehen von Nazaret nach Kapharnaum*

25. Juni: Ich sah Jesus und Maria, Maria Cleophä und auch die Eltern des Parmenas, überhaupt etwa zwanzig Menschen, Nazaret verlassen und gegen Kapharnaum ziehen. Sie hatten Esel mit Gepäck bei sich. Das Haus in Nazaret blieb ganz gereinigt und geschmückt zurück, und es war so ausgeräumt und mit wenigen Decken inwendig geordnet, dass es mir den Eindruck einer Kirche machte. Es blieb leer stehen. Der dritte Mann von Maria Cleophä hat aber noch Wirtschaft in Annas Haus, und es sind auch noch von ihren Söhnen dort herum, die für das Haus sorgen. Joses Barsabas der Jüngste war bei der Mutter gewesen und zog auch mit und kam

zur Fischerei; auch der kleine Simeon aus dritter Ehe war bei ihr. Ich sah in den folgenden Tagen Maria und Jesus in dem Hause zwischen Kapharnaum und Bethsaida. Maria Cleophä wohnte sehr nah, Parmenas' Eltern nicht weit entfernt.

28. Juni: Ich sah Jesus wieder wandelnd und in einem kleinen Ort in der Synagoge von der Taufe des Johannes, von der Nähe des Messias und von der Buße lehren. Die Leute murrten, ihn verachtend; und ich hörte einige sagen: «Vor drei Monden lebte sein Vater, der Zimmermann, noch; da arbeitete Er noch mit ihm; jetzt ist Er ein wenig in die Fremde gelaufen und kommt gleich wieder, um uns seine Weisheit zu lehren.» Ich dachte noch lächelnd, sie meinen, Er sei in die Fremde gegangen, in Wirklichkeit war Er in der Wüste, um sich vorzubereiten.

1. bis 4. Juli 1821:

(Sie sieht in diesen Tagen fortwährend alle Wege Jesu und Johannes'. Den Herrn sieht sie noch immer von Ort zu Ort wandeln und besonders da erscheinen, wo Johannes auf seinem Zug gewesen ist. Er geht in die Synagogen und lehrt und tröstet und hilft bei Kranken. Sie sah ihn auch in Kana, wo Er Verwandte hat, die Er besuchte und wo Er auch lehrte.

Sie sehe ihn noch nicht mit irgendeinem nachmaligen Jünger. Es sei gleichsam, als lerne Er erst die Menschen kennen und baue weiter auf dem, was Johannes in ihnen angeregt hat. Von einem Ort zum anderen begleite ihn manchmal ein guter Mensch.)

6. Juli: Ich sah heute vier Männer, worunter nachmalige Jünger Jesu waren, in der Gegend zwischen Samaria und Nazaret an der Landstraße an einem Schattenplatz auf Jesus warten, der mit einem Begleiter herankam. Sie gingen dem Herrn entgegen und erzählten ihm, dass sie von Johannes getauft worden seien, und wie er von der Nähe des Messias spreche. Sie erzählten auch, wie er mit den Soldaten so herb geredet und nur einige davon getauft habe. Er habe ihnen unter anderem gesagt, er könne ebenso gut Steine aus dem Jordan nehmen und sie taufen. Ich sah sie mit Jesus weiter wandeln.

11. Juli: In diesen Tagen sah ich den Herrn am Galiläischen Meer hinaufgehen gegen Mitternacht. Er sprach schon deutlicher vom Messias, und die Besessenen schrien an manchen Orten

hinter ihm her; auch trieb Er einen Teufel aus einem Mann aus. Er lehrte in den Schulen.

Es trafen ihn sechs auf dem Weg, die von Johannes' Taufe kamen, darunter war Levi, nachher Matthäus genannt, und zwei Söhne von den drei Witwen, aber nicht der Bräutigam Nathanael von Kana. Sie kannten Jesus durch Verwandtschaft und vom Hörensagen, ahnten auch wohl, Er könnte derjenige sein, von dem Johannes gesprochen, aber sie wussten es nicht sicher. Sie erzählten von Johannes und sprachen auch von Lazarus und seinen Schwestern, auch von Magdalena; sie müsse wohl auch einen Teufel haben. Sie wohnte schon auf dem Schloss. Sie zogen auch mit Jesus, dessen Reden sie bewunderten.

Die Täuflinge, welche aus Galiläa zu Johannes kamen, erzählten diesem immer, was sie von Jesus wussten und gehört hatten, und jene, die von Ainon, dem Tauforte des Johannes, zu Jesus kamen, erzählten ihm von Johannes.

Ich sah Jesus, wie Er ohne seine Begleiter am See in eine durch einen Zaun abgeschlossene Fischerstelle ging, wo fünf Schiffe lagen. Am Ufer waren mehrere Hütten, worin sich Fischer aufhielten. Petrus war der Besitzer dieser Fischerei; er war mit Andreas in den Hütten. Johannes und Jakobus und ihr Vater Zebedäus und mehrere andere waren auf den Schiffen.

Im mittleren Schiff war der Vater von der Frau des Petrus und drei Söhne desselben. Ich habe alle die Namen gewusst, aber wieder vergessen. Der Vater hatte auch den Namen Zelot, weil er einmal mit den Römern einen Streit über eine Schiffahrtsgerechtigkeit auf dem See gehabt und durchgeführt hatte; und daher hatte er den Namen erhalten. Es waren etwa dreißig Menschen auf den Schiffen.

Jesus ging zwischen den Hütten und den Schiffen den abgezäunten Uferweg und sprach mit Andreas und anderen; ich weiß nicht, ob auch mit Petrus. Sie kannten ihn aber noch nicht. Er sprach von Johannes und von der Nähe des Messias. Andreas war schon getauft und ein Jünger des Johannes. Jesus sagte ihnen auch, Er werde wieder zu ihnen kommen.

11. bis 26. Juli 1821:

Jesus wandte sich vom See und ging dann weiter gegen den Libanon hinauf, und zwar hauptsächlich wegen des vielen Geredes im ganzen Lande und der mancherlei Bewegungen. Viele hielten Johannes für den Messias, andere sprachen von einem anderen, auf den Johannes hinweise.

Es begleiteten Jesus etwa sechs bis zwölf Gefährten, welche sich unterwegs mehrten und minderten. Sie freuten sich an seiner Belehrung und hatten abwechselnd die Ahnung, Er müsse der sein, auf welchen Johannes hinwies. Jesus schloss sich keinem besonders an; Er war eigentlich einsam, aber Er säte und bereitete vor. Auf allen seinen Wegen sah ich mancherlei Bezug und Erfüllung von Wegen und Taten der Propheten, besonders des Elias.

Ich sah Jesus mit etwa zehn Begleitern über eine Höhe des Libanon gegen eine große Stadt, die dem Weltmeer entlang liegt, hinziehen. Es war von der Höhe ein unbeschreiblich schöner Anblick. Die Stadt schien ganz dicht am Meer zu liegen, wenn man aber in der Stadt selbst war, lag sie wohl noch dreiviertel Stunden vom Meer entfernt.

Sie war sehr groß und voll Getümmel, und wenn man von der Höhe hinab sah, war es, als sähe man auf eine unzählige Menge von Schiffen; denn auf all den vielen platten Dächern stand ein Wald von hohen Stangen und Gerüsten mit langen Fahnen von roten und anderem farbigen und ungefärbten Tuch bespannt und behängt, und dazwischen sah man ein Gewimmel von arbeitenden Menschen. Die Gegend umher war voll kleiner sehr fruchtbarer Orte; alles war voller Früchte. Es standen vor und in den Orten viele große Bäume, um welche Sitze herumliefen, andere, auf welche Treppen führten, so dass in den Zweigen ganze Gesellschaften, wie in Lusthäusern, sitzen konnten. Die Ebene, in der die Stadt zwischen dem Berge und dem Meer liegt, ist nicht sehr breit.

Es waren Heiden und Juden in der Stadt, die Handel miteinander trieben. Es war viel Abgötterei dort. Der Herr lehrte und predigte unterwegs in den kleinen Orten unter den großen Bäumen und sprach von Johannes und seiner Taufe und von Buße.

In der Stadt wurde Jesus gut aufgenommen. Er ist schon einmal dort gewesen. Er sprach in der Schule von der Nähe des Messias und der Verwerfung der Götzenbilder. Die Königin Jezabel, die den Elias so verfolgte, ist aus dieser Stadt gewesen.

Jesus ließ seine Begleiter in Sidon zurück und ging in einen kleinen, mehr mittäglich und vom Meer abgelegenen Ort. Er will sich dort etwas zum Gebet absondern. Die Stadt ist auf der einen Seite ganz von Wald umgeben; sie hat dicke Mauern, und es liegen Weinhügel umher. Es ist Sarepta, wo Elias von der Witwe gespeist wurde. Ich sah dies ganze Bild. Die Juden hatten nachher einen Aberglauben und auch die Heiden; sie ließen in den Mauern um die Stadt immer fromme Witwen wohnen und meinten, sie seien dann gänzlich von allen Gefahren bewahrt und könnten auch in der Stadt alle Laster sicher treiben. Jetzt wohnten alte Männer dort. Jesus wohnte in dem Hause in der Mauer, wo die Witwe gewohnt hat, bei einem alten Mann. Es sind diese alten Leute eine Art Einsiedler. Jesus lehrte sie vom Messias und von Johannes. Er ging auch in die Synagoge, lehrte die Kinder und hielt hier den Sabbat.

14. Juli: Jesus wird noch eine Zeit hier oben bleiben und dann zur Taufe des Johannes gehen. Er hält sich hauptsächlich bei alten frommen Juden in den Mauern von Sarepta auf, welche dort aus einer alten Gewohnheit und Verehrung des Elias leben und sich mit der Betrachtung und Auslegung der Prophezeiungen und mit Gebet um den Messias beschäftigen. Jesus lehrt sie vom Messias und von der Taufe des Johannes. Sie sind fromm, haben aber doch viele verkehrte Ideen, z.B. der Messias müsse mit weltlicher Herrlichkeit kommen. Jesus geht oft in den Wald bei Sarepta und betet allein. Er lehrt in der Synagoge und beschäftigt sich auch damit, die Kinder zu unterrichten.

An den folgenden Tagen sah ich Jesus auch in Orten umher lehren, wo viele Heiden waren. Er ermahnte die Leute, sich nicht mit den Heiden zu vermischen. Es waren teils gute Leute hier, teils sehr schlechte. Er ist ohne andere Begleiter, nur dann und wann mit Leuten aus der dortigen Gegend. Ich sehe ihn vor Männern und Frauen im Freien oft auf kleinen Hügeln und unter Bäumen lehren. Die Jahreszeit ist hier so, dass ich immer meine, wir seien im Mai, weil im Gelobten Land die Saat zur zweiten Ernte jetzt so steht, wie bei uns im Mai.

Das Getreide wird hier nicht so kurz am Boden abgeschnitten; sie fassen es oben unter den Ähren mit der Hand und schneiden es etwa eine Elle lang ab. Sie dreschen nicht. Es stehen die kleinen Garben aufrecht, und es wird eine Walze zwischen zwei Ochsen darüber gezogen. Es ist das Getreide viel trockener als hier und fällt sehr leicht aus. Es geschieht dies unter freiem Himmel, oder auch unter einer rings offenen, nur mit einem Strohdach versehenen Scheune.

In den letzten Tagen sah ich Jesus von Sarepta aus nordöstlich nach einem Ort gehen, der nicht weit von dem Schlachtfeld lag, auf welches, im Geist entrückt, Ezechiel das Gesicht hatte, dass die Totengebeine auf einem großen Felde sich ordneten, Adern und Fleisch gewannen, und wie ein Wehen kam und ihnen Geist und Leben einblies. Ich erhielt die Erklärung, das Sichsammeln und mit Fleisch Bekleiden der Gebeine sei durch die Taufe und Lehre des Johannes erfüllt, der eingehauchte Geist aber und das Leben erfülle sich durch Jesu Erlösung und die Sendung des Heiligen Geistes.

Jesus tröstete die Leute hier, die sehr verkommen und niedergeschlagen waren, und erklärte ihnen auch das Gesicht Ezechiels.

Von hier wandte Er sich noch weiter nördlich bis in die Gegend, wohin Johannes, aus der Wüste kommend, zuerst hingelangt war. Es ist ein kleiner Hirtenort, in dem Noemi mit ihrer Tochter Ruth sich einmal längere Zeit aufgehalten hat. Sie hatte einen so guten Ruf, dass unter den Leuten noch von ihr die Rede ist. Nachher wohnte sie in Bethlehem.

Der Herr lehrte hier sehr eifrig. Es naht sich die Zeit, dass Er mittäglich zieht und dann zu seiner Taufe nach Samarien. Jakob hatte auch Felder hier oben. Durch den Hirtenort läuft ein Flüsschen, hinter welchem sehr hoch oben der Wüstenbrunnen des Johannes lag. Bei diesem Brunnen fiel der Weg sehr steil ab zum Schlachtfeld des Ezechiel; es geht so tief hinab wie da, wo Adam und Eva aus dem Paradies hinunter getrieben wurden.

Die Bäume wurden auf ihrem Wege immer kleiner und krüppelhafter; dann kamen sie ins Gebüsch, und alles um sie wurde wüst und verunstaltet. Das Paradies war so hoch wie die Sonne und ging unter, wie hinter einem Berg, der aufzusteigen schien.

Der Heiland zieht auf demselben Weg, den auch Elias gewandelt, da er vom Bache Chrit nach Sarepta gegangen. Er ist wieder auf dem Rückweg vom Hirtenort nach Sarepta. Er lehrt hier und da auf seinem Weg und geht an Sidon vorüber. Von Sarepta wird Er nun bald mittäglich zur Taufe ziehen. In Sarepta hält Er noch den Sabbat.

### *Jesus auf dem Rückweg nach Nazaret – Blick auf Maria und die heiligen Frauen*

27. bis 29. Juli 1821:

Am Schluss des Sabbat ist Jesus von Sarepta nach Galiläa gegen Nazaret zu fortgezogen. Er lehrte hier und da, zuletzt sah ich ihn auf einem Hügel lehren.

(Sie sagte noch einmal:) Jesus ist auf dem Wege von Sarepta nach Nazaret. Er lehrt hier und da und wird manchmal begleitet oder wandert auch allein die Nacht hindurch. Er geht jetzt ganz barfuß und hat seine Sohlen bei sich, die Er anlegt, wenn Er in einen Ort kommt. Er weilt jetzt in den Tälern gegen den Berg Karmel zu. Er war einmal dem Weg ganz nahe, der aus dieser Gegend nach Ägypten führt, hat sich aber jetzt gegen Morgen gewandt. Ich meine, Er geht nach Nazaret, dann nach Samaria und dann zur Taufe. Es mag bis dahin noch ein paar Wochen dauern.

Die Mutter Gottes, Maria Cleophä, die Mutter des Parmenas und noch zwei Frauen sind auch gegen Nazaret unterwegs. Das ganze Haus Marias steht noch ganz still und ordentlich; ich sehe die Kammer, worin sonst Jesus schlief und betete.

Auch von Jerusalem sind Frauen nach Nazaret unterwegs. Seraphia (Veronika), Johanna Chusa und noch eine, wie heißt sie doch?, und der Sohn von Veronika, der nachmals zu den Jüngern kam. Sie gehen zu Maria, glaube ich. Sie sind schon mit ihr bekannt von den jährlichen Reisen nach Jerusalem.

Es sind drei Orte, wo die frommen Familien und Maria und Joseph im Jahr ihre Andacht verrichten: in Jerusalem im Tempel, auch in Bethlehem bei dem Terebinthenbaum, an einem Ort, wo etwas aus dem Alten Testament gefeiert wird; ich weiß nicht mehr, was[3], und auf dem Berge Karmel war auch ein Ort der Andacht. Die Familie Annas und andere fromme Leute gingen auch dorthin, gewöhnlich im Mai, wenn sie von Jerusalem zurückkamen. Es war dort etwas mit Elias geschehen, was auf den Messias Bezug hat. Ich habe es jetzt nicht genau in der Erinnerung; ich meine aber, er hat ein Gesicht von einer großen, weiblichen Gestalt gehabt, etwas, das sich auf die heilige Jungfrau bezog. Es war auch ein Brunnen und eine Höhle von ihm da, wo der Stein weich war; sie war wie eine Kapelle. Es kamen immer zu bestimmten Zeiten andächtige Juden hierher, welche nach dem Messias flehten; es waren auch einsiedelnde Juden und später Christen hier.

30. Juli: Ich war heute nacht und bin noch den Tag über in der Gegend des Berges Tabor, an dessen Abendseite Jesus in einem Städtchen ist und in der Schule von der Taufe des Johannes lehrt. Es sind fünf Begleiter bei ihm, auch sind nachmalige Jünger dabei. Ich wusste auch einige Namen. Ich habe die Gegend und den ganzen Berg sehr schön gesehen. Die Mutter Gottes und die anderen Frauen sind in Nazaret; auch Veronika, die früher mit ihren Gefährten aus Jerusalem gekommen und die heiligen Frauen in Kapharnaum abgeholt hat. Es ist Johanna Chusa bei ihr und eine Schwestertochter der Prophetin Hanna, die am Tempel dient, und Veronikas Sohn, der später nach Frankreich kam.

### *Das Synedrium sendet Briefe gegen Jesus an die Synagogen – Blick auf Gaza, Nazaret, Karmel*

1. August: Ich habe gesehen, dass das Synedrium von Jerusalem Briefe mit Boten nach allen Hauptorten des Gelobten Landes, wo Jugendschulen und Vorsteher waren, hinschickte und ihnen anzeigte, achtzuhaben auf einen, von dem der Täufer gesagt, Er sei der, der da kommen solle, und er werde zu seiner Taufe kommen.

Sie sollten achten auf einen solchen Menschen und vom Wesen berichten; denn wenn Er der Messias sei, so brauche Er Johannes' Taufe nicht. Sie waren nämlich sehr verdrossen, sie hatten gehört, Er sei derselbe, der als Knabe im Tempel gelehrt und dergleichen.

Ich sah, dass diese Boten auch nach einer Stadt gingen. Sie lag vom Weg bei Hebron vier Stunden ab am Meer in der Gegend, wo die Kundschafter von Aaron und Moses die großen Trauben fanden.

Die Stadt heißt Gaza. Ich sah auch Gaza, wie es lange nachher war, vielleicht wie es jetzt dort ist. Ich sah wenige Häuser und nur noch alte Fundamente; ich sah aber eine sehr lange Reihe von Zelten bis zum Meer hin errichtet, worunter viele Gewänder und Seide zum Verkaufen vorhanden waren.

Vom alten Nazaret steht schier nichts mehr, aber die Berge kann man beinahe noch kennen; nur ist alles sehr unwegsam, vom Regen ausgewaschen und eingestürzt. Es sind da Felsen ganz nackt und so weit überhängend, dass man erschrickt, wenn die Leute oben gehen. Die Fruchtbarkeit gibt es noch da und sehr viele wilde Tiere, besonders viele Tauben; alle Häuser und Weinberge sind mit Turteltauben, wilden Tauben, die so groß sind wie unsere zahmen, bedeckt. Auf dem Berg Karmel sind noch viele Höhlen, wo Einsiedler wohnen; auch gibt es dort ein Kloster. Ich habe gestern in der Nacht viel von dem Berge gesehen. Die Einsiedler sind jetzt dort sehr betrübt und beten sehr, denn es ist nicht weit davon ein Aufruhr zwischen Türken und einem anderen Volk, nicht weit vom Libanon.

### *Jesus kommt nach Nazaret und Bethsaida*

4. August: Jesus, von fünf Jüngern begleitet, lehrte hier und da bis in die Gegend vom Brunnen Jakobs und hielt dort umher den Sabbat. Es scheint mir, Er werde bald nach Nazaret kommen. Die heiligen Frauen sind dort.

5. August: Ich sah Jesus aus der Gegend des Brunnens Jakobs mit seinen fünf Begleitern gegen Nazaret zurückkehren. Die heili-

ge Jungfrau ging ihm entgegen. Da sie aber sah, dass Er Begleiter bei sich hatte, blieb sie entfernt und kehrte in den Ort zurück, ohne ihn zu begrüßen. Ich bewunderte ihre Rücksichtnahme. Ich sah Jesus hier in der Schule lehren. Die heiligen Frauen waren dabei zugegen.

7. August: Ich kam nach Nazaret und sah Jesus mit den fünf Jüngern und etwa zwanzig seiner Jugendgenossen aus Nazaret und vielem Volk in der Synagoge. Die heiligen Frauen waren nicht zugegen. Er lehrte. Ich hörte die Zuhörer murren und flüstern, Er wolle jetzt vielleicht den von Johannes verlassenen Taufort einnehmen und dort taufend sich auch für dergleichen ausgeben. Es sei aber anders mit ihm beschaffen. Johannes sei in der Wüste gewesen, ihn aber kennten sie wohl. Er solle sie nicht anführen.

Nachdem ich dies ein wenig betrachtet hatte, wurde ich zu Johannes dem Täufer geführt.

9. August: Ich sah, dass Jesus die Absicht hatte, mit ein paar Begleitern Nazaret zu verlassen, um gegen Bethsaida zu gehen, wo Er noch einige durch seine Lehre erwecken wollte. Die heiligen Frauen und andere Begleiter Jesu blieben noch in Nazaret. Ich sah Jesus im Hause seiner Mutter, wo auch die anderen Freunde versammelt waren. Er erklärte ihnen, weil Unfriede und Murren in Nazaret über ihn entstanden sei, so wolle Er nach Bethsaida gehen und wieder zurückkehren. Ich sah ihn mit drei Jüngern das Haus verlassen. Es waren dabei der Sohn Veronikas, Amandor, ein Sohn von einer der drei mit Jesus verwandten Witwen, sein Name klang wie Sirach, und ein Verwandter des Petrus, ein nachmals bekannter Jünger.

10. August: (Da am 11. August das Fest der hl. Märtyrin Susanna war und die Erzählende eine Reliquie derselben bei sich hatte, so sah sie sich von derselben die ganze Nacht hindurch durch alle Bilder ihres Reiseweges begleitet. Sie sagte hierüber:) Susanna reiste mit mir, war immer neben mir, sprach auch mit mir. Sie war aber anders als ich, ganz leicht, und wenn ich sie anfassen wollte, konnte ich es nicht. Von einem Bilde der Nacht zum anderen war ich mit ihr unterwegs, und sie gab mir Trost; wenn ich aber in das bestimmte Bild, wie z.B. hier in Bethsaida einging, verschwand sie.

Ich sah Jesus zu Bethsaida am Sabbat in der Synagoge lehren, sehr kräftig. Er sagte, sie sollten die Erkenntnis nun annehmen, zur Taufe des Johannes gehen und sich durch Buße reinigen. Es werde sonst eine Zeit kommen, wo sie «Wehe» schreien würden. Es waren viele Leute in der Synagoge; aber keiner der nachmaligen Apostel, außer, wie ich glaube, Philippus. Die anderen Apostel aus Bethsaida und der Gegend waren anderswo zum Sabbat. Sie hielten sich in einem Haus bei der Fischerstelle in der Nähe von Kapharnaum auf.

Ich hatte bei der Lehre Jesu in Bethsaida gebetet, dass die Leute doch zu Johannes' Taufe gehen und sich recht bekehren möchten; darauf kam ich in ein Bild. Ich sah, als sei Johannes der Vorbereiter, der das Rohe, Grobe von den Leuten abwusch. Ich sah ihn so stark und emsig, so hart und fest darauf zuarbeiten und wie ihm das Fell bald von der einen, bald von der anderen Schulter abfiel. Es muss dies nur ein Sinnbild gewesen sein; denn ich sah es von einzelnen Täuflingen wie Schuppen abfallen, von anderen wie schwarze Dampfwolken wegziehen und auf viele lichte, glänzende Wolken niedersinken.

Aus diesem Bild kam ich wieder in Begleitung der hl. Susanna in ein anderes Bild von Maria in Ephesus.

### *Jesus zieht nach Kapharnaum*

12. August: Ich sah Jesus und seine Begleiter zwischen Bethsaida und Kapharnaum, wo das Haus war, darin Er wohnte, hinziehen. Sie gingen hin und wieder in die zerstreut liegenden Häuser und riefen die Leute zur Lehre. Es kamen viele zusammen, und Jesus hielt eine große Lehre; ich sah keinen Apostel dabei.

(Folgendes erzählte sie sehr ruhig im sehenden Zustand, als gehe es vor ihren Augen vor sich, wurde aber durch Störung unterbrochen:)

13. August: Ich habe Jesus soeben in Kapharnaum selbst nach der Schule gehen sehen. Er geht so gerade und stracks hin, als sei Er ganz unbekannt. Die drei Jünger gehen zunächst um ihn.

Es folgen viele Scharen von allen Seiten. Es sind auch von den Fischern dabei.

Ich sehe Petrus und Andreas und andere und sonst viele, welche schon des Johannes Taufe empfangen hatten. Sie hatten Jesus wohl schon gesehen; Er hatte vor seiner Reise nach Sidon am See mit ihnen gesprochen. Nun hatten sie auch teils aus anderen Gegenden, teils aus seiner letzten Lehre in Bethsaida von ihm gehört.

Die Leute zu Kapharnaum waren recht froh und begierig, was das für eine neue Lehre werde. Die Schule ist schön in Ordnung. Jesus steigt an einer Seite des Saales auf Stufen in die Höhe zu dem Redeplatz, und es kommen so viele Leute dicht um ihn, dass Er noch immer höher steigt... (Hier wurde sie unterbrochen.)

15. August: Jesus hat Kapharnaum verlassen; ich sah ihn zwei Stunden (südlich) davon vor vielen Leuten lehren. Es waren nur die drei Jünger bei ihm. Die nachmaligen Apostel, die ihn in Kapharnaum gehört hatten, waren, ohne dass Er einzeln mit einem gesprochen hätte, wieder zum See zurückgekehrt. Er lehrte auch hier von des Johannes Taufe und der erfüllten Verheißung.

16. August: Jesus zog gestern und heute hier und da lehrend südlich durch Niedergaliläa, in Richtung Samaria. Ich weiß nicht mehr, wo Er den Sabbat hielt.

19. August: Jesus war zum Sabbat in einer Schule zwischen Nazaret und Sephoris. Es waren die heiligen Frauen von Nazaret zugegen. Auch die Frau des Petrus und die Frauen einiger anderer von den nachmaligen Aposteln.

Von diesen waren auch mehrere zum Sabbat gekommen, die des Johannes Taufe empfangen hatten.

Der Ort bestand nur aus einigen Häusern und einer Schule und lag durch eine Feldmarkung von dem ehemaligen Haus Annas getrennt. Ich weiß nicht, war dieses jetzt bewohnt?

Von den nachmaligen Aposteln waren Petrus, Andreas, Jakobus Minor (der Jüngere), Philippus und sämtliche Johannesjünger da, um ihn zu hören. Philippus war auch von Bethsaida; er war ziemlich fein und hatte auch mit Schreiberei zu tun. Bei den Frauen war die Frau eines Bruders von der Frau des Petrus. Jesus hielt sich hier gar nicht auf; Er nahm keine Mahlzeit, Er lehrte nur. Die Apostel haben wahrscheinlich den Sabbat in der Nähe gefeiert;

denn die Juden besuchen öfters andere Orte zum Sabbat, und sind dann, von Jesu Anwesenheit hörend, über diesen Ort gezogen. Jesus sprach noch nicht gesondert mit ihnen.

### *Jesus in Sephoris, Bethulia, Kedes und Jezrael*

19. August bis 2. September 1821:

Jesus mit den drei Jüngern sah ich nach Sephoris, vier Stunden von Nazaret, über einen Berg gehen. Er kehrte bei seiner Großtante, Annas jüngster Schwester Maraha ein; sie hatte eine Tochter und zwei Söhne. Ich sah sie in langen, weißen Kitteln im Hause herumgehen; sie heißen Arastaria und Cocharia und sind, glaube ich, später zu den Jüngern gekommen.

Die heilige Jungfrau, Maria Cleophä und andere Frauen sind auch hierher gewandelt. Jesus wurden die Füße gewaschen. Es war auch eine Mahlzeit. Er schlief im Hause Marahas; es war dieses das Wohnhaus von Annas Eltern in Sephoris. Sephoris ist eine große Stadt. Es sind drei Gemeinden dort, Pharisäer, Sadduzäer und Essener; sie haben drei Schulen.

Diese Stadt hat oft im Kriege viel gelitten. Heutzutage ist fast nichts mehr davon übrig.

22. August: Vorgestern und gestern lehrte Jesus hier. Auch heute am Abend sah ich, dass Jesus in der Synagoge lehrte und zur Taufe aufforderte.

Die Frauen standen zurück, aber auf einer erhöhten Tribüne. Ich sah Jesus in zwei Synagogen hier lehren, in einer höheren, größeren und in einer kleineren. In der größeren waren die Pharisäer, und sie waren unwillig und murrten wider Jesus. Die Frauen waren bei dieser Lehre zugegen. In der kleineren Synagoge gab es keinen Frauenplatz; hier wurde Jesus freundlich behandelt. (Wahrscheinlich war dies die Schule der Essener.)

Einer der drei Jünger, welche in dieser Zeit mit Jesus zogen, der Sohn einer der drei Witwen, hieß Eustachius. Er war ein Essener. Ich sehe soeben, wie er aus einer Höhle des Karmel zu Jesus zieht. Dies ist ein Bild, um mir zu zeigen, wer er ist.

23. August: Ich sah Jesus in der Schule der Sadduzäer zu Sephoris lehren. Ich sah da eine wunderliche Sache: Es waren in Sephoris sehr viele dämonische Leute, Irrsinnige und andere Wahnsinnige und Besessene. Sie wurden in einer Schule neben der Synagoge unterrichtet, und wenn in der Synagoge Lehre und Gebet der vernünftigen Leute war, mussten sie auch hinein. Sie standen hinter den anderen in einer eigenen Halle und mussten der Lehre zuhören. Es standen aber Zuchtmeister zwischen ihnen mit Geißeln, von denen jeder mehr oder weniger unter sich hatte, je nachdem sie mehr oder weniger bösartig waren.

Ich sah diese, ehe Jesus in die Schule kam, während der Lehre der Sadduzäer die Gesichter verzerren und Konvulsionen bekommen, und sah, dass die Zuchtmeister sie dann mit Geißelhieben wieder zur Ruhe brachten. Als Jesus kam, wurden sie anfangs ganz ruhig, nach einer Weile aber fing hier und da einer an zu sprechen: «Das ist Jesus von Nazaret, in Bethlehem geboren, von Weisen aus Morgenland besucht usw. Bei Maraha ist seine Mutter usw. Er fängt eine neue Lehre an, da muss man nicht leiden usw.»

So schrien diese irrsinnigen Menschen das ganze Leben Jesu aus, was bis jetzt mit ihm geschehen war. Bald fing dieser, bald jener an, und die Geißelhiebe der Zuchtmeister halfen nichts. Sie schrien bald alle zusammen, und die Störung war allgemein.

Da sagte Jesus, man solle sie zu ihm vor die Synagoge führen, und sandte zwei Jünger in die Stadt, alle solche Leute, welche noch drinnen waren, herauszubringen, und bald war eine große Menge, wohl an fünfzig solcher Leute, um ihn und um diese her wieder eine große Menge Volk.

Die Irrsinnigen fuhren aber immer mit ihrem Geschrei fort. Da sagte Jesus: «Der Geist, der dieses aus euch spricht, ist von unten und soll wieder nach unten fahren», und in demselben Augenblick wurden alle ruhig und geheilt, und ich sah mehrere auf die Erde stürzen.

Ich sah auch einen großen Aufruhr über diese Genesung in der Stadt ausbrechen. Ich sah Jesus und die Seinigen in großer Gefahr. Der Aufruhr war so groß, dass der Herr in ein Haus entwich und in der Nacht die Stadt verließ. Auch seine drei Jünger und Cocharia und Arastaria, die Söhne von Annas Schwester und die heiligen

Frauen begaben sich aus der Stadt. Die Mutter Jesu war in großer Betrübnis und Angst, weil sie ihn hier zum ersten Mal gewaltsam verfolgt sah. Sie hatten sich vor der Stadt unter Bäumen einen Sammelplatz bestimmt.

Die hier von Jesus Geheilten gingen meistens zu des Johannes Taufe, und sie waren es hauptsächlich, welche hier später Jesus anhingen.

24. August: In der Nacht des Donnerstag zerstreut aus Sephoris geflüchtet, sammelten sich die drei Jünger und Arastaria und Cocharia, die Söhne von Annas Schwester, wieder zu dem Herrn unter Bäumen auf dem Wege nach Bethulia, wo sie hinzogen und wohin auch Jesu Mutter und die heiligen Frauen sich begeben hatten.

Bethulia ist die Stadt, bei deren Belagerung Judith den Holofernes umgebracht hat. Sie liegt mittäglich gegen Morgen von Sephoris auf einem Berg; man kann weit umhersehen. Es ist nicht weit von da nach Magdalenas Schloss in Magdalum, welche damals recht im Wohlleben war.

In Bethulia ist ein Schloss; der Ort ist brunnenreich. Ich meine, Josephs Brunnen sei nicht sehr weit. Bei Magdalum fällt mir ein, dass Lazarus auch bei Sichem, wo Jakob ein Feld hatte, ein Stück Land besaß. Ich sah Jesus und seine Jünger vor Bethulia eine Herberge beziehen. Hier kamen Maria und die heiligen Frauen wieder zu ihm. Ich hörte aber, dass hier die heilige Maria zu Jesus sagte, sie bitte ihn, doch hier nicht wieder zu lehren, es sei ihr so bange, es möge nochmals ein Aufstand entstehen. Jesus erwiderte, Er wisse, was Er zu erfüllen habe. Maria aber sagte zu ihm: «Sollen wir denn jetzt nicht zu Johannes' Taufe gehen?»

Da antwortete ihr Jesus ernsthaft: «Warum sollen wir jetzt zu Johannes' Taufe gehen? Haben wir es nötig? Ich werde noch gehen und sammeln und werde es sagen, wenn es nötig ist, zur Taufe zu gehen.» Maria schwieg wie zu Kana. Ich habe gesehen, dass die heiligen Frauen aber erst nach Pfingsten am Teich Bethesda getauft wurden. Die heiligen Frauen kehrten in Bethulia ein. Jesus lehrte den Sabbat in Bethulia.

25. August: Ich sah Jesus hier gut aufgenommen. Ich sah, dass Er zu lehren in die Synagoge ging und dass auch viele Leute aus der Gegend gekommen waren, ihn zu hören. Ich sah auch hier

sehr viele Irrsinnige und Besessene auf dem Weg vor der Stadt und hier und da auf der Straße, wo Jesus vorüberging, in ihren Anfällen ruhig und von denselben befreit werden, und ich sah, dass die Leute hier und da sagten: «Dieser Mann muss eine Kraft wie die alten Propheten haben, dass diese Unglücklichen ruhig bei seiner Erscheinung werden»; denn diese Leute fühlten, dass Er ihnen geholfen hatte, wenngleich Er nichts an ihnen tat, und sie nahten ihm in der Herberge, um ihm zu danken. Er lehrte und mahnte, zu Johannes' Taufe zu gehen, und sprach sehr streng, jetzt ganz nach Art des Johannes.

26. August: Ich sah, dass die Leute in Bethulia Jesus und die Seinigen sehr wert hielten. Sie wollten ihn nicht vor der Stadt wohnen lassen, und mehrere stritten darum, wer ihn in seinem Haus haben sollte, und die, welche Jesus nicht als Gast hatten, wollten einen der fünf Jünger aufnehmen, die bei ihm waren. Sie blieben aber bei Jesus, und Er versprach den Leuten, mit seiner Herberge bei ihnen zu wechseln.

Ihre große Bemühung und Liebe für Jesus war aber nicht ganz absichtslos, und Jesus hielt ihnen das auch in seinen Lehren in der Synagoge vor. Sie hatten eine Nebenabsicht: Sie wollten sich durch das Anhalten an den neuen Propheten für ihre Stadt eine gewisse Achtung verschaffen, die sie verloren hatten, ich weiß nicht mehr wodurch, ich glaube durch Handel, Verkehr oder Vermischung mit Heiden. Es war also keine reine Liebe zur Wahrheit in ihnen.

27. August: Jesus ist heute von Bethulia weggezogen. Ich sah ihn in einem Tal bei einer Herberge unter Bäumen lehren. Es sind ihm nur die fünf Jünger und noch etwa zwanzig Leute gefolgt. Ich sah sie bei ihm. Die heiligen Frauen waren schon früher voraus, ich meine nach Nazaret zu. Ich sah ihn Bethulia verlassen, weil Er zu viel bedrängt wurde. Es waren sehr viele Kranke und Besessene aus der Gegend zusammengekommen, und Er wollte jetzt noch nicht so öffentlich heilend auftreten. Er ging so, dass Er das Galiläische Meer im Rücken hatte.

28. August: Ich sah Jesus noch in keiner Stadt, sondern den ganzen Tag hindurch in einem Tale unter Bäumen an einem alten Lehrplatz der Essener oder Propheten lehren. Es war da ein er-

höhter Rasensitz, von kleinen Wällen zum Ruhen und Anhören umgeben. Es waren etwa dreißig Menschen um Jesus.

Am Abend sah ich den Herrn mit seinen Begleitern eine Stunde von Nazaret an dem kleinen Ort und der Synagoge angekommen, wo Er neulich war, ehe Er nach Sephoris ging. Die Leute empfingen ihn sehr freundlich. Er wurde in einem größeren Haus mit einem Hof aufgenommen. Man wusch ihm und den Jüngern die Füße; man nahm ihnen die Reisekleider ab, reinigte sie durch Ausklopfen und Streichen und bereitete ihnen ein Mahl. Jesus lehrte in der Synagoge. Die Frauen waren in Nazaret.

Ich sah Jesus und seine Jünger am Donnerstag, dem 30. August, zwei Meilen von dem vorigen Ort bei Nazaret in einer Levitenstadt Kedes oder Kision (Jos 21,28) genannt. Als Jesus in die Gegend kam, folgten ihm wieder etwa sieben Besessene, welche noch deutlicher als die in Sephoris seine Sendung und Geschichte ausriefen. Es kamen ihm aber aus der Stadt alte Priester und Jünglinge mit langen, weißen Kleidern entgegen, denn es waren schon vor ihm einige von seiner Begleitung in die Stadt gekommen.

Jesus heilte die Besessenen hier nicht, und sie wurden von den Priestern in ein Haus gesperrt, um keine Störung zu machen. Ich habe auch erkannt, dass Jesus sie später nach seiner Taufe geheilt hat. Der Herr wurde hier ganz gut aufgenommen und bewirtet. Da Er aber lehren wollte, fragten sie ihn, welchen Beruf Er dazu habe, welche Sendung, da Er doch Josephs und Marias Sohn sei. Ich hörte da Jesus ausweichend sagen, wer ihn gesendet habe und wessen Er sei, der werde es kund tun bei seiner Taufe. Er lehrte noch vieles hiervon und von der Taufe des Johannes auf einem Hügel mitten in dem Ort, wo wie bei Thebez auf dem Hügel ein Lehrraum bereitet war, doch nicht ganz unter freiem Himmel, sondern unter einem Zelt oder Schuppen mit Binsen gedeckt. Es lag dieser Ort von vielen anderen Orten umgeben. (Sie erkennt die Namen Kesiloth, Cäsarea am Meer usw.; der Herr habe hier übernachtet.)

31. August: Jesus ging heute durch eine Hirtengegend, wo Er später, ich meine nach dem zweiten Pascha, einen Aussätzigen geheilt hat. Er lehrte in verschiedenen kleinen Orten. Am Abend zum Sabbat kam Jesus mit seinen Begleitern nach Jezrael, einem

durch Gärten, alte Gebäude und Türme unterbrochenen Ort. Es führt eine Heerstraße durch, Königsstraße genannt. Es waren mehrere seiner Begleiter vorausgegangen. Er ging mit etwa dreien.

Es wohnten in diesem Ort strengere Beobachter des jüdischen Gesetzes; es waren keine Essener, man nannte sie Nasiräer. Diese hatten auf kürzere oder längere Zeit Gelübde getan und lebten in mancherlei Enthaltung. Sie hatten eine große Schule und allerlei Häuser inne. Die Junggesellen lebten in einem Hause zusammen, die Jungfrauen ebenso in einem anderen; die Verheirateten taten auch auf längere Zeit Gelübde der Enthaltsamkeit, und dann schliefen die Ehemänner in einem Haus bei dem Junggesellenhaus, die Frauen am Jungfrauenhaus. Diese Leute waren alle in grau und weiß gekleidet. Ihr Vorsteher hatte ein langes, graues Kleid mit Quasten an, auf welchem unten weiße Früchte eingestickt waren. Er trug einen grauen Gürtel mit weißen Buchstaben; um den einen Arm eine Binde von einem gedrehten, dicken, grau und weiß, wie geflochtenem Zeug, so dick wie eine gedrehte Serviette. Es hing ein kurzes Ende mit Troddeln herunter. Der Vorsteher hatte einen Kragen oder ein Mäntelchen um, ungefähr wie Argos, der Essener; aber es war auch grau und hinten statt vorn geöffnet. Vorne war ein blanker Schild darauf befestigt, und hinten war es wie genestelt oder geschnürt. Auf den Schultern hingen geschlitzte Lappen. Die Leute trugen eine gewulstete, schwarz glänzende Mütze; vor der Stirn waren Worte eingedrückt, oben auf dem Kopf vereinigten sich drei Bügel in einem Knopf oder Apfel. Dies und die Ränder der Mütze waren weiß und grau. Die Leute hatten lange, dichte, krause Haare und Bärte.

Ich habe mich besonnen, wen ich doch unter den Aposteln ihnen so ähnlich kannte. Es fiel mir endlich Paulus ein, der trug die Haare und Kleidung auf ihre Art, da er die Christen noch verfolgte. Auch nachher sah ich ihn mit Nasiräern. Er war einer von ihnen. Sie ließen ihre Haare wachsen, bis ihr Gelübde vollendet war, dann schnitten sie sie ab und opferten sie im Feuer; auch Tauben opferten sie. Einer konnte in das Gelübde des anderen eintreten. Jesus feiert den Sabbat mit ihnen. Jezrael ist durch ein Gebirge von Nazaret getrennt. Es ist nicht weit von hier ein Brunnen, wo einmal Saul mit seinem Heer lag.

1. September: Jesus lehrte am Sabbat von der Taufe des Johannes. Er sagte auch, die Frömmigkeit sei schön, die Übertreibung sei gefährlich, die Wege zum Heile seien verschieden, und die Absonderung in der Gemeinde werde leicht zur Sekte; man sehe mit Stolz auf die armen Brüder herab, die nicht nachkämen, und von den Stärkeren doch gefordert werden sollten. Es war diese Lehre hier nötig; denn an den äußeren Enden des Ortes lebten Leute, welche sich mit Heiden vermischt hatten, und sie waren ohne Führung und Anregung, weil die Nasiräer sich absonderten. Jesus besuchte auch diese Leute in ihren Wohnungen und rief sie zur Lehre und lehrte von der Taufe.

Ich sah Jesus am 2. September noch bei einem Mahl im Haus der Nasiräer. Sie sprachen von der Beschneidung im Verhältnis zur Taufe. Da habe ich Jesus zum erstenmal von dem Bundeszeichen zwischen Gott und Abraham reden hören; ich kann seine Worte aber nicht ganz wiedergeben. Er sagte etwa, dass dieses Zeichen einen Grund in sich habe, der aufhören werde, sobald das Volk Gottes nicht mehr fleischlich aus dem Stamme Abrahams, sondern geistig aus der Taufe des Heiligen Geistes hervorgehen werde.

Von den Nasiräern sind auch sehr viele Christen geworden; aber sie hielten so streng am Judentum fest, dass viele das Judentum und Christentum vermischen wollten und in Ketzerei fielen.

### *Jesus in einem Zöllnerort und in Kisloth-Tabor*

Am 3. September schied Jesus aus Jezrael und nachdem Er eine Zeitlang gegen Morgen gegangen war, wandte Er sich um den Berg, der zwischen Jezrael und Nazaret lag, gegen Mitternacht nach Nazaret und verweilte zwei Stunden von Jezrael in einer Reihe von Häusern, die an beiden Seiten einer Heerstraße lagen. Es wohnten hier lauter Zöllner und einige arme Juden in Zelten, welche aber abseits vom Weg lagen. Der Weg mit den Wohnungen der Zöllner um ihn her war mit Gitterwerk abgezäunt und am Eingang und Ende gesperrt. Es wohnten hier reiche Zöllner, die viele Zölle im Lande gepachtet und diese wieder an Unterzöllner verpachtet hatten. Ein solcher Unterzöllner war Matthäus in einem anderen Ort. Hier hatte Maria, die Schwestertochter Elisabeths, gewohnt, ich meine, sie war verwitwet nach Nazaret und nachher nach Kapharnaum gezogen, dieselbe, welche beim Tod der Gottesmutter Maria zugegen war.

Es ging hier die Handelsstraße aus Syrien, Arabien, Sidon nach Ägypten durch. Es kamen auf Kamelen und Eseln große Ballen weißer Seide in Bündeln wie Flachs, auch feine, weiße und bunte Stoffe, auch ganz große, dicke, geflochtene, lange Bahnen von Teppichen, auch Gewürze. Wenn die Kamele in den Bezirk gekommen waren, wurde er geschlossen, die Leute mussten abpacken, und es wurde alles durchsucht. Die Leute zahlten eine Abgabe, teils in Waren, teils in Geld. Es waren meist drei- oder viereckige, gelbe, weiße oder rötliche Stücke, in die eine Figur eingehämmert war, auf der einen Seite tief, auf der anderen erhaben; auch gab es andere Münzen. Ich sah auf Münzen kleine Türme, eine Jungfrau, auch ein Kindchen in einem Schiffchen. Solche kleine Goldstäbchen, wie sie die Könige an der Krippe opferten, sah ich nur seitdem wieder bei einzelnen Fremden, die zu Johannes dem Täufer kamen.

Die Zöllner waren alle wie verschworen und wenn einer die Leute mehr als die anderen betrog, so teilten sie doch alles miteinander. Sie waren wohlhabend und lebten gut. Die Häuser waren mit Höfen, Gärten und Mauern umgeben; sie kamen mir vor wie große Bauern bei uns in ihren Häusern. Sie waren ganz für sich, und niemand gab sich mit ihnen ab. Sie hatten dort eine Schule und einen Lehrer. Jesus wurde gut von ihnen aufgenommen und seine Begleitung auch. Ich sah hier mehrere Frauen ankommen, ich meine, die Frau des Petrus war dabei. Eine von ihnen sprach mit Jesus. Sie gingen wieder fort. Vielleicht kamen oder gingen sie nach Nazaret und bestellten etwas für die Mutter Jesu. Jesus war abwechselnd bei dem einen oder anderen Zöllner und lehrte in ihrer Schule. Er verwies ihnen besonders, dass sie oft mehr als den schuldigen Zoll von den Reisenden erpressten. Sie schämten sich sehr und konnten sich nicht vorstellen, woher Er es wusste. Sie waren demütiger und nahmen seine Lehre lieber an als andere Juden. Er mahnte sie zur Taufe.

5. September: Mittwochs verließ Jesus den Zöllnerort, nachdem Er die ganze Nacht dort gelehrt hatte. Es wollten ihm viele von ihnen Geschenke machen, aber Er nahm nichts an. Es zogen viele von den Leuten mit ihm; sie wollten ihm zur Taufe folgen.

Er zog an diesem Tag durch die Gegend bei Dothaim, bei dem Irrenhaus vorbei, wo Er bei seinem ersten Auszug aus Nazaret die Rasenden und Besessenen beruhigt hatte. Als Er vorüberkam, riefen diese seinen Namen und verlangten mit Gewalt heraus. Jesus befahl den Aufsehern, sie herauszulassen, Er stehe für alle Folgen ein. Sie wurden frei gelassen und wurden alle ruhig und befreit und folgten ihm nach.

Er kam am Abend nach Kisloth, einer Stadt beim Berg Tabor gelegen. Es waren dort meistens Pharisäer. Sie hatten von ihm gehört und ärgerten sich, dass Zöllner, die sie für Verbrecher hielten, und bekannte Besessene und allerlei Volk mit ihm kamen. Er ging in die Schule und lehrte von der Taufe des Johannes und sagte zu seinen Begleitern, sie möchten sich doch erst recht besinnen, ehe sie ihm nachzögen, ob sie es auch ausführen wollten; sie sollten nicht denken, dass sein Weg ein bequemer Pfad sei, und Er erzählte ihnen mehrere Parabeln vom Bauen. Wenn einer sich irgendwo ein Haus bauen wolle, müsse er auch bedenken, ob der Besitzer des Grundes ihn dulden wolle; sie sollten sich daher erst aussöhnen und Buße tun; wenn einer einen Turm bauen wolle, müsse er erst die Kosten berechnen. Er lehrte auch vieles, was den Pharisäern nicht gefiel. Sie hörten aber nicht zu und lauerten nur, und ich sah sie miteinander beschließen, sie wollten ihm ein Gastmahl geben und ihn dann in seinen Reden überführen.

Sie richteten ihm nun ein großes Mahl in einer öffentlichen Halle. Es standen drei Tische nebeneinander, rechts und links brannten Lampen, über dem mittleren Tisch, an dem Jesus, einige der Jünger und Pharisäer saßen, war die gewöhnliche Öffnung in der Decke offen; an den beiden Seitentafeln saßen die Begleiter Jesu. Es muss aber in dieser Stadt ein altes Recht gewesen sein, dass, wenn einem Fremden ein Mahl angerichtet wurde, die Armen, deren viele ganz vergessen in der Stadt wohnten, eingeladen wurden; denn als Jesus zu Tisch saß, fragte Er die Pharisäer gleich, wo denn die Armen seien, ob es nicht ihr Recht sei, hier teilzunehmen? Die Pharisäer waren verlegen und sagten, dass dies lange nicht mehr üblich sei. Da sandte Jesus seine Jünger Arastaria, Cocharia, Marahas Söhne, Klaja, der Witwe Seba Sohn, nach den Armen der Stadt und ließ sie zusammenholen.

Das gab nun den Pharisäern ein großes Ärgernis und machte viel Aufsehen in der Stadt. Viele Arme lagen schon und schliefen; ich sah die Jünger die Leute von ihren Lagern holen und sah allerlei freudige Bilder in Hütten und Löchern. Die Leute kamen herbei. Jesus und die Jünger empfingen sie und bedienten sie, und Jesus hielt eine sehr schöne Lehre.

Die Pharisäer waren sehr erbittert, vermochten aber nichts, denn Jesus hatte recht, und das Volk überhaupt freute sich daran; es war eine große Bewegung in der Stadt. Als die Leute gegessen hatten, nahmen sie alle noch etwas mit nach Hause für die Ihrigen. Jesus hatte ihnen die Speisen gesegnet und mit ihnen gebetet und sie zur Taufe des Johannes ermahnt.

Er wollte aber nicht länger in der Stadt bleiben und ging am 6. September in der Nacht mit den Seinigen hinaus. Viele aber von seiner Begleitung waren teils auf seine Ermahnung hin mutlos zurückgetreten, andere gingen, sich zur Johannestaufe zu bereiten.

## *Jesus am Hirtenort Kimki*

7. September: Jesus ging in der Nacht vom 6. auf den 7. durch zwei Täler. Ich sah ihn manchmal mit seinen Begleitern reden, manchmal zurückbleiben und kniend zu Gott beten und dann sie wieder einholen. Am 7. nachmittags sah ich Jesus an einen abgelegenen Hirtenort, Kimki, kommen. Es war eine Schule da, aber keine Priester. Diese mussten aus einem entfernten Ort kommen. Die Schule war geschlossen. Jesus versammelte die Hirten in einer Herbergshalle und lehrte. Es nahte der Sabbat. Am Abend kamen pharisäische Priester; es waren auch welche aus Nazaret dabei. Jesus lehrte von der Taufe und Nähe des Messias. Die Pharisäer waren sehr gegen ihn, sprachen von seiner niederen Herkunft und setzten ihn herab. Er schlief hier.

8. September: Jesus erzählte auch heute hier in der Lehre manche Parabeln. Er begehrte ein Senfkorn. Man brachte es ihm. Er sprach mancherlei davon und sagte, wenn sie einen Glauben so groß wie dieses Senfkorn hätten, so könnten sie diesen Birnbaum ins Meer versetzen. Es stand ein großer Birnbaum mit vielen Früchten da. Die Pharisäer spotteten ob solcher kindischen Lehre. Er legte es aus, aber ich habe es vergessen. Auch vom ungerechten Verwalter erzählte Er.

Die Leute auf dem ganzen Weg bewunderten in diesen Tagen Jesus und sprachen, wie sie von ihren Voreltern von der Lehre und dem Wesen der letzten Propheten gehört – ganz auf diese Weise sei dieser Lehrer, aber noch viel milder.

9. September: Jesus war noch in dem Hirtenort, wo Er den Sabbat gefeiert hatte. Man konnte von da aus Nazarets Gebirge sehen; es mag nur etwa zwei Stunden davon entfernt sein. Der Ort liegt zerstreut, nur um die Synagoge liegen einige Häuser. Es hat einen Namen schier wie ein hebräischer Mannsname, ich habe ihn vergessen[4]. Er wohnte dort bei armen Leuten, die Hausfrau lag wassersüchtig krank. Er hatte Mitleid mit ihr und heilte sie, indem Er ihr die Hand auf Haupt und Wangen legte. Sie war ganz genesen und diente bei Tisch. Er verbot ihr, davon zu sprechen, bis Er von der Taufe zurückkehre. Sie aber fragte, warum sie es nicht überall verkünden sollte. Er aber sagte: «Wenn du es irgend verkünden willst, sollst du stumm werden.» Da wurde sie stumm bis zu seiner Rückkehr von der Taufe. Es kann jetzt etwa noch vierzehn Tage bis dahin sein, denn ich meine, zu Bethulia oder Jezrael sprach Er von drei Wochen.

Er lehrte hier in der Synagoge noch am 9. September. Die Pharisäer waren sehr gegen ihn. Er sprach von der Nähe des Messias. Er sagte: «Ihr erwartet ihn in weltlicher Herrlichkeit, aber Er ist schon gekommen, Er wird arm erscheinen; aber Er wird Wahrheit bringen, Er wird mehr Tadel als Lob erfahren, denn Er will die Gerechtigkeit usw. Lasst euch aber nicht von ihm abbringen, damit ihr nicht verderbt wie jene Kinder des Noah, die seiner spotteten, als er mühsam die Arche baute, die sie aus der Sündflut retten sollte. Alle, die seiner nicht spotteten, sind in die Arche eingegangen und bewahrt worden.» Er sprach dann, sich allein an seine Jünger wendend: «Trennt euch nicht von mir wie Loth von Abraham, der – die bessere Weide suchend – nach Sodoma und Gomorrha kam, und schaut nicht um nach der Herrlichkeit der Welt, welche das Feuer vom Himmel verzehrt, auf dass ihr nicht zur Salzsäule werdet! Bleibt bei mir in aller Bedrängnis, ich will euch immer helfen» usw. Die Pharisäer wurden immer unwilliger und sprachen: «Was verspricht Er ihnen, Er hat ja selber nichts! Bist du nicht von Nazaret und Josephs und Marias Sohn?» Er sagte aber unbestimmt, wessen Sohn Er sei, der werde es verkünden; und als sie sagten: «Wie sprichst du vom Messias hier und überall, wo du gelehrt und wir es nachgeforscht haben? Du glaubst wohl, wir sollten denken, dass du dich für den Messias ausgibst?» Jesus sagte hierauf: «Auf diese Frage bleibt mir keine Antwort als: Ja! Ihr sagt es.» Es entstand aber hierauf in der Synagoge ein großer Aufruhr. Die Pharisäer löschten die Lampen aus, und Jesus und die Jünger verließen den Ort und gingen in der Nacht auf der Landstraße weiter. Ich sah sie unter einem Baum schlafen.

Am 9. September, Sonntag, spät abends, sah ich Jesus mit seiner Begleitung die Synagoge des Hirtenortes verlassen und auf der Landstraße unter einem Baum übernachten.

## *Jesus in einem Hirtenort vor Nazaret*

10. September: Montag sah ich, dass, auf der Straße wandelnd, viele Leute zu Jesus stießen, welche, am Wege lagernd, auf ihn gewartet hatten. Sie waren nicht mit ihm in dem vorigen Ort gewesen, sondern teilweise vorausgezogen. Ich sah ihn mit ihnen vom Weg abbiegen, und etwa um 3 Uhr nachmittags sah ich ihn wieder einem Hirtenfelde nahe, welches nur aus einigen leichten Hütten bestand, welche die Hirten zur Weidezeit bewohnten. Es waren keine Frauen hier.

Die Hirten zogen ihm alle entgegen. Sie mussten von Vorhergegangenen seine Ankunft wissen. Während ein Teil ihm entgegenzog, schlachteten die anderen Vögel und machten Feuer zu einem Mahl. Dieses geschah in einer offenen Herbergshalle; die

Feuerstelle war durch eine Wand darin abgesperrt, es war rings eine Rasenbank darin; die Lehne war geflochten und grün wachsend. Sie führten den Herrn und seine Begleiter hinein. Es waren wohl etwa zwanzig und mochten zuletzt nicht weniger Hirten sein, als sie alle beisammen waren. Sie wuschen allen die Füße, und Jesu Füße in einem besonderen Becken. Er hatte etwas mehr Wasser begehrt und befahl, es nicht auszugießen.

Als man sich zum Mahle rüstete, fragte Jesus die Hirten, welche in einer gewissen Unruhe schienen, was sie beängstige und ob nicht einige unter ihnen fehlten. Da gestanden ihm die Leute, sie seien unruhig, weil sie zwei Leute unter sich hätten, welche am Aussatz krank lägen; sie hätten gefürchtet, es möge der unreine Aussatz sein, und Jesus möge darum nicht zu ihnen kommen; sie hätten sie deswegen versteckt. Da befahl ihnen Jesus, sie sollten die Leute herbeiführen und schickte seine Jünger, sie zu holen. Die Leute kamen vom Kopf bis zu den Füßen in Tücher gewickelt, so dass sie schwer gehen konnten, jeder von zweien geleitet. Jesus ermahnte sie und sagte ihnen, dass ihr Aussatz nicht von innen, sondern durch äußere Ansteckung gekommen sei, und ich hatte eine geistliche Erkenntnis dabei, dass sie nicht aus Bosheit, sondern durch Verführung gesündigt hätten. Er befahl, sie in dem Wasser zu waschen, worin seine Füße gewaschen worden waren.

Als dies geschah, sah ich, dass die Rinden von ihnen fielen und nur noch Malflecken blieben. Das Wasser wurde hernach in eine Grube geschüttet und mit Erde bedeckt. Der eine Aussätzige war aus der Gegend von Samaria, der andere von ... Jesus befahl diesen guten Leuten noch sehr streng, nichts von ihrer Heilung zu sagen, bis Er von der Taufe zurückkehre.

Er hielt nachher noch eine Lehre von Johannes und der Taufe und der Nähe des Messias. Da fragten sie ihn ganz einfältig, wem sie dann folgen sollten, ihm, Jesus, oder Johannes. Wer denn der Größte sei? Er setzte ihnen auseinander: Der Größte sei der, der am tiefsten und demütigsten diene, wer sich am tiefsten in Liebe herablasse – der sei der Größte.

Er mahnte sie auch, nun zur Taufe zu gehen. Zugleich sprach Er noch von der Schwierigkeit der Nachfolge und entließ alle aus seinem Gefolge außer den fünf Jüngern. Er bestellte die anderen an einen Ort in der Wüste, nicht weit von Jericho, ich glaube in der Gegend von Ophra; Joachim hatte dort herum ein Weidefeld. Ein Teil dieser Leute verließ ihn ganz, ein Teil ging geradewegs zu Johannes, ein Teil ging erst nach Hause, um sich zur Taufreise zu rüsten.

Jesus und die fünf Jünger gingen spät gegen Nazaret, welches höchstens ein Stündchen von hier war. Sie gingen nicht hinein, sie nahten von der Seite des Tores, das gegen Morgen den Weg zum Galiläischen Meer führte.

Nazaret hatte fünf Tore. Hier war eine kleine Viertelstunde von der Stadt selbst der Berg, von dessen jenseitigem steilen Rand sie oft Leute herabstürzten und vom dem sie später Jesus herabstürzen wollten[5]. Am Fuß dieses Berges lagen einzelne Hütten. Jesus befahl den fünf Jüngern, einzeln in denselben Herberge zu suchen, und ging selbst in eine, um zu schlafen. Sie erhielten Wasser, um die Füße zu waschen, ein Stück Brot und eine Schlafstelle. Hier verließ ich sie den 10. abends. Annas Gut lag von Nazaret gegen Morgen. Die Hirten hatten auch Brot in der Asche gebacken. Sie hatten einen gegrabenen, nicht ausgemauerten Brunnen.

## *Jesus bei den Essenern vor Nazaret*

11. September: Am 10. abends sah ich, wie gesagt, Jesus vor Nazaret ankommen. Das Tal, durch welches Er in der Nacht von Kisloth-Tabor hergekommen, hieß Aedron und das Hirtenfeld mit der Synagoge, an einer Berghöhe, wo die Pharisäer von Nazaret ihn so verhöhnt hatten, hieß Kimki.

Die Leute, bei welchen Jesus und die fünf Jünger vor Nazaret einkehrten, waren Essener und Freunde der Heiligen Familie. Sie wohnten hier in Gewölben von altem, zerbrochenem Mauerwerk, getrennt und unverheiratet, Männer und einige Frauen. Sie hatten kleine Gärten. Die Männer trugen lange, weiße Kleider und die Frauen Mäntel. Sie hatten sonst im Tale Zabulon bei Herodes' Schloss gewohnt, waren aber aus Freundschaft zur Heiligen Familie hierher gezogen.

Der, bei welchem Jesus einkehrte, hieß Eliud, ein alter, sehr ehrwürdiger Greis mit langem Bart. Er war Witwer, seine Tochter pflegte ihn. Er war ein Brudersohn von Zacharias. Diese Leute lebten hier ganz still, besuchten die Synagoge zu Nazaret, waren der Heiligen Familie sehr ergeben; ihnen war die Bewahrung des Hauses Marias bei ihrer Abreise anvertraut worden.

Am Morgen begaben sich die fünf Jünger Jesu nach Nazaret hinein und besuchten ihre Verwandten und Bekannten und die Schule. Jesus aber blieb bei Eliud zurück. Er betete mit ihm und sprach sehr vertraut mit ihm. Diesem einfachen, frommen Mann waren viele Geheimnisse bekannt.

Im Hause Marias waren außer ihr vier Frauen: ihre Nichte Maria Cleophä, die Base der Tempelhanna, Johanna Chusa, die Verwandte Simeons, Maria, Mutter des Johannes Markus, und die Witwe Lea. Veronika war nicht mehr da, auch die Frau des Petrus nicht, welche ich neulich am Zöllnerort gesehen habe.

Am Morgen sah ich die heilige Jungfrau und Maria Cleophä zu Jesus kommen. Jesus reichte seiner Mutter die Hand. Sein Betragen zu ihr war liebevoll, aber sehr ernst und ruhig. Sie war besorgt und bat ihn, nicht nach Nazaret zu gehen, wo man sehr erbittert war. Die nazaretanischen Pharisäer, die ihn in der Synagoge zu Kimki gehört hatten, hatten den Unwillen neu angefacht. Jesus sagte ihr, Er wolle die Schar, die mit ihm zur Taufe des Johannes gehen werde, hier erwarten und dann durch Nazaret gehen. Er sprach noch viel mit ihr an diesem Tag, an dem sie noch etwa zwei- bis dreimal zu ihm kam. Er sagte Ihr auch, dass Er viermal zum Pascha nach Jerusalem reisen werde, und das letzte Mal werde sie dort sehr betrübt sein. Er sagte ihr noch mehr Geheimnisse, ich habe es aber vergessen.

Maria Cleophä, eine schöne, ansehnliche Frau, sprach am Morgen von ihren fünf Söhnen mit ihm und bat ihn, Er möge sie zu sich nehmen. Einer sei ein Schreiber, eine Art Schiedsmann, er heiße Simon, zwei seien Fischer, Jakob der Kleinere (Jüngere) und Judas Thaddäus; sie seien Söhne ihres ersten Mannes Alphäus; dieser, ein Witwer, habe ihr einen Stiefsohn Matthäus zugebracht, über den sie heftig weinte; er sei ein Zöllner. Dann hatte sie von ihrem zweiten Mann Sabas noch einen Sohn Joses Barsabas, der auch bei der Fischerei sei (sie hatte aber noch einen Knaben Simeon aus dritter Ehe mit dem Fischer Jonas).

Jesus tröstete sie, sie würden zu ihm kommen, auch wegen Matthäus (der schon auf dem Weg nach Sidon bei ihm gewesen) tröstete Er sie; er werde wohl noch einer der Besten werden.

Ich sah aber am Nachmittag die heilige Jungfrau mit einigen verwandten Freundinnen von Nazaret in ihre Wohnung bei Kapharnaum zurückreisen. Es waren Knechte mit Eseln von dort gekommen, sie zu holen. Sie nahmen noch manche Geräte mit, die das letzte Mal in Nazaret zurückgeblieben waren, auch allerlei Decken und andere Sachen, auch Gefäße; es war alles in Kästen von breitem Bast oder Baumrindenflechten an den Seiten der Esel befestigt. Das Haus Marias in Nazaret hatte in ihrer Abwesenheit so zierlich wie eine Kapelle ausgesehen; die Feuerstelle erschien wie ein Altar. Es war ein Kasten darüber gestellt, und es stand ein Topf mit lebendigem Grün darauf. Jetzt, nach ihrer Abreise, wird das Haus von den Essenern bewohnt werden.

Den Tag hindurch sah ich Jesus in sehr vertrautem Gespräch mit Eliud, wovon ich sehr vieles gehört habe, aber leider nicht wiedergeben kann. Eliud fragte ihn über seine Sendung; Jesus legte dem Greis alles aus. Er sagte ihm, dass Er der Messias sei, und sprach mit ihm über die ganze Linie seiner menschlichen Herkunft und das Mysterium der Bundeslade. Dabei erfuhr ich, dass dieses Mysterium[6] vor der Sündflut bereits in die Arche Noe gekommen und wie es von Geschlecht zu Geschlecht gelangt und von Zeit zu Zeit entrückt und wiedergegeben worden sei.

Er sprach davon, dass Maria mit ihrer Geburt die Bundeslade des Geheimnisses geworden sei. Da Eliud, der dazwischen oft allerlei Schriftrollen vorlegte und Stellen aus den Propheten anführte, die ihm Jesus auslegte, fragte, warum Er denn nicht früher gekommen sei, sagte ihm Jesus, wie Er nur habe aus einer Frau geboren werden können, welche auf die Weise empfangen sei, wie die Menschen ohne den Sündenfall empfangen haben würden, und wie kein Ehepaar seit den ersten Eltern beiderseits sich so rein dazu gefunden hätte wie Anna und Joachim. Er entwickelte ihm das alles und zeigte ihm alle früheren Hindernisse, Hemmungen und Zurücksetzungen des Heils.

Ich erfuhr in diesen Unterredungen vieles von der Geschichte der Bundeslade: Als sie in die Hände der Feinde fiel, war jenes Geheimnis von den Priestern herausgenommen, wie in jeder Gefahr, und doch blieb der Behälter so heilig, dass die Feinde durch die Entweihung gestraft wurden und ihn zurückgeben mussten. Ich sah auch, dass das Geschlecht, welches Moses zur näheren Behütung der Bundeslade bestellt hatte, bis auf Herodes bestanden hat.

Als Jeremias die Bundeslade und anderes bei der babylonischen Gefangenschaft am Berg Sinai verbergen ließ, wurde sie nicht wiedergefunden; das Heiligtum war aber nicht darin. Nachher wurde eine Bundeslade nachgemacht; es war aber nicht alles wie vorher darin: Der Stab Aarons und auch ein Teil des Mysteriums waren bei den Essenern auf Horeb. Das Sakrament des Segens aber war wieder, ich weiß nicht durch welchen Priester, hineingekommen. Im nachmaligen Teich Bethesda war das heilige Feuer bewahrt gewesen. Ich sah sehr viele Dinge, welche Jesus dem Eliud auslegte, in Bildern, teils hörte ich die Worte; ich kann aber nicht alles wiedergeben.

Er sprach, wie Er aus dem Segenskeime, welchen Gott dem Adam vor dem Sündenfall genommen, Fleisch angenommen habe, und wie dieser Segenskeim, damit ganz Israel sich um ihn verdient mache, durch viele Geschlechter habe laufen müssen, und wie Er so oft wieder zurückgehalten und die Gefäße verfinstert worden seien.

Ich sah alles dieses wirklich und sah alle Vorfahren Jesu und wie die Altväter bei dem Tode in einer sakramentalischen Handlung diesen Segen wirklich den Erstgeborenen übergaben und wie der Bissen und das Getränk aus dem heiligen Becherchen, welches Abraham von dem Engel empfangen, als er ihm den Isaak verhieß, ein Vorbild des Allerheiligsten Sakramentes des Neuen Bundes und die Kräftigung zu dem künftigen Fleisch und Blut des Messias war. Ich sah, wie die Geschlechtslinie Jesu dieses Sakrament empfing, zu der Menschwerdung Gottes beizutragen, und dass Jesus das von seinen Voreltern empfangene Fleisch und Blut wieder zu einem höheren Sakrament einsetzte zur Vereinigung der Menschen mit Gott.

Jesus sprach auch viel mit Eliud von der Heiligkeit Annas und Joachims, auch von der übernatürlichen Empfängnis Marias unter der Goldenen Pforte, was ich nicht mehr alles weiß. Er sagte ihm auch, dass Er nicht aus Joseph empfangen sei, sondern dem Fleische nach aus Maria, diese aber aus jenem reinen Segen, der Adam vor dem Falle genommen und durch Abraham auf Joseph in Ägypten und von diesem in die Bundeslade und aus dieser zu Joachim und Anna gelangt sei.

Er sagte, um die Menschen zu erlösen, sei Er in die ganze Schwachheit des menschlichen Daseins gesandt, fühle und empfinde alles wie ein Mensch und werde erhöht werden, wie die Schlange Moses' in der Wüste, auf dem Kalvarienberg, wo der Leib des ersten Menschen begraben liege. Er sagte, wie traurig es ihm ergehen werde und wie undankbar die Menschen sein würden usw.

Eliud fragte immer gar einfältig und treuherzig, aber er verstand alles besser als die Apostel anfangs; er verstand alles mehr im Geist; doch konnte er noch nicht recht verstehen, wie es nun werden solle. Er fragte Jesus, wo denn sein Reich sein werde – in Jerusalem, in Jericho oder Engaddi? Jesus antwortete, wo Er sei, da sei sein Reich, Er werde kein äußerliches Reich haben.

Ich hörte auch heute und am folgenden Tag manche Erwähnung, wo die Schrift durch die Sprache ihren inneren Sinn nicht ausspreche, wo die Prophezeiungen zu sinnlich ausgedrückt und verstanden würden.

Der Alte redete so natürlich und einfach mit Jesus und erzählte ihm viel von seiner Mutter, als wisse Er es nicht, und Jesus hörte es sehr liebevoll an. Er erzählte von Joachim und Anna und sprach von Annas Leben und Tod. Jesus sagte, keine Frau sei keuscher gewesen als Anna. Dass sie nach Joachims Tod noch zweimal geheiratet, das sei auf Gottes Befehl geschehen. Es hatte die bestimmte Zahl der Früchte dieses Stammes erfüllt werden müssen.

Eliud erzählte von Annas Tod, und ich sah ein Bild ihres Todes. Ich sah Anna auf die Art wie Maria im hinteren Gemach ihres größeren Hauses auf einem etwas höheren Lager liegen; ich sah, dass sie ungemein lebhaft und sprechend gar nicht wie eine Sterbende war. Ich sah, dass sie ihre kleineren Töchter und ihre anderen

Hausgenossen segnete, dass diese dann im Vorgemach waren; ich sah, dass Maria zu Häupten, Jesus zu Füßen ihres Bettes standen. Sie segnete Maria und begehrte den Segen Jesu, der ein erwachsener Mann war und einen keimenden Bart hatte. Ich sah sie noch freudig sprechen; sie sah empor. Da wurde sie schneeweiß, und ich sah Tropfen wie Perlen auf ihre Stirne treten – und da schrie ich: «Ach, sie stirbt! sie stirbt!» und wollte sie in die Arme fassen in meiner Begierde. Da war es, als komme sie zu mir und liege in meinen Armen; erwachend glaubte ich sie noch zu halten.

Eliud erzählte auch noch vieles von den Tugenden Marias im Tempel. Das sah ich auch alles in Bildern. Ich sah, dass ihre Lehrerin Noemi mit Lazarus verwandt war und dass diese etwa fünfzigjährige Frau und alle anderen am Tempel dienenden Frauen von den Essenern waren. Ich sah, dass Maria bei ihr Stricken lernte und dass sie schon als Kind mit ihr ging, wenn Noemi Gefäße und Geräte vom Opferblut reinigte und gewisse Teile des Opferfleisches empfing und zerteilte und zubereitete als Nahrung für die Tempeldienerinnen und Priester; denn diese wurden zum Teil dadurch gespeist. Später sah ich die heilige Jungfrau bei all diesen Dingen helfen. Ich sah auch, dass Zacharias, wenn er Dienst hatte, das Kind Maria besuchte, und dass auch Simeon sie kannte. So sah ich all ihr frommes und demütiges Wandeln und Dienen am Tempel, wie Eliud dem Herrn davon erzählte.

Sie sprachen auch von Christi Empfängnis, und Eliud erzählte vom Besuch Marias bei Elisabeth. Da erfuhr ich wieder, dass der Heiland zwei Monate nach unserem jetzigen Christfest empfangen worden ist, wie ich es immer gesehen, und sah auch etwas über die Verspätung unseres Christfestes, was ich vergessen habe.

Er erzählte auch, dass Maria einen Brunnen dort gefunden, was ich sah. Ich sah, wie die heilige Jungfrau mit Elisabeth, Zacharias und Joseph von dem Haus des Zacharias aus nach einem kleinen Gut desselben gegangen war, wo es aber an Wasser fehlte. Ich sah die heilige Jungfrau allein vor dem Garten mit einem Stäbchen gehen; sie betete und als sie mit einem Stäbchen in die Erde rührte, quoll ein Wässerchen heraus und umfloss einen kleinen Erdhügel.

Als Zacharias und Joseph hinzukamen, stachen sie den Hügel mit einer Schaufel weg, und es quoll ein Strudel hervor und wurde der schönste Brunnen. Zacharias wohnte von Jerusalem gegen Mittag und dann noch fünf Stunden etwas abendlich.

In so vertrautem Gespräch, mit Gebet abwechselnd, sah ich Eliud mit Jesus, den er ehrte, aber doch nur ganz kindlich und freudig wie einen auserwählten Menschen behandelte. Eliuds Tochter wohnte nicht in demselben Haus, sondern in einem abgesonderten Felsgewölbe. Die Essener, welche am Berge wohnten, waren etwa zwanzig; ungefähr fünf bis sechs Frauen wohnten abgesondert zusammen. Diese Leute verehrten Eliud wie ihr Oberhaupt, und sie kamen täglich zum Gebet bei ihm zusammen. Jesus aß mit ihm allein, Brot, Früchte, Honig und Fische, aber sehr mäßig. Die Leute trieben meist Weberei und Gartenbau.

Der Berg, an dessen Fuß die Essener wohnten, war die höchste Spitze des Bergrückens, woran Nazaret in die Höhe gebaut war, aber es war doch noch durch ein Tal von der Stadt getrennt. Er hatte jenseits einen mit Grün und Wein bewachsenen steilen Absturz. Es lagen unten an diesem Absturz, wo die Pharisäer Jesus später hinabstürzen wollten, allerlei Schutt, Auswurf und Knochen. Marias Haus lag vorn in der Stadt an einem Hügel, so dass Teile des Hauses wie Gewölbe in den Hügel führten. Doch sah das Dach des Hauses über den Hügel hervor, an welchem jenseits andere Wohnungen lagen.

Maria und die Frauen kamen heute abend in Begleitung Colayas, des Sohnes der Lea, im Tal von Kapharnaum in ihrem Hause an. Die Freundinnen der Gegend kamen ihnen entgegen. Marias Wohnhaus bei Kapharnaum gehörte einem Mann namens Levi, der nicht sehr weit davon in einem großen Haus wohnte. Es wurde durch die Familie des Petrus von Levi gepachtet und der Heiligen Familie überlassen; denn Petrus und Andreas kannten die Heilige Familie im allgemeinen und durch Johannes den Täufer, dessen Jünger sie waren. Das Haus hatte mehrere dazugehörende Gebäude, wo Jünger und Verwandte verweilen konnten; es schien deswegen ausgewählt worden zu sein. Maria Cleophä hatte ihren kleinen Sohn Simeon aus dritter Ehe bei sich. Ich meine, sein Vater Jonas war auch tot, weiß es aber jetzt nicht gewiss. Es sind der Leute gar zu viele durcheinander, und es ist gar schwer, sie alle zu behalten.

Gegen Abend sah ich Jesus mit Eliud aus dessen Wohnung nach Nazaret gehen. Noch vor den Mauern der Stadt, wo Joseph seinen Zimmerplatz hatte, wohnten mehrere gute, arme Leute, Bekannte von Joseph, unter deren Söhnen Jugendgespielen von Jesus waren. Eliud führte Jesus zu diesen Leuten. Man gab den Gästen einen Bissen Brot und einen Trunk Wasser, das man frisch hatte. In Nazaret war das Wasser besonders gut. Ich sah Jesus bei diesen Leuten auf der Erde sitzen und sie zur Taufe des Johannes ermahnen. Diese Leute sind etwas scheu vor Jesus, den sie früher wie ihresgleichen kannten und der jetzt von Eliud, welcher bei ihnen ein hochverehrter Mann ist, bei dem sie alle Rat und Trost suchen, bei ihnen so ernsthaft eingeführt wird und sie zur Taufe mahnt. Sie haben zwar von einem Messias gehört, können sich aber nicht denken, dass dieser es sein sollte.

13. September: Morgens sah ich Jesus mit Eliud von Nazaret weggehen. Sie gingen mittagswärts den Jerusalemer Weg. Man nennt diese Gegend das Tal Esdrelon. Als sie etwa zwei Stunden weit über das Flüsschen Kison gegangen waren, kamen sie an einen Ort, der aus einer Synagoge, einer Herberge und wenigen Häusern bestand. Es ist, glaube ich, eine Vorstadt von dem nahegelegenen Endor. Es ist nicht weit von hier ein berühmter Brunnen. Jesus kehrte in einer Herberge ein. Die Leute hier waren gefühlskalt, ohne gerade feindlich zu sein. Eliud schätzten sie auch nicht besonders, denn sie hielten mehr zu den Pharisäern. Jesus sagte den Vorstehern, Er wolle hier in der Synagoge lehren. Sie sagten, dies sei von Fremden nicht üblich. Er erklärte ihnen aber, dass Er Beruf dazu habe, und ging in die Schule und lehrte vom Messias, dessen Reich nicht von dieser Welt sei und der nicht in äußerem Glanz erscheinen werde, und von der Taufe des Johannes. Die Priester an der Synagoge waren ihm nicht geneigt. Er ließ sich hier Schriftrollen geben, die Er aufschlug und allerlei aus den Propheten erklärte.

Besonders rührend war mir abermals das vertraute Gespräch des alten Eliud mit ihm, der um seine Sendung, seine übernatürliche Herkunft wusste und glaubte, aber doch keine Ahnung zu haben schien, dass Er Gott selbst ist. Er erzählte ihm ganz natürlich, wenn sie miteinander wandelten, allerlei aus seiner Jugend, was die Tempelhanna ihm erzählt und was diese nach der Rückkehr der Heiligen Familie aus Ägypten von Maria erfahren hatte, welche sie einigemal in Jerusalem besucht habe.

Jesus erzählte ihm auch einiges, was Eliud nicht wusste, und alles ergab ganz neue Zusammenhänge und war so natürlich und einfältig, wie ein lieber, alter Mann mit einem vertrauten, jungen Freunde spricht. Indem Eliud aber die Sachen erzählte, welche Hanna von Maria gehört und ihm erzählt hatte, sah ich alle diese Bilder und freute mich, dass es immer dasselbe war, was ich früher gesehen, aber teilweise vergessen hatte. Ich habe sehr viel davon gesehen und gehört; aber durch Störung entschwand das meiste wieder[7].

Jesus sprach mit Eliud auch von seinem Weg zur Taufe. Er hatte viele Leute gesammelt und nach der Wüste bei Ophra bestellt. Er sagte aber, dass Er allein den Weg über Bethanien nehme, wo Er Lazarus sprechen wolle. Er nannte ihn bei einem anderen allgemeinen Namen, den ich vergessen habe. Er sprach von dessen Vater, was er im Kriege gewesen sei. Er sagte, Lazarus und seine Schwestern seien reich und würden alles dem Dienste des Heiles aufopfern.

Lazarus hatte drei Schwestern, die ältere Martha und die jüngste Maria Magdalena und die mittlere, die auch Maria hieß; diese war ganz abgesondert, still und wie geistesabwesend; sie heißt nur die stille Maria. Jesus sagte von diesen zu Eliud, Martha sei gut und fromm und werde ihm mit dem Bruder folgen. Von der mittleren Schwester sagte Er: «Diese hat einen großen Geist und Verstand, der ihr aber zu ihrem Heile genommen wurde. Sie ist nicht für diese Welt und ist jetzt ganz innerlich, aber sie sündigt nicht; so ich mit ihr reden würde, sollte sie wohl das Geheimste verstehen. Sie wird nicht lange mehr leben, wenn Lazarus und seine Schwestern mir folgen und alles für die Gemeinde geben. Die jüngste Schwester Maria hat sich verirrt, aber sie wird zurückkehren und höher stehen als Martha» usw.

(Von Magdalena hatte die Erzählerin früher einmal, als sie den Herrn in der Nähe von Magdalum sah, folgendes Bild:)

Guck einmal! Da seh' ich sie über ihrem Schloss stehen, hinter ihr bricht ein Glanz hervor wie ein Mond, vor ihr aber ist's wie ein schwarzer Berg, den muss sie unter die Füße nehmen, dann ist ihr geholfen. Sie ist unfruchtbar, sonst wäre das Dunkle in ihr ausgebreitet worden und hätte sie festgebunden an die Welt. Als sie Jesus erkannt und Buße getan hatte, hat sie viele Kinder geboren im Geist.

Ich sehe da auch die Mutter Gottes. Diese tritt den schwarzen Berg vor ihr nieder; da steht Magdalena ganz im Schein vom Mond und ist ganz hell, die Mutter Gottes aber steht auf dem Mond. Der Mond bedeutet und ist sehr viel, er hängt mit vielem Bösen in uns zusammen. Das ist aber so weitläufig, dass ich es jetzt nicht deuten kann. Als die Mutter Gottes kam, trat sie das dunkle Böse unter die Füße; sie ist Herrin darüber geworden, ich kann es jetzt nicht so recht erklären; aber darum wird Maria auch auf dem Monde stehend mit der Schlange unter ihren Füßen abgebildet. Dieses aber ist die Wahrheit, die im Bilde so aussieht.

Eliud sprach auch von Jesu Vetter, dem Täufer; er hatte ihn aber noch nicht gesehen und war noch nicht getauft. Sie übernachteten in der Herberge bei der Synagoge.

14. September: Aus der Herberge bei der Synagoge ging Jesus heute morgen mit Eliud längs dem Berge Hermon herum, welches nicht jener Hermon ist, an dem Joachim Weidefelder hatte. Sie gingen in die etwas wüste Stadt Endor. Schon an ihrem Herbergsort standen noch Stücke von Mauern den Berg hinan, so breit, um mit Wagen darauf zu fahren. Endor war zerstreut, voll von Trümmern, mit vielen Gärten durchbaut. An einer Seite standen große Prachtgebäude, wie Paläste, an anderen Stellen lag die Stadt, wüst durch Krieg zerstört. Es schien mir hier ein von den Juden abgesonderter Menschenschlag zu wohnen.

Jesus ging in keine Synagoge, es war keine hier. Er ging mit Eliud auf einen großen Platz, wo drei Seitengebäude mit Kämmerchen um einen Teich gebaut waren, um welchen ein grüner Raum war und auf dem kleine Bade-Kähne schwammen, auch war eine Pumpe bei diesem Teich. Es schien hier ein Heilbad; es wohnten Kranke in den Kammern umher. Jesus ging mit Eliud in ein solches Gebäude, man wusch ihm die Füße und bewirtete ihn. Er lehrte hernach diese Leute auf freiem Platz, wo ihm ein erhöhter Sitz errichtet wurde; die Frauen, welche in einem der Flügel wohnten, traten hinten hin. Die Leute waren keine rechten Juden, waren vielmehr wie ausgestoßene Sklaven und mussten Tribut geben von den Früchten, die sie gewannen. Sie sind während eines Krieges in der Stadt zurückgeblieben, und ich meine, ihr Anführer Sisera sei nicht weit von dieser Stadt geschlagen und dann von einer Frau umgebracht worden[8] Diese Leute waren im ganzen Land wie Sklaven verteilt; es waren hier noch etwa vierhundert. Dieses Volk hatte früher Steine zum Tempelbau brechen müssen unter David und Salomo. Sie wurden immer zu solchen Arbeiten gebraucht. Der verstorbene König Herodes brauchte sie, um eine mehrere Stunden lange Wasserleitung nach dem Berg Sion zu bauen. Diese Leute standen einander sehr bei und waren mildtätig. Sie trugen lange Röcke und Gürtel und spitze Kappen, welche die Ohren bedeckten, wie alte Einsiedler. Sie hatten mit den Juden keine Gemeinschaft, aber sie durften ihre Kinder zu der Schule schicken; doch waren sie so gedrückt und verachtet, dass sie es nicht taten. Jesus hatte viel Mitleid mit ihnen. Er ließ auch die Kranken herbeibringen. Sie saßen auf einer Art Betten, wie mein Lehnstuhl, ich dachte noch an ihn; unter der beweglichen Lehne waren Stützen; wenn man die Lehne senkte, war der Stuhl wie ein Bett.

Als Jesus von der Taufe und dem Messias lehrte und sie dazu aufforderte, waren sie sehr schüchtern und sagten, sie könnten hierauf keine Ansprüche machen, sie seien ausgestoßen. Da belehrte Jesus sie in einer Parabel vom ungerechten Verwalter. Ich habe die wohlverstandene Auslegung, die mich den ganzen Tag beschäftigte, vergessen. Ich werde sie wohl wieder erhalten. Auch die Parabel von dem Sohne, den der Vater sendet, seinen Weinberg in Besitz zu nehmen, erzählte Er, welche Er immer bei vernachlässigten Heiden vorbrachte.

Diese Leute bereiteten Jesus eine Mahlzeit unter freiem Himmel, Er lud aber die Armen und Kranken dazu ein und diente ihnen mit Eliud bei Tisch. Sie waren dadurch sehr gerührt. Am Abend ging Jesus mit Eliud zu der Synagoge in dem Vorort zurück, und sie hielten dort den Sabbat und schliefen dort.

15. September: Heute ging Jesus abermals mit Eliud von dem Vorort nach Endor, welches also nur einen Sabbatweg von der Herberge entfernt war. Er lehrte hier. Diese Leute waren Kananiter – und ich meine – aus Sichem; denn ich hörte heute auch einmal den Namen Sichemiter. Sie hatten in einer Halle ein Götzenbild unter der Erde verborgen, das durch eine Vorrichtung auf einen Druck hin plötzlich auf einem verzierten Altar aus dem Boden hervorstieg und auch versank. Dieses weibliche Götzenbild, das sie aus Ägypten hatten, hieß Astarte, was ich gestern wie Esther verstand. Das Bild hatte ein rundes Angesicht wie ein Mond. Es hielt die Arme vor sich und hatte etwas Langes, Gewickeltes wie eine Schmetterlingspuppe, in der Mitte Dickeres, an beiden Enden Zugespitztes, vor sich darauf liegen; es kann auch ein Fisch gewesen sein. Auf dem Rücken des Bildes war wie ein Postament, auf welchem ein hoher Schäffel oder eine Butte stand, die über den Kopf hervorsah. Es lag etwas wie Ähren in grünen Hülsen und noch andere grüne Blätter und Früchte darin. Mit den Füßen bis an den Unterleib stand das Bild wie in einem Fass, und es standen Töpfe mit lebendigen Pflanzen um sie. Sie hielten ihren Götzendienst verborgen, und Jesus strafte sie darum in seiner Lehre. Sie hatten vor Zeiten der Göttin missgestaltete Kinder geopfert. Es gehörte ein Gott Adonis zu dieser Göttin, der, glaube ich, wie ihr Mann war.

Dieses Volk war hier herum unter dem Anführer Sisera geschlagen worden und diente als Sklaven im Lande verteilt. Sie waren jetzt sehr gedrückt und verachtet. Sie hatten aber noch nicht sehr lange vor Christus bei dem Schloss des Herodes hier in Galiläa Unruhen erregt und wurden nachher noch gedrückter gehalten.

Nachmittags kehrte Jesus mit Eliud wieder zum Sabbatschluss in die Synagoge zurück. Die Juden hatten seinen Besuch in Endor sehr übel genommen; aber Er verwies ihnen ihre Härte gegen diese verlassenen Menschen sehr streng, forderte sie zur Milde gegen diese auf und ermahnte sie, dieselben mit zur Taufe zu führen, zu welcher sie sich selbst auf seine Lehre entschlossen hatten. Sie waren Jesus nach seiner Lehre geneigter geworden.

Gegen Abend kehrte Jesus mit Eliud gegen Nazaret zurück, und ich sah sie auf dem Weg von Endor dorthin, wie immer im

Gespräch, manchmal blieben sie stehen und redeten miteinander. Eliud erzählte wieder viel von der Flucht nach Ägypten, und ich sah das alles in Bildern[9]. Er kam in das Gespräch durch die Frage an Jesus, ob denn sein Reich sich nicht auch über die guten Leute in Ägypten erstrecken würde, die in seiner Kindheit durch seine Gegenwart gerührt worden seien.

Hier sah ich wieder, dass die Reise Jesu nach Lazarus' Erweckung durch das heidnische Asien bis nach Ägypten, welche ich schon früher einmal gesehen, kein Traum von mir war; denn Jesus sagte ihm, überall, wo ausgesät sei, werde Er vor seinem Ende die einzelnen Halme sammeln.

Eliud wusste auch von Brot und Wein und von Melchisedech; er konnte sich keinen Begriff von Jesus machen und fragte ihn, ob Er denn vielleicht wie Melchisedech sei. Jesus sagte: «Nein, jener musste mein Opfer vorbereiten, ich aber werde das Opfer selbst sein.»

Ich hörte auch in diesem Gespräch, dass Noemi, die Lehrerin Marias am Tempel, eine Tante des Lazarus war, die Schwester von Lazarus' Mutter. Lazarus' Vater war der Sohn eines syrischen Königs; er hatte im Krieg gedient und Güter erhalten. Seine Frau war eine vornehme Jüdin aus Aarons Priestergeschlecht (durch Manasse mit Anna verwandt) in Jerusalem. Sie hatten drei Schlösser, zu Bethanien, bei Herodium und zu Magdalum am Galiläischen Meer, nicht weit von Tiberias und Gabara; bei Magdalum war auch des Herodes Schloss in der Gegend. Sie sprachen auch vom Ärgernis, das Magdalena ihrer Familie gebe usw.

Jesus kehrte bei Eliud ein, wo sich die fünf Jünger, alle die anderen Essener und allerlei Leute, die zur Taufe wollten, einfanden.

### *Jesus in Nazaret*

16. September: Als Jesus morgens früh mit Eliud ankam, waren viele Leute bei Eliuds Haus versammelt: die übrigen Essener, die fünf Jünger und viele, die zur Taufe wollten. Jesus lehrte sie. Auch von den Zöllnern waren in Nazaret solche angekommen, die zur

Taufe wollten, mehrere Scharen waren schon zur Taufe abgezogen. Später an diesem Morgen lehrte Jesus wieder, und es kamen nachher zwei Pharisäer aus Nazaret zu ihm, welche ihn freundlich einluden, ihnen nach Nazaret in die Schule zu folgen, sie hätten so viel von seiner Lehre gehört in der Gegend, Er solle ihnen doch auch die Propheten auslegen. Jesus folgte ihnen. Sie brachten ihn in das Haus eines Pharisäers, wo noch viele andere versammelt waren. Seine fünf Jünger waren bei ihm. Die zuhörenden Pharisäer waren ihm sehr freundlich gesonnen, und Er sprach in so schönen Parabeln mit ihnen, dass sie an seiner Lehre große Freude zu haben schienen und ihn zur Synagoge führten. Hier waren viele Leute versammelt, und Er sprach von Moses und legte ihnen Prophezeiungen vom Messias aus. Da Er aber so sprach, dass sie ahnten, Er könne sich selbst damit meinen, ärgerten sie sich, gaben ihm jedoch eine Mahlzeit bei einem Pharisäer. Er schlief mit seinen fünf Jüngern in einer Herberge nahe bei der Schule.

17. September: Jesus lehrte heute eine Schar Zöllner, welche zur Taufe zogen. Er lehrte auch wieder in der Synagoge vom Weizenkörnlein, das in die Erde muss.

Da ärgerten sich die Pharisäer wieder an ihm und fingen das Gerede vom Sohn des Zimmermanns Joseph wieder an. Sie warfen ihm auch seinen Umgang und Verkehr mit den Zöllnern und Sündern vor, und Er antwortete ihnen sehr heftig. Sie sprachen auch mit ihm von den Essenern, als seien sie Heuchler, die nicht nach dem Gesetz lebten. Jesus aber erklärte ihnen, dass sie das Gesetz mehr als die Pharisäer befolgten, und der Vorwurf des Heuchlers fiel auf sie zurück. Sie kamen auf die Essener zu sprechen durch die Segnungen; denn sie ärgerten sich daran, dass Jesus viele Kinder segnete, und sie sprachen davon, weil das Segnen bei den Essenern sehr gebräuchlich war. Wenn Jesus nämlich in die Synagoge einzog oder hinaus ging, traten ihm viele Frauen mit ihren Kindern entgegen und baten, Er möge sie segnen. Als Jesus noch hier wohnte, hatte Er immer viel mit den Kindern zu tun, welche bei ihm still und ruhig wurden, wenn Er sie segnete, wenn sie auch noch so ungebärdig geweint hatten. Die Mütter, dessen eingedenk, brachten ihm ihre Kinder und wollten sehen, ob Er nicht stolzer geworden sei. Es waren einige Kinder dabei, welche sich heftig bäumten und überschlugen, sie hatten wie Krämpfe und schrien heftig. Gleich nach seinem Segen wurden sie aber ruhig. Ich sah es von einigen wie einen dunklen Dampf ausgehen. Er legte den Knaben die Hand auf den Kopf und segnete sie auf die Art des Patriarchensegens in drei Linien, vom Haupte und den beiden Schultern hinab zum Schoße, wo diese Linien zusammenliefen. Die Mädchen ebenso, aber ohne Handauflegung. Er machte diesen aber ein Zeichen auf den Mund, ich dachte noch dabei, dass sie nicht so viel schwätzen sollten, es bedeutete aber wohl auch ein anderes Geheimnis. Er übernachtete mit seinen Jüngern in dem Haus eines Pharisäers.

### *Jesus weist drei reiche Jünglinge ab – Er beschämt vielerlei Gelehrte in der Synagoge von Nazaret*

18. September: Gestern, am 17. abends, sah ich Jesus in Nazaret im Hause eines Pharisäers übernachten. Es waren zu seinen fünf Begleitern noch vier andere gekommen, auch Verwandte und Freunde der Heiligen Familie, ich meine, es war noch einer der drei Witwensöhne darunter und einer von Bethlehem, der herausgefunden hatte, dass er von Ruth abstamme, welche den Booz in Bethlehem geheiratet hatte.

Er nahm sie ordentlich zu seinen Jüngern auf. Es waren aber in Nazaret ein paar reiche Familien, welche drei Söhne hatten, die in ihrer Jugend mit Jesus umgegangen waren; diese Söhne waren fein und gelehrt. Die Eltern, welche Jesu Lehre gehört und von seiner Weisheit viel vernommen hatten, beredeten sich, ihre Söhne sollten heute noch einmal eine Probe seiner Weisheit hören, und dann sollten sie ihm Geld anbieten und dafür mit ihm reisen und an seiner Wissenschaft teilnehmen.

Die guten Leute schlugen ihre Söhne hoch an und meinten, Jesus sollte ihr Hofmeister werden. Die Söhne kamen heute in die Synagoge, und auf die Veranstaltung der Pharisäer und dieser reichen Leute kam alles, was an gelehrten Leuten in Nazaret war. Sie gedachten Jesus auf alle Art auf die Probe zu stellen. Es war auch ein Rechtsgelehrter in der Schule und ein Arzt, ein großer, breiter Mann, mit einem langen Bart, einem Gürtel und einem Zeichen auf dem Kleid an der Schulter.

Ich sah Jesus beim Eingehen in die Schule wieder viele Kinder segnen, welche die Mütter ihm brachten; darunter aussätzige Kinder, welche Er heilte. Ich sah, wie Er in der Schule auf mancherlei Weise in seiner Lehre unterbrochen wurde von den Gelehrten, welche ihm allerlei verwickelte Fragen vorlegten, und wie Er sie alle mit seiner Weisheit zum Schweigen brachte.

Die Reden des Rechtsgelehrten beantwortete Er aus dem Gesetz des Moses ganz wunderbar, und als man von der Ehescheidung redete, verwarf Er sie ganz. Geschieden könnten sie nicht werden, wenn der Mann aber gar nicht mit dem Weibe leben könne, so könne er sie entlassen, doch blieben sie ein Fleisch und könnten nicht wieder heiraten. Dieses gefiel den Juden gar nicht. Der Arzt fragte ihn, ob Er wisse, wer trockener oder feuchter Natur sei und unter welchen Planeten ein solcher geboren sei und welche Kräuter man diesem und jenem geben müsse und wie der menschliche Leib beschaffen sei.

Da antwortete ihm Jesus mit großer Weisheit und sprach von der Komplexion einiger Anwesenden, ihren Krankheiten und Mitteln und sprach von dem menschlichen Leib mit einer dem Arzt ganz unbekannten Sachkenntnis. Er sprach vom Leben des Geistes, wie er auf den Körper wirke.

Er sprach von Krankheiten, die nur durch Gebet und Besserung geheilt würden, und von solchen, welche Arznei brauchen, und das alles so tiefsinnig und in so schönen Reden, dass der Arzt mit großem Erstaunen sich in seiner Kunst überwunden gab und erklärte, er habe solche Kenntnisse nie gehabt. Ich glaube auch, dass er Jesus nachfolgen will. Er beschrieb dem Arzt den menschlichen Leib, alle Glieder, Muskeln, Adern, Nerven und Eingeweide, ihre Bedeutung und Verhältnisse mit einer Genauigkeit und doch so im Überblick und tiefsinnig, dass dieser ganz demütig wurde.

Es war auch ein Sternkundiger da, und Jesus sprach über den Lauf der Sterne und sagte, wie ein Gestirn das andere regiere und wie die verschiedenen Sterne verschiedene Einflüsse haben, und von Kometen und Himmelszeichen. Auch von Gebäuden sprach

Er mit einem Mann sehr tiefsinnige Dinge. Er sprach auch vom Handel und Verkehr mit fremden Völkern und redete scharf gegen allerlei Moden und Eitelkeiten, die von Athen gekommen seien. Es waren Spiele und Gaukeleien dabei, die von dort ins Land gekommen waren; sie waren auch durch Nazaret gezogen und durch mehrere andere Orte. Er sagte, diese Laster seien unverzeihlich, denn man halte sie für keine Laster und tue keine Buße dafür, darum sind sie unverzeihlich.

Alle waren von seiner Weisheit ganz hingerissen, und die Leute verlangten von ihm, Er solle hier wohnen bleiben, sie wollten ihm ein Haus und alles Notwendige geben. Sie fragten ihn auch, warum Er mit seiner Mutter nach Kapharnaum gezogen sei. Er sagte ihnen, dass Er nicht hier bleiben werde. Er sprach von seiner Bestimmung und Sendung; sie seien nach Kapharnaum gezogen, weil Er in der Mitte des Landes wohnen wolle usw. Alles dieses verstanden sie nicht und ärgerten sich darüber, dass Er nicht bei ihnen wohnen wollte. Sie meinten, ihm ein rechtes Glück angeboten zu haben, und hielten seine Reden von Sendung und Bestimmung für Hoffart. So verließen sie am Abend die Schule.

Die drei Jünglinge, die abends gekommen waren, waren etwa bis zwanzig Jahre alt; sie verlangten ihn zu sprechen. Er wollte aber nicht, bis seine neun Jünger um ihn waren; das betrübte sie. Er sagte aber, Er tue es, damit Zeugen dessen da seien, was Er mit ihnen rede. Sie brachten ihm nun sehr bescheiden und demütig ihren und ihrer Eltern Wunsch vor, dass Er sie als Schüler annehmen wolle; ihre Eltern wollten ihm Geld geben, sie wollten ihn begleiten und ihm in seiner Arbeit dienen und helfen.

Jesus, sah ich, war betrübt, dass Er es ihnen abschlagen musste, teils wegen ihrer selbst, teils wegen seiner Jünger, denn Er musste ihnen Gründe angeben, welche sie jetzt noch nicht fassen konnten. Er sagte ihnen, wer Geld gebe, um etwas dafür zu gewinnen, der wolle zeitlichen Nutzen von seinem Gelde haben; wer aber seinen Weg gehen wolle, der müsse allen irdischen Besitz verlassen.

Auch müsse, wer ihm folge, seine Eltern und seine Freundschaft verlassen. Auch freiten und heirateten seine Jünger nicht. So sagte Er ihnen sehr schwere Dinge, und sie wurden sehr niedergeschlagen und sprachen noch von den Essenern, dass diese doch auch teils verheiratet seien. Jesus sagte ihnen, diese handelten gut nach ihren Gesetzen; seine Lehre aber müsse ausführen, was jene vorbereitet hätten. Er entließ sie und sagte, sie möchten sich besinnen.

Seine Jünger waren durch seine Rede erschreckt worden, weil Er seine Lehre so schwer gemacht; sie konnten es nicht verstehen und wurden verzagt. Er ging aber mit ihnen von Nazaret hinaus nach Eliuds Haus und sagte ihnen unterwegs, sie sollten nicht verzagen!

Die Ursache, warum Er jenen dieses gesagt, läge tiefer, sie würden nie oder zu spät zu ihm kommen, sie möchten ihm ruhig folgen und unbesorgt sein. So kamen sie nach Eliuds Haus. Ich glaube nicht, dass Er wieder zu Eliud geht, denn es ist ein großes Gerede und Lärmen in Nazaret entstanden. Sie ärgerten sich, dass Er nicht dort bleiben wollte; sie meinten, Er habe auf seiner Reise alles das gelernt. Es sei wahr, Er sei ein sehr geistreicher und wunderbarer Mensch, Er sei aber für einen Zimmermannssohn doch sehr hoffärtig.

Ich sah auch die drei Söhne nach Hause kommen. Die Eltern nahmen die Schwierigkeiten, die Jesus machte, sehr übel auf, und die Söhne stimmten zu, und alles redete sich wieder in den Unwillen gegen ihn hinein.

19. September: Jesus lehrte wieder in Eliuds Haus. Es waren meist Essener und einige fremde Täuflinge, die seiner Lehre beiwohnten.

Die drei Jünglinge von Nazaret kamen hier wieder zu ihm und baten nochmals um Aufnahme. Sie versprachen, ihm ganz zu gehorchen und zu dienen. Jesus wies sie abermals zurück, und ich sah, dass es ihn betrübte, dass sie die Ursache seiner Weigerung nicht einsehen konnten. Er redete dann mit den neun Jüngern, die auf seinen Befehl noch einige Wege zu machen und dann zu Johannes zu ziehen im Begriffe standen. Er sagte ihnen über die Abgewiesenen, jene verlangten, etwas zu gewinnen; sie hätten aber nicht den Sinn, aus Liebe alles zu geben. Sie, die Jünger, aber verlangten nichts, und würden darum erhalten.

Er sprach noch sehr schön und tief von der Taufe. Er sagte ihnen, sie sollten über Kapharnaum gehen und seiner Mutter sagen, dass Er zur Taufe gehe, und sollten sich mit den Jüngern Johannes, Petrus, Andreas usw. besprechen über Johannes den Täufer, diesem aber sagen, dass Er komme.

### *Jesus verklärt sich vor Eliud*

Ich sah Jesus mit Eliud in der Nacht vom 19. bis 20. aus Nazaret in Richtung zwischen Mittag und Abend wandern. Es war nicht ganz der gerade Weg. Jesus aber wollte nach Chim[10], einem Ort der Aussätzigen. Sie kamen mit Anbruch des Tages dorthin, und ich sah, dass Eliud Jesus abhalten wollte, an diesen Ort zu gehen, auf dass Er sich nicht verunreinige; Er würde, wenn man es erfahre, gar nicht zur Taufe zugelassen werden. Jesus aber erwiderte ihm, dass Er seinen Beruf kenne; Er werde an den Ort gehen, denn es sei ein guter Mann dort, der sich nach ihm sehne. Sie mussten hierher über den Kison gehen. Der Ort lag an einem kleinen Bach, der Wasser aus dem Kison in einen kleinen Teich führte, an welchem sich die Aussätzigen reinigten. Das Wasser floss nicht in den Kison zurück. Dieser Ort lag ganz abgesondert, es ging niemand hin. Die Aussätzigen wohnten in zerstreuten Hütten; außerdem wohnte niemand dort als die Leute, welche ihnen aufwarteten. Eliud hielt sich entfernt und erwartete den Herrn. Jesus ging in eine entlegene Hütte, worin ein elender, ganz in Tücher gehüllter Mann auf der Erde lag. Jesus sprach mit ihm. Es war ein guter Mann; ich habe vergessen, wie er den Aussatz bekommen hat.

Er richtete sich auf und war unbeschreiblich gerührt, dass der Herr zu ihm kam. Jesus befahl ihm aufzustehen und sich in einen Trog mit Wasser zu legen, der neben der Hütte stand. Er tat es, und Jesus hielt die Hände über das Wasser. Da wurde der Mann ganz beweglich und rein, er kleidete sich anders an, und Jesus befahl ihm, nicht von seiner Heilung zu sprechen, bis Er von der Taufe zurückkehre. Dieser Mann begleitete nun Jesus und Eliud ein Stück Weges, bis ihm Jesus befahl zurückzukehren. Ich sah Jesus und Eliud den Tag hindurch durch das Tal Esdrelon wieder mehr gegen Mittag wandern. Sie sprachen manchmal zusammen, gingen auch oft einsam getrennt, wie in Gebet und Betrachtung.

Das Wetter ist jetzt nicht sehr angenehm dort, der Himmel ist trüb, und Nebel lagert im Tal. Jesus hatte keinen Stock, Er trug nie einen; die anderen trugen einen Stock, oft mit einer kleinen Schaufel daran, wie die Schäfer. Jesus trug nur Sohlen, andere Leute hatten wohl eine Art vollkommener Schuhe von dicker Baumwolle oben geflochten. Ich sah sie einmal im Mittag an einem Quell ruhen und Brot essen.

In der Nacht vom 20. bis 21. September sah ich sie wieder wandeln; teils zusammen, teils einzeln. Ich sah da eine wunderbare Sache, ein unaussprechlich schönes Bild. Eliud sprach mit Jesus, indem dieser vor ihm herwandelte, über seinen wohlgebauten und schönen Leib. Jesus sprach zu ihm: «Wenn du diesen Leib nach ein paar Jahren dann wieder sehen würdest, solltest du nichts Schönes und Wohlgestaltetes mehr an ihm finden, so werden sie mich schmähen und misshandeln.» Eliud verstand das nicht, er konnte überhaupt gar nicht begreifen, wie Jesus immer von so kurzer Zeit seines Reiches spreche, er meinte immer, es müsse doch wohl zehn, ja zwanzig Jahre währen, bis Jesus sich sein Reich gegründet hätte; denn er konnte sich das gar nicht anders denken, weil er immer an ein irdisches Königreich dachte. Als sie noch eine Strecke so gegangen waren, sagte Jesus dem einsam in Gedanken hinter ihm gehenden Eliud, indem Er stille stand, er solle ihm nahen, Er wolle ihm zeigen, wer Er sei und wie sein Leib sei und wie sein Reich sei.

Eliud stand mehrere Schritte von Jesus entfernt, und Jesus schaute betend zum Himmel. Es ließ sich aber eine Wolke nieder und umgab sie beide wie ein Gewitter. Von außen konnte man sie nicht sehen, über ihnen aber tat sich ein Lichthimmel auf und zog sich wie zu ihnen nieder, und ich sah oben wie eine Stadt von schimmernden Mauern, ich sah das himmlische Jerusalem. Das ganze Innere war mit einem Regenbogenschimmer umgrenzt; ich sah eine Gestalt wie Gott, den Vater, und sah Jesus in einer Lichtmitteilung mit demselben. Jesus aber erschien in seiner Gestalt ganz schimmernd und durchsichtig.

Eliud stand anfangs emporschauend ganz wie entzückt und sank dann auf sein Angesicht nieder, bis das Licht und die ganze Erscheinung zerronnen war. Jesus ging dann weiter, und Eliud folgte stumm und schüchtern über das, was er gesehen hatte. Es war ein Bild wie die Verklärung, aber ich sah Jesus nicht emporgehoben. Ich meine, Eliud hat die Kreuzigung Christi nicht erlebt. Jesus war vertrauter mit ihm als mit den Aposteln, denn er war sehr erleuchtet und in viele Geheimnisse seiner Familie eingeweiht.

Er nahm ihn auch als Freund und Gefährten auf und gab ihm viel Gewalt, und er wirkte viel für die Gemeinde Jesu. Er war einer der unterrichtetsten Essener. Diese wohnten in der Zeit Jesu nicht mehr so häufig auf den Bergen wie vorher; sie hatten sich mehr in die Städte zerstreut. Diesen wunderbaren Blick hatte ich ungefähr nachts zwölf Uhr und erwachte in schmerzhafter Krankheit.

Am Morgen sah ich Eliud und Jesus auf einem Hirtenfeld ankommen. Es war Tagesgrauen. Die Hirten waren schon aus ihren Hütten beim Vieh. Sie kamen Jesus entgegen, der ihnen bekannt war, und warfen sich vor ihm nieder und führten die beiden in einen Schuppen, wo sie ihre Geräte hatten. Sie wuschen ihnen die Füße, bereiteten ihnen ein Lager und setzten ihnen Brot und kleine Becher vor, brieten ihnen auch Turteltauben, welche in den Hütten ihre Nester hatten und in sehr großer Menge hier wie Hühner herumliefen.

Ich sah hierauf, dass Jesus Eliud zurücksandte. Dieser kniete sich nieder und Jesus segnete ihn. Die Hirten waren zugegen. Er sagte ihm, er solle seine Tage in Ruhe beschließen, der Weg, den Er (Jesus) gehen müsse, sei zu beschwerlich für ihn. Er nehme ihn in seine Gemeinde auf; er habe seinen Teil schon im Weinberg gearbeitet und solle seinen Lohn in seinem Reich erhalten. Er erklärte dieses mit der Parabel der Arbeiter im Weinberg. Eliud war sehr ernst seit dem Gesicht dieser Nacht, er war still und gerührt. Ich meine gehört zu haben, er werde Jesus in diesem Leben nicht wiedersehen; doch weiß ich es nicht gewiss.

(Die Erzählerin hat sich hier geirrt, denn am Purimsfest sah sie den Heiland, wie weiter unten erzählt wird, wieder bei Eliud.)

Ich glaube, er ist von den Jüngern getauft worden. Eliud begleitete Jesus noch ein Stück Weg von dem Hirtenort. Der Herr umarmte ihn, und er schied mit männlicher Rührung.

Man kann den Ort, wohin Jesus zum Sabbat geht, von hier sehen. Es haben einmal Verwandte von Jesus da gewohnt. Dieser

Ort, wo Jesus nun einsam hinging, war nicht Jezrael, wie ich meinte, weil ich Jezrael auch liegen sah, er hieß Gur und lag auf einem Berg. Josephs Bruder, der nachher nach Zabulon gezogen war, und viel Umgang mit der Heiligen Familie gehabt hatte, hat hier gewohnt. Jesus ging unbemerkt nach einer Herberge, wo man ihm die Füße wusch und ihm Speise reichte.

Er hatte eine Kammer für sich allein, ließ sich eine Schriftrolle aus der Synagoge bringen und betete lesend oder kniend oder stehend, auch emporsehend an einem abgesonderten Ort. Er ging nicht in die Schule. Einmal sah ich Leute kommen, die mit ihm sprechen wollten, aber Er ließ sie abweisen.

### *Zur Taufe ziehende Jünger – Jesus in Gopha*

Die von Jesus abgesandten Jünger sah ich vorgestern in Kapharnaum ankommen; doch ungefähr nur fünf der bekannteren. Sie sprachen mit Maria; zwei gingen nach Bethsaida und holten Petrus und Andreas ab. Jakob Minor (der Jüngere), Simon, Thaddäus, Johannes und Jakobus Maior (der Ältere) waren auch zugegen.

Die Jünger erzählten von Jesu Milde, Sanftmut und Weisheit; die anderen sprachen mit der höchsten Begeisterung von Johannes, seiner strengen Lebensart und Lehre und wie sie nie einen solchen Ausleger der Propheten und des Gesetzes gehört, selbst Johannes sprach begeistert von dem Täufer, obschon er Jesus kannte; denn seine Eltern hatten früher nur ein paar Stunden von Nazaret gewohnt, und Jesus liebte ihn schon als Kind, was ich früher nicht wusste. Sie hielten hier den Sabbat.

Am Sonntag, dem 23. September, habe ich die neun Jünger, von diesen Obengenannten zu sechst begleitet, auf dem Wege gegen Tiberias gesehen, von wo sie gegen Ephron durch die Wüste nach Jericho zu Johannes zogen.

Petrus und Andreas haben besonders für den Täufer gesprochen; er sei aus vornehmem Priestergeschlecht, sei von Essenern in der Wüste unterrichtet, dulde keine Unordnung, sei so streng wie weise. Die Jünger erwähnten die Milde Jesu und seine Weisheit; die anderen setzten ihnen entgegen, dass durch seine Nachgiebigkeit mancherlei Unordnung entstehe und führten Beispiele an; auch Er sei von Essenern unterrichtet, als Er jüngst verreist war. Johannes hörte ich auf diesem Wege nichts mehr sagen. Sie gingen nicht ganz mit, sondern nur ein Stück Weges, einige Stunden. Ich dachte bei diesem Gespräch, die Menschen waren doch damals schon wie jetzt.

Am Samstag, dem 22. September, sah ich Jesus in Gur in der Herberge allein beten. Dieses Gur lag nicht sehr weit von der Stadt Mageddo und einem Felde dieses Namens, und ich habe früher wohl gesehen, als würde auf diesem Felde gegen das Ende der Welt eine Schlacht gegen den Antichrist geschlagen werden. Jesus stand mit Tagesanbruch auf, rollte sein Lager zusammen, gürtete sich und legte eine Münze auf das Lager und wanderte von dannen. Ich sah ihn mehrere Orte und Dörfer auf Pfaden umgehen. Er kam mit niemandem in Berührung, ich sah ihn nicht einkehren; ich sah ihn nahe am Berge Garizim bei Samaria vorbeikommen; er lag ihm zur Linken; Er wandelte mittagwärts. Hier und da sah ich ihn Beeren und einige Früchte essen und mit der hohlen Hand oder einem hohlgebogenen Blatte Wasser schöpfen und trinken.

Sonntags gegen Abend kam Er in eine Stadt, am Gebirge Ephraim liegend, mit Namen Gophna. Sie lag auf sehr zerrissenem Grunde, hoch und niedrig, und es waren viele Gärten und Anlagen zwischen den Häusern. Es wohnten hier Verwandte von Joachim, hatten aber keine engeren Beziehungen mit der Familie unterhalten.

Jesus kehrte in einer Herberge ein. Man wusch ihm die Füße und gab ihm eine kleine Erquickung. Aber bald kamen seine Verwandten und ein paar Pharisäer von der besseren Art und holten ihn in ihr Haus ab. Dieses war eines der vornehmsten Häuser der Stadt.

Die Stadt selbst war bedeutend, und es befand sich hier die Regierung über einen Bezirk. Der Verwandte von Jesus hatte auch ein Amt und beschäftigte sich mit Schreiberei. Die Stadt gehörte, glaube ich, zu Samaria. Man empfing Jesus mit Achtung. Es waren noch mehrere Männer da, und man nahm stehend und wandelnd in einem Lusthof ein Mahl ein. Jesus schlief hier.

Es war von Jerusalem bis hierher eine Tagreise, und es befand sich ein Flüsschen in der Gegend. Als die Heilige Familie den Knaben Jesus im Tempel verloren hatte, war sie bis hierher gegangen. Sie glaubten, Er könne voraus zu den Verwandten gegangen sein, da sie ihn bei Michmas vermissten. Maria fürchtete, Er sei ins Wasser gefallen. Jesus begehrte hier in der Synagoge Schriften von einem Propheten und lehrte von der Taufe und dem Messias.

Er legte ihnen aus einem Propheten die Zeit aus, dass der Messias nun gekommen sein müsse; Er sprach von Ereignissen, die ihm vorhergehen sollten und wirklich erfüllt seien, und von einem Ereignis, das vor acht Jahren geschehen sei, ich weiß nicht mehr, ob vom Kriege oder dass das Szepter von Juda genommen sei. So stellte Er mancherlei Zeugnisse von eingetretenen Zeichen auf, welche der Ankunft des Messias vorausgehen sollten; auch führte Er die vielen Sekten an und wie so vieles ganz zur andachtslosen Zeremonie geworden sei.

Er sprach dann, wie der Messias mitten unter ihnen sein müsste, und sie würden ihn nicht kennen. Er stellte es ganz dar, wie es geschah zwischen ihm und Johannes; Er sagte ungefähr: Einer werde hindeuten auf ihn, und man werde ihn nicht kennen; sie würden einen Sieger, einen glänzenden, von Pracht und hochgelehrten Leuten Umgebenen sehen wollen, und sie würden den nicht dafür erkennen, der ohne Ansehen, ohne Schönheit, ohne Reichtum, ohne Pracht erschiene, welchen einfältige Bauern und Handwerker begleiten, der mit Bettlern, Krüppeln, Aussätzigen und Sündern umgehen würde.

Auf diese Art redete Er sehr lang und belegte alles aus Prophezeiungen und stellte alles so vor, wie es mit ihm und Johannes war, und doch sagte Er nie «Ich», sondern sprach immer wie von einem Dritten. Diese Lehre füllte den größten Teil des Tages aus, und die Leute, seine Verwandten, glaubten endlich, dass Er ein Gesandter, ein Vorläufer jenes Messias sei.

Als Er wieder zu Hause war, schlugen sie in seiner Anwesenheit ein Buch nach, worin sie aufgeschrieben hatten, was mit Jesus, dem Sohne Marias, in seinem zwölften Jahre im Tempel vorgegangen war; denn sie erinnerten sich einer Ähnlichkeit dessen, was

Er damals und heute gesagt, und da sie es wieder gelesen hatten, waren sie sehr erstaunt.

Es war aber der Hausvater ein betagter Witwer; und zwei Witwen, seine Töchter. Diese hörte ich zusammen sprechen, wie sie der Hochzeit Josephs und Marias zu Jerusalem beigewohnt hätten und wie prächtig diese Hochzeit, wie wohlhabend Anna gewesen, wie diese Familie aber sehr verarmt sei. Sie sprachen davon, wie man das in der Welt so pflegt, mit einem Anstrich von Tadel und Schmähung, als sei die Familie sehr gesunken. Während sie, wie Frauen tun, ganz umständlich von der Hochzeit und den Brautkleidern Marias sprachen, sah ich ein genaues Bild von dieser Hochzeit und besonders des Brautschmuckes der heiligen Jungfrau Maria[11].

Indessen schlugen, wie gesagt, die Männer über Jesus, des Knaben Lehre im Tempel, nach, die hier bei ihnen angemerkt worden war. Da die Eltern Jesus hier mit solcher Angst gesucht hatten, so hatte die Nachricht, wo und wie sie ihn aufgefunden, damals viel Aufsehen gemacht, um so mehr, da Er ein Verwandter von ihnen war.

Als seine Verwandten die Ähnlichkeit seiner damaligen und heutigen Lehren bewunderten und noch mehr für ihn eingenommen wurden, erklärte ihnen Jesus, dass Er Abschied nehmen müsse, und machte sich trotz ihrer Bitten auf den Weg. Mehrere Männer begleiteten ihn. Sie mussten über ein Flüsschen gehen, über eine gemauerte Brücke, worauf Bäume wuchsen.

Sie begleiteten ihn einige Stunden nach einer Ebene, wo Weiden waren und wo der Patriarch Joseph gewesen war, als ihn Jakob zu seinen Brüdern nach Sichem sandte. In diesen Gegenden, wo Jesus hergekommen ist, ist auch Jakob viel gewesen. Jesus ging etwas spät abends in einen Hirtenort diesseits eines Flüsschens, und seine Begleiter verließen ihn. Jenseits des Flüsschens lag der Ort noch ausgedehnter. Die Synagoge war diesseits.

Der Herr ging in eine Herberge, wo sich zwei Scharen von Täuflingen versammelt hatten, welche durch die Wüste zum Täufer ziehen wollten; sie hatten hier schon von der Ankunft Jesu gesprochen. Er sprach am Abend noch mit ihnen, und sie zogen am folgenden Morgen fort. Man wusch dem Herrn die Füße. Er nahm einen kleinen Imbiss, dann sonderte Er sich zum Gebet und zur Ruhe ab.

### *Jesus spricht gegen Herodes' Ehebruch – Reise der heiligen Frauen*

25. September: Am Morgen ging Er in die Schule, wo sich viele Leute versammelten. Er lehrte wie gewöhnlich von der Taufe und der Nähe des Messias und dass sie ihn nicht erkennen würden. Er verwies ihnen auch das eigensinnige Hängen an alten, leeren Gewohnheiten, worin diese Leute eine besondere Schwäche hatten. Sie waren im ganzen ziemlich einfach und nahmen alles gut auf. Jesus ließ sich von dem Vorsteher der Synagoge nachher noch zu etwa zehn Kranken führen. Er heilte keinen; denn Er hatte schon Eliud und seinen fünf Jüngern gesagt, in der Nähe von Jerusalem werde Er es vor der Taufe nicht tun. Es waren meistens Wassersüchtige, Gichtkranke und auch kranke Frauen. Er ermahnte sie und sagte ihnen einzeln, was sie geistlicherweise tun sollten, da ihre Krankheiten zum Teil Sündenstrafen seien. Einzelnen befahl Er, sich zu reinigen und zur Taufe zu gehen.

In der Herberge war noch ein Abendmahl, und es waren viele Männer des Ortes zugegen. Vor der Mahlzeit sprachen diese von Herodes, von seiner verbotenen Verbindung, tadelten und forschten nach Jesu Meinung hierüber. Jesus verurteilte diesen Ehebruch eindeutig, sagte aber auch, so man andere richten wolle, müsse man sich auch selbst richten, und Er sprach streng über die Ehesünden.

Es waren aber an diesem Ort viele Sünder, und Jesus sprach einzeln mit ihnen und verwies ihnen ihr Leben im Ehebruch ernstlich. Er sagte vielen ihre ganz geheimen Sünden einzeln, so dass sie erschüttert Buße versprachen.

Er ging von hier gegen Bethanien zu, was wohl sechs Meilen entfernt sein mag, und kam wieder in die Berge. Es ist jetzt dort im Lande winterlich, viel Nebel und trüb, und nachts manchmal kalter Reif. Jesus hüllt das Haupt in ein Tuch. Er geht nun ganz morgenwärts. Ich habe auch Maria und vier heilige Frauen unterwegs in einem Feld bei Tiberias gesehen. Ich sah sie auch von zu Hause weggehen. Es ist jemand dort zurückgeblieben. Sie haben zwei Fischerknechte bei sich. Einer geht vor, der andere nach, sie tragen das Gepäck, einen Sack auf der Brust und einen auf dem Rücken und einen Stab auf der Schulter.

Es ist Johanna Chusa, Maria Cleophä, eine der drei Witwen und noch eine Frau dabei, ich weiß nicht mehr, ob Maria Salome oder des Petrus oder Andreas Frau. Sie wollen auch nach Bethanien, sie gehen den gewöhnlichen Weg, bei Sichar vorüber, das sie zur Rechten lassen, Jesus aber ließ es zur Linken. Die heiligen Frauen gehen meist in einer Linie hintereinander, ein paar Schritte getrennt, vermutlich, weil die meisten Wege außer den breiten Heerstraßen schmaler sind für Fußgänger und oft durch Gebirge führen. Sie gehen rasch mit kräftigen Schritten und schwanken nicht so wie die Leute hierzulande, vermutlich, weil man dort von Jugend auf an weite Fußreisen gewöhnt wird. Sie haben die Röcke auf der Reise bis zur halben Wade geschürzt und die Beine von der Leibbinde ab bis zum Knöchel mit einer Binde umwickelt und haben dicke, aufgefutterte Sandalen unter die Fußsohlen gebunden; auf dem Kopf haben sie einen Schleier, der mit einem langen, schmalen Tuch um den Nacken beigezogen ist. Dieses Tuch ist über der Brust gekreuzt, und um den Rücken laufend geht es in den Gürtel über. Sie tragen die Hände abwechselnd in dieser Binde ruhend. Der vorschreitende Mann bereitet den Weg, öffnet die Zäune, räumt Steine hinweg und legt Stege und besorgt, was vorkommt, auch die Herberge. Der Nachschreitende bringt alles wieder in die vorige Ordnung.

### *Jesus kommt nach Bethanien*

26. September: Jesus, auf dem Weg nach Bethanien, das noch sechs Meilen weit sein kann, kam wieder in eine bergige Gegend. Abends kam Er ein paar Stunden nördlich von Jerusalem in eine Stadt, die aus einer wohl halbstundenlangen Straße über einen

Berg besteht. Bethanien kann wohl noch drei Stunden von hier liegen. Man kann die Gegend in der Ferne sehen; denn es liegt tiefer in der Ebene. Von diesem Berge zieht sich nördlich morgenwärts eine Wüste von etwa drei Stunden, gegen die Wüste Ephron hin, und zwischen diesen beiden Wüsten sah ich Maria und ihre Gesellschaft heute nacht lagern.

Der Berg ist derjenige, auf welchem Joab und Abisai in der Verfolgung Abners nachließen, da dieser sie anredete; er hieß Amma und lag nordwärts von Jerusalem. Der Ort, wo Jesus war, hatte Aussicht nach Morgen und Mitternacht; ich meine, er hieß Giah und sah auf die Wüste Gideon, die an seinem Fuß begann und sich der Wüste Ephron entgegenzog. Sie war etwa drei Stunden lang. Jesus kam am Abend an und trat in ein Haus, eine Erquickung begehrend. Sie wuschen ihm die Füße, gaben ihm zu trinken und kleine Brötchen. Es kamen bald mehrere Leute zu ihm und fragten ihn, da Er aus Galiläa komme, nach dem Lehrer aus Nazaret, von dem man so viel höre und von dem Johannes so viel sage, und ob denn die Taufe des Johannes gut sei. Jesus lehrte sie wie immer, ermahnte sie zur Taufe und Buße und sprach von dem Propheten aus Nazaret und dem Messias, Er würde unter ihnen erscheinen, und sie würden ihn nicht erkennen, ja verfolgen und misshandeln; sie sollten alles wohl beachten, die Zeiten seien erfüllt; Er werde nicht in Pracht und Triumph erscheinen, sondern arm und unter den Einfältigen wandeln und dergleichen. Die Leute erkannten ihn nicht, aber sie nahmen ihn gut auf und hatten eine große Ehrfurcht vor ihm. Es waren Täuflinge hier durchgezogen, welche von Jesus gesprochen hatten. Sie geleiteten ihn auf den Weg, nachdem Er etwa zwei Stunden hier geruht hatte.

Nach Bethanien kam Jesus in der Nacht. Lazarus war noch vor einigen Tagen in seinem Besitztum in Jerusalem, an der Abendseite des Berges Sion, auf der Seite des Kalvarienberges gelegen, gewesen, war aber nach Bethanien gekommen; denn er wusste um Jesu Ankunft durch Jünger. Das Schloss in Bethanien gehörte eigentlich Martha. Lazarus war aber lieber hier, und sie wirtschafteten zusammen.

Sie erwarteten Jesus, und es war ein Mahl bereitet. Martha bewohnte ein Haus an der anderen Seite des Hofes gelegen. Es waren Gäste im Hause. Bei Martha war Seraphia (Veronika), Maria Markus und noch eine betagte Frau von Jerusalem. Sie war mit Maria im Tempel gewesen und hatte diesen bei ihrem Eintritte verlassen; sie wäre gerne im Tempel geblieben, ist aber auch durch eine Fügung Gottes verehelicht worden.

Bei Lazarus waren Nikodemus, Johannes Markus, der eine Sohn Simeons, und ein alter Mann, Obed genannt, ein Bruder oder Brudersohn des Mannes der Hanna vom Tempel. Sie waren alle heimliche Freunde Jesu, teils durch Johannes den Täufer, teils durch die Familie und durch die Prophezeiung Simeons und Hannas im Tempel.

Nikodemus war ein forschender, denkender Mann, der auf Jesus hoffte und sehr begierig war. Alle hatten des Johannes Taufe empfangen. Sie waren auf Lazarus' Einladung heimlich hier. Nikodemus diente nachher Jesus und seiner Sache immer heimlich.

Lazarus hatte Diener ausgesandt, Jesus auf dem Weg abzuholen, und etwa eine halbe Stunde vor Bethanien traf ihn sein alter treuer Diener, der hernach noch ein Jünger geworden ist, auf dem Wege. Er warf sich vor ihm auf das Antlitz nieder und sprach: «Ich bin der Knecht des Lazarus; so ich Gnade finde vor dir, meinem Herrn, folge mir nach seinem Hause!» Jesus hieß ihn aufstehen und folgte ihm. Er war ihm freundlich und verhielt sich doch seiner Würde gemäß. Eben dieses gab ihm das Hinreißende. Sie liebten den Menschen und fühlten Gott.

Der Diener brachte ihn in eine Vorhalle am Eingang in das Schloss bei einem Brunnen. Hier war alles bereitet; er wusch Jesus die Füße und legte ihm andere Sohlen an. Jesus hatte ein Paar grün gefütterte, gepolsterte, dicke Sohlen an, als Er hier ankam. Er ließ sie stehen und legte hier ein Paar harte Sohlen mit ledernen Riemen an, die Er fortan trug. Der Diener lüftete und schüttelte ihm auch die Kleider aus. Als Er die Füße gewaschen hatte, kam Lazarus mit seinen Freunden. Er brachte ihm einen Becher und einen Bissen. Jesus umarmte Lazarus und grüßte die anderen mit Handreichung. Sie dienten ihm alle gastfreundlich und geleiteten ihn nach dem Hause; Lazarus führte ihn aber vorher in Marthas Wohnung. Die hier anwesenden Frauen warfen sich verschleiert auf die Erde nieder. Jesus hob sie an der Hand auf und sagte zu

Martha, dass seine Mutter hierher kommen werde, um seine Rückkehr von der Taufe zu erwarten.

Hierauf gingen sie zu Lazarus' Haus und nahmen ein Mahl ein. Ein Lamm und Tauben waren gebraten; Honig war vorhanden, kleine Brote und Früchte, auch Grünes und Becher. Sie lagen hier zu Tisch auf Lehnbänken, immer zwei und zwei; die Frauen aßen in einer Vorhalle. Jesus betete vor Tisch und segnete alle Speisen, Er war sehr ernst, ja betrübt. Er sagte ihnen während des Mahles, es nahe eine schwere Zeit, Er beginne einen mühseligen Weg, der bitter enden werde. Er ermahnte sie, so sie seine Freunde seien, auszuhalten, sie würden viel mit ihm zu leiden haben. Er sprach so rührend, dass sie weinten, aber sie verstanden ihn nicht ganz, wussten nicht, dass Er Gott war.

(Hier unterbrach sich die Erzählerin mit der Äußerung:)

Ich muss mich immer so wundern über dieses Nichtverstehen, da ich eine so unendliche Überzeugung von der Gottheit und Bestimmung Jesu habe. Immer muss ich denken, warum wurde dann diesen Leuten nicht auch gezeigt, was ich so klar vor Augen sehe. Ich habe den Menschen von Gott geschaffen, das Weibliche aus ihm nehmen und als Weib geschaffen ihm zugesellen und beide fallen gesehen; ich sah die Verheißung des Messias und die Zerstreuung der Menschheit durch sündhafte Zeugung und die wunderbaren Führungen und Sakramente Gottes zur Heranführung der heiligen Jungfrau Maria. Ich sah den Weg des Segens, aus welchem das Wort Fleisch geworden, wie eine Bahn des Lichtes durch alle Geschlechter der Voreltern Marias laufen. Ich sah endlich die Botschaft des Engels an Maria und den Strahl der Gottheit, der sie durchdrang, als der Heiland empfangen wurde. Und nach all diesem, wie wunderbar muss es mir unwürdiger, elender Sünderin sein, diese heiligen Zeitgenossen und Freunde Jesu zu sehen in seiner Gegenwart, wie sie ihn lieben und verehren und doch alle glauben, sein Reich müsse ein irdisches sein; wie sie ihn zwar für den verheißenen Messias halten, aber doch nicht für Gott selbst!

Er war ihnen noch ein Sohn Josephs und Maria seine Mutter; dass Maria eine Jungfrau ist, ahnte keiner; denn sie wussten nichts von einer übernatürlichen, unbefleckten Empfängnis. Sie wussten nicht einmal von dem Geheimnis der Bundeslade. Es war schon viel und ein Zeichen auserwählter Gnade, dass sie ihn liebten und anerkannten. Die Pharisäer, welche die Prophezeiung Simeons und Hannas bei seiner Opferung wussten, die seine wunderbare Lehre im Tempel in seiner Jugend gehört hatten, waren ganz verstockt; sie hatten sich wohl um die Familie des Kindes damals und des Lehrers nachher erkundigt, aber sie war ihnen zu gering, zu arm und zu verächtlich; sie wollten einen prächtigen Messias.

Lazarus, Nikodemus und viele seiner Anhänger glaubten immer stillschweigend, Er sei berufen, mit seinen Jüngern Jerusalem in Besitz zu nehmen, sie vom römischen Joch zu befreien und das Reich der Juden herzustellen. Es war wohl wie jetzt, wo jeder sich einen Heiland in dem denken möchte, der seinem Vaterland die geliebte, alte Regierung und Freiheit verschafft. Auch damals wussten sie nicht, dass das Reich, das uns helfen kann, nicht von dieser Bußwelt ist. Ja, sie freuten sich wohl in einzelnen Minuten an dem Gedanken, jetzt werde es bald mit dem großen Wesen dieses oder jenes Volksquälers aus sein. Sie wagten aber alle nicht, mit Jesus davon zu sprechen; denn sie blieben alle in einer großen Scheu, weil sie die Bedingungen ihrer Erwartung in keinem Zuge seines Verhaltens, in keinem Worte von ihm ausgesprochen fühlten.

Nach dem Mahle versammelten sie sich an einen Betort, und Jesus sprach ein Dankgebet: dass seine Zeit und Bestimmung nun beginne. Es war dieses sehr rührend, und sie weinten alle. Die Frauen waren im Hintergrund gegenwärtig. Sie beteten noch zusammen allgemeine Gebete. Jesus segnete sie und wurde von Lazarus zu seiner Schlafstelle gebracht. Es waren dieses auch abgesonderte Stellen in einem großen Raume, wo die Männer alle schliefen, aber schöner als in den gewöhnlichen Häusern. Das Bett wurde hier nicht wie sonst aufgerollt. Es war etwas höher als gewöhnlich, wo es an der Erde war; es war feststehend, hatte vorn eine Galerie (Höhe mit Gitterrand), welche mit Decken und Quasten verziert war. An der Wand, woran das Bett stand, war oben eine feine Matte aufgerollt, welche man durch einen Zug aufziehen oder vor das Bett niederlassen konnte, so dass sie ein schräges Dach bildete, wenn sie das leere Bett versteckte. Neben dem Bett stand ein Schemeltischchen und in einer Höhle der Wand ein Waschbecken, darauf ein hohes Wassergefäß und ein kleines Schöpf- und Gießgefäß. Eine Lampe ragte aus der Wand und ein Tuch zum Abtrocknen hing an derselben. Lazarus steckte (zündete) die Lampe an, warf sich vor Jesus nieder, der ihn nochmals segnete, und sie verließen einander.

Die stille Maria, Lazarus' gestörte Schwester, sah ich nicht; sie kam nie zum Vorschein, sie sprach vor Menschen nie ein Wort. Wenn sie aber allein war in ihrer Stube oder ihrem Garten, sprach sie laut mit sich selbst und mit allen Gegenständen um sich herum. Es war, als lebten die Dinge um sie; nur mit den Menschen sprach sie nicht, vor anderen rührte sie sich nicht, sah nieder und war wie eine Bildsäule, doch neigte sie sich grüßend und war ganz anständig, nur stumm. Wenn sie allein war, tat sie allerlei Geschäfte und besorgte ihre Kleider und alles ordentlich. Sie war sehr fromm, erschien aber nicht in der Schule, sondern betete in ihrer Kammer. Ich glaube, sie hatte Gesichte und redete mit Erscheinungen. Sie hatte eine unaussprechliche Liebe zu ihren Geschwistern, besonders zu Magdalena. Sie war von früher Jugend so. Sie hatte ihre Wärterinnen, aber sie war ganz reinlich und hatte nichts von Wahnsinnigen an sich. Von Magdalena wurde hier bis jetzt noch nicht in Jesu Gegenwart gesprochen, sie lebte jetzt in Magdalum in ihrem höchsten Glanz.

### *Blick auf Maria und die heiligen Frauen*

Ich sah in der Nacht, da Jesus bei Lazarus ankam, die heilige Jungfrau Maria, Johanna Chusa, Maria Cleophä, die eine Witwe Lea und Maria Salome in einer Herberge zwischen der Wüste Gibea und der Wüste Ephraim, etwa fünf Stunden von Bethanien, übernachten. Sie schliefen in einem Schuppen, der von allen Seiten mit leichten Wänden geschlossen war. Er war in zwei Räume geteilt; der vordere war in zwei Reihen von Schlafstellen abgeteilt, welche die heiligen Frauen eingenommen hatten; der hintere Raum war die Küche. Vor dem Haus stand eine offene Hütte, in welcher ein Feuer brannte, ich glaube, die männlichen Begleiter schliefen oder wachten dort; die Wohnung des Herbergsvaters war in der Nähe. Morgen, den 27., mittags werden sie wohl in Bethanien sein.

Bei Gelegenheit der Maria Cleophä sah ich wieder, dass sie die Tochter der älteren Schwester der heiligen Jungfrau und des Kleophas, eines Brudersohns des hl. Joseph aus dem Tale Zabulon gewesen ist. Ich habe das übrige vergessen; er hatte außer Maria Cleophä noch eine Tochter gehabt, die auch verheiratet gewesen war. Er ist nicht der Jünger von Emmaus.

27. September: Ich sah Jesus in dem Haus des Lazarus mit diesem und den Freunden von Jerusalem. Er ging nicht nach Bethanien hinein, ging aber wohl in die Höfe und Gärten des Schlosses. Er sprach und lehrte, hier und da wandelnd, sehr ernst und rührend, und so liebevoll Er war, so würdig hielt Er sich und sprach kein unnötiges Wort. Alle liebten ihn, folgten ihm und doch waren sie alle schüchtern. Lazarus war ihm am vertrautesten, die anderen Männer mehr bewundernd und zurückhaltend. Von Lazarus begleitet, ging nun Jesus zu den Frauen, und Martha führte ihn zu ihrer stillen Schwester Maria, mit der Er sprechen wollte. Sie gingen durch die Tür einer Mauer aus dem großen Hof in einen kleineren, doch geräumigen, von Mauern umschlossenen Gartenhof, an den die Wohnung Marias anstieß. Jesus blieb in dem Gärtchen, und Martha ging ihre stille Schwester rufen.

Das Gärtchen war ganz zierlich, in der Mitte stand ein großer Dattelbaum; außerdem standen allerlei Würzkräuter und Stauden darin. Auch war ein Brunnen darin mit einem Rand darum und in der Mitte des Brunnens ein Steinsitz, zu welchem die stille Maria wohl ging, und da unter einem Zeltdach, das den Brunnen überspannte, vom Wasser umgeben sitzen konnte. Martha ging zu ihr und sagte ihr, sie möge in den Hof kommen, es erwarte sie jemand. Sie war ganz gehorsam, legte ihren Schleier um und trat, ohne ein Wort zu sprechen, in den Hof, worauf Martha wegging. Sie war ganz schön und groß und etwa dreißig Jahre alt, sah meistens zum Himmel empor, und wenn sie selten einmal zur Seite, wo Jesus ging, blickte, geschah es doch nur halb und unbestimmt, als sähe sie in die Ferne. Sie sagte nie «ich», sondern «du», wenn sie von sich selbst sprach, so als sähe sie sich woanders und rede sich an. Sie sprach Jesus nicht an und warf sich nicht vor ihm nieder.

Jesus sprach zuerst mit ihr, und sie wandelten in dem Gärtchen umher; sie sprachen nicht eigentlich zusammen. Die stille Maria sah immer empor und sprach himmlische Dinge aus, als sähe sie dieselben. Auch Jesus sprach so; Er redete von seinem Vater und mit seinem Vater; sie sah Jesus nie an, nur manchmal sprach sie halb zur Seite gegen ihn gewendet. Ihr gegenseitiges Gespräch war mehr ein Gebet, ein Lobgesang, eine Betrachtung, ein Aussprechen von Geheimnissen als ein Gespräch. Maria schien nicht zu wissen, dass sie lebte, ihre Seele war in einer anderen Welt, und ihr Leib wandelte hier.

Ich erinnere mich noch aus ihren Reden, dass sie emporschauend über die Menschwerdung Christi sprach, als sähe sie die Handlung in der Heiligsten Dreifaltigkeit vorgehen. Ich kann ihre kindlichen und doch ernsten Reden nicht wiederholen. Sie sagte, als sähe sie es: «Der Vater sagt zu dem Sohne, Er solle herab zu den Menschen, und die Jungfrau solle ihn empfangen», und nun beschrieb sie, wie alle Engel sich darüber erfreuten und wie Gabriel zu einer Jungfrau abgesendet wird; und so sprach sie durch alle Chöre der Engel durch, und welche alle mit niedergekommen, und zwar so, als rede ein Kind eine vorüberziehende Prozession an und freue sich und lobe die Andacht und den Eifer einzelner. Dann sah sie in die Kammer der Jungfrau Maria hinein, und redete die heilige Jungfrau an und wünschte, sie möge die Botschaft des Engels annehmen, und sah den Engel kommen und ihr den Herrn verkünden, und sprach das alles in die Ferne schauend aus, als sähe sie zu und sage ihre Gedanken laut. Sie verweilte dann ganz kindlich dabei, dass die heilige Jungfrau sich besonnen habe, ehe sie geantwortet, und sagte: «Denn du hattest ein Gelübde der Jungfräulichkeit getan; wenn du es verweigert hättest, des Herrn Mutter zu werden, wie wäre es dann gegangen? Eine andere Jungfrau, wäre sie so zu finden gewesen? Lange hättest du, verwaistes Israel, noch seufzen müssen.»

(Nun kam sie wieder auf das Glück, dass die Jungfrau eingewilligt, und lobte sie und ging so auf Jesu Geburt über und redete das Kind an und sagte:) «Butter und Honig wirst du essen» und flocht wieder Prophezeiungen ein und sprach von Simeons und Hannas Prophezeiung, und so fort, immer als sähe sie es und redete mit allen, als sei sie in aller dieser Zeit gegenwärtig. So kam sie bis zur Gegenwart und sprach: «Nun gehst du hin den bitteren, schweren Weg.» Dabei war sie immer wie allein und obschon sie wusste, dass der Herr bei ihr war, war es doch, als sei Er ihr nicht näher als alle die anderen Bilder, von denen sie gesprochen. Jesus unterbrach sie durch Gebet und Dank an Gott und lobte seinen Vater und flehte für die Menschen; alles an seiner Stelle. Das ganze Gespräch war unaussprechlich rührend und wunderbar.

Jesus verließ sie, und sie war wie vorher so ruhig und unbewegt und ging in ihre Wohnung zurück.

Als Jesus zu Lazarus und Martha zurückkam, sagte Er ungefähr zu ihnen: «Sie ist des Verstandes nicht beraubt, aber sie ist nicht auf dieser Welt mit ihrer Seele und sieht diese Welt nicht, und diese Welt versteht sie nicht; sie ist glücklich, sie sündigt nicht.»

Die stille Maria in ihrem ganz geistig schauenden Zustand wusste auch wirklich gar nicht, was mit ihr und um sie vorging und war immer in solcher Abwesenheit. Vor niemandem hatte sie noch so gesprochen wie vor Jesus, vor allen anderen schwieg sie, nicht weil sie verschlossen oder stolz war, nein, weil sie diese Leute innerlich nicht sah, in keinem Bezug sah mit dem, was sie allein sah, himmlische Dinge und die Erlösung.

Es sprachen sie wohl manchmal fromme und gelehrte Freunde des Hauses an und dann sagte sie wohl einiges laut, aber sie verstanden kein Wort davon, weil es nicht die Fortsetzung ihrer eigenen Ansicht, sondern irgend etwas aus dem Ganzen war, das sie selbst sah, den Gelehrten aber verschlossen blieb. So wurde sie von der ganzen Familie für geistesgestört gehalten und war, was sie allein sein konnte und musste: einsam; denn sie war nicht mit ihrer Seele in der täglichen Zeit. Sie beschäftigte sich mit dem Bau ihres Gärtchens und mit Stickereien für den Tempel, welche Martha ihr brachte. Sie war geschickt darin und tat es in steten Gedanken und Betrachtungen. Sie betete sehr fromm und andächtig und hatte auch eine Art Leiden für die Sünden anderer, denn es lag oft ein solcher Druck auf ihrer Seele, als falle die Welt auf sie. Ihre Wohnung war bequem mit Ruhebetten und allem Gerät; sie aß wenig und allein. Als ihre Geschwister Jesus nachgefolgt waren, starb sie vor Schmerz über die Größe seiner Leiden, die sie im

Geiste voraussah. Martha sprach auch mit Jesus über Magdalena und von ihrer großen Betrübnis über sie, und Jesus tröstete, sie werde gewiss noch kommen, sie sollten nur nicht ermüden, für sie zu beten und ihr zuzusprechen.

Um halb zwei Uhr kam die heilige Jungfrau mit Maria Chusa, Lea, Maria Salome und Maria Cleophä an. Der vorausgehende Begleiter kündete ihre Nähe an, und Martha, Seraphia, Maria Markus und Susanna gingen mit dem nötigen Gerät und mit Erquickung nach derselben Halle am Anfang der Schlossumgebungen, um sie zu empfangen, so wie Jesus gestern von Lazarus empfangen worden war. Sie bewillkommneten sie, und die Anwesenden wuschen den Ankommenden die Füße; auch legten die heiligen Frauen andere Kleider um, schürzten sich nieder und legten andere Schleier um. Sie waren alle in weiße, gelbliche oder braune, ungefärbte Wolle gekleidet. Sie nahmen eine kleine Erquickung und gingen in Marthas Wohnung. Jesus und die Männer kamen, sie zu begrüßen, und Jesus ging mit der heiligen Jungfrau allein und sprach mit ihr. Er sagte ihr aber sehr liebevoll und ernst, dass seine Laufbahn nun beginne. Er gehe zu der Taufe des Johannes, von da werde Er wieder zu ihr kommen und noch eine kurze Zeit in der Gegend von Samaria mit ihr sein, dann aber werde Er in die Wüste gehen und vierzig Tage dort bleiben.

Als Maria von dieser Wüste hörte, war sie sehr betrübt, und sie bat flehentlich, Er möge doch nicht an diesen schrecklichen Ort gehen, dass Er nicht verschmachte. Jesus sagte ihr da, sie solle fortan ihn nicht mit menschlicher Sorge hindern wollen; Er müsse tun, was Er tue, Er beginne einen schweren Weg; die mit ihm seien, müssten mit ihm leiden. Er gehe aber nun den Weg seiner Sendung, und sie müsse allen bloß persönlichen Anspruch nun opfern. Er werde sie lieben wie immer; aber Er sei nun für alle Menschen da. Sie solle tun, was Er sage, und sein himmlischer Vater werde sie belohnen; denn es beginne nun, was ihr Simeon verkündet: es werde ein Schwert durch ihre Seele gehen. Die heilige Jungfrau war sehr betrübt und ernst, aber auch stark und in Gott ergeben; denn Er war sehr heilig und liebreich.

Am Abend war noch ein großes Mahl im Hause des Lazarus, und der Pharisäer Simon und einige andere Pharisäer waren eingeladen. Die Frauen aßen getrennt durch eine Vergitterung in einem anstoßenden Raum, so dass sie die Lehre Jesu hören konnten. Jesus lehrte von Glaube, Hoffnung und Liebe und vom Gehorsam; die ihm folgen wollten, müssten nicht mehr zurückschauen, sondern tun, was Er lehre, und leiden, was über sie komme; Er werde sie nicht verlassen. Er sprach auch wieder von dem schweren Weg, den Er antrete, und wie Er werde misshandelt und verfolgt werden, und wie alle, die seine Freunde seien, mit ihm leiden würden. Sie hörten ihn alle mit Erstaunen und Rührung an, aber was Er von den großen Leiden sprach, verstanden sie nicht recht und glaubten es auch nicht so einfältig hin. Sie meinten, das sei so eine prophetische Redensart und sei nicht wörtlich zu verstehen. Den Pharisäern war seine Rede nicht anstößig, obschon sie befangener waren als die anderen; aber Er lehrte dieses Mal auch nur mäßig.

Jesus ging nach dem Mahl und einiger Ruhe mit Lazarus allein gegen Jericho zur Taufe. Ein Diener des Lazarus ging im Anfang mit einer Fackel mit. Es war Nacht. Nach einer halben Stunde etwa kamen sie an eine Herberge; sie gehörte Lazarus, und es haben nachher die Jünger sich oft da aufgehalten. Doch ist es nicht jene andere, die weiter nach der anderen Seite gelegen auch von ihnen besucht wurde und von der ich oft erzählt habe. Die Halle aber, wo Jesus und nachher Maria von Lazarus empfangen werden, war jene, an welcher Jesus vor des Lazarus Erweckung verweilte und lehrte, als Magdalena ihm entgegenging[12].

Als sie an die Herberge kamen, zog Jesus seine Sohlen aus und ging barfuß. Lazarus bat ihn aus Mitleid wegen des wilden, steinigen Weges, Er möge dieses doch nicht tun; Jesus aber sagte ernst: «Lass dieses so geschehen, ich weiß, was ich zu tun habe», und so schritten sie in der Wildnis fort. Ich musste schier weinen aus Mitleid mit unserem Herrn. Die Wüste streckt sich fünf Stunden mit engen Felsschluchten gegen Jericho, dann kommt zwei Stunden weit das fruchtbare Tal von Jericho; doch ist auch dieses von wilden Stellen durchzogen. Von dort sind es noch zwei Stunden zu des Johannes Taufstelle. Jesus ging viel schneller als Lazarus und war oft eine Stunde voraus.

Ich sah eine Schar, die Er aus Galiläa zur Taufe gesendet, darunter auch Zöllner, von der Taufe zurückkehren und eine Strecke seitwärts von ihm durch die Wüste gegen Bethanien ziehen. Ich sah Jesus nicht einkehren. Jericho ließ Er links liegen. Es lagen auch ein paar andere Orte abseits seines Weges; doch ging Er vorüber. Ich erinnere mich ihrer Namen nicht bestimmt.

### *Blick auf die Freunde des Lazarus und Susanna von Jerusalem*

Die Freunde des Lazarus, Nikodemus, Simeons Sohn, Johannes Markus, hatten gestern wenig mit Jesus gesprochen; aber untereinander waren sie in steter Bewunderung seines Wesens, seiner Weisheit, seiner menschlichen, selbst körperlichen Eigenschaften, und so oft Er abwesend war oder wenn sie hinter ihm herwandelten, sagten sie zueinander: «Welch ein Mensch! So war keiner, so kommt keiner wieder, wie ernst, wie sanft, wie weise, wie alles durchdringend, wie einfach! Aber ich verstehe ihn nicht ganz und muss doch glauben, so Er es sagt. Man kann ihm nicht ins Antlitz schauen, es ist, als lese Er jeden Gedanken. Welche Gestalt! Welch hohes Wesen! Welche Raschheit und doch kein Laufen! Wer kann so wandeln wie Er! Wie schnell kommt Er seine Wege! Unermüdet kommt Er an und wandert wieder um seine Stunde. Welch ein Mann ist Er geworden!» Dann sprachen sie von seiner Kindheit, von der Lehre im Tempel usw. Sie sprachen auch, was sie von Gefahren gehört, die Er auf seiner ersten Reise auf dem Wasser (Salzmeer) bestanden und wie Er den Schiffern geholfen hatte. Keiner aber ahnte, dass sie von dem Sohne Gottes redeten: Sie fanden ihn größer als alle Menschen, ehrten ihn und waren schüchtern, aber sie hielten ihn für einen wundervollen Menschen.

Obed von Jerusalem war ein bejahrter Mann und ein Brudersohn von dem Mann der alten Hanna am Tempel; er war einer der sogenannten Ältesten am Tempel, im Synedrium, ein frommer Mann und einer von den geheimen Jüngern Jesu, und hat auch der Gemeinde, so lange er lebte, Hilfe geleistet.

Von Susanna habe ich vieles gesehen, wovon ich noch weiß. Sie ist von Maria im Tempel erzogen worden, ist reich und mit der Heiligen Familie blutsverwandt; denn sie ist eine natürliche

Tochter von einem älteren Bruder Josephs, welche er mit ihrer Mutter erzeugte, die aus einem ähnlichen Vergehen entsprungen war. Ein persischer Fürst, dessen Familie von der letzten Eroberung Jerusalems dort zurückgeblieben war, hatte Susannas Mutter außer der Ehe mit einer Jüdin erzeugt und ließ der Mutter und dem Kinde in Jerusalem ein großes Vermögen zurück. Ich sah nun im Bilde, wie Susannas Mutter auf einem Tanzfest die Bekanntschaft mit Kleophas, einem älteren Bruder Josephs, machte, woraus jene unglückliche Verbindung entstand, welche die Geburt Susannas zur Folge hatte. Josephs Bruder war damals reich und lebte eitel. Ich meine, er lebte schon verheiratet. Man muss diese Sachen aber nicht sagen, denn sie sind ziemlich geheim geblieben. Susanna wurde am Tempel erzogen und nachher mit einem Mann namens Matthias verheiratet, welcher mit dem Apostel Matthias verwandt war und ein öffentliches Amt hatte. Susanna hatte ein großes Haus an der Abendseite des Berges Sion, nicht weit vom Gebäude des Lazarus.

Ich habe unter mehreren Bildern aus ihrem Leben das Fest gesehen, welches die Veranlassung zu dem Falle von ihrer Mutter war. Außer dem Tanz der Herodias war es der erste Tanz, den ich unter Juden gesehen, so viel ich mich jetzt erinnere. Es war auf dem Namensfest eines vornehmen Mannes. Ich sah einen großen Saal und an beiden Enden vornehme Leute auf erhöhten Stellen sitzen. In der Mitte des Saales tanzten ungefähr zwanzig Frauen und zwanzig Männer, die einander gegenüber standen. Der Boden, auf dem sie tanzten, war hohl und mit Decken überspannt. Es tanzten immer zwei Männer und zwei Frauen, sich durchkreuzend. Über den Tanzenden hingen von der Decke herab sehr viele Lichter, und so wie die Wege des Tanzes liefen, waren auch die Lichter oben befestigt. Die tanzenden Frauen waren ganz ehrbar gekleidet und hatten lange Schleppen, aber die Kleider waren doch so, dass man die Bildung des Körpers zu sehr bemerkte. Der Tanz war nicht hüpfend und schnell, auch berührten sich die Tanzenden nicht; es war nur ein hin und wieder und aneinander vorüber Wandeln, es war aber allerlei Ausdruck und Bewegung dabei. Es waren viele Gelegenheiten sich anzuschauen und zu betrachten und bösen Gedanken Raum zu geben.

Die Musikanten standen zur Seite der Tanzenden auch erhöht, ich meine, an jeder Seite drei Männer und Knaben mit Pfeifen dazwischen. Ich erinnere mich zweier Instrumente, eines großen dreieckigen Kastens, auf drei Seiten mit Saiten bespannt, und eines wunderbaren Blasinstrumentes aus einem dicken hohlen Rohr, in welches geblasen wurde und woran mehrere Hörner von verschiedener Größe angesetzt waren, die man nach Umständen ab- und ansteckte; sie standen untereinander und waren um den Hauptstamm gekrümmt. Das Instrument wurde beim Bringen und Forttragen auseinandergelegt. Morgens gingen die Freunde aus Jerusalem und Susanna, Maria Markus und Veronika dorthin zurück. Maria und die zurückgebliebenen heiligen Frauen arbeiteten zusammen. Maria war sehr betrübt über die Worte Jesu zu ihr. Sie erzählte manches von der wunderbaren Weisheit und Tugend ihres Sohnes als Kind. Sie besuchten auch Kranke in Bethanien, trösteten und erquickten sie. Sie werden zusammen nach Jerusalem gehen.

# DRITTES KAPITEL

## *Johannes der Täufer*

### *Von Ende Mai bis 26. September 1821*

### *Ergänzungen aus früheren Gesichten – Aufenthalt in der Wüste*

24. Juni 1820: Ich sah Johannes erwachsend tief in der Wüste, wie er sich auf alle Weise abtötete. Er schlief auf hartem Felsen unter freiem Himmel, lief angestrengt über rauhes Gestein, durch Disteln und Dornen, geißelte sich mit Dornen, arbeitete sich müde an Bäumen und Steinen und lag lange in Gebet und Betrachtung auf den Knien. Oft sah ich leuchtende Gestalten bei ihm in der Wildnis; und als er etwa 17 Jahre alt war, sah ich ihn heimlich und unbemerkt das Haus seiner Eltern besuchen.

Zacharias war schon tot, aber Elisabeth lebte noch. Nach diesem Besuch drang er viel weiter in die Wüste ein, als er bisher getan; er drang immer in der Richtung zwischen Morgen und Mitternacht und näherte sich der Gegend, wo ich in meinen Gesichten den wunderbaren Prophetenberg und die überirdischen Wasser sehe. Er kam in jene Gegend, wo ich Johannes, den Evangelisten, lange nachher einmal unter hohen Bäumen liegen und schreiben sah. Es waren da sehr hohe Bäume, und unter diesen standen Sträucher mit Beeren, von welchen er aß. Ich sah ihn auch von einem Kraut essen, welches fünf runde Blätter wie Klee hat und eine weiße Blume. Es standen solche Kräuter, nur kleiner, bei uns zu Hause unter Hecken (sogenannter Hasenklee oxalis); die

Blättchen schmeckten säuerlich. Als Kind aß ich sie viel, wenn ich in der Einsamkeit das Vieh hütete, weil ich sie damals schon von Johannes hatte essen sehen.

Ich sah ihn aus Löchern in Bäumen und aus dem Moose an der Erde braune Stücke hervorziehen und essen, welche ich für wilden Honig hielt; solcher war häufig dort. Ich sah aber, als er größer geworden, das Fell, das er von zu Haus mitgebracht hatte, um seine Lenden geschlagen, er war ohne alles andere Gewand, bis er sich eine Decke selbst geflochten, die ihm braun und zottig von den Schultern hing. Es gingen dort in der Wildnis allerlei wollige Tiere zahm um ihn her; auch Kamele mit langen Haaren am Hals, welche sich dieselben ganz vertraut von ihm ausraufen ließen. Ich sah, dass er daraus Seile drehte und eine Decke flocht, die er noch umhängen hatte, als er wieder unter den Menschen erschien und taufte. Ich sah ihn in dieser Wüste seine Abtötung und Kasteiung immer strenger treiben und sein Gebet länger und inbrünstiger verrichten.

### *Wie oft Johannes den Heiland in leiblicher Weise gesehen*

Johannes hat in seinem ganzen Leben den Heiland nur dreimal von Angesicht gesehen. Das erste Mal in der Wüste, als die Heilige Familie auf der Flucht nach Ägypten in seiner Nähe vorüberzog. Ich sah wiederholt das unbeschreiblich rührende Bild[13], wie Johannes, vom Geiste gerührt, heraneilte, seinen Meister zu grüßen, den er schon im Mutterleib willkommen geheißen hatte. Johannes trug sein Fell quer über der Schulter und um den Leib gegürtet. Er fühlte die Nähe seines Heilandes und dass Er dürstete. Da betete der Knabe und stieß mit seinem Stäbchen in die Erde, worauf eine reichliche Quelle entsprang. Johannes eilte ihrem Laufe voraus und stand, Jesus mit Maria und Joseph vorüberreisen sehend, da, wo die Quelle niederstürzte, tanzte freudig und winkte mit seinem Fähnchen.

Das zweite Mal sah er Jesus bei der Taufe, das dritte Mal, als er ihn am Jordan vorübergehen sah und Zeugnis von ihm gab.

Ich hörte einmal den Heiland zu seinen Aposteln von der großen Überwindung des hl. Johannes reden; selbst bei der Taufe habe er sich nur in den Schranken der feierlichen Anschauung gehalten, wenngleich sein Herz vor Liebe und Sehnsucht schier gebrochen sei. Nachher aber sei er demütig mehr vor ihm gewichen, als dass er seiner Liebe nachgegeben und ihn aufgesucht habe.

Johannes aber schaute den Herrn immerdar im Geiste, denn er war stets im prophetischen Zustand. Er sah Jesus als die Erfüllung seiner Sendung, als die Wirklichkeit seines prophetischen Rufes. Jesus war ihm nicht ein Zeitgenosse, nicht ein Mitlebender, Er war ihm der Erlöser der Welt, der menschgewordene Gottessohn, der Ewige, erscheinend in der Zeit. Daher konnte er gar nicht denken, mit ihm umgehen zu wollen. Johannes fühlte auch sich selber nicht, wie andere Menschen, als in der Zeit und der Welt lebend und mit ihr verwickelt. Schon im Mutterleib war er ja vom Ewigen gerührt und vom Heiligen Geist mit seinem Erlöser in einen außerzeitlichen Verkehr gebracht worden. Als kleiner Knabe wurde er der Welt entrückt und in der von Gott durchdrungenen Natur höheren Einflüssen zur Erziehung übergeben.

Er bleibt, von nichts als von seinem Erlöser wissend, seiner Zeit entrückt in tiefster Abgeschiedenheit in der Wildnis, bis er aus derselben wie abermals neugeboren hervorgeht und sein wunderbares Amt ernst, begeistert, heftig und unbekümmert um alles umher beginnt. Judäa ist ihm nun die Wüste und wie er hier mit Quellen, Felsen, Bäumen und allen Tieren verkehrt, mit ihnen gelebt und gesprochen hat, so spricht und tut er jetzt mit den Menschen und Sündern, ohne an sich selbst zu denken. Er sieht, weiß und spricht nur Jesus. Sein Wort ist: «Er kommt! Bereitet die Wege, tut Buße, empfangt die Taufe! Siehe, das Lamm Gottes, das trägt die Sünden der Welt!» In der Wüste bleibt er rein und schuldlos wie ein Kind an der Brust der Mutter. «Er ist rein wie ein Engel», hörte ich den Herrn zu den Aposteln sagen. «Nie ist Unreines in seinen Mund gekommen, noch eine Sünde, noch Unwahrheit aus seinem Munde.»

Mai 1821: Ich sah, dass Johannes eine Offenbarung über die Taufe hatte und wie er in deren Folge kurz vor seinem Ausgang aus der Wüste, schon näher am bewohnten Land, einen Brunnen baute.

Ehe Johannes diesen Brunnen zu graben begann, sah ich ihn vor seiner Höhle an der Abendseite einer steilen Felsenwand. Zu seiner Linken war ein Bach, vielleicht eine der Jordanquellen, der am Libanon zwischen zwei Bergen in einer Höhle entspringt, man sieht es nicht, bis man nahe dabei ist; zu seiner Rechten lag ein ebener, von Wildnis umgebener Platz, auf dem der Brunnen entstehen sollte. Johannes lag auf einem Knie, auf dem anderen hatte er eine lange Rolle von Bast, auf die er mit einem Rohr schrieb. Die Sonne schien heiß auf ihn. Er sah gegen den Libanon, der ihm gegen Abend lag. Während er so schrieb, war es, als werde er starr. Ich sah ihn ganz abwesend und wie entzückt. Ich sah, als stehe ein Mann bei ihm, der während seiner Entzückung sehr viel auf die Rolle schrieb und zeichnete. Als Johannes zu sich kam, las er, was auf der Rolle stand, und begann darauf die Arbeit des Brunnens mit viel Anstrengung. Er hatte bei seiner Arbeit die Bastrolle auf der Erde liegen, mit zwei Steinen beschwert, so dass sie nicht zusammenrollte; er sah oft hinein, denn es schien alles da aufgezeichnet, wie er es machen sollte.

In Beziehung auf die Lage des Brunnens sah ich folgendes aus dem Leben des Elias. Der Prophet saß unmutig über einen begangenen Fehler in der Wüste und schlief ein. Da träumte ihm, dass ein Knabe ihn mit einem Stäbchen stoße und als sei ein Brunnen neben ihm, in den er zu fallen fürchtete; denn ich sah ihn von dem Stoß ein Stückchen Weg fortrollen. Hierauf sah ich, wie er von einem Engel geweckt wurde, der ihm zu trinken gab. Es geschah dies an derselben Stelle, wo jetzt Johannes den Brunnen grub.

Ich erkannte die Bedeutung jeder Erdschicht, welche Johannes bei Bereitung des Brunnens durchgrub, und aller einzelnen Arbeiten bis zu dessen Vollendung. Alles hatte Beziehung auf die Härte und andere Eigenschaften der menschlichen Gemüter, welche er besiegen müsse, damit die Gnade des Herrn auf sie wirken könne. Ich wurde hierbei unterrichtet, dass diese seine Arbeit, wie all sein

Tun und Leben, ein Sinnbild und Vorbild war, wodurch er nicht nur vom Heiligen Geist unterrichtet wurde, was er zu tun habe, sondern wodurch er auch wirklich das tat, was diese Arbeiten bedeuteten, indem Gott die gute Meinung erhörte, die er damit verband. Zu all diesem trieb ihn, so wie die heiligen Propheten, der Heilige Geist.

Er schälte den Rasen in runder Form ab und grub durch harten Mergelgrund sehr schön und sorgfältig ein rundförmiges geräumiges Becken und legte es mit verschiedenen Steinen aus, außer in der Mitte an der tiefsten Stelle, wo er bis auf eine kleine Wasserwelle gegraben hatte. Von der ausgeworfenen Erde machte er hierauf einen Rand um das Becken, welcher an fünf Stellen durchschnitten war. Vieren dieser Durchschnitte gegenüber pflanzte er in gleicher Entfernung vier schlanke Stämmchen, oben schön grün, um das Becken. Es waren vier verschiedene Arten. Sie hatten in sich eine Bedeutung. In die Mitte des Beckens aber pflanzte er einen besonderen Baum mit schmalen Blättern und pyramidalischen Blütenbüscheln, welche mit einem stachligen Fruchtknoten umgeben waren. Dieser Baum hatte eine Zeitlang etwas welk vor seiner Höhle gelegen.

Die vier Bäumchen rundum schienen mir mehr schlanke Stauden, welche Beeren tragen. Er umgab ihr Wurzelwerk mit schützenden Erdhaufen. Als er mit dem Ausgraben des Beckens bis auf die Welle gekommen war, wo hernach der mittlere Baum hingepflanzt wurde, führte er einen Graben aus dem Bach nächst seiner Höhle bis in das Becken, und ich sah ihn in der Wildnis Rohre sammeln, sie ineinander stecken und so das Wasser aus dem Bach in das Becken leiten und diese Leitung mit Erde bedecken. Er konnte dieselbe auch schließen.

Er hatte einen Pfad durch das Gebüsch bis zu dem entgegenliegenden Einschnitt in den Rand des Beckens gemacht. Dieser Pfad ging rings um das Becken her zwischen dem Beckenrand und den vier Bäumen, welche er den vier Einschnitten des Randes gegenüber gepflanzt hatte. Am Einschnitt, der den Eingang bildete, stand kein Baum. Von dieser Seite allein lag der Brunnen frei, auf den anderen Seiten war er von Gebüsch und Felsen nur durch den umgebenden Pfad getrennt. Er pflanzte auf die Rasenhügel an den Füßen der vier Bäume eine Pflanze, welche mir nicht unbekannt ist. Ich habe sie als Kind immer sehr lieb gehabt und sie, wenn ich sie fand, in die Nähe unseres Hauses verpflanzt. Sie hat einen hohen fetten Stengel, trägt braunrote Blütenballen und ist sehr heilsam gegen Geschwüre und Halsweh, welches ich heute erfuhr[14]. Er setzte auch noch allerhand Pflanzen und kleine Bäumchen umher. Bei all diesen Arbeiten sah er von Zeit zu Zeit in die vor ihm liegende Bastrolle und maß alles mit einem Stab ab; denn es schien mir alles, selbst die Bäume, die er pflanzte, darin aufgezeichnet. Ich erinnere mich, die Figur des mittleren Baumes darin gesehen zu haben; wusste auch die Bedeutung von allem, habe sie aber vergessen.

Er arbeitete mehrere Wochen hieran und als er fertig war, stand er eine kleine Weile im Grund des Beckens. Der mittlere Baum, dessen Blätter welk und braun gewesen, wurde frisch; und Johannes holte in einem Gefäß, das aus einem großen Baumbast zu einem Sack zusammengefügt und an den Seiten mit Harz verklebt war, Wasser aus einer anderen Quelle[15] und goss es hinein. Dieses Wasser war aus einer Quelle, welche bei einer seiner früheren Wohnstellen aus dem Felsen entsprungen war, als er mit seinem Kreuzstäbchen an den Felsen stieß. Ich habe vergessen, was ihm sonst Bedeutendes damals geschah. Ich hörte auch, dass er an dieser früheren Wohnstelle den Brunnen nicht habe bauen können, weil lauter Felsen dort gewesen – und auch dies hatte seine Bedeutung. Er ließ nachher so viel Wasser aus dem Bach in das Becken, als nötig war; wenn zu viel darin war, floss es durch Ausflüsse über die umliegende Fläche und erquickte die Pflanzen.

Ich sah nachher, dass Johannes bis an den Gürtel in das Wasser hineinstieg, mit der einen Hand das mittlere Bäumchen umfasste und mit seinem Stäbchen, woran er ein Kreuz und ein Fähnchen gemacht hatte, so in das Wasser schlug, dass es über seinem Haupte zusammenspritzte. Ich sah, dass dabei von oben eine Lichtwolke und ein Erguss über ihn kam, wie vom Heiligen Geist, und dass zwei Engel am Rande des Beckens erschienen und etwas zu ihm sprachen. Dies sah ich als seine letzte Handlung in der Wüste.

(Im Juni 1820 erzählte sie unter mehreren Bruchstücken aus dem Leben des Täufers auch das folgende Bild:)

Ich sah ihn ein anderes Mal als einen erwachsenen, starken Mann bei einer trockenen Grube in der Wüste. Er schien zu beten, und es kam Glanz über ihn wie eine lichte Wolke, und es war mir, als zöge sie sich aus der Höhe von den Wassern über den Prophetenberg her, und es stürzte ein lichter glänzender Wasserstrom über ihn in das Becken nieder, und ich sah ihn, auf diesen Erguss schauend, nicht mehr am Rande des Beckens, sondern in demselben und von dem glänzenden Wasser übergossen, und das Becken war ganz von dem schimmernden, lichten Wasser erfüllt. Dann aber sah ich ihn wieder am Rande stehen, wie am Anfang. Ich sah ihn aber nicht hinein- noch heraussteigen und glaube, dass dieses vielleicht eine Vision war, welche er hatte, dass er zu taufen beginnen solle, oder eine geistige Taufe, welche in der Vision über ihn kam.

Ich habe jenen Brunnen noch nach Jesu Tod in Gebrauch gesehen. Als die Christen flüchteten, wurden Reisende und Kranke dort getauft, auch pflegten sie dort zu beten. Damals, zu des Apostels Petrus Zeiten, war der Brunnen von einer Schutzmauer umgeben.

### *Johannes verlässt die Wüste – Sein Wandel und sein Wesen*

Juni 1820 und Juli 1821:

Bald nach Vollendung des Taufbrunnens sah ich Johannes aus der Wüste oben am Jordanursprung herabkommen und zu den Menschen zurückkehren.

Er machte einen wunderbaren Eindruck. Groß, von Fasten und Abtötung des Leibes hager, aber stark und voll Muskeln, ist er ungemein edel, rein und einfach, ganz gerade und gebieterisch. Seine Farbe ist bräunlich, sein Angesicht mager und eingefallen, ernst und streng; seine Haare sind rötlichbraun und kraus, er hat einen kleinen Bart. Um die Mitte des Leibes hat er ein Tuch gewunden, das herab bis zu den Knien fällt. Er trägt einen rauhen, braunen Mantel, der aus drei Stücken zu bestehen scheint. Hinten ist er ganz und um die Mitte des Leibes mit einem Riemen zusammengefasst. Arme und Brust aber sind frei und unbedeckt. Die Brust ist rauh und voller Haare, die schier die Farbe des Mantels haben. Er trägt einen Stab, der wie ein Hirtenstab gekrümmt ist.

Als er aus der Wüste herabkam, sah ich ihn zuerst über einen Bach eine kleine Brücke bauen. Er kümmerte sich dabei nicht um einen Übergang, der eine Strecke weit davon lag; sondern arbeitete gerade vor sich hin, wo sein Weg hinwollte. Es war dort eine alte Völkerstraße. Ich sah ihn, wie er bei Cidessa gewesen ist und die Leute hier herum gelehrt hat und dass diese die ersten Heiden bei seiner Taufe gewesen sind. Sie lebten hier ganz verwahrlost und in Erdhütten. Sie waren die Nachkommen von allerlei Volk, das bei der letzten Zerstörung des Tempels vor Jesus sich hier angesiedelt hatte. Ich habe etwas von einem der letzten Propheten gesehen, der ihnen sagte, sie sollten hier wohnen bleiben, bis einer kommen werde wie Johannes, der ihnen sagen werde, was sie tun sollten. Ich habe auch gesehen, dass sie nachher gegen Nazaret gezogen sind.

Johannes ging durch nichts gestört gerade auf die Menschen zu und sprach nur von einem: von Buße und der Nähe des Herrn. Alle staunten und wurden ernst, wo er hintrat. Seine Stimme war scharf wie ein Schwert, laut und streng und dennoch lieblich. Mit Menschen aller Art ging er um wie mit Kindern. Überall ging er geradedurch, nichts konnte ihn irre machen, nach nichts sah er sich um, nichts bedurfte er.

So sah ich ihn, wie er durch Wälder und Wüsten lief, hier und da grub, Steine wälzte, Bäume wegräumte, Ruhestellen bereitete, die Menschen, die ihn anstaunten, zusammenrief, ja zum Mitarbeiten aus den Hütten holte. Ich sah, wie ihn alle anstaunten und bewunderten, wie er nirgends verweilte und bald wieder an einem anderen Ort war. Ich sah ihn längs dem Galiläischen Meer hinziehen, um Tarichäa am Jordantal hinab, dann bei Salem gegen Bethel durch die Wüste an Jerusalem vorüber, wo er in seinem Leben nie gewesen und auf das er mit Trauer und Wehklage sah. Immer ganz voll von seiner Bestimmung, ernst, streng, einfach, begeistert, nur eines rufend: Buße, Vorbereitung, der Heiland kommt!

Dann zog er durch das Hirtental in seine Heimat. Seine Eltern waren tot; es waren aber einige Jünglinge, Verwandte von Zacharias' Seite, seine ersten Jünger. Als Johannes durch Bethsaida,

Kapharnaum und Nazaret kam, sah ihn die heilige Jungfrau nicht, die seit Josephs Tod wenig aus dem Hause kam; aber Männer aus ihrer Familie hörten seine Ermahnungen und begleiteten ihn auch wohl ein Stück Weges.

Zweimal zog Johannes drei Monate vor der Taufe durch das Land, den ankündigend, der nach ihm kommen sollte. Sein Wandeln geschah mit ungemeiner Gewalt und mit einem strengen Fortschreiten, schnell, doch ohne Hast. Es war kein ruhiges Wandeln wie das des Heilandes. Wo er nichts zu tun hatte, sah ich ihn wohl von Feld zu Feld laufen. Er geht in die Häuser, in die Schulen, um zu lehren, und versammelt das Volk auch auf Plätzen und Straßen um sich. Ich sah, dass Priester und Obrigkeiten ihn hier und da anhielten und zur Rede stellten, aber mit Staunen und Verwunderung wieder frei ließen.

Ich sah, dass der Ausdruck: «Dem Herrn die Wege bereiten», nicht bloß figürlich war, denn ich sah ihn sein Amt mit Wegbereitung beginnen und sah ihn alle die Orte und Wege durchziehen, welche nachher Jesus und die Jünger gegangen sind. Er räumte hier und da Gesträuch und Steine aus den Wegen und machte Pfade. Er legte Steige über Bäche, reinigte ihr Bett, grub Wasserbecken und Brunnen, machte Sitze, Ruhestellen und Schattendächer. Ich habe Orte von ihm bereiten sehen, wo der Herr nachher geruht, gelehrt, gehandelt hat. Bei diesen Arbeiten zog der ernste, einfache und einsame Mann in seiner rauhen Kleidung und Gestalt die Aufmerksamkeit der Leute auf dem Felde auf sich und erregte Staunen in den Hütten, in die er trat, um das Gerät zu seinen Arbeiten zu entlehnen und wohl auch die Leute zum Mithelfen zu holen.

Überall war er alsbald umgeben und mahnte kühn und ernst zur Buße, den nachfolgenden Messias und sich als dessen Wegbereiter verkündend. Oft sah ich ihn nach der Gegend hindeuten, wo Jesus gerade war. Doch sah ich diesen nie mit ihm zusammen, obwohl sie manchmal kaum eine Stunde Wegs auseinander waren. Einmal sah ich ihn höchstens eine kleine Stunde von Jesus entfernt. Da rief er den Leuten zu, er selbst sei nicht das erwartete Heil, sondern ein armer Wegbereiter, und dort wandle der Heiland, indem er hinüber zeigte.

4. Juli 1821: Johannes taufte an verschiedenen Stellen. Zuerst bei Ainon in der Gegend von Salem, dann zu On gegenüber von Bethabara auf der Westseite des Jordans nicht weit von Jericho, wo er auch in einigen Wochen Jesus taufen wird. Die dritte Taufstelle war östlich des Jordans, ein paar Stunden nördlicher als die zweite. Dann taufte er zuletzt wieder in Ainon, wo er auch gefangen genommen wurde.

Das Wasser[16], wo Johannes tauft, ist wie ein Arm des Jordans, der an der Morgenseite des Flusses in einem Ausbug wohl eine Stunde Wegs macht. Dieser Arm ist an einigen Stellen so schmal, dass man darüber springen kann, an anderen wieder breiter. Sein Bett kann sich hier und da verändert haben; denn schon damals sah ich an manchen Stellen kein Wasser. Der Ausbug des Jordans umfasst kleine Teiche und Brunnen, die ihr Wasser aus dem Jordanarm haben.

Ein solcher Teich, durch einen Wall von diesem Arm getrennt, ist die Taufstelle des Johannes zu Ainon. Es lagen Röhren unter dem Wall, durch welche man das Wasser zu- und ablassen konnte. Der Platz war dazu von Johannes eingerichtet. Es war eine Bucht am Ufer eingeschnitten, und es gingen Zungen vom Land hinein.

Der Täufling stand zwischen zwei Landzungen bis zum Gürtel im Wasser und lehnte sich auf ein Geländer, das vor all den Landzungen hinlief. Auf der einen Landzunge stand Johannes und schöpfte Wasser mit einer Schale auf den Kopf des Täuflings, auf der entgegengesetzten Landzunge stand ein Getaufter, der die Hand auf die Schulter des Täuflings legte. Dem ersten hatte Johannes die Hand selbst aufgelegt.

Die Täuflinge hatten den Oberleib nicht ganz entblößt: es wurde ihnen eine Art weißes Tuch umgeschlungen; nur die Schultern schauten heraus. Es war auch eine Hütte da, wo sie sich aus- und ankleideten. Ich habe nicht gesehen, dass Frauen getauft wurden. Der Täufer hat, so oft er tauft, ein langes, weißes Gewand an. Es ist eine überaus angenehme und wasserreiche Gegend, wo getauft wird; sie heißt Salem. Der Ort Salem selbst liegt zu beiden Seiten eines Flussarmes; Ainon aber liegt jenseits des Jordan, nördlicher und dem Jordan näher als Salem und ist größer. Es weidet Vieh in der Gegend, viele Esel grasen auf den grünen Wiesen um die vielen Wasser. Es ist hier bei Salem und Ainon eine Art freier Gegend oder eine Art herkömmlicher Gerechtigkeit gewesen, dass man niemand von dort vertreiben durfte. Johannes hatte seine Hütte zu Ainon auf den alten Grundmauern eines ehemaligen großen Gebäudes. Sie waren ganz verwildert und überwachsen und mit Rasen überzogen; hier und da war eine Hütte darauf gebaut. Sie waren das Fundament eines Zeltschlosses, das Melchisedech hier gehabt. Ich habe von diesem Ort überhaupt allerlei Bilder früherer Zeit gesehen, wovon ich nur noch weiß, dass Abraham hier ein Gesicht hatte und zwei Steine aufrichtete, einen, worauf er kniete, den anderen wie einen Altar. Ich sah, was ihm gezeigt wurde:

Es war eine Stadt Gottes wie das himmlische Jerusalem, und es strömten Strahlen von Wasser aus derselben nieder. Es wurde ihm auch befohlen, für die Ankunft der Stadt Gottes zu beten. Das aus der Stadt niederströmende Wasser ergoss sich nach allen Seiten. Abraham hatte dieses Gesicht etwa fünf Jahre, bevor Melchisedech sein Zeltschloss hier baute.

Ich habe auch gesehen, dass Melchisedech ein Schloss bei Salem baute. Es war aber mehr ein Gezelt mit Galerien und Treppen umher, auf die Art wie das Schloss des Mensor in Arabien. Nur die Grundlage war sehr fest von Stein; ich meine jetzt zu Johannes Zeiten noch die vier Ecken gesehen zu haben, wo die Hauptpfähle drin standen. Es hatte nur ein sehr starkes, steinernes Fundament, das noch jetzt wie eine überwachsene Schanze stand und worauf Johannes eine kleine Binsenhütte hatte.

Jenes Zeltschloss war ein Ort, wo sich viele fremde und durchziehende Leute aufhielten, eine Art freier, köstlicher Herberge bei dem angenehmen Wasser. Vielleicht hat Melchisedech, den ich immer wie einen Ratgeber und Führer von hin- und herziehenden Völkern und Stämmen gesehen habe, dies Schloss gehabt, um sie dort zu beherbergen oder zu belehren. Es hatte aber damals schon einen Bezug auf die Taufe.

Melchisedech hatte hier seinen Punkt, von dem er zu seinen Bauten nach Jerusalem und zu Abraham und sonsthin ausging; er sammelte und verteilte hier auch Familien und Leute, die sich da und dort ansiedelten. Es war dies noch vor dem Opfer von Brot und Wein, welches, meine ich, in einem Tal gegen Mittag von Jerusalem geschah. Er baute dieses, ehe er in Jerusalem baute. Ich habe auch ein Bild von der Wassertaufe und der Bluttaufe auf dem Kalvarienberg und allerlei Bedeutung vergessen.

Melchisedech erschien wie ein Jüngling von etwa 25 Jahren. Ich sah ihn zu den verschiedensten Zeiten, aber nie älter. Sein Aussehen hatte weniger von Menschen als das Aussehen Jesu. Er hatte nie eine Kopfbedeckung. Seine gelblichen Haare waren hinter die Ohren gestrichen.

Wo er hinkam, war er wie ein Herr des Ortes. Ich sah ihn oft abwesend und dann schien er mir anderswo als auf der Erde, etwa im Paradies oder einem anderen seelischen Ort. Manchmal sah ich ihn allein wandeln, manchmal mit Leuten und Tieren, die etwas trugen. Seinesgleichen, wie Verwandte oder Priester, sah ich nie bei ihm. Wo er wirkte und baute, war es, als lege er den Grundstein einer künftigen Gnade, als lenke er die Aufmerksamkeit auf einen Ort, als beginne er etwas Künftiges. Ich habe darüber nie genau nachgedacht; ich nehme es, wie es kommt.

Ein anderes Mal sagte Anna Katharina von Melchisedech: Er war wie über viele Engel gesetzt. Ich habe früher schon oft gesehen, wie er lange vor der Zeit der Semiramis und Abrahams im Gelobten Land, da es noch ganz wüst war, hier und da erschien, als ordne er das Land, als bezeichne und bereite er eine Stelle. So glaube ich, dass er den Quell des Jordans geöffnet hat. Ich hatte schon oft so ein Bild; ich sah einen Mann ganz einsam in einem Land und musste dabei denken: Ei, was will denn dieser Mann so früh hier, es ist ja noch gar niemand da?

Auf diese Weise sah ich ihn an einem Berg einen Brunnen bohren: Es war die Quelle des Jordan. Er hatte einen langen, feinen Bohrer, der wie ein Strahl in den Berg eindrang. So sah ich ihn an verschiedenen Orten der Erde Quellen öffnen. In den ersten Zeiten der Erde vor der Sündflut sah ich die Fülle nicht so wie jetzt hervorquellen und fließen; ich sah aber sehr viel Wasser von einem hohen Berg im Morgen herabkommen.

Ich habe Melchisedech immer allein gesehen, außer wo er mit Versöhnung, Ausscheidung und Führung von Familien und

Völkerstämmen zu tun hatte. Auch Jakob hatte mit seinen Herden einmal längere Zeit hier bei Ainon gelebt. Die Zisterne des Taufbrunnens bestand damals schon, und ich sah, dass Jakob sie erneuerte. Die Überbleibsel von Melchisedechs Schloss lagen nahe am Wasser und der Taufstelle, und ich sah, dass in der ersten Zeit des christlichen Jerusalem eine Kirche auf dem Ort, wo Johannes taufte, stand. Ich sah diese Kirche noch bestehen zur Erinnerung daran, dass Maria von Ägypten hierüber in die Wüste ging.

Salem war eine schöne Stadt, wurde aber im Krieg, ich meine bei der Zerstörung des Tempels vor Jesus, verwüstet. Der letzte Prophet ist hier auch verweilt.

### *Herodes und Vorsteher bei Johannes*

26. bis 28. Juni 1821:

Johannes mochte ein paar Wochen durch sein Lehren und Taufen berühmt geworden sein, da sah ich in diesen Tagen einige Boten des Herodes von Kallirrhoe zu ihm kommen. Herodes wohnte dort auf einem Schloss an der Morgenseite des Toten Meeres.

Es sind dort viele Bäder und warme Quellen. Herodes wollte, dass Johannes zu ihm komme; allein er erwiderte seinen Boten: er habe vieles zu tun; wenn Herodes ihn sprechen wolle, könne er selber zu ihm kommen. Danach sah ich Herodes auf einem Wagen mit niedrigen Rädern, aber hohem Sitz, wo er alles wie von einem bedeckten Thron übersehen konnte, von Soldaten umgeben nach einem Städtchen etwa fünf Stunden südlich von Ainon fahren, und er ließ Johannes dorthin bestellen.

Johannes kam vor den Ort in eine Fremdenhütte, und Herodes ging ohne Begleitung zu ihm. Ich erinnere mich nur von ihrem kurzen Gespräch, dass Herodes ihm sagte, warum er in einer so elenden Hütte zu Ainon liege, er wolle ihm ein Haus dort bauen lassen; worauf Johannes erwiderte, er bedürfe keines Hauses, er habe, was er brauche und tue den Willen dessen, der größer sei als er. Er redete ernst und streng und kehrte zurück. Er hat fern abgewendet von Herodes gestanden und wenig gesprochen.

30. Juni: Ich habe gesehen, dass die Söhne des verstorbenen Alphäus und der Maria Cleophä, Simon, Jakobus Minor (der Jüngere) und Thaddäus und ihr Sohn aus zweiter Ehe mit Sabas, Joses Barsabas, sich von Johannes bei Ainon haben taufen lassen. Andreas und Philippus sind auch schon bei ihm gewesen. Andreas ist von ihm getauft worden, ich meine auch Philippus; dann sind sie wieder ihrem Geschäft nachgegangen. Johannes der Täufer hat schon etwa zwanzig Jünger.

4. Juli: Die meisten Apostel und viele Jünger haben bereits die Taufe empfangen; Nathanael aber noch nicht und noch einer, der mir jetzt nicht einfällt.

(Hier wurde sie gefragt, ob sie sich nicht an die Taufe Marias erinnerte; sie sagte: Nein, nicht deutlich; es sei ihr dunkel, als sei sie vom hl. Apostel Johannes nach Christi Himmelfahrt allein am Teich Bethesda getauft worden[17]; sie entsinne sich jedoch nicht gewiss. Die anderen Frauen seien damals alle am Teich Bethesda getauft worden, dessen entsinne sie sich bestimmt.)

4. Juli: Heute sah ich sehr viele Vorgesetzte und Priester aus den umliegenden Orten und Jerusalem zu Johannes kommen und ihn zur Rede stellen, wer er sei, wer ihn gesendet, was Er lehre und so weiter, und ich sah ihn mit ungemeiner Strenge und Kühnheit antworten und die Nähe des Messias verkünden und sie ihrer Unbußfertigkeit und Heuchelei beschuldigen. Es war dies aber noch nicht, wo Er vom «Natterngezücht» sprach.

7. bis 11. Juli 1821:

Ich sah von drei Orten: von Nazaret, von Jerusalem und von Hebron, wie Vorsteher und Pharisäer ganze Scharen zu Johannes sandten, sie sollten um seinen Beruf fragen. Es war auch eine Beschwerde gegen ihn eingebracht worden, dass Er den Taufplatz eingenommen.

Es waren auch viele Zöllner bei ihm gewesen, die getauft worden sind und denen er sehr ins Gewissen geredet hatte. Darunter war der Zöllner Levi, nachher Matthäus genannt, der Sohn aus erster Ehe des Witwers Alphäus, des Mannes der Maria Cleophä. Er wurde sehr gerührt und besserte sich. Er war verachtet bei der Familie. Ich sah, dass Johannes diesen Leuten streng predigte, viele zurückwies und auch viele taufte.

Ich sah auch in diesen Tagen die Söhne von drei Witwen, welche untereinander und auch durch Abkunft und Verheiratung mit der Heiligen Familie verwandt waren, zur Taufe des Johannes kommen. Man sollte ihrem Stamm später nach Jesu Zeit diese Verwandtschaft als eine Prahlerei vorwerfen, doch es war die Wahrheit.

### *Über die drei Witwen und deren Söhne*

Sie spricht von allen diesen bekannter als von ihren eigenen noch lebenden Verwandten: Es lebten diese drei Witwen früher in Nazaret und der Gegend des Tabors, und sie zogen teils in der Jugend Jesu, da ihre Söhne zur Fischerei kamen, teils, meine ich, später mit Maria nach Kapharnaum; denn ich sah noch die eine so betrübt weinen; es war ihr fünfjähriges Söhnchen, das Simonchen hieß, gestorben. Sie gehörten zu den ersten Anhängern des Herrn und waren immer Freundinnen der Gottesmutter. Sie waren sehr gut und fromm. Sie hatten sich untereinander so lieb und halfen sich so redlich durch.

Diese drei Witwen sind Geschwistertöchter von Elisabeths Mutter gewesen. Sie waren mit der ersten Frau des Alphäus, des Mannes der Maria Cleophä, verwandt; ich weiß nicht, ob durch sich oder ihre Männer. Zwei dieser Witwen waren Schwestern. Eine war die Mutter des Bräutigams Nathanael von Kana, der als Jünger Amandor hieß und dem der zwölfjährige Knabe Jesus, da Er von der Lehre im Tempel zurückkehrte, auf einem Fest in Annas Haus etwas weissagte, auch dass Er auf seiner Hochzeit sein werde.

Eine dieser Witwen wird später Seba genannt, und ihr Sohn Kolaja wird ein Jünger, eine zweite der Witwen Lea; der Sohn einer derselben wird einmal Eustachius genannt. Doch werden die Namen manchmal verwechselt.

Sie hatten mehrere, ich meine, drei Söhne, die Jesu Jugendgespielen waren und zur Fischerei kamen und auch Jünger wurden.

4. bis 19. Juli 1821:

In Dothaim, wo Jesus die tobenden Besessenen beruhigt hat, wohnten seit der Zeit der Babylonischen Gefangenschaft Juden und Heiden gemischt. Die Heiden hatten auf einem Hügel in der Nähe ihre Götzenbilder und eine Opferstätte. Die Juden nun, aufgeregt durch das Gerede von der Nähe des Messias, der aus Galiläa kommen solle, wollten die Heiden nicht mehr in ihrer Nähe dulden. Dieses Gerede hatte sich sowohl durch die Reise des Johannes durch diese Gegend als auch durch die von ihm Getauften dort verbreitet. Ein benachbarter Fürst von Sidon hatte Soldaten zum Schutz der Götzendiener hingesendet, und Herodes schickte nun auch Soldaten hin, um die Leute zur Ruhe zu bringen.

Diese Soldaten waren allerlei Gesindel. Ich sah, dass sie zu Kallirrhoe bei Herodes waren und ihm sagten, sie wollten sich erst von Johannes taufen lassen. Es war aber dies mehr Politik, sie wollten dadurch mehr Eindruck bei den Leuten machen. Herodes erwiderte ihnen, es sei eigentlich nicht notwendig, sich von Johannes taufen zu lassen; da er keine Wunder tue, brauche man seine Sendung auch nicht anzuerkennen. Sie möchten übrigens zu Jerusalem fragen.

Ich sah sie hierauf in Jerusalem. Sie hatten dreierlei Behörden, bei denen sie fragten, woraus ich sah, dass es dreierlei Sekten waren. Es geschah dies in dem Gerichtshof, wo Petrus den Herrn verleugnete. Es saßen da viele zu Gericht, und es war viel Volk da. Die Priester sagten ihnen spöttisch, sie möchten es tun oder lassen, es sei ganz einerlei. Ich sah dann etwa dreißig von diesen Soldaten bei Johannes und sah, dass er sie heftig ausschalt, wie es ihnen um keine Besserung zu tun sei. Es taufte Johannes darum nur wenige von ihnen, in denen er noch einigen guten Grund wahrnahm, nachdem er ihnen ihre Heuchelei scharf verwiesen hatte.

Die Menge der Menschen, die zu Ainon zusammenkam, war sehr groß. Johannes taufte mehrere Tage nicht, sondern lehrte sehr scharf und heftig. Große Scharen von Juden, Samaritanern und Heiden lagen getrennt voneinander auf den Hügeln und Wällen unter Obdächern, teils im Schatten, teils im Freien um die Lehrstelle des Johannes und hörten zu. Sie lagen zu vielen Hunderten umher; sie kamen, seine Lehre und Taufe zu empfangen, und zogen wieder ab. Einmal sah ich besonders viele Heiden, auch Leute aus Arabien und noch tiefer aus Morgen. Sie führten große Esel und Schafe mit sich. Sie haben Verwandte hier im Lande. Sie sind hierher oder hier durchgezogen und so zu Johannes gekommen. In Jerusalem war im Synedrium eine große Beratung über Johannes. Es wurden von drei Behörden neun Männer an ihn gesandt. Annas sandte den Joseph von Arimathäa, den ältesten Sohn Simeons, und einen Priester, der die Opfer immer beschauen musste. Aus dem Rat wurden auch drei gesandt und drei gemeine Bürger. Sie sollten Johannes ausfragen, wer er sei, und er solle nach Jerusalem kommen. Wenn seine Sendung eine gerechte wäre, so würde er sich beim Tempel erst gemeldet haben. Sie hielten sich über seine unschickliche Kleidung auf und darüber, dass er die Juden taufe, da man doch nur die Heiden zu taufen pflege. Einige glaubten auch, er sei Elias, der vom Jenseits wiedergekehrt sei.

Andreas und Johannes, der Evangelist, sind bei dem Täufer. Die meisten nachmaligen Apostel und viele Jünger außer Petrus, der bereits getauft ist, und Judas der Verräter, der jedoch schon in der Gegend von Bethsaida bei den Fischern gewesen ist und sich über Jesus und Johannes erkundigt hat, sind jetzt bei ihm gewesen.

Als die Gesandten von Jerusalem bei Johannes ankamen, hatte er seit drei Tagen nicht mehr getauft; nun aber begann er eben wieder. Die Gesandten wollten, dass er sie anhöre; er aber sagte, sobald er fertig wäre.

Er hat ihnen dann scharf und kurz geantwortet. Sie hielten ihm vor, dass er eigenmächtig handle, er solle sich in Jerusalem melden, er solle nicht so wüst gekleidet sein. Als sich die Gesandten wieder zurückgezogen hatten, blieben Joseph von Arimathäa und der Sohn Simeons bei Johannes zurück und empfingen von ihm die Taufe. Es waren aber viele Leute da gewesen, welche Johannes nicht taufen wollte; diese wandten sich nun an die Gesandten und beschuldigten ihn der Parteilichkeit.

Die nachmaligen Apostel kehrten wieder in ihre Gegenden zurück, erzählten von Johannes und wurden aufmerksamer auf Jesus. Durch die Lehre des Johannes begannen sie die Sendung Jesu zu erahnen. Joseph von Arimathäa, nach Jerusalem zurückreisend, begegnete Obed, einem Verwandten der Seraphia (Veronika), der ein Tempeldiener ist. Er erzählte diesem auf seine Frage vieles von Johannes. Obed ließ sich nun auch von Johannes taufen. Als ein Tempeldiener gehörte er unter die geheimen Jünger, da er später zu Jesus kam.

### *Johannes tauft Kranke und zieht gegen Jericho*

(19. Juli – Bei großer Hitze und Müdigkeit lächelte die Erzählerin ungewöhnlich und auf die Fragen antwortete sie:)

Ich sah Johannes über den Jordan gehen, Kranke zu taufen. Ich dachte, es müsse ihm auch so warm sein wie mir. Er hatte nur sein Tuch um den Leib geschlagen und den Mantel über der Schulter hängen.

An der einen Seite hatte er einen Schlauch voll des Taufwassers und an der anderen seine Taufschale hängen. Es sind viele Kranke in Tragbetten und einer Art von Schubkarren an das Ufer des Jordan gebracht worden, dem Taufort des Johannes gegenüber.

Sie konnten nicht auf dem Rostfloß gebracht werden und ließen ihn zu sich bitten. Er kam mit ein paar Jüngern. Er bereitete eine schöne Grube, vom Jordan durch einen Wall getrennt. Er tat dieses selbst; denn er hatte immer einen Spaten bei sich.

Er ließ durch einen angelegten Kanal, den er schließen konnte, Wasser hinein und goss den Schlauch seines Taufwassers dazu. Er lehrte die Kranken und taufte sie dann, indem sie an den Rand des Brunnens gesetzt wurden und er aus einer Schale Wasser über sie goss. Ich sah, dass Johannes, nachdem er die Kranken jenseits getauft hatte, wieder auf die Morgenseite des Jordans nach Ainon zog.

Als er in diesen Tagen in seiner Hütte schlummernd lag, sah ich einen Engel zu ihm treten, der ihm sagte, er solle auf die andere Seite des Jordan ziehen bei Jericho, denn es nahe sich, Der, Der da kommen solle, und er solle ihn verkünden. Darauf sah ich Johannes und seine Jünger an der Taufstelle zu Ainon die Zelthütten abbrechen und einige Stunden an der Morgenseite des Jordans hinabziehen und nachdem sie durch ein Dörfchen gekommen, an die westliche Seite über den Jordan setzen, wo sie wieder eine Strecke aufwärts gingen.

Es waren da Badeplätze, weiße, wie ausgemauerte Gruben, mit einem zu öffnenden und zu schließenden Kanal aus dem Jordan, der hier keine Inseln hatte.

Ich habe die Anschauung, die Zeit sei damals in der Gesinnung der Menschen ganz wie jetzt gewesen.

### *Zweiter Taufort des Johannes bei Jericho – Abgesandte von Jerusalem – Viele Kranke und auch Heiden kommen zur Taufe*

25. Juli bis 14. August 1821:

(25. Juli – Nachmittags sprach die Erzählerin entschlummernd ganz kindlich in ihrer Mundart:)

Nu will ik to Johannes gon, to de Mann am Jordan, do is't better as hie bi min Süster – Jetzt will ich zu Johannes gehen, zu dem Mann am Jordan; da ist es besser als hier bei meiner Schwester. (Dann sagte sie folgendes:) Der Taufort ist zwischen Jericho und Bethagla am Jordan. Johannes lehrte von der Nähe des Messias. Es sind etwa hundert Leute bei ihm, Jünger und viele Heiden. Teils arbeiten sie an der Zurichtung des Ortes und der Hütte, teils hören sie Johannes' Lehre von der Nähe des Messias.

Es ist falsch verstanden, wenn die Leute meinen, er taufe bei Bethabara[18], welches jenseits des Jordans liegt, sondern er tauft bei Bethabara jenseits des Jordans, das heißt soviel wie: Bethabara gegenüber, etwas den Strom hinauf, ein paar Stunden von Jericho und Bethagla entfernt. Diese zweite Taufstelle liegt an der Abendseite des Jordan, Bethabara aber etwas mehr abwärts auf der Morgenseite. Es ist ungefähr fünf Meilen von hier nach Jerusalem. Der gerade Weg führt über Bethanien durch eine Wüste und an einer Herberge vorüber, die aber etwas abseits vom Weg liegt. Es ist hier eine lustige Gegend zwischen Jericho und Bethagla. Der Jordan hat schönes Wasser, es wird so hell, wenn man es stehen lässt. Es ist auch an manchen Orten ganz wohlriechend; denn es stehen so viele blühende Büsche am Wasser, und die Blüten fallen hinein. Manchmal ist er sehr leicht und so klein, dass man schier durchsehen kann. Dann sehe ich in den Ufern gar tiefe Löcher in die Felsen eingehöhlt. Ich bin so gern in dem Heiligen Land, aber ich weiß nie, wie es mit der Zeit ist. Wenn es hier bei uns Winter ist, blüht dort schon alles, und wenn unser Sommer ist, blüht dort schon die zweite Ernte. Eine Zeit tritt auch ein, da ist es sehr neblig und regnet viel. Es sind Berge in dem Land, wo es oben ganz kalt ist, und wie man sich wendet nach einer anderen Seite, ist alles grün und voll Sonne.

Der Berg, wo Jesus fastete, liegt nur vier Stunden von Johannes' erster Höhle. Dieser Berg ist sehr wild und hoch, und es sind so tiefe Löcher in den Felsen, dass ich immer Schrecken habe hineinzusehen. Die zweite Wildnis, wo Johannes war, hat vier Meilen im Umfang. Als er den Brunnen baute, machte er auch seine Höhle schöner. Sie war ganz geräumig. (Solche kindlichen Betrachtungen hatte sie noch viele.)

Ich sah jetzt noch allerlei von der Taufstelle bei Ainon herüberbringen und alles besser einrichten. Es wurden auch Kranke auf Betten gebracht.

An dieser Stelle des Jordans geschah mehreres im Alten Testament. Elias hat hier den Jordan mit seinem Mantel geteilt und ist hinübergegangen mit Elisäus, der zurückgehend dasselbe getan hat. Elisäus hat hier auch geruht. Die Kinder Israels sind ebenfalls hier hinübergegangen.

In Jerusalem senden sie jetzt Leute vom Tempel, Pharisäer und Sadduzäer, zu Johannes ab; denn er ist nun über den Jordan und einige Meilen näher bei Jerusalem als früher. Er weiß durch den Engel ihre Ankunft und wird von Jesus Zeugnis geben. Gestern abend schon sind sechs Abgesandte von Jerusalem an den Jordan gekommen. Sie sandten einen Läufer vor sich her und ließen Johannes an einen nahe liegenden Ort zu sich rufen. Er störte sich aber nicht an ihnen und taufte und lehrte dort. Er ließ ihnen durch den Läufer zurücksagen, wenn sie mit ihm sprechen wollten, könnten sie zu ihm kommen. Sie kamen nun selbst heran; aber Johannes ließ sich wieder nicht mit ihnen ein, sondern lehrte und taufte weiter, und sie hörten seine Lehre und gingen wieder. Da er aber fertig war, beschied er sie unter ein Obdach oder Zelt, das die Jünger errichtet hatten.

Hier kam Johannes, von seinen Jüngern und vielen Menschen begleitet, zu ihnen, und sie fragten ihn allerlei, ob er dies und jenes sei, und ich sah ihn immer verneinend antworten. Sie fragten auch, wer derjenige denn sei, von dem man rede. Es seien doch alte Prophezeiungen da und jetzt ein Gerede unter dem Volk, es sei der Messias gekommen. Johannes sagte, dass einer unter ihnen aufgestanden, den sie nicht erkennen würden. Er habe ihn nie gesehen, und ehe er geboren sei, habe Er ihm befohlen, seine Wege zu bereiten und ihn zu taufen. Sie sollten zu einer gewissen Zeit (ich glaube in drei Wochen) kommen, dann würde jener zu seiner Taufe hier sein.

Er redete noch sehr streng und sagte, sie seien nicht zur Taufe, sondern zum Spionieren gekommen. Sie aber sagten ihm, sie wüssten nun, wer er sei; er taufe ohne Beruf und sei ein Heuchler, in roher Kleidung usw. und zogen wieder ab.

Bald danach kamen abermals von Jerusalem Gesandte des Synedriums, und zwar zwanzig. Sie waren von allen Ständen, auch Priester mit Mützen, breiten Gürteln und langen Binden vom Arm niederhängend, welche am Ende rauh wie Pelzwerk waren. Sie sagten ihm sehr dringend, dass sie von dem ganzen Synedrium gesandt seien, er solle sich demselben vorstellen und sich über Beruf und Sendung ausweisen. Es sei ein Beweis seines Nichtberufes, dass er dem Synedrium nicht Gehorsam leiste. Ich hörte Johannes deutlich gegen sie sprechen, sie sollten harren, bald werde der zu ihm kommen, der ihn gesandt habe. Er bezeichnete Jesus deutlich: Er sei in Bethlehem geboren, in Nazaret erzogen, nach Ägypten geflüchtet. Er habe ihn nie gesehen. Sie warfen ihm vor, er spiele im Einverständnis mit jenem, und sie würden einander Boten zusenden. Johannes antwortete, die Boten, die sie sich sandten, könne er ihren blinden Augen nicht zeigen, sie seien ihnen nicht sichtbar. Ich sah die Gesandten ihn unwillig verlassen.

Es kommen von allen Gegenden große Scharen, Heiden und Juden. Auch schickt Herodes sehr oft Leute, Johannes zu hören, die ihm wieder erzählen müssen, was er gelehrt.

Es ist jetzt alles viel schöner am Taufort eingerichtet. Johannes hat mit seinen Jüngern ein großes Zelt aufgeschlagen, worin die Kranken und Müden gelabt werden und wo auch Lehre gehalten wird. Sie singen auch Lieder, ich hörte sie einen Psalm vom Durchgang der Kinder Israel durch das Rote Meer singen.

Allmählich ist eine kleine Stadt von Hütten und Zelten dort. Sie sind teils mit Fellen, teils mit Wasserbinsen gedeckt. Es ist ein großer Zug von Fremden dort, aus der entferntesten Gegend, wo die Heiligen Drei Könige wohnen. Sie haben viele Kamele, Esel und schöne lustige Pferdchen bei sich. Sie ziehen so immer nach Ägypten. Sie haben sich alle um Johannes' Taufort gelagert, hören seine Lehre vom Messias und empfangen die Taufe.

Von hier ziehen sie dann in Scharen nach Bethlehem. Unfern der Krippenhöhle gegen das Feld der Hirten zu war ein Brunnen Abrahams. Er hatte mit Sara in der Gegend gewohnt und in einer Krankheit eine heftige Begierde nach Wasser aus diesem Brunnen gehabt, und als es in einem Schlauch gebracht wurde, hat er sich zur Ehre Gottes überwunden und sich den Trunk versagt und ist zum Lohne gleich genesen.

Ein Wunder von der Entstehung dieses Brunnens vergaß ich. Seiner großen Tiefe wegen war das Wasserholen beschwerlich. Es steht ein großer Baum dabei, und die Höhle ist in der Nähe, wo Maraha, die Amme Abrahams, begraben liegt, die er sehr alt auf einem Kamel mit sich führte. Es ist dies ein Wallfahrtsort frommer Juden, wie der Berg Karmel und der Horeb. Die Heiligen Drei Könige hatten hier auch gebetet. Galiläer waren noch nicht viel bei Johannes, außer den späteren Jüngern Jesu. Alle waren aus der Gegend von Hebron und sehr viele Heiden. Deswegen mahnte Jesus in seinen Unterredungen auf dem Weg durch Galiläa so eifrig, zu Johannes zur Taufe zu ziehen.

28. bis 30. August 1821:

Etwa eine kleine Stunde weit von der Stelle, wo Johannes zu taufen pflegte, befand sich sein Lehrort. Es war dies ein den Juden heiliger Erinnerungsort. Er war mit Mauern umgeben wie ein Garten. Im Innern waren Hütten, an den Wänden mit Binsen bedeckt; in der Mitte lag ein Stein von dieser Gestalt auf der Stelle, wo die durch den Jordan gezogenen Kinder Israels die Bundeslade zuerst niedergesetzt und ein Dankfest gehalten hatten. Über diesem Stein hatte Johannes seine Lehrhütte errichtet, ein großes Gezelt von Flechtwänden, mit Binsen bedeckt. Am Fuß dieses Steines war der Lehrstuhl des Johannes. Hier lehrte er vor allen seine Jünger, als Herodes angezogen kam, und er ließ sich nicht von ihm stören.

Herodes war in Jerusalem mit der Frau seines Bruders, die dort mit ihrer etwa sechzehnjährigen Tochter Salome gewesen, zusammengekommen. Er hatte das Gelüst, sich mit ihr zu vermählen, und hatte die Frage über die Erlaubnis dieser Ehe dort vergebens dem Synedrium vorgelegt, worüber er in Streit mit dem Synedrium gekommen war. Er fürchtete aber die öffentliche Stimme des Volkes und wollte diese durch einen Ausspruch des Propheten Johannes beschwichtigen. Er meinte, dieser würde gewiss, um seine Gunst zu gewinnen, seinen Schritt billigen.

Ich sah Herodes mit Salome, der Tochter der Herodias, und deren Kammerfrauen und etwa dreißig Begleitern in einem großen Zug gegen den Jordan ziehen. Er und die Frauen saßen auf einem Wagen. Er hatte dem Johannes seinen Boten gesandt.

Dieser aber wollte ihn nicht an der Taufstelle haben – einen Mann, der mit seinem Weibsvolk und Gefolge die heilige Handlung verunreinige. Er stellte daher das Taufen ein und begab sich mit seinen Jüngern an den Lehrort und lehrte dort ganz streng von der Sache, die Herodes wissen wollte. Er sagte, er solle auf den warten, der nach ihm kommen werde. Er werde nicht mehr lange hier taufen; er müsse dem weichen, dessen Vorläufer er sei.

Er sprach so gegen Herodes, dass dieser wohl merkte, er kenne seine Absicht. Herodes aber ließ ihm eine große Rolle übergeben, die seinen Handel enthielt. Sie wurde vor Johannes niedergelegt; denn er wollte sie nicht nehmen, um mit ihrer Berührung nicht seine taufende Hand zu beflecken. Ich sah hierauf Herodes unwillig mit seinem Gefolge den Ort verlassen. Er wohnte damals noch in den Bädern von Kallirrhoe, einige Stunden vom Taufort des Johannes entfernt. Er hatte einige von seinem Gefolge mit der Schriftrolle zurückgelassen, um Johannes zu ihrer Bestätigung zu nötigen; aber vergebens. Johannes kehrte zu der Taufstelle zurück. Die Frauen waren prächtig, aber ziemlich ehrbar gekleidet. Magdalena war in ihrem Putz phantastischer.

Es ist nun ein dreitägiges Fest am Stein der Bundeslade, wo das Lehrzelt des Johannes ist. Ich weiß nicht mehr bestimmt, ob das Fest wegen des Zuges Israels durch den Jordan oder aus anderer Veranlassung ist.

Die Johannesjünger schmücken den Ort mit Bäumen, Kränzen und Blumen. Es sind Petrus, Andreas, Philippus, Jakobus Minor (der Jüngere), Simon und Thaddäus dabei und viele nachmalige Jünger Jesu. Dieser Ort war frommen Juden noch immer sehr heilig, aber im ganzen etwas in Vergessenheit geraten. Johannes hatte ihn wieder in Erinnerung gebracht. Ich sah Johannes und einige seiner Jünger in priesterlicher Kleidung. Der Täufer hatte über einem grauen Unterkleid ein weißes, langes, weites Kleid, um den Leib mit einer gelb und weiß gewürfelten Art von Schärpe gegürtet; es hingen Quasten an dem niederfallenden Ende. Auf den beiden Schultern hatte er etwas wie zwei lange, gekrümmte Edelsteine befestigt. In jedem von ihnen standen sechs Namen der Stämme Israels.

Auf der Brust war ein viereckiges, gelbes und weißes Brustschild, an den vier Ecken mit goldenen Kettchen befestigt. Auf diesem Schild waren auf zwölf verschiedenen Edelsteinen die Namen der zwölf Stämme eingetragen. Über die Schultern hing ihm ein langes Tuch, wie ein Handtuch oder eine Stola, nieder, gelb und weiß gewürfelt und mit Quasten an den Enden. Am Rock unten hingen gelbe und weiße Seidenfruchtknoten. Sein Haupt war entblößt; aber er hatte eine schmale Zeugbahn unter den Kleidern um den Hals, die er wie eine Kapuze über den Kopf ziehen konnte und die dann mit einer Spitze bis unter die Stirn ging.

Es stand vor dem Bundesladenstein ein kleiner Altar, nicht ganz viereckig, in der Mitte ausgehöhlt, mit einem Rost bedeckt; unten war ein Aschenloch und an den vier Seiten eine hohle Röhre wie Hörner. Es waren mehrere Jünger in weißen Kleidern und breiten Gürteln, nach der Weise wie die Apostel in ihren ersten gottesdienstlichen Versammlungen gekleidet waren, zugegen. Sie dienten bei einer Art Opfer.

Es wurde geräuchert, und Johannes verbrannte verschiedene Kräuter, Gewürze, ich meine auch Ähren, auf dem Rauchaltar, den man hin- und hertragen konnte. Alles war mit Kränzen und Blumen geschmückt. Es waren unzählig viele Täuflinge da. Die priesterlichen Gewänder und Zierden des Täufers sind an der jetzigen Taufstelle bereitet worden. Es wohnten in diesen Tagen auch Frauen hier abgesondert am Jordan. Sie wurden nicht getauft; sie arbeiteten aber allerlei Geräte und geistliche Kleider für den Täufer. (Woher die Edelsteine waren, darüber spricht sich die Erzählende im zweiten folgenden Bilde aus.)

Es war in allem, als fange Johannes eine neue Kirche an. Hier tat er auch nicht mehr solche Handarbeit und hatte beim Taufen ein langes weißes Gewand an. Die Taufstelle Jesu allein bereitete er noch ganz mit seiner Hand, und die Jünger trugen ihm zu.

Ich sah Johannes an dem festlichen Ort eine große, sehr lebhafte Rede halten. Er stand oben über dem Zelt in seinem priesterlichen Ornat. Das Zelt war mit Galerien umher, wie die Zelte der Könige in Arabien gebaut. Rings an der den Platz umgebenden Mauer waren aufsteigende Sitze errichtet, wo die Leute standen, von denen eine unzählige Menge zugegen war. Er lehrte von dem Heiland, der ihn gesandt und den er nie gesehen, und von dem Durchzug durch den Jordan.

Es war in dem Zelt auch wieder ein Rauchopfer, und es wurden Kräuter verbrannt. Ich sah, dass von Maspha bis hinauf in Galiläa verkündet worden war, dass Johannes heute eine große Lehre halten werde, und dass sehr viele Menschen hierher gekommen waren. Die Essener waren schier alle zugegen. Die meisten Leute hatten lange weiße Kleider an. Ich sah Männer und Frauen ankommen. Die Frauen saßen zwischen Körben und mit Tauben auf Eseln, welche die Männer führten. Es wurden von den Männern

Brote geopfert und von den Frauen Tauben. Johannes stand hinter einem Gitter und empfing die Brote; sie wurden auf einer langen übergitterten Tafel vom anhängenden Mehl gereinigt und auf Schalen aufgetürmt, von Johannes gesegnet und emporgehoben wie zum Opfer.

Es wurden die Brote nachher in Stücke geschnitten und ausgeteilt, und die Leute, welche von den weitesten Orten kamen, erhielten am meisten davon, weil sie es am nötigsten brauchten. Das vom Brot abgeriebene Mehl und jenes, das beim Schneiden abfiel, fiel durch den gegitterten Tisch in einen Behälter und wurde auf dem Altar verbrannt. Die Tauben, welche die Frauen brachten, wurden auch ausgeteilt. Es dauerte dies wohl einen halben Tag. Das ganze Fest hatte, den Sabbat mit inbegriffen, drei Tage gedauert. Nachher sah ich Johannes wieder am Taufplatz beschäftigt.

### *Die Taufinsel Jesu tritt hervor – Bundesladenstelle*

23. und 24. August 1821:

Ich sah heute[19] Johannes seinen Jüngern am Jordan eine Lehre halten von der Nähe der Taufe des Messias. Er sagte unter anderem, dass er ihn nie gesehen habe. Er sagte aber: «Ich will euch zum Zeugnis seine Taufstelle zeigen. Seht, die Wasser des Jordans werden sich teilen, und es wird eine Insel entstehen.» In demselben Augenblick sah ich die Wellen des Flusses sich teilen, und ich sah mit der Oberfläche des Wassers in gleicher Höhe eine kleine, eirunde, weiße Insel hervortreten. Es ist dies aber die Stelle, wo die Kinder Israels mit der Bundeslade über den Jordan gezogen sind, und hier hatte auch Elias den Jordan mit seinem Mantel geteilt. Ich sah eine große Rührung unter den Anwesenden; sie beteten und sangen Loblieder. Johannes aber und die Jünger legten große Steine in das Wasser und Bäume und Zweige darüber und machten eine Brücke bis zur Insel und schütteten kleine, weiße Steinchen über die Brücke.

Als sie fertig war, konnte das Wasser unten durchrauschen. Johannes und seine Jünger pflanzten zwölf Bäumchen um die

Insel; sie waren lebendig, und sie zogen sie in eine oben offene Laube zusammen.

Ich sah, dass Johannes mit seinen Jüngern zwischen die Bäume noch kleinere Hecken setzte, wovon viele am Jordan hin- und herwuchsen. Sie hatten weiße und rote Blüten und gelbe Früchte mit einem Krönchen wie Mispeln. Es sah sehr schön aus, denn einige blühten, andere waren voller Früchte.

Die emporgetauchte Insel, der Ort, wo die Lade beim Durchzug durch den Jordan gestanden, schien felsig, und das Flussbett ist mehr ausgewaschen als zu Zeiten Josuas, das Wasser aber viel niedriger, so dass ich nicht weiß, ob das Wasser wich oder die Insel stieg, da Johannes sie als Jesu Taufstelle hervorrief.

Links vor der Brücke, nicht in der Mitte, sondern näher an dem Rande der Insel, war eine Grube gemacht, in welcher klares Wasser emporstieg. Es führten einige Stufen hinab, und dicht an dem Wasserspiegel lag ein dreieckiger, glatter, roter Stein, auf welchem Jesus bei der Taufe stehen sollte. Zur Rechten dieses Steines stand ein feiner Palmbaum mit Früchten, den Jesus bei der Taufe mit dem Arm umfasste. Der Rand des Brunnens war zierlich ausgelegt und alles sehr schön gearbeitet. Ich werde ihn schon einmal näher beschreiben können.

### *Blick auf Josua und Melchisedech*

Als Josua die Israeliten durch den Jordan führte, sah ich, dass der Jordan sehr angeschwollen war. Die Lade des Bundes wurde weit vor dem Volke her zum Jordan getragen. Unter den zwölf Begleitenden und Tragenden, deren Namen ich alle wusste, waren Josue, Caleb und ein Name, ungefähr wie Enoi klingend.

Am Jordan nahm einer den vorderen Teil der Lade, den sonst zwei trugen, allein; hinten trugen die anderen nach, und als der Erste die Füße der Lade ins Wasser setzte, hielt im selben Augenblick das zufließende Wasser still und schwoll an und schien fest wie Gallerte und stieg wachsend auf wie ein Berg, so hoch, dass man ihn fern bei der Stadt Zarthan sehen konnte. Das Wasser verlief sich gegen das Tote Meer zu, und man konnte trockenen Fußes durch das Flussbett gehen. Es zogen auch die Israeliten entfernt von der Bundeslade weiter unten über den Fluss hin.

Die Bundeslade wurde von den Leviten weiter in das Flussbett getragen bis an eine Stelle, wo vier viereckige Steine regelmäßig lagen. Sie waren blutrot, und an jeder Seite lagen zwei Reihen von sechs dreieckigen, glatten wie behauenen Steinen, also auf jeder Seite zwölf. Die zwölf Leviten setzten die Bundeslade auf die vier mittleren Steine nieder und traten, sechs rechts, sechs links, auf die zunächst liegenden zwölf dreieckigen mit der Spitze eingesenkten Steine.

Zwölf andere entfernter liegende, ebenfalls dreieckige, sehr große und dicke Steine waren buntfarbig verschieden und manche mit allerlei Figuren und Blumen bezeichnet. Josua ließ zwölf Männer aus den zwölf Stämmen auswählen, welche diese Steine auf dem Nacken an das Ufer tragen und an einer ziemlich entfernten Stelle, in deren Nähe später ein Ort entstand, in zwei Reihen zum Gedächtnis niederlegen mussten. Die Namen der zwölf Stämme und die Träger wurden darauf eingraviert. Die Steine, worauf die Leviten gestanden, waren jedoch größer und wurden, als die Männer das Flussbett verließen, aufgerichtet, so dass die Spitze in die Höhe kam. Die ans Land getragenen Steine waren zu Johannes' Zeiten nicht mehr sichtbar. Ob sie nur mit Erde bedeckt, oder im Krieg zerstört worden waren, weiß ich jetzt nicht. Johannes aber hatte sein Zelt zwischen ihnen aufgeschlagen.[20] Es kam später, ich meine durch Helena, eine Kirche dorthin.

Die Stelle, worauf die Bundeslade im Jordan gestanden, ist aber gerade der Ort des Taufbrunnens Jesu auf der Insel, die neulich vom Wasser entblößt erschien.

Als die Israeliten und die Bundeslade hinüber und die zwölf Steine aufgerichtet waren, begann der Jordan wieder zu strömen.

29. August: Der Wasserspiegel des Taufbrunnens lag in der Insel so tief, dass von dem Ufer aus der Täufling nur bis unter die Brust gesehen werden konnte. Die Vertiefung war sanft abfallend, und das achteckige Wasserbecken, welches ungefähr fünf Fuß im Durchmesser hatte, war von einem fünfmal durchschnittenen Rand umgeben, auf welchem mehrere Menschen Platz hatten.

Ich habe nun auch gesehen, dass die zwölf dreieckigen Steine, auf welchen die Leviten standen und die sie wunderbar dort in dieser Lage fanden, wie zwölf kleine Pyramiden zu beiden Seiten des Taufbrunnens Jesu aus dem Grunde mit ihren Spitzen emporragten. In dem Taufbrunnen selbst lagen jene viereckigen, roten Ruhesteine der Bundeslade unter dem Wasserspiegel. Ich dachte dabei, sie müssten gesunken oder die zwölf Levitensteine müssten gestiegen sein, denn beim Jordanübergang lagen sie alle gleich hoch. Diese Steine hatten in früherer Zeit bei niederem Wasserstand mit den Spitzen aus dem Jordan herausgeragt.

Dicht am Brunnenrand lag ein dreieckiger Pyramidalstein mit der Spitze eingesenkt, auf dem Jesus bei der Taufe stand, als der Heilige Geist über ihn kam. Ihm zur Rechten stand der feine Palmbaum dicht am Brunnenrand, den Er bei der Taufe umfasste, zur Linken stand der Täufer. Dieser dreieckige Standstein Christi ist, wie ich mich unbestimmt erinnere, nicht von jenen zwölf umgebenden Steinen; ich meine, Johannes brachte ihn vom Ufer. Es war auch ein Geheimnis mit ihm, er war mit allerlei Blumen und Adern durchwachsen. Die zwölf anderen Steine waren von verschiedenen Farben und auch mannigfaltig geadert und durchblümt. Sie waren größer als die ans Land getragenen.

Ich habe eine Erinnerung, welche ich jedoch in diesem Augenblick nicht bestimmt genug erzählen kann, als seien jene Steine geheimnisvoll und Edelsteine gewesen und als habe Melchisedech sie klein gepflanzt, da der Jordan damals nicht darüber floss. Er hat an mancherlei Orten auf diese Weise etwas bauend gegründet, was lange mit Sumpf und Erde bedeckt, hernach zu Tage kam und ein heiliger Ort wurde, wo etwas geschah.

(Diese Mitteilung ergänzte Anna Katharina später bei einer anderen Veranlassung so:) Melchisedech nahm viele Orte des Gelobten Landes durch Bezeichnung gleichsam in Besitz. Er maß die Stelle des Teiches Bethesda aus. Er legte einen Stein, wo der Tempel hinkommen sollte, bevor Jerusalem war. Ich sah ihn die zwölf edlen Steine, welche im Jordan lagen, wo die Priester mit der Bundeslade bei dem Durchzug der Kinder Israels standen, als Körner gleichsam pflanzen, und sie sind gewachsen. Diese edlen Steine ließ man als heilig ruhig liegen; später waren sie nicht mehr zu sehen und wurden vergessen und nachher zu Kirchenschmuck verwendet. Ich meine auch, doch nicht bestimmt, mich zu erinnern, dass von diesen zwölf Steinen oder jenen, die ans Land getragen wurden, die Edelsteine waren, welche sich im Brustschild des Täufers bei dem jetzigen Fest befanden.

### *Dritte Gesandtschaft von Jerusalem – Johannes in Bedrängnis*

3. bis 17. September 1821:

Nach dem dreitägigen Fest, als Johannes wieder am Taufplatz beschäftigt war, sah ich wieder eine Sendung von etwa zwanzig Personen von allen Behörden Jerusalems sich ihm nahen, um ihn zur Rechenschaft zu ziehen. Sie warteten an dem Ort, wo das Fest gewesen war, und beschieden Johannes zu sich. Er kam aber nicht. Ich sah sie tags darauf etwa eine kleine halbe Stunde vor der Taufstelle. Johannes ließ sie nicht einmal in den Kreis der vielen umliegenden Wohnungen kommen. Es war dieser Umkreis abgezäunt.

Ich sah Johannes nach seiner Arbeit, etwas sich ferne haltend, mit ihnen reden. Er sprach wie immer mit ihnen, nahm ihre Fragen nicht alle an und berief sich auf den, der bald zu seiner Taufe kommen werde, der größer sei als er und den er nie gesehen habe. Darauf sah ich Herodes auf einem Maultier in einer Art Kasten sitzend, und auch die Frau seines Bruders, mit der er lebte, stolz und frech geschmückt, kraus und breit gekleidet, ebenso auf einem Maultier sitzend, mit Gefolge einiger Diener bis in die Nähe des Tauforts kommen. Die Frau hielt in einiger Entfernung auf dem Maultier. Herodes aber stieg ab und kam näher, und Johannes ließ sich aus einiger Entfernung mit ihm in ein Gespräch ein. Herodes rechtete mit Johannes, denn dieser hatte einen Bann über ihn ausgesprochen, nachdem Herodes ihm neulich die Schrift zur Verteidigung seiner unerlaubten Verbindung vorgelegt hatte.

Er hatte ihn von aller Teilnahme an der Taufe und dem Heil des Messias ausgeschlossen, wenn er nicht von diesem schändlichen Verhältnis ablasse. Herodes fragte, ob Johannes einen Jesus von

Nazaret kenne, von dem jetzt ein Gerücht im Lande sei; ob er Boten von ihm empfange, ob dieser es sei, von dem er immer verkündige. Er möge es ihm sagen, denn er wolle sich an diesen mit seiner Sache wenden. Johannes erwiderte, dieser werde ihn ebensowenig anhören wie er. Er sei und bleibe ein Ehebrecher, er möge seinen Handel vorbringen, wo er wolle, es werde immer ein Ehebruch bleiben. Da Herodes ihn fragte, warum er nicht näher zu ihm herkomme und immer nur aus der Ferne zu ihm schreie, sagte Johannes: «Du warst blind und bist durch den Ehebruch noch blinder geworden, und je näher ich komme, desto blinder wirst du werden; wenn ich aber in deiner Gewalt sein werde, wirst du tun, was dich gereuen wird.»

Es lag hierin eine Prophezeiung auf seinen Tod. Herodes und die Frau verließen nun Johannes sehr erbittert. Ich sah in den letzten Tagen Johannes sehr betrübt. Es war, als sei seine Zeit nun bald um, denn er griff in seinem Tun nicht mehr so mutig um sich. Ich habe gesehen, dass er heftig bedrängt wurde. Man kam abwechselnd bald von Jericho, bald von Jerusalem, bald von Herodes, um ihn vom Taufplatz zu vertreiben. Seine Anhänger hatten eine große Strecke, wie ein Lager, um den Taufort eingenommen. Nun mutete man Johannes zu, er solle von dieser Stelle weichen und jenseits des Jordans gehen. Ich sah sogar, dass Soldaten des Herodes bis auf eine gewisse Strecke die Verzäunungen der Angesiedelten wegbrachen und die Leute wegtrieben. Bis zu Johannes in seinem Zelt zwischen den zwölf Steinen sind sie jedoch nicht gekommen. Ich sah Johannes, sehr betrübt und niedergeschlagen, darüber mit seinen Jüngern sprechen. Er sehnte sich sehr, Jesus möge zur Taufe kommen, dann wolle er vor ihm nach jenseits des Flusses weichen und werde dann nicht lange mehr unter ihnen sein. Seine Jünger waren sehr betrübt darüber und wollten nicht, dass er sie verlasse.

19. bis 26. September 1821:

In diesen Tagen sind mehrere Scharen von jenen bei Johannes angekommen, welche Jesus in der letzten Zeit zur Taufe ermahnte. Auch Parmenas und seine Eltern von Nazaret zogen hin, auch Zöllner. Und ich sah Johannes, da er Nachricht von Jesu Annäherung erhielt, mit neuem Mut sich zur Taufe erheben.

Er hielt auch eine schöne Lehre vom Messias und wie er ihm nun bald weichen werde, und er demütigte sich so vor ihm, dass seine Jünger sich ordentlich darüber betrübten. Die Insel mit Jesu Taufbrunnen ist jetzt recht schön grün; niemand geht darauf, außer manchmal Johannes. Die Brücke dahin hat er gewöhnlich unterbrochen. Johannes war nach den letzten Anfechtungen von Herodes und den Juden ganz niedergeschlagen. Überhaupt war es rührend, wie er mit der Annäherung Jesu an Ungestüm verlor; jetzt aber, da er Nachricht von ihm hatte, neuen Mut fasste. Ich meine, in acht bis zehn Tagen könnte Jesus dort sein.

Mehrere Scharen von Begleitern Jesu, die Er in Nazaret entlassen hatte, sah ich bei Johannes ankommen. Ich sah sie in seinem Zelt mit ihm von Jesus sprechen. Er war so im Eifer der Liebe für ihn, dass er schier ungeduldig war, dass Jesus noch nicht bestimmter spreche, dass Er der Messias sei. Dies war ganz menschlich.

Während Johannes jene Begleiter taufte, erhielt er die Gewissheit von der Nähe Jesu, denn er sah eine lichte Wolke über sie kommen und hatte ein Gesicht von Jesus und allen seinen Jüngern um ihn her. Seitdem ist Johannes unbeschreiblich freudig und sehnsüchtig und schaut immer in die Ferne, ob der Herr nicht bald komme.

# VIERTES KAPITEL

*Von der Taufe Jesu bis zum Beginn des vierzigtägigen Fastens*

*Vom 28. September bis 26. Oktober 1821*

## *Jesus wird von Johannes getauft*

28. September: Jesus, schneller als Lazarus gehend, kam etwa zwei Stunden vor diesem an der Taufstelle des Johannes an. Es war Dämmerung, als Er in deren Nähe auf dem Wege unter eine Schar Leute kam, welche auch zur Taufe gingen. Sie kannten ihn nicht, und Er ging unter ihnen den Weg mit fort; aber sie schauten doch nach ihm, denn Er war ihnen auffallend. Als sie ankamen, war es Morgen. Eine große Menschenmenge war versammelt, und Johannes lehrte mit großer Begeisterung von der Nähe des Messias und von der Buße und dass er nun weichen werde. Jesus stand mitten im Gedränge der Zuhörer. Johannes fühlte seine Nähe und sah ihn auch wohl und war ungewohnt freudig und eifrig; aber er unterbrach seine Rede nicht und fing hierauf zu taufen an.

Er hatte schon sehr viele getauft, und es war etwa gegen zehn Uhr, als Jesus in der Reihe der Täuflinge auch zu seiner Stelle in den Taufteich hinabstieg. Da beugte sich Johannes vor ihm und sagte: «Ich habe nötig, von dir getauft zu werden, und du kommst zu mir?» Jesus erwiderte ihm: «Lasse es jetzt geschehen; denn es ziemt sich, dass wir alles Rechte erfüllen; dass du mich taufst, ich von dir getauft werde.» Er sagte ihm auch: «Du sollst die Taufe des Heiligen Geistes und des Blutes empfangen.» Da sagte Johannes zu ihm: Er möge ihm zu der Insel folgen. Jesus sagte, Er wolle es tun; aber dann solle von dem Wasser, daraus alle getauft wurden, in jenes Becken gelassen werden, und alle, die mit ihm jetzt hier seien, sollten auch dort getauft werden, und der Baum, den Er umfasse, solle nachher an die gewöhnliche Taufstelle gepflanzt werden, damit alle daran fassten.

Der Heiland begab sich nun mit Johannes und dessen zwei Jüngern Andreas und Saturnin (Andreas war den neun Jüngern und Begleitern des Herrn, von denen oben die Rede war, von Kapharnaum hierher gefolgt.) über die Brücke auf die Insel und ging in ein kleines Gezelt, das dicht an der Morgenseite des Taufbrunnens zum Aus- und Ankleiden errichtet war. Die Jünger folgten auf die Insel. Bis an das Ende der Brücke aber und am Ufer standen die Menschen, eine große Menge. Auf der Brücke konnten etwa drei Menschen nebeneinander stehen; einer der vordersten war Lazarus.

Der Taufbrunnen lag in einer achteckigen, sanft abfallenden Grube, auf deren Grund ein achteckiger Rand den Brunnen umfasste, den fünf unterirdische Kanäle mit dem Jordan in Verbindung setzten. Das Wasser umgab den ganzen Brunnenrand und füllte den Brunnen durch Einschnitte des Randes. Drei dieser Einschnitte des Randes waren an dem nördlichen Ende des Brunnens, wo das Wasser einfloss, sichtbar; zwei an der Südseite des Brunnens, durch welche das Wasser abfloss, waren bedeckt, denn hier war der Platz der Handlung und der Zugang, weshalb man auch hier das Wasser den Brunnenrand nicht umgeben sah. Von dieser mittäglichen Seite führten Rasenstufen den schrägen, etwa einen halben Mann tiefen Abhang der Grube zum Brunnenrand hinab.

Auf dem Südostrand der Wasserfläche war ein dreieckiger, roter, glänzender Stein zunächst dem Rand des Brunnens eingefügt, eine Seite lag gegen das Wasser und der Winkel gegen das Land. Diese Seite des Brunnenrandes, zu welcher die Stufen hinabführten, war etwas höher als jene nördliche, welche für den Zufluss des Wassers drei Durchschnitte hatte. Von der Südwestseite des Brunnenrandes führte eine Stufe zu dem etwas tiefer liegenden Teil des übrigen Randes hinab, und von dieser Seite allein ging man auf diesen

Rand. Im Brunnen selbst, vor dem dreieckigen Stein, stand ein grünender Baum mit schlankem Stamm.

Die Insel war nicht ganz eben, sondern etwas höher in der Mitte, teils mit Felsengrund, teils auch mit weichen Stellen. Sie war mit Rasen überdeckt. In ihrer Mitte stand ein Baum mit weit ausladenden Ästen, und die zwölf Bäume, um den Rand der Insel gepflanzt, waren mit den Wipfeln zu den Ästen dieses Mittelbaumes gezogen, und zwischen diesen zwölf Bäumen stand eine Hecke von vielen kleinen Stauden.

Die neun Jünger Jesu, welche in letzter Zeit immer bei ihm waren, gingen zu dem Brunnen hinab und standen auf dessen Rand. Jesus legte in dem Zelt seinen Mantel ab, dann den Gürtel und einen wollgelben Rock, vorn offen, mit Schlingen geschlossen, dann jene schmale, wollene Bahn, um den Nacken über der Brust gekreuzt, die sie nachts und im Wetter um das Haupt schlugen. Nun hatte Er noch ein braunes, gewirktes Hemd auf bloßem Leib, mit welchem Er heraustrat und zum Rand des Brunnens hinabstieg, wo Er es über das Haupt auszog. Er hatte um die Mitte des Leibes eine Binde, welche um jedes Bein bis zu den halben Füßen gewickelt war. Alle seine Kleider empfing Saturnin und gab sie dem am Rande der Insel stehenden Lazarus.

Nun stieg Jesus in den Brunnen hinab, in welchem Er bis an die Brust im Wasser stand. Mit der Linken umfasste Er den Baum und hielt die Rechte vor der Brust, die weiße Leibbinde schwamm mit aufgelösten Rändern auf dem Wasser. Johannes stand an dem südlichen Ende des Brunnens; er hatte eine Schale mit breitem Rand, durch welchen drei Rinnen liefen. Er bückte sich, schöpfte Wasser und ließ es in drei Strahlen über das Haupt des Herrn fließen. Ein Strahl floss auf das Hinterhaupt, einer in die Mitte des Hauptes, einer über das Vorderhaupt und Angesicht.

Die Worte, die Johannes beim Taufen sprach, weiß ich nicht mehr genau, aber ungefähr: «Jehova durch Cherubim und Seraphim gieße seinen Segen über dich aus mit Weisheit, Verstand und Stärke.» Ich weiß nicht recht, ob es gerade diese drei letzten Worte waren; aber es waren drei Gaben für Geist, Seele und Leib, und es war auch darin enthalten, jeder solle solchen Segen empfangen, wie er bedürfe, um dem Herrn Geist, Seele und Leib erneuert wiederzubringen. Indem nun Jesus aus der Tiefe des Taufbrunnens heraufstieg, hüllten Andreas und Saturnin, die zur Rechten des Täufers um den dreieckigen Stein standen, ein Tuch um ihn, womit Er sich abtrocknete, und legten ihm ein langes weißes Taufhemd um[21], und als Er nun auf den dreieckigen, roten Stein trat, der zur Rechten des Eintritts in den Brunnen lag, legten sie ihm die Hand auf die Schulter, und Johannes legte ihm die Hand auf das Haupt.

Als dies vorüber war, standen sie eben im Begriff, die Stufen hinaufzusteigen, als die Stimme Gottes über Jesus kam, der allein, betend, auf dem Stein stand. Es kam ein großes Brausen vom Himmel und wie ein Donner, und alle Anwesenden bebten und schauten empor.

Es senkte sich auch eine weiße Lichtwolke nieder, und ich sah eine geflügelte Gestalt von Licht über Jesus, die ihn wie ein Strom übergoss. Ich sah auch, als sei der Himmel offen, und sah die Erscheinung des himmlischen Vaters in gewöhnlicher Gestalt und hörte die Worte: «Dieser ist mein lieber Sohn, an dem ich Wohlgefallen habe», aus dem Donner tönen.

Jesus war ganz von Licht durchgossen, und man konnte ihn kaum ansehen. Seine Gestalt war ganz durchsichtig, ich sah auch Engel um ihn.

Ich sah aber in einiger Entfernung auf dem Wasser des Jordans den Satan, eine schwarze, dunkle Gestalt wie eine Wolke, und sah in dieser Wolke ein Gewimmel von scheußlichem, schwarzem Gewürm und Getier sich um ihn drängen. Es war, als werde alles Böse, alle Sünde, alles Gift aus der ganzen Gegend, da der Heilige Geist sich ergoss, in Gestalten sichtbar und flüchte sich in diese dunkle Gestalt als in ihren Urquell hinein. Es war greulich, aber es erhöhte den unbeschreiblichen Glanz und die Freude und Klarheit, welche sich über den Herrn und die Insel ergoss. Der heilige Taufbrunnen leuchtete bis auf den Grund, und alles war verklärt. Da sah man die vier Steine, auf welchen die Bundeslade gestanden, im Grunde des Brunnens freudig schimmern, und auf den zwölf Steinen um den Brunnen, wo die Leviten gestanden, schienen anbetende Engel zu stehen; denn es hatte der Geist Gottes vor allen Menschen dem lebendigen Grundstein, dem auserwählten, köstlichen Eckstein der Kirche, Zeugnis gegeben, dem wir als lebendige Steine ein geistliches Haus und ein heiliges Priestertum bilden müssen, um Gott wohlgefällige, geistliche Opfer durch seinen lieben Sohn, an dem Er Wohlgefallen hat, bringen zu können.

Hierauf stieg Jesus die Stufen hinan und begab sich unter das Zelt bei dem Taufbrunnen. Saturnin brachte seine Kleider hinein, die Lazarus gehalten hatte, und Jesus legte sie an. Angekleidet trat Er aus dem Zelt und, von seinen Jüngern umgeben, auf den freien Platz der Insel zur Seite des mittleren Baumes. Johannes aber redete mit großer Freudigkeit zu dem Volk und gab Zeugnis von Jesus, dass Er der Sohn Gottes und der verheißene Messias sei. Er führte alle Verheißungen der Patriarchen und Propheten an, welche nun erfüllt seien, und sprach aus, was er gesehen, und wies hin auf die Stimme Gottes, die sie alle gehört, und dass er nun bald, so Jesus zurückkehre, hier weichen werde. Auch sprach er davon, dass hier an diesem Ort die Lade des Bundes gestanden, als Israel die Verheißung des Landes empfangen, und dass nun der Erlöser des Bundes hier selbst von seinem Vater, dem allmächtigen Gott, bezeugt worden sei. Er wies auch alle zu ihm und pries den Tag der erfüllten Sehnsucht von Israel selig.

Es waren unterdessen noch viele Leute und auch Freunde Jesu gekommen. Nikodemus, Obed, Joseph von Arimathäa, Johannes Markus und andere sah ich unter der Menge. Johannes sagte auch dem Andreas, er solle in Galiläa die Taufe des Messias verkünden. Auch Jesus bestätigte einfach, Johannes habe die Wahrheit gesprochen, sagte auch, Er werde sich eine kurze Zeit entfernen, dann sollten alle Kranken und Betrübten zu ihm kommen, Er wolle sie trösten und ihnen helfen; sie möchten sich bis dahin vorbereiten mit Buße und guten Werken. Er werde sich entfernen und dann die Herrschaft, welche ihm sein himmlischer Vater gegeben, antreten. Jesus sprach dieses in einer Art Parabel, wie von einem Königssohn, der, ehe Er seinen Thron in Besitz nimmt, sich absondere, den Beistand seines Vaters erflehe und sich sammle.

Es waren unter den vielen Anwesenden auch einige Pharisäer, welche diese Worte ganz lächerlich auslegten. Sie sagten: «Er ist vielleicht doch nicht des Zimmermanns Sohn, sondern das untergeschobene Kind irgendeines Königs, und wird nun hingehen und seine Leute sammeln und in Jerusalem einziehen.» Es kam ihnen das sehr kurios und unbesonnen vor.

Johannes fuhr aber fort, alle Anwesenden nun an diesem Tag auf der Insel im Taufbrunnen Jesu zu taufen. Es waren meistens Leute, die später zur Gemeinde Jesu kamen. Sie traten in das Wasser, das den Rand des Brunnens umgab, und der Täufer taufte sie stehend.

Jesus aber verließ nun mit den neun Jüngern und einigen, die hier zu ihm kamen, die Taufstelle. Es folgten Lazarus, Andreas und Saturnin. Sie hatten auf seinen Befehl einen Schlauch mit Wasser aus Jesu Taufbrunnen gefüllt und trugen ihn mit sich. Die Anwesenden warfen sich vor Jesus nieder und flehten, Er möge bei ihnen bleiben. Er versprach aber wiederzukehren und ging von dannen.

### *Jesus in Luz und Ensemes*

29. und 30. September 1821:

Jesus wanderte mit seinen Begleitern am selben Tag noch ein paar Stunden gegen Jerusalem zu an einen kleinen und geringen Ort, dessen Name wie Bethel klang. Es war eine Art Hospital daselbst, wo viele Kranke lagen und wo Jesus einkehrte. Ich sah ihn dort mit seinen Begleitern Speise einnehmen. Es kamen auch noch mehrere alte Leute hinzu. Man begrüßte ihn sehr feierlich als einen Propheten, denn man wusste schon durch Täuflinge, was Johannes von ihm gelehrt. Jesus ging hier mit seinen Jüngern in die Kammern aller Kranken und tröstete sie alle und sagte ihnen, Er wolle wieder zu ihnen kommen und sie heilen, so sie an ihn glaubten. Einen Kranken aber, ich glaube in der dritten Kammer, heilte Er. Er war sehr dürr und hatte auch an dem Kopf Geschwüre und einen weißen Ausschlag. Er segnete ihn und befahl ihm aufzustehen; der Mann stand auf und kniete vor Jesus nieder.

Durch Andreas und Saturnin wurden hier auch mehrere Leute getauft. Jesus ließ ein großes Becken voller Wasser, in welchem etwa ein Kind liegen konnte, in einem Raum des Hauses auf einen Schemel setzen, und ich sah, dass Er dieses Wasser segnete und mit einem Zweig etwas hineinsprengte – ich meine von dem Taufwasser aus dem mitgebrachten Schlauch. Die Täuflinge entblößten sich bis auf die Brust und beugten den Kopf über das Becken, und Saturnin taufte sie. Ich meine, er brauchte andere Worte als Johannes, die ihm Jesus sagte, doch ich erinnere mich ihrer nicht deutlich. Jesus hielt an diesem Ort auch den Sabbat, nach welchem Andreas nach Galiläa ging.

Jesus aber begab sich in eine Stadt, die Luz hieß. Hier ging Er in die Synagoge und hielt eine lange Rede, in welcher Er sehr viele alte, geheime Vorbilder aus der Schrift auslegte. Ich erinnere mich, dass Er von den Kindern Israels sprach: Nachdem sie durchs Rote Meer gegangen, seien sie ihrer Sünden halber so lange in der Wüste geirrt, dann seien sie durch den Jordan gegangen und hätten das Gelobte Land empfangen. Nun sei die Zeit, dass dieses wirklich geschehe in der Taufe im Jordan. Damals sei es nur ein Vorbild gewesen, nun sollten sie treu bleiben und Gottes Gebote halten und sollten dann das Gelobte Land und die Stadt Gottes empfangen. Er verstand dieses geistlich vom himmlischen Jerusalem. Sie dachten immer an ein irdisches Reich und an die Befreiung von den Römern. Er sprach von der Lade des Bundes und der Strenge des alten Gesetzes: Wer der Lade des Bundes genaht, sie anzurühren, sei getötet worden. Jetzt aber sei das Gesetz erfüllt und in dem Sohn des Menschen die Gnade gekommen. Er sprach auch, jetzt sei die Zeit, da der Engel den Tobias in das Gelobte Land zurückführe, der so lange den Geboten Gottes getreu in der Gefangenschaft geschmachtet habe. Er sprach auch von Judith, der Witwe, welche dem trunkenen Assyrier Holofernes den Kopf abgeschnitten und das bedrängte Bethuel befreit habe; jetzt werde die Jungfrau, die von Ewigkeit gewesen, wachsen und groß werden, und viele stolze Häupter, welche Bethuel bedrängten, würden fallen. Er verstand dieses von der Kirche und ihrem Sieg über den Fürsten der Welt.

Jesus sprach noch viele solche Gleichnisse aus, die nun alle erfüllt seien. Doch sagte Er nie: «Ich bin es», sondern sprach immer wie von einer dritten Person. Er sprach auch von der Nachfolge und wie man alles verlassen und keine übermäßige Sorge um den Unterhalt haben solle, denn es sei ein Größeres, wiedergeboren zu werden, als Nahrung zu finden. So sie aber wiedergeboren würden aus dem Wasser und dem Heiligen Geist, würde der sie auch ernähren, der sie wiedergeboren habe. Er sprach auch, dass die, welche ihm folgen, alle die Ihrigen verlassen und sich der Frauen enthalten müssten, denn es sei keine Zeit der Aussaat, sondern eine Zeit der Einsammlung. Er sprach auch von dem Himmelsbrot. Die Leute waren alle sehr verwundert und ehrerbietig, aber sie deuteten alle seine Lehren irdisch und körperlich.

Lazarus trennte sich hier von Jesus; die anderen Freunde von Jerusalem waren schon vom Jordan abgegangen. Die heiligen Frauen, welche in Jerusalem bei Susanna gewesen, sind auch durch die Wüste abgereist. Sie ziehen, glaube ich, nach Thebez, wo Jesus mit ihnen zusammentreffen wird.

1. Oktober: Jesus hat den Ort Luz verlassen und die Wüste durchkreuzt. Er zog mittagwärts mit seinen Jüngern, deren etwa zwölf bei ihm sind. Es sind ihm ein paar, außer Saturnin, von der Taufe gefolgt. Der Sohn Veronikas ist schon gestern weggegangen, vielleicht um den heiligen Frauen Kundschaft zu bringen. Auf der fortgesetzten Reise sah ich Jesus und die Jünger einmal zwischen einer Reihe Dattelbäume hinwandern. Da die Jünger sich scheuten, auf die Erde gefallene Früchte aufzulesen und zu essen, sprach Jesus zu ihnen, sie sollten ihre Reinheit in Seeleneigenschaften und in ihren Reden suchen und nicht in dem, was in den Mund eingehe.

Ich sah Jesus unterwegs in einer Reihe einzeln liegender Häuser etwa zehn Kranke besuchen und trösten und teils heilen. Mehrere von ihnen folgten ihm nach.

Er kam dann in einen kleinen Ort, der Ensemes heißt. Hier kamen ihm die Leute entgegengezogen. Es war schon verkündet worden, der neue Prophet nahe. Es kamen viele Leute mit den Kindern an der Hand, grüßten ihn feierlich und warfen sich vor ihm nieder; Er wies sie freundlich zurück. Es waren vornehme Leute des Ortes, welche ihn in ihr Haus brachten. Die Pharisäer aber holten ihn von da ab zur Schule. Sie waren gut gesinnt und freuten sich, einen Propheten bei sich zu haben. Auf die Nachricht der Jünger aber, Jesus sei Josephs, des Zimmermanns von Nazaret, Sohn, fanden sie an ihm innerlich allerlei zu tadeln. Sie hatten ihn für einen anderen Propheten gehalten. Jesus sprach von der Taufe.

Da fragten sie, um ihn auszuhorchen, welche Taufe besser sei, seine oder des Johannes Taufe? Jesus wiederholte, was Johannes von seiner und des Messias Taufe gesagt, sagte aber auch, wer die Taufe des Vorläufers verschmähe, werde auch die Taufe des Messias nicht ehren. Er sagte jedoch nie: «Ich bin es», sondern redete immer in der dritten Person wie nachher im Evangelium von «des Menschen Sohn». Er nahm in dem Haus, wo Er eingekehrt war, noch ein Mahl und betete vor dem Schlafengehen zusammen mit den Jüngern.

Jesus ist von Luz gegen Ensemes mittagwärts gegangen. Bei Ensemes floss der Bach Cedron; dieser kommt aus dem Tal, wo sich später Judas erhängte, und fließt durch das Tal Josaphat am Ölberg her und dann östlich ins Tote Meer. Es war hier sehr gebirgig, und das Gebirge zog sich bis zu dem Berg Amon an der Wüste Giah hinüber, wo Jesus am Abend gewesen, ehe Er in Bethanien ankam.

### *Jesus besucht die Adventsherbergen und Hirtenhäuser*

2. Oktober: Am anderen Tag sah ich Jesus mit seinen Begleitern von Ensemes über den Bach Cedron in Judäa eingehen. Er zieht meistens auf Nebenwegen, und es scheint mir, Er will die Orte im Umkreis von Johannes' Taufort und die Täler durchziehen, in welchen die heilige Jungfrau Maria mit Joseph auf Umwegen nach Bethlehem reisend, geherbergt hat. Er will selbst Bethlehem besuchen und auch einige Orte, wo Maria auf der Flucht nach Ägypten übernachtet hat; Er will überall lehren und heilen und dann, wieder zurückkehrend, an dem Taufort vorüberkommen.

Es ist jetzt Nebel dort und ziemlich kühl; ich sehe manchmal Schnee oder Reif in den tiefen Tälern liegen, aber an der Sonnenseite ist alles grün und schön. Es hängen auch überall noch Früchte. Von diesen essen der Herr und die Jünger unterwegs.

Jesus geht jetzt nicht in die Städte, weil schon überall ein großes Gerede von seiner Taufe, von dem Ereignis bei derselben und von Johannes' Aussage ist. Auch in Jerusalem ist schon großer Lärm darüber. Jesus will aber erst nach seiner Rückkehr aus der

Wüste von Galiläa auftreten und geht nur hier herum, um aus Liebe noch einzelne Leute zur Taufe zu bewegen. Er geht nicht immer mit allen Jüngern zusammen, manchmal sind nur zwei bei ihm. Sie zerstreuen sich in einzelne Hirtenhäuser, die vom Weg abliegen, und berichtigen die Meinungen der Leute, denn diese sind alle so von Johannes eingenommen, dass sie meinen, Jesus sei nur ein Helfer von ihm; sie nennen ihn auch nur den Helfer. Die Jünger erklären ihnen die Erscheinung des Heiligen Geistes und die Worte, die bei der Taufe gehört wurden, und sagen ihnen, was Johannes ausgesprochen und dass er nur der Wegbereiter des Herrn sei und darum auch heftig und ungestüm, er breche die Bahn. Und so kommen denn die Hirten und Weber, deren viele hier in den Tälern herum wohnen, zu Jesus und hören unter Bäumen und Schuppen seine kurze Lehre und werfen sich vor ihm nieder. Er segnet und ermahnt sie.

Unterwegs erklärte Er auch den Jüngern, von welchen einzelne die Worte gehört hatten: «Dieser ist mein lieber Sohn», bei der Taufe, dass sein himmlischer Vater dies von allen gesagt habe, welche ohne Sünde die Taufe des Heiligen Geistes empfingen.

Diese Gegend ist es, durch welche Joseph und Maria nach Bethlehem zu Christi Geburt zogen. Joseph wusste hier in der Gegend Bescheid; sein Vater hatte hier herum Weiden gehabt. Joseph war zur Seite von Jerusalem wohl mit anderthalb Tag Umweg gereist, hatte alle Städte gemieden und war bei sehr kleinen Tagreisen von ein paar Stunden lieber hier durchgezogen, weil da die Hirtenhäuser sehr dicht lagen; denn es war der heiligen Jungfrau das Sitzen auf dem Quersattel und auch das Gehen auf die Dauer beschwerlich.

Die zwei Hauptpunkte des Weges Jesu heute waren zwei Hirtenhäuser, wo seine Eltern damals einkehren wollten. Vormittags kam Er zu jenem Haus, wo Maria übel aufgenommen worden war, und lehrte das versammelte Volk. Der Hirt war ein grober, alter Mann; er wollte auch Jesus nicht aufnehmen und hatte ein solch brutales Wesen wie heutzutage oft Bauern, welche sagen: «Was brauch' ich dies oder das? Ich zahle meine Abgaben und gehe zur Kirche», und dann leben sie, wie sie wollen. So sagten die Leute dieses Hauses auch: Wozu sie das brauchten; sie hätten ihr Gesetz von Moses her, und das habe ihnen Gott selbst gegeben und weiter brauchten sie nichts.

Da sprach ihnen Jesus von der Gastfreiheit und Barmherzigkeit, welche alle heiligen Altväter geübt; denn wo wären dieser Segen und das den Segen Hütende, wenn Abraham die Engel von sich gewiesen hätte, die ihm diesen Segen gebracht.

Der Herr sagte ihnen auch in Parabeln: Wer die Mutter mit dem Kind unter dem Herzen, reisemüde an der Tür pochend, weggewiesen und den freundlich Herberge suchenden Mann verspottet habe, der weise auch den Sohn und das Heil von sich, das Er bringe, und Er sagte dies so deutlich, dass ich es dem einen wie einen Donnerkeil ins Herz fahren sah; denn hier war das Haus, wo sie Maria und Joseph auf ihrer Reise nach Bethlehem nicht aufgenommen und mit schnödem Spott abgewiesen hatten. Ich erkannte das Haus wohl wieder, und die Alten von den Leuten, welche damals zugegen waren, kamen in die größte Bestürzung; denn ohne dass Er sich und seine Mutter und Joseph nannte, hatte Er in einer Parabel alles gesagt, was sie getan.

Es warf sich einer vor ihm nieder und bat ihn, Er möchte doch bei ihm eintreten und Speise nehmen, denn Er sei gewiss ein Prophet, da Er alles wisse, was vor 30 Jahren hier geschehen. Jesus nahm aber nichts von ihm an. Er lehrte noch die versammelten Hirten und sprach davon, dass alle Handlungen ein Vorbild und ein Keim der folgenden seien und dass Reue und Buße die alte Wurzel zerstören und bei Sinnesänderung der Mensch in der Taufe des Heiligen Geistes wiedergeboren werde und Früchte des ewigen Lebens bringe.

Ich sah ihn von hier weiter durch die Täler gehen und hier und da lehren. Es schrien ihm auch die Besessenen nach, die auf seinen Befehl schwiegen.

Am Nachmittag kam Jesus zu einem zweiten Hirtenhaus, auf der Höhe gelegen, auch einer Herberge der heiligen Jungfrau. Der Mann hatte viele Herden unter sich. Hirten und viele Zeltweber wohnten in langen Reihen entlang den Tälern. Sie hatten lange Bahnen unter freiem Himmel ausgespannt, und es arbeitete einer dem anderen in die Hände. Es waren sehr viele Schafherden in diesen Gegenden und auch viel Wild. Die Tauben gingen scharenweise wie Hühner umher, auch eine andere Art großer Vögel mit langem Schweif. Auch liefen viele Tiere wie Rehe mit kleinen Hörnern in der Wildnis; sie waren nicht scheu und mischten sich unter die Herden. Hier wurde Jesus sehr freundlich empfangen. Die Leute des Hauses und die Nachbarn und Kinder zogen ihm freudig entgegen und warfen sich vor ihm nieder. In diesem Haus waren die heilige Jungfrau und Joseph sehr liebevoll beherbergt worden.

Es waren ein paar junge Leute im Haus, Kinder des Hausvaters, der noch lebte, und ein altes gebücktes Männchen mit einem kleinen Hirtenstab. Jesus nahm hier Speise zu sich, Früchte und auch Grünes, das in eine Brühe getaucht wurde, und kleine in der Asche gebackene Brote. Diese Leute waren sehr fromm und erleuchtet.

Sie führten Jesus in den Raum, wo die heilige Jungfrau übernachtet hatte. Sie hatten ihn seit langem in einen Betort verwandelt. Er war sonst ein bloßer Abschlag in ihrem Wohnraum gewesen, aber sie hatten ihn hernach getrennt und einen eigenen Gang hingebaut. Die vier Ecken des Raumes hatten sie gebrochen und ein Achteck daraus gemacht und die Decke oben in eine stumpfe Spitze zusammengezogen. In der Mitte hing eine Lampe herab; auch war eine Lücke in der Decke, die geöffnet werden konnte. Vor der Lampe stand eine Art schmaler Tisch, wie eine Kommunionbank bei uns, woran sie sich betend anlehnen konnten. Es war sehr schön und rein wie eine Kapelle. Der Greis führte Jesus hinein und zeigte ihm, wo seine heilige Mutter geruht; auch zeigte er ihm, wo seine Großmutter Anna geschlafen hatte, welche auch hier eingekehrt war, da sie Maria in Bethlehem besuchte.

Diese Leute wussten von der Geburt Jesu und von der Anbetung der Könige und von der Prophezeiung Simeons und Hannas im Tempel, von der Flucht nach Ägypten und der wunderbaren Lehre Jesu im Tempel. Sie hatten auch mehrere dieser Tage in ihrem Gebetsort mit Gebet gefeiert und von Anfang treulich geglaubt, gehofft und geliebt. Sie fragten Jesus ganz einfältig auf ländliche Weise, wie das denn nun wäre. In Jerusalem bei den großen Leuten gehe die Rede, der neue Messias werde als ein König der Juden das Reich herstellen und sie von dem Joch der Römer befreien; ob dies denn so kommen würde. Jesus erklärte ihnen alles in einer

Parabel von einem Königssohn, den sein Vater aussende, seinen Thron zu besteigen, das Heiligtum herzustellen und seine Brüder vom Joch zu befreien. Sie würden aber seinen Sohn nicht erkennen, sie würden ihn verfolgen und misshandeln, Er würde aber doch erhöht werden und alle, welche seine Gebote halten, zu sich in das Reich seines himmlischen Vaters ziehen.

Es gingen viele Leute mit Jesus in den Betort hinein, und ich meine auch, Er habe daselbst gelehrt. Er hat hier auch geheilt. Der alte Hirte führte ihn zu einer Nachbarin, welche seit langen Jahren mit Gicht zu Bett lag. Jesus nahm sie bei der Hand und befahl ihr aufzustehen; und sie stand gleich auf und dankte kniend dem Herrn und begleitete ihn bis unter die Tür. Sie ging zuvor so krumm gebückt wie des Petrus Schwiegermutter.

Jesus ließ sich hernach von diesen Leuten in ein tiefes Tal führen, wo viele Kranke waren. Er heilte viele und tröstete alle. Er heilte wohl zehn Menschen. Hier verlor ich das Bild. Er hat bei den Hirten übernachtet.

### *Blick auf den hl. Johannes den Täufer – Jesus zieht gegen Beth-Araba – Feldarbeiten – Sklaven*

Johannes tauft noch immer; es kommen nun noch viel mehr Leute. Der Baum aus dem Taufbrunnen Jesu ist mitten in den großen Taufteich gesetzt und sehr schön grün. Dieser Taufteich hat Treppen von den Ufern hinab, und es gehen mehrere Zungen vom Land in den Teich, auf welche die Leute hintereinander treten. Sie gehen auf der einen Seite heran, auf der anderen weg.

3. Oktober: Als Jesus das Hirtenhaus verließ, welches etwa fünf Stunden von Bethlehem entfernt liegt, begleiten ihn die Leute. Diese hingen mit jenen Hirten zusammen, welche Jesus in der Krippe besucht hatten; darum waren sie auch so gut gesinnt.

Der Herr und die Jünger wanderten wie gestern durch viele Krümmungen, und so sammelten sich hier und da eine Menge Hirten und Arbeiter um ihn, welche Er in Gleichnissen, aus ihrem Geschäft genommen, belehrte. Er ermahnte sie noch immer zur

Taufe und Buße und sprach von der Nähe des Messias und der Zeit des Heiles.

Am Abhang der Berge in guter Lage sah ich, als Jesus diesen Weg ging, viel Volk allerlei Feldarbeiten verrichten. Ich sah an einigen Stellen Weinberge und Leute darin arbeiten. Auch sah ich aufgehäuftes Korn einbringen; ich sah sie pflügen und säen und pflanzen. Es war hier sehr fruchtbar, wenngleich an anderen Stellen Reif oder Schnee in den Tälern lag. Das Getreide war nicht in Garben, sondern es war ungefähr einen halben Schuh unter der Ähre abgeschnitten, und zwei Bündel Ähren waren in der Mitte so verbunden, dass an beiden Seiten die Ähren hervorhingen. Diese Bündel lagen auf Haufen zusammen.

Die Leute trugen die Ährenbündel nicht ein, als sei jetzt gerade die Ernte gewesen. Diese war viel früher, aber die Ährenbündel waren in sehr hohen, breiten Haufen, wie Hügel, stehen geblieben und jetzt, da die Regenzeit eintrat und sie das Feld von neuem bestellten, mit Stroh gedeckt. Die Ähren wurden mit einem krummen Messer abgeschnitten, das Stroh nachher ausgerauft und auf Haufen geworfen.

Ich sah das Eintragen auf Tragbahren, an welchen etwa vier Mann trugen. Das Stroh lag auch in Reihen und wurde in Bündel zusammengerollt, ich glaube zum Verbrennen. An anderen Stellen pflügten Leute. Der Pflug hatte keine Räder und er wurde von Menschen gezogen. Der Pflug, den ich sah, war wie ein Schlitten mit drei schneidenden Läufen, der beschwert war; dazwischen war die Anspanne. Gewöhnlich wurde er hinten gar nicht gelenkt, sondern von Menschen oder Eseln gezogen.

Sie pflügten in die Länge und die Quere. Ihre Egge, die ich sah, war dreieckig, der breite Teil war vorn. Es ging ganz gut. Wo es felsig war, kratzten sie ein wenig Erde darüber, und es wuchs auch da. Die Sämänner halten den Sack hinten und vorn, auch über dem Nacken, die beiden Enden auf der Brust. Pflanzen, die ich setzen sah, waren Knoblauch und eine Pflanze mit großen Blättern, ich glaube, es war ein Zugemüse; eine davon hieß Durra.

Die Jünger sammelten die Leute an den Wegen, und Jesus lehrte sie in Parabeln vom Pflügen, Säen und Ernten. Er sprach mit den Jüngern von der Saat, die sie durch die Taufe ausstreuen sollten.

Er bestimmte ein paar, darunter Saturnin, welche in einiger Zeit am Jordan taufen sollten. Er sagte ihnen, dies sei die Saat, und sie würden wie die Leute hier auch in ein, zwei Monaten ernten. Er sprach auch vom Stroh, welches ins Feuer geworfen werde.

Während Jesus lehrte, kam eine Schar Arbeiter aus Sichar den Weg herangezogen. Sie hatten Schaufeln, Hacken und lange Stangen; sie waren wie Sklaven, und ich glaube, sie zogen von einer öffentlichen Bau- oder Wegarbeit zurück nach Haus. Sie blieben ganz schüchtern in einiger Entfernung stehen und hörten zu und wagten nicht, näher zu den Juden heranzutreten. Jesus rief sie herbei und sprach, dass sein himmlischer Vater alle durch ihn zu sich berufe, und Er sprach über die Gleichheit aller, welche Buße tun und sich taufen lassen. Die armen Leute waren so gerührt über seine Milde, dass sie ihn fußfällig baten, Er möge doch auch zu ihnen nach Samaria kommen und ihnen ebenfalls helfen. Er erwiderte, dass Er zu ihnen kommen werde; jetzt aber müsse Er sich noch absondern, um sich für das Reich vorzubereiten, welches anzutreten ihn sein himmlischer Vater gesandt habe.

Die Hirten führten Jesus noch allerlei Wege, auf denen seine Mutter gewandelt war, und Er kannte diese Stellen besser als seine Führer, so dass sie verwundert ausriefen: «Herr, Du bist ein Prophet und ein frommer Sohn, dass Du die Fußstapfen Deiner glückseligen Mutter kennst und wandelst.»

Nachdem Jesus die Scharen der Leute gelehrt und ermahnt hatte, zog Er nach dem Städtchen Beth-Araba. Es war ungefähr Nachmittag, als Jesus mit seinen Jüngern daselbst auf einen freien Platz ging und einen steinernen Lehrstuhl unter Bäumen bestieg. Es versammelten sich viele Zuhörer um ihn, die Er belehrte. Es waren gutgesinnte Leute. Hier verließ mich das Bild.

### *Jesus im Tale der Hirten bei Bethlehem*

4. Oktober: Jesus verließ, von vielen Zuhörern begleitet, den Ort und ging in die Richtung zum Tale der Hirten, welches etwa dreieinhalb Stunden von hier liegt. Ich weiß nicht, wo Er die Nacht

schlief, ich sah ihn einmal mit den Jüngern unter einem offenen Schuppen allein, und sie aßen Früchte, rote Beeren, welche sie gesammelt, auch Ähren vom Feld, und tranken Wasser. Sie gehen nachts sehr zerstreut. Jesus bestimmt ihnen einen Ort, wo Er um diese oder jene Zeit sein werde, und sie verbreiten sich weit umher und berichten den Leuten von ihm und ermahnen sie zur Taufe und Buße, wenn sie noch nicht getauft sind. Diese Leute kommen teilweise mit ihnen an die bestimmten Lehrstellen. Auch Jesus macht große Umwege, und ich sehe ihn oft die halbe Nacht auf Hügeln einsam kommen und beten, so dass die Zeit des Weges ganz mit Gebet ausgefüllt wird.

Ich hörte die Jünger Jesus wegen seines harten Lebens, Barfußgehens, Fastens und Nachtwachens in dieser Kälte und feuchten Jahreszeit bitten, Er möge seinen Körper doch nicht so früh zerstören. Er wies sie aber mild zurück und tat das Seine ernst weiter.

Am Morgen in der Dämmerung sah ich Jesus mit den Jüngern in das Tal der Hirten über eine Bergwand hinabsteigen. Die dort umher wohnenden Hirten wussten schon von seiner Nähe. Sie waren alle schon von Johannes getauft, und es hatten auch einzelne von ihnen Träume und Gesichte von der Annäherung des Herrn gehabt. Es wachten daher einige und sahen immer nach der Gegend hin, wo Er hinabsteigen müsste. Sie sahen ihn aber leuchtend und von Glanz umgeben in das Tal niedersteigen; denn viele von diesen einfältigen Leuten waren begnadet. Sie bliesen sogleich auf einem Horn, um die entfernt Wohnenden zu wecken und herbeizurufen. Sie hatten diese Gewohnheit bei jedem besonderen Ereignis. Sie eilten nun alle dem Herrn entgegen und warfen sich vor ihm mit demütig vorgestrecktem Hals nieder, ihre langen Stäbe im Arm haltend. Manche hatten sich auf das Angesicht geworfen. Sie hatten kurze Wämser an, meist von Schaffellen, einige auf der Brust offen, andere ganz zu, die bis zum Knie gingen; sie hatten Quersäcke auf den Schultern. Sie begrüßten Jesus mit Psalmworten, welche die Ankunft des Heiles und den Dank Israels für die erfüllte Verheißung aussprechen. Jesus war sehr liebevoll mit ihnen und sagte ihnen von ihrem glücklichen Stand. Er lehrte hier und da in den Hütten, welche um das breite Wiesental ringsherum lagen, meist in Parabeln vom Hirtenstand.

Er zog hierauf weiter mit den Jüngern durch das Tal gegen Bethlehem zum Turm[22] der Hirten. Jesus sprach davon, wie Er sie nun wieder heimsuche, da sie ihn an seiner Wiege begrüßt und ihm und seinen Eltern Liebe erwiesen hätten. Er lehrte auch in Parabeln von Hirt und Herde, wie Er auch ein Hirte sein, andere Hirten unter sich haben, die Herde sammeln, heilen und bis ans Ende der Tage führen werde.

Die Hirten erzählten von der Verkündigung der Engel, der Heiligen Familie und dem Kinde; sie hatten in dem Stern über der Krippenhöhle auch das Bild des Kindes gesehen. Sie erzählten auch von den Königen, und dass diese auch den Turm der Hirten in den Gestirnen gesehen hatten; und von den vielen Gaben, welche die Könige zurückgelassen. Sie hatten vieles von den roheren Zeltstoffen auch hier am Turm und in den Hütten verwendet. Es waren einige alte Männer hier, die als junge Leute an der Krippe gewesen. Sie erzählten Jesus alles wieder, was damals geschehen war.

5. Oktober: Tags darauf wurden Jesus und die Jünger von den Hirten näher gegen Bethlehem zu der Wohnung der Söhne der drei alten, verstorbenen Hirten geführt, welchen die Engel bei Christi Geburt zuerst erschienen waren und die ihn zuerst verehrt hatten. Sie lagen unfern von der Wohnung, die ungefähr eine Stunde von der Krippenhöhle entfernt war, begraben. Drei schon bejahrte Söhne jener alten Hirten waren am Leben und waren von den anderen sehr geachtet. Diese Hirtenfamilie war eine Art Vorsteher über die anderen, wie die Drei Könige bei ihrem Volk. Sie empfingen Jesus sehr demütig und erfreut und führten ihn zum Grab ihrer Väter. Es war dies ein Hügel, woran Wein wuchs, er lag einzeln. Unten war er rings von einem Obdach umgeben, unter welchem man in allerlei Keller und Höhlen ging, und höher am Hügel aufsteigend war die Grabhöhle der alten Hirten. Es kam Licht von oben hinein. Die Gräber waren in dieser Richtung in dem Boden. Sie waren mit Türen bedeckt. Die Hirten öffneten für Jesus die Gräber, und ich sah die eingehüllten Leichname mit braunem Angesicht. Der Raum um die Särge war mit kleinen zerbröckelten Steinchen ausgefüllt. Es lagen Steine bei ihnen.

Die Hirten zeigten Jesus auch noch ihren Schatz, den ihre Väter von den Geschenken der Heiligen Drei Könige übrig hatten und der hier in der Höhle in einer Grube versteckt war. Er bestand aus gediegenen Goldstäbchen in Säcken sehr köstlicher, mit Gold durchwirkter Stoffe. Sie fragten Jesus, ob sie es zum Tempel geben sollten. Er sagte ihnen, sie sollten es für die Gemeinde bewahren, welche der neue Tempel sein würde. Auch sagte Er ihnen, es würde über diesem Grab dereinst eine Kirche errichtet werden. (Dies geschah durch die hl. Helena.) Dieser Hügel war der Anfang der Weinberge, die sich gegen Gaza hinzogen; es war der allgemeine Grabort der Hirten.

Von hier führten sie den Herrn zu der Stelle seiner Geburt, zu der Krippenhöhle, etwa eine Stunde Wegs von hier. Der Weg war ein ungemein schönes Wiesental, wodurch drei Pfade zwischen Strecken von geschnittenen Fruchtbäumen führten.

Sie erzählten unterwegs von dem Gloria der Engel; und ich sah alle diese Bilder wieder. Die Engel erschienen an drei Stellen: zuerst den drei Hirten, in der folgenden Nacht am Turm der Hirten und dann an dem Brunnen, wo Jesus gestern am Morgen von den Hirten zuerst empfangen worden war. Bei dem Turm der Hirten erschienen sie in größerer Anzahl. Sie waren große Gestalten und hatten keine Flügel. Die Hirten führten den Herrn auf dem Weg zur Krippenhöhle in die Grabhöhle Marahas, der Amme Abrahams, bei der großen Terebinthe[23].

Sie führten nun Jesus zu der Krippenhöhle. Von dieser Morgenseite war Bethlehem nicht recht zugänglich; es ging kein gerader Weg hier hinein. Die Stadt war von dieser Seite kaum zu sehen; sie war durch zerfallene Wälle und dickes zerbrochenes Mauerwerk, zwischen denen tiefe Wege lagen, vom Tale der Hirten getrennt. Der nächste eigentliche Eingang in die Stadt war das Mittagstor, das nach Hebron führt. Von diesem aus musste man gegen Morgen um die Stadt herum gehen, wenn man zur Krippengegend wollte, welche sich an das Tal der Hirten anschloss und aus welchem man, ohne Bethlehem zu berühren, in diese Gegend kam. Die Krippenhöhle und die daneben liegenden Höhlen gehörten auch den Hirten, und sie hatten diese von jeher zum Einstellen von Vieh und Gerätschaften gebraucht, und niemand aus Bethlehem hatte hier eigentlichen Verkehr oder Weg und Steg. Joseph, dessen väterliches Haus an der Mittagsseite lag, hatte als Knabe hier schon oft mit den Hirten verkehrt und sich vor seinen Brüdern verborgen und auch Zeit im Gebet zugebracht.

Als die Hirten jetzt mit Jesus zur Krippe kamen, war sie sehr verändert; sie hatten sie als einen heiligen Ort zum Betort gemacht. Niemand aber sollte den heiligen Boden selbst betreten; darum hatten sie einen Gang rings um den Raum der Krippe mit Gittern gemacht und die Höhle dadurch erweitert. Von diesem Gang liefen Zellen in den Felsen hinein, wie in einem Kloster. Die Wände und der Fußboden waren mit zurückgelassenen Decken der Könige belegt; sie waren bunt, meist waren Pyramiden hinein gewebt.

(Wahrscheinlich verschiedenfarbige Dreiecke, ein gewöhnliches, jüdisches Wandverzierungsmuster, welches Anna Katharina oft, z.B. in Mariens Betkämmerchen am Tempel, erwähnt.)

Sie hatten außerdem aus dem umgebenden Gang zwei Treppen über die Krippenhöhle hinaufgeführt und über der eigentlichen Höhle die Decke, worin schräge Lichtlöcher gewesen waren, ganz weggenommen und einen Aufsatz wie eine Kuppel darauf gebaut, wodurch das Licht von oben hineinfiel. Sie konnten auf der einen Treppe auf den Hügel steigen und so von oben her nach Bethlehem gelangen. Sie hatten alle diese Veränderungen mit den Mitteln gemacht, welche ihnen die Könige zurückgelassen hatten.

Es war am Sabbatanfang, Freitagabend, als sie Jesus hierher brachten; sie hatten in der Krippenhöhle Lampen angezündet. Die Krippe selbst stand noch, wo sie gestanden. Jesus zeigte ihnen, was sie nicht wussten, die Stelle, wo Er geboren war. Er hielt ihnen hier eine Lehre, und sie feierten den Sabbat. Er sagte ihnen, wie sein himmlischer Vater diesen Platz vorausbestimmt, als Maria empfangen worden; und ich hatte auch Kenntnis von verschiedenen, vorbedeutenden Ereignissen des Alten Testamentes an diesem Platz. Abraham war auch hier gewesen und Jakob. Seth, das Kind der Verheißung, war hier nach siebenjähriger Buße gezeugt und von Eva geboren worden. Hier wurde Eva von einem Engel gesagt, diesen Samen habe ihr Gott anstelle des Abel gegeben. Er wurde lange hier verborgen und auch in der Säughöhle, der Amme Marahas Grab, versteckt und gesäugt; denn seine Brüder stellten ihm nach, wie Jakobs Söhne dem Joseph. Die Hirten führten Jesus auch in die angrenzende Höhle, in der die Heilige Familie eine Zeitlang gewohnt. Sie hatten den dort bei Christi Geburt entsprungenen Quell schön eingefasst und brauchten ihn in Krankheiten; Jesus ließ von diesem Wasser mitnehmen.

### *Saturnin tauft – Jesus geht allein zu Marias Fluchtherberge*

7. Oktober – (In diesen Tagen war die Erzählende durch Betrübnis über die Verkehrtheit der Menschen todkrank geworden, und die Lebensbilder Jesu an diesen Tagen schienen ganz verloren. Am 8. Oktober abends reichte sie dem Schreiber die Hand und sagte mit tröstender Innigkeit:) «Ich habe alles gesehen, Er ist noch bei den Hirten.» (Im Leiden ist sie immer am liebevollsten. Sie erzählte folgende Überbleibsel:)

Jesus ging heute mit den Jüngern an alle einzelnen Hirtenwohnungen um das Feld herum, tröstete und lehrte. Die Jünger gingen teils allein in einzelne Häuser und erklärten den Leuten die Lehren Jesu und die Erscheinung bei seiner Taufe.

Saturnin taufte auch mehrere Greise, welche nicht mehr zur Taufe des Johannes hatten gehen können. Sie gossen etwas Taufwasser Christi aus dem Taufbrunnen der Jordaninsel in das Wasser von der Quelle aus der Höhle neben der Krippe.

Bei der Taufe des Johannes war ein allgemeines Sündenbekenntnis. Bei Jesu Taufe aber bekannten sie ihre schweren Sünden einzeln, bereuten und erhielten Vergebung. Die alten Leute knieten; ihr Leib war bis an die Brust entblößt. Es stand ein großes Becken vor ihnen, über welches sie den Kopf beugten und getauft wurden. Es wurde bei dieser Taufe wie bei der Formel, die Johannes bei Jesus gebraucht hatte, des Wortes Jehova und der Gabe der drei Eigenschaften erwähnt; aber auch das Wort «im Namen des Gesandten».

Jesus brachte meist die Nächte einsam auf Hügeln im Gebet zu. Er sagte am Ende dieser Tage bei den Hirten zu den Jüngern, dass Er nun allein noch einen Weg machen wolle zu Leuten, welche ihn und seine fliehenden Eltern liebevoll aufgenommen, und dass

Er dort Kranke heilen und einen Sünder bekehren wolle. Kein Fußstapfen seiner Eltern bleibe ungesegnet. Alle, welche ihnen damals Gastfreiheit und Liebe erwiesen, suche Er wieder auf und führe sie zum Heil. Alle Wohltat und Barmherzigkeit sei hier, wie früher, ein Anteil, eine Beförderung des Heiles gewesen und werde es zu ewigen Zeiten sein; und so wie Er jetzt alle besuche, welche ihm und den Seinigen damals Liebe erwiesen, so werde sein himmlischer Vater aller gedenken, welche dem geringsten seiner Brüder Liebe und Wohltat erweisen würden. Er bestellte seine Jünger auch an einen gewissen Ort bei einer Stadt oder einem Gebirge Ephraim zu einer Höhle, wo sie ihn an den folgenden Tagen erwarten sollten.

Am 8. Oktober sah ich Jesus allein an der Grenze von Herodes' Gebiet gegen die Wüste zu bei Anim oder Engannim ein paar Stunden vom Toten Meer in einer wilden, doch ziemlich fruchtbaren Gegend. (Sie sagte später von dieser Stadt, es wohnen verworfene Leute dort. Die Flucht nach Ägypten ging an der Morgenseite Judäas, die Rückkehr an der Seite des Weltmeers über Gaza.)

Es waren viele weidende Kamele hier in der Gegend; wohl vierzig etwa, in Gehegen eingezäunt. Ich hatte Jesus schon unterwegs durch solche Herden ziehen sehen. Jesus ging in eine Art Herberge für Leute, welche in die Wüste ziehen. Es waren mehrere Hütten und Schuppen beieinander; die Leute hatten auch viele Kamele. Sie waren, glaube ich, Kameltreiber. Die Häuser lagen an einer Anhöhe. Es wuchs auch Obst wild herum.

Es war dieser Ort die letzte Herberge im Gebiet des Herodes auf der Flucht nach Ägypten; und die Leute, wenngleich schlechtes Gesindel, welche auch wohl Dieberei trieben, hatten die Heilige Familie doch gütig aufgenommen. Auch in der nahe gelegenen Stadt wohnten viele unordentliche Leute, die sich nach Kriegen dort angesiedelt hatten. Jesus ging in das Haus und begehrte Herberge. Der Hausherr hieß Ruben, war etwa 50 Jahre alt und war bei der Flucht nach Ägypten schon hier gewesen. Als Jesus ihn anredete und anblickte, schoss es wie ein Strahl in seine Brust; er war ganz erschüttert. Jesu Worte und Gruß waren wie ein Segen, und der Mann sagte erschüttert: «Herr, es ist, als komme mit dir das Gelobte Land in mein Haus.»

Jesus sagte ihm, wenn er an die Verheißung glaube und die Erfüllung nicht von sich weise, so solle er des Gelobten Landes auch teilhaftig werden. Er sprach dann von den guten Werken und ihren Folgen und dass Er nun zu ihm komme, ihm das Heil zu verkünden, weil in seinem Hause seine Mutter und sein Nährvater vor dreißig Jahren auf der Flucht gutwillig aufgenommen worden seien. So wie diese Handlung trage jede andere Frucht, die gute wie die böse.

Da warf der Mann sich ganz erschüttert auf die Erde und sagte: «Herr, wie kann es mir elendem und verworfenem Menschen geschehen, dass du in mein Haus trittst?» Jesus sagte ihm, dass Er gekommen sei, die Sünder zurückzuführen und zu reinigen. Der Mann sprach noch immer von seiner Verworfenheit und dass sie alle hier ein unwürdiges, verlorenes Geschlecht seien. Er sagte auch, dass seine Enkel krank und elend seien, und Jesus sagte ihm, so er an ihn glaube und sich taufen lassen wolle, wolle Er seinen Enkeln die Gesundheit wiedergeben. Er wusch aber Jesus die Füße und gab ihm, was er nur hatte, zur Erquickung.

Es kamen die Nachbarn herzu, welchen er alles sagte, wer Jesus sei und was Er ihm verheißen habe. Es war ein Verwandter dabei, der Issachar hieß. Er führte auch Jesus zu seinen kranken Enkeln. Sie waren teils aussätzig, teils lahm und ganz verwachsen.

Auch zu Frauen ging Jesus, die krank und blutflüssig waren. Er befahl den Kindern aufzustehen, und sie waren gesund, und Er gebot, ein Bad zu bereiten. Sie stellten ein großes Gefäß mit Wasser unter ein Zelt, und Jesus goss aus einer Flasche, wovon Er zwei unter dem mit Riemen gehefteten langen Rock an seiner Seite trug, etwas Taufwasser des Jordans hinein und segnete das Wasser. Die Leute mussten sich darin waschen und sie kamen alle genesen wieder heraus und dankten dem Herrn. Er taufte sie nicht selbst, aber dieses Waschen war wie eine Nottaufe, und Er forderte sie auf, die Taufe am Jordan nachzuholen.

Sie fragten ihn, ob denn der Jordan solch besondere Kraft habe; da antwortete Er ihnen, der Weg des Jordans sei gemessen und gegründet, und alle heiligen Orte dieses Landes seien von seinem himmlischen Vater bestimmt, ehe Menschen hier gewesen, ja ehe das Land und der Jordan waren.

Er sagte sehr Wunderbares hiervon, was ich vergessen habe. Er redete auch von der Ehe und sprach mit den Frauen und empfahl Zucht und Enthaltung und stellte die Versunkenheit der hiesigen Leute und das Elend der Kinder als Folge der unordentlichen Verbindungen in dieser Gegend vor und sprach vom Anteil der Eltern an der Versunkenheit der Kinder, von der Unterbrechung des Übels durch Buße und Genugtuung und von der Wiedergeburt in der Taufe.

Er sprach von allem, was sie der Heiligen Familie auf der Flucht erwiesen und lehrte an den Stellen, wo sie gespeist und geruht hatte. Sie hatten auf der Flucht einen Esel und eine Eselin bei sich. Er zeigte ihnen alle damaligen Handlungen als Vorbilder ihrer jetzigen Schritte aus der Sünde zum Heil. Sie bereiteten dem Herrn ein Mahl, so gut sie es konnten; es war eine dicke Milch wie eine Art weißer Käse dabei, Honig, kleine Brote in Asche gebacken, auch Trauben und Vögel.

### *Höhle am Berg und die Stadt Ephraim unweit Hebron*

9. Oktober: Heute sah ich Jesus, von einigen dieser Männer begleitet, von Anim zurückgehen, aber auf einem anderen Weg. Er kam gegen Abend bei einem Ort an, welcher an zwei Seiten eines Gebirges lag, und zwischen ihm von Morgen einlaufend war ein wildes Tal mit tiefen, zerrissenen Schluchten. Der Ort oder das Gebirge hatte einen Namen wie Ephraim oder Ephron. Die Richtung des Gebirges sah gerade nach Gaza hin.

Jesus war durch die Gegend von Hebron gekommen. Es lag auch fern von seinem Weg sichtbar ein zerbrochener Ort mit einem Turm, dessen Namen wie Malaga klang. (Wahrscheinlich Molada, das von Josephus Flavius 18,7.2 Malatha genannt wird.)

Hier im Umkreis einer Stunde war der Hain Mambre, wo die Engel dem Abraham die Verheißung Isaaks gebracht hatten. Auch die zweifache Höhle, die er von Ephron dem Hethiter gekauft, wo sein Begräbnis war, und das Schlachtfeld gegen Goliath war nicht sehr weit.

Jesus, den seine Begleiter verlassen hatten, umging die eine Seite der doppelt liegenden Stadt, und seine Jünger, welchen Er diese Gegend bestimmt hatte, begegneten ihm auf dem wilden Weg im Tal. Er führte sie, aus dieser Schlucht sich abwendend, in eine Höhle, die ganz wild und unwegsam lag, aber sehr geräumig war. Hier brachten sie die Nacht zu. Hier war die sechste Einkehr der Heiligen Familie auf der Flucht nach Ägypten gewesen. (Sie sagte am 18. Oktober in bezug auf diesen Ort:)

Die Fluchthöhle Marias bei Ephraim wurde später «Aufenthaltsort Marias» genannt und von den Pilgern besucht, ohne dass man die Geschichte genau wusste. Es wohnte später nur armes Gesindel dort[24].

Jesus erzählte dies den Jüngern, welche mit einer Maschine, worin man ein Stück Holz schnell herumreibt, Feuer gemacht und angezündet hatten. Er sprach ihnen von der Heiligkeit dieses Ortes.

Es hatte sich hier auch ein Prophet oft betend aufgehalten, ich meine Samuel. David hatte hier in der Gegend seines Vaters Schafe gehütet und hatte in dieser Höhle gebetet und Befehle durch die Engel Gottes erhalten; hier erhielt er auch betend die Mahnung, den Goliath zu töten. Ich weiß nicht mehr alles, was ich hier sah.

Ich sah, dass die Heilige Familie auf der Flucht hier sehr erschöpft und schwermütig ankam, dass die heilige Jungfrau Maria besonders sehr traurig war und weinte. Sie litten Mangel an allem, denn sie flohen auf Umwegen und vermieden alle großen Städte und allgemeinen Herbergen; es war ihre sechste Station. Sie brachten einen ganzen Tag hier ruhend zu.

Es geschahen hier auch mehrere große Gnaden zu ihrer Erquickung; es entsprang eine Quelle in der Höhle, und es kam eine wilde Ziege zu ihnen, die sie melkten. Ich glaube, es tröstete sie auch ein Engel.

Jesus sprach zu den Jüngern von den großen Mühseligkeiten, welche ihnen und allen, die ihm folgten, bevorstünden. Er sprach vieles von den Beschwerden, welche seine heilige Mutter und Er hier ausgestanden und von der Barmherzigkeit seines himmlischen Vaters und von der Heiligkeit dieses Ortes.

Er sagte ihnen auch, es werde einst eine Kirche hier erbaut werden, und Er segnete diese Höhle, als weihe Er sie ein. Sie hatten hier einige Früchte und kleine Brote zu sich genommen, welche die Jünger bei sich hatten.

### *Jesus zieht zu einem Verwandten des hl. Joseph*

10. Oktober: Heute morgen verließ Jesus mit seinen Jüngern die Höhle und sie zogen gegen Bethlehem zu, um die andere Seite des Berges und Ortes herum und kehrten jenseits vor dem Orte bei einzeln liegenden Häusern in einer Herberge ein, wo sie sich erquickten und die Füße wuschen. Die Leute waren gut und wissbegierig. Jesus lehrte von der Buße und Nähe des Heils und der Nachfolge. Sie fragten auch hier, warum denn seine Mutter den weiten Weg von Nazaret nach Bethlehem gemacht, da sie es zu Hause so gut hätte haben können. Da sprach Jesus von der Verheißung und dass Er zu Bethlehem in Armut habe geboren werden sollen unter den Hirten als ein Hirte, der die Herde sammeln solle, und darum wandere Er jetzt zuerst durch diese Hirtengegenden, nachdem sein himmlischer Vater Zeugnis von ihm gegeben habe.

Von hier ging Er südlich von Bethlehem, das ein paar Stunden entfernt war, durchschritt ein Stück des Hirtentales, wo es sich mittäglich wendet, zog um die Abendseite von Bethlehem und ließ das Haus von Josephs Eltern rechts liegen und kam am Abend in die jetzt kleine Stadt Maspha, die wenige Stunden von Bethlehem entfernt ist. Man konnte Maspha von weitem sehen. Es brannten Feuer in eisernen Körben um sie her auf den Landstraßen; es hatte Mauern und Türme, und es gingen mehrere Landstraßen hier durch. Diese Stadt war lange ein Hauptbetort gewesen. Judas Makkabäus[25] hatte hier ein großes Gebet vor der Schlacht gehalten und Gott allerlei schmähliche Edikte der Feinde und seine Verheißungen vorgehalten, auch die priesterlichen Kleider vor dem Volke ausgelegt. Dann sind ihnen vor der Stadt fünf Engel erschienen, die ihnen den Sieg verheißen haben. Hier ist auch Israel versammelt gewesen, um wegen der Misshandlung und Tötung des Weibes eines reisenden Leviten gegen den Stamm Benjamin zu streiten.

Es geschah diese Schandtat bei einem Baum. Die Stelle war noch ummauert, und niemand nahte ihm.

Auch Samuel hat in Maspha gerichtet, und hier ist das Kloster der Essener gewesen, in welchem Manahem gewohnt, der dem Herodes als Knaben das Königtum geweissagt hatte. Ein Essener Charioth hat das Kloster gebaut. Er hatte etwa 100 Jahre vor Christus gelebt, war ein verheirateter Mann aus der Gegend von Jericho, hatte sich von seiner Frau getrennt, und beide haben, er für Männer, sie für Frauen, mehrere Genossenschaften der Essener gegründet. Er hat auch noch ein anderes Kloster nicht weit von Bethlehem gegründet, wo er gestorben ist. Er ist ein so heiliger Mann gewesen, dass er bei dem Tode Christi zuerst aus dem Grabe hervorgegangen und erschienen ist.

Hier im Ort waren sehr viele Herbergen, und man wusste es gleich, wenn ein Fremder hereingekommen war. Jesus war kaum in der Herberge, als gleich viele Leute um ihn waren. Er wurde auch zu der Synagoge geführt und legte das Gesetz aus. Es waren Lauerer, denen es nicht Ernst war. Sie wollten ihn aushorchen, weil sie gehört hatten, dass Er auch die Heiden zum Reiche Gottes führen wolle und wie Er von den drei Königen bei den Hirten gesprochen. Jesus lehrte aber sehr scharf und sagte, die Zeit der Verheißung sei erfüllt, alle, welche durch die Taufe wiedergeboren würden und an den glaubten, den der Vater gesandt habe, und seine Gebote hielten, würden des Reiches teilhaftig werden, und die, welche ihm nachfolgten, würden Erben des Reiches sein; von den Juden aber, die nicht glauben würden, würde die Verheißung sich abwenden und an die Heiden übergehen.

Ich kann mich nicht recht ausdrücken. Er sagte aber, Er wisse, dass sie nur lauerten, sie sollten hingehen nach Jerusalem und diese seine Lehre verkünden.

Jesus hat auch von Judas Makkabäus und anderen Ereignissen gesprochen, die hier geschahen, und sie sprachen von der Herrlichkeit des Tempels und dem Vorzug der Juden vor den Heiden. Er legte ihnen aber aus, dass der Zweck des Auserwählten Volkes und seines Tempels erfüllt sei; denn der, welchen der Herr durch die Propheten verheißen habe, sei gekommen, das Reich und den Tempel des himmlischen Vaters zu gründen.

Nach dieser Lehre verließ Jesus Maspha und zog etwa eine Stunde östlicher. Er kam erst durch eine Reihe Häuser, dann an einen einzelnen Hof zu Verwandten Josephs. Ein dem Vater Josephs durch eine Witwe zugebrachter Stiefsohn hatte hierher geheiratet, und dessen Nachkommen wohnten hier. Sie hatten Kinder, waren getauft und empfingen Jesus freundlich und demütig. Es kamen noch mehr Nachbarn herbei. Jesus lehrte sie und nahm eine Mahlzeit bei ihnen ein. Nach dem Mahl ging Er mit den beiden Männern allein; sie hießen Aminadab und Manasse. Sie fragten ihn, ob Er ihre Verhältnisse kenne und ob sie ihm jetzt gleich folgen sollten. Er sagte, nein, sie sollten jetzt seine heimlichen Jünger sein. Sie knieten nieder, und Er segnete sie. Sie sind aber vor seinem Tod zu den öffentlichen Jüngern gekommen. Er übernachtete hier.

Am 11. Oktober ging Jesus mit seinen Jüngern ein paar Stunden weiter und kam gegen einen Hof, der die vorletzte Herberge Marias vor Bethlehem gewesen war, wovon es etwa vier Stunden entfernt sein mochte. Es kamen ihm Männer aus dem Hause entgegen und warfen sich vor ihm auf dem Wege nieder, ihn einzuladen. Er wurde hier sehr freudig aufgenommen. Diese Leute gingen fast täglich zu der Lehre des Johannes und wussten das Wunder seiner Taufe. Es wurde ihm ein Mahl bereitet und auch ein warmes Bad. Sie hatten ihm auch ein schönes Lager gemacht. Jesus lehrte hier wie gewöhnlich.

Es lebte hier noch die Frau, welche vor dreißig Jahren die Heilige Familie beherbergt hatte. Sie wohnte in dem Hauptgebäude allein, die Kinder wohnten nebenan und brachten ihr die Speisen. Als Jesus sich gewaschen hatte, ging Er auch zu der Frau.

Sie war blind und seit mehreren Jahren ganz zusammengekrümmt. Jesus sprach zu ihr von der Barmherzigkeit und Gastfreiheit, von unvollendeten Werken und vom Eigennutz und stellte ihr jetziges Elend als eine Strafe dafür dar. Die Frau war sehr gerührt und gestand ihren Fehler ein, und Jesus heilte sie. Er befahl ihr, sich in das Wasser zu legen, worin Er sich gewaschen hatte. Da gewann sie das Licht ihrer Augen wieder und wurde gerade und gesund. Er befahl ihr aber, nicht davon zu reden.

Die Leute fragten ihn hier wieder ganz einfältig, wer denn nun größer sei, Er oder Johannes. Er antwortete: «Der, von dem

Johannes Zeugnis gibt.» Sie sprachen auch von Johannes' Stärke und Eifer und von der schönen kräftigen Gestalt Jesu. Jesus sagte ihnen, in viereinhalb Jahren würden sie keine Gestalt mehr an ihm sehen und ihn nicht wiedererkennen, so würde dieser Leib verunstaltet werden. Er sprach von der Kraft und dem Eifer des Johannes als von einem, der vor der Ankunft des Herrn an das Haus der Schlafenden anpocht, als einem, der den Weg durch die Wüste bricht, dass der König einziehen kann, als von einem Strom, der das Flussbett reinigt.

## *Sieh' das Lamm Gottes!*

12. Oktober: Morgens bei Tagesanbruch ging Jesus mit seinen Jüngern und einer nachziehenden Schar, die sich hier um ihn gesammelt hatte, gegen den Jordan zu, welcher von hier drei Stunden, wenn nicht mehr, entlegen sein mochte. Der Jordan fließt in einem breiten Tal, welches auf beiden Seiten wohl eine halbe Stunde ansteigt. Der Bundesladenstein in dem beschlossenen Raum, wo neulich das Fest war, lag etwa eine Stunde vor Johannes' Taufort, wenn man gerade gegen Jerusalem ging. Die Hütte des Johannes bei den zwölf Steinen lag in der Richtung von Bethabara etwas nördlicher als der Bundesladenstein. Es lagen die zwölf Steine eine halbe Stunde vom Taufplatz in der Richtung von Gilgal. Gilgal liegt auf der Abendseite der Höhe, wo sie sich wieder etwas absenkt.

Es war ein schöner Anblick von Johannes' Taufteich zu den beiden Ufern aufwärts, welche sehr fruchtbar waren. Der eigentlich recht hübsche Strich voll Obst und Reichtum war am Galiläischen Meer; hier und um Bethlehem war mehr Feldbau – Durra, Knoblauch und Gurken und Wiesen. Jesus war schon am Bundesladenstein vorüber und zog etwa eine Viertelstunde weit von Johannes' Hütte, wo dieser lehrend stand, durch eine Talöffnung eine sehr kurze Strecke vorüber, wo man Johannes von ferne sehen konnte.

Jesus war hier dem Täufer nicht länger als ein paar Minuten sichtbar. Johannes aber wurde vom Geiste ergriffen, er deutete auf Jesus hin und rief aus: «Siehe, das Lamm Gottes, welches die Sünden der Welt hinwegnimmt!» Jesus wanderte vorüber, seine Jünger in Gruppen zerstreut vor und nach ihm. Es war am frühen Morgen. Sehr viele Leute liefen auf die Worte des Johannes herbei, doch Jesus war schon vorüber. Sie riefen ihm Lobpreise nach, aber sprachen ihn nicht mehr.

(Anmerkung des Schreibers: Da Jesus am folgenden Montag, dem 15. Oktober, abends zum Laubhüttenfest nach Dibon kommt, ist dieser Abend des 15. Oktober notwendig der Anfang des 15. Tisri, wo das Laubhüttenfest begann; der heutige aber ist der 11. Tisri oder der zweite Tag des Versöhnungsfestes, an welchem Feste der Hohepriester im Tempel einen Bock mit seinen und des ganzen Volkes Sünden belastete, verfluchte und in die Wüste jagen ließ. Das Zusammentreffen dieses Brauches mit den Worten des Täufers wirft ein überraschendes Licht auf die Worte: Siehe, das Lamm Gottes, das da trägt die Sünden der Welt!)

Als die Leute zurückkehrten, sagten sie zu Johannes, es zögen so viele Menschen mit Jesus. Sie hätten auch vernommen, dass Jesu Jünger schon getauft hätten; was das werden solle. Johannes wiederholte ihnen nochmals, dass er bald diesen Ort vor Jesus verlassen werde; denn er sei nur sein Vorläufer und Knecht. Es war dies seinen Jüngern gar nicht recht; sie waren auf die Jünger Jesu etwas eifersüchtig.

Jesus nahm nun die Richtung seines Weges nordwestlich, ließ Jericho rechts liegen und ging nach Gilgal, welches etwa zwei Stunden von Jericho entfernt ist. Er hatte sich auf diesem Weg an manchen Orten verweilt, wo ihn die Kinder teils lobsingend begleiteten, teils in die Häuser liefen und die Eltern herausholten.

## *Jesus in Gilgal*

Gilgal hieß das ganze höher liegende Feld über dem tieferen Talbett des Jordans, das von Bächen, die zum Jordan fließen, in einem Umkreis von fünf Stunden umfangen ist. Der Ort Gilgal aber, dem Jesus vor dem Abend nahte, zieht sich zerstreut und von vielen Gärten unterbrochen wohl eine Stunde lang gegen die Aufenthaltsgegend des Täufers hin.

Jesus ging zuerst vor der Stadt in einen umschlossenen heiligen Ort, wo man wohl Propheten und große Lehrer hinführte. Es war dies der Ort, wo Josua den Kindern Israels etwas mitteilte, was Moses ihm und Elieser vor seinem Tode eröffnet hatte. Es waren sechs Flüche und sechs Segen. Der Beschneidungshügel der Israeliten war nahe bei diesem Ort, mit einer eigenen Mauer umgeben.

Ich sah bei dieser Gelegenheit den Tod des Moses. Er starb auf einem kleinen steilen Hügel, der im Schoß des Gebirges Nebo zwischen Arabien und Moal liegt. Das Lager der Israeliten war weit umher; nur einige Posten sprangen weiter ins Tal hervor, das den Hügel umgab. Dieser Hügel war ganz mit einem Gewächs wie efeugrün überzogen, mit kurzen, krausen Büschen, wie der Wacholder wächst. Moses musste an diesem Gewächs sich haltend hinaufsteigen. Josua und Elieser waren bei ihm. Ich weiß nicht mehr, was alles mit ihm geschah. Ich meine, er hatte ein Gesicht von Gott, das die anderen nicht sahen.

Er gab Josua eine Rolle, worauf sechs Flüche und sechs Segen standen, welche er dem Volke im Gelobten Land bekanntmachen sollte. Er befahl ihnen dann, nachdem Er sie umarmt hatte, hinwegzugehen und sich nicht umzuschauen. Hierauf kniete er mit ausgespannten Armen und sank tot zur Seite. Ich sah aber die Erde sich unter ihm öffnen und ihn dort in einem schönen Grab umschließen. Da Moses bei der Verklärung Jesu auf dem Tabor erschien, sah ich ihn von dieser Stelle her nahen. Die sechs Segen und sechs Flüche las Josua dem Volke vor.

Es waren hier viele Freunde Jesu, die ihn erwarteten und empfingen. Lazarus, Joseph von Arimathäa, Obed, ein Sohn der Witwe von Nazaret, und andere. Es war eine Herberge hier. Sie wuschen dem Herrn und den Begleitern die Füße und reichten ihnen eine Erquickung.

Jesus hielt aber vor vielem versammelten Volk, worunter viele Leute waren, die zur Taufe des Johannes ziehen wollten, eine Lehre an einer Bade- und Reinigungsstelle, welche am Rande des Flussarmes in dem hohen, terrassenförmig abgestuften Ufer angelegt war. Der Ort war mit einem Zeltdach überspannt, und es waren Lustplätze mit Bäumen, Sträuchern und Rasen umher. Saturnin, und ich meine, noch zwei andere Jünger, welche von Johannes gefolgt waren, tauften hier, nachdem Jesus vom Heiligen Geist gesprochen hatte. Er lehrte von seinen verschiedenen Eigenschaften und wie es sich zeige, ob man ihn empfangen habe.

Der Taufe des Johannes ging nur eine allgemeine Bußermahnung voraus und eine Erklärung der Reue und Versprechen der Besserung. Bei der Taufe Jesu aber war nicht nur das allgemeine Sündenbekenntnis, sondern auch jeder klagte sich einzeln an und bekannte sein Hauptverderben, und Jesus ermahnte ihn und sagte oft den aus Stolz und Scheu Verschlossenen ihre Sünden ins Gesicht, um sie zu zerknirschen.

Jesus lehrte hier auch von dem Übergang über den Jordan und der Beschneidung, die hier geschehen, und dass darum die Taufe nun hier erfolge und dass sie durch diese von nun an ihrem Herzen sollten beschnitten sein, und Er sprach von der Erfüllung des Gesetzes.

Die Täuflinge traten hier nicht ganz in das Wasser, sie beugten nur das Haupt darüber. Sie erhielten auch kein ganzes Taufhemd, sondern es wurde ihnen nur ein weißes Tuch über die Schultern gelegt. Die Jünger hatten keine dreirinnige Schale wie Johannes, sondern aus einem vorgehaltenen Becken schöpften sie dreimal mit der Hand. Jesus hatte das Wasser gesegnet und von dem Wasser seines Taufbades hineingegossen. Als die Täuflinge, deren wohl dreißig waren, heraustraten, waren sie sehr freudig und gerührt und sagten, dass sie wohl jetzt fühlten, sie hätten den Heiligen Geist empfangen.

Jesus zog unter Lobpreisungen nach Gilgal zum Sabbat.

Am Sabbat sah ich Jesus, von vielem Gefolge und Jubel begleitet, in die Synagoge zu Gilgal ziehen. Sie lag an der Morgenseite der Stadt und war sehr groß und alt. Es war ein Rechteck, an den Ecken abgestumpft, also vielmehr achteckig. Sie enthielt in drei Stockwerken drei Schulen übereinander. Um jedes der Stockwerke führte außen ein Weg herum, und die Treppen liefen vereint außen an den Mauern hinauf. Oben in den abgestumpften Ecken des Gebäudes befanden sich Nischen, in welchen man stehen und weit um sich schauen konnte. Die Synagoge lag an beiden Seiten frei und hatte abgeteilte Gärtchen zur Seite. Vor dem Eingang war eine Vorhalle und ein Lehrstuhl wie zu Jerusalem am Tempel. Es war vor der Synagoge ein Vorhof mit einem Altar unter freiem Himmel, wo ehedem geopfert wurde, auch waren bedeckte Stellen für Frauen und Kinder dort. Man sah die Einrichtung wie im Tempel und dass hier die Bundeslade gestanden hatte und geopfert worden war.

Es stand in der unteren Schule, die besonders schön eingerichtet war, an dem einen Ende, wo im Tempel das Allerheiligste ist, eine achteckige Säule, an der rings Fächer waren, worin Rollen lagen. Unten breitete sich um die Säule ein Tisch aus und darunter war ein Gewölbe, wo einmal die Bundeslade gestanden hat. Ich weiß nicht, ob diese Säule damals schon darüber stand; ich glaube, sie ist nachher hingesetzt worden, um den heiligen Ort zu bezeichnen, der immer noch verehrt wurde. Diese Säule war sehr schön von weißem, glatten Stein.

Jesus lehrte in der unteren Schule vor dem Volk und den Priestern und Gelehrten. Er sprach unter anderem davon, dass hier das verheißene Reich zuerst gegründet und hernach schändliche Abgötterei getrieben worden sei, so dass hier kaum sieben Gerechte gewesen.

Ninive sei fünfmal größer, und es seien nur fünf Gerechte dort gewesen. Gilgal sei von Gott verschont worden. Sie sollten nun aber die Erfüllung des verheißenen Gesandten nicht zurückstoßen, sie sollten Buße tun und in der Taufe wiedergeboren werden. Er schlug dabei Rollen auf vor der Säule und las daraus vor und erklärte es.

Er lehrte hierauf in dem zweiten Stockwerk die jungen Leute und dann im obersten die Knaben. Als Er herabgestiegen war, lehrte Er noch auf dem freien Platz unter einer Halle die Frauen und sprach dann mit den Jungfrauen. Er lehrte hier von der Keuschheit und Zucht, von der Bezwingung der Neugier, von der züchtigen Kleidertracht, von der Verhüllung des Haares und der Bedeckung des Hauptes in Tempel und Schule.

Er sprach von der Gegenwart Gottes und der Engel an heiligen Orten und dass die Engel dort ihr Angesicht bedeckten. Er sagte auch, dass in dem Tempel und der Schule viele Engel um den Menschen seien; Er sprach auch aus, warum die Frauen das Haupt und das Haar bedecken müssen. Ich habe es vergessen. Die Kinder behandelte Jesus sehr freundlich; Er segnete sie und hob sie auf, und sie waren ihm sehr anhänglich. Es war hier überhaupt eine große Freude und Jubel mit ihm und als Er die Schule verließ, rief das Volk ihm überall nach und entgegen, ungefähr: «Es erfüllt sich die Verheißung, sie bleibe bei uns, sie weiche nicht von uns!»

Nachdem Jesus am 14. Gilgal gelehrt hatte, wollten die Leute ihm Kranke bringen; aber Er wies es ab; es sei hier der Ort und die Beschaffenheit nicht dazu, Er müsse weiter, Er sei woanders hinberufen.

Lazarus und die Freunde von Jerusalem waren zurückgekehrt. Er ließ auch der heiligen Jungfrau Maria sagen, wo Er zu ihr kommen wolle, ehe Er in die Wüste gehe, ich meine in Korozaim. Die heiligen Frauen waren nicht mehr in Thelez, sie waren bereits auf dem Wege nach Korozaim begriffen, wo sie mit Jesus zusammenkommen wollten. Sie gingen nicht nach Kapharnaum, weil dort ein Gerede über ihr Herumreisen war.

### *Beratschlagung des Synedriums über Jesus*

14. Oktober: In Jerusalem war ein großer Streit über Jesus, von dem man vieles hörte; denn sie hatten überall bestochene Leute, die ihnen berichteten. Es war dort in einem Gericht, Synedrium, das aus 71 Priestern und Gelehrten bestand, in einem Ausschuss von 20 Männern, die wieder je fünf und fünf miteinander überlegten und disputierten, ein großes Beraten über Jesus. Sie suchten in den Geschlechtsregistern nach und konnten nicht leugnen, dass Joseph und Maria aus dem Stamme Davids waren und Marias Mutter vom Geschlechte Aarons.

Aber die Familien seien ganz heruntergekommen, und Jesus ziehe mit lauter Gesindel herum; Er verunreinige sich mit Zöllnern und Heiden und schmeichle den Sklaven. Sie hatten gehört, dass Jesus neulich in der Gegend von Bethlehem mit den Sichemiten, die von der Arbeit nach Hause zogen, so vertraut gesprochen habe, und meinten, Er könne wohl mit allerlei Gesindel einen Aufstand vorhaben. Einige behaupteten auch, Er müsse vielleicht ein untergeschobenes Kind sein, das sich einmal für einen Königssohn ausgeben werde. Sie missverstanden sein Gleichnis. Er müsse irgendeinen geheimen Unterricht haben, sie glaubten vom Teufel; denn Er sondere sich oft ab und gehe nachts allein in die Wildnis oder auf Hügel. Alles dieses hatten sie schon ausgeforscht. Es waren unter diesen zwanzig viele, welche Jesus und die Seinigen genauer kannten und sehr von ihm gerührt und seine heimlichen Freunde waren. Sie widersprachen aber den anderen nicht, um Jesus und seinen Jüngern dienen zu können, welchen sie nachher auch immer Nachrichten sandten; und so wurde endlich von den Zwanzig der hohe Spruch – so pflegte man ungefähr ihre Meinung zu nennen – in Jerusalem verbreitet: Jesus müsse vom Teufel unterrichtet werden. Die Taufe in Gilgal wurde dem Johannes von seinen Jüngern auch wieder gemeldet und wie ein Eingriff in seine Rechte dargestellt. Aber Er lehrte wie immer in tiefster Demut, bald werde er den Ort verlassen vor seinem Herrn, dessen Vorläufer und Wegbereiter er sei. Die Jünger verstanden dies aber nicht recht.

### *Jesus kehrt bei Zöllnern ein –*<br>*Er zieht nach Dibon zum Laubhüttenfest*

Jesus ging am 14. mit etwa zwanzig Begleitern auf der Ebene Gilgal ein paar Stunden nördlich, dann fuhren sie auf einem Baumstamm über einen Bach, kamen hierauf durch einen Wald und wandten sich nun östlich auf einem Weg an den Jordan, den sie auf einem Balkenrost mit Rudern überquerten. Es waren auf dem Rost rings Bänke auf dem Floß.

In der Mitte waren ein paar große Mulden angebracht, in welche man die Kamele zu stellen pflegte, da sie sonst zwischen den Balken hindurch ins Wasser getreten wären. Man konnte drei Kamele hineinstellen. Jetzt waren keine darauf, der Herr und die

Jünger waren allein. Es war Abend, und man hatte Fackeln auf der Fähre. Jesus lehrte die Parabel vom Sämann, die Er noch am folgenden Tag weiter ausführte. Die Überfahrt dauerte wohl eine gute Viertelstunde, denn der Strom war hier sehr stark treibend; man musste eine Strecke aufwärts fahren und sich dann hinunter treiben lassen. Der Ort, zu dem sie fuhren, lag nicht gerade gegenüber. Der Jordan ist ein recht wunderlicher Fluss. An manchen Stellen kann man gar nicht hinüber und ist gar kein Weg an den steilen Ufern. Oft ist er sehr kurz gekrümmt und scheint gerade auf einen Ort zuzufließen, um den er sich windet. Oft ist er ganz felsig und zerrissen fließend, hat auch viele Inseln, oft trübe, oft klar, je nach dem Grund. Er hat auch hier und da Fälle. Sein Wasser ist weich und lau.

Wo sie landeten, standen Zöllnerhäuser. Es kam hier eine Landstraße aus der Gegend von Kedar herab, wohin zu sich ein Tal wandte. Jesus kehrte hier bei Zöllnern ein, welche Johannes' Taufe schon empfangen hatten. Mehrere seiner Begleiter waren über seine Vertrautheit mit diesen verachteten Leuten befremdet und hielten sich scheu zurück. Jesus und die Jünger schliefen hier und wurden sehr demütig von den Zöllnern bewirtet. Ihre Häuser lagen im Talweg nächst des Jordan; etwas weiter befanden sich die Herbergen für Kaufleute und Kamele. Es waren deren viele hier; denn sie lagen stille, weil sie wegen des Laubhüttenfestes, das morgen beginnen wird, nicht ziehen durften.

Sie waren meistens Heiden, mussten aber an den Festtagen ruhen. Die Zöllner fragten Jesus auch, was sie mit dem unrecht erworbenen Gute tun sollten. Jesus sagte, es solle zum Tempel gebracht werden, indem Er dies geistlich meinte und die Gemeinde verstand, welche nachher folgte. Es solle bei Jerusalem ein Acker dafür gekauft werden für arme Witwen. Er legte ihnen auch aus, warum ein Acker, und dies hing wieder mit einer Ausführung der Parabel vom Sämann zusammen.

Am folgenden Tag ging Jesus mit ihnen auch noch am Ufer in der Gegend umher. Er lehrte auch hier immer vom Sämann und von der künftigen Ernte. Es war dies vermutlich wegen des eintretenden Laubhüttenfestes, welches auch ein Erntefest von Früchten und Wein ist. Ich habe vergessen zu sagen, dass dort, wo Er im

Tal der Hirten neulich das Ernten sah, als Er mit den Sichemiten sprach, auch Wein gelesen wurde.

Nachdem der Herr mit den Zöllnern gegangen und sie gelehrt hatte, wovon ich vielerlei vergessen habe, sah ich ihn an diesem Tag den Weg ins Tal fortsetzen, wo bald an beiden Seiten eine Reihe von Häusern standen, die wohl eine halbe Stunde am Wege lagen, und zwar auf und nieder in Bergen. Es führte dieser Weg nach Dibon, wovon dies eine Vorstadt schien. In all diesen Häusern wurde das Laubhüttenfest gefeiert. An den Seiten der Häuser waren grüne Hütten von Bäumen errichtet, mit Sträuchern, Fruchtschnüren und Trauben geschmückt. Ich sah an der einen Seite des Weges die Laubhütten und die kleineren Hütten der Frauen abgesondert, an der anderen Seite die Schlachthütten. Alle Speisen wurden über diesen Weg gebracht. Es zogen auch Scharen von Kindern über den Weg von einer Laube zur anderen. Sie machten Musik und sangen; sie waren mit Kränzen geschmückt und hatten dreieckige Instrumente mit Ringen. Sie klingelten damit; auch mit Saiten bespannte Dreiecke hatten sie und ein Blasinstrument, aus welchem viele wie Schlangen gewundene Röhren herausgingen.

Jesus verweilte hier und da lehrend. Man brachte ihm und den Jüngern auch Speisen, z.B. Trauben an Stöcken, woran zwei Leute trugen. Am Abend wohnte der Herr in einer Herberge am Ende dieser Häuserreihe, nicht weit von der großen und schönen Synagoge von Dibon, welche zwischen Dibon und diesen Wohnungen von Bäumen umgeben auf einer breiteren Stelle in der Mitte des Weges lag. Jesus herbergte auch in einer Laubhütte und lehrte dort.

Tags darauf lehrte Jesus in der Synagoge. Er hatte noch immer die Parabel vom Sämann. Er lehrte auch von der Taufe und der Nähe des Reiches Gottes, sprach vom Laubhüttenfest und dessen Feier hier und warf den Leuten vor, dass sie ihrem Dienst Heidnisches beigemischt hatten; denn es waren hier noch Moabiter, und die Leute hatten sich mit ihnen vermischt. Als Jesus aus der Synagoge ging, fand Er auf dem Platz sehr viele Kranke, welche man in Tragbetten herbeigebracht hatte. Sie schrien: «Herr, Du bist ein Prophet, Du bist von Gott gesandt, Du kannst uns helfen. Hilf uns, Herr!» Er heilte viele. Am Abend bereitete man ihm und den Seinen ein großes Mahl in der Herberge. Es waren auch viele von den heidnischen Kaufleuten in der Nähe, welche zuhörten. Er sprach auch von der Berufung der Heiden und dem Stern, der im Land der Könige erschienen sei, und dass die Könige gekommen seien, um das Kind zu besuchen.

Er verließ nachts den Ort allein und betete einsam auf einem Berg. Seine Jünger bestellte Er für den folgenden Morgen auf den Weg jenseits von Dibon. Dibon ist sechs Stunden von Gilgal entfernt; es ist quellen- und wiesenreich und hat viele Gärten und Terrassen.

### *Jesus kommt nach Sukkoth*

(Heute, den 17. Oktober, und an mehreren folgenden Tagen war die sehr leidende Erzählerin so durch Besuch bedrängt und gestört, dass sie vieles vergaß, manches in der Erzählung vielleicht auch verwechselte.)

Jesus ging nachts nicht auf der Handelsstraße, die durch Dibon führte, sondern auf einem Landweg, ein paar Stunden vom Jordan stromaufwärts. Mittwoch früh sah ich ihn mit den Jüngern durch einen schlechten Ort wandern, dessen Häuser mit Binsen gedeckt waren. Die Leute schliefen noch in den Laubhütten. Der Ort hieß auf Deutsch «Isops-Haus». Jesus zog nur durch, aber unterwegs sprach Er mit den Jüngern von schrecklichen Gerichten, welche kommen würden; von Zeiten der Not und Entartung, da die Mutter ihr eigenes Kind essen würde.

Ich sah dabei ein Bild von der Zerstörung Jerusalems, wie eine Frau, die ich aus dieser Stadt ausgehen sah und die damals noch nicht geboren war, ihr eigenes Kind aus Verzweiflung gebraten und gegessen hatte.

Er kam auch in ein Städtchen, wo Er lehrte; aber die Leute waren ihm feindlich. Es waren Lauerer von Jerusalem da, welche ihm widersprachen und ihm seine Worte von seinem himmlischen Vater vorwarfen. Er blieb eine kleine Zeit und verließ diesen Ort. Ich sah Jesus auch über ein Flüsschen setzen.

Gegen Abend kam Er in Sukkoth an. Die Stadt war nicht sehr groß, aber es kamen erstaunlich viele Leute zu ihm; auch viele Kranke. Er lehrte in der Synagoge und ließ auch taufen. Außer Saturnin tauften noch vier andere Jünger.

Als Jesus bei Johannes vorüberging, waren unter anderen, die ich vergaß, gefolgt: zwei Brüder Aram, und der Name des anderen klang wie Theme oder Themeni, Neffen Josephs von Arimathäa mütterlicherseits.

Sie waren aus Jerusalem und verwaist, und Joseph war hauptsächlich von Arimathäa gezogen, um ihr Vormund zu sein. Sie hatten mit Anteil an dem Gartenbesitz, in dem Jesus begraben wurde. Sie wurden Jünger des hl. Lukas, den sie früher kannten, als er noch als Arzt und Maler herumreiste, und dem sie immer allerlei Nachrichten mitteilten. Auch bei Paulus sind sie gewesen, erhielten aber andere Namen. Sie waren mit Lukas in Ägypten, auch dort, wo er gemartert wurde, im Land Bithynien, gegen welches Judäa hoch oben liegt.

Die Taufe zu Sukkoth geschah in einem Felsengewölbe an einem Brunnen, der gegen Abend nach dem Jordan hinsah; doch konnte man den Jordan nicht sehen, weil noch ein Hügel dazwischen lag. Das Wasser des Brunnens war aus dem Jordan, so tief war er. Es fiel durch Öffnungen von oben Licht hinein. Vor dem Brunnengewölbe war ein geräumiger, zierlich angelegter, mit Bäumchen, Gewürzstauden und Rasen versehener Erquickungsplatz. Es lag hier ein alter Denkstein, der sich auf eine Erscheinung Melchisedechs bei Abraham bezog.

Jesus lehrte hier von der Taufe des Johannes, welche eine Taufe der Buße sei, die nun bald aufhöre und an deren Stelle die Taufe des Heiligen Geistes und der Erlassung der Sünden trete. Er nahm ein allgemeines Sündenbekenntnis von ihnen entgegen und dann klagten sie einzeln ihre Hauptleiden und Gebrechen, und Er erschütterte manche, indem Er ihnen ihre Sünden sagte. Er legte ihnen auch die Hände auf zur Absolution.

Sie wurden nicht eingetaucht; es stand auf dem Denkstein Abrahams ein großes Becken, über welches sich die Täuflinge mit entblößten Schultern beugten. Der Taufende schöpfte dreimal mit der Hand über ihr Haupt. Es wurden viele hier getauft.

Abraham hat auch zu Sukkoth mit seiner Amme Maraha gewohnt. Er hatte Felder hier an drei Orten. Es ist hier schon zur Teilung mit Loth gekommen. Melchisedech kam hier zum erstenmal zu Abraham auf die Art, wie öfter Engel zu ihm kamen. Er befahl ihm ein dreifaches Opfer von Tauben, Vögeln mit langen Schnäbeln und anderen Tieren.

Er sagte ihm auch, dass er später zu ihm kommen werde, um Brot und Wein zu opfern, und allerlei, worum er beten solle, auch Künftiges von Sodoma und Loth. Melchisedech war damals nicht mehr irdisch ansässig in Salem. Jakob hatte auch seine Hütten hier.

### *Blick auf Lukas – Jesus in Groß-Chorazin*

Als Jesus in Dibon war, sah ich Lukas im Tal Zabulon bei Bartholomäus, der dort sein Geschäft hatte. Sie sprachen von der Taufe des Johannes, die Bartholomäus empfangen hatte, und von den Gerüchten über Jesus. Es wollte Lukas nicht einleuchten, dass Er mit so geringen Leuten umging. Ich weiß gar nicht, was Lukas für eine Religion hatte.

Er war kein Jude und kein Heide; er war ein Gelehrter, der überall herumhorchte. Er war von Antiochia und trug mehr römische als jüdische Kleider, hatte in Ägypten studiert, war Arzt, sammelte Kräuter, malte auch Götzenbilder, die er nach Ägypten schickte. Er hatte viel Umgang hier und da mit Jüngern Jesu, kam aber erst kurz vor dem Tode des Herrn fest zu der Schar.

18. Oktober: Jesus trat seine Reise nach Groß-Chorazin an, wohin Er seine Mutter und die heiligen Frauen in eine nahegelegene Herberge beschieden hatte. Auf dem Wege dahin kam Er durch Gerasa, wo Er den Sabbat hielt.

Nach dem Sabbat ging Er zu einer Herberge in der Wüste, einige Stunden vom Galiläischen See. Die Leute, die der Herberge vorstanden, wohnten in der Nähe. Sie war zu einer Laubhütte geschmückt. Die Frauen hatten sie schon einige Tage gemietet und alles geordnet; sie hielten wahrscheinlich ihr Laubhüttenfest dort. Die Speisen ließen sie von Gerasa holen.

Die Frau des Petrus war auch hier bei ihnen und alle anderen Frauen außer Veronika, selbst Susanna von Jerusalem. Jesus sprach mit seiner Mutter allein, dass Er nun nach Bethanien und zur Wüste gehen werde.

Maria war ernst und betrübt und bat ihn, nicht nach Jerusalem zu gehen, weil sie von dem Rat dort über ihn gehört hatte. Jesus übernachtete hier. Später lehrte Jesus hier auf einem Hügel, worauf ein steinerner Sitz war, auf dem auch sonst gelehrt worden war. Es waren viele Leute aus der Gegend da und wohl dreißig Frauen. Diese standen alle abgesondert beisammen.

Nach der Lehre sagte Er seinen Begleitern, Er werde sich bald auf eine Zeit von ihnen trennen; dann sollten sie sich auch auseinander begeben und so auch die Frauen, bis Er wieder zurückkehre. Er sprach auch von der Taufe des Johannes, welche bald aufhören werde, und von schweren Verfolgungen, die ihm und allen den Seinen bevorstünden.

## *Jesus in Aruma*[26]

23. Oktober: Am Samstagabend verließ Jesus die Herberge mit etwa zwanzig Jüngern und Begleitern und ging in einem Landstrich wohl etwa zwölf Stunden südwestlich. Auf diesem Reiseweg lagen viele Städte, deren Namen ich meist vergessen habe. Ich habe heute nacht so sehr viele Städte gesehen, wovon gar keine Spur mehr übrig ist.

Er kam in eine Stadt, vor welcher für ihn und die Seinigen für immer eine Herberge gemietet war, eine freie Herberge. Martha, deren erster Umgang mit den heiligen Frauen die Reise nach Gerasa war, hatte die Herberge auf dieser Reise eingerichtet. Die Herbergspfleger wohnten in der Nähe. Die Kosten trugen die Freunde in Jerusalem. Die Frauen hatten es Jesus bei seiner Abreise gestern angezeigt. Die Stadt liegt etwa neun Stunden von Jerusalem und sechs bis sieben von Jericho.

Bei der Herberge hatten auch Essener ihre Wohnung. Sie kamen zu Jesus, sprachen und aßen mit ihm. Er ging auch in die Synagoge und lehrte von der Taufe des Johannes; sie sei eine Bußtaufe, eine erste, rohere Reinigung, eine vorbereitende Handlung, wie solche Verrichtungen im Gesetze seien. Sie sei verschieden von der Taufe dessen, den Johannes verkünde.

Ich habe auch die von Johannes Getauften nicht eher wieder am Teiche Bethesda taufen gesehen als nach dem Tode Jesu und der Herabkunft des Heiligen Geistes. Die Pharisäer hier fragten ihn auch nach den Zeichen, woran man den Messias erkennen solle, und Er nannte sie ihnen. Jesus lehrte gegen die gemischten Ehen mit Samaritern und mit den Heiden.

Judas Iskarioth, der spätere Apostel, hatte hier Jesu Lehre angehört. Er kam allein und nicht mit den Jüngern. Nachdem er zwei Tage lang Jesus gehört und mit den widersprechenden Pharisäern darüber geschwätzt hatte, war er zu einem nahegelegenen, etwas verachteten Ort gegangen und hatte dort vor einem frommen Mann allerlei über Jesu Lehre geprahlt. Dieser Mann ließ nun Jesus zu sich bitten. Judas trieb sich mit Handelsgeschäften, Schreiben und allerlei Dienstleistungen überall herum. Er hatte Jesus hier hoch gepriesen; denn er war ein Augendiener und schwätzte jedermann nach dem Maul. Er zog hinweg, ehe Jesus kam.

24. Oktober: Jesus, von dem Mann eingeladen, ging am Schluss der Lehre mit seinen Jüngern dorthin. Der Ort war neu und nicht groß und wegen allerlei dort wohnenden Gesindels nicht geachtet. Herodes hatte ein Schloss in der Nähe. Es muss wohl auch hier herum etwas geschehen sein, was auf die Benjaminiten einen Bezug hatte; denn es war ein ummauerter Baum in der Nähe, dem niemand nahte. Hier war es auch, wo Abraham und Jakob einmal geopfert haben. Esau war auch nach hierher gewichen, als er mit Jakob wegen des Segens uneins geworden war. Isaak wohnte damals bei Sichar.

Der Mann, zu dem Jesus hier ging, heißt Jairus; er ist ein Essener, von jenen, welche heiraten. Er hatte eine Frau und mehrere Kinder. Seine beiden Söhne heißen Ammon und Kaleb. Er hatte auch eine Tochter, die Jesus später heilte, doch er ist nicht der Jairus des Evangeliums. Er war ein Nachkomme des Esseners Chariot, der die Klöster bei Bethlehem und Maspha gegründet hatte, und wusste vieles von den Verwandten und der Jugend

Jesu. Er ging Jesus mit seinen Söhnen entgegen und empfing ihn sehr demütig.

Er war durch seine Liebe der Vorsteher dieses verschmähten Ortes. Er pflegte die Armen, lehrte die Kinder und Unwissenden an festgesetzten Tagen; denn es war hier weder eine Schule noch ein Priester. Er pflegte auch die Kranken. Jesus speiste und herbergte bei ihm. Jesus lehrte hier wie gewöhnlich von der Nähe des Reiches Gottes. Er ging mit Jairus zu den Kranken und tröstete sie, wollte jedoch nicht heilen. Er versprach, in vier Monaten wiederzukommen und sie dann zu heilen. Er berührte in seiner Lehre die Ereignisse, die sich hier zugetragen hatten, und Er bezog das Abwenden Esaus im Zorn von seinem Bruder auf die Handlung, die sich auf die Verachtung dieses Ortes bezog. Er sprach von der Barmherzigkeit des himmlischen Vaters, da die Verheißung erfüllt sei für alle, welche an den glaubten, den Er gesandt habe, sich taufen ließen und Buße taten, und wie die Buße die Folgen der bösen Handlungen unterbreche.

Abends zog Jesus, von Jairus und seinen Söhnen und den Jüngern begleitet, nach Bethanien zu; die ersteren gingen wohl den halben Weg mit.

Am anderen Tag war Jesus mit seinen Jüngern in einer Herberge in der Nähe von Bethanien. Er lehrte dort lange und sprach zum Abschied mit ihnen von den Gefahren, die ihm und allen, die ihn begleiteten, in seinem künftigen Wandel bevorstünden. Er sagte ihnen auch, dass sie ihn verlassen und sich ernst besinnen sollten, ob sie in Zukunft bei ihm ausharren wollten.

Lazarus kam ihm hier entgegen, und als die Jünger nach Hause geschieden waren, gingen nur noch Aram und Themeni mit nach Bethanien, wo viele Freunde aus Jerusalem Jesus erwarteten; auch die heiligen Frauen und Veronika waren da.

26. Oktober: Heute sah ich Jesus in Bethanien bei Lazarus. Nikodemus, Joseph von Arimathäa, Obed, Veronikas Sohn, Johann Markus und Simon der Aussätzige, ein Pharisäer von Bethanien, Lazarus' Freund, waren da. Jesus lehrte von der Johannes- und der Messiastaufe, vom Gesetz und der Erfüllung, von allen Sekten der Juden und ihrer Art. Sie hatten auch Schriftrollen von Jerusalem gebracht, und Er legte ihnen Stellen der Propheten aus, die sich auf den Messias bezogen. Sie waren nicht alle bei dieser Auslegung anwesend, doch Lazarus und einige Vertraute. Jesus sprach von künftigen Aufenthalten.

Sie rieten ihm, sich nicht in Jerusalem niederzulassen, und teilten ihm mit, was dort alles über ihn geredet werde. Sie schlugen ihm Salem zum Aufenthalt vor, weil dort wenige Pharisäer seien. Er sprach von allen diesen Orten und sprach auch von Melchisedech, dessen Priestertum erfüllt werden müsse. Dieser habe alle Wege gemessen und die Stellen gegründet, wo sein himmlischer Vater wolle, dass der Menschensohn wandeln solle. Er sagte ihnen auch, Er werde meistens am See Gennesaret sein. Jesus hielt diese Unterredung mit ihnen an einem abgesonderten Ort in Gemächern am Garten, wo Bäder waren.

Jesus sprach auch mit den Frauen. Dies geschah in den ehemaligen Gemächern Magdalenas, die auf die Straße von Jerusalem sahen. Lazarus brachte auf Jesu Begehren seine stille Schwester Maria hierher zu ihm und verließ ihn; die anderen Frauen wandelten indes in der Vorhalle.

Heute war das Wesen der stillen Maria gegen Jesus etwas anders. Sie warf sich vor ihm nieder und küsste ihm die Füße. Jesus ließ es geschehen und hob sie bei der Hand auf. Sie sprach wieder, wie das letzte Mal, emporschauend die tiefsinnigsten und wunderbarsten Dinge aus, und zwar auf eine ganz einfache, natürliche Weise. Sie sprach von Gott und seinem Sohne und seinem Reich wie eine Bauernmagd von dem Vater ihres Herrn und dessen Erben.

Ihr ganzes Wesen war ein Weissagen, indem sie alles vor sich sah. Sie sprach von großen Schulden und schlechter Wirtschaft, welche die bösen Knechte und Mägde angerichtet, und nun habe der Vater seinen Sohn geschickt, dass Er alles gutmachen und bezahlen solle; und wie sie ihn übel aufnehmen würden und wie Er werde sterben müssen in großen Leiden und mit seinem Blute die Menschen erlösen und die Schulden der Knechte tilgen werde, dass sie wieder Kinder seines Vaters würden.

Sie führte dies gar schön und mit einer so natürlichen Art aus, als spräche sie von etwas, was neben ihr vorgehe, und freute sich darüber und trauerte wieder, dass auch sie eine unnütze Magd sei, und über die schwere Arbeit des Sohnes des barmherzigen Herrn und Vaters. Sie klagte auch, dass die Knechte das gar nicht verstehen wollten; es sei doch so natürlich und müsse doch so sein. Sie sprach auch von der Auferstehung, dass der Sohn auch zu jenen Knechten gehe, welche in den unterirdischen Kerkern liegen, und sie tröste und befreie, wenn Er sie losgekauft habe, und dass Er dann mit ihnen zu seinem Vater zurückgehe, und dass alle, welche seine Genugtuung nicht anerkennen und ihre bösen Werke fortsetzen würden, in das Feuer geworfen werden, wenn Er wiederkomme zu richten.

Sie sprach auch von Lazarus' Tod und Erweckung: «Er geht fort aus diesem Land und sieht alles an, und sie weinen um ihn, als kehre er nicht wieder; aber der Sohn ruft ihn zurück, und er arbeitet im Weinberg.» Sie sprach auch von Magdalena und sagte: «Die Magd ist in der schrecklichen Wüste, wo die Kinder Israels waren, an der bösen Stelle, wo es so finster ist und nie eines Menschen Fuß gewesen ist; aber sie wird mit Buße in einer anderen Wüste alles gutmachen[27].

Von sich selbst sprach die stille Maria als von einer Gefangenen. Ihr Leib schien ihr ein Gefängnis. Sie wusste nicht, dass dies das Leben sei, sie wünschte sehr nach Haus. Es sei hier alles so eng, und alle verstehen sie nicht, sie seien wie blind. Aber sie wolle auch gerne bleiben, sie wolle es ruhig aushalten, sie verdiene es gewiss nicht besser. Jesus redete sehr liebevoll mit ihr, tröstete sie und sprach: «Du wirst nach dem Pascha, wenn ich wieder hierherkomme, zurück in die Heimat gehen.» Er segnete sie auch; sie kniete vor ihm, Er hielt die Hände über sie, und es ist mir, als habe Jesus etwas aus einer Flasche über ihr Haupt gegossen; ich weiß nicht recht, ob Öl oder Wasser. Einmal dachte ich dunkel, als sei es eine Taufe. Aber ich kann jetzt nichts davon sagen, es blieb mir dunkel, und ich glaube jetzt, dass ich es vielleicht nicht wissen soll.

(Nach einiger Stille fuhr die Erzählerin fort:) Die stille Maria war eine sehr heilige Person; niemand kannte sie und verstand sie, sie lebte ganz in Gesichten von dem Werk der Erlösung, das niemand ahnte, sie aber verstand es ganz kindlich. Man hielt sie für irrsinnig.

Als Jesus ihr die Zeit ihres Todes gesagt, dann solle sie aus ihrer Gefangenschaft nach Hause gehen, salbte Er ihren Leib zum Tode. Man kann daraus entnehmen, dass es etwas mehr auf sich hat mit dem Leibe, als die Leute meinen. Jesus erbarmte sich der stillen Maria, welcher als einer vermeintlich Irrsinnigen keine Einbalsamierung bevorstand. Ihre Heiligkeit aber war ein Geheimnis. Jesus entließ nun die stille Maria, und sie ging in ihre Wohnung zurück.

Nachher sprach Jesus noch mit den Männern von Johannes' Taufe und der Taufe des Heiligen Geistes. Ich erinnere mich keines sehr großen Unterschiedes zwischen Johannes' Taufe und der ersten Taufe von Jesu Jüngern; diese stand nur der Sündenvergebung näher. Ich habe auch nicht gesehen, dass einer der von Johannes Getauften vor der Sendung des Heiligen Geistes erneut getauft worden wäre.

Vor dem Sabbat gingen die jerusalemischen Freunde noch nach der Stadt zurück. Aram und Themeni gingen mit Joseph von Arimathäa. Jesus hatte ihnen gesagt, dass Er sich einige Zeit absondern wolle, um sich auf sein schweres Lehramt vorzubereiten. Er sagte ihnen nicht, dass Er fasten wolle.

# FÜNFTES KAPITEL

## *Jesus in der Wüste – Sein vierzigtägiges Fasten*

*Vom 27. Oktober bis 6. Dezember 1821*

### *Der Berg Quarantania*

Jesus ging vor dem Sabbat, von Lazarus begleitet, in die Herberge des Lazarus nach der Wüste zu. Er sagte diesem auch allein, dass Er nach vierzig Tagen wiederkommen werde. Aus der Herberge setzte Er seinen Weg allein und barfuß fort. Er ging im Anfang nicht in der Richtung von Jericho, sondern gegen Süden, als wolle Er nach Bethlehem, als wolle Er zwischen dem Aufenthalt von Annas Verwandten und dem von Josephs Verwandten bei Maspha durch.

Dann wandte Er sich gegen den Jordan zu, umging alle Orte auf Fußpfaden und kam dicht an dem Ort vorüber, wo einmal die Arche gestanden und wo Johannes das Fest einmal gefeiert hatte. Er stieg etwa eine Stunde von Jericho in das Gebirge und begab sich in eine weite Höhle.

Dieses Gebirge zieht sich von Jericho zwischen Osten und Süden über den Jordan hinüber gegen Madian hin. Jesus hat hier bei Jericho sein Fasten begonnen. Er setzte es in verschiedenen Teilen dieser Wüste jenseits des Jordans fort und hier wieder, wohin ihn der Teufel auf den Berg getragen. Dieser Berg hat auf seiner Spitze eine sehr weite Aussicht. Er ist teils mit Gesträuch bewachsen, teils einsam und kahl. Er liegt eigentlich nicht so hoch wie Jerusalem selbst, aber er liegt auf tieferem Grunde und auf diesem mehr einsam erhoben. Auf der Berghöhe von Jerusalem liegt der Hügel des Kalvarienberges am höchsten, so dass er mit der Höhe des Tempelgebäudes gleich liegt. Von Bethlehems Seite und gegen Süden liegt Jerusalem ganz gefährlich steil; von dieser Seite ist auch kein Eingang und alles von Palästen eingenommen.

Jesus bestieg in der Nacht den einen steilen, wilden Berg in der Wüste, den man jetzt Quarantania nennt. Es sind drei Rücken auf diesem Berg und drei Höhlen, eine über der anderen. Hinter der obersten Höhle, in welche Jesus ging, sah man in den steilen, dunklen Abgrund hinunter. Der ganze Berg war voll schrecklicher, gefährlicher Spalten. In derselben Höhle hatte vor 400 Jahren ein Prophet gewohnt, dessen Namen ich vergessen habe. Auch Elias hat einstens längere Zeit heimlich hier gewohnt; er erweiterte die eine Höhle. Ohne dass jemand wusste, woher, kam er manchmal hier herab unter das Volk, prophezeite und stiftete Frieden.

Vor 150 Jahren hatten etwa 25 Essener hier ihre Wohnungen. Am Fuß dieses Berges stand das Lager der Israeliten, als sie mit der Bundeslade und den Posaunen um Jericho herumzogen. Der Brunnen, dessen Wasser Elisäus versüßte, ist auch in der Gegend. Die hl. Helena hat diese Höhlen zu Kapellen einrichten lassen. Ich habe einmal in einer derselben an der Wand ein Gemälde der Versuchung gesehen. Es ist später ein Kloster da oben gewesen. Ich kann mir immer nicht denken, wie nur die Arbeiter da hinaufkommen konnten. Helena hat sehr viele heilige Orte mit Kirchen geschmückt. Sie baute auch jene Kirche über dem Geburtshaus der hl. Mutter Anna, zwei Stunden vor Sephoris. In Sephoris selbst hatten Annas Eltern auch ein Haus. Wie traurig, dass die meisten dieser heiligen Orte bis an die Erinnerung an sie verwüstet sind! Wenn ich als junges Mädchen vor Tag im Winter durch den Schnee nach Coesfeld zur Kirche ging, sah ich alle diese heiligen Orte so deutlich und sah oft, wie gute Menschen, um sie vor Verwüstung zu schützen, sich vor den zerstörenden Kriegsleuten platt in den Weg warfen.

Das Wort in der Schrift: «Er wurde vom Geist in die Wüste geführt» heißt: Der Heilige Geist, der in der Taufe, insofern Jesus alles Göttliche nach seiner Menschheit an sich geschehen ließ, über ihn kam, bewegte ihn, in die Wüste zu gehen und sich menschlich zu seinen Berufsleiden vor seinem himmlischen Vater vorzubereiten.

27. und 28. Oktober:

Ich sah Jesus in der Höhle knien und mit ausgebreiteten Armen seinen himmlischen Vater um Kraft und Trost in allen Leiden, die ihm bevorstanden, bitten. Er sah alle seine Leiden voraus und betete um die nötige Gnade in jedem einzelnen. Ich sah dies Gesicht von zwei Uhr bis ein Viertel vor fünf morgens; es war so reichhaltig, als habe ich ein Jahr lang zugesehen.

Ich sah allen Kummer, alle Leiden Jesu, worum Er zu seinem Vater flehte, bis zu seinem Tod in den Bildern wieder und sah ihn auch Trost, Stärkung und Verdienste für jedes empfangen. Ich sah eine weiße Lichtwolke, so groß wie eine Kirche, sich über ihn niederlassen und nach den einzelnen Gebeten mancherlei lange, geistige Gestalten zu ihm nahen, welche in seiner Nähe menschliche Form gewannen, ihn ehrten und ihm irgendeinen Trost, eine Verheißung brachten. Was und wie ich alles sah, ist mir unaussprechlich.

Ich sah, dass Jesus hier in der Wüste allen Trost, alle Stärkung, alle Hilfe, allen Sieg in Anfechtungen für uns erwarb, alles Verdienst im Kampf und Sieg für uns erkaufte, allen Wert der Abtötung und des Fastens für uns vorbereitete und dass Er hier alle seine bevorstehende Arbeit und seine Leiden Gott dem Vater aufopferte, um den künftigen Geistes- und Gebetsarbeiten der an ihn Glaubenden einen Wert zu geben. Ich sah sogar den Schatz, welchen Jesus der Kirche dadurch gründete und welchen sie in der vierzigtägigen Fastenzeit eröffnet. Ich sah Jesus bei diesem seinem Gebet Blut schwitzen und fand mich bei diesem Bilde an Kopf und Brust mit Blut überronnen. Es war dies bei Tagesanbruch.

Heute ging Jesus vom Berge herab gegen den Jordan zu zwischen Gilgal und Johannes' Taufstelle, welche etwa eine Stunde südlicher war. Er schiffte sich selbst auf einem hier liegenden Balken über diese schmale und tiefe Stelle des Jordans, die ich sonst nicht kannte. Er wanderte auf der Ostseite des Jordans, Bethabara zur Rechten lassend, und mehrere Landstraßen, die zum Jordan führen, durchschneidend, auf Gebirgspfaden durch die Wildnis zwischen Osten und Süden ins Gebirge. Er kam durch ein Tal, das gegen Kallirhoe zieht, über ein Flüsschen und zog auf einem Gebirgsrücken mehr nördlich, bis wo Jachza in dem Tal gegenüber liegt. Hier hatten die Kinder Israels den Amoriterkönig Sichon geschlagen. Es waren in jener Schlacht drei Israeliten immer gegen sechzehn Feinde; aber es geschah ein Wunder; es kam ein schreckliches Brausen über die Amoriter, welches sie erschreckte.

Jesus war auf einem sehr wilden Gebirge. Es war noch rauher hier als auf dem Berg bei Jericho. Es liegt ungefähr dem ersten Berg gegenüber. Der Wüstenberg, worauf Jesus ist, liegt etwa neun Stunden vom Jordan. Jesus wird die vierzig Tage hier fasten.

Er hat hier auch wieder gebetet und alle Leiden, welche ihm bevorstünden, in ihrer ganzen Gewalt gesehen. Der Satan ist noch nicht bei ihm gewesen. Jesu Gottheit und Bestimmung ist ihm ganz verborgen. Die Worte: «Dieses ist mein lieber Sohn, an dem ich Wohlgefallen habe» hat der Satan als bloß von einem Menschen, von einem Propheten verstanden. Jesus ist jedoch bereits oft und vielfach innerlich bedrängt. Die erste Versuchung war: Dies Volk ist zu verderbt; soll ich alles das um sie leiden und doch das Werk nicht vollenden? Er hat aber mit unendlicher Liebe und Barmherzigkeit diese Versuchung im Angesicht aller seiner Qualen besiegt.

29. Oktober: Ich sah Jesus in der Wildnis in einer engen Gebirgshöhle in der Gegend von Jachza. Er kniete in stetem Gebet und sprach zu Gott seinem Vater empor. Ich sah, wie ihm hier alle Sünden der Welt vor Augen kamen und der Verfall der Menschen von Anfang her. Es kam dieses wie große Gewitterwolken über ihn, und Er sah alles, was Er dafür werde zu leiden haben, was gewonnen werde und was verloren gehe. Es waren auch wieder Engel bei ihm.

Ich sah den Satan herumschleichen; Er nahte dem Eingang der Höhle und machte ein Geräusch. Er hatte die Gestalt eines Sohnes der drei Witwen, den Jesus besonders lieb hatte, angenommen. Er gedachte, Jesus sollte sich ärgern, dass der Jünger ihm wider sein Verbot gefolgt sei. Es war sehr lächerlich und dumm vom Satan. Jesus schaute nicht einmal zu ihm hin. Der Satan schaute in die Höhle und brachte allerlei Geschwätz vor: von Johannes dem Täufer, der wohl sehr böse auf ihn werden solle, weil er vernommen habe, dass Er hier und da taufen lasse, was doch seine Sache nicht sei.

### *Jesus sieht sein ganzes Leiden in Zerlegung eines Kreuzes durch die Engel*

(Vom 30. Oktober teilte die Erzählerin keine Anschauung mit; aber Mittwoch, den 31. Oktober, sagte sie:)

Bis gegen vier Uhr morgens war ich in folgender Anschauung: Ich kam zu Jesus in die Höhle. Sie war nun geräumiger, denn ich hatte ihn gestern nur im Eingang gesehen.

Es war aber in der Höhle ein Loch, durch welches ein rauher, kalter Wind hereinzog. Es war hier um diese Jahreszeit sehr kalt und neblig.

Die Höhle war rauh und felsig und auch der Boden sehr ungleich. Sie war von buntgeadertem Gestein, und wenn sie geglättet worden wäre, müssten sie wie gemalt ausgesehen haben. Es war der Fels umher mit wenigem Gesträuch bewachsen; auch waren Felsenbrocken da, welche schier wie Büsche aussahen. Die Höhle war so geräumig, dass Jesus an einer Stelle knien und liegen konnte, ohne unter dem Loche zu stehen.

Als ich zu Jesus in die Höhle kam, lag Er auf seinem Angesicht. Ich stand lange bei ihm und sah seine Füße an, welche bis an die Knöchel vom Gewand unbedeckt waren; sie waren rot und von den rauhen Wegen verwundet; denn Er war barfuß in die Wüste gegangen.

Ich sah Jesus bald sich aufrichten, bald auf dem Angesicht liegend beten. Ich konnte alles sehen, denn Er war von Licht umgeben. Auf einmal kam ein Brausen vom Himmel nieder, und es goss sich ein Licht in die Höhle, und es kam eine ganze Schar von Engeln herbei, welche allerlei trugen.

Ich fühlte mich so gedrängt und überwältigt, dass ich mich wie in die Wand des Felsens hineingedrückt fühlte; und mit der Empfindung, als versänke ich, begann ich zu rufen: «Versinken soll ich; ich soll neben meinem Jesus versinken!» Darüber wachte ich auf und zündete mein Licht an und hörte die Uhr schlagen und sah wachend alles folgende.

Ich sah, dass die Engel sich vor Jesus beugten und ihn verehrten und ihn fragten, ob sie ihm ihre Sendung vorstellen dürften. Sie fragten ihn auch, ob es noch sein Wille sei, für die Menschen als Mensch zu leiden, wie dies sein Wille gewesen, da Er aus seinem himmlischen Vater herabgestiegen sei und Fleisch angenommen habe im Leibe der Jungfrau.

Da nun Jesus abermals diese Leiden annahm, richteten die Engel ein hohes Kreuz vor ihm auf, welches sie, in seinen einzelnen Teilen tragend, mitgebracht hatten.

Es war dies Kreuz in der Gestalt, wie ich es immer sehe; aber es bestand aus vier Stücken, wie ich in den Bildern immer die Kreuzkelter sehe.

Der obere Teil des Kreuzstammes nämlich, der zwischen den beiden eingesetzten Armen hervorsteigt, war auch abgesondert. Ich glaube etwa 25 Engel dabei gesehen zu haben. Fünf trugen den unteren Stamm des Kreuzes, drei den oberen Teil, drei den linken und drei den Kreuzarm, drei den Klotz, worauf seine Füße ruhten, drei trugen eine Leiter, ein anderer einen Korb mit allerlei Stricken und Werkzeug, andere Speer, Rohr, Ruten, Geißeln, Dornenkrone, Nägel und auch alle seine Spottkleider, ja alles, was bei seinem Leiden vorkam.

Das Kreuz war aber gleichsam hohl, und man konnte es aufmachen wie einen Schrank, und es war in allen seinen Teilen mit unzähligen, mannigfaltigen Marterwerkzeugen angefüllt. In der Mitte aber, wo Jesu Herz durchstochen wurde, war eine Verschlingung von allen möglichen Bildern der Pein in den verschiedensten Instrumenten, und die Farbe des Kreuzes war von einer rührend schmerzlichen Blutfarbe.

So waren alle Teile und Stellen des Kreuzes von verschiedenen, schmerzlichen Farben, aus denen jedermann die Pein ersehen konnte, welche da erlitten werden sollte, und wo sie in Strahlen nach dem Herzen hinlief. Auch die Instrumente auf jeder Stelle waren die Gestalt der zukünftigen Peinen. Es waren in dem Kreuz auch Gefäße mit Galle, Essig, aber auch Salben und Myrrhen und etwas wie Gewürz, wahrscheinlich sich auf Tod und Grablegung beziehend. Außerdem waren darin eine Menge von langen, aufgerollten Bahnen, wie handbreite Zettel von verschiedenen Farben, worauf verschiedene Leiden und Leidensarbeiten geschrieben waren. Die Farben deuteten auf verschiedene Grade und Arten von Finsternis, welche zu erleuchten und auszubleichen waren durch Leiden. Schwarz war das, was verloren ging, braun das Trübe, Dürre, Trockene, Vermischte, Schmutzige, rot das Schwere, Irdische, Sinnliche, gelb das Weichliche, Leidenscheuende.

Es waren halbgelbe, halbrote Bahnen dabei, beides musste weiß werden. Dann waren auch eine Menge ganz weißer Bahnen darin, wie Milchbahnen, und die Schrift war leuchtend in ihnen; man sah durch sie hindurch. Diese bezeichneten das Gewonnene, Vollendete.

Alle diese farbigen Bänder waren wie die Rechnung der Arten der Schmerzen und Arbeiten, welche Jesus in seinem Wandel und Leiden mit den Jüngern und anderen Menschen haben würde.

Auch wurden Jesus all jene Menschen vorgeführt, durch welche Er am meisten geheime Leiden haben würde: die Tücke der Pharisäer, der Verräter Judas, die mitleidlosen Juden bei seinem schmählichen, bitteren Tod.

Alles dieses ordneten und entwickelten die Engel vor dem Heiland mit einer unaussprechlichen Ehrfurcht und einer priesterlichen Ordnung; und als das ganze Leiden vor ihm aufgerichtet und ausgesprochen war, sah ich Jesus und die Engel weinen. Nachher zogen sich die Engel zurück, und ich wurde in ein Bild von den Armen Seelen entrückt.

### *Der Satan versucht Jesus durch Erscheinungen mehrerer Jünger*

2. November: Als ich bei dem Herrn war, sah ich ihn auf der Erde liegend beten. Der Teufel hatte ihm die Erscheinungen von sieben bis neun seiner Jünger hinaufgesendet. Sie kamen einzeln in die Höhle und sagten, Eustachius habe ihnen gesagt, dass Er hier sei, sie hätten ihn so ängstlich gesucht.

Er solle sich hier oben doch nicht zugrunde richten und sie nicht verlassen. Es werde so viel von ihm geredet, Er solle dies und jenes doch nicht auf sich sitzen lassen.

Jesus aber sagte nichts als: «Weiche von mir Satan; es ist jetzt nicht die Zeit.» Da verschwanden sie alle.

### *Der Satan versucht Jesus in Gestalt eines müden Esseners*

3. November: Ich sah den Herrn in der Höhle, auf dem Angesicht ruhend, beten, bald kniend, bald stehend, auch einmal auf der Seite liegend. Ich sah einen sehr alten, schwachen, ehrwürdigen Mann mühsam den steilen Berg hinaufklettern. Es wurde ihm so schwer; ich hatte Mitleid mit ihm. Er nahte sich der Höhle und sank mit lautem Stöhnen im Eingang ohnmächtig nieder. Ich war schier betrübt, dass Jesus ihm nicht half; aber Er schaute gar nicht zu ihm hin.

Der alte Mann richtete sich selbst wieder auf und sagte zu Jesus, er sei ein Essener vom Berge Karmel, habe von ihm gehört und sei schier sterbend ihm hierher gefolgt. Er solle sich doch ein wenig zu ihm setzen und von heiligen Dingen mit ihm sprechen: er wisse auch, was Fasten und Beten sei; wenn zwei beisammen wären in Gott, so gehe die Auferbauung besser.

Jesus sagte da wenige Worte, ungefähr wie: «Weiche, Satanas; es ist jetzt nicht die Zeit!» Da sah ich erst, dass es der Satan gewesen, denn indem er sich wegwandte und verschwand, sah ich ihn dunkel werden und grimmig.

Da wurde es mir sehr lächerlich, dass er sich hingeworfen hatte und selbst wieder aufstehen musste. Der Satan kannte nicht die Gottheit Christi. Er hielt ihn für einen Propheten. Er hatte seine Heiligkeit von Jugend auf gesehen und auch die Heiligkeit seiner Mutter, die gar nicht auf den Satan merkte. Sie nahm keine Versuchung auf. Es war kein Stoff in ihr, woran er anknüpfen konnte. Sie war die schönste Jungfrau und Frau, hatte aber nie mit Wissen Freier gehabt, außer bei dem Los mit den Zweigen im Tempel, da sie verehelicht werden sollte. Dass Jesus gegen eine gewisse pharisäische Strenge in Nebengebräuchen seiner Jünger recht hatte, machte den bösen Feind irre; er hielt ihn für einen Menschen, weil manche Unordnung der Jünger die Juden ärgerte.

Weil er Jesus oft eifrig sah, wollte er ihn früher durch seine ihm folgenden Jünger ärgern; weil er ihn barmherzig sah, wollte er ihn als schwacher, sinkender Greis rühren und als Essener mit ihm disputieren.

4. November: Ich sah, dass eine lichte Wolke bei der Höhle stand, in welcher ich wie Angesichter erkannte; es gingen Engel aus ihr, und sie hatten ausgehend menschliche Gestalt; sie gingen zu Jesus, stärkten und trösteten ihn.

Am 5. November sah ich Jesus in der Höhle ausgestreckt auf seinem Angesicht liegend. Ich sah ihn kniend und stehend beten und sah Engel bei ihm aus- und eingehen.

### *Der Satan versucht Jesus in Gestalt des Esseners Eliud*

6. November: Ich sah Jesus in der Höhle auf der Seite auf der Erde ruhen und sah die Erscheinung des Esseners Eliud zu ihm eingehen. Es war der Satan, und ich erfuhr daraus, dass dieser wissen musste, dass Jesus neulich das Kreuz vorgestellt worden sei; denn er sagte zu ihm, er habe eine Offenbarung gehabt, welche schwere Kämpfe ihm gezeigt worden und habe wohl gefühlt, dass er diese nicht bestehen würde.

Vierzig Tage zu fasten, werde Er auch nicht imstande sein. Er habe sich darum aus Liebe zu ihm hierher begeben, um ihn nochmals zu sehen und ihn zu bitten, Er möge ihm erlauben, seine Einöde mit ihm zu teilen; er wolle einen Teil seines Gelübdes übernehmen. Jesus achtete all dieses nicht, erhob sich aber und streckte die Hände zum Himmel und sagte: «Mein Vater im Himmel, nimm diese Versuchung von mir!» Ich sah hierauf den Satan mit grimmiger Gestalt verschwinden. Jesus kniete sich hierauf betend nieder und nach einiger Zeit sah ich drei Jünglinge[28] nahen, welche bei seinem ersten Ausgang aus Nazaret mit ihm gewesen waren und ihn nachher verlassen hatten.

Diese Jünglinge nahten schüchtern, warfen sich vor Jesus nieder und klagten, wie sie keine Ruhe hätten, bis Er ihnen vergebe. Er solle sich ihrer erbarmen, sie wieder aufnehmen und mit ihm fasten lassen zur Buße. Sie wollten ihm gewiss die treuesten Jünger werden. Sie taten sehr kläglich und gingen in der geräumigen Höhle mit allerlei Geräusch um ihn. Jesus stand auf, erhob die Hände, flehte zu Gott, und die Erscheinungen verschwanden.

### *Der Satan versucht Jesus in Gestalt eines Engels*

7. und 8. November:

Ich hatte einen Blick, wie Jesus in der Höhle betend kniete, und sah den Satan in einem schimmernden Kleid, als würde er durch die Luft getragen, an der steilen Seite des Felsens emporschweben. Diese ganz steile Seite, wo kein Eingang, aber einige Löcher in die Höhle führten, war die Morgenseite. Jesus sah nicht nach dem Satan, der einen Engel vorstellen wollte. Sein Licht ist aber dann nie durchsichtig, sondern wie aufgeschmiert, und sein Gewand macht einen starren Eindruck, während das Gewand der Engel leicht und durchsichtig scheint. Er schwebte in den Eingang der Höhle und sagte: «Ich bin von Deinem Vater gesandt, Dich zu trösten.» Jesus sah nicht zu ihm hin.

Dann erschien er wieder an einer Öffnung der Höhle an der ganz unzugänglichen Seite und sagte zu Jesus, Er solle sehen, dass er ein Engel sei und hier herauf auf den Felsen schweben könne. Jesus sah aber nicht hin. Da wurde der Satan ganz grimmig und tat, als wenn er ihn mit seinen Krallen durch die Öffnung fassen wollte, und seine ganze Gestalt wurde entsetzlich, und er verschwand. Jesus aber schaute nicht zu ihm hin. Am 8. sah ich Jesus in der Höhle knien und beten.

9. November – (Anmerkung des Schreibers – Den 8. November 1821: Die heutige Anschauung von dem Fasten Jesu war ganz in den Faden der nächtlichen Gebetsarbeiten der Erzählenden eingeflochten, wie das eigentlich immer der Fall ist, nur dass ihr selten die Zeit zu vollständiger Mitteilung bleibt. Die ganze Reihe ihrer nächtlichen Anschauungen geschieht in Form einer Reise unter der Führung ihres Schutzengels. Der geistliche Zweck dieser Reise bestimmt sich nach den Gebetsarbeiten, welche ihr sowohl die Zeit, in der sie lebt, als auch die Zeit des Kirchenjahres aufgeben. Der Mittelpunkt dieser Reise ist das Gelobte Land, wo sie in das tägliche Gesicht vom Leben Jesu eintritt und die Gebetsaufgabe der Zeit mit den Verdiensten dieses Lebenstages des Erlösers vereinigt. Auf dieser Reise richtet sich der Weg durch die Gegenden des Lebens der Heiligen dieses Tages, in welches sie eingeht und deren Verdienste sie mit den Verdiensten Jesu vereinigt und zum Erfolge ihrer Gebetsaufgabe für die Gegenden anwendet, auf welche diese Heiligen einen besonderen Bezug haben. Dies geschieht auf dem Hin- und dem Heimweg, und es flechten sich alle Bedürfnisse und Nöte der Zeit und Zukunft mit ein. Sie war aber seit dem Armenseelenfest, dem 2. November, hauptsächlich mit dem Gebet für die Leidende Kirche beschäftigt. Und so tut sie also das Werk eines Christen, der an dem Faden des katholischen Kirchenjahres betend und schauend durch die Zeit wandelt. Es gestaltete sich aber das heutige Bild aus dem Leben Jesu, wie folgt:)

Jesus sah ich heute nacht in der Höhle, teils liegend, teils kniend, teils stehend beten. Ich habe den großen Teil der Nacht in der Höhle neben Jesus gekniet und gebetet. Ich habe eine schwere und schauerliche Nacht gehabt.

Es war so kalt und unheimlich auf dem Berge. Es stürmte und es fiel Regen und Reif. Ich sah die Sündhaftigkeit der ganzen Welt und auch meine Versunkenheit. Ich sah den betrüblichen Zustand der Kirche und den mannigfachen Verfall der Priester. Ich sah die unbeschreiblichen Gnaden und Mittel, welche Jesus uns geschenkt, und hatte die Empfindung alles dessen, was Er allein schon in dieser schweren Fastenwüste uns errungen. Ich war ganz zerschmettert und zermalmt und hatte dabei ein zerreißendes Mitleid mit Jesus neben mir und das Gefühl meiner eigenen Schlechtigkeit.

Und in allen diesen Schmerzen konnte meine Weichlichkeit doch dann und wann den Gedanken nicht unterdrücken: Warum sagt mir Jesus nichts? Warum sagt Er mir nicht: «Stehe auf!», denn ich meinte, ich könne das Elend gar nicht aushalten. Als ich schier ungeduldig war, sagte Er nichts zu mir als das Wort: «Geduld!», welches mich erquickte. Ich lag noch eine Zeitlang und fühlte ganz die rauhe Witterung, die Wüste und die Schmerzen Jesu.

Da kam durch die Kälte ein laues Wehen und eine süße Empfindung zu mir. Es schwebten drei Seelen zu mir in die Höhle, bei jeder waren zwei Engel. Sie dankten für Leiden, welche ihnen geholfen hätten, und schwebten weg. Dort kannte ich sie, jetzt kenne ich sie nicht mehr. Ich bin noch ganz elend. Es ist mir auch befohlen worden, für mancherlei bevorstehendes Elend zu beten, das ich sah, besonders aber der gemischten Ehen wegen, aus welchen mir namenloses Elend für die Kirche gezeigt wurde.

### *Jesus von Engeln erquickt*

10. und 11. November:

Ich sah Jesus, wie immer in der Höhle teils liegend, teils kniend, teils stehend beten. Er ist in seiner gewöhnlichen Kleidung, nur ist sie weit und lose; Er ist nicht gegürtet und barfuß. Sein Mantel, ein paar Taschen, welche sie tragen, und der Gürtel liegen auf der Erde, worauf Er sich manchmal hinlegt. Er isst und trinkt nicht; es hungert ihn auch manchmal. Engel erquicken ihn. Es kommt dann wie ein lichtes Wölkchen gegen ihn und strömt wie Tau in seinen Mund.

Die vierzig Tage in der Wüste sind eine geheimnisvolle Zahl und beziehen sich wie die vierzig Jahre der Israeliten in der Wüste auf etwas, was ich vergessen habe. Täglich ist die Gebetsarbeit Jesu eine andere, täglich erringt Er uns andere Gnaden, und keinmal kehrt das Vorige zurück. Ohne diese seine Arbeit würde uns der

Widerstand gegen Versuchungen nie verdienstlich werden können. Am 11. sah ich Jesus wie bisher in verschiedener Stellung beten.

### *Jesus wird vom Satan in Gestalt eines Einsiedlers versucht*

12. November: Ich sah den Satan in der Gestalt eines alten, ganz verwilderten Einsiedlers vom Berg Sinai zu Jesus in die Höhle kommen. Er kletterte mühsam den Berg herauf, er war halb nackt, hatte Felle um den Leib hängen, einen langen Bart, aber etwas Spitzes und Listiges im Gesicht.

Er sagte, es sei ein Essener vom Berge Karmel bei ihm gewesen und habe ihm von Jesu Taufe, seiner Weisheit, seinen Wundern und nun von seinem strengen Fasten gesprochen. Da habe er sich in seinem Alter auf den weiten Weg hier zu ihm begeben; Er solle nun mit ihm reden, er habe eine lange Erfahrung in Abtötungen. Es sei genug, Er solle es nun aufgeben, er wolle einen Teil davon übernehmen. Er redete sehr vieles Zeug daher. Jesus sah seitwärts und sagte: «Weiche von mir, Satanas!» Da sah ich den Satan sich verfinstern, und er rollte wie ein schwarzer Ball mit einem Gekrach den Berg hinab.

Ich tat da die innere Frage, wie es denn nur möglich wäre, dass es ihm so ganz verborgen sei, dass Christus Gott sei; und ich erhielt darüber wunderbare und schöne Weisungen, dachte auch lebhaft daran, wenn ich das nur wieder erzählen könnte, habe es aber ganz vergessen. Ich sah ganz deutlich den unbegreiflichen Nutzen für die Menschen, dass der Satan und sie es nicht wussten und dass sie es mussten glauben lernen. Ein Wort sagte mir der Herr, das ich behalten, nämlich: «Der Mensch hat nicht gewusst, dass die Schlange, die ihn verführte, der Satan war; darum darf auch der Satan nicht wissen, dass es Gott ist, der den Menschen erlöst.»

Ich hatte darüber sehr schöne Bilder und sah auch, dass der Satan die Gottheit Christi nicht eher erfuhr, als da Er die Seelen aus der Vorhölle befreite.

(Vom 14. bis 16. November erzählte sie, durch Krankheit verhindert, nichts. Am 17. sagte sie:) Ich habe in allen diesen Tagen

Jesus in mannigfacher Stellung in der Höhle beten und fasten gesehen. Die einzelnen Umstände habe ich vergessen. Die Höhle ist nicht ganz auf dem Gipfel des Berges.

### *Der Satan versucht den Herrn in Gestalt eines Unterhändlers des Herodes*

18. November: Heute sah ich den Satan zur Höhle des betenden Heilandes in Gestalt eines vornehmen Mannes von Jerusalem kommen. Er sagte, er komme aus großem Anteil an ihm, denn er wisse wohl, dass Er bestimmt sei, die Freiheit der Juden herzustellen. Er erzählte ihm auch alles, was in Jerusalem über ihn gestritten und gesprochen wurde. Er komme zu ihm, seine Sache zu unterstützen. Er solle mit ihm nach Jerusalem gehen und heimlich bei ihm im Palast eines Herodes wohnen. (Sie meint, es sei jener Herodes gemeint, dessen Weib der andere Herodes, der zu Kallirrhoe wohnt, entführt habe.) Es schien mir, als sei er ein Beamter dieses Herodes. Er könne dort seine Jünger heimlich zusammenkommen lassen und sein ganzes Vorhaben in Gang bringen. Er solle jetzt gleich mit ihm gehen. Alles dieses setzte er Jesus sehr weitläufig auseinander. Jesus sah nicht zu ihm hin, aber Er betete heftig, und ich sah den Satan zurückweichen und seine Gestalt gräulich werden und wie Feuer und Dampf aus seiner Nase kommen, worauf er verschwand[29].

### *Jesus wird sein Leiden vorgestellt*

19. und 20. November:

In dieser sterbenskranken Nacht war ich vom gestrigen Abend an in Betrachtung bei Jesus in der Höhle und sah sein ganzes Leiden wie einen Baum vor Jesu Seele aufwachsen. Ich sah alle Teile seines bevorstehenden Leidens durch viele wunderbare Bilder bis zur Kreuzigung unter großen Qualen und Schmerzen.

Ich sah bei diesen Vorstellungen das Kreuz wie immer von fünf Holzarten und mit eingesetzten Armen, unter jedem Arm einen Keil, einen Ruheklotz unter den Füßen. Das Stück des Stammes über dem Haupt, woran der Titel befestigt war, sah ich einzeln aufgezapft, denn der Stamm war anfangs zu niedrig, um die Schrift über das Haupt zu setzen. (Sie erwähnt bei dieser Einzapfung oder Einzahnung etwas wie Blätter, sagt aber auf einmal:) Aufgesetzt wie der Deckel auf eine Nadelbüchse.

Ich sah all dieses in einem wunderbaren, bedeutenden Bild und sah dabei allerlei Geheimnisse und Verwandlungen in das Heilige Sakrament. Ich glaube, dass Jesus auch diese Anschauungen hatte, denn ich sah Engel bei ihm, welche diese Geheimnisse verehrten. Ich wachte unter den schrecklichen Schmerzen oft unter diesem Bilde auf, war aber immer froh, dass ich von neuem zu diesem Leiden entschlummerte.

In all diesen Tagen sah ich Jesus in der Höhle in seinem Gebet und Fasten und vereinigte Gebet, Abbruch und Überwindung allen Unwillens mit ihm.

(Am 28. November sagte sie:) Ich sah heute, wie Engel Jesus in vielen Bildern den Undank der Menschen, den Zweifel, Spott, Hohn, Verrat, Verleugnung der Freunde und Feinde zeigen bis zu seinem Tode und nach demselben und alles, was von seiner Arbeit und Pein verlorengeht.

Er sah alles in Bildern und schwitzte Blut vor Angst. Zum Trost zeigten sie dann alles, was gewonnen werde. Sie zeigten mit den Händen nach den Bildern.

(Am 29. sagte sie:) Heute sah ich Jesus sehr ermattet in Kampf und Trauer durch die Betrachtung des Verlustes und vergeblichen Rettungsversuches so vieler Menschen.

### *Der Satan fragt Jesus, ob er von den Früchten essen dürfe*

30. November: Ich sah Jesus heute in einer Versuchung; es begann ihn bereits zu hungern und besonders zu dürsten. Ich sah ihn zwar einige Male von Engeln erquickt werden, aber nie essen

oder trinken, auch nie außer der Höhle. Er war nicht magerer geworden, aber ganz weiß und bleich.

Ich sah den Satan ihm in der Gestalt eines alten, frommen Einsiedlers nahen und zu ihm sagen: «Es hungert mich so, ich bitte Dich, gib mir doch von den Früchten, die da vor der Höhle an dem Berge stehen; denn ich will keine davon abbrechen, ohne den Besitzer zu fragen» (Er stellte sich, als halte er Jesus für den Besitzer.); «dann lass uns zusammensitzen und von guten Dingen sprechen.»

Es standen aber nicht am Eingang, sondern an der anderen Seite östlich von der Höhle in einiger Entfernung Feigen und eine Art Frucht wie Nüsse, doch mit weichen Schalen, wie sie die Mispeln haben, auch Beeren.

Jesus sagte: «Weiche von mir! Du bist der Lügner von Anfang an, und lass keinen Schaden auf den Früchten zurück!»

Da sah ich den Einsiedler in einer kleinen, dunklen Gestalt im Bogen über den Berg hinwegeilen und einen schwarzen Dampf von sich speien.

Ich wusste nicht, dass er Schaden auf Früchten zurücklassen kann; ich meinte sonst nur, er lasse Gestank zurück.

(Heute am Andreasfest erzählte sie unter anderem von diesem:)

Andreas war heute bei einem Bruder oder Halbbruder gewesen, den er außer Petrus hatte und der ein Jünger geworden ist. Andreas sprach mit ihm; er war betrübt und ängstlich wie schon lange, seit Jesus in der Wüste ist; er war unruhig wegen seiner Wiederkehr und kämpfte mit Zweifeln. Er sprach heute mit seinem Bruder darüber.

1. und 2. Dezember:

Der Satan kam auch in Gestalt eines Reisenden zu Jesus, fragte ihn, ob Er nicht von den schönen Trauben in der Nähe da essen dürfe, sie seien gut für den Durst. Jesus antwortete nichts, sah auch gar nicht zu ihm hin.

Tags darauf versuchte er ihn ebenso mit einer Quelle.

## *Der Satan versucht Jesus durch Schaukünste*

3. Dezember: Am Mittag sah ich den Satan zu Jesus in die Höhle kommen. Er kam als Schaukünstler und Weltweiser und sagte, er komme zu ihm als einem Weisen und wolle ihm zeigen, dass er auch etwas vermöge, Er solle einmal hier hineinsehen. Da zeigte er ihm an seiner Hand hängend eine Maschine gleich einer Kugel, doch mehr noch einem Vogelkorb ähnlich. Jesus sah nicht hin, wandte ihm den Rücken zu und ging zur Höhle hinaus. Es war dies das erste Mal, dass ich es sah.

Ich habe gesehen, was in dem Guckkasten zu sehen war. Man sah da in eine große Herrlichkeit der Natur, in eine liebliche, üppige Gartenlust voll schattiger Lauben, kühler Quellen, reichbeladener Fruchtbäume und köstlicher Trauben. Alles war ganz nah wie zum Greifen und in immer schönerer, lockender Abwechslung. Als Jesus ihm den Rücken drehte, entwich der Satan.

Es war dies abermals eine Versuchung, das Fasten Jesu zu stören, welcher jetzt großen Hunger und Durst zu empfinden beginnt. Der Satan weiß gar nicht, was er aus ihm machen soll. Er kennt zwar die Weissagungen von ihm und fühlt auch, dass Er Gewalt über ihn übt, weiß aber nicht, dass Er Gott ist, noch dass Er der in seinem Werk unverletzliche Messias ist, weil er ihn fasten, Anfechtung leiden, hungern, weil er ihn so arm und in vielem so leidend, so ganz menschlich sieht.

Der Satan ist hierin teils so blind wie die Pharisäer; er hält ihn aber für einen heiligen Menschen, den er in jedem Fall versuchen und zu Fall bringen könne.

## *Der Satan versucht Jesus: Er solle Brot aus Steinen machen*

4. Dezember: Ich sah Jesus beunruhigt und sehr angefochten. Er litt Hunger und Durst. Ich sah ihn mehrmals vor der Höhle. Ich sah gegen Abend den Satan wie einen großen, kräftigen Mann den Berg hinaufsteigen und bemerkte, dass er unten zwei Steine aufnahm; sie waren von der Länge kleiner Brote, aber eckig, und ich

sah, dass der Satan ihnen aufsteigend in seinen Händen die volle Gestalt der Brote gab. Er hatte etwas ungemein Grimmiges, da er zu Jesus in die Höhle trat. Er hatte in jeder Hand einen der Steine und sagte zu ihm etwa so viel wie: «Du hast recht, dass Du keine Früchte aßest, sie reizen nur die Esslust. Wenn Du aber Gottes geliebter Sohn bist, über den der Geist bei der Taufe gekommen, siehe, ich habe gemacht, dass sie wie Brote aussehen, nun mache Du Brot aus diesen Steinen.» Jesus sah nicht nach dem Satan; ich hörte ihn nur die Worte sagen: «Der Mensch lebt nicht vom Brot allein.» Diese Worte habe ich allein deutlich verstanden oder behalten; im Evangelium stehen noch andere, die ich wahrscheinlich überhörte; denn ich sah nun den Satan ganz grimmig werden. Er streckte seine Krallen gegen Jesus aus, wobei ich die beiden Steine auf seinen Armen liegen sah. Er entfloh hierauf, und ich musste lachen, dass er seine Steine wieder mitnehmen musste.

### *Der Satan trägt Jesus auf die Zinne des Tempels und auf den Berg Quarantania – Engel erquicken Jesus*

5. Dezember: Gegen Abend des folgenden Tages sah ich den Satan mit großem Gebraus in der Gestalt eines mächtigen Engels zu Jesus heranschweben. Er war in kriegerischer Bekleidung, wie ich St. Michael erscheinen sehe; aber immer schimmert durch seinen größten Glanz etwas Finsteres und Grimmiges durch. Er prahlte vor Jesus und sagte ihm ungefähr: «Ich will dir zeigen, wer ich bin und was ich vermag und wie mich die Engel auf den Händen tragen. Sieh dort Jerusalem! Sieh den Tempel! Ich will dich auf seine höchste Spitze stellen; da zeige, was du vermagst und ob Engel dich hinunter tragen.» Indem er so hinzeigte, war es, als sähe ich Jerusalem und den Tempel dicht vor dem Berge liegend; ich glaube aber, dass dies nur eine Vorstellung war. Jesus gab ihm aber keine Antwort, und der Satan fasste ihn bei den Schultern und trug ihn durch die Luft, niedrig schwebend, nach Jerusalem und stellte ihn auf die Spitze eines Turmes, deren vier auf den vier Ecken des Tempelumfanges standen, die ich sonst

nicht beachtet hatte. Dieser Turm stand an der Abendseite gegen Sion zu, der Burg Antonia gegenüber. Der Tempelberg fiel da sehr steil ab. Diese Türme waren wie Gefängnisse; in einem derselben wurden die kostbaren Kleider des Hohenpriesters aufbewahrt. Diese Türme waren oben platt, dass man darauf herumgehen konnte. Es erhob sich aber noch ein hohler Kegel in der Mitte dieser Fläche, der oben mit einer großen Kugel endete, auf der wohl für zwei Menschen zum Stehen Platz war. Man hatte da den ganzen Tempel unter sich zu überschauen.

Auf diesen höchsten Punkt des Turmes stellte der Satan Jesus, der nichts sagte. Der Satan aber flog hinab auf den Grund und sagte: «Wenn du Gottes Sohn bist, so zeige deine Macht und lasse Dich auch herab; denn es steht geschrieben: ‹Er wird seinen Engeln Befehl geben, dass sie Dich auf den Händen tragen, dass Du an keinen Stein stoßest›». Da sprach Jesus: «Es steht auch geschrieben: Du sollst deinen Herrn nicht in Versuchung führen.» Da kam der Satan ganz ergrimmt wieder zu ihm, und Jesus sagte: «Brauche deine Gewalt, die dir gegeben ist.»

Da fasste ihn der Satan wieder sehr grimmig an den Schultern und flog mit ihm über die Wüste hin gegen Jericho zu. Auf dem Turm sah ich gegen Abend Dämmerlicht am Himmel. Er schien mir diesmal langsamer zu fliegen. Ich sah ihn in Zorn und Grimm mit Jesus bald hoch, bald niedrig und schwankend schweben wie einer, der seine Wut auslassen will und des Gegenstandes nicht mächtig wird. Er trug Jesus auf denselben Berg, sieben Stunden von Jerusalem, auf welchem Er das Fasten begonnen hatte.

Ich habe gesehen, dass er ihn dicht über dem großen, alten Terebinthenbaum wegtrug, von dem ich die neulich erkannte Reliquie in meiner Nähe hatte. Dieser Baum steht groß und mächtig in dem ehemaligen Garten eines Esseners, der vor Zeiten hier gewohnt hat. Auch Elias hielt sich hier auf. Er stand hinter der Höhle nicht weit vom schroffen Abhang entfernt. Solche Bäume werden dreimal im Jahre angezapft und geben jedesmal einen etwas geringeren Balsam.

Der Satan stellte den Herrn auf der höchsten Spitze des Berges auf eine überhängende, unzugängliche Klippe hin: Es ist dies viel höher als die Höhle. Es war Nacht, aber indem der Satan um sich her zeigte, war es hell, und man sah die wunderbarsten Gegenden nach allen Richtungen der Welt. Der Teufel sagte ungefähr zu Jesus: «Ich weiß, du bist ein großer Lehrer und willst jetzt Schüler berufen und deine Lehre ausbreiten. Sieh hier, alle diese herrlichen Länder, diese mächtigen Völker, und sieh hier, das kleine Judäa dagegen! Dorthin gehe! Ich will dir alle diese Länder übergeben, wenn du niederkniest und mich anbetest.» Mit diesem Anbeten meinte der Teufel eine Erniedrigung, welche damals oft unter den Juden und besonders den Pharisäern vor hohen Personen und Königen üblich war, wenn sie etwas von ihnen erlangen wollten. Der Teufel hatte hier eine ähnliche, nur erweiterte Versuchung vor wie damals, als er in Gestalt des Beamten eines Herodes aus Jerusalem zu Jesus kam und ihn nach Jerusalem in das Schloss einlud, ihn dort zu unterstützen in seiner Sache. Als der Satan so umherzeigte, sah man große Länder und Meere, dann ihre Städte, dann ihre Könige in Pracht und Triumph und mit vielen Kriegsvölkern und Aufzügen umgeben, einherziehen. Man sah dies alles ganz deutlich, als sei man nahe dabei, und noch deutlicher; man war wirklich überall darin, und jedes Bild, jedes Volk war verschieden in Glanz und Pracht, Sitten und Gebräuchen.

Der Satan strich auch die einzelnen Vorzüge der Völker heraus und zeigte besonders nach einem Land, wo sehr große und prächtige Leute schier wie Riesen waren; – ich meine, es war Persien – und riet ihm vor allem, dahin lehren zu gehen. Palästina zeigte er ihm aber ganz klein und unbedeutend. Es war dies ein ganz wunderbares Bild; man sah so viel und so klar, und alles war so glänzend und prächtig.

Jesus sprach nichts, nur die Worte: «Du sollst Gott, deinen Herrn, anbeten und ihm allein dienen. Weiche von mir, Satanas!» Da sah ich den Satan in einer unbeschreiblich greulichen Gestalt sich von dem Felsen wegheben und in die Tiefe niederstürzen und verschwinden, als ob die Erde ihn verschlinge.

Gleich darauf sah ich eine Schar von Engeln sich Jesus nahen und sich vor ihm verbeugen. Sie trugen ihn, ich weiß nicht auf welche Weise, wie auf den Händen, sanft mit ihm an den Felsen niederschwebend, in die Höhle, in welcher Jesus das vierzigtägige Fasten begonnen hatte. Es waren aber dies zwölf Engel und andere dienende Scharen, welche auch eine bestimmte Zahl hatten; ich weiß nicht mehr gewiss ob 72; aber ich bin doch geneigt, es zu glauben; denn ich hatte während des ganzen Bildes eine Erinnerung an Apostel und Jünger. Es wurde nun in der Höhle wie ein Dank- und Siegesfest und ein Mahl gefeiert. Ich sah die Höhle von den Engeln inwendig mit einer Weinlaube überziehen; sie war aber offen, und es schwebte eine Siegeskrone von Laub über Jesus. Alles dieses geschah in wunderbarer Ordnung und Feierlichkeit und war sinnbildlich und leuchtend und bald vollendet; denn das in einer Intention Hingepflanzte oder Gebrachte folgte der Intention ganz lebendig nach und breitete sich nach seiner Bestimmung aus.

Die Engel brachten auch eine anfangs kleine Tafel heran mit himmlischen Speisen besetzt, welche sich schnell wachsend vergrößerte. Die Speisen und Gefäße waren solche, wie ich sie immer an Himmelstafeln sehe, und ich sah Jesus und die zwölf Engel und auch die anderen ihrer teilhaftig werden. Denn es war kein Essen durch den Mund und doch ein Zusichnehmen und Übergehen der Fruchtgestalten in die Genießenden und ein Erquickt- und Teilhaftigwerden derselben. Es war, als ob die innere Bedeutung der Speisen nun in den Genießenden überginge. Man kann das nicht erklären.

Am Ende der Tafel stand allein ein leuchtender, großer Kelch und kleine Becher um ihn her in der Gestalt wie bei der Einsetzung des Abendmahles, nur geistiger und größer, und auch ein Teller mit solchen dünnen Brotscheiben. Ich sah, dass Jesus aus dem großen Kelch in die Becher eingoss und Bissen des Brotes in dieselben tauchte und dass die Engel dieselben erhielten und wegbrachten. In dieser Handlung ging dies Bild vorüber, und Jesus verließ die Höhle, gegen den Jordan hinabgehend.

Die Engel, welche Jesus dienten, erschienen in verschiedener Form und Ordnung; die, welche zuletzt mit Wein und Brot entschwanden, waren in priesterlicher Kleidung.

Ich sah aber in demselben Augenblick allerlei wunderbaren Trost über die jetzigen und späteren Freunde Jesu kommen. Ich sah Jesus seiner Mutter in Kana in einem Gesicht erscheinen und sie erquicken. Ich sah Lazarus und Martha gerührt und von Liebe zu Jesus erfüllt.

Ich sah die stille Maria von einem Engel mit der Gabe vom Tisch des Herrn wirklich gespeist. Ich sah den Engel bei ihr und sie es ganz kindlich empfangen. Sie hatte alle Leiden und Versuchungen Jesu immer mitangesehen und lebte ganz in diesem Schauen und Mitleiden und wunderte sich nicht.

Auch Magdalena sah ich wunderbar bewegt. Sie war mit Schmuck zu einem Fest beschäftigt, als sie eine plötzliche Angst über ihr Leben und innere Begierde nach Rettung überfiel, so dass sie ihren Schmuck auf die Erde warf und von ihrer Umgebung verlacht wurde.

Viele nachmalige Apostel sah ich auch erquickt und voll Sehnsucht. Ich sah Nathanael in seiner Wohnung an alles denken, was er von Jesus gehört und ihn sehr gerührt hatte; aber wieder aus dem Sinn schlagen. Ich sah Petrus, Andreas und alle anderen gestärkt und gerührt. Es war dies ein sehr wunderbares Bild, woran ich mich nur wenig mehr entsinne.

### *Maria und der Täufer während des Fastens Jesu*

Maria lebte zur Zeit des Fastens Jesu anfänglich in dem Hause bei Kapharnaum. Es war damals wie jetzt, und die Schwäche der menschlichen Natur bleibt immer dieselbe. Bei der heiligen Jungfrau Maria stellten sich allerlei Klatscherinnen von Nachbarsleuten ein, welche unter dem Vorwand, sie zu trösten, Jesus vorwarfen, dass Er herumziehe, niemand wisse wo; dass Er sie vernachlässige, da es seine Pflicht wäre, nach dem Tode Josephs für seiner Mutter Unterhalt ein Geschäft anzufangen.

Überhaupt war jetzt im ganzen Lande ein großes Gerede von Jesus, da nun das Wunder bei seiner Taufe, das Zeugnis des Johannes und die Erzählungen seiner zerstreuten Jünger zusammenkamen. Nur noch einmal bei Lazarus' Erweckung und vor seinem Leiden war das Gerücht ebensogroß.

Die Jungfrau Maria war sehr ernst und innerlich; sie ist nie ohne innere Bewegungen, Ahnungen und Mitleiden bei Jesu Abwesenheit gewesen.

Gegen das Ende der vierzig Tage war Maria zu Kana in Galiläa bei den Eltern der Braut von Kana. Es sind dies angesehene Leute und wie Vorgesetzte der Stadt.

Sie haben ein schönes Haus fast mitten in der Stadt, die sehr angenehm und rein gebaut ist. Es geht eine Straße mitten hindurch; ich meine von Ptolomais. Man sieht die Straße von den Anhöhen gegen die Stadt kommen.

Sie ist nicht so verwirrt und ungleich gebaut wie andere. Der Bräutigam heiratet hier ins Haus. Sie haben noch ein Haus in der Stadt, das sie ganz eingerichtet der Tochter mitgeben. Die Mutter Jesu wohnt jetzt darin.

Der Bräutigam ist fast ebenso alt wie Jesus; er ist, glaube ich, ein zugebrachter Sohn einer der drei Witwen von Nazaret. Er ist keiner von denen, die einmal mit Jesus nach Hebron gegangen sind. Er ist wie ein Hausvater bei seiner Mutter und führt ihr die Haushaltung. Er ist jetzt auch da; ich meine, er soll seinem Schwiegervater nachher in seinem Amt helfen. Die guten Leute ziehen Maria bei ihrer Einrichtung des Hauses der Kinder zu Rat und zeigen ihr alles; sie spricht auch mit der Braut. Ich sehe die Braut, ein schönes Mädchen, in Gegenwart anderer mit dem Bräutigam zusammen, aber verschleiert. Ich sah Johannes in dieser Zeit immerfort taufen.

Herodes bemühte sich, dass er zu ihm komme; er sandte auch nach ihm, um ihn über Jesus auszuhorchen. Johannes behandelte ihn aber immer so geringschätzig wie zuerst und wiederholte sein altes Zeugnis von Jesus. Es sind auch wieder Abgesandte von Jerusalem bei ihm gewesen, ihn über Jesus und ihn selbst zur Rede zu stellen. Johannes antwortete wie immer, er habe ihn früher nicht mit Augen gesehen, er sei aber gesandt, seinen Weg zu bereiten.

Ich sah, dass Johannes seit der Taufe Jesu immer lehrte, dass das Wasser durch die Taufe Jesu und den Heiligen Geist, der auf Jesus gekommen, geheiligt sei. Ich erfuhr, dass die Herabkunft des Heiligen Geistes auf Jesus in der Taufe nun die Taufe mehr geheiligt habe und dass aus dem Wasser sehr viel Böses gewichen sei.

Dieses war auch das schwarze Bild des Satans und das viele Ungeziefer, das ich über dem Jordan in eine Wolke dringen sah, als der Heilige Geist herabkam bei der Taufe. Es war wie ein Exorzisieren des Wassers.

Jesus ließ sich taufen, damit das Wasser geheiligt werde; Er hätte dessen nicht bedurft. Die Taufe des Johannes war nun reiner und heiliger; darum sah ich auch Jesus in einem abgesonderten Becken getauft werden und dass das Wasser aus diesem in den Jordan und das allgemeine Taufbad geleitet wurde. Deshalb nahmen auch Jesus und seine Jünger von dem Wasser zu ferneren Taufen mit.

# SECHSTES KAPITEL

## *Beginn des öffentlichen Lehrwandels bis zur Hochzeit von Kana*

### *Vom 6. bis 30. Dezember 1821*

### *Jesus zieht an den Jordan*

Bei Tagesanbruch sah ich Jesus an jener engen Stelle über den Jordan setzen, wo Er vor vierzig Tagen hinübergefahren war; es lagen dort Balken, womit man überschiffen konnte. Es war aber nicht die Überfahrstelle des allgemeinen Landwegs, sondern eine Nebenstelle.

Jesus ging nun an der Ostseite des Jordans hinab bis gegenüber der Taufstelle des Johannes. Da sah ich Johannes, der lehrte und taufte, gleich hinüberdeuten und ausrufen: «Sehet das Lamm Gottes, welches hinwegnimmt die Sünden der Welt!»[30] Jesus ging nun vom Ufer zurück Bethabara zu.

Andreas aber und Saturnin, welche bei Johannes gestanden, eilten über den Jordan; sie gingen den nämlichen Weg, den Jesus herübergekommen war. Es folgte auch einer der Vettern des Joseph von Arimathäa und zwei andere Jünger des Johannes. Als sie hinübergekommen waren, eilten sie Jesus nach, und ich sah Jesus sich wenden und ihnen entgegengehen und sie fragen, was sie suchten.

Da fragte Andreas freudig, ihn wieder gefunden zu haben, wo Er wohne. Jesus sagte ihnen, sie sollten ihm nachfolgen und führte sie zu einer Herberge vor Bethabara, gegen das Wasser zu gelegen, wo sie sich niedersetzten. Jesus blieb mit den fünf Jüngern heute in Bethabara. Er nahm eine Mahlzeit mit ihnen ein. Er sprach vom Anfang seines Lehramtes und dass Er sich Jünger sammeln werde. Andreas nannte ihm manche seiner Bekannten und lobte sie zu diesem Zweck: Er erwähnte Petrus, Philippus und Nathanael. Jesus sprach auch von der Taufe hier am Jordan und dass einige von ihnen hier taufen sollten. Da erwiderten sie, es sei hier keine bequeme Taufstelle wie jene, wo Johannes taufte, und es sei doch nicht gut, wenn dieser verdrängt werde. Jesus aber sprach von Johannes' Bestimmung und Sendung und deren nahen Vollendung überhaupt, und bestätigte alle Worte des Johannes, die er über sich und den Messias gesprochen hatte.

Jesus sprach auch von der Vorbereitung in der Wüste zu seinem Lehramt und von der Vorbereitung, die zu jedem wichtigen Werke nötig sei. Er war innig und vertraulich gegen die Jünger, diese waren etwas scheu und demütig. Sie schliefen hier.

7. Dezember: Am Morgen ging Jesus mit den Jüngern von Bethabara an den Jordan zu den Überfahrhäusern und lehrte in einer Versammlung. Später ging Er über den Jordan und lehrte in einem kleinen Ort, eine Stunde vor Jericho; es bestand aus etwa zwanzig Häusern. Es zogen Ströme von Täuflingen und Johannesjünger ab und zu, ihn zu hören und dem Täufer von ihm zu erzählen. Es war gegen Mittag, als Er hier lehrte.

Jesus beauftragte mehrere Jünger, nach dem Sabbat jenseits des Jordans, etwa eine Stunde stromaufwärts von Bethabara einen Taufbrunnen wieder zu ordnen, wo Johannes, von Ainon herabziehend, getauft hatte, ehe er auf der Westseite des Jordans gegenüber von Bethabara taufte.

Man wollte Jesus hier eine Mahlzeit bereiten; Er verließ aber den Ort und kehrte vor dem Sabbat über den Jordan nach Bethabara zurück, wo Er bis Samstagabend den Sabbat hielt und in der Synagoge lehrte. Er aß bei dem Vorsteher der Schule und schlief in dessen Haus.

9. Dezember: Ich sah Jesus, von Andreas, Saturnin, vielem Volk und auch Johannesjüngern begleitet, etwa eine Stunde nördlich von Bethabara am Jordan, der Gegend von Gilgal gegenüber, zu dem Taufbrunnen ziehen. Die Taufstelle, die Johannes eine kurze Zeit vor der bei Jericho innegehabt hatte, war von den

Jüngern hergestellt. Der Taufbrunnen war nicht ganz so groß wie der des Johannes bei Jericho. Er hatte einen erhabenen Rand mit einspringender Zunge zum Stand des Täufers. Der Rand war mit einem kleinen Kanal umgeben, aus welchem das Wasser in die Taufbrunnen gelassen werden konnte.

Es sind jetzt hier unten drei Taufbrunnen: dieser oberhalb Bethabara, dann der Taufbrunnen Jesu auf der emporgetauchten Jordansinsel und der allgemeine Taufbrunnen von Johannes.

Jesus, hier angekommen, goss Taufwasser aus dem Inselbrunnen, in dem Er getauft worden war, und das Andreas in einem Schlauch mitgebracht hatte, hier in den Taufbrunnen und segnete ihn. Es wurden auch alle Getauften ganz wunderbar gerührt und bewegt. Andreas und Saturnin tauften. Es war keine ganze Eintauchung. Die Leute traten neben dem Rand ins Wasser; es wurden ihnen die Hände auf die Schultern gelegt, und der Taufende schöpfte dreimal mit der Hand über sie und taufte im Namen des Vaters, des Sohnes und des Heiligen Geistes, welches Johannes nicht so tat, der ein dreistrahliges Schöpfgefäß hatte. Es ließen sich sehr viele Leute, besonders aus Peräa, taufen.

Jesus lehrte, auf einem kleinen Rasenhügel in der Nähe stehend, von der Buße und der Taufe und von dem Heiligen Geist. Er sagte: «Mein Vater hat den Heiligen Geist herabgesandt, als ich getauft wurde, und hat gesagt: ‹Das ist mein lieber Sohn, an dem ich Wohlgefallen habe.›» Das sagt Er aber zu jedem, welcher seinen himmlischen Vater liebt und seine Sünden bereut; und über alle, welche getauft werden im Namen des Vaters, des Sohnes und des Heiligen Geistes, sendet Er seinen Heiligen Geist, und alle sind dann seine Söhne, an denen Er Wohlgefallen hat; denn Er ist der Vater aller, welche seine Taufe empfangen und ihm durch dieselbe geboren werden.»

Ich wundere mich immer, wie das alles im Evangelium so kurz steht und wie Jesus da gleich, als Andreas ihm nach dem Zeugnis des Johannes gefolgt ist, mit Petrus zusammenkommt, der doch gar nicht da war, sondern in Galiläa.

Noch wunderbarer aber kommt mir immer vor, wie nach dem Palmsonntagseinzug in Jerusalem so schnell das Abendmahl und die Passion folgt, wo ich immer so viele Lehren Jesu dazwischen höre und so viele Tage sehe. So meine ich, Jesus wird sich wohl noch vierzehn Tage hier aufhalten, ehe Er nach Galiläa geht. Andreas war noch nicht eigentlich zum Jünger aufgenommen.

Jesus hatte ihn nicht gerufen, er war selbst gekommen und hatte sich angeboten, er wolle gern bei ihm sein. Er ist dienstbegieriger und sich anbietender als Petrus, der dachte gar leicht: Dazu bin ich zu gering, das geht über meine Kräfte, und dabei ging er seinen Geschäften nach. Auch Saturnin und die beiden Vettern Josephs von Arimathäa, Aram und Themeni, hatten sich so ihm angeschlossen.

Es wären aber noch viele andere Jünger von Johannes, dessen Taufstelle immer leerer wurde, zu Jesus gekommen, wenn nicht einige eigensinnige Jünger von Johannes, welchen das übel gefiel, sie davon abgehalten hätten. Diese klagten Johannes darüber und meinten, es sei unrecht von Jesus, hier zu taufen, das sei seine Sache nicht. Johannes hatte genug zu tun, ihre Kurzsichtigkeit zu belehren. Er sagte ihnen, sie sollten sich seiner Worte erinnern, wie er es immer vorausgesagt, dass er nur den Weg bereite und dass er nun bald ganz diesen Wandel verlassen werde, wenn die Wege bereitet seien. Sie hatten aber Johannes sehr lieb, und es wollte ihnen das gar nicht in den Kopf. Es war heute schon so voll bei Jesu Taufstelle, dass Er zu seinen Jüngern sagte, sie wollten morgen weiterwandern. Jesus übernachtete wieder zu Bethabara beim Synagogenvorsteher.

### *Jesus lehrt in Ophra und Dibon*

10. Dezember: Heute früh sah ich Jesus mit etwa zwanzig Begleitern, worunter Andreas, Saturnin, Aram und Themeni waren, Bethabara verlassen, an der gewöhnlichen, leichten Überfahrtsstelle über den Jordan gehen und sich, Gilgal rechts lassend, in eine in einem engen Gebirgstal sehr versteckt liegende Stadt, Ophra, begeben. Es kamen hierdurch immer Leute aus der Gegend hinter Sodom und Gomorrha, die auf Kamelen mit Waren östlich des Jordans zogen und sich von Johannes taufen ließen.

Es war hier ein Seitenweg aus Judäa nach dem Jordan; der Ort lag sonst sehr vergessen, etwa drei bis vier Stunden von Johannes' Taufstelle entfernt – ich meine, nicht so weit von Jericho; von Jerusalem etwa sieben Stunden. Der Ort lag kalt und hatte nicht viel Sonne; er war gut gebaut. Die Leute hatten so einen Krämer-, Zöllner- oder Schmugglerwohlstand. Es war, als wenn sie von den Durchziehenden tüchtigen Nutzen zögen. Sie waren nicht böse; aber lau und obenhin, wie oft Krämer und Wirte sind, denen alles ins Maul fliegt. Ich bin früher nicht an diesem Ort gewesen, habe auch Jesus bis jetzt nie dort gesehen. Die Leute hatten sich auch noch nicht viel um Johannes' Taufe bekümmert. Sie hungerten nicht nach dem Heil. Es war hier alles wie an einem Ort, von dem man zu sagen pflegt, der Ort hat gute Nahrung.

Als sie sich dem Ort näherten, sandte Jesus die Neffen Josephs von Arimathäa voraus, die Schlüssel der Synagoge zu begehren und die Leute zur Lehre einzuladen. Er brauchte diese immer zu solchen Sendungen; denn sie waren sehr lieblich und geschickt. Beim Eintritt in die Stadt liefen Besessene und Wahnsinnige um Jesus her und schrien aus der Ferne: «Da kommt der Prophet, der Sohn Gottes, Jesus Christus, unser Feind, Er wird uns vertreiben.» Jesus befahl ihnen zu schweigen und sich zu beruhigen. Sie wurden alle still und folgten in die Synagoge nach, in welche Jesus schier bis ans andere Ende der Stadt gehen musste. Er lehrte hier bis zum Abend und ging nur einmal hinaus, um eine Erquickung zu nehmen.

Er lehrte von der Nähe des Reiches Gottes und der Notwendigkeit der Taufe und ermahnte die Einwohner streng, aus ihrer Lauheit und Sicherheit zu erwachen, auf dass das Gericht nicht über sie komme. Er sprach auch sehr deutlich gegen ihren Wucher, ihren Schleichhandel und gegen solche Sünden wie die der Zöllner und Krämer. Die Leute widersprachen nicht, sie waren aber auch nicht sehr empfänglich; denn sie waren sehr in ihrer Krämerei befangen. Einige jedoch waren durch seine Lehre sehr gerührt und verändert. Es kamen mehrere der Angesehenen und Geringeren am Abend in die Herberge zu ihm und waren fest entschlossen, sich taufen zu lassen. Sie zogen auch die folgenden Tage schon zu Johannes. Jesus schlief in der Herberge.

11. Dezember: Heute verließ Jesus Ophra und ging morgens mit seinen Jüngern gegen Bethabara zurück. Sie trennten sich auf dem Weg. Er sandte Andreas mit den meisten auf dem Weg voraus, den sie hierher gekommen waren, Er selbst folgte mit Saturnin und dem Vetter Josephs von Arimathäa (Ich meine, es war nur einer davon bei ihm.), ging näher gegen Johannes' Taufort zu und zog auf demselben Weg, wo dieser nach der Taufe zuerst Zeugnis von ihm abgelegt hatte. Es ereignete sich aber nichts. Jesus ging auf dem Weg in Richtung Übergang des Jordans noch in einige Häuser und lehrte und ermahnte die Leute zur Taufe.

Sie kamen am Nachmittag erst wieder in Bethabara an, und ich sah ihn am selben Tag noch am Taufplatz lehren und sah Saturnin und Andreas taufen. Seine Lehre war, da es immer neue Leute waren, die zur Taufe kamen, meist dieselbe und zwar darüber, dass sein himmlischer Vater zu allen Büßenden und Getauften sage: «Das ist mein lieber Sohn», und dass sie alle seine Kinder würden. Die meisten Täuflinge waren aus dem Lande des Tetrarchen Philipp, der ein guter Mann war. Die Leute waren ziemlich glücklich und hatten darum noch wenig daran gedacht, sich taufen zu lassen.

(Am Abend sagte sie unbestimmt:) Jesus verweilt nach dem Fastenende ungefähr zwanzig Tage hier; also noch etwa vierzehn Tage, dann geht Er nach Kana, wo seine Mutter ihn erwartet.

12. Dezember – (Vom 12. bis 13. war sie todkrank. Am 13. abends erzählte sie in anderem Zustand folgende Überreste:)

Jesus ist heute von Bethabara mit drei Jüngern hinauf zu der Stadt gegangen, wohin Er am 15. Oktober zum Laubhüttenfest gekommen war. Er ging gegen Dibon zu. Er lehrte unterwegs in mehreren, einzeln zusammenliegenden Häusern. Als Er in die Stadt kam, lehrte Er in der Synagoge, die von der Stadt ab in dem Talweg lag, auf dem Er am Laubhüttenfest gewandelt war. Er übernachtete in einer etwas abgelegenen Herberge oder einem Schuppen, wo allerlei Feldarbeiter aus der Gegend Unterkommen und Speise erhielten.

Es wird jetzt hier an der Sonnenseite gesät, was um Ostern reif wird. Sie graben hier das Land; denn es ist bald Grund, bald Stein, bald Sand, und sie können das Werkzeug, womit sie sonst die Erde lockern, nicht anwenden. Sie pflanzen auch ein gewisses Kraut und haben einen Teil der ausstehenden Ernte jetzt erst eingetragen. Jesus erzählte in der Synagoge und bei den Feldarbeitern die Parabel vom Sämann und legte sie ihnen aus. Er legt die Parabeln nicht immer aus; vor den Pharisäern erzählt Er sie oft nur ohne Auslegung.

Am 13. war Er noch hier und auf dieselbe Weise beschäftigt. Heute sind Andreas und Saturnin und andere Jünger, welche gestern bei Bethabara getauft haben, nochmals nach Ophra gegangen, um die Leute dort, welche durch die Lehre sehr erweckt worden sind, noch mehr zu bestärken.

In dem Haus, wo Jesus sich bei Dibon aufhielt, sind auch abgesondert die Frauen der Landleute, um ihnen die Speise zu bereiten. Es sind alles gute, einfach lebende Menschen. Die Bewohner der Gegend sind gut gesinnt gegen Jesus, welcher am Laubhüttenfest zu Dibon viele Kranke geheilt hat. Er war eigentlich nicht in Dibon selbst, so auch nicht bei den Zöllnern, die näher am Jordan wohnen, sondern nur in dem etwa drei Stunden langen Tal.

### *Jesus in Eleale und Siloh*

14. und 15. Dezember:

Jesus ging heute aus der Herberge bei Dibon fort. Es lagen hier Wohnungen zerstreut im Tal zwischen Dibon und dem Jordan, welches wohl eine Strecke von drei Stunden einnahm. Er zog gegen Süden und gelangte auf einen Weg, der wohl zwei Stunden südlicher vom Jordan nach Osten führte als der von Bethabara, den Er gekommen war. Er kam etwa 4 Stunden weit von Dibon nach einem Ort mit seltsamem Namen. Ich wollte immer den Namen des Ortes nicht annehmen. Gibt es denn so einen Ort? Der Name kam mir so kurios vor, weil wir Kinder beim Austreiben der Kühe immer einander über das Feld: Helo! Helo! Zuriefen, und ich musste den Namen mehrmals hören, ehe ich ihn annahm. Ei wat!, dachte ich immer, dat is ja: Helo! Helo! as de Kinner rupen, wann se de Kühe utlieten[31]. Wir schrien dann immer in der

Bauerschaft herum über die Äcker unseren Gespielen zu, dass sie auch mit ihren Kühen da oder dort hintreiben sollten, sie schrien mir dann zu: «Helo! Helo! Anne Katerinke Emmerike! Wilt du met na de Waterfuhrt go, so go gau to, helele loh loh»[32]. (Sie wiederholte dieses in einem singenden Kuhhornton und nannte alle Namen ihrer Gespielen und sehnte sich nach einer frommen und schuldlosen Zeit.)

Jesus kam mit etwa sieben Jüngern in Eleale an; es müssen einige zu ihm gekommen sein, die ich vergessen habe. Andreas, Saturnin und andere, die nach Ophra gezogen waren, sind zurückgekehrt, ich vergaß, wohin, sie müssen bald zu ihm kommen. Jesus kehrte beim Synagogenvorsteher ein. Abends am Sabbat lehrte Er in der Synagoge über eine Parabel von schwankenden Ästen der Bäume, welche die Blüten abschüttelten und keine Früchte trugen. Ich weiß nur davon, dass Er den Einwohnern dadurch verweisen wollte, wie sie sich größtenteils nach der Johannestaufe nicht besserten und sich von jedem Winde die Blüten der Buße abschütteln ließen, ohne Frucht zu tragen. Sie waren hier so. Er wählte aber besonders dieses Gleichnis, weil sie sich hier meist von Obstbau nährten. Sie trugen es weit weg, denn es war hier abgelegen und keine Landstraße. Sie machten auch Decken und grobe Stickereien in Menge. Jesus hatte bis jetzt noch keinen Widerspruch, die Leute in Dibon und überall umher hatten ihn sehr lieb und sagten immer, sie hätten nie einen solchen Lehrer gehört, und die Greise verglichen ihn immer mit den Propheten, von deren Lehre sie von ihren Voreltern gehört hatten.

Jesus hat neulich schon zu seiner Mutter nach Kana gesandt und ihr sagen lassen, wann Er zu ihr kommen werde. Von Jerusalem war noch keiner bei ihm, aber die meisten, welche nach der Taufe durch Johannes mit ihm gezogen sind, waren wieder bei ihm zu Bethabara und gingen ab und zu zu Johannes.

Am 15. samstags schloss Jesus den Sabbat hier.

16. und 17. Dezember:

Jesus ging am Sonntag, den 16., etwa drei Stunden weit gegen Westen in einen Ort Bethjesimoth, an der Ost- und Sonnenseite eines Berges bei einem Flüsschen gelegen, etwa eine Stunde vom Jordan. Auf dem Weg dahin sind Andreas und Saturnin und noch andere Johannesjünger wieder zu ihm gestoßen, und ich hörte auf dem Weg den Herrn mit ihnen sprechen von den Kindern Israels, die hier gelagert, und wie Josua und Moses mit ihnen gesprochen haben. Er machte eine Anwendung davon auf die jetzige Zeit und seine Lehre. Bethjesimoth ist nicht groß, aber sehr fruchtbar, besonders an Wein.

Als Jesus ankam, führte man soeben dämonische, eingeschlossene Leute aus einem Haus, worin sie eingesperrt waren, ins Freie. Diese begannen zu toben und zu schreien: «Da kommt Er, der Prophet! Er will uns vertreiben!» Jesus wandte sich ihnen zu und gebot ihnen Schweigen; ihre Fesseln sollen fallen, und sie sollen ihm in die Synagoge folgen. Da fielen ihre Fesseln durch ein Wunder ab; die Leute wurden ganz ruhig, warfen sich vor Jesus nieder, dankten und folgten ihm in die Synagoge. Er lehrte in Parabeln von der Fruchtbarkeit und dem Weinbau. Nachher hat Er viele Kranke in den Häusern besucht und geheilt. Der Ort liegt an keiner Hauptstraße, die Leute müssen ihre Früchte selbst zum Markt tragen.

Auch Montag, den 17., heilte und lehrte Jesus hier.

18. bis 20. Dezember:

Jesus ging heute, wenngleich die Einwohner ihn sehr zu bleiben baten, weil Er hier nach der Zeit in der Wüste zuerst geheilt hatte, mit Andreas, Saturnin und Vettern des Joseph von Arimathäa hinweg, in allem mit etwa zwölf Begleitern. Er ging schräg gegen Norden ein paar Stunden bis an eine öffentliche Überfuhr, zu der die Heerstraße von Dibon führte und über welche Er am Laubhüttenfest aus Gilgal gegen Dibon gereist war. Man musste hier ziemlich lange fahren, weil eines steilen Ufers wegen die Anlandestellen einander nicht gerade gegenüber lagen.

Auf der Abendseite sah ich sie noch etwa eine Stunde Wegs in der Richtung Samaria über den Fuß eines Berges in einen kleinen Ort wandeln, der in einer Reihe von Häusern ohne Schule bestand. Einige Stunden von hier westlich in einem Bergwinkel liegt der Ort, wo Jesus am 23. bis 24. Oktober den Essener Jairus besuchte. Dieser Ort war durchwegs von Hirten und gutmütigen Leuten bewohnt, die schier wie die Hirten an der Krippe gekleidet waren. Jesus lehrte auf einem erhöhten Platz, wo ein Lehrstuhl von Stein unter freiem Himmel errichtet war. Die Leute hatten hier auch die Taufe des Johannes empfangen.

Am 19. gegen Abend sah ich Jesus auf der Höhe eines sanft aufsteigenden Gebirges in Siloh, einer etwas verwüsteten Stadt, an deren Toren sich große, zerbrochene Portale befanden, ankommen. Vor der Stadt war in einiger Entfernung ein zerstörtes Kloster der Essener und auch nicht weit vom Eingang der Stadt ein anderes Haus; ich sah, worin die Benjamiter einmal viele beim Laubhüttenfest zu Siloh gefangene Jungfrauen eingesperrt hatten. Die Synagoge zu Siloh lag hoch auf dem Gipfel der Stadt, und man hatte von dort eine außerordentlich weite Aussicht. Man sah auf die Berge von Jerusalem und auf das Meer von Galiläa und über viele Berge. Die Leute schienen mir hier nicht gut, sie waren hoffärtig, voll Dünkel und Sicherheit.

Ich sah Jesus mit seinen Begleitern, die mit Andreas und Saturnin wohl etwa zwölf sein mochten, in einem großen Haus einkehren, in dem sehr viele Pharisäer und Schriftgelehrte zu wohnen schienen; wenigstens hielten sie sich darin auf, denn ich sah wohl etwa zwanzig derselben in ihren langen Kleidern mit Gürteln und rauhen, lang an den Ärmeln niederhängenden Zöpfen um ihn versammelt.

Ich glaube, Jesus wird hier Widerspruch haben, denn sie stellten sich, als kennten sie ihn nicht, und führten gegen ihn allerlei Stichelreden: Wie das dann nun wohl wäre. Jetzt seien ja zwei Taufen, die von Johannes und dann noch eine von dem Jesus, dem Zimmermannssohn aus Galiläa. Welches denn nun wohl die rechte Taufe sei. Und man höre nun auch, dass sich andere Frauen an die Mutter dieses Zimmermannssohnes anhängten, z.B. die eine Witwe mit ihren beiden Söhnen (ich habe den Namen vergessen), und so zöge sie herum und mache ihrem Sohn Anhänger. Sie brauchten aber solche Neuerungen nicht, sie hätten die Verheißung und ihr Gesetz. Solche Reden führten sie nicht gerade und derb herauspolternd, sondern mit einer spitzen, grinsenden Freundlichkeit gegen Jesus; und ich gedachte dabei jenes schleichenden, Sanftmut heuchelnden Hohnes, der mir oft vom lauernden Verdacht aufgeklärter Leute auf meinem Kreuzweg geboten worden ist.

Wo Jesus mit den Jüngern in Siloh eingekehrt ist, das war ein Haus, worin einzukehren reisende Lehrer und Propheten ein Recht hatten; es hing mit den Wohnungen und Schulen der Pharisäer und Sadduzäer zusammen, die hier waren; es war hier wie ein Seminar. Es lag nicht weit von der höchsten Höhe des Berges, wo ehemals die Stiftshütte und Bundeslade standen. Diese höchste Höhe war wie ein einziger, steiler Felsen und hatte eine große Fläche, ich meine, schier so groß wie Dülmen[33]. Es war da ein großer Raum, mit einer teils zerstörten Mauer umgeben, und darin lagen allerlei zerbrochene Fundamente eines ehemaligen steinernen Gebäudes. Es ist aber vielleicht nur eine schöne Mauer oder hohe Halle gewesen. Wo die Bundeslade sonst gestanden, war unter einem auf offenem Bogen ruhenden Dach eine solche Säule wie in Gilgal, und unter derselben war auch wie dort eine Art Gruft im Felsengrund.

Es war auch eine Synagoge auf dieser ummauerten Höhe, und nicht weit von dem Ort der Bundeslade waren ein Opferplatz und eine verdeckte Grube, wo sie den Unrat beim Schlachten hineinwarfen; denn ich hörte, dass sie hier noch drei- oder viermal im Jahr opfern durften.

Ich weiß nicht mehr, wie die Handlungen und Lehren Jesu hier aufeinander folgten; ich erinnere mich nur noch, dass Jesus ihnen auf ihre spitzen Reden antwortete: Er sei der, von dem sie sprechen. Und da sie von der Stimme bei seiner Taufe sprachen, lehrte Er, es sei die Stimme seines himmlischen Vaters gewesen, der eines jeden Vater sei, der seine Sünden bereue und aus der Taufe wiedergeboren werde. Da sie ihn und seine Jünger nicht an die Stelle der Bundeslade als einen sehr heiligen Platz lassen wollten, ging Er dennoch hin und verwies ihnen, dass sie hier wegen ihrer Bosheit die Bundeslade verloren, dass sie nun bei dem leeren Platz eben so fortführen, dass sie das Gesetz damals und immer verletzt, und wie die Bundeslade von ihnen gewichen, werde nun auch die Erfüllung des Gesetzes von ihnen weichen. Als sie nun aus dem Gesetz mit ihm disputieren wollten, stellte Er sie zwei und zwei und fragte sie aus wie Kinder, legte ihnen allerlei tiefe Fragen aus dem Gesetze vor, doch sie konnten sie nicht beantworten.

Sie waren ganz beschämt und zornig, sie stießen einander an, murrten und fingen an hinwegzugehen. Jesus führte sie auch an die bedeckte Grube, worin die Opferabfälle geworfen wurden, ließ sie aufdecken und sagte von ihnen in einem Gleichnis, dass sie wie die Grube seien: inwendig von Unrat und Verwesung, zum Opfer nicht tauglich, äußerlich sauber zugedeckt, hier an einer Stelle, von welcher um der Sünden ihrer Voreltern willen das Heiligtum gewichen sei. Er sagte ihnen auch, dass Er nicht mehr zu ihnen kommen werde. Sie gingen alle ergrimmt von dem Ort weg.

Jesus lehrte hier in der Synagoge besonders viel von der Ehrfurcht vor dem Alter und der Liebe gegen die Eltern. Er lehrte sehr streng davon, denn die Leute von Siloh hatten seit langem den üblen Brauch, die Eltern zu verachten, zurückzusetzen und zu verstoßen. Von Bethel, welches gegen Süden liegt, führt eine Straße hierher, Lebona liegt in der Nähe. Es kann von hier etwa acht bis neun Stunden bis Samaria sein; die Stadt liegt rund um den Felsen, sie ist nicht sehr bevölkert, es ist eine Pharisäer- und eine andere Sektenschule hier. Der Prophet Jonas liegt hier begraben.

## *Jesus in der Levitenstadt Kibzaim und Thebez*

21. Dezember: Jesus ging heute morgen an der anderen Seite der Stadt nordwestlich hinaus. Ich sah, dass Andreas, Saturnin und Joseph von Arimathäas Vetter sich von ihm trennten und voraus nach Galiläa zogen. Nun wird Andreas Petrus aufsuchen und ihm sagen, dass er Jesus wiedergefunden hat, und nun kommt erst Vers 41 vom 1. Kapitel Johannes. Jesus sah ich mit den anderen Johannesjüngern, die bei ihm waren, am Freitag, den 21., vor Sabbat in Kibzaim ankommen. Es liegt im Tal zwischen Ästen des Gebirges, das sich durchs Land in der Mitte hinzieht und hier schier eine Wolfsklaue bildet. Die Leute waren hier recht gut und freundlich und recht für Jesus eingenommen; sie warteten schon auf ihn. Es war, glaube ich, eine Levitenstadt. Jesus kehrte bei der Schule bei einem Vorsteher ein.

Ich sah hier Lazarus und Martha und Johanna Chusa und den Sohn Simeons, der am Tempel angestellt war, und den alten Diener des Lazarus ankommen und Jesus begrüßen. Sie waren auch auf der Reise zur Hochzeit nach Kana begriffen, und ich glaube, dass sie durch Botschaft wussten, dass sie mit Jesus hier zusammentreffen würden. Jesus zeichnete Lazarus beim Empfang immer als einen besonders geliebten Freund aus; doch hörte ich ihn nie fragen: «Was macht dieser oder jener deiner Verwandten oder Bekannten?»

Jesus lehrte am Sabbat in Parabeln, die mir entfallen sind. Kibzaim liegt einsam in einem Bergwinkel versteckt. Die Leute leben vom Obstbau; auch sind viele Zelt- und Teppichmacher hier, besonders aber habe ich noch nirgends so viele Sohlenmacher gesehen. Heute hielt Jesus noch den Sabbat hier und heilte mehrere Kranke. Es waren Wassersüchtige und Irrsinnige, die auf kleinen Betten zu ihm vor die Schule getragen wurden. Jesus hatte eine Mahlzeit bei einem vornehmen Leviten.

Die Hochzeit zu Kana kann erst nach etwa zehn Tagen anfangen, denn ich sehe, dass man sich hier und sonst im Land auf ein großes, achttägiges Fest vorbereitet, auf das Tempelweihfest mit den vielen Lichtern, das ich neulich bei dem Bild von Christi Geburt einige Tage nachher vom hl. Joseph in der Krippenhöhle feiern sah, weil im Geburtsjahr Jesu der Tag dieses Festes auf den 7. Dezember fiel. Ich habe auch einen Blick gehabt, als würden Nathanael, Philippus und andere Apostel in diesen Tagen mit Jesus zusammenkommen, wo, weiß ich nicht mehr recht, doch muss es in diesen Tagen geschehen sein.

22. Dezember: Jesus ging nach dem Sabbat abends noch bis Sichar, wo Er spät ankam und in einer bestimmten Herberge übernachtete. Lazarus und seine Gesellschaft zog von Kibzaim gerade nach Galiläa.

23. Dezember: Jesus ist am anderen Morgen früh von Sichar nordöstlich gegen Thebez aufgebrochen. In Sichar oder Sichem konnte Er nicht lehren; es waren keine Juden hier, sondern Samaritaner und noch eine andere Art Leute. Sie sind von der Babylonischen Gefangenschaft oder einem Krieg hierher gekommen; sie gehen zum Tempel nach Jerusalem, opfern aber nicht mit. Bei

Sichem ist ein schönes Feld, das Jakob für seinen Sohn Joseph gekauft hatte. Ein Teil davon gehört schon dem galiläischen Herodes. Es ist durch das Tal mit einem Erdwall, Pfad und Pfählen eine Grenze gezogen.

Durch Thebez, das eine ziemlich große Stadt ist, geht eine Landstraße. Hier wird Handel getrieben. Es kommen da Kamele durch, hochbepackt. Es ist gar wunderlich anzusehen, wenn die hochbepackten Tiere wie kleine Türme langsam über den Berg steigen und der Kopf auf dem langen Hals vor der hohen Last hin und her schwankt. Die Leute handeln auch mit roher Seide.

Sie waren nicht böse und widersetzten sich Jesus nicht, aber sie waren auch nicht einfach und kindlich. Sie waren lau, so wie wohlhabende Handelsleute oft sind, und die Priester und Schriftlehrer waren etwas sicher und neutral. Als Jesus in den Ort ging, erhoben Besessene und Irrsinnige ihr Geschrei: «Da kommt der Prophet aus Galiläa!» Er gebot ihnen, ruhig zu sein, und da wurden sie still. Jesus kehrte hier bei der Synagoge ein; und da ihm die Leute folgten und ihm viele Kranke brachten, heilte Er viele. Jesus lehrte abends hier in Thebez in der Schule und feierte das Fest der Tempelweihe mit, welches an diesem Abend begann. Es wurden in der Schule und in allen Häusern sieben Lichter angezündet. Ich sah auch draußen auf dem Feld und auf Wegen bei Hirtenwohnungen kleine Büschel auf Stangen angezündet. Thebez lag recht wunderbar auf der Höhe. In einiger Entfernung konnte man die Gebirgsstraße durchziehen sehen und wie sich die belasteten Kamele bergab bewegten; in der Nähe sah man dies nicht.

### *Blick auf die Wege der Jünger und Freunde des Herrn*

Andreas, Saturnin und Josephs Neffe waren von Siloh schon nach Galiläa gezogen. Andreas war bei den Seinigen zu Bethsaida gewesen und hatte dem Petrus erzählt, dass er den Messias, der nun herauf nach Galiläa ziehe, wiedergefunden habe und dass er Petrus zu ihm bringen wolle. Diese alle zogen nach Arbela[34], das auch Betharbel heißt, zu Chased (Nathanael), der dort Geschäfte hatte, und holten ihn ab, um mit ihm nach Gennabris zu gehen und das Fest dort zu feiern; denn dort hatte Chased damals seinen Sitz, und zwar in einem hohen Haus, das mit mehreren anderen einzeln vor der Stadt lag. Sie sprachen viel von Jesus und waren eigens von Andreas dorthin zum Fest geführt worden, weil dieser viel auf Nathanael hielt, wie sie alle. Sie wollten dessen Meinung hören; er wollte aber von der ganzen Sache nicht viel halten.

Lazarus hatte Martha und Johanna Chusa zu Maria nach Kapharnaum gebracht, wohin sie wieder von Kana gereist war, und zog selbst mit Simeons Sohn wieder nach Tiberias hinab, wo sie mit Jesus zusammentreffen wollten. Auch der Bräutigam von Kana zog dahin, dem Herrn entgegen. Dieser Bräutigam war der Sohn von der Annas Schwester Sobe Tochter, er hieß auch Nathanael und war nicht von Kana, sondern heiratete nach Kana. Die Stadt Gennabris war volkreich; es ging eine Landstraße durch, es gab viel Gewerbe und Handel darin, auch mit Seide. Sie lag ein paar Stunden von Tiberias ins Land, doch von Gebirgen getrennt, so dass man etwas südlich gehen und sich zwischen Emaus und Tiberias gegen Tiberias wieder herumwenden musste. Arbel lag zwischen Sephoris und Tiberias.

24. Dezember: Jesus brach vor Tag von Thebez auf und zog mit den Jüngern erst östlich, dann sich gegen Norden wendend, am Fuß der Berge im Jordantal gegen Tiberias zu. Er zog durch Abel-Mehula, einen schönen Ort, wo das Gebirge sich mehr nördlich wendet. Es ist die Geburtsstadt des Elisäus. Die Stadt zieht über einen Bergrücken, und ich bemerkte den großen Unterschied der Fruchtbarkeit an der Sonnen- und Nordseite. Die Leute waren hier ziemlich gut. Sie hatten von Jesu Wunder zu Kibzaim und Thebez gehört. Sie hielten ihn auf dem Wege auf und wünschten, Er möge hier bleiben und heilen. Es war schier ein Auflauf. Jesus verweilte nicht lange. Ich meine, der Ort war etwa vier Stunden von Thebez entfernt. Jesus zog neben Scythopolis und dem Jordan hin.

Als Jesus von Abelmehula weiter reiste, kamen, während die anderen Freunde schon in Gennabris waren, Andreas mit Petrus und Johannes dem Herrn bei einem Städtchen entgegen, etwa sechs Stunden von Tiberias entfernt. Petrus war mit Johannes in der Gegend der Fischerei wegen gewesen. Sie wollten auch nach

Gennabris. Andreas aber beredete sie, erst dem Herrn entgegen zu gehen. Andreas führte nun seinen Bruder zu Jesus, und dieser sprach unter anderen Reden zu ihm: «Du bist Simon, des Jonas Sohn, künftig wirst du Kephas heißen»[35]. Es geschah dies nur kurz in der Ansprache. Zu Johannes, den Er schon länger kannte, sagte Er etwas vom nächsten Wiedersehen. Hierauf zogen Petrus und Johannes nach Gennabris. Andreas aber blieb bei Jesus; ich meine, sie blieben hier in dem Ort, der ungefähr zwölf Stunden von Thebez entfernt sein mochte.

(An diesem Tage sagte sie, Johannes habe seine Taufstelle diesseits des Jordans verlassen, sei über den Jordan gezogen und habe da zu taufen fortgefahren, etwa eine Stunde über Bethabara, wo Jesus neulich habe taufen lassen und Johannes selbst auch früher getauft habe. Sie hatte den Namen eines nahe gelegenen Ortes vergessen und nannte nur die Silbe Ma-. Er habe hauptsächlich hier getauft, weil viele Leute aus dem Land des Tetrarchen Philippus, der ein gutmütiger Mann war, sich taufen lassen wollten, aber nicht gern über den Jordan gingen, besonders da auch viele Heiden darunter waren und weil durch Jesu letzte Anwesenheit in dieser Gegend viele Leute zur Taufe erweckt worden waren. Auch wohl um zu zeigen, dass Johannes nicht von Jesus getrennt sei, taufte er nun auf demselben Platz.)

### *Jesus in Tarichäa und Kapharnaum*

25. und 26. Dezember:

Jesus kam heute in der Nähe von Tarichäa mit Andreas in ein zur Fischerei gehöriges Haus nahe beim See. Ich glaube, man verkaufte oder salzte die Fische dort. Andreas hatte die Herberge dort schon bestellt, oder es gehörte noch zu der Fischereipachtung von Petrus. Jesus ging nicht in die Stadt. Die Einwohner hatten etwas Finsteres, Widerwärtiges und waren sehr auf Wucher und Gewinn aus. Simon, der in dieser Stadt ein Amt hatte (Cananaeus), war mit Thaddäus und Jakobus Minor (dem Jüngeren), seinen Brüdern, auf dem Fest in Gennabris, wo auch Jakobus Major (der

Ältere) und Johannes waren. Lazarus, Saturnin und Simeons Sohn kamen hier zu Jesus und auch der Bräutigam von Kana. Dieser lud Jesus und alle seine Begleiter zu seiner Hochzeit ein. Jesus betete abends und feierte zu Hause das Lichterfest.

26. Dezember: Untertags ging Jesus mit einigen Jüngern in der Nähe im Gebirge umher. Es waren dort hier und da auch Höhlen. Er sonderte sich ab und betete einsam. Morgens und abends betete Er zu Hause mit ihnen und feierte abends das Tempelweihfest mit Anzündung der Lichter. Die Hauptursache, weswegen Jesus die zwei Tage bei Tarichäa verweilte, war, dass Er den künftigen Aposteln und Jüngern Zeit lassen wollte, sich die Gerüchte und das, was Andreas und Saturnin ihnen erzählt hatten, einander mitzuteilen und sich darüber zu verständigen.

Ich sah auch, dass Andreas, während Jesus in der Gegend wandelte, in dem Haus blieb und mit einem Rohr Briefe schrieb auf Streifen wie von Baumbast; man konnte das Geschriebene durch ein gespaltenes Holz zurückschieben und aufrollen. Es kamen in das Haus oft Männer und auch Jünglinge, welche Arbeit suchten, und Andreas brauchte sie als Boten. Er schickte diese Briefe an Philippus und seinen Halbbruder Jonathan und nach Gennabris an Petrus und die anderen und meldete ihnen, dass Jesus zum Sabbat nach Kapharnaum kommen würde und beschied sie dahin.

Jesus würde vielleicht erst am Freitag, dem 28., nach Kapharnaum gegangen sein; es kam aber Botschaft von Kapharnaum an Andreas, er möge ihn doch bitten zu kommen, es warte schon mehrere Tage ein Bote aus Kedes auf ihn, der ihn um Hilfe anflehen solle. Der Bräutigam Nathanael war mit einigen Johannesjüngern schon wieder weggezogen.

27. Dezember: Kapharnaum liegt nicht dicht am See, sondern auf der Anhöhe und an der Südseite eines Berges, der ein Tal an der Westseite des Sees bildet, wo der Jordan sich in denselben ergießt. Bethsaida aber liegt bald unter dem Eintritt des Jordans in den See. Heute ging Jesus mit Andreas, Saturnin und Obed und einigen Johannesjüngern vom Fischerhaus bei Tarichäa nach Kapharnaum. Sie zogen östlich von Magdalum die Straße am See entlang, kamen durch das Tal vor Kapharnaum und ließen Bethsaida rechts liegen. Sie gingen in einzelnen Gruppen. And-

reas kam auf dem Weg mit seinem Stiefbruder Jonathan und mit Philippus zusammen, die, glaube ich, ihm auf seine Nachricht hin entgegen gekommen waren. Sie kamen aber auf diesem Weg nicht mit Jesus zusammen. Sie gingen mit Andreas nach oder vor Jesus, was ich nicht mehr weiß. Ich hörte nur, dass Andreas lebhaft mit ihnen sprach und ihnen erzählte, was er alles von Jesus gesehen und dass Er wahrhaftig der Messias sei, und wenn sie ihm folgen wollten, so brauchten sie ihn gar nicht darum zu ersuchen; sie sollten nur achtgeben; wenn sie es herzlich verlangten, werde Er sie mit einem Wink, einem Wort aufnehmen.

Die heiligen Frauen und Maria, die Mutter Jesu, waren nicht in Kapharnaum, sondern in Marias Wohnung im Tal vor Kapharnaum gegen den See zu und hielten dort das Fest. Die Söhne der Maria Cleophä und Jakobus der Ältere und sein Bruder Johannes und Petrus waren aber von Gennabris schon dort, wie auch die Söhne der drei Witwen und andere künftige Jünger. Chased (Nathanael), Thomas, Bartholomäus und Matthäus waren nicht dort; sonst aber viele andere männliche Verwandte und Freunde der Heiligen Familie, welche alle nach Kana zur Hochzeit geladen waren und den Sabbat hier feierten, weil sie von Jesus gehört hatten.

Jesus wohnte mit Andreas, Saturnin, einigen Johannesjüngern, Lazarus und Obed (Simeons Sohn) in einem Hause, das dem Bräutigam Nathanael gehörte.

Es hatte vorn eine offene Halle, und hinten waren die Gemächer. Die Eltern Nathanaels, des Bräutigams, lebten nicht mehr. Er hatte ein ziemliches Erbe, dieses Haus gehörte ihm auch, und er trieb seine Geschäfte in Kapharnaum.

Die von Gennabris hierher gekommenen künftigen Jünger hielten sich noch in einer gewissen Scheu zurück, denn sie schwankten teils zwischen der Autorität, welche das Urteil Nathanaels (Chaseds) bei ihnen hatte, und den großen Dingen, die Andreas und die anderen Johannesjünger ihnen von Jesus gesagt hatten; teils hielten sie Schüchternheit und Andreas zurück, der ihnen gesagt hatte, sie brauchten sich nicht anzutragen, sie sollten nur seine Lehre hören, dann würden sie schon bewegt werden. Jesu sogenannte Brüder, die Kleophas-Söhne, gingen zu ihm. Er lehrte und sprach in der Vorhalle.

Es kam hier der Mann zu Jesus, der schon zwei Tage auf ihn gewartet hatte. Er warf sich Jesus zu Füßen und sagte, er sei der Knecht eines Mannes von Kades. Sein Herr flehe ihn an, mit ihm zu kommen und sein Söhnchen zu heilen, das den Aussatz und einen stummen Teufel habe. Es war dieser ein sehr getreuer Knecht, und er stellte den Kummer seines Herrn mit großer Teilnahme dar. Jesus sagte ihm aber, dass Er nicht mitreisen könne, dem Kinde sollte jedoch geholfen werden; denn es war ein schuldloser Knabe.

Er sagte dem Knecht, sein Herr solle sich über seinen Sohn mit ausgebreiteten Armen legen und etwas Bestimmtes beten; dann werde der Aussatz von ihm weichen. Hierauf solle er, der Knecht, sich über den Knaben legen und ihn anhauchen, und es werde ein blauer Dampf von dem Knaben ausgehen; da werde er auch von der Stummheit geheilt sein. Das Nähere habe ich vergessen. Ich habe aber auch in einem Bild gesehen, wie der Vater und der Knecht auf diese Weise den Knaben geheilt haben.

Es waren bei dem Befehl, dass der Vater und der Knecht sich über das kranke Kind hinstrecken sollten, gewisse geheime Ursachen, welche ich nicht mehr deutlich weiß. Es war dieses Kind nicht rechtmäßig erzeugt; es schien das Kind des Knechtes zu sein mit dem Weibe des Vaters, ohne dass dieser es wusste. Aber Jesus wusste es. Sie mussten beide eine Schuld von dem Kinde nehmen. Ich kann dieses nicht recht erklären, weil es auf eine geheimnisvolle Art geschah.

Die Stadt Kades[36] lag etwa sechs Stunden von Kapharnaum gegen Norden an den Grenzen gegen Tyrus zu, gegen Abend von Paneas. Sie war eine ehemalige Hauptstadt der Kananiter und jetzt eine Freistadt, wo sich vom Gericht Verfolgte hinflüchteten. Sie grenzte an eine Gegend, die Chabul heißt, und die von Salomon, dem König von Phönizien, geschenkt worden war. Ich sehe diesen Landstrich immer dunkel, finster und unheimlich und dass Jesus ihn immer mied, wenn Er nach Tyrus und Sidon ging. Ich meine, es wurde Mord und Räuberei dort getrieben.

28. und 29. Dezember:

Am Sabbat sah und hörte ich Jesus in der Synagoge lehren. Es waren ungemein viele Menschen versammelt und alle Freunde und Verwandten Jesu. Seine Lehre war den Leuten ganz neu und hinreißend. Er sprach von der Nähe des Reiches Gottes, von dem Lichte, das man nicht unter den Scheffel stellen müsse, vom Sämann und vom Glauben gleich einem Senfkorn. Es waren dies aber nicht bloß keine Parabeln, sondern eine ganz andere Ausführung derselben. Die Parabeln waren nur kurze Beispiele und Gleichnisse, die Er aussprach und seine Lehre daraus ausführte. Ich habe zwar wohl mehr Parabeln in seinen Lehren gehört, als im Evangelium vorkommen; aber diese waren doch diejenigen, welche Er sehr oft wiederholte, jedoch immer wieder anders ausführte. Am Samstag lehrte Er auf ähnliche Weise bis zum Sabbatschluss.

Als der Sabbat vorüber war, sah ich Jesus mit seinen Jüngern neben der Synagoge in ein kleines Tal gehen. Es war dies wie ein Spazierweg, ein Absonderungsort; es standen Bäume vor dem Eingang und in dem Tal. Es gingen die Söhne der Maria Cleophä und des Zebedäus und andere Jünger mit ihm. Philippus aber, der scheu und demütig war, zögerte zurückbleibend und wusste nicht, ob er wohl mit in das Tal gehen dürfe. Da wandte sich Jesus, der vor ihm herging, mit dem Haupte zu ihm und sagte: «Folge mir nach!»[37] und Philippus ging nun freudig mit den anderen; es waren etwa zwölf.

Jesus lehrte an diesem Ort unter einem Baum noch von der Nachfolge und seinem Beruf. Andreas, der ungemein eifrig und begeistert war, wünschte, dass die anderen alle so überzeugt wie er von der Messiaswürde Jesu sein möchten. Er freute sich, dass die Lehre Jesu am Sabbat sie alle so hingerissen hatte, und sein Herz war so voll, dass er, wo es sich fügte, den anderen nochmals alles beteuerte, was er von Jesu Taufe und anderen Wundern gesehen hatte.

Ich hörte auch, dass Jesus den Himmel zum Zeugen anrief, sie würden noch größere Dinge sehen, und dass Er von seiner Sendung zum himmlischen Vater sprach.

Er sprach auch von ihrer Nachfolge: Sie sollten bereit sein. Wenn Er sie rufe, sollten sie alles verlassen. Er wollte für sie alle sorgen, und sie sollten keinen Mangel leiden. Sie könnten ihr Gewerbe immer noch betreiben, denn Er werde Ostern, welches herannahe, noch erst anderes tun; wenn Er sie aber rufen werde, sollten sie unbekümmert folgen. Solche Erklärung gab Er auf unbefangene Fragen der Anwesenden, wie sie es mit den Ihrigen halten sollten.

So z.B. erwähnte Petrus, er könne doch seinen alten Stiefvater (Philippus' Oheim) nicht jetzt gleich verlassen; doch hob Jesus alle diese Besorgnisse schon durch die Erklärung auf, dass Er vor dem Osterfest nicht beginnen werde, dass sie sich von ihrem Gewerbe, insofern ihr Herz daran hänge, gleich trennen sollten; sie könnten es äußerlich noch betreiben, bis Er sie rufe und jetzt einstweilen die Übergabe ihrer Geschäfte bereiten. Nachher ging Er mit ihnen an dem entgegengesetzten Ende des Tales hinaus und ging zu dem Wohnort seiner Mutter in der Häuserreihe zwischen Kapharnaum und Bethsaida. Die näheren Verwandten folgten dahin; ihre Mütter waren auch dort.

(Die Mitteilungen dieser Tage waren durch Anna Katharinas höchste Krankheit sehr schwach; sie wähnte ihren Tod oft sehr nahe. Ihre Abzehrung war unglaublich. Ihre Hände und Füße glichen im eigentlichen Sinn mit schlaffer Haut überzogenen Skeletten.)

Am 30. Dezember ging Jesus mit den Jüngern und Verwandten sehr früh nach Kana zu. Maria und die anderen Frauen gingen den geraden kürzeren Weg allein; es war nur ein schmaler Pfad und lief mehr über das Gebirge. Die Frauen gingen mehr über solche Pfade, weil sie dort einsamer wandelten; sie brauchten auch keine breiten Pfade, weil sie gewöhnlich in einer Reihe hintereinander gingen. Voraus und nachfolgend in einiger Entfernung ging ein Führer. Dieser Weg liegt ungefähr sieben Stunden von Kapharnaum zwischen Süden und Westen.

Jesus ging mit seinen Begleitern über Gennabris und machte einen Umweg; dieser Weg war breiter und mehr zum Lehrwandel geeignet, denn Jesus stand oft still, deutete und erklärte etwas. Der Weg Jesu lief südlicher als Marias Weg; er betrug von Kapharnaum ungefähr sechs Stunden nach Gennabris und wandte sich von dort gegen Westen drei Stunden bis Kana.

Gennabris war eine schöne Stadt. Es war eine Schule und eine Synagoge, auch eine Redeschule und viel Handel dort. Nathanael hatte sein Schreiberamt vor der Stadt in einem hohen Haus, und es waren noch einige Häuser darum her. Nathanael kam nicht zur Stadt, obschon ihn seine Freunde, die Jünger, dazu aufforderten.

Jesus lehrte hier in der Synagoge und nahm mit einem Teil der Jünger einen Imbiss bei einem reichen Pharisäer ein. Andere Jünger waren schon voraus gezogen. Zu Philippus hatte Jesus gesagt, er solle zu Nathanael gehen und ihn auf dem Weg zu ihm bringen.

Jesus wurde sehr ehrenvoll hier in Gennabris behandelt. Die Leute wünschten, Er möge doch länger bei ihnen bleiben und sich der Kranken erbarmen; Er sei doch auch ihr Landsmann. Er ging aber bald wieder fort gegen Kana.

Indessen war Philippus bei Nathanael in dem Schreiberhaus. Es waren mehrere Schreiber darin; er saß oben in einer Stube. Philippus hatte zuvor nie mit Nathanael von Jesus gesprochen, weil er nicht mit den anderen in Gennabris gewesen war. Er war gut mit ihm bekannt und sprach sehr begeistert und freudig von Jesus: Er sei der Messias, von dem die Weissagungen sprechen: Sie hätten ihn nun gefunden, Jesus von Nazaret, den Sohn Josephs!

Nathanael war ein heiterer, rascher, aber doch auch fester und auf seiner Meinung bestehender Mann, dabei aber sehr redlich und aufrichtig. Er sagte zu Philippus: «Was kann von Nazaret besonders Gutes kommen?»; denn er kannte wohl den Ruf der Nazaretaner, dass dort ein widerwärtiger Sinn und nicht viel Weisheit in den Schulen sei. Er dachte, ein Mann, der dort seine Bildung bekommen habe, könne höchstens seine gutmütigen, einfacheren Freunde, nicht aber ihn und seine Ansprüche an Gelehrsamkeit befriedigen. Philippus aber sagte zu ihm, er solle kommen und sehen, wer Er sei; Er werde gleich auf dem Weg nach Kana hier vorbeiziehen. Nun ging Nathanael mit Philippus herab auf dem kurzen Weg, an dem das Haus von der Landstraße nach Kana abseits lag, und Jesus stand mit einigen Jüngern still, wo dieser Weg in die Landstraße einläuft. Philippus war sehr erfreut und vertraulich, seit ihn Jesus gerufen hatte, so schüchtern er auch vorher gewesen war; er sagte laut, indem er sich mit Nathanael Jesus näherte: «Rabbi! Da bringe ich den, welcher fragte: ‹Was kann denn wohl Gutes von Nazaret kommen?›»

Jesus sprach aber zu den Jüngern, die bei ihm standen, indem Nathanael vor ihn trat[38]: «Sieh da! Ein wahrer Israelit, in dem kein Falsch ist!» Das sagte Jesus ganz freundlich und liebevoll, und Nathanael sagte: «Woher kennst du mich?» Er wollte damit sagen: Woher weißt du, dass ich wahr und ohne Falschheit bin, da wir uns nie gesprochen haben? Da sagte Jesus zu ihm: «Ehe Philippus dich gerufen hat, sah ich dich, als du unter dem Feigenbaum standest», und bei diesen Worten blickte ihn Jesus auf eine ganz rührende, erinnernde Art an.

Da erwachte auf diesen Blick plötzlich die Erinnerung in Nathanael, dass Jesus derjenige Vorübergehende gewesen sei, dessen ernster, warnender Blick ihn mit einer wunderbaren Stärkung getroffen hatte, als er unter einem Feigenbaum auf den Lust- und Spielplätzen der Bäder[39] bei Bethulien, mit Versuchungen kämpfend, nach schönen Frauen geschaut hatte, die an einer Seite der Wiese mit Früchten spielten. Die Gewalt jenes Blickes und der Sieg, den er ihm zu verdanken hatte, war ihm gegenwärtig geblieben, das Bild jenes Mannes vielleicht nicht; oder hatte er auch Jesus gleich wiedererkannt, so konnte er sich doch nicht denken, dass jener Blick dessen Absicht gewesen sei. Jetzt aber, da sich Jesus darauf berief und ihn wieder fest anblickte, war er sehr erschüttert und gerührt. Er fühlte, dass Jesus damals im Vorübergehen seine Gedanken gesehen und ihm ein schützender Engel gewesen war; denn er war so reinen Herzens, dass ein unreiner Gedanke ihn schon sehr betrübte.

Er sah daher augenblicklich in Jesus seinen Retter und Heiland, und dieses Erkennen seiner Gedanken durch Jesus war seinem aufrichtigen, raschen und dankbaren Herzen genug, ihn augenblicklich freudig vor allen Jüngern anzuerkennen. Er demütigte sich vor ihm gleich nach jenen Worten und sagte: «Rabbi, du bist Gottes Sohn, du bist der König Israels!» Da sagte Jesus: «Du glaubst, weil ich sagte, ich hätte dich unter dem Feigenbaum gesehen; wahrlich, du wirst noch Größeres als das sehen!» Und dann sagte Er noch beteuernd zu allen: «Wahrlich, wahrlich, ihr werdet den Himmel sich auftun und die Engel Gottes über dem Menschensohn auf- und niedersteigen sehen!»

Die anderen Jünger aber verstanden eigentlich den Sinn der Worte Jesu vom Feigenbaum nicht, wussten nicht, warum Nathanael (Chased) so schnell seine Gesinnung änderte. Die Ursache blieb allen als eine Gewissenssache verborgen, außer dem Johannes, dem Nathanael sie auf der Hochzeit zu Kana anvertraute. Nathanael fragte Jesus, ob er gleich alles verlassen und ihm folgen solle. Er habe einen Bruder, dem wolle er sein Amt übergeben. Jesus sagte ihm, was Er gestern abend den anderen gesagt, und lud ihn ein, ihm nach Kana zur Hochzeit nachzukommen.

Dann setzten Jesus und die Jünger den Weg nach Kana fort, und Nathanael (Chased) ging nach Hause zurück, um sich zur Hochzeit zu rüsten, wo er am folgenden Morgen ankam. Die Brauteltern, Maria, der Bräutigam und andere kamen Jesus schon vor Kana auf dem Weg entgegen und empfingen ihn sehr ehrerbietig.

# SIEBTES KAPITEL

## *Hochzeit zu Kana*

### *Vom 31. Dezember 1821 bis 5. Januar 1822*

### *Jesus in Kana*

31. Dezember 1821: Jesus wohnte mit seinen vertrauteren Jüngern und namentlich denen, die nachher Apostel wurden, in einem einzelnen Haus, wo auch Maria bei ihrem letzten Aufenthalt gewohnt hatte. Es gehörte der Tante des Bräutigams, welche eine Tochter der Sobe, der Schwester Annas, und jene oft erwähnte Witwe war, welche drei Söhne hatte. Sie vertrat bei der ganzen Zeremonie Mutterstelle bei dem Bräutigam.

Es sammelten sich an diesem Tag noch alle übrigen Gäste und Frauen; es kamen alle Verwandten Jesu aus Galiläa. Jesus allein brachte an Jüngern wohl 25 Gäste mit. Diese Hochzeit wurde als eine eigene Sache von ihm angesehen, und Er hatte einen Teil des ganzen Festes auf sich genommen; daher war Maria schon so früh da und half alles einrichten. Jesus hatte z.B. übernommen, allen Wein auf der Hochzeit zu liefern; darum sagte Maria auch so sorglich, dass es an Wein fehle.

Obschon Jesus dem Bräutigam in seinem zwölften Lebensjahr bei der Kindermahlzeit in Annas Haus, als Er von der Lehre im Tempel zurückkam, nach einigen geheimnisvollen Reden über Brot und Wein gesagt hatte, dass Er einst auf seiner Hochzeit sein werde, so hat das höhere Geheimnis jedes Ereignisses doch auch wieder seine äußerlich scheinbar gewöhnlichen Veranlassungen. So auch Jesu Anteil an dieser Hochzeit.

Maria hatte Jesus schon durch mehrere Boten sagen lassen, auf diese Hochzeit zu kommen; es war nach menschlicher Weise unter der Familie Jesu und den Bekannten ein Gerede gegen ihn entstanden: Seine Mutter sei eine verlassene Witwe, Er ziehe im Lande umher und kümmere sich nicht um sie und um seine Familie. Er wollte darum auf die Hochzeit kommen und seinen Freunden und der Hochzeit Ehre antun. Darum hatte Er Martha und Lazarus auch hinbeschieden, welche Maria in der Anordnung beistanden, und Lazarus war es, der, was Jesus und Maria allein bekannt war, jenen Teil der Kosten trug, die Jesus übernommen hatte; denn Jesus hatte ein großes Vertrauen zu Lazarus, Er empfing alles gern von ihm, so wie dieser selig war, alles zu geben. Lazarus war auch bis zuletzt wie der Schatzmeister der Gemeinde. Jesus hatte auch einen Teil des Mahles übernommen, nämlich einen zweiten Teil desselben von vorzüglichen Speisen, Früchten und allerlei Vögeln und Kräutern.

Für alles dieses war gesorgt. Und ich sah auch Veronika noch von Jerusalem ankommen, welche Jesus einen Korb voll der wunderbarsten Blumen und besonders allerlei künstliches Zuckerwerk mitbrachte.

Der Vater der Braut war ein wohlhabender Mann. Er hatte ein großes Fachgeschäft, Packhäuser und große Herbergen und Futterplätze für Karawanen längs der Heerstraße und hatte viele Unterbeamte.

In diesen Tagen sprach Jesus viel mit jenen Jüngern allein, welche nachmals seine Apostel wurden und die bei ihm im Hause wohnten. Die anderen Jünger hörten nicht alles, was Er ihnen sagte. Sie gingen viel in der Gegend spazieren. Da unterrichtete Jesus die Jünger und Gäste auf allerlei Weise, und die nachmaligen Apostel legten wieder anderen die gehörten Lehren Jesu aus. Dieses Wandeln der Gäste diente dazu, dass man die Zubereitungen zum Fest umso ungestörter machen konnte; doch waren mehrere Jünger und auch Jesus manchmal im Haus und bei den Zurüstungen, um dieses oder jenes anzuordnen, weil mehrere darunter waren, die eine Aufgabe bei dem Brautzug hatten.

Jesus wollte sich an diesem Fest allen seinen Freunden und Verwandten zu erkennen geben und wollte, dass alle, die Er bis jetzt erwählt hatte, untereinander und den Seinigen in großer Offenheit bei einem Fest bekannt würden.

Am dritten Abend nach Jesu Ankunft begann die Hochzeit. Mittwoch früh soll die Trauung sein. Heute abend schloss das Tempelweihfest.

### *Zweiter Tag der Anwesenheit Jesu in Kana*

1. Januar 1822 – (Sie war an allen diesen Tagen sehr elend und gestört und sehr vergesslich. Wenn sie aber von einem Bild recht erfüllt ist und so ein wenig darüber hingesprochen hat, meint sie nachher, jetzt habe sie alles erzählt, denn sie meint, wenn sie schon vorher sehr erschöpft war, sie sei durch das viele Erzählte erschöpft worden, während man dann manchmal soviel wie nichts vernommen hat. Es folgen daher lauter Bruchstücke:)

Heute war der zweite Tag der Anwesenheit Jesu in Kana. Es waren wohl über hundert Gäste hier, auch Maria Markus und Johannes Markus und Veronika, die älter als Maria schien. Susanna von Jerusalem aber war nicht hier; sie machte auch nachher selten Reisen mit, sie war vornehm lebend und in einer gewissen Zurückgezogenheit ihres Ursprungs halber.

Des Jakobus und Johannes Eltern waren hier, die Eltern von Petrus und Andreas nicht; aber der Halbbruder Jonathan und die sogenannten drei Witwen und ihre Söhne waren gekommen, wie überhaupt alle Verwandten Annas, meistens Nichten und Enkel; Maria Cleophä war mit ihren Kindern da, und Annas jüngste Tochter, die Halbschwester der Jungfrau; dann Sáram und Themeni, die Neffen Josephs von Arimathäa, Obed und vier Johannesjünger: Kleophas, Jakob, Judas, Japhet, Jesu Jugendgespielen, und Enkel des Sebadias von Nazaret, eines Verwandten von Joachim.

Der Vater der Braut heißt Israel. Ich habe den Namen immer nicht sagen wollen, weil ich meinte, so gebe es keinen. Er stammt von Ruth aus Bethlehem. Die Mutter der Braut ist etwas lahm, hinkt auf einer Seite und wird geführt. Kana ist kleiner als Kapharnaum. Letzteres ist zwar lebhafter, doch nicht so groß wie Nazaret, welches zerstörte Stellen hat. Kana liegt an der Abendseite eines Hügels und ist ein angenehmer, reinlicher Ort; doch ist unter Israel und ein paar anderen der Wohlstand geteilt, die übrigen scheinen meist in Arbeit von diesem zu leben.

Es ist eine Synagoge mit drei Priestern dort. Die Hochzeit wird in einem öffentlichen Festhaus in der Nähe der Synagoge gehalten. Es sind von diesem Haus bis zur Synagoge Lauben und grüne Bögen gespannt, mit Kränzen und Früchten behängt. Vor dem Festhaus ist ein Vorhof mit Lauben, der Festort stößt daran. Es ist der leere Vorraum des Hauses bis zur Feuerstelle, welche in einer hohen gestuften Mauer besteht, an der jedoch nicht gekocht wird, sondern die wie ein Altar mit Gefäßen, Geschenken und Blumen und Tafelgefäßen geschmückt ist.

Diese Feuerstelle hat ungefähr noch ein Drittel des Raumes hinter sich, wo beim Mahl die Frauen allein saßen. Oben sah man die Balken des Hauses, sie waren mit Kränzen verziert und man konnte hinaufsteigen, um die an ihnen befindlichen Lampen anzustecken.

Jesus ist wie der Herr des Festes, Er leitet alle Vergnügungen und würzt sie mit Lehre. Er sagte, sie sollten sich an diesen Tagen alle nach Brauch und Sitte ergötzen und auch aus allem in der Freude Weisheit ziehen. Er teilte auch die Festordnung ein und sagte unter anderem, dass sie täglich zweimal hinausgehen wollten, um sich im Freien zu ergötzen. Ich sah dann die Hochzeitsgäste, die Männer und Frauen getrennt, an einem grünen Lustort im Freien unter Bäumen, wo auch Wasser in der Nähe war. Ich meine, es war ein Lustgarten bei einem Bade, wo sie sich mit Gesprächen und Spielen unterhalten. Ich sah die Männer in einem Kreise auf der Erde liegen. In ihrer Mitte waren allerlei Früchte, welche sie sich nach gewissen Regeln zuwarfen und zutrieben, damit sie in gewisse Gruben im Kreise fallen sollten, welches wieder andere zu verhindern suchten. Ich sah Jesus dieses Spiel mit Früchten mitspielen mit einem freundlichen Ernst.

Er sagte oft mit Lächeln ein weises Wort, das alle bewunderten oder still gerührt aufnahmen, oder das einzelne nicht verstanden und sich von Klügeren erklären ließen. Er hatte die inneren Spielkreise und Gewinne geordnet und verteilte sie mit schönen, oft ganz wunderbaren Bemerkungen. Jüngere Anwesende liefen und sprangen über Laubgehänge um Früchte. Die Frauen saßen allein und spielten auch mit Früchten. Die Braut saß immer zwischen Maria und des Bräutigams Tante.

Am Abend des ersten Januar beim Anfang des 4. Thebet lehrte Jesus in der Synagoge, wo alle versammelt waren, von der Freude erlaubter Ergötzlichkeit, ihrer Bedeutung, ihrem Maß, ihrem Ernst, ihrer Weisheit; dann auch von der Ehe, von Mann und Frau, von der Enthaltung und Keuschheit und der geistlichen Ehe. Am Schluss der Lehre trat das Brautpaar allein vor Jesus, und Er belehrte sie einzeln.

Es begann hierauf die Hochzeit mit einem Mahl und mit Tanz. Es wurde nach der Musik der Kinder getanzt, welche dazwischen Chöre sangen.

Alle Tanzenden hatten Tücher in der Hand, mit welchen sich Männer und Jungfrauen berührten, wenn sie in Reihen oder geschlossenen Kreisen tanzten. Ohne diese Tücher berührten sie sich nie. Bei Braut und Bräutigam waren diese Tücher schwarz, bei den anderen gelb. Der Bräutigam und die Braut tanzten zuerst allein, und dann tanzten alle zusammen.

Die Jungfrauen waren verschleiert, doch war der Schleier über dem Gesicht etwas gelüftet, ihre Kleider waren hinten lang und vorn mit Schnüren etwas geschürzt. Der Tanz war kein Hüpfen und Springen wie bei uns, mehr ein Wandeln in allerlei Linien, und dabei bewegten sie sich oft auch mit Händen, Kopf und Leib nach der Musik.

Es erinnerte mich an das Bewegen der pharisäischen Juden beim Gebet; aber es war durchaus anmutig und ehrbar. Von den nachmaligen Aposteln tanzte keiner mit; aber Nathanael (Chased), Obed, Jonathan und andere Jünger tanzten. Die Tänzerinnen waren nur Jungfrauen, und alles war ungemein ordentlich und ruhig-freudig.

### *Dritter Tag – Trauung – Spiel der Frauen – Lostafel der Männer*

2. Januar: Heute morgen ungefähr neun Uhr war die Trauung. Die Braut wurde von den Brautjungfern aufgeputzt; ihre Kleidung war auf die Art wie das Kleid der Mutter Gottes bei ihrer Hochzeit, ebenso auch ihre Krone, nur war diese reicher verziert.

Das Netz ihrer Haare war aber nicht fein in einzelnen Linien verbunden, sondern mehr in dickeren Strängen. Als ihre Kleidung fertig war, wurde sie der Mutter Jesu und den anderen Frauen gezeigt.

Von der Synagoge aus wurden Braut und Bräutigam vom Festhaus abgeholt und von da zur Synagoge gebracht. Es waren sechs Knaben und sechs kleine Mägdlein, die Kränze trugen, bei dem Zug, dann sechs erwachsenere Knaben und Mädchen mit Pfeifen und anderen Instrumenten, die ich sonst schon beschrieben habe.

Sie hatten an den Schultern krauses, gestreiftes Zeug wie Flügel. Außerdem begleiteten die Braut zwölf Jungfrauen als Brautführerinnen und den Bräutigam zwölf junge Männer. Bei diesen waren Obed, Veronikas Sohn, Joseph von Arimathäas Vettern und Nathanael (Chased), auch einige Johannesjünger, aber keiner der nachmaligen Apostel.

Die Trauung geschah vor der Synagoge durch die Priester. Die Ringe, die sie wechselten, hatte der Bräutigam von Maria zum Geschenk erhalten, und Jesus hatte sie bei seiner Mutter gesegnet. Merkwürdig war mir bei der Trauung, was ich bei der Trauung Josephs und Marias nicht beobachtet habe. Der Priester verwundete den Bräutigam und die Braut mit einem spitzen Instrument an der Stelle des linken Ringfingers, wo der Ring hinzustecken kam.

Er ließ von dem Bräutigam zwei, von der Braut einen Tropfen Blut in einen Becher Wein tröpfeln, welchen sie beide austranken und den Becher weggaben. Es wurden dann noch manche andere Sachen, Tücher und Kleidungsstücke an dabeistehende Arme verschenkt. Als die Brautleute zum Festhaus zurückgebracht waren, empfing sie Jesus dort.

Vor dem Hochzeitsmahl sah ich alle wieder in dem Lustgarten versammelt. Die Frauen und Jungfrauen saßen in einer Laubhütte auf Decken und spielten ein Spiel um Früchte. Sie hatten abwechselnd ein dreieckiges Täfelchen auf dem Schoß, das am Rand mit Buchstaben beschrieben war. Sie drehten einen Zeiger auf der Tafel, nachdem dieser stehen blieb, hatten sie gewisse Gewinne.

Für die Männer sah ich aber ein wundervolles Spiel, durch Jesus selbst in einem Lusthaus zubereitet. In der Mitte des Lusthauses war eine runde Tafel, mit ebensoviel Portionen von verschiedenen Blumen und Kräutern und Früchten am Rande besetzt, wie Mitspielende da waren.

Diese Früchte hatte Jesus vorher ganz allein nach allerlei tiefsinnigen Bedeutungen geordnet. Über dieser Tafel lag eine andere bewegliche, runde Scheibe mit einem Loch. Wenn diese Scheibe umgedreht wurde, kam das Loch über eine der Fruchtportionen zu stehen, und diese gewann nun der Drehende als sein Los.

In der Mitte der Tafel stand eine Weinrebe voll Trauben über einem Bund Weizenähren hervorragend, der sie umgab, und je länger der Tisch gedreht wurde, desto höher stieg der Weinstock und Weizenbusch empor. Die nachmaligen Apostel und auch Lazarus spielten nicht mit. Ich erhielt auch darüber die Weisung, wer schon den Beruf habe, zu lehren oder etwas mehr als die anderen wisse, der müsse nicht mitspielen, sondern die Ereignisse des Spiels beobachten und mit lehrreichen Anwendungen würzen und so das Ernste in der Heiterkeit hervorheben.

Es war aber an diesem von Jesus geordneten Spiel etwas ganz Wunderbares und mehr als Zufälliges; denn das Los, das jedem Spielenden zufiel, war ganz bedeutend auf seine Eigenschaften, Fehler und Tugenden, und Jesus legte einem jeden sein Los nach der Zusammenstellung der Früchte aus. Jedes Los wurde zu einer Parabel über den Gewinnenden, und ich fühlte, dass sie wirklich innerlich etwas mit diesen Früchten erhielten.

So sehr sie nun alle einzeln gerührt und erweckt wurden durch die Worte Jesu und vielleicht auch durch den Genuss der Früchte, indem deren Bedeutung nun wirkend in sie überging, so war doch, was Jesus über jedes Los sagte, für alle anderen, die es nicht betraf, ganz unverfänglich, sondern nur ein erheiterndes und bedeutungsvolles Wort. Ein jeder einzelne fühlte aber einen tiefen Blick des Herrn in seinem Inneren; es war derselbe Fall wie bei Jesu Rede an Nathanael, dass Er ihn unter dem Feigenbaum gesehen habe, was ihn so tief traf und den anderen verborgen blieb.

(Leider weiß sie kein einziges der Lose und der Auslegungen mehr zu erzählen.)

Ich erinnere mich noch, es war auch Reseda unter den Kräutern; auch dass Jesus bei dem Los Nathanaels (Chaseds) zu demselben sagte: «Siehst du nun wohl, dass ich recht gesagt, du seist ein wahrer Israelit ohne Falsch?»

Ein Los sah ich aber ganz wunderbar wirkend. Nämlich der Bräutigam Nathanael gewann eine wunderbare Frucht. Zwei an einem Stiel, mit getrennten Geschlechtern so wie der Hanf. Die eine Frucht glich mehr einer Feige, die andere mehr einem gekerbten Apfel, doch hatte sie oben keinen Butzen; sie war hohl. Es ist mir schwer, das zu erklären; sie war wie ein Nabel, es waren Samenhäuschen darin, zwei übereinander, ich meine, in einem vier, im anderen drei Kerne, oben wuchsen feine, weiße Fäden hervor. Sie war rötlich, inwendig weiß und rot gestreift; ich habe solche im Paradies gesehen.

(Dieses ist ungefähr ihre undeutliche, ganz verwirrte Beschreibung dieser Frucht, bei welcher man nicht weiß, ob sie bald die Frucht, bald die Blüte beschreibt oder beide zugleich.)

Ich weiß nur, dass alles sehr staunte, als der Bräutigam diese Frucht gewann, und dass Jesus von der Ehe und Keuschheit sprach und von hundertfältiger Frucht der Keuschheit und dass dieses alles doch so gesprochen war, dass es die jüdischen Vorstellungen von der Ehe nicht verletzte, dass es aber einige Jünger, z.B. Jakobus Minor (der Jüngere), die Essener waren, noch tiefer verstanden.

Ich sah, dass die Anwesenden sich über dieses Los noch mehr verwunderten als über die anderen und dass Jesus ungefähr sagte, es könnten diese Lose, diese Früchte wohl noch größere Wunder tun, als ihre Bedeutung wunderbar scheine. Ich sah aber, als der Bräutigam dieses Los für sich und die Braut zog, etwas ganz Wunderbares geschehen, was zu erzählen ich mich scheue. Ich sah, als der Bräutigam dieses Los empfing, ihn innerlich bewegt und bleich werden und dass wie eine dunkle, menschliche Gestalt wie ein Schatten von den Füßen nach oben von ihm ausging und verschwand und dass er danach viel heller, reiner und wie durchsichtig im Vergleich zu vorher erschien.

Es schien dieses niemand als ich zu sehen, denn alle blieben ruhig wie vorher, und es entstand keine Bewegung. In demselben Augenblick aber sah ich die Braut, welche entfernt unter den Frauen spielend saß, auch wie in Ohnmacht sinken. Es löste sich eine dunkle, mir ungemein widerwärtige Schattenfigur von ihr ab, welche von den Füßen auf in oder vor ihr aufzusteigen und über ihrer Brust vor oder aus ihrem Munde zu entweichen schien. Es war, als wenn sich auch allerlei Kleider und Schmuck von ihr streiften.

Ich weiß nicht, wie ich dazu kam, aber ich war außerordentlich ängstlich beschäftigt, diesen mir so ekelhaften, finsteren Schatten und den abgestreiften Putz schnell bei Seite zu schaffen, und ich hatte eine Sorge dabei, als wollte ich es als etwas die Braut Beschämendes vor den anderen Anwesenden verheimlichen. Es wollte nicht gleich weichen, wurde aber immer kleiner, und ich schob es mit dem Schmuck in eine alte Lade, welche in der Nähe stand. Als ich es hineindrückte, schienen nur der Kopf und die Schultern noch davon da.

Die Braut war nachher ganz bleich, aber durch und durch hell und rein und erschien in ihrer Kleidung ganz einfach. Bei dieser meiner Einmischung in das Bild sah ich auch die heilige Jungfrau mitwirken. Auch sie war bemüht, jene dunkle Gestalt zu vertreiben.

Es waren mit einzelnen Losen gewisse Genugtuungen verbunden. So erinnere ich mich, dass Braut und Bräutigam etwas Gewisses, was ich vergessen, aus der Synagoge holen und gewisse Gebete beten sollten. Das Kraut, das Nathanael (Chased) gelost hatte, war ein Büschelchen Ampfer.

Die Frucht des Bräutigams habe ich wohl sonst oft gesehen. Wie ich davon spreche, sehe ich gleich auch die Blüte und menge dann beides im Sprechen durcheinander. Die wunderbare Wirkung dieser Frucht zeigte sich, als der Bräutigam der Braut einen Teil hingeschickt und sie beide davon gegessen hatten. Auch bei allen anderen Jüngern, welche Lose genommen und davon gegessen hatten, erwachten ihre ihnen eigentümlichen Leidenschaften, widerstrebten ein wenig und wichen von ihnen, oder sie wurden im Kampf gegen dieselben gestärkt. Es ist ein gewisses übernatürliches Geheimnis in allen Früchten und Kräutern, was seit dem Falle des Menschen und mit ihm der Natur ein natürliches Geheimnis geworden ist, von dessen früherem Inhalt nur noch ein Begriff in der Bedeutung, der Gestalt, dem Geschmack und der Wirkung dieser Geschöpfe übrig ist. In Träumen und auf himmlischen Tafeln erschienen diese Früchte nach ihrer Bedeutung vor dem Sündenfall, doch auch nicht immer ganz klar. Es ist nun durch unseren Verstand und gewöhnlichen Lebensgebrauch derselben alles zu verwirrt.

Die Frucht, welche das Brautpaar genossen, bezog sich auf die Keuschheit, und die Gestalt, die von ihnen wich, war die fleischliche, unreine Begierde. Ich weiß nicht, ob diese Gestalt, die ich sah, ein anderer in ähnlichem sehenden Zustand auch so gesehen hätte; ich weiß nicht, ob es das wirkliche Ausgehen eines sinnlichen Geistes besonders aus der Braut war, oder nur ein Bild für mich, damit ich einsehe, was mit ihr vorgehe.

(Bemerkung des Schreibers: Weil sie selbst in das historische Bild handelnd mit eintritt, ist es unstreitig nur ein Bild im Bild; wäre sie aber hellsehend wie jetzt, damals persönlich dabei gewesen, so würde sie eben dasselbe wahrscheinlich gesehen und es so zu vertreiben und zu verbergen gesucht haben, als sie es im Traum tat und in der Erzählung im Wachen noch ungern offenbart.

Bei einer solchen wirklichen Gegenwart damals würde jene Handlung gegen jenes fliehende Sinnlichkeitsbild den anwesenden Frauen aber so unerklärbar und auffallend gewesen sein, wie uns jetzt manche ihrer Traumhandlungen sind. In ihrem Traumbild aber stört ihre handelnde Einmischung den Gang des Bildes nicht, und die Gegenwärtigen sehen sie nicht.

Dass sie aber sieht, die heilige Jungfrau habe auch jenes Bild zu verbergen gesucht, macht es wahrscheinlich, dass die Mutter Jesu sah, was mit der Braut vorging, und es vielleicht in der nämlichen oder wahrscheinlich in tieferer Form sah. Auch sie, die Reinste aller Reinen, wünschte, die Anwesenden möchten die Ursache der Ohnmacht der Braut nicht ahnen.)

Als die Braut ohnmächtig wurde, nahm man ihr mehrere beschwerliche Putzkleidungsstücke ab und mehrere Ringe von den Fingern, deren sie viele hatte. Unter anderem zog man ihr eine goldene Trichterspitze von dem Mittelfinger, die wie ein Fingerhut darauf saß, und sonst auch noch Ketten und Spangen von Arm und Brust, um sie zu erleichtern.

Sie behielt nichts an sich von dem Schmuck als den Trauring am linken Ringfinger, welchen ihr die Mutter Jesu geschenkt hatte, und am Hals ein Gehänge von Gold, schier wie ein gespannter Bogen gestaltet. In der großen Fläche war eine braune Masse wie die am Trauring Marias und Josephs eingelegt und darauf eine liegende Figur abgebildet, welche eine Blumenknospe vor sich hielt und betrachtete.

## *Das Wunder zu Kana*

Nach dem Spiel im Garten folgte das Hochzeitsmahl. Der Raum des Festhauses vor der geschmückten Feuerstelle war durch zwei niedere Schirmwände, so dass die zu Tisch liegenden Gäste sich sehen konnten, in drei Räume geteilt, in jedem stand eine schmale lange Tafel. Jesus lag im mittelsten Raum oben an der Tafel mit den Füßen gegen die geschmückte Feuerstelle zu.

An diesem Tisch saßen Israel, der Brautvater, die männlichen Verwandten Jesu und der Braut und auch Lazarus. An den Seitentafeln saßen die anderen Hochzeitsgäste und Jünger. Die Frauen saßen in dem Raum hinter der Feuerstelle, konnten aber alle Worte des Herrn hören. Der Bräutigam diente zu Tisch. Es waren jedoch auch ein Speisemeister mit einer Schürze da und einige Diener.

Bei den Frauen dienten die Braut und einige Mägde. Als die Speisen aufgetragen waren, wurde auch ein gebratenes Lamm vor Jesus gesetzt. Es hatte die Füße kreuzweise gebunden. Als nun der Bräutigam Jesus ein Kästchen brachte, worin die Zerlegmesser lagen, sagte Jesus zu ihm allein, er solle sich einer Kindermahlzeit nach seinem zwölften Osterfeste erinnern, da Jesus eine Parabel von einer Hochzeit erzählt und ihm gesagt hatte, Er werde auf seine Hochzeit kommen. Dieses werde mit dem heutigen Tage erfüllt. Der Bräutigam wurde dadurch sehr ernsthaft; denn er hatte jenes Ereignis ganz vergessen. Jesus war bei dem Mahl wie während der ganzen Hochzeit sehr heiter und zugleich lehrreich. Er behandelte jede Handlung des Mahles mit einer Auslegung ihrer geistigen Bedeutung. Er sprach auch von der Fröhlichkeit und festlichen Aufheiterung. Er erwähnte, der Bogen müsse nicht immer gespannt sein, ein Feld müsse durch Regen erquickt werden. Er sagte Parabeln darüber.

Jesus zerlegte nachher das Lamm und dabei erzählte Er besonders wunderbare Dinge. Er sprach dabei vom Trennen des Lammes von der Herde, vom Auserwähltwerden, nicht zu eigener Lust und Fortpflanzung, sondern um zu sterben; dann vom Braten, vom Ablegen der Roheit durch das Feuer der Reinigung, dann vom Zerlegen der einzelnen Glieder; so müssten die, welche dem Lamme folgen wollten, sich auch trennen von den innigst fleischlich Verwandten. Und als Er die einzelnen Stücke herumreichte und sie das Lamm nun aßen, sagte Er: Also von den Seinigen getrennt und zerteilt, werde das Lamm in ihnen allen eine sie gemeinsam verbindende Nahrung. So müsse auch, wer dem Lamm folge, seiner Weide entsagen, seinen Leidenschaften absterben, sich von den Gliedern seiner Familie trennen und eine Nahrung und Speise der Vereinigung werden durch das Lamm in seinem himmlischen Vater.

Ich kann das alles nicht mehr so recht sagen. (Man sieht wenigstens die Art der Lehre daraus.) Es hatte jeder, ich weiß nicht, ob einen Teller oder Brotkuchen vor sich.

Jesus legte auch eine dunkelbraune Platte mit gelbem Rande vor, die herumgereicht wurde. Ich sah ihn manchmal ein Büschelchen Kraut in der Hand halten und darüber lehren. Jesus hatte den zweiten Gang des Hochzeitsmahles zu bestreiten übernommen, und es war für alles durch seine Mutter und Martha gesorgt. Er hatte seiner Mutter auch gesagt, Er werde für den Wein dabei sorgen.

Als nun der zweite Gang aus Vögeln, Fischen, Honigbereitungen, Früchten und einer Art Backwerk, welche Seraphia (Veronika) mitgebracht hatte, auf den Seitentisch aufgetragen war, trat Jesus hinzu und schnitt jedes Gericht an; dann legte Er sich wieder zu

Tisch. Die Gerichte wurden aufgetragen, doch der Wein fehlte. Jesus aber lehrte.

Die heilige Jungfrau hatte diesen Teil des Mahles besonders zu besorgen, und da sie sah, dass der Wein mangele, ging sie zu Jesus und erinnerte ihn besorgt, weil Er ihr gesagt hatte, Er werde für den Wein sorgen. Da sagte Jesus zu ihr, der von seinem himmlischen Vater lehrte: «Weib, bekümmere dich nicht, mache dir und mir keine Sorge, meine Stunde ist noch nicht gekommen.»

Es war dies keine Härte gegen seine Mutter; Er sagte zu ihr «Weib» und nicht «Mutter», weil Er in diesem Augenblick in seinem Messiasamt als der Sohn Gottes eine geheimnisvolle Handlung vor seinen Jüngern und allen Verwandten ausüben wollte und in göttlicher Kraft anwesend war.

(Der Pilger fasst die Ansicht der Erzählerin in folgender Note zusammen: Jesus sagte zu ihr «Weib», als deren Same Er der Schlange das Haupt zertreten sollte. Hier wollte Er einen Beweis dafür geben, dass Er mehr als Sohn Marias, eines ihnen bekannten Weibes, sei, und Er nannte sie daher «Weib», da Er aus seiner Gottheit handeln, da Er schaffen oder verwandeln wollte, ebenso wie Er sich des Menschen Sohn nannte, wenn Er von seinem bevorstehenden Leiden spricht, ohne sich dadurch herabzusetzen.

In solchen Augenblicken, wo Jesus als das eingefleischte Wort handelt, wird eben jedes dadurch, dass es als das genannt ist, was es ist, mehr gewürdigt und in der Heiligkeit der Handlung gewissermaßen durch die Nennung seines Namens wie mit einer Würde, einem Amte belohnt. Maria war das «Weib», welches den geboren hat, der hier als ihr Schöpfer an den Wein gemahnt wird für seine Geschöpfe, denen Er seine höhere Würde zeigen will. Er will ihnen hier zeigen, dass Er der Sohn Gottes ist, und nicht, dass Er der Sohn Marias ist.

Als Er am Kreuz starb und sie weinte, sagte Er auch: «Weib, siehe, das ist dein Sohn», auf Johannes deutend. Jesus hatte ihr gesagt, Er werde für den Wein sorgen. Sie tritt hier auf als Vorbild der Fürbitterin Maria und stellt ihm den Mangel des Weines vor. Der Wein aber, den Er geben wollte, war mehr als Wein im gewöhnlichen Sinn; Er bezog sich auf das Geheimnis des Weines, den Er einst in sein Blut verwandeln wollte.

Er sagte daher: «Meine Stunde ist noch nicht gekommen»: erstens, dass ich den versprochenen Wein gebe; zweitens, dass ich Wasser in Wein verwandle; drittens, dass ich den Wein in mein Blut verwandle. Maria war nun nicht mehr besorgt für die Gäste der Brautleute, sie hatte ihren Sohn gebeten und darum sagte sie zu den Dienern: «Tut alles, was Er euch sagen wird.»

Es ist dies gerade dasselbe, wie wenn die Braut Jesu, die Kirche, zu ihm betet: «Herr, deine Söhne haben keinen Wein», und es sagte Jesus zu ihr nicht «Braut», sondern «Kirche, bekümmere dich nicht, sei nicht beunruhigt, meine Stunde ist noch nicht gekommen», und als sagte die Kirche zu den Priestern: «Beobachtet alle seine Winke und Befehle, denn Er wird euch helfen.»)

Maria sagte nun also den Dienern, sie sollten die Befehle Jesu erwarten und erfüllen; und nach einiger Zeit befahl Jesus den Dienern, die leeren Krüge vor ihn zu bringen und umzukehren. Sie brachten die Krüge heran, es waren drei Wasser- und drei Weinkrüge, und zeigten, dass sie leer waren, indem sie dieselben über einem Becken umstülpten.

Jesus befahl ihnen, sie allesamt mit Wasser zu füllen, und sie trugen sie fort zu dem Brunnen, der sich in einem Kellergewölbe befand und aus einem steinernen Wasserkasten und einer Pumpe bestand. Die Krüge waren groß, an einem vollen hatten zwei Mann an den beiden Henkeln des Kruges zu tragen.

Sie hatten mehrere mit Zapfen geschlossene Röhren von oben nach unten und wenn das Getränk bis zu einer gewissen Höhe geleert war, wurde der niedere Zapfen geöffnet und dieser Ausguss gebraucht. Die Krüge wurden beim Ausgießen nicht gehoben, sondern nur auf ihren hohen Füßen etwas gesenkt.

Die Mahnung Marias geschah leise, die Antwort Jesu laut, ebenso der Befehl, Wasser zu schöpfen. Als alle sechs Krüge mit Wasser gefüllt und an den Speise- oder Schanktisch gestellt waren, ging Jesus hin und segnete die Krüge, und als Er wieder zu Tische lag, sagte Er: «Schenkt ein und bringt dem Speisemeister einen Trunk!»

Da nun dieser den Wein versuchte, ging er zu dem Bräutigam und sagte, sonst gebe man den guten Wein zuerst und wenn die Gäste berauscht seien, gebe man gewöhnlich schlechteren; er habe aber den köstlichen Wein zuletzt gegeben. Er wusste nicht, dass Jesus den Wein zu besorgen übernommen hatte wie auch diesen ganzen Teil des Mahles, was allein der Heiligen Familie und der Hochzeitsfamilie bekannt war.

Da tranken auch der Bräutigam und der Brautvater mit großem Erstaunen, und die Diener beteuerten, dass sie Wasser geschöpft und die Trinkgefäße und Becher auf den Tafeln gefüllt hätten. Es tranken nun alle. Es war aber kein Lärm über das Wunder, es war eine Stille und Ehrfurcht in der ganzen Gesellschaft, und Jesus lehrte viel über dieses Wunder.

Er sagte unter anderem, die Welt gebe den starken Wein zuerst und betrüge die Berauschten mit schlechtem Getränk, so aber nicht das Reich, welches sein himmlischer Vater ihm gegeben. Das reine Wasser werde da zu köstlichem Wein, wie die Lauigkeit zum Geiste und starkem Eifer werden müsse. Er sprach auch von der Mahlzeit, welche Er in seinem zwölften Jahr nach der Rückkehr von der Lehre im Tempel mit mehreren der hier Anwesenden als Knaben gefeiert und wie Er damals von Brot und Wein gesprochen und diese Parabel von einer Hochzeit erzählt habe, wo das Wasser der Lauigkeit werde in den Wein der Begeisterung verwandelt werden und wie dieses nun vollbracht sei.

Dann sprach Er auch noch, sie würden größere Wunder erleben, mehrere Ostern werde Er halten und an den letzten Ostern werde Er in Blut und Brot in Fleisch verwandelt werden, und Er werde bei ihnen bleiben und sie trösten und stärken bis ans Ende. Sie würden auch nach jenem Mahl Dinge an ihm geschehen sehen, welche sie jetzt nicht verstehen könnten, wenn Er sie ihnen sagen würde. Er sagte dieses alles nicht so plan hin, sondern es war in Parabeln gehüllt, welche ich vergessen habe; es war dies aber der Sinn davon. Und sie hörten alles mit Scheu und Verwunderung.

Alle aber waren wie verwandelt durch diesen Wein, und ich sah, dass sie nicht durch das Wunder allein, sondern auch mit dem Wein selbst, wie früher durch die Früchte, innerlich eine wesentliche Stärkung und Veränderung empfangen hatten, und alle seine Jünger, seine Verwandten und alle Festgenossen waren nun überzeugt von seiner Macht und Würde und seiner Sendung. Sie glaubten alle an ihn, und in allen war dieser Glaube gleich verbreitet, und sie waren alle besser und einig und innig geworden, die von dem Wein getrunken hatten.

So war Er hier zum ersten Mal in seiner Gemeinde, und es war das erste Zeichen, welches Er in derselben und für dieselbe zu seiner Bestätigung in ihrem Glauben getan. Darum auch wird es als erstes Wunder in seiner Geschichte erzählt, wie das Abendmahl als das letzte, als sie bereits glaubten.

Am Schluss des Mahles kam der Bräutigam noch zu Jesus allein und sprach mit ihm sehr demütig und erklärte ihm, wie er sich aller fleischlichen Begierde abgestorben fühle und gern mit seiner Braut in Enthaltung leben wolle, so sie es ihm gestatte, und auch die Braut kam zu Jesus allein und sagte dasselbe, und Jesus rief sie beide zusammen und sprach mit ihnen von der Ehe und der gottgefälligen Reinheit und von den hundertfältigen Früchten des Geistes. Er sprach von vielen Propheten und heiligen Leuten, welche keusch gelebt und dem himmlischen Vater ihr Fleisch geopfert und wie sie viele verlorene Menschen, die sie zum Guten zurückgeführt, gleich geistlichen Kindern gewonnen hätten und wie ihre Nachkommenschaft groß und heilig sei.

Er sprach alles dieses im Sinne von Zerstreuen und von Sammeln, und sie taten ein Gelübde der Enthaltung, auf drei Jahre als Bruder und Schwester zu leben. Sie knieten auch vor Jesus, und Er segnete sie.

### *Jesus lehrt im Festhaus – Die Gäste beginnen abzureisen*

3. Januar – (Die Erzählerin war sehr schwer krank und sagte nur folgendes:)

Jesus hatte im Festhaus gelehrt, man ist nicht ins Freie gegangen. Mehrere Jünger des Johannes und auch Lazarus und Martha sind abgereist. Ich habe sie im Stehen einen Imbiss nehmen sehen, wobei alle aufgeschürzt waren. Lazarus ist beim ganzen Fest als ein besonders vornehmer Mann mit Auszeichnung von dem Brautvater behandelt worden, da er sich persönlich viel um seine Bedienung bemühte. Er ist sehr fein gesittet, ernst und mit freundlicher Zurückhaltung in seinem Betragen. Er ist ruhig, redet wenig und achtet ganz innig auf Jesus. Am Abend dieses Tages, womit der vierte Tag der Hochzeit begann, hatte man Braut und Bräutigam mit einem feierlichen Zug in ihr Haus eingeführt.

Es wurde ein Leuchter dabei getragen mit brennenden Lichtern, welche einen Buchstaben darstellten; Kinder gingen vor dem Zug und trugen auf Bahnen von Stoff eine offene und eine geschlossene Blumenkrone und zerpflückten diese vor dem Haus der Brautleute, und Jesus segnete sie. Die Priester waren zugegen; sie sind seit dem Wunder Jesu bei dem Mahl ganz demütig und lassen ihn alles verrichten. (Sie meint, jedoch unbestimmt, dieses Einführen war noch bloß Zeremonie; die Braut blieb noch bei ihren Eltern bis zum Ende des Festes und des bevorstehenden Fastens.)

4. Januar: Es sind die meisten übrigen Gäste, auch Maria und die anderen heiligen Frauen, abgereist; Nathanael (Chased), die Söhne Cleophäs, die Brüder Jesu, und andere Jünger waren noch da.

Am Abend des 4., dem Sabbat, dem Beginn des 7. Thebet, hat Jesus in der Synagoge von diesem Fest und von dem Gehorsam und der frommen Gesinnung dieses Brautpaares gelehrt.

5. Januar: An diesem Sabbat lehrte Jesus zweimal in der Synagoge zu Kana, und als Er hinausging, wurde Er von Leuten, die sich vor ihm niederwarfen, um Hilfe für Kranke angerufen.

Er wirkte hier zwei wunderbare Heilungen. Ein Mann war von einem Turm herabgestürzt, er war tot und hatte alle Glieder zerschmettert. Jesus trat zu ihm, legte ihm die Glieder in Ordnung, berührte die Brüche und befahl ihm aufzustehen und nach Hause zu gehen, was er tat, nachdem er ihm gedankt hatte; er hatte Frau und Kinder. Jesus wurde auch zu einem Besessenen geführt, der an einen Stein gefesselt war, und Er befreite ihn.

Er heilte auch Wassersüchtige und eine blutflüssige Frau, die eine Sünderin war. Es waren sieben Personen, die Er heilte. Die Leute hatten während des Festes nicht kommen dürfen und da es verlautete, Er würde nach dem Sabbat wegziehen, ließen sie sich nicht mehr halten.

Die Priester ließen ihn nach dem Wunder auf der Hochzeit alles tun, und diese Wunder geschahen allein in ihrer Gegenwart; die Jünger waren nicht dabei.

# ACHTES KAPITEL

## *Jesu Lehrwanderungen am Jordan und am See Gennesaret*

### *Vom 6. Januar bis 23. März 1822*

### *Jesus kehrt von Kana nach Kapharnaum zurück*

6. bis 13. Januar:

Als der Sabbat vorüber war, ging Jesus noch in der Nacht mit seinen Jüngern nach Kapharnaum. Der Bräutigam, sein Vater und mehrere andere begleiteten ihn noch ein Stück Weges. Die Armen hatten sehr viel bei dem Hochzeitsmahl erhalten; denn nichts kam zum zweitenmal auf den Tisch; alles wurde gleich ausgeteilt. Morgen und übermorgen sind Fasttage, und ich sah, wie schon vor dem Sabbat auf diese Fasttage vorausgekocht wurde. Alles Feuer wurde zugedeckt und überflüssige Fenster wurden geschlossen. Die Wohlhabenden haben Stellen am Herd, wo unter heißer Asche alles warm bleibt.

Diese Fasten hielt Jesus in Kapharnaum, wo Er auch in der Synagoge lehrte. Zweimal des Tages wurden ihm Kranke gebracht, die Er heilte. Seine Jünger aus Bethsaida gingen nach Hause und kamen teils wieder. Er ging auch in der Gegend umher und lehrte; in der Ruhezeit war Er bei Maria.

Er sandte fünf seiner Jünger an den Jordan zum Taufen, diesseits bei Jericho, an die große Taufstelle, welche Johannes verlassen hat. Es waren dies Andreas, Saturnin, Aram, Themeni und Eustachius, der Sohn einer Witwe. Jesus begleitete sie ein Stück Weges und ging dann nach Bethulien, wo Er heilte und lehrte. Hierauf wanderte Er sieben bis acht Stunden zurück bis nordwestlich von Kapharnaum gegen Hanathon, in dessen Nähe ein Lehrberg ist. Die Höhe dieses Berges, langsam ansteigend, dehnte sich wohl eine Stunde hin.

Es war eine förmliche Einrichtung zum Lehren auf dem Berg. Ein steinerner, erhöhter Lehrstuhl, mit Pfählen umgeben, konnte mit einem großen Zeltdach gegen Sonne und Regen überspannt werden. Der Raum des Zeltdaches fasste sehr viele Menschen. Das Dach wurde nach jeder Lehre wieder mit hinabgetragen. Auf dem Bergrücken liegen noch drei Hügel, darunter der Berg der Seligkeiten.

Dort, wo Jesus lehrte, ist eine große Aussicht; man sieht das Galiläische Meer unter sich liegen, und man kann weit umher bis gegen Nazaret sehen. Der Berg ist an einzelnen Stellen bewachsen und angebaut, der Gipfel aber, wo Jesus lehrte, nicht. Er ist mit der Grundlage einer zerstörten Mauer umgeben, in welcher noch Überreste von Türmen zu sehen sind. Um den Berg herum liegen die Orte Hanathon, Bethanat und Nejel, welche den Eindruck machen, als seien sie einmal eine sehr große Stadt im Zusammenhang gewesen.

Jesus hatte drei Jünger bei sich, einen Sohn der Tante des Bräutigams von Kana, einen Sohn der anderen Witwe und den Halbbruder des Petrus, Jonathan. Durch diese waren die Leute auf den Lehrberg berufen worden. Jesus lehrte hier von der Verschiedenheit des Geistes der Menschen, jedes Ortes, ja der einzelnen Familien, und von dem Geiste, den sie durch die Taufe empfingen, wodurch sie durch Buße, Genugtuung und Versöhnung untereinander einig würden und einig mit dem himmlischen Vater. Er sagte ihnen auch, woran sie erkennen könnten, in welchem Grad sie den Heiligen Geist in der Taufe empfangen hätten. Er lehrte auch über das Gebet und einzelne Bitten, und ich wunderte mich, dass Er schon über einzelne Bitten des Vaterunser lehrte, das Er doch bisher noch nicht angesprochen hatte. Diese Lehre dauerte von Mittag bis Abend, als Er nach Bethanat hinabging, wo Er ein Mahl einnahm und übernachtete. Die vorige Nacht war Er in Hanathon gewesen.

Am folgenden Tag sah ich Jesus von Bathanat in der Richtung gegen den See und dann gegen Kapharnaum gehen. Es waren an jenem Ort noch fünf Johannesjünger zu ihm gekommen. Sie waren nördlich von Apheka, der Vaterstadt des hl. Thomas, aus einer Gegend in der Nähe des Mittelmeeres. Sie waren keine rechten Juden, eine Art Sklaven; sie waren lange bei Johannes gewesen und nun zu Jesus gezogen.

Ich sah gegen Mittag Jesus mit den acht Jüngern auf einem Hügel zwischen dem Einfluss des Jordans und Bethsaida, etwa eine halbe Stunde vom See. Sie hatten die Aussicht auf den See und sahen Petrus und Johannes und Jakobus auf ihren Schiffen auf dem See. Petrus hatte ein großes Schiff, worauf seine Knechte waren; er selbst war auf einem kleinen, das er lenkte. Johannes und Jakobus mit ihrem Vater hatten auch ein großes Schiff und kleine. Ich sah auch das Schiff des Andreas; es war nur klein und bei des Zebedäus Schiffen. Andreas war aber jetzt am Jordan und taufte.

Als die Jünger die Freunde auf dem See sahen, wollten sie hinab, um sie zu rufen. Jesus aber befahl ihnen zu bleiben. Ich hörte auch, dass sie sagten: «Wie können diese Männer da nun noch herumfahren und fischen, nachdem sie gesehen, was du getan hast und deine Lehre gehört haben?» Jesus sagte ihnen: «Ich habe sie noch nicht gerufen; sie haben ein großes Gewerbe, besonders Petrus, wovon viele Menschen leben. Ich habe ihnen gesagt, so zu tun und sich zu bereiten, bis ich sie rufe. Ich werde bis dahin noch vieles tun und auch noch zu Ostern nach Jerusalem gehen.»

Westlich des Hügels standen etwa 26 Wohnungen, meistens von Fischern und Landleuten. Als Jesus dort hineinging, lief ihm ein Besessener nach und schrie: «Da geht Er, da kommt Er, der Prophet, vor dem wir fliehen müssen», und es umgaben ihn bald noch viele andere Besessene und schrien und rasten, und auch Leute, welche sie begleiteten, folgten ihnen. Jesus befahl ihnen, ruhig zu sein und ihm zu folgen. Er ging auf den Hügel und lehrte. Es waren hundert Menschen mit den Besessenen um ihn.

Er lehrte auch von den bösen Geistern und wie ihnen Widerstand zu leisten sei und von der Besserung des Lebens. Die Besessenen wurden alle befreit. Sie wurden sehr still und weinten und dankten und sagten, sie wüssten nicht, wie ihnen vorher gewesen. Es waren diese Unglücklichen, unter denen einige aneinander geschlossen gewesen, aus verschiedenen Orten der Gegend hierher gebracht worden, weil die Leute gehört hatten, es käme der Prophet daher, der so heilig sei wie Moses. Sie hätten Jesus noch verfehlt, wenn einer sich nicht losgerissen und ihm nachgeschrien hätte.

Jesus ging von hier zu seiner Mutter zwischen Kapharnaum und Bethsaida. In Kapharnaum lag ihr Haus nicht weit von diesem Hügel, etwas nördlicher.

Am Abend, als der Sabbat begann, lehrte Jesus in der Synagoge von Kapharnaum. Sie hatten noch eine besondere Feier, die sich auf Tobias bezog, der auch in dieser Gegend gewesen war und viel Gutes getan hatte. Er hatte auch Güter an die Schulen und Synagogen hinterlassen. Jesus lehrte von der Dankbarkeit.

### *Jesus bei Maria – Erste Näherung Magdalenas*

Nach dem Sabbat sah ich Jesus auf dem Weg zu seiner Mutter, mit der Er sich allein unterhielt, sogar einen Teil der Nacht hindurch. Er sprach von seinem künftigen Wirken, dass Er nun an den Jordan ziehe, an Ostern nach Jerusalem, dass Er dann die Apostel berufen und ganz öffentlich auftreten werde; dass man ihn in Nazaret verfolgen werde und von seiner folgenden Laufbahn und auf welche Weise sie und die anderen Frauen daran teilnehmen würden.

Es war damals im Hause Marias eine schon sehr bejahrte Frau. Diese war ihr als eine arme verwandte Witwe als Magd von Anna in die Krippenhöhle gesandt worden. Sie war aber so alt, dass Maria ihr mehr diente als sie Maria.

14. bis 20. Januar:

Heute sah ich Jesus mit den acht Jüngern die Reise nach dem Jordan zum Taufort antreten. Sie nahmen vor Anbruch des Tages ihren Weg nach der Ostseite des Sees. Sie kamen wieder über den Hügel, von wo aus sie die Schiffe der späteren Apostel gesehen hatten. Sie gingen über eine hohe und steile Brücke über den Jordan. Der Jordan floss in einem tiefen Bett, etwa eine halbe Stunde vor seinem Einfluss in den See. Jenseits dieses Übergangs, in dem Winkel gegen den See zu, liegt ein kleiner Fischerort, mit vielen ausgebreiteten Netzen umgeben, er heißt Klein-Chorazin.

Eine kleine Stunde nördlicher vom See ab liegt Bethsaida-Julias. Groß-Chorazin liegt ein paar Stunden östlich vom See. Hier war Matthäus Zöllner.

Jesus reiste am östlichen Seeufer hinab und blieb in Hippos über Nacht. Am anderen Morgen zog Er an Gadara vorüber, heilte in der Nähe dieser Stadt einen Besessenen, der ihm an Stricken nachgeführt wurde, sich aber losriss und entsetzlich schrie: «Jesus! Du Sohn Davids! Jesus! Wo willst Du hin? Du willst uns vertreiben.» Da stand Jesus still und befahl ihm, zu schweigen und von diesem Menschen zu weichen. Er sagte dem Teufel auch, wo er hinweichen sollte.

Ein paar Stunden von Gadara ging Jesus an den Jordan und fuhr hinüber und reiste, Scythopolis zu seiner Linken lassend, südwestlich. Er kam über einen Berg Hermon nach Israel, einer Stadt, die an der Westseite die Ebene Esdrelon hat. Sie sagt unbestimmt: Sie liegt an zwei Seiten eines Flüsschens. Jesus ist schon einmal hier gewesen. Er heilt hier sehr viele Leute öffentlich vor der Synagoge.

Ich habe mich neulich geirrt, dass Martha und Lazarus von Kana nach Hause gegangen seien. Lazarus ging allein, Martha hielt sich noch in Galiläa auf, ich meine in Gennabris, wo Nathanael lebte. Sie hatte Magdalena beredet, dahin zu ihr zu kommen.

Es waren noch mehrere Jünger dort. Man sprach von den Wundern Jesu und da Jesus in die Gegend von Jezrael kam, beredete Martha ihre Schwester, noch acht Stunden weiter nach Jezrael mit ihr zu gehen. Jesus war aber nicht mehr dort, und sie hörte nur seine Wunder aus dem Munde der Geheilten. Hier trennten sich die Schwestern, und Magdalena ging nach Magdalum zurück.

Lazarus hatte in der Gegend von Samaria einen Weinberg und ein Feld und ein Haus in der Nähe von Jakobs Feld, welches hernach der Gemeinde Jesu auf Reisen ganz zu Diensten stand. Hier kamen die Schwestern später zu Jesus, als man ihn nach Bethanien zu dem verstorbenen Lazarus rief. Es war in späteren Zeiten eine Kapelle der Martha dort.

16. Januar: Anna Katharina war sehr krank und gestört: Jesus ist nur einige Stunden in Jezrael geblieben und hatte an einem Ort in Akrabis, ein paar Stunden von Siloh, auf einem freien Lehrstuhl gelehrt. Es ist nur ein Hirtenort.

Donnerstag, am 17. abends, sah ich Jesus in Hay ankommen, nicht weit östlich von Bethel und von Jericho nordwestlich einige Stunden, ungefähr noch neun Stunden vom Taufplatz entfernt. Dieser Ort war einmal vor Jesus ganz zerstört und ist nachher wieder aufgebaut worden, aber kleiner; er lag ziemlich versteckt. Jesus heilte und lehrte hier.

Es waren Pharisäer hier, welche sehr spitz redeten. Es waren einige darunter, welche in seinem zwölften Jahr bei seiner Lehre in Jerusalem gewesen waren. Sie sprachen davon und legten es als eine Heuchelei aus, wie Er sich damals in einer Synagoge der Gelehrten unter die Schüler auf die Erde gesetzt und mit diesen disputiert und dann die Lehrer gefragt habe, als wolle Er Unterweisung gegen die Reden seiner Gegner, z.B. «Was meint ihr davon? Unterrichtet uns! Wann wird der Messias kommen?», und so habe Er sie zu allerlei Äußerungen gelockt und dann alles besser wissen wollen. Ob Er nicht dieser sei, fragten sie ihn.

### *Jesus beim Taufort bei Jericho*

18. Januar: Ich sah Jesus vormittags an dem vormaligen Taufort des Johannes drei Stunden von Jericho südlich am Jordan ankommen. Andreas und viele Jünger waren ihm etwa eine Stunde weit entgegengegangen. Es waren noch mehrere Jünger von Johannes und einige von Nazaret hier. Es waren nun mancherlei Veränderungen bei der Taufe. Das Wasser wurde gesegnet, die Leute wurden aus einem Steintrog getauft, und Jesus bereitete die Täuflinge durch Lehren vor. (Sie sei zu matt, sie wolle es ein andermal erzählen.)

Es gingen mehrere Jünger gegen Abend in einen kleinen Ort, eine Stunde vom Taufort entfernt. Es ist Wald dort, der sich in zerrissenen Flecken bis gegen Jerusalem zieht. Die Einwohner leben teils von der Überfuhr und von Holzarbeiten; sie machen auch die Balkenroste zur Überfuhr. Der Ort heißt Ono. Johannes der Täufer ist auch oft dort gewesen. (Der Schreiber fragte sie, ob dieser Ort wirklich Ono heiße; sie sagte:) Ja! Es gibt aber noch eine größere Stadt Ono in Benjamin, welche bei Lydda[40] liegt. Dieses Ono am Jordan bestand schon, als die Israeliten Jericho einnahmen. Zu Jesu Zeiten war wenig davon übrig und später gar nichts mehr; darum ist es sehr unbekannt. Weil aber das andere so genannte noch da war, meinte man, es sei damit verwechselt.

Die Jünger zeigten in Ono Jesu Ankunft an und dass Er heute abend hier den Sabbat feiern und heilen werde und dass Er nun die Lehre und das Werk von Johannes fortführe und deutlicher und kräftiger vollende, wozu Johannes den Grund gelegt habe.

Jesus hat seinen gewöhnlichen Aufenthalt hier in der Gegend in einer Herberge vor Ono, eine halbe Stunde vom Taufort. Es ist ein Mann dort, der Speisen bereitet, doch isst Jesus gewöhnlich kalte Speisen. Am Samstag lehrte Er wieder hier und heilte viele Kranke, die herbeigebracht wurden, unter anderen eine ganz abgezehrte, blutflüssige Frau. Ich sah Jesus zum Sabbat mit den Jüngern in Ono ankommen und vor vielen Leuten in der Synagoge lehren.

Ich sah in diesen Tagen, dass Herodes sich oft bei Johannes einfand und ihn dieser immer mit Verachtung als einen Ehebrecher behandelte, dass Herodes innerlich auch fühlte, dass Johannes recht hatte, aber dass sein Weib ganz wütend gegenüber Johannes war. Herodes wohnte zu Livias, nicht weit von Johannes' jetzigem Taufort. Ich sehe Livias nordöstlicher als Bethabara, nicht sehr weit von Eleale. Johannes lehrte immer von Jesus und wies die Leute zu ihm.

20. Januar: Jesus kehrte heute zu der Taufstelle zurück, lehrte und bereitete die Täuflinge vor, die Andreas, Saturnin und andere abwechselnd tauften. Johannes taufte fast nicht mehr; er lehrte nur und sandte alle über den Jordan hinüber zu Jesu Taufe. Die meisten, welche zu Jesu Taufe kamen, waren junge Leute aus Judäa und von Hebron. Es war alles feierlicher und geordneter als bei Johannes' Taufe gehalten. Die Überfahrt war hier nicht mehr so nah, man hatte sie wegen des Zusammenlaufens des Volkes weiter stromabwärts gelegt. Es war auf Jesu Anordnung vieles

an der Taufstelle verändert worden durch die von Kana hierher vorausgeschickten Jünger. Es war der große Taufbezirk Johannes' um einen Teich unter freiem Himmel nicht mehr da. Die Taufstelle war nicht weit davon unter einem großen Gezelt der kleinen Insel, wo Jesus getauft worden war, errichtet. Der Taufbrunnen Jesu auf dieser Insel war sehr verändert. Die fünf verdeckten Kanäle aus dem Jordan in diesen Brunnen waren aufgedeckt und die vier Steine daraus entfernt und auch der große dreieckige, rotgeaderte Stein am Rande desselben, auf welchem Jesus stand, als der Heilige Geist über ihn kam. Diese waren alle zu der neuen Taufstelle gebracht worden.

Dass die Stelle, wo Jesus getauft worden war, jene Stelle war, wo die Bundeslade gestanden, und dass die Steine in dem Taufbrunnen jene waren, worauf sie im Jordanbett geruht hatten, war nur Johannes und Jesus bekannt, ohne dass sie davon gesprochen hatten. So wusste es nun auch der Herr allein, dass es diese Steine waren, die nun den Taufstein bildeten. Die Juden hatten längst die Stätten dieser Steine vergessen, und es war auch den Jüngern nichts davon bekannt. Andreas hatte in dem dreieckigen Stein ein rundes Becken ausgehauen, das auf den vier untergesetzten Steinen in einer Grube voll Wasser steht. Die Grube umgab diesen Taufstein, in welchen Wasser aus dem Taufbrunnen Jesu auf der Insel gebracht worden war. Das Wasser in dem dreieckigen Stein war auch aus jenem Teich, und Jesus segnete es. Wenn die Täuflinge in den Graben um das dreieckige Becken gestiegen waren, reichte ihnen das Wasser bis zur Brust.

Neben dieser Taufstelle war eine Art Altar, worauf die weißen Taufhemden lagen. Zwei Jünger legten den Täuflingen die Hände auf die Schultern, und Andreas oder Saturnin, oder zur Ablösung taufte sie manchmal ein anderer, dreimal mit der hohlen Hand aus dem Becken über ihr Haupt schöpfend, im Namen des Vaters, des Sohnes und des Heiligen Geistes. Die, welche tauften und die Hände auflegten, haben weiße, lange Röcke und Gürtel an und von den Schultern lange, weiße Bahnen, wie breite Stolen niederhängen.

Johannes taufte mit einer dreirinnigen, drei Wasserstrahlen gießenden Schale und sprach andere Worte von Jahwe und seinem Gesandten. Es ist hier kein von Johannes Getaufter wieder getauft worden; aber ich meine, nach der Sendung des Heiligen Geistes bei der Taufe am Teiche Bethesda wurden sie wieder getauft. Auch hier wurde noch keine Frau getauft. Das Taufen mit dreimaligem Untertauchen sah ich auch erst am Teiche Bethesda anfangen.

Über der Taufstelle war eine Öffnung im Gezelt. Die Täuflinge standen an den Seiten, der Taufende und die Paten an den Ecken des Steines.

Jesus lehrte draußen auf einem erhöhten Lehrplatz, über den auch in der Hitze ein Zelt gespannt war, von der Taufe, der Buße und der Nähe des Reiches und vom Messias und wo sie ihn suchen sollten: nicht unter den Vornehmen, sondern unter Armen und Geringen. Er nannte diese Taufe eine Abwaschung, die Johannestaufe aber eine Taufe zur Buße; Er sprach auch von einer Feuertaufe des Geistes, welche noch kommen werde.

Die Bäume und Sträucher, welche Johannes laubenförmig um die Taufinsel Jesu gepflanzt hatte, waren oben schön zusammengezogen, und der Baum im Taufbrunnen ragte daraus hervor. Ich sah auf seinem Gipfel eine Figur hervorragen wie ein Kindchen, das mit ausgebreiteten Ärmchen aus einem Weinstock wächst und mit der einen Hand gelbe Äpfel, mit der anderen Rosen austeilt. Sie erklärt das Ganze als einen Festschmuck der durch die Jünger eröffneten Taufe Jesu. Sie ist aber zu schwach, die Beschaffenheit dieser Figur zu erklären.

### *Blick auf das Tote Meer und Melchisedech*

Am 22. Januar sah ich mit dem Taufen fortfahren. Jesus ist mit mehreren Jüngern von dem Taufort südlich, westlich vom Toten Meer, dorthin gegangen, wo sich Melchisedech aufgehalten hat, als er den Jordan und die Berge abgemessen hat. Er hatte lange vor Abraham Vorfahren desselben hierher gebracht; ihre Stadt aber ist mit Sodom und Gomorrha zugrunde gegangen.

Jetzt sah man hier in einer dunklen, durch schwarze und zerrissene Felsen und große Höhlen wüsten Gegend, sich ungefähr eine halbe Stunde vom Toten Meer ins Land erstreckend, allerlei zerbrochene Mauern und halbe Türme von einer verwüsteten Stadt, Hazezon Thamar.

Wo jetzt das Tote Meer ist, war vor dem Untergang jener gottlosen Städte nur der Jordan. Er war etwa eine Viertelstunde breit. Die Leute, die jetzt mehr landeinwärts in Höhlen und allerlei Ruinen angesiedelt sind, sind keine rechten Juden, sondern Sklaven aus dort durchziehenden Völkern, welche diesen die Feldarbeit tun müssen. Sie sind arm und demütig und sehr vernachlässigt. Sie haben Jesu Ankunft als eine unbegreifliche Gnade geschätzt und ihn sehr liebevoll aufgenommen. Jesus hat viele geheilt.

In der jetzigen Zeit ist jene Gegend besser als zu Jesu Zeit; aber früher war sie unbeschreiblich schön und fruchtbar. Zu Abrahams Zeit ist sie durch Entstehung des Toten Meeres aus einer der herrlichsten Gegenden zur Wüste geworden. Eine Menge von Städten und Städtchen hatten an dem mit Quadersteinen gemauerten Jordanufer gelegen und mitten und zwischen denselben die schönen Berge und Hügel, und alles war mit Dattelhainen, Weingärten, Früchten und Getreide überzogen gewesen. Es war die Herrlichkeit gar nicht zu beschreiben.

Der Jordan hat sich, ehe das Tote Meer entstand, unterhalb seiner großen Breite zwischen den versunkenen Städten in zwei Arme geteilt. Der eine wendete sich ostwärts und nahm allerlei Wasser auf, der andere floss in Richtung der Wüste, durch welche die Flucht nach Ägypten gegangen ist, und floss bis in die Gegend von Mara, wo Moses die bittere Quelle versüßte und woher Annas Voreltern stammen. Zwischen den Städten waren Salzbergwerke. Das Wasser war aber nicht salzig; es waren viele Springquellen dort. Noch fern in der nachmaligen Wüste haben die Völker das Jordanwasser getrunken und geehrt.

Die früh von Melchisedech nach Hazazon versetzten Vorfahren Abrahams sind sehr entartet, und Abraham wurde durch ein zweites Erbarmen Gottes in das Gelobte Land geführt. Melchisedech ist hier gewesen, als der Jordan noch gar nicht da war; er hat alles abgemessen und bestimmt. Er ist oft gekommen und gegangen und hat manchmal ein paar Leute wie Sklaven bei sich gehabt.

## *Jesus lehrt von der Taufherberge aus an verschiedenen Orten – Gespräch mit Lazarus – Äußerung Jesu über Magdalena*

24. bis 30. Januar:

Jesus ist mit seinen Jüngern in der Richtung gegen Bethlehem durch ein Stück des Tales der Hirten nach Beth-Araba, drei Stunden vom Taufort, gegangen. Jesus war schon einmal hier, als Er nach der Taufe die Hirten besuchte. Der Ort lebt von durchziehenden Karawanen und liegt etwa vier Stunden von Bethanien. Er liegt auf der Grenze von Juda nach Benjamin.

Es waren hier viele Besessene. Sie liefen nackt vor dem Ort in Höhlen herum und schrien, als Jesus nahte. Er befahl ihnen, sich zu bedecken, und sie hatten sich in wenigen Minuten Schürzen von Laub gemacht. Jesus heilte sie und schickte aus dem Ort Leute, welche ihnen Kleider brachten. Es waren solche dabei, denen plötzlich der Bauch hoch auftrieb.

Andreas und fünf andere Jünger waren hierher dem Herrn vom Taufort vorausgegangen und hatten gesagt, dass Er hier den Sabbat feiern werde. Er wohnte mit den Jüngern in einer Herberge allein, wie solche freie Herbergen damals immer in Städten für reisende Lehrer und Rabbiner waren. Auch Lazarus, Joseph von Arimathäa und andere von Jerusalem waren hierhergekommen.

Jesus lehrte in der Synagoge und auf einem steinernen Lehrstuhl auf dem freien Platz und an allen Ecken und Wegen, denn es waren sehr viele Menschen hier, welche die Schule nicht fassen konnte. Er heilte sehr viele Kranke von mancherlei Art. Die Jünger führten sie herbei und machten ihnen Raum in dem Gedränge. Lazarus und Joseph von Arimathäa standen in der Ferne.

Am Schluss des Sabbats ging der Herr mit den Jüngern noch nach Ono zurück. Er kam durch den kleinen Ort Bethagla, wohin die Kinder Israels, als sie über den Jordan zogen, auch gekommen waren. Sie gingen nämlich nicht an einer Stelle, sondern in großer Breite über das trockene Flussbett. Als sie hier ankamen, ordneten sie die Kleidung und schürzten sich. Jesus kam auch an dem Bundesladestein vorüber, wo Johannes das Fest gehalten hatte.

Lazarus und Joseph von Arimathäa kehrten nach Jerusalem zurück, Nikodemus war nicht gekommen, er hielt sich wegen seines

Amtes mehr zurück; aber er diente Jesus heimlich und meldete nachher der Gemeinde immer alle Gefahr.

27. und 28. Januar:

Tags darauf war der erste Festtag des Neumondes, und ich sah, dass in Jerusalem die dienende Klasse und die Beamten einen arbeitsfreien Tag hatten; es war wie ein Freudenfest. Es war Ruhetag, und es wurde heute nicht getauft.

Auf den Dächern der Synagogen hingen am Neumondfest Fahnen an langen Stangen aus; es waren von Knoten unterbrochene Tücher, zwischen welchen Falten waren, die sich im Winde aufbauschten. Durch die Anzahl der Knoten zeigte man den Leuten in der Ferne an, der wievielte Monat eingetreten sei. Solche Fahnen wurden auch im Krieg als Zeichen des Sieges oder der Gefahr ausgesteckt.

Jesus bereitete durch Lehren den ganzen folgenden Tag viele Menschen zur Taufe vor, die sich schon gestern dort versammelt und umhergelagert hatten. Getauft wird auch heute nicht, da ein Fest wegen des Todes eines bösen Königs (des Alexander Jannäus) gefeiert wird. Die Taufstelle ist sehr schön eingerichtet und geschmückt; ich habe es immer nicht erzählen können, ich bin zu krank. Sie bleiben aber noch lange hier, da kann ich es noch einmal sehen und erzählen.

29. und 30. Januar:

Am folgenden Tag begannen Andreas und die anderen Jünger früh mit der Taufe jener, welche Jesus gestern vorbereitet hatte. Ich sah Jesus mit Lazarus, welcher mit Obed, Simeons Sohn, gestern abend wiedergekommen war, und diesen allein vom Taufort am Morgen früh nach der Gegend von Bethlehem zwischen Bethagla und dem mehr abendlich liegenden Ophra gehen.

Jesus ging diesen Weg, weil Lazarus ihm erzählen wollte, was man in Jerusalem von ihm spreche, und weil Jesus ihn und durch ihn die Freunde unterrichten wollte, wie sie sich dabei verhalten sollten. Sie kamen auf dem Weg Josephs und Marias auf der Seite nach Bethlehem, ungefähr drei Stunden weit bis zu einer Reihe von armen Hirtenwohnungen in einer einsamen Gegend. Lazarus erzählte Jesus das Gerede in Jerusalem, wie man teils erbittert, teils spottend, teils neugierig von ihm spreche und dass sie sagten, sie wollten sehen, wenn Er auf Ostern zum Feste komme, ob Er dann in einer großen Stadt auch so kühn sein werde mit seinen Wundern wie bei dem unwissenden Volk und in Galiläa. Er erzählte Jesus auch, was die Pharisäer von verschiedenen Orten von ihm berichtet hätten und von ihrer Spioniererei. Jesus beruhigte ihn über all dies und wies ihn auf allerlei Stellen in den Propheten hin, worin alles das vorbedeutet sei. Er sagte ihm auch, dass Er nach etwa acht Tagen am Jordan sein und dann wieder nach Galiläa ziehen werde, dass Er Ostern nach Jerusalem kommen, nachher aber seine Jünger berufen werde. Auch über Magdalena tröstete Er ihn, von der Er sagte, dass schon ein Funke des Heiles in sie gefallen sei, der sie ganz entzünden werde.

Sie verweilten den Tag hindurch bei den Hirtenwohnungen, wo sie mit Brot, Honig und Früchten bewirtet wurden. Es wohnten hier nur etwa zwanzig Hirtenfrauen, Witwen, die einige erwachsene Söhne bei sich hatten, welche ihnen in ihrem Alter behilflich waren.

Ihre Wohnungen waren Zellen, etwas getrennt und teils von Reiserwerk, das noch lebendig wuchs. Es waren hier unter diesen Frauen einige, welche bei Christi Geburt ihn in der Krippe angebetet und geopfert hatten. Jesus lehrte hier und ging in die einzelnen Hütten und heilte einige Frauen. Eine war sehr alt, krank und hager; sie wohnte in einer kleinen Hütte und lag auf einem Lager von Laub. Jesus führte sie an der Hand heraus. Die Frauen hatten einen gemeinsamen Speise- und Betort.

(Während sie dieses am 30. Januar morgens elf Uhr erzählte, sagte sie plötzlich, zu ihrer Rechten schauend: Wer war das? besann sich aber gleich und fuhr fort:) O, ich meinte, da stehe jemand. Ich sah Jesus jetzt auf dem Weg mit Obed und Lazarus, auf welchem Er gegangen war, als Johannes gerufen: «Sieh das Lamm Gottes!» Es gingen einige Jünger vor und einige hinter ihm. Später sagte sie: Lazarus und Obed gingen nach Jerusalem zurück.

31. Januar: Heute war Jesus auf dem Taufplatz und lehrte. Es wurden viele getauft.

*Jesus hält den Sabbat in Adummim, einer Freistätte für Verbrecher, zwei Stunden vom Taufort entfernt*

1. und 2. Februar:

Jesus ist heute mit den meisten seiner Jünger über Bethagla nach Adummim gegangen. Dieser Ort liegt ganz verborgen in einer schrecklich wilden Gegend von lauter Gebirgsschluchten, wo der Weg so schmal neben den Felsen hinläuft, dass dort kaum ein Esel gehen kann. Er liegt von Jericho etwa drei Stunden an der Grenze von Benjamin und Judäa ganz versteckt; ich habe ihn früher nie gesehen. Dieser Ort liegt wunderbar steil; er ist eine Freistatt für Verbrecher und Mörder gewesen, welche hier vor der Todesstrafe Schutz fanden. Sie sind entweder bis zur Besserung hier beobachtet oder nachher als Sklaven in Steinbrüchen und zu großen Bauarbeiten gebraucht worden. Der Ort hat deswegen «Steg der Roten, der Blutigen» geheißen. Diese Freistätte ist schon vor David hier gewesen; nach Jesus unter den ersten Verfolgungen der Gemeinde hat sie geendet. Später war ein Kloster wie eine Festung von den ersten Ordensbrüdern des Heiligen Grabes da gebaut. (Sie versteht darunter jene Genossenschaft zur Bewahrung und Verehrung des Heiligen Grabes, die sie unter den ersten Bischöfen von Jerusalem entstehen sah.) Die Leute lebten hier von Wein und Obstbau; es war eine fürchterliche Wildnis von meist nackten Felsen; die Weinstöcke stürzten manchmal mit den Felsen nieder.

Der eigentliche Weg von Jericho nach Jerusalem ging nicht über Adummim, sondern westlich von diesem Ort, von welcher Seite her man gar nicht hineinkonnte; den Weg von Bethagla her nach Adummim durchschritt aber eine Straße, aus dem Hirtental nach Jericho laufend, etwa eine halbe Stunde vor Adummim. In der Nähe dieses Durchschnittes war eine sehr enge und gefährliche Passage; und hier war eine Stelle durch einen steinernen Lehrstuhl bezeichnet, wo lange vor Christus die Parabel von dem Mann, der unter die Mörder gefallen war, und dem barmherzigen Samariter wirklich geschehen war. Als Jesus nach Adummim zog, ging Er mit seinen Jüngern ein Stückchen auf dem Weg hierher und lehrte auf dem Lehrstuhl vor den Jüngern und den versammelten

Bewohnern der Gegend über das, was sich hier ereignet hatte. Er hatte den Sabbat in Adummim gefeiert und auch in der Synagoge gelehrt und eine Parabel erzählt, die sich auf die Wohltat der Freistätte für Verbrecher bezog, und hatte sie auf die Gnadenfrist der Buße auf dieser Erde angewandt. Er hat auch mehrere Leute, besonders Wassersüchtige, geheilt. Nach dem Sabbat ist Er mit den Jüngern zum Taufort zurückgegangen.

3. und 4. Februar:

Am Abend des folgenden Tages ging Jesus mit seinen Jüngern nach der Stadt Nebo, welche jenseits des Jordans am Fuße des mehrere Stunden aufsteigenden Berges Nebo liegt.

Es waren Boten gekommen, die ihn baten, dorthin zu kommen und zu lehren. Es wohnt hier ein ganz gemischtes Volk, Ägypter und Israeliten, die sich früher mit Götzendienst befleckt haben, auch Moabiter. Sie waren durch die Lehre des Johannes teils erweckt worden, getrauten sich aber nicht herüber zu Jesu Taufplatz. Ich meine, sie durften nicht. Sie waren unter den Juden wegen eines Verbrechens ihrer Voreltern, das ich nicht mehr weiß, sehr in Verachtung und durften nicht überall hin, nur an gewisse Orte. Sie kamen daher demütig zu Jesus und baten ihn, bei ihnen zu taufen. Die Jünger nahmen Wasser aus dem Taufbrunnen in Schläuchen mit. Es blieben nur Wächter am Taufort.

Nebo liegt durch einen Berg getrennt eine halbe Stunde vom Jordan, von Machärunt wohl fünf bis sechs Stunden entfernt. Es hatte keinen fruchtbaren Boden. Um nach Nebo zu kommen, muss man in die jenseitigen Ufer aufsteigen und dann wieder hinab. Dem Taufort gerade gegenüber ist das Ufer ein Berg, weder ein Ort noch eine Anfuhr. Jenseits des Uferberges liegt Nebo. Es ist ziemlich groß und auf hügeligem Grund erbaut und durch ein Tal vom Berg Nebo getrennt. Es ist hier noch ein Heidentempel, aber verschlossen, es ist etwas herumgebaut.

Am folgenden Montag sah ich Jesus hier unter freiem Himmel auf einem Lehrstuhl die Täuflinge vorbereiten und sah die Jünger taufen. Die Taufwanne war über eine Bad-Zisterne aufgestellt, in die die Täuflinge traten und die bis zu einer gewissen Höhe mit Wasser angefüllt war. Die Jünger hatten die Taufhemden mitgebracht, sie hatten sie aufgerollt und um den Leib gewickelt getragen. Während der Taufe wurden sie den Täuflingen angelegt, und sie schwammen im Wasser um sie her. Nach der Taufe wurde ihnen noch eine Art Mäntelchen umgehängt. Bei Johannes war dies wie eine Stola, breit wie ein Handtuch; bei Jesu Taufe war es mehr wie ein eigentliches Mäntelchen, woran eine Stola wie ein Lappen genäht war, mit Fransen daran. (Sie ist zu schwach, um es deutlicher zu beschreiben.) Es sind meist zarte Jünglinge und sehr alte Greise getauft worden; viele aber sind auch abgewiesen worden, sie sollten sich erst bessern. Jesus heilte auch mehrere Fieberkranke und Wassersüchtige, welche auf Tragbetten herbeigetragen wurden. Es sind bei den Heiden nicht so viele Besessene wie bei den Juden. Jesus segnete auch das Trinkwasser, das hier nicht gut war. Es war trüb und salzig und sammelte sich in Felsen. Es war ein Becken da, worin es aus Schläuchen gelassen wurde. Jesus segnete es, und zwar kreuzweise, und verweilte mit der Hand auf einzelnen Punkten der Fläche.

### *Blick nach Galiläa*

Ich habe gesehen, dass die Jünger in Bethsaida und Nathanael (Chased) ihre Verhältnisse zu ordnen begannen und dass sie mehr nach Kapharnaum ziehen.

Am 5. morgens sah ich, dass Jesus und die Jünger sich schürzten und Nebo verließen. Sie sind aber den größten Teil des Tages auf dem nur eine Stunde langen Weg von Nebo nach der Überfahrtsstelle am Jordan geblieben, wo Jesus gelehrt hat. Es standen hier viele Hütten und Gezelte, wo die Leute aus Nebo ihr Obst und den ausgepressten Wein an die Vorüberreisenden verkauften; vor diesen Leute lehrte Jesus. Er kam mit den Jüngern erst abends in seine Herberge am Taufort zurück. Sie gehörte Jesus allein und ist von Lazarus gekauft.

6. Februar: Heute ist Jesus in der Runde herum bei einzelnen Bauern gewesen und hat Lehrversammlungen gehalten. Es sind viele gute Leute darunter, welche, als Johannes noch hier taufte, die Volksmenge mit Lebensmitteln versahen. Jesus scheint alle

noch bis in die kleinsten Winkel zu besuchen, weil Er bald den Ort hier verlassen und nach Galiläa gehen will. Abends kehrten sie zur Herberge zurück.

7. Februar: Am folgenden Tag war Jesus bei einem reichen Bauern, eine halbe Stunde von Ono entfernt, dessen Felder einen ganzen Berg bedeckten. Dort ist ein Acker, auf dessen einer Seite noch geerntet wird, wenn man auf der anderen bereits im Begriffe steht zu säen. Jesus hat hier über eine Parabel vom Säen und Ernten gelehrt.

Es ist hier bei dem Bauern ein alter, verfallener Lehrstuhl aus den Zeiten der Propheten wieder sehr schön hergestellt worden, wo Jesus lehrte. Es sind noch mehrere solcher wiederhergestellt, seit Johannes hier getauft hat; er hatte es ihnen befohlen, was auch zu seiner Wegbereitung gehörte. Diese Lehrstühle waren hier, wie bei uns die Stationsbilder, seit den Zeiten der Propheten ganz verfallen. Elias und Elisäus haben sich hier viel aufgehalten. Jesus wird den morgigen Sabbat in Ono feiern, und nachher folgt ein Fest, das sich auf Früchte beziehen muss. Ich habe in diesen Tagen ganze Körbe voll Früchte in die Synagogen und die Gerichtshäuser tragen sehen.

Am Taufort wird von den Jüngern schon alles abgebrochen und aufbewahrt; wenn ich mich besser fühle, will ich erzählen, wie es gewesen ist. Bei dem Ort, wo der Stein liegt, auf dem die Bundeslade stand, sind jetzt wohl an zwanzig Wohnungen umher. Bethabara liegt nicht dicht am Ufer, sondern wohl eine halbe Stunde von der Überfuhr; aber man sieht es. Von der Überfuhr bis zu des Johannes jetzigem Taufort über Bethabara sind es wohl anderthalb Stunden.

8. Februar – (In stets todesnaher Schwäche und schier gänzlicher Geistesabwesenheit vermochte sie nur folgendes mitzuteilen:)

Freitag habe ich Jesus in Ono von Haus zu Haus gehen sehen. Ich wusste anfangs nicht warum, später hörte ich, es habe dieses sein Gehen Bezug auf den Zehnten, wozu Er diese Leute ermahnte, und auf Almosen, welche an dem auf den Sonntagabend eintretenden Fest der Baumfrüchte gereicht wurden. Am Abend feierte Er den Sabbat in der Synagoge. Samstag: Jesus lehrt bis Sabbatschluss in Ono. Sonntag: Heute begannen die Vorbereitungen zum Neujahrsfest der Früchte. Am Abend begann dieses Fest. Es war ein dreifaches Fest: Erstens, weil heute der Saft in die Bäume steigt, dann weil der Zehnte von den Früchten gereicht wurde und endlich ein Dankfest wegen Fruchtbarkeit. Jesus lehrte über alles dieses. Man aß viele Früchte und schenkte den Armen ganze Figuren von Früchten, auf Tafeln aufgetürmt. Es sind heute wohl noch zwanzig neue Jünger zu Jesus gekommen.

12. und 13. Februar –

(Anna Katharina ist noch immer sehr krank:)

Jesus verließ am Schluss des Festes Ono mit einigen Leuten und zwanzig Jüngern und reiste gegen Galiläa. Er kehrte auf seiner Reise zuerst in der Gegend, wo Jakob sein Feld hatte, in jenen Hirtenhäusern ein, in deren einem Joseph und Maria auf der Reise nach Bethlehem so hart abgewiesen worden waren. Jesus hatte die Bewohner der guten Herberge besucht und gelehrt, bei den Leuten der bösen Herberge aber hat Er übernachtet und sie ermahnt. Die Frau lebte noch, sie lag krank, und Jesus heilte sie.

Heute am 12. kam Jesus durch Asruma, wo Er vom 22. bis 24. Oktober schon gewesen war. Jairus, ein Nachkomme des Esseners Chariot, der in dem nahegelegenen, etwas verachteten Ort, ich meine Phasael, wohnte und der damals Jesus gebeten, seine kranke Tochter zu heilen, was dieser ihm auch für die Zukunft versprach, hatte heute Jesus einen Boten hierher entgegengesandt und ihn an seine versprochene Hilfe erinnert; seine Tochter war gestorben. Da ließ Jesus seine Jünger allein weiter ziehen und beschied sie, an einem bestimmten Ort wieder mit ihm zusammenzutreffen. Er selbst aber folgte dem Boten des Jairus nach Phasael.

Als Jesus in das Haus des Jairus trat, lag die Tochter schon ganz zum Begräbnis bereitet in Tüchern und Binden eingewickelt, von der klagenden Familie umgeben. Jesus ließ noch mehrere Leute des Ortes um sie versammeln, befahl, die Grabbinden und Tücher aufzulösen, fasste dann die Tote bei der Hand und befahl ihr aufzustehen.

Da richtete das Mädchen sich in die Höhe und stand auf. Sie war etwa 16 Jahre alt und war nicht gut. Sie liebte ihren Vater nicht, der sie doch über alles liebte. Sie ärgerte sich an seinem frommen Verkehr mit armen, verachteten Leuten. Jesus erweckte sie vom

Tode des Leibes und der Seele. Sie hat sich gebessert und ist später zu der Gemeinde der heiligen Frauen gekommen. Jesus ermahnte alle, nichts von diesem Wunder zu erzählen, und hat deswegen auch die Jünger nicht anwesend sein lassen. Es ist dies nicht der Jairus von Kapharnaum gewesen, dessen Tochter Er später auch von den Toten erweckt hat.

Jesus verließ diesen Ort, ging gegen den Jordan, fuhr hinüber, ging in Peräa nördlich umher, kam bei Sukkoth wieder auf die Abendseite des Flusses und zog gegen Jezrael. Das geschah am Mittwoch, dem 13. Februar. Jesus hat also Samaria gemieden.

(Sie ist so sehr gleich einer Sterbenden, dass das Wenige, das sie mitzuteilen vermag, mit großem Dank anzunehmen ist.)

### *Jesus in Jezrael – Er rührt durch einen Blick Magdalena*

14. Februar – (Wegen äußerster Schwäche sagt Anna Katharina nur folgendes:) Heute, Donnerstag, war Jesus in Jezrael, lehrte hier und tat viele Wunder unter einer großen Volksversammlung. Alle Jünger aus Galiläa waren ihm hier entgegengekommen. Nathanael (Chased), Nathanael der Bräutigam, Petrus, Jakobus, Johannes, die Söhne der Maria Cleophä. Alle waren hier. Lazarus, Martha, Seraphia (Veronika) und Johanna Chusa, die früher aus Jerusalem gereist war, hatten Magdalena in Magdalum besucht und sie beredet, nach Jezrael zu ziehen, um den wundervollen, weisen, wohlredenden und schönsten Jesus, von welchem das ganze Land erfüllt sei, wenigstens zu sehen, wenn nicht zu hören. Sie hatte den Bitten der Frauen nachgegeben und sie mit vieler, eitler Pracht hierher begleitet.

Als sie nun aus der Herberge aus einem Fenster Jesus mit seinen Jüngern durch die Straße wandern sah und Jesus sie ernst angeblickt, traf dieser Blick sie so tief in die Seele und versetzte sie so wunderbar in Beschämung und Verwirrung, dass sie aus der Herberge in ein Haus der Aussätzigen eilte, worin auch blutflüssige Frauen waren, in eine Art Hospital, dem ein Pharisäer vorstand, aus einem überwältigenden Gefühl ihres Elends. Die Leute der

Herberge aber, denen ihr Wandel bekannt war, sagten: «Da gehört sie hin, zu den Aussätzigen und Blutflüssigen!»

Magdalena aber war in das Haus der Aussätzigen gelaufen, um sich zu demütigen, so sehr hatte sie der Blick Jesu erschüttert; denn sie hatte sich aus Eitelkeit, um nicht mit so vielen armen Leute zusammen zu sein, in eine vornehmere Herberge als die anderen Frauen begeben. Martha und Lazarus und die anderen Frauen reisten hierauf mit ihr nach Magdalum zurück und feierten dort den nächsten Sabbat. Es ist eine Synagoge dort.

15. bis 19. Februar:

Gegen Abend kam Jesus zum Sabbat in Kapharnaum an. Er besuchte vorher seine Mutter. Er hatte hier gelehrt und wieder in dem Hause gewohnt, das dem Bräutigam von Kana gehört. Alle Jünger waren hier versammelt. Am Samstag lehrte Er bis Sabbatschluss. Man hatte ihm von allen Seiten auf dem Lande sehr viele Kranke herbeigetragen und Besessene herbeigeführt, und Er heilte öffentlich vor allen seinen Jüngern und trieb Teufel aus unter sich stets wehrendem Gedränge. Abgesandte von Sidon kamen und flehten ihn an, dorthin zu kommen, doch Er versagte es. Dann kamen auch Leute aus Cäsarea Philippi oder Paneas und luden ihn sehnlich dahin ein; Er aber vertröstete sie auf weiteres. Der Andrang nahm so zu, dass Er am Sonntagmorgen Kapharnaum mit einigen Jüngern verließ und in ein Gebirge entwich, ungefähr eine Stunde von Kapharnaum nordöstlich zwischen dem See und dem Einfluss des Jordans gelegen, wo viele Schluchten sind, in denen Er sich absonderte und betete. Es ist dasselbe Gebirge, auf dessen dem See näheren Hügel Er neulich, von dem Berg von Bethanat kommend, mit seinen Jüngern die Schiffe des Petrus und des Zebedäus auf dem See gesehen hat.

Die Jünger, die bei ihm waren, gingen hinab zu den Fischerwohnungen am See, um von Jesus zu erzählen. Andreas blieb in Kapharnaum und hat dort unter der versammelten Menge gelehrt und berichtet.

Am Abend kam Jesus zu der Wohnung seiner Mutter zwischen Bethsaida und Kapharnaum. Hier hatten sich Lazarus, Martha und die anderen jerusalemischen Frauen von Magdalum aus versammelt, um Abschied zu nehmen und nach Jerusalem zurückzukehren. Jesus tröstete sie über Magdalena; Er sagte, Martha sei zu besorgt. Magdalena ist sehr bewegt; dennoch wird sie nochmals arg zurückfallen. Sie hatte ihren Putz nicht abgelegt, sie hatte erklärt, sie könne sich ihrem Stand nach nicht so gering kleiden wie die anderen Frauen.

Heute, am Sonntagabend, begann ein Festtag in Kapharnaum wegen des Todes eines Mannes, der gegen das Gesetz Bilder im Tempel aufstellen lassen wollte.

18. Februar: Jesus ist heute teils bei seiner Mutter geblieben, teils nach Kapharnaum gegangen, um zu lehren. Es waren dorthin wieder viele Kranke gebracht worden, deren Er viele heilte. Auch heute waren wieder Leute dort gewesen, um ihn an andere Orte einzuladen. Es waren aber dieses Mal, sah ich, auch sehr verkehrte Pharisäer anwesend, welche ihm widersprachen und ihn fragten, was aus all dem werden solle; das ganze Land sei seinetwegen im Aufruhr, und Er lehre öffentlich und breite sich immer mehr aus. Er wies sie aber sehr ernsthaft ab und erklärte ihnen, Er werde noch öffentlicher zu lehren und zu handeln beginnen.

Am Abend begann ein Festtag zum Gedächtnis der Vertilgung des Stammes Benjamin durch die übrigen Stämme wegen einer Schandtat. Ich sah, dass dieser Tag in der Gegend von Phasael, wo neulich Jesus die Tochter des Jairus erweckte, und in Aruma und Gidea besonders streng begangen wurde, weil jene Ereignisse dort in der Gegend geschahen. Ich sah, dass die Frauen dort ein gewisses Opfer brachten und besonderen Anteil an dem Fasten nahmen.

In der Nacht ging Jesus, von Nathanael (Chased) abgeholt, mit Andreas, Petrus und den Söhnen der Maria Cleophä und des Zebedäus nach Gennabris, Nathanaels Wohnort (wo sie ihn Dienstag früh ankommen sah). Nathanael hatte ihm dort eine Herberge bestellt. Er ist nicht in Nathanaels Haus, an dem sie vor der Stadt vorbeigekommen, eingekehrt. Nathanael, der Bräutigam, und seine Frau sind in dieser Zeit auch in Kapharnaum und Jezrael gewesen.

Der Taufort bei Ono wird abwechselnd von Einwohnern dieses Ortes bewacht. Jesus lehrte und heilte in Gennabris ganz wütende Besessene. Es geht eine Handelsstraße durch diesen Ort, die Leute sind hier nicht so einfältig wie die am See. Obschon sie nicht offen widersprachen, haben doch manche die Lehre kälter aufgenommen.

(Indem sie dieses gesagt, scheint sie Gennabris zu sehen und spricht in die Ferne deutend:) Da liegt's auf einer Anhöhe, ich kann wohl acht Städte im Umkreis sehen, ich weiß aber jetzt ihre Namen nicht. Außer den künftigen Aposteln ist auch Jonathan, der Halbbruder des Petrus, mit in Gennabris gewesen. Die anderen Jünger hatten sich um Kapharnaum und Bethsaida zerstreut und erzählten alles, was sie von Jesus gehört und gesehen hatten. Ich meine, Jesus wird nun noch einmal zu seiner Mutter in Galiläa zurückkehren und in etwa vierzehn Tagen in die Gegend von Jerusalem ziehen.

### *Jesus in Bethulien – Kisloth-Tabor – Jezrael – Sunem und Alama – Er kehrt nach Kapharnaum zurück*

20. Februar bis 4. März:

Jesus ist heute mit den nachmaligen Aposteln nach Bethulien gegangen, etwa drei Stunden von Gennabris entfernt, fünf Stunden von Tiberias, nicht weit von Jezrael gelegen. Bethulien liegt so steil an einer Anhöhe, als wolle es herunterfallen, und hat Bruchstücke von so breiten Mauern, dass man mit Wagen darauf fahren könnte. Der Weg von hier nach Nazaret führt am Berg Tabor vorüber, von dem es nur ein paar Stunden südöstlich liegt.

Nathanael (Chased) hat sein Amt in Gennabris nun seinem Bruder oder Vetter übergeben und wird dem Herrn künftig nachfolgen.

Als Jesus in Bethulien einzog, schrien die Besessenen auf der Straße nach ihm. Auf dem Markt blieb Er bei einem Lehrstuhl stehen und sandte einzelne seiner Jünger, dem Synagogen-Vorsteher zu sagen, er solle die Türen der Schule von allen Seiten öffnen lassen. Andere Jünger sandte Er von Haus zu Haus, um die Einwohner zu der Lehre zu rufen. Die Synagoge hatte ringsum Türen zwischen Säulen, welche bei großem Zulauf immer geöffnet wurden. Jesus lehrte hier vom wahren Weizenkörnlein, das in die Erde gelegt werden müsse. Er wohnte hier in einer bestellten Herberge.

Die Pharisäer hier widersprachen zwar nicht offen; doch murrten sie, und Jesus wusste, dass sie fürchtend dagegen sprachen, dass Er den Sabbat hier halten sollte. Er sagte dies seinen Jüngern und dass Er den Sabbat ein paar Stunden weiter, nordwestlich gegen den Tabor zu, an einem Ort halten wolle, dessen Name mir jetzt nicht einfällt, aber die Leute färben dort Seide zu Fransen und Quasten.

Bethulien ist bestimmt der Ort, vor welchem Judith dem belagernden Holofernes den Kopf abgeschlagen hat. Es ist dies eine wahre Geschichte, deren ganzen Hergang ich gesehen habe. Jesus heilte auch hier. Alle die zurückgebliebenen Jünger hatten sich hier wieder zusammengefunden.

21. Februar: Heute am Morgen hatte Jesus wegen des Murrens der Pharisäer Bethulien verlassen und lehrte etwa eine kleine Viertelstunde vor der Stadt im Freien auf einem steinernen Lehrstuhl. Es waren noch zerstörte Mauern da umher, und es scheint diese Stelle ehemals zum Umfang der Stadt gehört zu haben.

Etwa um drei Uhr nachmittags ging Jesus nach Kisloth, welches ungefähr drei Stunden weit von hier am Fuße des Tabor liegt. Andreas und andere waren vorausgegangen, um die Herberge vor Kisloth zu bestellen. Es hatte sich dort eine große Menge von Menschen aus der ganzen Gegend angesammelt.

Ich sah auch viele Hirten mit ihren Stäben hinkommen, und es waren viele Kaufleute von Sidon und Tyrus auf der Durchreise zugegen. Seine Wunder und Lehren waren schon im ganzen Lande bekannt. Alles drängte sich nach den Orten, wo Er lehrte, und da es bekannt geworden war, dass Er hier den Sabbat feiern wolle, hatte sich alles, was unterwegs war, hier zusammengezogen.

Wo Er erschien, entstand jetzt immer eine große Bewegung. Man lief ihm entgegen, warf sich vor ihm nieder, drängte sich heran, ihn zu berühren, und deshalb war Er meist unvermutet und plötzlich in seinem Kommen und Gehen, um sich dem Gedränge zu entziehen. Oft trennte Er sich auf dem Wege von seinen Jüngern, sandte sie andere Wege und ging allein. In den Orten mussten sie ihm oft Platz in dem Gedränge machen. Manchem jedoch vergönnte Er auch Annäherung und Berührung, und mancher wurde dadurch still in sich gerührt, bekehrt, geheilt.

Am Abend kam Jesus in der von den Jüngern für ihn bestellten Herberge vor Kisloth-Tabor an, wo Er schon zweimal gewesen ist. Kisloth mag wohl sieben Stunden von Nazaret entfernt sein und in gerader Linie etwa fünf. Weil die Wege hier im Lande so krumm durch die Täler laufen und die Leute die Entfernung bald durch den Reiseweg, bald aber von den Bergen herab betrachtet, bestimmen, so treffen ihre Angaben selten zusammen. Es liegen unbegreiflich viele Orte in Galiläa, doch kann man von einzelnen Höhen immer nur einige sehen.

Kisloth-Tabor ist vor allem ein Handelsort. Es sind mehrere reiche Kaufleute und viele arme Leute hier. Es gibt hier viele Färbereien für rohe Seide, welche zu Fransen und Quasten an den Priesterkleidern verarbeitet wird. Diese Färbereien waren sonst meist in Tyrus am Meer; jetzt aber sind viele hierher gezogen. Die reichen Kaufleute gebrauchen die armen Leute in den Fabriken. Ich sah auch Leute wie Sklaven hier.

Vor der Herberge hatten die Jünger eine Stelle mit dicken Stricken, welche durch Pfähle gezogen waren, gegen den Andrang des Volkes eingezäunt. In diesem Raum lehrte Jesus vor der Herberge und da ihm dort unter anderem reiche Kaufleute aus der Stadt zuhörten, lehrte Er vom Reichtum und den Gefahren der Gewinnsucht. Da sagte Er ihnen, ihr Stand sei noch gefährlicher als jener der Zöllner, welche sich eher bekehrten als sie, und dabei deutete Er auf die Stricke, welche ihn von dem Andrang des Volkes trennten, und sprach: «Ein solcher Strick geht eher durch ein Nadelöhr als ein Reicher in das Himmelreich.» Diese Stricke von Kamelhaaren waren wohl armdick und viermal übereinander durch die Pfähle vor der Herberge gezogen. Die reichen Leute verteidigten sich, dass sie doch auch Almosen von ihrem Gewinne gäben; Jesus aber erwiderte ihnen, das Almosen, welches sie vom Schweiße anderer Armen erpressten, bringe ihnen keinen Segen. Diese Lehre gefiel diesen Leuten gar nicht.

22. Februar: Kisloth war eine Levitenstadt, von Zabulon an die Leviten vom Stamme Merari abgetreten. Es war hier die vornehmste Schule in der ganzen Gegend. Sie war sehr groß, und alles wurde mit viel Feierlichkeit darin verrichtet. Wenn Jesus am Sabbat in den Synagogen lehrte, dienten die Priester des Ortes, reich-

ten die Schriftrollen dar oder lasen gegenseitig, was Er begehrte; Er fragte und lehrte auch darüber. Es wurde auch gesungen, aber nicht auf pharisäische Weise. Ich hörte seine Stimme wohl unter den anderen angenehm hervorklingen; ich erinnere mich nicht, ihn allein singen gehört zu haben. Jesus lehrte am Morgen in der Schule. Andreas lehrte vor der Schule in anstoßenden Räumen die Kinder und unterrichtete das fremde, andringende Volk von dem, was er von Jesus gehört und gesehen hatte. Jesus lehrte von Hoffart und Eigendünkel. Er heilte hier deswegen heute nicht, weil, wie Er sagte, sie wegen seiner Lehre hier in ihrer Stadt aufgeblasen seien, sich vor anderen besser vorkamen, als sei Er deswegen hierher gekommen, statt dass sie einsähen, Er komme wegen ihrer Not zu ihnen, auf dass sie sich demütigten und besserten.

Nach der Lehre hielt Er sich noch vor der Synagoge auf einem freien Platz auf, wo in einem Vorhof kleine zur Synagoge gehörige Zellen, wie Wachhäuschen waren. Hier heilte Er viele Kinder, welche an Konvulsionen und anderem Elend litten und die ihm die Mütter brachten; Er heilte sie, weil sie unschuldig waren. Auch heilte Er mehrere Frauen, welche sich vor ihm demütigten und zu ihm sagten: «Herr, vernimm meine Schuld und mein Gebrechen.» Sie warfen sich in der Halle vor ihm nieder und klagten sich an. Es waren Blutflüssige darunter und Frauen, die mit bösen Begierden geplagt waren und Befreiung von ihrer Versuchung erflehten. Er hielt am Abend den Sabbat in der Schule und aß in der Herberge. Seine nachmaligen Apostel und näheren Freunde waren mit ihm am selben Tisch, die Jünger in anderen Räumen oder sie dienten.

23. Februar: Jesus hatte heute den Sabbat in der Synagoge gehalten und viele Kranke vor der Synagoge geheilt. Auch ist Er zu vielen, die man nicht tragen konnte, in die Häuser gegangen, um sie zu heilen. Die Jünger leisteten ihm Handreichung dabei, indem sie die Kranken trugen, führten, hoben und Raum machten, Bestellungen und Botschaften ausrichteten.

Alle Auslagen der Reisen und Almosen gehen bis jetzt aus dem Vermögen des Lazarus, und Simeons Sohn Obed besorgte die Zahlungen. Die kleinen Häuser vor der Synagoge, welche ich gestern wie Wachhäuschen beschrieb, sind am Vorhof der

Synagoge kleine Zellen, wo die Frauen, durch ein Gitter getrennt, mit Jesus allein sprachen. Es war üblich, dass in diesen Zellen Sünderinnen, Büßende oder unreine Frauen auch sonst bei den Priestern Trost suchten. Oben auf dem Berg Tabor ist keine Stadt, aber wohl Schanzen, Mauern und wie eine leere Festung, wo sich manchmal Kriegsvölker aufgehalten haben. Am Abend nach dem Sabbat ist Jesus mit seinen nächsten Jüngern, den künftigen Aposteln, bei einem Pharisäer zur Mahlzeit gewesen, den seine Lehre sehr gerührt hatte und der gut geworden ist.

24. Februar: Am Sonntag ist Jesus mit den Jüngern bei einer großen Mahlzeit gewesen, welche ihm zu Ehren von den Vornehmen im öffentlichen Festhaus gegeben wurde. Er hat hierbei gelehrt und am selben Abend die Stadt verlassen und ist nach Jezrael gegangen, welches nicht viel mehr als drei Stunden von Kisloth-Tabor entfernt ist.

25. Februar: Es sind hier in Jezrael die Verwandten und Bethsaidischen Jünger, selbst Andreas und Nathanael, von ihm geschieden, um ihre Heimat zu besuchen. Er sagte ihnen, wo sie wieder zusammentreffen wollten. Etwa fünfzehn jüngere Jünger sind noch bei ihm geblieben. Er lehrte und heilte hier. Hier sind allerlei geistliche und weltliche Schulen. Es ist ein großer Ort. Er hat auch von Naboths Weinberg gelehrt.

26. Februar: Jesus ist nicht mehr in Jezrael, aber geht vielleicht wieder hin, denn ich sehe ihn nur anderthalb Stunden davon östlich in einem Feld, in einem Tal, zwei Stunden lang und zwei Stunden breit. Es sind viele Obstgärten darin mit Rändern. Es ist ein ungemein fruchtbares und reizendes Obsttal; ich habe diesen Flecken noch nicht gekannt.

Die Einwohner von Kisloth-Tabor und Jezrael sind meistens die Besitzer dieser Obstfelder. Es sind viele Zelte hier, von Stelle zu Stelle stehen sie paarweise und werden von Leuten aus Sichar bewohnt, welche hier das Obst bewachen und ernten. Ich meinte, sie müssten es tun, wie zur Fron. Sie lösen sich ab; es wohnen ungefähr vier in einem Zelt. Die Frauen wohnen von den Männern abgesondert beisammen und kochen für die Männer.

Jesus lehrte diese Leute unter einem Zelt. Es sind hier auch so schöne Brunnen und Wasserquellen, die in den Jordan fließen.

Die Hauptquelle kam aus Jezrael und war hier im Tal in einen schönen Brunnen gefasst, worüber eine Art Kapelle gebaut war. Es teilt sich die Quelle aus diesem Brunnenhaus nach verschiedenen anderen Brunnen in dem Tal, wo sich auch andere Wasser mit ihr vereinigen, und so fließt sie endlich in den Jordan. Es waren etwa dreißig Wächter hier, welche Jesus gelehrt hat; die Frauen standen etwas ferner. Er lehrte von der Sklaverei der Sünde, von der sie sich losreißen sollten. Sie waren unbeschreiblich erfreut und gerührt, dass Er zu ihnen gekommen war. Er war so liebevoll und freundlich zu diesen armen Leuten, dass ich selbst darüber habe weinen müssen. Sie setzten ihm und den Jüngern Früchte vor, von welchen sie aßen. Es sind an einzelnen Stellen hier schon reife Früchte, an anderen Bäumen sind erst Blüten. Es gibt da braune Früchte, wie Feigen; aber in Traubenbüschlein wachsend, auch gelbe Pflanzen, aus denen man eine Art Brei bereitet. (Anna Katharina beschreibt sie wie Mais; die braunen Früchte wie Dattelpalmen; sie spricht auch von Durra und vielen Kräutern, welche man salatartig esse; die ganze Gegend sei ein fettes Gartenland, im Süden von Jezrael.) An diesem Tal liegt das Gebirge Gilboa, und hier ist auch Saul in der Schlacht mit den Philistern umgekommen.

Jesus ist am Abend an einer Seite durch Jezrael gezogen und etwa drei Stunden bis Sunem gegangen, einem offenen Ort, auf einem Hügel erbaut.

27. Februar – (Anna Katharina erklärte abermals:) Jesus ist am 26. abends mit seinen Jüngern nach Sunem gegangen. Es liegt nordöstlich drei Stunden von Jezrael auf einer Anhöhe herum und hat keine Mauern. Es waren einige Jünger vorausgegangen, ihm die Herberge bei einem Gastmeister am Eingang der Stadt zu bestellen. Das Gartental, aus dem Er ging, liegt südlich von Jezrael, Er zog durch Jezrael an einer Seite ungestört und dann nordöstlich gegen Sunem. Bei dieser Stadt liegen, in ein bis zwei Stunden Entfernung, noch zwei andere Städte, deren eine Jesus auf seinem Weg von Kisloth-Tabor nach Jezrael zur Seite hatte liegen lassen.

(Sie meint, eine dieser beiden Städte könne Bethulien sein. Sie erzählt auch noch allerlei Details von der Lage und wie Jesus noch mehr rechts hätte gehen können, gerade wie jemand, der den Weg vor sich sieht, aber flüchtig beschreibt, und den der andere nicht verstehen kann, weil er den Weg weder kennt noch sieht.)

Die Leute in Sunem ernährten sich einst von der Weberei. Sie webten von gezwirnter Seide schmale Bahnen auf Ränder einfach und auch mit Blumen. Es liegt dieser Ort nicht mehr in dem Tal Esdrelon, sondern wieder mehr im Gebirge.

Es war hier ein erstaunliches Gedränge um Jesus. Es wird nun immer größer. Die Leute umdrängen ihn überall, werfen sich nieder und rufen und jauchzen vom neuen Propheten, vom Gesandten Gottes; viele von den Leuten meinen es gut, andere tun es aus Neugierde und des Lärms halber. Das Gedränge ist hier so groß, dass es schier einem Aufstand gleicht, und weil dies hier in Galiläa immer mehr zunimmt, wird Er sich bald zurückziehen. Aus diesem Ort war die schöne Abigail, welche David in seinem Alter zu sich nahm. Auch hatte hier Elisäus eine Herberge gehabt, wo er oft einkehrte und den verstorbenen Knaben seiner Wirtin wieder erweckte; ich habe ein Bild davon gehabt, um mir den Ort zu merken. Es ist auch in dieser Stadt eine freie Herberge für gewisse Durchreisende, nämlich zum Andenken an Elisäus gestiftet; ich weiß nicht, ob es in jenem nämlichen Haus oder auf dessen Stelle ist. Jesus lehrte an diesem Tag in der Schule und ging in viele Häuser, um Kranke zu trösten und zu heilen. Der Ort lag etwas zerstreut um eine Anhöhe herum. Diese Anhöhe ragte in der Mitte über die Stadt heraus, und es zog ein Weg hinauf, auf welchem die Häuser kleiner und unbedeutender wurden. Oben waren es nur Hütten. Auf dem Gipfel war ein freier Platz mit einem Lehrstuhl; jedoch gegen die Sonnenhitze mit einem auf Pfählen ausgespannten Zeltdach bedeckt.

28. Februar – (Am Morgen gegen zehn Uhr erzählte sie einen Teil des Obigen und sagte:) Ich habe heute früh Jesus den Weg nach dem Lehrstuhl hinauf mit den Jüngern nehmen sehen. Es ist ein äußerst beschwerlicher Tumult in dem Ort. Die Menge hat eine große Anzahl von Kranken herbeigebracht, und sie haben sie auf den Tragbetten längs des Weges am Berg entlang aufgestellt, wo Er vorüberkommt. Er ist unter vielem Gedränge und Geschrei hinaufgestiegen und hat mehrere geheilt. Die Leute sind auf die Dächer gestiegen, um seine Handlungen und Lehren zu verneh-

men. Oben von dem Lehrstuhl aus ist eine schöne Aussicht gegen den Tabor. Er hat auch hier sehr streng gegen die Hoffart und die Prahlerei der Leute gelehrt, dass sie, statt sich zu bekehren, Buße zu tun und die Gebote Gottes zu erfüllen, in eitlem Lärmen von Propheten und gekommenen Gesandten Gottes schreien. Sie rechneten es sich als eine Ehre und als eine Folge des Verdienstes an; Er komme aber, auf dass sie ihre Sünden erkennen sollten.

(Am folgenden Morgen erzählte sie:) Um drei Uhr nachmittags ging Er von hier etwa drei Stunden nordöstlich nach einer größeren und dichteren Stadt. Sie schien nicht so alt, die Häuser waren kompletter und zusammenhängender als die in Sunem. Die Stadt hatte breite Mauern, auf der Bäume stehen; es schwebt mir vor, sie heiße Ulama, sie ist etwa fünf Stunden nördlich von Sunem. Es sind hier im Gebirge viele rauhe Wege mit spitzen, weißen Kieselsteinen, und es wurden deshalb in dem Ort viele Sohlen gemacht, die man unter die Füße bindet.

1. März: Diese Stadt heißt wirklich Ulama; sie liegt auf einem Berg, von Bergen umgeben, und in einer unwegsamen Gegend. Die Berge sind aber doch ganz bis zum Gipfel mit Wein bepflanzt. Ich habe auch baumhohe, sehr verwickelte Gewächse mit wohl armdicken Ästen hier bemerkt, sie haben birnenförmige, große Früchte, die kürbisähnlich sind; es werden auch Flaschen daraus gemacht. (Vermutlich ein großer Flaschenkürbis, den sie nicht kennt; denn sie sagt dabei, es sei kein rechtes Holz.)

Diese Stadt schien nicht so alt wie andere, ja sie hatte etwas, als sei sie nicht ganz fertig geworden. Die Einwohner waren nicht recht nach alter jüdischer Einfalt, sie wollten etwas klüger und feiner sein; es war, als wenn sich einmal Römer oder ein anderes Volk hier aufgehalten hätten. Auch war hier ein großer Zusammenlauf von Menschen, weil Jesus den Sabbat hier halten wollte. Es hatten sich mehrere Jünger um ihn gesammelt, unter anderen des Petrus Halbbruder Jonathan und die Witwensöhne; es waren wieder etwa zwanzig. Auch kamen noch Petrus, Andreas, Johannes, Jakobus Minor (der Jüngere), Nathanael (Chased) und Nathanael der Bräutigam. Jesus hatte sie beschieden, dass sie seine Lehre anhören und ihm wegen des großen Ungestüms der Menge bei seinen Heilungen behilflich sein sollten. Das Volk hatte den Weg ausgekundschaftet, auf dem Er kommen würde, und empfing ihn, ihm entgegenziehend. Sie trugen Zweige und streuten Grünes und hatten lange Bahnen Zeug, die sie quer über den Weg legten, so dass Er darüber schreiten musste, und alle schrien vom Propheten. Es waren auch Vorgesetzte dabei, welche Ordnung hielten und ihn begrüßten. Es waren in dieser Stadt viele Besessene, welche gewaltig hinter ihm herschrien und alles ausriefen, wer Er sei. Er befahl ihnen zu schweigen. In der Herberge hatte Er auch keine Ruhe; die Besessenen liefen herbei, tobten und schrien; Er aber befahl ihnen zu schweigen und ließ sie hinwegbringen.

Es waren hier drei Schulen, eine von Rechtsgelehrten, eine Jugendschule und die Synagoge. Jesus ging am Freitag in verschiedene Häuser und heilte und tröstete und lehrte in der Schule, besonders von der Einfalt und der Achtung gegen die Eltern; denn an beiden fehlte es hier, und Er rügte sie wieder besonders in seiner Lehre wegen ihrer Hoffart, dass der Prophet unter ihnen erstanden sei und dass sie doch die Zeit der Buße und Ermahnung mit eitler Prahlerei verdürben.

2. März: Samstags hielt Er den Sabbat zu Ulama. Nach dem Sabbatschluss bereiteten ihm die Vornehmen ein Mahl im öffentlichen Festhaus. Morgen, den 5. Adar, wird Jesus viele Menschen öffentlich heilen. Die Apostel und Jünger, welche zu Hause gewesen waren, hatten nur die Ihrigen besucht und waren alle in der Nähe und unterdessen im Verkehr mit Maria gewesen, an welche die Frauen sich auch immer dichter anschlossen.

Der Täufer befand sich noch immer an demselben Ort, seine Anhänger verminderten sich immer mehr. Herodes kam und sandte öfters zu ihm.

3. März: Ulama kann etwa fünf Stunden östlich von Sephoris sein. Jesus ist heute am Sonntagmorgen um neun Uhr mit seinen Jüngern etwa eine Viertelstunde weit vor die Stadt gegangen, wo an einem Berg eine Art Luft- oder Badeort ist. Der Platz ist ungefähr wie der Kirchhof (in Dülmen) groß und rings mit Hallen und Gebäuden umgeben; es ist ein schöner Brunnen und Lehrstuhl dort. Er hatte die vielen Kranken, welche in der Stadt waren, dahin beschieden; denn Er hatte des Gedränges halber dort nicht geheilt. Die Jünger Jesu halfen Ordnung zu halten, und die Kranken lagen

rings in Hallen und Zelten auf Tragbetten. Es waren auch hierher so viele Menschen aus der Stadt gefolgt, dass sie nicht alle hinzu konnten; die Vorgesetzten und Priester hielten Ordnung. Jesus heilte viele dieser Kranken, indem Er von einem zum anderen ging. Wenn ich sage viele, so meine ich gewöhnlich etwa dreißig; wenn ich sage einige oder mehrere, so meine ich etwa zehn.

Er lehrte dann auch noch vom Tode des Moses, auf den nächtens ein Fasttag eintrat, und sprach vom Gelobten Land und dessen Fruchtbarkeit und dass dies nicht nur von leiblicher, sondern auch von Seelennahrung zu verstehen sei. Es sei auch fruchtbar an Propheten und Stimmen Gottes, und die Frucht derselben sei das verheißene Heil und die Buße in denen, die es empfangen wollten.

Ich sah ihn nach dieser Lehre auch noch in ein anderes nahegelegenes Gebäude gehen, wohin die Besessenen gebracht worden waren. Sie tobten und schrien, als Er kam; es waren meistens junge Leute und auch Kinder.

Er ließ sie in eine Reihe stellen und befahl ihnen zu ruhen und befreite sie alle mit seinem Befehl. Einige wurden dadurch wie ohnmächtig. Die Älteren und Angehörigen waren zugegen. Er ermahnte und lehrte auch hier.

(Außerdem sagte sie noch, dass der Fasttag wegen des Moses Tod am Dienstag, dem 7. Adar, sei.) Ich sah am Sonntagabend schon die Speisen für den Dienstag (Fasttag) wie gewöhnlich in Backstuben unter Asche setzen. Sie aßen an solchen Tagen eine andere Art Brot.

Montag, den 6. Adar: Heute morgen sah ich noch Fastenbereitungen auf den morgigen Fasttag. Jesus hatte heute noch in der Synagoge gelehrt und ist gegen Mittag, nachdem die Jünger vor ihm weggezogen, auch unbemerkt aus der Stadt gegangen. Er wusste das so einzurichten.

Alle Städte umgehend, zogen sie gegen Kapharnaum. Er will um des großen Lärmes willen Galiläa verlassen. Ich sah ihn immer unterwegs, hier und da die Jünger belehrend, indem sie ruhten oder um ihn standen.

5. März: Jesus kam morgens mit den Jüngern bei seiner Mutter an; sie waren die Nacht hindurch gewandert. Die Frau des Petrus und seine Schwester waren auch dort und die Braut von Kana und andere Frauen. Das Haus, welches Maria hier bewohnt, ist auf die gewöhnliche Art und ganz geräumig.

Sie ist nie allein dort; die Witwen wohnen in der Nähe, und die Frauen von Bethsaida und Kapharnaum, zwischen welchen diese Häuser liegen, sind häufig hier, auch immer der eine oder andere Jünger. Ich sah, dass sie die Fasten hier hielten, dass man trauerte und die Frauen verschleiert waren und dass Jesus zu Kapharnaum in der Schule lehrte, wo die Jünger und die Frauen auch hinzogen. Kapharnaum liegt in gerader Richtung über den Berg etwa eine Stunde vom Ufer des Galiläischen Sees und in der Richtung des Tales über das südlich liegende Bethsaida etwa zwei Stunden entfernt.

Etwa eine gute halbe Stunde von Kapharnaum auf dem Weg nach Bethsaida liegen die Häuser, in deren einem Maria wohnt. Es fließt von Kapharnaum eine schöne Quelle nach dem See, die bei Bethsaida, in viele Arme geteilt, das Land sehr fruchtbar macht. Maria führt keinen Haushalt, sie hat kein Vieh, kein Feld. Sie lebt als eine Witwe von den Gaben der Freunde, und ihre Beschäftigung ist Spinnen, Nähen und Wirken mit kleinen Stäben, Beten und andere Frauen trösten und unterrichten.

Jesus war an diesem Tag morgens bei seiner Ankunft allein bei ihr. Sie weinte der großen Gefahr halber, die ihm wegen des großen Aufsehens drohte, das seine Lehre und seine Wunder im Lande machten; denn zu ihr gelangte alles Murren, alle üble Nachrede derer, welche sich scheuten, Jesus ins Angesicht zu sprechen. Er sagte ihr aber, dass seine Zeit gekommen sei, dass Er diese Gegend verlassen wolle und nach Judäa hinabziehen werde, wo sie nach dem Osterfest noch größeren Ärger an ihm nehmen würden.

Heute am Abend begann in Kapharnaum ein Dankfest wegen Regen; die Synagoge wurde geschmückt und eine wunderliche Musik wurde auf ihrem Dach gemacht.

6. März: Gestern abend und heute morgen sah ich, wie in Kapharnaum die Synagoge und andere öffentliche Häuser mit jungen, grünen Bäumen und allerlei grünen Laubpyramiden zu einem Fest ausgeschmückt und wie von dem Dach der Synagoge und anderen größeren Häusern, auf welchen Galerien waren, auf einem wundersamen, vielstimmigen Instrument geblasen wurde. Es bliesen Diener der Synagoge, Leute wie die Küster bei uns. Ich wollte das anfangs gar nicht erzählen, weil ich mich fürchtete, es möge mir zu viel Mühe machen, es zu erzählen. Dieses Instrument sieht aus wie ein wohl vier Fuß langer Schlauch, an dem mehrere braune Pfeifen und Posaunenmündungen befestigt sind, welche, wenn der Schlauch nicht aufgeblasen war, dicht an ihm lagen. Wenn er aber durch den Atem eines in ein Mundstück blasenden Mannes gefüllt war, hielten ihn zwei andere nebenstehende Männer empor, und diese waren auch beschäftigt (durch Einblasen oder Blasebalge), Luft in ihn zu bringen und durch Öffnen und Schließen verschiedener Löcher aus den nun nach verschiedenen Richtungen sich aufrichtenden Pfeifen ein lautschallendes, mehrstimmiges Getön zu verursachen.

(Es scheint, als sei dieses Instrument hier wie ein großer Dudelsack, an dem mehrere Menschen beschäftigt waren.)

Die zur Seite Stehenden haben auch manchmal hineingeblasen. Es ist heute ein Fest gewesen, an dem man für den Regen gedankt und um Regen gefleht hat, und Jesus hatte in der Synagoge eine überaus rührende Lehre vom Regen und der Dürre gehalten. Er erzählte darin von Elias, wie er auf dem Karmel um Regen gefleht und sechsmal seinen Diener gefragt und wie dieser das siebte Mal eine kleine Wolke aus dem Meer (Anderwärts sagt sie statt des Meeres den See Gennesaret.) aufsteigen sah, welche immer größer wurde und endlich das ganze Land erquickt habe, und wie Elias nachher durch das Laub gelaufen sei. Er legte das siebenmalige Fragen des Elias auf Zeiträume bis zur Erfüllung der Verheißung aus, und die Wolke deutete Er als ein Vorbild dieser gegenwärtigen Zeit und den Regen auf die Ankunft des Messias, dessen Lehre sich ausbreiten und alles erquicken werde. Wer nun dürste, solle trinken, und wer sein Feld bestellt habe, der werde Regen erhalten. Er sagte dieses alles so rührend und wunderbar, dass alle Zuhörer weinten; auch Maria und die heiligen Frauen weinten. Ich musste auch weinen. Die Leute sind jetzt recht gut hier in Kapharnaum gestimmt. Es sind drei Priester hier an der Synagoge, und Jesus nimmt oft mit den vertrauteren Jüngern seine Mahlzeit in einem Haus ein, wo die Priester nahe bei der Synagoge wohnen und wo eine Art Gastfreiheit für die Lehrer ist, welche an der Synagoge lehren.

Es wurde gestern abend und heute früh wieder auf dem wunderlichen Instrument geblasen und auch noch heute von dem Fest gefeiert; aber nur von den Kindern und Jünglingen, welche sich belustigten. Jesus hatte gestern abend schon seine verwandten Jünger und die Jünger aus Bethsaida entlassen, weil Er heute früh diese Gegend verlassen und gegen Judäa hinabreisen wollte. Es zogen nur etwa zwölf Jünger mit ihm, die aus Nazaret, Jerusalem und von Johannes her waren.

### *Jesus in Sephoris – Er hilft Schiffbrüchigen aus der Ferne – Die Gestalt der Jungfrau Maria*

7. bis 9. März:

Ich sah ihn heute früh aus Kapharnaum in südöstlicher Richtung wandern, als wolle Er irgendwo zwischen Kana und Sephoris hin. Maria und noch acht andere heilige Frauen gaben ihm das Geleit. Maria Cleophä, die drei Witwen, die Braut von Kana und die Schwester des Petrus waren darunter; die anderen weiß ich jetzt nicht. Die heiligen Frauen gingen bis zu einer kleinen Stadt mit, wo sie zusammen eine Mahlzeit hielten und dann Abschied nahmen. Hier in der Nähe war der Brunnen, in den Joseph von seinen Brüdern gesperrt worden war; der Ort hieß Dothaim. Es liegt aber noch ein anderes, viel größeres Dothaim im Felde Esdrelon, etwa vier Stunden gegen Norden von Samaria. Dothaim ist ein kleiner Ort, und die Leute lebten meistens von den durchziehenden Kaufleuten. Es liegt an einem Ende eines nicht großen Tales, das etwa für achtzig Stück Vieh Weide hat. An einer anderen Seite liegt das große Gebäude, worin Jesus einmal so viele Besessene beruhigte;

Er kam dieses Mal gar nicht dahin. Der Ort liegt anderthalb Stunden zwischen Norden und Osten von Sephoris und vier bis fünf Stunden vom Berg Tabor.

Die Jünger waren vorausgegangen, um Herberge zu bestellen; es kamen Jesus und den heiligen Frauen ungefähr acht Männer und Priester entgegen und geleiteten sie in eine offene Gasthalle, worin niemand wohnte, wo aber schon alles zur Mahlzeit bereitet war. Vor den Eingang breiteten sie einen Teppich, ihn zu ehren, über den Er gehen musste. Sie wuschen ihm auch die Füße. Die Frauen aßen abgesondert hinter dem Herd, Jesus und die Jünger lagen zu Tisch. Man aß nur kalte Speisen, Honig und kleine Brote, grüne Kräuter, die man eintunkte, und Früchte; man trank Wasser mit Balsam vermischt. Sie gaben ihm und den Frauen auch kleine Fläschchen davon mit. Die Priester aus der Stadt dienten stehend mit ungemeiner Liebe und Demut, und Jesus sprach von Joseph, der hier verkauft worden war. Es war ein unbeschreiblich rührendes Bild. Ich musste weinen; es ist mir dann so wunderbar, ich sehe es so dicht vor mir und möchte immer hineintreten und kann nicht, ich möchte dieses und jenes tun und vermag es nicht.

Die heiligen Frauen traten gleich nach der Mahlzeit den Rückweg an. Jesus nahm von seiner Mutter allein abgesondert Abschied und grüßte dann die anderen. Ich habe gesehen, dass Er seine Mutter beim Scheiden und Willkommen, wenn sie allein sind, wohl umarmt; sonst reicht Er ihr die Hand oder neigt sich freundlich.

Maria weinte. Sie sieht noch sehr jung aus, ist aber mager und groß. Sie hat eine sehr hohe Stirn, eine längliche Nase, sehr große, sanft niedergeschlagene Augen, einen sehr schönen, roten Mund, eine angenehme, bräunliche Farbe mit rötlich schimmernden Wangen.

Jesus blieb noch etwas länger in der Herberge lehrend, und die Männer, welche keine Zahlung für die Mahlzeit nahmen, begleiteten ihn bis zum Brunnen Josephs, der etwa eine halbe Stunde weit von der Stadt im Tale liegt. Dieser Brunnen ist jetzt nicht mehr, wie er damals war, als Joseph hineinversenkt wurde; damals war es, glaube ich mich zu erinnern, eine leere Grube mit grünem Rand. Jetzt war es ein geräumig viereckiger Behälter, wie ein kleiner Teich, und es war ein Dach auf Säulen darüber gebaut. Er war voll Wasser, und es wurden viele Fische darin aufbewahrt. Ich sah Fische, welche die Köpfe so kurios in die Höhe hatten, nicht spitz wie die unseren, sie waren aber nicht so groß wie ähnliche im Galiläischen See. Der Zufluss des Wassers war nicht sichtbar. Es war eine Umzäunung um das Brunnenhaus, und es wohnten Leute umher, welche die Aufsicht hatten. Jesus ging mit seinen Begleitern in das Brunnenhaus; Er hatte den ganzen Weg von Joseph und seinen Brüdern erzählt und lehrte auch hier am Brunnen davon. Ich sah, dass Er den Brunnen segnete, als Er ihn verließ. Nun kehrten die Leute nach Dothaim zurück, und Jesus ging mit seinen Jüngern etwa noch eine starke Stunde Weges nach Sephoris, wo Er bei den Söhnen von Annas Schwester einkehrte. (Die Erzählende vermag durch heftigen Hustenreiz kaum zu sprechen.)

Sephoris liegt auf einem Berg und ist von mehreren Bergen umgeben. Die Stadt ist nicht sehr groß, doch größer als Kapharnaum. Es liegen aber viele einzelne Höfe um sie her, die mit zu ihr gehören. Jesus wurde von den Lehrern an der Synagoge hier nicht sehr geachtet. Es gab auch viele böse Leute hier in der Stadt, und ich hörte hier und da üble Nachreden, dass Er herumstreiche und nicht bei seiner Mutter bleibe.

Er heilte hier nicht und hielt sich sehr zurück; doch lehrte Er am Sabbat abends in der Synagoge und herbergte heute nicht wieder bei seinen Verwandten, sondern nahe bei der Synagoge.

Samstag: Jesus hat heute am Sabbat wieder in der Synagoge gelehrt und hatte außerdem viele einzelne Leute und Haushaltungen und besonders Essener besucht und die Leute ermahnt und getröstet, weil viele böse Leute hier leben, welche sie wegen ihrer Liebe zu ihm verlachten und verleumdeten. Er hat auch in den umliegenden Höfen mehreren dieser Leute und seinen Vettern gesagt, sie sollten ihm jetzt nicht folgen und in der Stille seine Freunde bleiben und Gutes wirken, bis seine Laufbahn vollendet sei. Seine Verwandten tun hier viel Gutes und unterstützen auch die Mutter Jesu, der sie allerlei zusenden, dessen sie bedarf. Ich sah ihn mit verschiedenen Familien so ungemein liebevoll und innig sprechen, dass ich es nicht genug beschreiben kann. Sein liebevolles Tun rührte mich zu Tränen. Etwas aber sah ich heute nacht von Jesus, was mir unbeschreiblich rührend und wunderbar war. Es war ein großer Windsturm diese Nacht im Gelobten Land, so wie er jetzt hier ist, und ich sah Jesus, mit mehreren anderen Leuten versammelt, beten. Er betete mit ausgebreiteten Händen um Abwendung der Gefahr. Ich hatte von da einen Blick nach dem Galiläischen See und sah einen großen Sturm auf demselben; die Schiffe von Petrus und Andreas und Zebedäus waren in großer Not. Die Apostel sah ich ruhig in Bethanien schlafen; es waren nur ihre Knechte auf den Schiffen. Ich sah aber, während Jesus betend stand, seine Erscheinung auch dort auf den Schiffen, bald auf dem einen, bald auf dem anderen, bald auf der See; es war, als arbeite Er, als halte Er zurück, als weise Er ab. Er war es nicht in Person, denn ich sah ihn nicht gehen; Er stand etwas höher als die Notleidenden, Er schwebte. Die Leute sahen ihn aber nicht; es war sein Geist, im Gebet fortwirkend; niemand wusste es, aber Er half. Vielleicht, dass die Schiffsknechte an ihn geglaubt und seine Hilfe angerufen hatten. Ich habe dieses Bild anfangs gar nicht verstanden. (Durch diese Anschauung von der Gebetshilfe Jesu angeregt, betete auch sie in diesen Nächten, da große Stürme wüteten, lange Zeit mit ausgebreiteten Armen und fühlte sich von Anstrengung ganz ermattet. Sie erzählte, sie habe mehrere Schiffe auf der See in der äußersten Not gesehen; da habe sie betend allen Engeln und Heiligen kindlich zugerufen, dem Beispiel Jesu zu folgen und zu helfen, und habe auch geglaubt, mit vielen seligen Geistern auf diesen Schiffen Hilfe zu leisten.)

### *Jesus in Nazaret – Die drei Jünglinge – Das Purimfest*

10. bis 17. März –

(Die Erzählerin ist fortwährend sehr krank:)

Jesus ist heute noch bis gegen Mittag in Sephoris und den umliegenden Wohnungen gewesen und nachmittags mit einem Umweg über mancherlei einzelne Höfe, wo Er überall getröstet und gelehrt hat, nach Nazaret gegangen, das nur zwei Stunden von Sephoris ist. Er hatte unter seinen Jüngern, welche auch jetzt bei ihm waren, zwei (oder drei?) junge Leute, Söhne von Essener-Witwen.

Er ist in der Stadt bei bekannten Leuten, welche Herberge gaben, eingekehrt und hatte ohne Aufsehen allerlei gute Leute besucht. Es kamen äußerlich leise und ganz bescheiden, obgleich heimlich ärgerlich, die Pharisäer zu ihm. Sie fragten ihn, was Er nun vorhabe und warum Er nicht bei seiner Mutter bleibe. Er antwortete ihnen aber ernst und streng. Es ist hier alles mit Vorbereitungen zu einem Fasttag wegen Esther beschäftigt, der heute abend eingetreten ist und mit Zubereitungen zu dem Purimfest, das gleich darauf folgt. Jesus hatte abends in der Synagoge sehr ernsthaft gelehrt. In der Nacht habe ich ihn abermals mit ausgebreiteten Armen beten sehen und wie Er wieder auf dem Galiläischen Meere bei einem Sturm helfend erschien. Dieses Mal war das Elend viel größer und auch viele andere Schiffe waren in Gefahr. Ich sah, dass Jesus die Hand an das Steuer legte, ohne dass der Steuermann ihn sah.

11. März: Heute war in Nazaret alles in Fasten und Büßen. Die drei reichen Jünglinge von hier, welche früher schon einmal vergeblich gebeten hatten, waren am Morgen wieder bei Jesus, ihn zu bitten, Er möge sie als Jünger aufnehmen; sie sind beinahe vor ihm niedergekniet. Er aber hat sie abgewiesen und ihnen gewisse Punkte gesagt; wenn sie diese befolgten, könnten sie zu ihm kommen. Er wusste wohl, dass sie ganz zeitliche Absichten hatten, weil sie es nicht besser verstanden. Sie wollten ihm folgen wie einem Philosophen und gelehrten Rabbiner und dann mit großer Gelehrsamkeit der Stadt Nazaret Ehre machen. Auch mochten sie sich ärgern, dass armer Leute Kinder aus Nazaret bei ihm waren und sie nicht.

Ich sah Jesus auch heute in der Synagoge lehren. Am Abend mit Anbruch des 14. Adar trat das große Freudenfest Purim ein. Jesus war am Abend bis spät in die Nacht bei dem alten Essener Eliud von Nazaret. Dieser heilige Mann scheint bald vor Altersschwäche zu sterben. Er vermag nicht mehr viel und liegt meist auf seinem Lager. Ich sah in der Nacht Jesus lange hingestreckt neben ihm auf einem Lager liegen, und auf den Arm gestützt, mit ihm reden. Dieser Mann ist ganz in Gott.

12. März: Gestern abend, als der 14. Adar und das Purimfest anbrach, wurde auch wieder auf einem wunderbaren Instrument oben auf der Synagoge musiziert, was ich aber nicht recht be-

schreiben kann, weil ich zu schwach bin. Es war wie eine große, stehende Trommel. Es waren auch Saiten daran; es kamen Kinder und schlugen darauf und zogen auch allerlei Gegenstände heraus, man konnte allerlei Musik damit machen. Es spielten auch Kinder auf Harfen und Pfeifen.

Heute hatten die Frauen und Jungfrauen zum Andenken an Esther große Freiheit und Rechte in der Synagoge. Sie waren nicht abgesondert und konnten sich dem Ort, wo die Priester standen, nahen. Es kamen auch Aufzüge von Kindern in wunderlichen Kleidungen, einige weiß, andere rot gekleidet, in die Synagoge. Auch trat eine Jungfrau auf, die eine Verzierung am Halse hatte, die recht fürchterlich aussah. Sie hatte nämlich einen blutroten Ring um den Hals, als sei er ihr abgeschnitten, und von dem Ring fielen blutrote Fäden wie Blutstreifen mit Knöpfen rings auf das weiße Kleid nieder, gerade als ob Blut aus dem abgeschnittenen Halse flösse. Sie kam bei einer gewissen Vorstellung wie in einem Schauspiel vor. Sie trug einen prächtigen Mantel, und es wurde ihr die Schleppe getragen; es folgten ihr die anderen Jungfrauen und Kinder. Sie hatte einen hohen, spitzen Aufsatz vorn am Kopf und einen langen Schleier. Sie trug etwas in der Hand, ich weiß nicht, ob Schwert oder Zepter. Es war diese eine große und sehr schöne Jungfrau. Ich weiß nicht recht, wie es war; ich meinte, es solle die Esther vorstellen, und doch war es auch wieder wie eine Judith[41]; aber nicht die, welche den Holofernes getötet; denn es war eine Magd bei ihr, die einen schönen Korb trug, worin Geschenke für den ersten Priester waren. Sie beschenkte ihn mit Schildchen, wie sie sie manchmal vor der Stirn oder Brust tragen, recht köstlich gemacht. Es lag aber auch in einem Winkel der Synagoge hinter einem Vorhang wie auf einem Paradebett die ausgestopfte Figur eines Mannes, wovon diese Jungfrau den Kopf abnahm und ihn dem Oberpriester überbrachte. Sie gab nach einer hergebrachten Freiheit den Priestern eine Ermahnung über ihre Hauptfehler, welche das Jahr hindurch geschehen waren, und zog sich zurück. Auch noch bei anderen Festen hatten die Frauen solche Gerechtigkeit, die Priester zu ermahnen.

In der Synagoge wurde das Buch Esther aus einer eigenen Rolle abwechselnd vorgelesen; auch Jesus las daraus. Die Juden, besonders die Kinder, hatten kleine Brettchen mit Hämmern; wenn man einen Faden zog, schlug der Hammer auf einen geschriebenen Namen, sie sprachen auch etwas dabei. Dieses geschah, so oft der Name Haman genannt wurde.

Es waren auch große Gastmähler und besonders eines von den Priestern und Jesus in dem Festhaus. Es war alles bei dieser Mahlzeit so lustig ausgeschmückt wie beim Laubhüttenfest. Besonders waren sehr viele Blumenkränze, Rosen wie Köpfe so groß und ganze Pyramiden von Blumen da und sehr viele Früchte. Es war ein ganzes Lamm auf der Tafel, und besonders musste ich mich über die große Pracht der Geschirre wundern. Es waren eine Art Schalen von vielen Farben und durchsichtig wie Edelsteine. Die Masse war wie von vielen durcheinander gedrehten bunten Glasfäden. Die Leute machten sich untereinander heute sehr viele Geschenke, besonders von Kleinodien und festlichen Kleidungsstücken, Talaren, Manipeln, Kopfschleiern, Gürteln, unten mit Quasten behängt. Jesus erhielt auch einen Festrock mit Quasten unten. Er wollte ihn aber nicht nehmen und gab ihn anderen. Viele gaben ihre Geschenke auch den Armen, die überhaupt sehr reichlich bedacht wurden.

13. März: Das Fest dauert heute noch fort. Ich sah am Morgen, dass Jesus, von seinen Jüngern umgeben, mit den Priestern in der Nähe von Nazaret in allerlei Lust- oder schön verzierte Lehrgärten gezogen war. Sie hatten drei Schriftrollen und auch das Buch Esther wieder bei sich, aus welchen wechselseitig vorgelesen wurde. Es sind mehrere Scharen von Jünglingen und Jungfrauen nachgefolgt; die Jungfrauen hörten jedoch die Lehre nur aus der Entfernung an. Ich sah auch an diesem Tage Männer umhergehen, welche eine Steuer sammelten, die sich auf das Osterfest[42] bezog.

Von dem gestern erwähnten Instrument, das ich als eine Art Trommel beschrieben habe, sah ich heute noch einiges, wodurch es etwas anderes bestimmt wird. Es stand auf drei Füßen, hatte oben und unten dreieckige Flächen, oben zwei. Inwendig stiegen Pfeifen auf und nieder, durch das, was ein- und ausgezogen wurde, veränderte sich der Ton, es wurde eine Melodie gespielt, die Knaben spielten regelmäßig. Es hatte etwas von einer Drehorgel, einer Pauke und einer Harfe.

14. bis 17. März – (Durch den Besuch einer Freundin zerstreut, hatte sie nur Zeit, folgendes mitzuteilen:)

Jesus ist heute morgen in der Synagoge gewesen; es wurde eine Art Dankfest gefeiert. Er disputierte über einiges in der Schule mit den Priestern. Nachmittags ist Er mit seinen Jüngern drei bis vier Stunden südlich gegen Apheke gegangen und wird erst morgen abend zum Sabbat nach Nazaret zurückkommen. Bei Apheke fließt ein Flüsschen Kison vorüber, und durch eine Landstraße von einer Seestadt her ist viel Handelsdurchgang hier. Thomas ist damals schon nicht mehr dort gewesen.

Freitagabend war Jesus zum Sabbat in Nazaret zurück, blieb den Samstag und Sonntag dort; in der Nacht vom Sonntag auf den Montag sah ich ihn zum letzten Mal bei dem sterbenden Essener Eliud.

### *Jesus in Legio – Er geht mit Lazarus auf dessen Gut bei Thirza*

18. bis 20. März:

Heute morgen ist Jesus mit seinen Jüngern von Nazaret ausgezogen, die Priester gaben ihm das Geleit. Sie konnten alle nicht begreifen, woher Er die Gelehrsamkeit hatte nach so kurzer Abwesenheit von Nazaret. Sie fanden seine Lehre unwidersprechlich. Ich habe dabei daran gedacht, wie sie ihn später hier behandeln werden. Mehrere sind ihm heimlich neidisch. Jesus zog den Weg, den die Heilige Familie auf der Flucht nach Ägypten gegangen ist.

Er ist mit seinen Jüngern durch den kleinen Ort, nicht weit von Legio gekommen, wo die Heilige Familie bei der Flucht nach Ägypten eingekehrt ist, und von dem ich damals sagte, es lebe dort eine verachtete Menschenart wie Sklaven. Jesus kaufte hier Brot, teilte es aus, und es vermehrte sich. Es entstand kein großer Auflauf dadurch. Er hielt sich ja nicht lange dabei auf; es geschah dies wie im Vorübergehen. Später kam ihm Lazarus mit vier Jüngern auf dem Weg entgegen. Johannes Markus und Obed waren dabei. Mit diesen ist Er etwa noch fünf Stunden gereist, und sie kamen ganz unbemerkt im Dunkeln in einem Landhaus oder Gut des Lazarus an, wo alles zu ihrem Empfang vorbereitet war. Es wohnte ein Verwalter dort. Ich meine, es war das Gut, das Lazarus dort nicht weit von dem ehemaligen Felde Jakobs hatte. Es liegt am Gebirge, wo man nach Samaria zieht. Ich glaube, Jesus will hier einen Sabbat halten oder einen Festtag. Ist denn jetzt einer? Anfangs meinte ich, es sei in Bethanien gewesen, weil ich Lazarus und ein mit Gärten umgebenes vornehmes Haus sah. (Ein Beweis, wie wenig sie sich im Zusammenhang erinnert.)

19. März: In der verflossenen Nacht sah ich Jesus mit seinen Jüngern und Lazarus, der ihm mit vier Jüngern entgegengekommen war, in das Gut des Lazarus einziehen, das etwa eine Viertelstunde von einer kleinen Stadt entfernt ist, die einmal die Residenz der Könige von Israel war. Die Stadt liegt einige Stunden von Samaria, doch ungefähr in einer Linie. Das Feld Jakobs liegt an der anderen Seite. Es scheint mir diese Stadt Thirza zu heißen. Ich meine, in dem Haus des Lazarus hat einmal ein König gewohnt. Es ist dies das Haus, wo Martha und Magdalena im letzten Lehrjahre Jesu, da Er in Samaria lehrte, ihn bewirtet und gebeten haben, zu dem kranken Lazarus zu kommen. Es ist auch eine der ersten Herbergen Marias auf der Reise zu Christi Geburt nach Bethlehem gewesen.

Jesus lehrte heute in Thirza in der Synagoge. Die Leute sind hier sehr gut. Das Fest, das Jesus hier feiern will, ist am 23. Adar, das Fest von einer Tempelweihe.

20. März: Der Ort heißt Thirza, er liegt etwa sieben Stunden entfernt von Samaria in einer schönen Gegend, der Morgensonne ausgesetzt, und ist sehr fruchtbar an Getreide, Wein und besonders an Obst. Die Einwohner treiben meistens Landbau und tragen die Früchte zum Verkauf weg. Die Stadt ist ehedem groß und schön gewesen. Es hatten Könige hier gewohnt; das Schloss ist aber abgebrannt und die Stadt im Kriege zerstört worden. Da hat ein König Omri noch so lange in dem Haus gewohnt, das jetzt Lazarus gehörte, bis Samaria erbaut war, wo Er dann hingezogen ist. Die Leute sind sehr gut und fromm hier, sie halten sich sehr still. Der Ort ist jetzt klein und abgelegen. Ich glaube, es muss in unserer Zeit noch eine Spur davon sein. Die Leute halten sich sehr von den Samaritanern zurück.

Auf dem Gut des Lazarus ist ein alter Verwalter, ein recht alter Jude. Er geht barfuß und gegürtet. Maria und Joseph, nach Bethlehem gehend, haben hier eine der ersten Herbergen gehabt; es ist noch derselbe Mann, sehr alt. Jesus lehrt bei Tage in der Synagoge zu Thirza, heilt aber nicht.

Heute abend, Sabbat, den 23. Adar, hat ein Tempelweihfest Zorobabels begonnen, nicht so feierlich wie das der Makkabäer. Es sind aber doch wieder in den Häusern, auf den Straßen und auf den Feldern bei den Hirten und in der Synagoge sehr viele Lichter und Feuer angezündet worden. Es war das Fest der Zorobabelschen Tempelweihe. Jesus war den größten Teil des Tages mit allen Jüngern in der Synagoge zu Thirza. Er hat wieder in Lazarus' Haus gegessen, aber nur wenig. Der größte Teil der Speisen wurde immer den Armen in Thirza ausgeteilt, deren es sehr viele dort gab. Solche Austeilungen geschahen fortwährend bei seinem Hiersein. Die Stadt hat durch Mauern und alte Türme noch Spuren ihrer ehemaligen Größe. Es scheint, als habe ihr Umfang früher das eine Viertelstunde entlegene Haus des Lazarus umfasst; man sieht es an allerlei jetzt mit Gärten versehenen Mauerresten und Grundlagen. Lazarus hat diese Besitzung noch von seinem Vater. Er ist hier wie überall in großer Ehre und Achtung als ein sehr reicher und frommer, ja erleuchteter Mann. Sein Betragen ist auch sehr vor dem aller anderen Menschen ausgezeichnet; er ist sehr ernst und redet wenig, dann aber sehr sanft und doch mit Gewicht.

21. bis 23. März:

Am Abend, als das Fest zu Ende war und der 24. Adar begann, sah ich Jesus, die Jünger und Lazarus Thirza verlassen und die Reise nach Judäa fortsetzen. Der Weg war der Weg Marias und Josephs nach Bethlehem, jedoch nicht gerade dieselben Pfade; aber es war der Landstrich durch die Gebirge, seitwärts von Samaria. Ich habe sie in der Nacht einen hohen Berg hinaufgehen sehen. Es war eine überaus milde, helle Nacht, und es lag ein sehr wohltätiger Taunebel über der Gegend. Es sind etwa achtzehn Begleiter bei Jesus; sie gingen zwei und zwei auf den Pfaden, eine Gruppe vor, eine nach Jesus und einzelne in der Mitte. Er steht oft still, redet oder betet, der Weg eignet sich dazu. Sie sind einen großen Teil während der Nacht gegangen, haben dann am

Morgen geruht und etwas zu sich genommen; dann sind sie noch über ein kaltes Gebirge gezogen und haben alle Städte gemieden. Unweit Samaria sah ich etwa sechs Jünger bei ihm, als sich ein junger Mann aus Samaria vor ihm auf dem Weg niederwarf und zu ihm sagte: «Retter der Menschen, der du Judäa befreien und herstellen willst.» Er glaubte auch an ein äußerliches, von Christo zu gründendes Reich und bat ihn dringend um Aufnahme, um ein Amt bei ihm. Dieser Jüngling war eine Waise, hatte aber große Güter von seinem Vater geerbt und hatte ein Amt in Samaria. Jesus war ihm ganz freundlich und sagte ihm, wenn Er wiederkomme, wolle Er ihm sagen, was Er tun solle, es gefalle ihm sein guter Wille und seine Demut. Es sei nichts einzuwenden gegen das, was er sage. Ich sah aber, dass Er wohl wusste, dieser Jüngling hänge an seinem Reichtum und dass Er ihm erst sagen will, was er tun soll, wenn alle Apostel von ihm erwählt sind; denn Er will ihnen dabei eine Lehre geben. Dieser Jüngling kommt in Zukunft noch einmal, und das steht dann im Evangelium.

Abends vor dem Sabbat sah ich sie in der Herberge der Hirten zwischen den zwei Wüsten ankommen, etwa vier bis fünf Stunden von Bethanien, wo Maria und die anderen Frauen übernachteten, als sie vor der Taufe zu Jesus nach Bethanien abgereist sind. Die Hirten aus der Gegend versammelten sich und brachten Geschenke und Lebensmittel. Die Herberge wurde zum Betort eingerichtet, eine Lampe angezündet, und sie blieben hier, wo Jesus gelehrt und den Sabbat gefeiert hat.

Jesus ist auf dieser sehr unwegsamen und einsamen Reise auch an der Stelle gewesen, wo Maria auf der Reise nach Bethlehem so gefroren hat und wo es nachher so warm geworden ist. Sie sprach von keiner anderen Einkehr unterwegs. Heute, am 24. Adar, ist auch in Jerusalem am Tempel die Steuer bezahlt worden, welche am Purimfest in Nazaret und anderen Städten erhoben wurde.

Samstag: Ich sah Jesus und die Jünger den ganzen Sabbat mit den Hirten in dieser Gegend feiern. Sie hatten alles sehr schön dazu eingerichtet, es waren etwa zwanzig umliegende Hirten und Frauen und Kinder bei der Lehre.

Sie waren alle sehr glücklich und gerührt, und Jesus selbst schien heiterer unter diesen sehr schuldlosen Leuten zu sein. Ich meine, es sei nicht weit von hier nach Kirjathiarim. Nach dem Sabbat hielten sie ein kleines Mahl und gingen dann nach Bethanien, welches vier Stunden entfernt war.

# NEUNTES KAPITEL

## *Erste Osterfeier in Jerusalem*

*Vom 24. März bis 14. April 1822*

### *Jesus in Bethanien und Jerusalem*

24. bis 27. März:

Die Jünger sind teils von der Herberge aus schon in ihre Heimat Jerusalem gegangen. Ich sah in Bethanien keinen Fremden. Jesus bewohnt in Lazarus' Haus immer denselben Raum. Er ist wie eine Synagoge und der Betort des Hauses. In der Mitte steht das übliche Pult, auf dem die Gebetsrollen und Schriften liegen. Seine Schlafstelle ist ein anhängendes, abgetrenntes Kämmerchen.

Heute vormittag ging Martha bereits nach Jerusalem zu Maria Markus und den anderen Frauen, um anzuzeigen, dass Jesus mit ihrem Bruder in das Haus der Maria Markus zur Mahlzeit komme. Jesus kam mit Lazarus gegen Mittag dorthin. Bei dem Mahl waren Veronika, Johanna Chusa, Susanna, die Jünger Jesu und Johannes aus Jerusalem, Johannes Markus, die Simeonssöhne, Veronikas Sohn, Joseph von Arimathäas Vettern, in allem etwa neun Männer; Nikodemus und Joseph von Arimathäa waren nicht dabei. Jesus sprach von der Nähe des Reiches Gottes, von seiner Jünger Beruf, von der Nachfolge und selbst dunkel von seinem Leiden.

Das Haus des Johannes Markus liegt vor der Stadt an der Ostseite, dem Ölberg gegenüber, und Jesus brauchte nicht in die Stadt zu gehen. Am Abend ging Er wieder mit Lazarus nach Bethanien.

Ich hörte schon hier und da in Jerusalem von ihm reden, der neue Prophet von Nazaret sei in Bethanien. Manche freuten sich auf ihn, andere waren ärgerlich. Ich sah auch, dass in den Gärten und am Wege des Ölberges hier und da Leute, auch einige Pharisäer, standen, um ihn zu hören, wenn Er vorüber komme. Sie mochten es wohl zufällig gehört oder in Bethanien ausgekundschaftet haben, dass Er in die Stadt komme. Es redete ihn aber keiner an. Einige wichen scheu hinter die Hecke zurück und sahen ihm nach. Sie sagten zueinander: «Das ist der Prophet von Nazaret, Joseph des Zimmermanns Sohn.»

Es arbeiteten überhaupt viele Leute wegen des herannahenden Festes in den Gärten und an Zäunen, wo alles gereinigt und geschmückt, die Wege bereitet und die Hecken beschnitten und aufgebunden wurden. Ich sah auch bereits von allen Seiten her viele ärmere Juden und Arbeitsleute mit Eseln und Geräten nach Jerusalem hineinziehen. Es waren Leute, welche während des Festes allerlei Tagelöhnerdienste in Stadt und Gärten taten. Ein solcher Mann ist auch Simon gewesen, der Jesus das Kreuz tragen helfen musste.

25. März: Jesus war heute wieder in Jerusalem, und zwar im Hause Obeds, des Sohnes Simeons, in der Nähe des Tempels und einem anderen Haus, wo sonst des alten Simeons Familie gewohnt hatte, dem Tempel gegenüber. Er genoss dort eine Bewirtung, welche Martha und die anderen Frauen bereitet und hingesandt haben.

Die Jünger aus Jerusalem, etwa neun an der Zahl, und noch einige andere fromme Männer waren anwesend, Nikodemus und Joseph von Arimathäa aber nicht. Jesus sprach sehr liebevoll und ernst von der Nähe des Reiches Gottes. Im Tempel war Er noch nicht.

Er geht ganz ohne Scheu umher und hat meist einen langen, gewirkten, weißen Rock an. Dies ist ein Prophetenrock. Oft erscheint Er sehr gewöhnlich und fällt gar nicht auf, und man verliert ihn leicht aus den Augen. Manchmal aber ist seine Erscheinung ganz außerordentlich; sein Antlitz ist dann leuchtend und übernatürlich. Als Er abends nach Bethanien zurückgekehrt war, kamen einige Jünger von Johannes zu ihm, darunter Saturnin; sie grüßten ihn und erzählten von Johannes. Es kämen nicht sehr viele Täuflinge mehr zu ihm; aber Herodes habe viel mit ihm zu schaffen. Nikodemus kam an diesem Abend zu Lazarus nach Bethanien und hörte Jesu Lehre.

26. März: Jesus ist am Morgen in Bethanien zu Simon dem Pharisäer gegangen, der eine Herberge oder ein Festhaus in Bethanien hat. Es war eine große Mahlzeit bei ihm, wobei Nikodemus, Lazarus, die Jünger des Johannes und die Jünger von Jerusalem versammelt waren; auch Martha und die Frauen von Jerusalem waren zugegen. Nikodemus redet fast gar nicht in Jesu Gegenwart; er hält sich zurück und hört nur mit Verwunderung zu. Joseph von Arimathäa ist geradeheraus und fragt wohl manchmal. Simon der Pharisäer ist nicht böse, aber jetzt noch ein schwankender Mann, der es aus Freundschaft mit Lazarus mit Jesu Partei hält; aber auch mit den Pharisäern gut steht.

Jesus sprach bei dieser Mahlzeit viel von den Propheten und der Erfüllung der Weissagungen. Er lehrte von dem Wunder der Empfängnis Johannes' des Täufers und wie Gott ihn von dem Kindermord des Herodes errettet habe und wie er nun, die Wege bereitend, aufgetreten sei.

Er sprach auch von der geringen Aufmerksamkeit der Menschen auf die Erfüllung der Zeiten, wobei Er sagte: «Dreißig Jahre sind es, und wer denkt noch daran, außer wenigen frommen, einfältigen Menschen, dass drei Könige aus Morgenland mit kindlichem Vertrauen meinem Stern folgten und kamen und einen neugeborenen König der Juden, ein armes Kind armer Leute, fanden. Drei Tage waren sie da! Wären sie zu einem vornehmen Fürstenkinde gekommen, man hätte sie nicht so leicht vergessen.» Er erwähnte aber nicht, dass Er dieses Kind war.

27. März: Jesus ging am Morgen, von Lazarus und Saturnin begleitet, in Bethanien in die Häuser mehrerer armer, frommer Kranker von der Arbeitsklasse und heilte etwa sechs bis sieben. Es waren Lahme, Wassersüchtige und Schwermütige darunter. Er befahl auch den Geheilten, aus dem Haus zu gehen und sich in die Sonne zu setzen. Es ist in Bethanien noch gar kein Auflauf wegen Jesus. Auch bei dieser Handlung blieb alles ganz still. Lazarus, den man sehr hoch achtet, trägt dazu bei, dass die Leute sich hier zurückhalten.

Am Abend, da der erste Tag des Nisan eintritt, war ein Fest in der Synagoge. Es scheint mir ein Neumondfest gewesen zu sein; denn es war eine Art Beleuchtung in der Schule wie eine Mondscheibe, welche unter dem Gebet immer vollkommener beleuchtet wurde, indem ein Mann fortwährend mehr Lichter hinter ihr anzündete.

28. März: Jesus war heute mit Lazarus, Saturnin, Obed und anderen Jüngern im Tempel beim Gottesdienst. Es ist, wenn ich mich nicht irre, ein Bock geopfert worden. Die Erscheinung Jesu im Tempel bringt eine eigentümliche Erschütterung unter den Juden hervor.

Das Wunderbare dabei ist, dass jeder seine Empfindung in sich verbirgt und keiner es wagt, mit den anderen über den Eindruck zu sprechen, den ihm seine Erscheinung macht. Ich habe hierüber den inneren Unterricht empfangen, es sei dies eine göttliche Fügung, um dem Heiland die Zeit seines Wirkens zu verlängern; denn so sie sich gegenseitig beredeten, würde die Erbitterung wachsen. Jetzt aber kämpfe in manchem Hass und Grimm mit heiliger Rührung; in anderen regte sich eine leise Begierde, ihn näher zu kennen, und sie bemühten sich durch andere, ihm bekannt zu werden. Heute war auch ein Fasttag wegen des Todes der Kinder Aarons.

### *Jesus lehrt bei Lazarus und im Tempel*

29. März – (Sie war an diesem Tag in der Anschauung und dem Mitleiden der Passion[43] begriffen und sagte im ekstatischen Zustand unter den heftigsten Schmerzen, verwundert, beides zu sehen, morgens elf Uhr folgendes:)

Jesus ist in Bethanien im Haus des Lazarus; es sind die Jünger und viele andere fromme Leute zugegen. Er lehrt in einer großen Halle; es ist ein Lehrstuhl da. Er lehrt auf die nämliche Weise wie neulich, da Er von den drei Königen sprach; Er wandte ihre Aufmerksamkeit auf Ereignisse aus früherer Zeit an. Er sagte: «Sind es jetzt nicht gerade achtzehn Jahre, da ein kleiner Bachir (das muss wohl so viel heißen wie Schüler?[44]) im Tempel so wunderbar mit den Schriftgelehrten disputierte und dass diese so erbittert über ihn wurden?» Er spricht auch davon, was der kleine Bachir gelehrt hat. Am Abend feierte Jesus den Sabbat in der Synagoge zu Bethanien.

(Sie war, während sie dieses sah, auch im Gesicht der Kreuzigung begriffen und wunderte sich, dass sie beides sah. Mehr konnte sie vor unaussprechlichem Elend nicht sagen.)

30. und 31. März – (Anna Katharina war unbeschreiblich krank und am Sonntag litt sie selbst am Mund solche Schmerzen, dass sie fast nichts sagen konnte:)

Ich habe heute morgen Jesus mit Obed, der am Tempel diente, und den anderen jerusalemischen Jüngern im Tempel bei der Sabbatfeier gesehen. (Sie war zu krank, um etwas Bestimmtes jetzt zu sagen; nur folgendes sagte sie noch, was aber unklar ist:)

Jesus stand unter seinen Freunden bei den anderen jungen, israelitischen Männern; sie standen paarweise. Er hatte ein weißes, gewirktes Kleid, einen Gürtel und einen weißen Mantel an, nicht so wie ihn die Essener tragen. Es war aber doch etwas Ausgezeichnetes an ihm. Seine Kleidung war besonders rein und schien sehr zierlich, wahrscheinlich daher, wie Er sie trug. Er sang und betete aus Rollen wechselnde Gesänge mit. Es waren auch Vorbeter da.

Man war wieder befremdet und verwundert über ihn, ohne doch mit ihm zu reden; und selbst untereinander sprachen sie nicht öffentlich von ihm. Ich sah aber die wunderbare Gemütsbewegung vieler. Es ist ein großer Sabbat gewesen; es sind drei Lehren oder Predigten gehalten worden, von den Kindern Israels, ihrem Ausgang und vom Osterlamm. Ich habe auch auf einem Altar Rauchopfer gesehen; man konnte den Priester nicht sehen, wohl aber den Rauch und das Feuer.

Das Feuer habe ich durch eine Art Gitter gesehen, auf welchem etwas wie ein Osterlamm unter Verzierungen oder Strahlen ausgearbeitet war; dadurch sah ich auch das Feuer schimmern. Dieser Altar stand nahe bei dem Allerheiligsten; die Hörner desselben schienen mir bis in das Allerheiligste zu reichen. Ich sah betende Pharisäer, welche manchmal eine lange, schmale Bahn, die eigentlich ein Schleier war, um den einen Arm wickelten.

Ungefähr um zwei Uhr nachmittags ging Jesus mit seinen Gefährten im Tempel in ein Gemach am Vorhof Israels, wo eine kleine

Mahlzeit von Früchten und Broten, die gleich Zöpfen geflochten waren, bereit war. Sie hatten jemanden zum Speisemeister bestellt, der alles besorgt hatte. Man konnte alles dazu Notwendige in den dabeiliegenden Räumen kaufen und bestellen. Fremde hatten dieses Recht. Der Tempel war wie eine ganze Stadt so groß, man konnte dort alles haben. Bei dieser Mahlzeit lehrte Jesus. Nachdem die Männer weggegangen waren, aßen dort auch die Frauen.

Ich sah auch heute, was ich sonst nicht wusste; Lazarus hatte ein Amt am Tempel, so wie etwa bei uns ein Bürgermeister ein Kirchenamt haben kann. Er ging nämlich mit einer Büchse herum, eine Beisteuer sammelnd. Jesus und die Seinigen blieben noch den ganzen Nachmittag im Tempel, und ich sah ihn nicht eher als etwa neun Uhr abends in Bethanien zurück. Es waren bei diesem Sabbat unzählige Lampen und Lichter im Tempel.

Ich habe gestern schon gesehen, dass Maria und die anderen heiligen Frauen von Kapharnaum in Richtung nach Jerusalem abgereist sind. Sie ziehen von Kapharnaum gegen Nazaret, am Tabor vorüber, aus welcher Gegend noch andere Frauen zu ihnen kommen, und werden über Samaria reisen. Die galiläischen Jünger zogen ihnen voraus, und Knechte, welche Päcke trugen, folgten nach.

Ich habe vergessen, wo sie den Sabbat hielten. Bei den Jüngern waren Petrus, Andreas und der Halbbruder Jonathan, die Söhne des Zebedäus, die Söhne der Maria Cleophä und Nathanael (Chased) und Nathanael der Bräutigam. Ich meine, es wird erst auf der Heimkehr vom Fest geschehen, dass einige von den Jüngern den Thomas antreffen und ihm von Jesus sprechen.

Sonntag, den 4. Nisan, war Jesus mit etwa zwanzig Jüngern den ganzen Morgen im Tempel. Nachher lehrte Er im Hause der Maria Markus und nahm einen Imbiss. Dann war Er mit Lazarus in Bethanien bei dem Pharisäer Simon auf einer Mahlzeit.

Johannes der Täufer kommt nicht auf das Fest (sagte sie kopfschüttelnd auf die Frage, ob?:) Es werden jetzt schon viele Lämmer ausgemustert.

1. bis 7. April:
Jesus ist am Morgen abermals im Tempel gewesen und hat nachmittags im Hause Josephs von Arimathäa mit den anderen Jüngern gegessen und gelehrt. Dieses Haus liegt in der Gegend von Johannes Markus' Haus. Es ist ein Steinmetzenhof dabei. Es ist diese Gegend etwas abgelegen, und die Pharisäer kommen wenig dahin; auch scheut sich jetzt noch niemand, sich Jesus zu nähern, denn der Hass gegen ihn war noch nicht ausgebrochen.

Maria und die anderen Reisenden aus Galiläa sind jetzt in Nazaret. Sie sagte nochmals mit einem festen Nein, Johannes der Täufer komme nicht auf das Osterfest nach Jerusalem.

2. April: Jesus zeigt sich immer freier und kühner in Jerusalem und im Tempel und ist mit Obed zwischen den Opferaltar und den Tempel hervorgetreten, wo über das Osterfest und dessen Gebräuche eine Lehre für die Priester gehalten wurde. Seine Jünger blieben im Vorhof Israels zurück. Die Pharisäer ärgerten sich sehr, ihn zu sehen. Er hat bei Joseph von Arimathäa gegessen und da auch gelehrt. Er geht immer mit weniger Scheu und redet auch mit Leuten auf der Straße.

Es kommen viele Leute nach Jerusalem, besonders Arbeiter, Taglöhner, Diener, Handelsleute mit vielen Lebensmitteln. Es werden dicht um die Stadt und auf leeren Plätzen sehr viele Hütten und Zelte aufgeschlagen, um die Volksmenge zu Ostern zu beherbergen. Es werden viele Lämmer und anderes Vieh zur Stadt gebracht; die Lämmer werden jetzt schon ausgesucht. Es ziehen auch sehr viele Heiden zum Fest in die Stadt.

Die heiligen Frauen sind in Nazaret gewesen und jetzt eine Tagreise weiter in der ersten Herberge von Thirza. Die Apostel sind voraus.

In Bethanien lehrt und heilt Jesus bereits öffentlich; man hat ihm auch fremde Kranke gebracht. Es sind auch Verwandte von Zacharias aus der Gegend von Hebron zu ihm gekommen, ihn dahin einzuladen. Er war heute wieder im Tempel und hatte abends, als nach dem Gottesdienst die Priester meist den Tempel verlassen hatten, an der Stelle, wo Er bei den Jüngern stand, vor diesen und anderen guten Leuten zu lehren begonnen. Er lehrte von der Nähe des Reiches Gottes, vom Osterfest und von der Nähe der Erfüllung aller Prophezeiungen und Bilder und des Osterlammes selber. Er sprach sehr ernst und streng, und mehrere Priester, die noch hier und da zu tun hatten, wurden durch seine Reden bestürzt und heimlich unwillig. Es geschah dies am Abend. Er ging hierauf nach Bethanien und von dort in der Nacht mit den Leuten von Hebron und einigen Jüngern etwa 4 Stunden südlich gegen Hebron zu.

Im Tempel wird jetzt mit Gewalt allerlei zum Fest bereitet; es wird im inneren Raum sehr viel verändert. Viele Wege und Hallen werden geöffnet und viele Gestelle und Scheidewände weggeräumt. Man kann nun von vielen Seiten zum Altar; es gewinnt alles ein ganz anderes Aussehen.

Donnerstag: Jesus ging mit einigen Jüngern und den Verwandten von Zacharias in der Nacht vom 3. bis 4. April nach Jutta. Sie zogen zwischen Jerusalem und Bethlehem hin und ließen auf dem Hinweg Bethlehem links, auf dem Rückweg rechts liegen. Es war höchstens ein Weg von fünf Stunden. Von Jutta ging Er in das nahe Hebron, wo Er lehrte und ungestört viele Menschen heilte. Er blieb hier bis am Freitag mittag, da Er von Hebron zurückreiste, und kam gerade zum Sabbat in Bethanien an. Der Weg ging hoch über Berge voll Sonne und war sehr heiß. Die Jünger, die von Johannes zu Jesus nach Bethanien gekommen sind, sind zu demselben zurückgezogen.

6. April: Jesus ist heute im Tempel mit Obed bis in die Vorhalle hervorgetreten, wo der Lehrstuhl ist, auf dem Er später auch gelehrt hat. Hier saßen Priester und Leviten auf den kreisförmigen Sitzen um den Lehrstuhl, von welchem herab ihnen eine Lehre über das Osterfest gehalten wurde. Die Erscheinung Jesu erregte eine große Bestürzung unter den Anwesenden aus, besonders als Er einzelne Einwürfe und Fragen tat, die niemand von ihnen beantworten konnte. Unter anderem sprach Er auch, die Zeit sei nahe, dass das Vorbild des Osterlammes erfüllt werde, und dann werde dieser Tempel und dieser Dienst zu Ende gehen. Er sprach davon verblümt und doch so deutlich für mich, dass ich lebhaft dabei an die Stelle des Pange lingua denken musste, wo es heißt «et antiquum documentum novo cedat ritui»; denn Ähnliches sprach

Jesus. Als sie ihn nun fragten, woher Er das alles wisse, antwortete Er ihnen, sein Vater habe es ihm gesagt, sprach aber nicht, wen Er damit meinte. Überhaupt sprach Er nur ganz allgemein. Die Pharisäer, sehr ergrimmt und doch voll Erstaunen, wagten nichts gegen ihn. Es war eigentlich Laien nicht erlaubt, in diesen Teil des Tempels zu gehen; Er aber ist als ein Prophet hingegangen. In seinem letzten Jahr hat Er selbst dort gelehrt.

Nach dem Sabbat ging Jesus nach Bethanien. Ich habe bis jetzt Jesus diesmal noch nicht mit der stillen Maria sprechen sehen. Ich glaube, ihr Ende ist nahe. Es scheint sich etwas mit ihr verändert zu haben. Sie liegt auf der Erde auf grauen Decken und wird von Mägden im Arm gehalten. Sie war in einer Art Ohnmacht. Sie scheint mir der irdischen Welt näher gerückt, sie wird wohl auf Erden noch etwas leiden müssen. Sie war bis jetzt immer abwesenden Geistes, und nichts von der Welt wissend, sah sie Jesus und allen anderen unbekümmert ohne große Schmerzen zu. Sie war in ihrer Kammer, wie in einem wundervollen Silberberg. Alles war so weit und schön um sie her. Jetzt aber scheint sie mehr ins Leben zurückversetzt zu sein. Sie wird nun wissen, dieser Jesus hier in Bethanien, der in ihrer Zeit und Nähe lebe, sei es, der so bitter leiden müsse. Sie wird noch im Leben im Leibe die Schmerzen des Mitleids aushalten und dann bald sterben.

In der Nacht vom Samstag hat Jesus Lazarus' Schwester, die stille Maria, besucht und lange mit ihr gesprochen. Sie saß teils auf ihrem Lager, teils ging sie umher. Sie ist nun ganz bei Verstand und weiß den Unterschied von Diesseits und Jenseits und dass Jesus der Heiland und das Osterlamm ist und dass Er so schrecklich leiden wird. Sie ist darüber unaussprechlich traurig, und die Welt kommt ihr erdrückend schwer und finster vor. Besonders aber betrübt sie der Undank der Menschen, welchen sie voraussieht. Jesus sprach lange mit ihr von der Nähe des Reiches Gottes und seinen Leiden, segnete und verließ sie. Sie wird bald sterben. Sie ist jetzt außerordentlich schön und groß, schneeweiß und leuchtend, und hat Hände wie Elfenbein und so lange, schlanke Finger. Jesus heilte am Morgen ganz öffentlich viele Leute in Bethanien, die man dorthin gebracht hatte, darunter auch Fremde, die auf das Fest gekommen waren, Lahme, Blinde usw.

Es kamen auch einige Männer aus dem Tempel zu ihm und stellten ihn zur Rede über sein Tun und Lassen und wer ihn berechtigt habe, gestern im Tempel in der Lehre mitzusprechen und dergleichen. Er antwortete ihnen sehr ernst und sprach wieder von seinem Vater. Die Pharisäer wagten sich nicht recht an ihn; sie fühlten einen Schrecken in seiner Nähe und wussten nicht, was sie an ihm hätten.

Er hat heute wieder im Tempel gelehrt. Am Abend kamen alle die galiläischen Jünger an, welche aus der dortigen Gegend auf der Hochzeit in Kana gewesen waren. Auch Maria und die heiligen Frauen kamen und wohnten bei Maria Markus. Lazarus hat viele ausgemusterte Lämmer gekauft und schlachten lassen und unter arme Taglöhner und Arbeiter verteilt.

### *Jesus weist die Krämer aus dem Tempelvorhof hinaus*

8. und 9. April:

Jesus war heute mit all seinen Jüngern im Tempel und wies viele Krämer mit grünem Krautwerk, Vögeln, Lämmern und allerlei Esswaren und anderem Zeug in großer Liebe und Freundlichkeit aus dem Umfang des Vorhofs der Betenden weit zurück in den Vorhof der Heiden. Er ermahnte sie freundlich, dass dies ganz unschicklich sei, besonders das Geblöke der Lämmer und des Viehs, und half mit den Jüngern selbst, ihre Tische zu tragen und ihnen Plätze anzuweisen.

Er heilte an diesem Tag auch viele kranke Fremde in Jerusalem, besonders arme, lahme Arbeitsleute, welche in der Gegend des Cönaculums am Berg Sion wohnten. Es ist eine erstaunliche Menge Volk in Jerusalem. Es stehen ganze Lager von Hütten und Zelten um die Stadt. Auf großen Plätzen sind Gebäude, wie Straßen so lang, worin alles zu haben ist, und in großen Vorräten liegt, was zu einem Zelt und dessen Einrichtung und zum Osterlammessen gehört. Es waren wie Magazine, in welchen alles das teils verkauft, teils vermietet wird. Scharen von Taglöhnern und arme Leute aus ganz Israel sind beschäftigt, dergleichen hin und her zu tragen und aufzuschlagen. Diese Leute haben auch seit längerer Zeit in Jerusalem und umher alles weggeräumt, was den Raum stören kann, die Hecken beschnitten, die Wege geöffnet, die Lagerplätze geebnet und abgegrenzt, Krämerstellen und Marktplätze eingerichtet. Ebenso wurden auch Wochen vorher alle Wege und schweren Passagen im Lande ausgebessert und bereitet. Alles das bezieht sich so auf das Pascha-Lamm wie das Wegbereiten des Täufers auf das wahre Lamm Gottes.

9. April: Jesus war wieder mit seinen Jüngern im Tempel und wies die Krämer nochmals hinweg. Da jetzt alle Zugänge wegen des bevorstehenden Osterlammschlachtens offen waren, hatten sich wieder viele bis zum Vorhof der Betenden vorgedrängt. Jesus wies sie zurück und schob ihre Tische hinweg. Es ging gewaltsamer zu als das letzte Mal; die Jünger räumten vor ihm her. Es war aber freches Volk dabei, welches mit heftigen Gebärden und vorgestrecktem Hals sich ihm widersetzte, so dass Jesus selbst mit einer Hand einen Tisch zurückschob. Sie vermochten nichts gegen ihn. Der Platz wurde bald leer und alles bis zum äußersten Hof hinausgeschafft.

Er sagte ihnen warnend, Er habe sie nun zweimal in Güte weggewiesen, wenn Er sie nochmals hier finde, werde Er Gewalt brauchen. Da schimpften die Frechsten nach ihm hin: Was sich der Galiläer, der Schüler von Nazaret hier herausnehme, sie fürchteten sich nicht vor ihm. Hierauf hat das Wegschaffen begonnen. Es stand dabei viel Volk umher, das ihn bewunderte. Die frommen Juden gaben ihm recht und lobten ihn in der Entfernung. Man rief auch: «Der Prophet von Nazaret!»

Die Pharisäer, die sich darüber ärgerten und schämten, ließen schon vor einigen Tagen in der Stille Ermahnungen an das Volk bekannt machen, man solle während des Festes sich nicht an den Fremdling anhängen, ihm nicht nachlaufen und nicht viel von ihm schwätzen. Das Volk wird aber immer aufmerksamer auf ihn, denn es sind nun schon sehr viele Leute hier, die Er gelehrt oder geheilt hat. Als Jesus beim Hinausgehen aus dem Tempel in einem Vorhof einen Lahmen geheilt hatte, der ihn angerufen, ging dieser, Jesus freudig verkündend, in den Tempel und verursachte großes Aufsehen.

Johannes der Täufer kommt nicht zum Fest, er ist kein rechter Gesetzjude. Er ist auch gar nicht wie andere Menschen; er ist bloß wie eine mit Fleisch bekleidete Stimme. Er hat aber jetzt wieder vielen Zulauf von Täuflingen, weil so viel Volk, nach Jerusalem ziehend, in Bewegung ist.

Am Abend wurde heute alles sehr still in Jerusalem. Man beschäftigte sich in den Häusern mit dem Ausfegen des Sauerteiges und Bereiten des ungesäuerten Brotes. Es war alles Gerät behängt und bedeckt. Auch im Haus des Lazarus am Berg Sion geschah dies, wo Jesus und die Seinigen das Osterlamm essen sollen. Jesus war selbst dabei, lehrte darüber, und es geschah alles unter seiner Anordnung. Es ging nicht so ängstlich dabei zu wie bei den anderen Juden. Jesus erklärte ihnen, wovon es ein Vorbild sei, wie sie es ausüben sollten und was die Pharisäer unverständig zugesetzt hätten. Ich habe das einzelne durch Krankheit vergessen.

### *Schlachten der Osterlämmer im Tempel*

10. April – (Sie ist noch immer so krank, dass sie leider nur folgendes mitteilt:) Jesus war heute nicht im Tempel, sondern in Bethanien. Ich dachte noch, als so viele Krämer wieder im Tempel vorgedrungen waren, wenn Er jetzt da wäre, es würde ihnen übel ergehen. Nach Tisch wurden im Tempel die Osterlämmer geschlachtet.

Es geschah dies mit unbeschreiblicher Ordnung und Fertigkeit. Jeder trug sein Osterlamm auf den Schultern herbei, sie standen sehr ordentlich, und jeder hatte Raum genug. Es waren drei Höfe um den Altar, wo sie stehen konnten; zwischen dem Altar und dem Tempel stand kein Volk. Vor den Schlachtenden waren Geländer und Gestelle mit Bequemlichkeiten, sie standen jedoch so dicht, dass das Blut des einen Lammes den Schlächter des anderen bespritzte; ihre Kleider waren alle voll Blut. Die Priester standen in vielen Reihen bis zum Altar, und die vollen und leeren Blutbecken liefen von Hand zu Hand. Ehe die Israeliten die Lämmer ausweideten, stießen und kneteten sie dieselben auf eine eigene Art, so dass sie die Eingeweide, wobei der Nächststehende beim Halten des Lammes behilflich war, mit einem Griff leicht herausrissen. Das Hautabziehen ging sehr schnell, sie lösten die Haut etwas ab und befestigten sie an einem runden Stock, den sie bei sich hatten, hängten das Lamm um ihren Hals vor die Brust und drehten dann den Stock mit den beiden Händen um, auf welchen das Fell sich aufrollte. Man war gegen Abend mit dem Schlachten fertig. Ich sah einen blutroten Abendhimmel.

Lazarus, Obed (Simeons Sohn) und Saturnin schlachteten die drei Lämmer, welche Jesus und seine Freunde aßen. Die Mahlzeit war im Hause des Lazarus am Berg Sion. Es ist dies ein großes Gebäude mit zwei Flügeln. Im Saal, wo sie aßen, war auch der Bratofen, doch ganz anders als der Herd im Cönaculum. Er war mehr in die Höhe, so wie die Herde in Annas und Marias Haus und zu Kana. In der aufrecht führenden, dicken Mauer waren Löcher, worin man das Lamm von oben herab stellte. Es war ausgespannt mit Holz, wie gekreuzigt.

Der Saal war schön geschmückt, und es aßen die drei Parteien an einer Tafel, welche mir auffallend ganz in Kreuzgestalt aufgestellt war. Lazarus saß oben am kurzen Kreuzende, wo auch viele Schüsseln mit bitteren Kräutern standen. Die Osterlämmer standen, wie hier verzeichnet ist, und die einzelnen Namen stehen nach einzeln benannten Sitzen. Um Jesus her standen Verwandte und Jünger aus Galiläa, um Obed und Lazarus die jerusalemischen Jünger, um Saturnin die Johannesjünger. Alle zusammen waren mehr als dreißig.

Es war dieses Ostermahl auf andere Weise als das letzte Ostermahl Jesu. Es war mehr jüdisch. Alle hatten hier Stäbe in der Hand und waren aufgeschürzt und aßen sehr geschwind; dort hatte Jesus zwei Stäbe kreuzweis. Sie sangen auch Psalmen und aßen stehend sehr geschwind das Osterlamm ganz auf. Später lagen sie zu Tisch. Es war aber doch etwas anderes, als wie es die Juden aßen. Jesus legte ihnen alles aus, und sie ließen allerlei zugesetzte pharisäische Gebräuche weg. Jesus zerlegte die drei Lämmer und diente bei Tisch. Er sagte, dass Er dies jetzt als ein Diener tue. Hernach waren sie noch bis in die Nacht zusammen und sangen und beteten.

Es war heute so still und schauerlich in Jerusalem. Die Juden, welche nicht schlachteten, hielten sich in den Häusern auf, die alle mit grünem, dunklem Laubwerk geschmückt waren. Die ungeheuer vielen Menschen waren nach dem Schlachten so sehr im Inneren der Häuser beschäftigt und alles hielt sich so still, dass es mir einen ganz betrüblichen Eindruck machte. Ich sah heute auch, wo alle die Osterlämmer für die vielen Fremden, welche teils vor den Toren lagerten, gebraten wurden.

Es waren vor und auch innerhalb der Stadt an gewissen Plätzen ganz lange, breite, niedere Mauern errichtet, so dass man oben darauf gehen konnte. In diesen Mauern war Ofen an Ofen. In gewissen Entfernungen wohnte ein Aufseher, der auf alles achtgab und bei dem man das Nötige um ein geringes Entgelt haben konnte. Bei solchen Öfen kochten und brieten auch Reisende und Fremde bei anderen Festen und Zeiten. Das Verbrennen des Fettes des Osterlammes dauerte bis in die Nacht im Tempel; dann wurde nach der ersten Nachtwache der Altar gereinigt und sehr früh die Tore wieder geöffnet.

11. April: Jesus und seine Jünger hatten die Nacht meist mit Gebet und mit wenig Schlaf in Lazarus' Haus am Berge Sion zugebracht; die galiläischen Jünger schliefen in angebauten Räumen. Als der Tag kaum anbrach, gingen sie schon zum Tempel hinauf, der mit vielen Lampen erleuchtet war. Es zogen schon von allen Seiten Leute mit ihren Opfern hinaus; und Jesus war mit seinen Jüngern in einem Vorhof und lehrte.

Es stand schon wieder eine Menge von Krämern bis dicht an den Vorhof der Betenden und Frauen; sie waren kaum ein paar Schritte vom betenden Volk entfernt. Als aber noch mehrere heranzogen, wies Jesus sie zurück und befahl den Dastehenden zu weichen.

Sie widersetzten sich aber und riefen die Wächter in der Nähe um Hilfe, und diese zeigten es dem Synedrium an, weil sie es aus sich selbst nicht wagten. Jesus aber sagte den Krämern zu weichen; und da sie frech trotzten, zog Er aus seinem Gewand wie einen von Binsen oder dünnen Weiden gedrehten Strick hervor, schob einen Ring daran zurück, wodurch die eine Hälfte sich in eine Menge Fäden auflöste, wie eine Geißel. So drang Er gegen die Krämer an und stieß die Tische um und trieb die Widerspenstigen vor sich her;

die Jünger gingen an den beiden Seiten vor ihm her und drängten und schoben alles hinweg. Es kamen aber eine Menge Priester aus dem Synedrium und stellten ihn zur Rede: Wer ihm ein Recht dazu gebe, hier so zu verfahren. Er sagte ihnen mehreres, was ich nicht so wiedergeben kann; der Sinn aber war: Wenngleich das Heiligtum vom Tempel gewichen sei und er seinem Untergang entgegen gehe, so sei er doch ein geweihter Ort und kein Ort des Wuchers, des Betrugs und niedrigen Handelsgetümmels, und das Gebet so vieler Gerechter sei zu ihm gewendet.

Da sie ihn auf die Rede, sein Vater habe es ihm befohlen, fragten, wer sein Vater sei, erwiderte Er: Er habe jetzt keine Zeit, dies zu erklären, und sie verstünden es auch nicht und somit wandte Er sich von ihnen ab und fuhr fort, die Krämer zu vertreiben.

Es waren aber auch zwei Scharen von Soldaten angekommen, und die Priester wagten nichts gegen Jesus; denn sie schämten sich selbst der Unordnung. Auch war viel Volk versammelt, das dem Propheten recht gab, so dass die Soldaten selbst Hand mitanlegen mussten, die Krämer-Tische wegzuschaffen und die umgestoßenen Tische und Waren wegzuräumen.

So schafften Jesus und die Jünger die Krämer bis vor den äußersten Vorhof hinaus. Diejenigen aber, welche bescheiden waren und mit Tauben, kleinen Broten und anderen Erquickungen in den Mauerzellen des Vorhofes nötig waren, ließ Jesus dort stehen.

Er ging hierauf mit den Seinigen in den Vorhof Israels. Es mochte ungefähr 7 bis 8 Uhr morgens gewesen sein. Am Abend dieses Tages war eine Art Prozession in Klassen ins Tal Kidron gegangen, die Erstlings-Garbe abzuschneiden.

## *Jesus heilt – Ausbrechende Verfolgung – Betrübnis Marias – Die stille Maria stirbt – Nikodemus bei dem Herrn*

12. bis 14. April:

Jesus heilte heute nach Tisch im Vorhof des Tempels ungefähr zehn Lahme und Stumme; und es erregte dies ein großes Aufsehen; denn sie erfüllten alles mit ihrem Jubel. Man stellte ihn deswegen abermals zur Rede, aber Er antwortete sehr streng; und das Volk war sehr begeistert für ihn. Er hörte nach dem Gottesdienst der Lehre in einer Halle des Tempels mit den Jüngern zu. Man lehrte über ein Buch Moses'. Er machte öfters Einwürfe, denn es war hier eine Art Schule, wo man disputieren konnte, und alle brachte Er zum Schweigen und gab eine ganz verschiedene Auslegung.

Jesus war in allen diesen Tagen schier gar nicht bei seiner Mutter, die immer bei Maria Markus den ganzen Tag in Sorgen, Tränen und Gebet wegen des Aufsehens war, das Er machte. Da sah ich, dass sie nicht alles wusste, wenngleich ahnte.

13. April: Jesus hielt den Sabbat bei Lazarus in Bethanien, wohin Er sich gestern nach dem Lärm, den seine Heilung im Tempel verursachte, zurückgezogen hatte. Nach dem Sabbat aber suchten die Pharisäer Jesus im Hause der Maria Markus in Jerusalem, um ihn zu verhaften. Sie fanden ihn aber nicht, sondern nur seine Mutter und andere heilige Frauen, und geboten diesen, als seinen Anhängerinnen, mit harten Worten, die Stadt zu verlassen.

Da wurden die Mutter Jesu und die anderen heiligen Frauen sehr betrübt und eilten weinend nach Bethanien zu Martha. Ich sah Maria laut weinend in die Stube kommen, wo Martha bei ihrer kranken Schwester, der stillen Maria, war. Maria wurde ohnmächtig vor Betrübnis, und die stille Maria, welche wieder ganz im äußeren Leben war und alles, was sie sonst im Geiste gesehen hatte, wirklich werden sah, konnte ihre Betrübnis nicht mehr ertragen und starb in der Gegenwart Marias, Maria Cleophäs, Marthas und der anderen. Sie wurde nachher in ein neues Grab nicht weit vom Hause des Lazarus gelegt, welches ich gesehen habe; das Begraben sah ich nicht.

Nikodemus kam in dieser Nacht durch Lazarus' Vermittlung zu Jesus, den er zwar schon oft früher bei Lazarus gesehen und gehört, aber noch nie allein vertraulich gesprochen hatte. Er kam trotz der ausgesprochenen Verfolgung zu ihm, und ich sah Jesus die ganze Nacht neben ihm, auf der Erde liegend, lehren.

Jesus ging mit Nikodemus vor Tagesanbruch nach Jerusalem in Lazarus' Haus am Sion. Hier kam auch Joseph von Arimathäa zu ihm. Der Herr sprach mit ihnen, und sie demütigten sich vor ihm und erklärten, dass sie wohl erkannten, wie Er mehr als ein

Mensch sei; sie gelobten, ihm treu bis ans Ende zu dienen. Jesus aber gebot ihnen Zurückhaltung, und sie baten ihn, Er möge sie in der Liebe erhalten.

Es kamen auch noch etwa dreißig Jünger, alle, die das Pascha mit ihm gegessen hatten. Er gab ihnen mancherlei Lehren und Befehle für die nächste Zukunft.

Sie reichten sich alle die Hände und weinten und trockneten sich die Tränen mit ihren Schleiern, der schmalen Halsbahn, welche sie auch um das Haupt hüllten.

Lazarus brachte die Mutter Jesu am Morgen in eine der Herbergen vor Bethanien. Die stille Maria sah ich tot liegen und Trauer im Hause. Die Jünger zerstreuten sich bald nach ihrer Heimat und dorthin, wohin Jesus sie beschieden hatte.

Maria kam wieder in Lazarus' Haus, und die Pharisäer stellten sie in dem Haus und außer demselben wie auch die anderen heiligen Frauen, wo sie sie fanden, zur Rede, und drohten ihr sogar mit Landesverweisung. Sie ging hierauf zuerst nach Nazaret und dann nach Kapharnaum in ihre Wohnung zurück.

### *Unterbrechung der täglichen Mitteilung der Gesichte*

Vom 15. April bis 21. Juni 1822 –

(Von zeitlichen und geistlichen, körperlichen und seelischen Leiden auf eine äußerste, unaussprechliche Weise erschöpft, vermochte Anna Katharina Emmerick schon in den letzten Tagen immer nur das Wenige, Allgemeine vom Lehrwandel Jesu mitzuteilen, was der Schreiber bis jetzt Tag für Tag mit größtmöglicher Treue und Gewissenhaftigkeit aufgezeichnet hat.

Heute, am 15. April 1822, erzählte sie mit Betrübnis ein sinnbildliches Gesicht, das als nicht hierher gehörig übergangen wird; nach welchem aber ihr, wo nicht das tägliche Anschauen, so doch das tägliche Mitteilenkönnen dieser Bilder für eine Zeitlang entzogen wurde, und zwar, weil ihr eine bedeutende Veränderung ihres körperlichen Zustandes bevorstehe, welche auszuhalten sie einer körperlichen Ruhe bedürfe. Auf ihren ausdrücklichen Rat machte nun der Schreiber eine Reise zu Freunden, von welcher er am 21. Juni zurückkehrte. Da fand er die Kranke, zwar etwas besser aussehend, jedoch in den mannigfaltigsten, wunderbarsten Körper- und Seelenleiden.

Es fand sich, dass sie den Lehrwandel Jesu Tag für Tag in der größten Einzelheit wie früher gesehen hatte. Sie ergänzte in den ersten Tagen die Lücke auf höchst unvollkommene Weise, wie unten folgen wird.

Ihre tägliche Umgebung, die es doch treulich versprochen, hatte nicht den geringsten Buchstaben von allem, was sie hier und da geäußert hatte, bewahrt, und soviel aus den schüchternen Klagen der Kranken notwendig hervorging, wurde sie durch dieselben noch jetzt gehindert, in der Herstellung des Verlorenen so ausführlich zu sein, wie sie wünschte und gekonnt hätte. Es ist dies kein Vorwurf, sondern ein Bedauern der allgemeinen menschlichen Gebrechlichkeit, welche selten vermag, die Gabe Gottes nach ihrem Wert zu würdigen.

Nach einigen Tagen ordnete sich die tägliche Mitteilung wieder einigermaßen, und der Schreiber fasste den Faden der Erzählung wieder auf, wie unten vom 25. Juni an folgen wird.)

### *Ergänzung der gestörten Mitteilungen aus dem Gedächtnis*

Jesus war noch einige Tage verborgen in Bethanien und dem von da eine Stunde nordöstlich liegenden Ort Behurim, wo David, vor Absalon fliehend, von Semei mit Steinen beworfen und gelästert wurde. Dort hielt Jesus sich öfter auf, wenn Er am Tempel verfolgt wurde, auch nachdem sie ihn einmal am Tempel steinigen wollten.

(Am 20. November 1823 erzählte sie:) Ich ging mit der lieben Mutter Gottes in dem jetzigen Palästina, und sie zeigte mir allerlei Orte, wo sie einst gegangen, in ihrer jetzigen Beschaffenheit. Da sah ich auch noch Überreste von Bahurim, eine Stunde nordöstlich vom ehemaligen Bethanien, bestehen, wo sich Jesus oft von Bethanien aus hin verbarg und betete.

Auch floh Er dorthin, als sie ihn im Tempel steinigen wollten und war mehrere Tage dort, und Maria besuchte ihn dort. Früher war der Ort viel verborgener; jetzt geht der Weg zum Jordan vorüber. Es ist da ein Brunnen, der Zwölf-Apostel-Brunnen heißt. Gleich dabei ist die Felsenhöhle Rimnon, in die sich die Benjaminiten flüchteten, welche von der Vertilgung ihres Stammes übrig geblieben und sich nachher Frauen in Siloh rauben mussten. Mehrere von diesen siedelten sich hier an, und der Name Bahurim-Jünglinge entstand dadurch. Hier hat auch Semei dem David geflucht und ihn gesteinigt. Michol wurde bis hierher dem David wiedergebracht.

Jesus verließ etwa nach acht Tagen Bethanien und ging durch Samaria bis hinauf zum Galiläischen See und fuhr am südlichen Ende über, wo Er seinen Jüngern nach der Auferstehung erschien und Fische mit ihnen aß. Er ging jenseits südlich nach Sukkoth in die Gegend von Ainon, wohin sich Johannes mit seiner Taufe vom mittleren Taufort oberhalb Bethabara zurückgezogen hatte. Er wandelte und lehrte dort mit den Jüngern des Johannes ungefähr acht Tage, mit Johannes selbst ist Er nicht zusammengekommen. Johannes aber verstand aus dem, was er durch seine Jünger von Jesu Worten vernahm, dass sein Amt des Vorläufers sich zu Ende neige.

Jesus kam von Sukkoth wieder heimlich nach Bethanien und hielt sich bei Lazarus und, was mich wunderte, bei Simon dem Pharisäer verborgen auf. Er hatte auch nochmals eine einsame Unterredung mit Nikodemus und sprach dann öfter mit ihm und Joseph von Arimathäa.

# ZEHNTES KAPITEL

*Vom Schluss des ersten Osterfestes*
*bis zur Gefangennahme des hl. Johannes des Täufers*

*Von Anfang Mai bis 24. Juli 1822*

### *Brief des Königs Abgarus von Edessa – Jesus antwortet ihm*

Etwa drei Wochen nach Ostern war es, als Jesus von Bethanien zu der Taufstelle bei Ono ging. Alle Einrichtungen waren durch Aufseher gehütet worden. Es hatten sich dort wieder Jünger gesammelt, und es war viel Volk da bei Ono. Ich sah Jesus[45] am Abhang, sich gegen den Lehrstuhl lehnend, sitzen und die im Kreis herumsitzenden und stehenden Menschen lehren. Es hörten ihm sehr viele Leute, auch Jünger von Johannes, zu.

An einzelnen Stellen umher waren erhöhte Gerüste von Holz errichtet, worauf Leute saßen.

Ich sah aber ein Bild in der Ferne. Ein König in einer Stadt, nicht sehr weit von Damaskus, war krank. Er hatte einen Ausschlag, aber noch nicht ganz äußerlich; er hatte seine Füße befallen und er hinkte. Dieser König war ein guter Mann, und ich sah, dass ihm Reisende viel von Jesus erzählten, von seinen Wundern und dem Zeugnis des Johannes und auch wie die Juden gegen ihn auf dem Pascha so erbittert gewesen waren. Ich sah, dass dieser König eine große Liebe und Begierde zu Jesus gewann und wünschte, von ihm geheilt zu werden, wie auch, dass er einen Brief an ihn schrieb, Er möge doch kommen und ihn heilen. Ich sah auch, dass er einen jungen Mann, der malen konnte, von seinen Hofleuten rief und ihm den Brief an Jesus gab und ihm befahl, wenn Er nicht selbst komme, so solle er ihm doch sein Bildnis bringen. Ich sah auch, dass er ihm Geschenke mitgab und dass der Gesandte auf einem Kamel ritt und noch sechs Diener bei sich hatte, die auf Maultieren ritten.

Ich sah nun diesen Mann in einiger Entfernung von dem Lehrplatz mit seinem Gefolge anhalten, wo auch andere Leute ihre Zelte aufgeschlagen hatten, und ich sah, dass er sich vergebens bemühte, zu Jesus zu gelangen; denn er wünschte, wenn er ihn auch jetzt wegen der Lehre nicht sprechen konnte, doch diese Lehre zu hören und zugleich das Angesicht Jesu abzubilden.

Er war wohl schon ein paar Stunden vergebens bald hier, bald dort genaht, ohne durch die aufmerksame Volksmenge hindurch zu können, als Jesus einem in seiner Nähe stehenden Johannesjünger sagte, er solle dem Manne, der dort hinter den Leuten herumgehe und nicht zu ihm kommen könne, Platz machen und ihn auf ein nicht weit von ihm stehendes Gerüste führen. Der Jünger brachte nun den Gesandten auf diesen Sitz und stellte seine Begleiter mit den Geschenken, die in Stoffen und aneinander geringten Goldplättchen und in mehreren Kuppeln sehr feiner Wollämmer bestanden, die sie an Schnüren führten, so dass auch sie sehen und hören konnten. Der gute Gesandte, froh, dass er endlich Jesus sah, wollte nun die Zeit nicht versäumen und legte gleich seine Malergerätschaft vor sich auf die Knie, sah Jesus mit großer Verwunderung und Aufmerksamkeit an und arbeitete. Er hatte ein weißes Täfelchen vor sich, wie von Buchsbaum.

Da malte er zuerst wie mit einem Stift den Umriss von Jesu Kopf und Bart ohne Hals hinein und dann war es, als schmiere er etwas Dickes wie Wachs darauf herum und hatte auch etwas wie Formen, die er hineindrückte. Dann drückte er wieder mit dem Stift allerlei hinein, tupfte und drückte wieder ab und so arbeitete er lange fort und konnte nie recht zustande kommen. So oft er Jesus ansah, war es, als erstaune er über sein Antlitz und müsse wieder frisch anfangen. Lukas malte nicht ganz auf diese Weise, er verwendete auch Pinsel. Dies Bild hier schien mir teils erhaben, so dass man es auch fühlen konnte.

Jesus lehrte noch eine Zeitlang weiter und sandte dann den Jünger zu dem Mann und ließ ihm sagen, er möge näher kommen und seine Sendung erfüllen. Da ging der Mann von seinem Sitz herab zu Jesus, und die Diener mit den Geschenken und Lämmern gingen hinter ihm her. Er hatte ohne Mantel kurze Kleider an, schier nach der Weise eines der Heiligen Drei Könige. An dem linken Arm hatte er sein Gemälde an einem Riemen hängen. Es war herzförmig wie ein Schild und in der Rechten hatte er das Schreiben des Königs; es sah dies in seiner Hand so eingeschlagen aus.

Er warf sich vor Jesus auf die Knie und verbeugte sich tief und so auch die Diener. Er sagte: «Dein Knecht ist der Diener Abgars, des Königs von Edessa, der krank ist und dir diesen Brief sendet und dich bittet, diese Gaben von ihm anzunehmen.»

Da nahten die Knechte mit den Geschenken, und Jesus sagte ihm, es gefalle ihm die gute Meinung seines Herrn. Er befahl den Jüngern, die Geschenke zu sich zu nehmen und an die ärmsten Leute hier herum zu verteilen. Jesus faltete nun den Brief auseinander und las ihn. Ich erinnere mich nur noch, dass unter anderem darin stand, Er könne Tote erwecken und er bitte ihn, zu ihm zu kommen und ihn zu heilen. Der Brief war so, als sei die Fläche, worauf geschrieben war, steifer; die ganze Umgebung des Briefes aber weich wie von Zeug, Leder oder Seide, worin der Brief eingeschlagen wurde. Auch sah ich einen Faden daran hängen.

Als Jesus den Brief gelesen hatte, drehte Er die Brieffläche um und schrieb mit einem starken Stift, den Er aus dem Busen seines Gewandes zog und aus dem Er etwas herausschob, auf die Art wie die Bauern faules Holz aus den Zunderbüchsen herausschieben, auf die andere Seite des Briefes mehrere Worte ziemlich groß und schlug den Brief wieder ein[46].

Jesus ließ sich dann Wasser geben, wusch sich das Angesicht und drückte das weiche Umschlagende des Briefes gegen sein Angesicht und gab es dem Gesandten, der damit auf das Bild drückte, was ihm, glaube ich, Jesus gesagt hatte, und nun war das Bild ganz anders und ganz ähnlich. Der Maler war voll Freude, und ich sah, dass er das Bild, an dem Riemen hängend, in der Nähe gegen die Zuschauer wandte, sich dann vor Jesus niederwarf und sogleich wieder abreiste. Einige seiner Diener blieben zurück und folgten Jesus, der nach dieser Lehre über den Jordan an den zweiten Taufort zog, den Johannes verlassen hatte. Sie ließen sich gleich taufen. Ich sah auch, dass der Gesandte vor einer Stadt bei etlichen langen Steingebäuden, wie Ziegelbrennereien, übernachtete und dass am anderen Morgen einige Arbeiter, weil sie ein helles Leuchten wie einen Brand gesehen, ungewöhnlich früh herzukamen und dass irgend etwas Merkwürdiges mit dem Bilde vorgegangen war. Es war ein großer Zusammenlauf. Ich meine, der Maler zeigte es ihnen und sah, dass auch das Tuch, womit Jesus sich berührt hatte, das Bild enthielt; aber es war auch da noch etwas mit dem Bilde geschehen, was mit dem Früherkommen der Arbeiter zusammenhing, was ich aber leider vergessen habe.

Ich sah auch, wie der Gesandte ankam und der König ihm eine Strecke durch seine Gärten entgegenkam und durch den Brief und das Bild unbeschreiblich gerührt war. Er besserte auch gleich sein Leben und schaffte die vielen Frauen ab, mit denen er sich versündigt hatte. Ich habe früher einmal gesehen, wie nach dem Tod des Sohnes dieses Königs, bei einem bösen Nachfolger, das Gesichtsbild Jesu, welches öffentlich ausgestellt war, von einem frommen Bischof nebst einer brennenden Lampe durch einen davor gestellten Ziegel lange vermauert und nach langer Zeit wieder entdeckt wurde, da das Bild sich auch in den vorgestellten Stein abgebildet hatte. Ich erinnere mich dessen nur unbestimmt.

Es fällt mir hier auch eine Statue ein, welche die geheilte blutflüssige Frau aus Dankbarkeit für Jesus in Cäsarea aufrichten ließ. Sie war von Erz und stellte vor, wie sie seinen Saum berührte und Er sich gegen sie wendet. Dies Bild stand auf einem niedrigen Fuß, von einem kleinen Gärtchen umgeben, und wenn die Kräuter des Gärtchens an dem Saum des Gewandes Jesu im Bilde gerührt hatten, so wurden sie von blutflüssigen Frauen gebrochen und hatten die Kraft, sie von ihrem Leiden zu heilen.

Der Brief des Abgar war wie ein auf ein gefärbtes, seidenes Tuch aufgeheftetes Pergament.

Von Ono, wo Er bis jetzt gelehrt und zur Taufe bereitet hatte, zog Jesus mit den Jüngern hinüber oberhalb Bethabara, Gilgal gegenüber, an den mittleren Taufort, den Johannes verlassen hatte und Jesu Taufjünger schon vorbereitend eingenommen hatten. Er ließ hier durch Andreas, Saturnin, Petrus und Jakobus eine große Menge, wohl vierzehn Tage lang, taufen.

Es zogen viele Johannesjünger zu ihm, und Er hatte mehr Täuflinge als Johannes. Jesus redete höher von der Taufe, und seine Milde, der Strenge und Rauheit des Johannes gegenüber, gewann ihm größeren Ruhm und größere Liebe im öffentlichen Ruf, als jener hatte. Es entstand dadurch ein Disput zwischen Johannesjüngern und Juden, die von Jesusjüngern getauft waren, über die Verschiedenheit der Reinigung in beiden Taufen.

Die Johannesjünger aber waren eifersüchtig über Jesu größeren Erfolg und dass so viele Zuhörer des Johannes zu ihm kamen, und sie brachten Klagen darüber vor Johannes. Dieser gab ihnen die Antwort, die im Evangelium steht (Joh 3,22-26). Dieser Streit über die Verschiedenheit der Reinigung in beiden Taufen, das bedeutende Zeugnis für Jesus in Johannes' Antwort und der große Zulauf bei Jesu Taufstelle erregten ein neues Aufsehen bei den Pharisäern, und sie legten ein gemeinsames Verfolgen, Widersprechen und Unterdrücken gegen ihn und seine Jünger an.

Sie sandten Boten mit Briefen an alle Synagogen und Lehraufsichten des Landes, man solle ihn ausliefern, wo man ihn fände, man solle seine Jünger ergreifen und über seine Lehre ausfragen und sie zurechtweisen.

Während die Pharisäer mit diesen Anstalten beschäftigt waren, verließ Jesus in der Stille den Taufort, und auch die Jünger zerstreuten sich in ihre Heimat. Jesus aber zog, ohne zu verweilen, über den Jordan durch Samaria und Galiläa, über Sichor Libnath und das Land Chabul an die Grenzen von Tyrus. Um diese Zeit, Mitte Mai, sah ich Herodes den Täufer gefangen nehmen lassen. Er ließ ihn durch Soldaten von Sukkoth unter dem Vorwand einer dringenden Einladung nach Kallirrhoe bringen. Jesus hatte es dem Johannes kurz vorher durch Jünger ankündigen lassen.

Herodes hielt ihn in einem Gewölbe seines Schlosses gefangen. Niemand durfte zu ihm. Er verhörte ihn oft; seine Frau war schuld an dieser Gewalttat. Er selbst hatte eine große Achtung vor ihm und verlangte nur, er solle nicht gegen seine verbrecherische Ehe schmähen. Am Dreifaltigkeits-Sonntag (2. Juni) sah ich ihn in seinem Gefängnis.

Nachdem Johannes auf diese Weise etwa sechs Wochen gefangen gewesen war, gab ihm Herodes die Freiheit wieder.

Auf dieser Reise, als Jesus mit mehreren Jüngern in zerstreuten Scharen durch Samaria nach dem Felde Esdrelon wanderte, sah ich Bartholomäus, von der Taufe des Johannes nach seiner Heimat Dabbeseth zurückwandernd, auf dem Wege mit den Jüngern zusammentreffen, welche von den Taten Jesu sprachen: Besonders Andreas sprach ihm mit großer Begeisterung vom Herrn. Bartholomäus hörte alles mit Freude und Ehrfurcht an, und Andreas, welcher sehr gern unterrichtete, und Männer zu Jüngern vorschlug, nahte sich Jesus und sprach ihm von Bartholomäus, dass dieser ihm wohl gern nachfolgen werde.

Da nun indessen Bartholomäus an Jesus vorüberging, zeigte Andreas ihn Jesus. Der Herr blickte ihn an und sagte zu Andreas: «Ich kenne ihn, er wird folgen; Ich sehe Gutes in ihm und werde ihn seinerzeit berufen.» Bartholomäus lebte in Dabbeseth nicht weit von Ptolomais und war ein Schreiber. Ich sah auch, dass er hierauf mit Thomas zusammenkam, mit diesem von Jesus sprach und ihn demselben geneigt machte.

Auf dieser eiligen Reise gegen Tyrus gingen besonders in Galiläa abwechselnd Jünger und Verwandte mit Jesus, die hier und da mit ihm zusammenstießen und ihn streckenweise begleiteten und teils wieder verließen. Er ermahnte sie zur Beharrlichkeit in der bevorstehenden Bedrängnis, unterrichtete sie über ihr Verhalten, gab ihnen auch verschiedene Aufträge an die Seinigen und andere Jünger.

Jesus litt aber auf dieser Reise wohl großen Mangel. Ich sah verschiedene Mal, wie Saturnin oder andere begleitende Jünger Brot und einen Korb herbeitrugen und wie Jesus die harten Rinden im Wasser erweichte, um sie essen zu können. Während Jesus an den Grenzen von Sidon und Tyrus lehrte und heilte, wobei immer ab- und zugehend einige weniger bekannte Jünger waren, traten die Anstalten der Pharisäer in Ausführung. Man zog die Jünger nach ihren Gegenden, in Jerusalem, und die galiläischen in Gennabris vor großen Versammlungen in Synagogen und Schulen zur Rechenschaft über Jesus, seine Lehren und Absichten und ihr Treiben mit ihm. Die Pharisäer drangsalierten sie auf alle mögliche Art. Petrus, Andreas und Johannes habe ich auch einmal mit gebundenen Händen gesehen. Sie zerrissen aber ihre Bande mit leichter Bewegung wie durch ein Wunder, und wurden, wie alle in Gennabris, in der Stille entlassen und begaben sich wieder nach Bethsaida und Kapharnaum zu ihrem Gewerbe.

### *Jesus bei Maria – Er lehrt in Adama und Seleucia*

Als diese Händel vorüber waren, kam Jesus von den Grenzen aus Sidon und Tyrus wieder in der Stille nach Kapharnaum ins Haus seiner Mutter und tröstete sie. Hier kamen seine Jünger mit ihm zusammen und erzählten von ihren Bedrängnissen. Er beruhigte sie, empfahl ihnen Ausdauer und verhieß ihnen, sie zu berufen und auszusenden.

Jesus ging von hier nördlich einige Stunden in zwei Städte an einem schilfreichen, kleinen See. Ich weiß jetzt nicht genau zu bestimmen, warum ich meine, es sei eine fremde Gegend zwischen sie und Galiläa eingeschoben. (Vielleicht, weil sie auch Heiden in diesen Orten sieht.) Die zwei Städte liegen einander gegenüber; es ist finster und tief dazwischen, im steilen Uferabhang, trübes, morastiges Schilfwasser, wie ein schmaler See; es halten sich viele wilde Tiere da herum in Morast und Schilf auf. Ich meine, der Jordan fließt hindurch; wo die Städte liegen, ist das Wasser nicht breit, die eine hieß wie Adam – sie heißt Adama – die andere heißt wie Seleucia. In diesen zwei Städten und in der Gegend hielt sich Jesus abwechselnd längere Zeit lehrend und helfend auf. In Adama sind Juden; aber von einer verworfenen Art; in der anderen Stadt sind Heiden, und die Juden wohnen hier nur in Winkeln, Löchern, zerbrochenen Mauern. Jesus war bald in der einen, bald in der anderen Stadt. Saturnin und ein paar neue Jünger aus dieser Gegend waren hier stets bei ihm. Er galt als Prophet, der eine Kraft von oben habe. Er lehrte eher in Privat-Versammlungen als in Synagogen. Sein Auftreten geschah mit Behutsamkeit, Er kam mit auserwählten Leuten an einsamen Orten zusammen und heilte und half vielen in der Stille mit Rat.

Ich bemerkte etwas hier und in Tyrus an seinem Betragen und seiner Lehrweise, was verschieden von seiner Art bei den Juden war. Man kannte ihn nicht so genau und hielt ihn für einen Propheten. Er ging vorbereitend zu Werke.

### *Jesus beruft die künftigen Apostel*

25. Juni: Ich habe Jesus mit ein paar Jüngern von Adama wieder nach Tyrus wandern sehen. Es war wohl mehr als eine Tagreise. Ich sah ihn ausziehen, unterwegs und in Tyrus eingehen. Ich sah ihn nur in geringen Häusern auf dem Wege verweilen. Jesus kehrte in Tyrus in einer Herberge am Tor von der Landseite ein. Er musste, hierher reisend, über einen sehr hohen Bergrücken ziehen. Tyrus ist eine sehr große Stadt, wohl fünfmal so groß wie Münster. Wenn man von oben herunter kommt, hängt die Stadt teils so, als wenn sie vom Berg herabrutschen wollte. Jesus kam nicht mitten in die Stadt; Er hielt sich an der Landseite längs den Mauern auf, wo nicht so viele Leute waren. Die Herberge war auch in dieser dicken Mauer; und es ging ein Fuhrweg an der Herberge vorbei.

Jesus trägt ein bräunliches oder graues Hemd oder Kittel und einen wollweißen Mantel. Er geht auch hier nicht in die Synagoge oder öffentlichen Versammlungshäuser; aber Er geht hier und da in die Armenhäuser in der Mauer. Er tröstet, ermahnt, heilt und lehrt in Privat-Versammlungen. Zwei Jünger gehen zwischen ihm und den galiläischen Freunden ab und zu; es ist Saturnin und ein ganz junger von etwa 16 bis 18 Jahren; er ist ein Befreundeter Marias. Der Name fällt mir nicht ein. Sie gehen hier nicht öffentlich mit ihm, sondern treffen wie zufällig in irgendeiner Herberge mit ihm zusammen. Er bewegt sich hier als Prophet, ein erleuchteter

Mann, und auch Heiden lassen sich von ihm belehren. Die Leute halten sich ruhig mit ihm und sehen ihn in der Stille, um sich und ihm keinen Verdruss zu machen. Ich habe dann und wann einen Blick auf ihn. Ich sah am 25., dass Er in einem Hause Kranken befahl aufzustehen und dass Er sie an der Hand leitete, auch dass Er Kinder segnete.

Unter anderem sah ich, dass Er ein Kind quer auf den Armen hielt und in ein Becken mit Wasser tauchte. Ich meine, es sei mehr als Heilung; es sei auch eine Reinigung gewesen. Ich habe öfter gesehen, dass Er ein Kind ins Wasser tauchte. Es war diesmal ein siebenjähriger Knabe. Jesus hatte ihn auf beiden Armen liegen und legte ihn in das Becken; es wurde ihm auch ein weißes Tuch umgelegt. Saturnin und der andere Jünger standen dabei und hatten mitzutun, ich glaube, Wasser aufzugießen.

Die Eltern und Verwandten des Kindes standen ferner. Es war wie eine Taufe; aber auch wie eine Reinigung und Heilung, ich kann es nicht genau bestimmen. Jesus schien mir besonders hierher gegangen zu sein, um seine Jünger hier zu treffen.

26. Juni: Heute kamen etwa zwanzig galiläische Jünger in Tyrus an. Petrus, Andreas, Jakobus Minor (der Jüngere), Thaddäus, Nathanael (Chased), Nathanael der Bräutigam, und die anderen waren dabei, alle von der Hochzeit zu Kana; ich sah etwa sechs künftige Apostel darunter. Sie waren in verschiedenen Gruppen getrennt gewandert und in verschiedenen Herbergen in Tyrus eingekehrt. Jesus ging wie zufällig zu ihnen und begrüßte sie.

Am Abend sah ich Jesus in einem Ort nahe bei Tyrus, gegen Norden. Ich glaube, es war ein Teil der Stadt, man musste über ein Wasser. (Vielleicht Neu-Tyrus, jenes das alte, das Wasser ein Kanal?) Er war hier in einer Herberge, und die Jünger kamen alle zu ihm. Die Art, wie Er sie begrüßte, ist gar rührend; Er ging an ihnen der Reihe nach vorüber und reichte ihnen die Hände. Sie waren sehr ehrerbietig, aber doch ganz vertraut; sie behandelten ihn wie einen übernatürlichen Menschen. Sie waren unbeschreiblich froh, ihn wiederzusehen. Er hielt ihnen einen langen Vortrag; sie erzählten, was im Lande in Bezug auf ihn und sie vorgegangen war. Jesus ermahnte sie zur Beharrlichkeit und sagte zu den künftigen Aposteln insbesondere und zu allen überhaupt, dass sie ihre

Arbeit mehr niederlegen und seine Lehre in ihrer Gegend weiter im Volke verbreiten sollten. Auch ermahnte Er sie in Bezug auf ihre Frauen und wie diese sich verhalten sollten. Er sagte auch, Er werde bald wieder bei ihnen sein und seinen öffentlichen Wandel wieder beginnen.

Ich vernahm auch, dass Er eine große öffentliche Lehre halten werde, wenn Er zu ihnen nach Galiläa komme, und glaube, dass es in der Gegend von Tiberias sein wird, wo Jesus nach der Auferstehung die Fische mit ihnen aß. Ich habe auch vernommen, es werde am fünften, 15. oder 25. sein, die Zahl fünf war dabei. Er sagte ihnen auch, dass Er sie einst förmlich berufen und aussenden werde.

Sie aßen hier auch alle zusammen mit Jesus. Sie hatten in Beuteln Brote, Früchte, Honig und auch Fische mitgebracht. Ich sah auch, dass sie alle in diesem Haus mit Jesus schliefen.

Um nach der ersten Stadt Tyrus zu kommen, musste Jesus über ein kleines Wasser; um aber hierherzukommen, wo Er jetzt war, musste Er über einen schmalen Streif des Meeres; denn dies hier ist eine Insel. Es ist mehr Gewerbe hier, obschon es viel kleiner ist als das andere, welches sehr verwüstet aussieht.

27. Juni – (Heute abend, lebhaft damit beschäftigt, allerlei Lappen für Bekleidung von Armen zu ordnen, und zugleich von anderen Dingen sprechend, schien die Erzählerin etwas abwesend und sagte:) Ich mache das alles ganz ordentlich und komme plötzlich wieder zu mir und weiß dann nicht, die Farben zu unterscheiden; denn ich sehe ab und zu Jesus wandern. Er ist jetzt nordöstlich von Tyrus zwischen Hügeln.

Heute Donnerstag früh traten die Jünger ihren Rückweg nach Galiläa an. Jesus ging mit Saturnin und dem jungen Jünger nach dem festen Land zwei Stunden nordöstlich von Tyrus.

Da sah ich ihn jetzt zwischen Hügeln gehen; es wohnen da in Hütten bei Fruchtbäumen Landleute, die mit dem Einsammeln des Obstes beschäftigt sind. Es war an einer Seite der Hügel schon reif, an der anderen aber noch nicht. Hier geht Jesus zu den Leuten und lehrt und ermahnt sie. Er geht jetzt auch in eine Hütte mit ihnen zum Essen und wird wohl diese Nacht dort schlafen. Ich habe vergessen, von einer seltsamen Stadt zu erzählen, durch welche Jesus kam, als Er aus Galiläa nach Tyrus zog, und welche Er auf dem Weg von Adama dahin zur Linken ließ. Sie liegt südöstlich von Tyrus, in dem finsteren Landstrich (Chabul), das es von Galiläa scheidet. Sie liegt auf dem Wege von Galiläa nach Tyrus rechts oben zwischen Bergen, ist nicht sehr groß, mit Wasser umgeben, und wenn die Bergquellen anwachsen, ist sie manchmal ganz überschwemmt, so dass die Leute auf den Dächern wohnen müssen. Der Name ist mir entfallen, und es liegen mir allerlei Klänge im Ohr, welche Bezug darauf haben: Joris, Sichor, Libna, Ani und dergleichen. Ich kann es aber nicht zusammenbringen.

28. Juni: Jesus ist heute mit den beiden Jüngern aus den Obsthügeln nach der Halbinsel Tyrus wieder in dasselbe Haus zurückgegangen, in welchem Er mit den Jüngern versammelt gewesen war. Es ist dies eigentlich keine Herberge, sondern ein jüdisches Versammlungshaus. Es ist auch ein Mann wie ein Vorleser hier, er hat eine Manipel an dem einen Arm hängen. Es ist auch eine Schule hier; sie liegt aber nicht auf einer Höhe wie gewöhnlich in Judäa, sondern in der Ebene. Herbergen sind immer ein paar in den großen Städten, die nah am Tor liegen, und eine mitten in der Stadt. Das Haus, wo Jesus war, liegt mitten in der Insel. Als Er dahin zurückkam, ging Er auf einem sehr breiten Damm, der auf Pfählen und gemauerten Bogen ruht über das Meer. Auf beiden Seiten des Dammes stehen Alleen von Bäumen mit gelben Früchten. Es führen zwei solche Dämme zu der Insel.

Ich sah Jesus noch hier und da in Häuser gehen und wie Er am Abend in der Versammlung den Sabbat feierte. Ich habe Jesus in der letzten Zeit nur alle zwei bis drei Tage gesehen und nie recht im Zusammenhang; darum sah ich ihn auch nicht immer den Sabbat feiern.

30. Juni: Gestern sah ich Jesus nicht; Er hielt in Tyrus den Sabbat. Heute nachmittag sah ich ihn in dem Haus, wo Er schon neulich mit den Aposteln versammelt war. Es war ein Versammlungsort und Badegarten. Heute war Er in einem anderen Raum. In der Mitte eines freien Hofes, der mit einer Mauer umgeben war, und innerhalb derselben mit einem Zaun von grünen, krummen, allerlei Figuren bildenden Sträuchern, die auch den Eingang umzogen, lag ein von Gängen und kleinen Gemächern umgebener

Saal. Dieser Lust- und Badegarten lag an dem Wasser, welches die Insel vom festen Land trennt. Der Saal, gegen den Hof offen, war eine Säulenhalle.

Es befand sich eine geräumige Badezisterne in dem Hof, in welche fließendes Wasser lief. An einer Seite konnte man hinabsteigen. In der Mitte war eine Säule mit Stufen und Handhaben, dass man so tief ins Wasser hinabsteigen konnte, wie man wollte. Auch alte jüdische Männer wohnten in diesem Ort; sie waren von einer verschmähten Sekte oder Abkunft, aber gute und fromme Leute.

Es waren hier viele Männer und Frauen, Knaben und Kinder um Jesus versammelt. Man trug auch Kranke und besonders Kinder auf Betten herbei. Alles aber ging sehr still und ordentlich zu. Die Leute gingen und kamen, und die alten Bewohner des Hauses stellten sie dem Herrn vor. Jesus hielt eine Lehre, eine Ermahnung:

Er sprach von Moses, von den Propheten, von der Nähe des Messias. Er legte die Dürre des Landes, das Gebet des Elias um Regen, die aufsteigende Wolke und den Regen darauf aus. Er sprach vom Wasser und der Reinigung. Er heilte viele von den Kranken und wies sie zu der Taufe des Johannes. Er heilte mehrere Knaben, die auf Betten gebracht wurden. Er tauchte mehrere Knaben, auf seinen Armen haltend, ins Wasser, in welches erst von Saturnin aus einem Schlauch anderes Wasser gegossen war, das Er gesegnet hatte. Die beiden Jünger tauften sie. Auch waren einige erwachsene Knaben da, welche hinabstiegen und sich, an dem Pfahl haltend, untertauchten und auf diese Weise getauft wurden. Es war hier manches anders als sonst. Viele von den Erwachsenen mussten hierbei entfernt stehen. Dies währte bis zu der einbrechenden Nacht.

### *Jesus verlässt Tyrus und wandert nach Sichor Libnath*

1. bis 8. Juli:

1. Juli: Heute morgen begab sich Jesus mit den beiden Jüngern über den Damm auf das feste Land. Er sandte sie nach Kapharnaum, um sechs Jünger zu sich in die Gegend von Tiberias zu beru-

fen zu der Lehre, wovon ich schon neulich gesprochen habe. Dann mussten sie noch weiter zu Johannes dem Täufer gehen. Jesus selbst ging allein von Tyrus südöstlich etwa zehn bis elf Stunden zu jener Stadt, durch die ich ihn neulich gehen sah und von der ich sagte, dass sie oft überschwemmt sei. Jesus ging zwischen Süden und Osten und ließ links mehrere Orte liegen, von denen ihn eine Wüste trennte. Der See Merom mit seinen zwei Städten lag ihm weit östlich zur Linken. Er ging allein, doch begegneten ihm auf Nebenwegen einige Male Leute, Reisende, die ihn ein Stück begleiteten und sich über ihn wunderten. Er musste über ein Gebirge. Auf der anderen Seite ging es hinab durch viel Gebüsch und unbeschreiblich hohes, fettes Gras. Es ergießen sich wohl fünf Bäche in das Tal, die je nach der Jahreszeit mehr oder minder groß sind. Es sind viele große, wilde Tiere hier im Tal, welche sich im Lande zerstreuen, wenn das Wasser kommt.

Die Stadt ist sehr groß, in einzelnen Teilen zerstreut und von Wasser umgeben und getrennt. Es sind viele Gärten und Fruchtbäume dazwischen. Der größte zusammenhängende Teil ist wohl so groß wie Münster. In einiger Entfernung liegt noch eine große Stadt. Es ist hier das Land, das Salomon dem König Hiram geschenkt hat. Die Stadt ist ein befreiter Ort, gehört aber unter Tyrus; den Namen habe ich wieder vergessen, aber er klingt wie Ami-Chores (Amead Sichor) und hat den Namen von Wasserstadt oder Regenstadt. Es ist viel Viehzucht hier, und ich habe auch viele große Schafe mit feiner Wolle gesehen, die über das Wasser schwimmen können.

Es wird hier viel feines, wollenes Zeug gewebt, das in Tyrus gefärbt wird. Ackerbau hab ich nicht gesehen, nur Obstbau. Im Wasser wächst eine Art Getreide mit großen Halmen, woraus Brot gebacken wird, ich meine, es wird nicht gesät. Es zieht sich eine Straße von hier nach Syrien und Arabien; nach Galiläa führt keine Hauptstraße. Jesus kam auf einem Nebenweg nach Tyrus. Die nahegelegene große Stadt liegt im Jüdischen. Jesus ist nur eine kleine Strecke durch das Land Chabul gegangen.

Ich sah hier zwei große Brücken. Eine war hoch und lang, um darüber zu gehen, wenn alles überschwemmt war, bei der anderen konnte man unten durch die Bogen gehen. Die Häuser waren hoch gebaut und so eingerichtet, dass bei Hochwasser die Leute oben in Zelten wohnen konnten. Hier wohnten meistens Heiden, ich meine von verschiedener Art; denn ich sah mehrere Gebäude und Spitzen und Fähnchen, welche ich für Götzentempel hielt. Was mich wunderte, ist, dass mehrere Juden hier wohnten, und zwar in großen, prächtigen Gebäuden, da sie doch hier die unterdrückte Partei waren. Es waren, glaub' ich, geflüchtete Juden.

Das Haus, wo Jesus einkehrte, lag vor der Stadt an der Seite, wo Er herkam; aber Er musste doch erst über das Wasser. Er hatte diese Leute schon bei seiner neulichen Durchreise angesprochen. Sie schienen auch seine Ankunft zu erwarten, denn sie kamen ihm entgegen und empfingen ihn sehr ehrerbietig. Es waren Juden, ein bejahrter Mann mit großer Familie; er wohnte auch in einem sehr schönen Haus. Es war wie ein Palast mit vielen anhängenden, kleineren Gebäuden. Er führte aus Ehrfurcht Jesus nicht in sein Haus, sondern allein in eine Wohnung daneben, wo er ihm die Füße wusch und ihn bewirtete.

Ich habe auch gesehen, dass ein großer Zug von allerlei Arbeitern, Männern, Frauen und Jünglingen, gemischtes Volk, Heiden, darunter auch braune und schwarze Menschen, wahrscheinlich Sklaven dieses Mannes, von ihrer Arbeit über einen großen Platz zogen und sich Speise holten. Sie wohnten in niedrigen Seitengebäuden. Sie hatten allerlei Schaufeln und Karren bei sich, auch trugen sie auf den Schultern kleine leichte Schiffe wie Mulden und Rudern daran, in deren Mitte ein Sitz war. Auch sah ich Fischgeräte dabei. Ich glaube, sie wurden bei Brücken- und Uferbauten beschäftigt. Diese Leute empfingen Speise in Töpfen, auch Grünes und Vögel. Es waren Leute dabei, die das Fleisch roh aßen.

Jesus ließ sie an sich vorüberziehen. Er redete sie freundlich an, und sie freuten sich, einen solchen Menschen zu sehen.

Es kamen zwei alte Juden zu Jesus mit Schriftrollen. Sie aßen mit ihm, und Er legte ihnen allerlei aus, worauf sie sehr begierig waren. Ich meine, es waren Lehrer der Jugend. Es schien mir auch eine Synagoge bei dem Haus zu sein, denn es war ein Gebäude mit einem Fähnchen darauf. Diese Fähnchen sind geschlängelt.

Jesus wird von hier später nach Adama gehen; Er muss dann auf seinem Weg einen Haken machen und wieder viel nördlicher gehen. Adama und Seleucia sind nur durch das trübe Wasser getrennt; es ist, als wären sie einmal eines gewesen, denn es laufen zerbrochene Mauern bis an den See.

2. Juli: Der Mann, bei dem Jesus wohnt, ist ein reicher Jude. Er heißt Simeon und ist aus der Gegend von Samaria. Er oder seine Vorfahren haben sich für den Tempelbau auf Garizim interessiert oder mit den Samaritern eingelassen und sind deswegen aus dem Lande vertrieben und hier ansässig geworden.

Jesus lehrte den ganzen Tag beim Hause seines Wirtes auf einem mit Säulen umgebenen Platz, über die man Decken spannte. Der Hausherr ging ab und zu; es waren sehr viele Juden allen Alters und Geschlechts versammelt. Heilen sah ich ihn nicht, ich sah keine Kranken und Krüppel hier. Die Leute sind wirtschaftlich gesichert, hagerer Natur und groß.

Jesus lehrte hier auch von der Taufe und sagte, es werden Jünger von ihm kommen, um hier zu taufen. Ich besinne mich jetzt wieder; es werden die vier Apostel doch hierherkommen, und Jesus wird noch hier herum lehren. Am Abend ging Jesus wieder mit dem Hausherrn an den Weg, wo die Sklaven von ihrer Arbeit zurückkehrten; Er redete sie an und tröstete sie und erzählte ihnen eine Parabel.

Es waren manche gute Leute darunter, die sehr gerührt waren. Auch eine niedrige, rohe Art, welche grimmig und abwendig waren; es waren jene, welche das Fleisch roh aßen; sie waren strenger gehalten, und einige von den anderen waren ihnen vorgesetzt. Sie empfingen wieder Lohn und Speise. Ich dachte an die Parabel, wo der Herr des Weinbergs die Taglöhner bezahlt. Sie wohnten etwa eine Viertelstunde vom Hause Simeons in einer Reihe von Hütten. Es war eine Art Gerechtigkeit, eine Fron, welche sie für Simeon leisteten.

3. Juli: Morgens sah ich Saturnin und die anderen Jünger zu Jesus zurückkommen. Ich meine, es sind andere Jünger von Galiläa zu Johannes gesandt worden. Jesus lehrte wieder den ganzen Tag wie gestern; Er aß nur morgens und abends einmal.

Am Abend, als alle Juden weg waren, kamen etwa zwanzig Heiden zu Jesus; sie hatten die vorigen Tage schon darum anhalten lassen. Simeons Haus war wohl eine halbe Stunde abgelegen von der Stadt, und die Heiden durften nicht weiter als an einen gewissen Turm oder Bogen kommen. Jetzt brachte Simeon aber diese zu Jesus, den sie ehrerbietig grüßten und um Belehrung baten. Er sprach lange mit ihnen in einem Saal, so spät noch, dass die Lampen angezündet wurden. Er tröstete sie, erzählte eine Art Parabel von den Heiligen Drei Königen und sagte, dass das Licht sich zu den Heiden wenden werde.

4. Juli: Ich sah heute morgen Jesus mit den beiden Jüngern den ankommenden Aposteln entgegengehen. Sie mussten erst über das Gebirge. Kaum eine Stunde weit waren sie schon im galiläischen Gebiet. Sie gingen ihnen wohl drei bis vier Stunden weit entgegen. Nachmittags sah ich Jesus und seine Begleiter mit den erwarteten Jüngern aus Galiläa in einer Herberge auf galiläischem Grund und Boden.

Es waren noch mehrere andere mitgekommen, auch einige Frauen, worunter ich Maria Markus von Jerusalem, die sich bei der Mutter Gottes aufgehalten, und die Mutterschwester Nathanaels des Bräutigams, eine der von mir sogenannten drei Witwen, erkannte. Unter den sieben nicht Gerufenen befand sich auch Johannes. Die Gerufenen, welche in der Nacht mit Jesus zurückgingen, waren Petrus, Andreas, Jakobus Minor (der Jüngere) und Nathanael (Chased). Ich habe diese alle mit ihm in der Herberge beisammen gesehen, wo sie eine Erquickung zu sich nahmen. Maria war nicht dabei.

5. Juli: Ich sah gestern abend ganz spät, als es schon dunkel war, Jesus und seine Begleiter nach Sichor Libnath zurückwandern und auch die sieben anderen ihre Rückreise nach Galiläa antreten. Es war eine überaus anmutige Sommernacht; alles duftete, und der Himmel war sehr hell. Sie wanderten manchmal zusammen, manchmal einige vor und nach, Jesus in der Mitte allein. Ich sah sie auch einmal in einer überaus fruchtbaren Gegend unter Bäumen voll Obst und in der Nähe von feuchten Wiesen ruhen. Als sie wieder aufbrachen, erhob sich auch ein Schwarm von Vögeln aus der Wiese, der immer mit ihnen gezogen war. Sie waren fast so groß wie Hühner, hatten rote Schnäbel und lange scharfe Flügel, fast so wie die der Engel gemalt werden, und sie hatten ein wunderliches Gespräch miteinander. Diese Vögel zogen mit bis in

die Stadt, wo sie sich in den Wassern im Schilf niederließen; sie konnten auf dem Wasser wie die Wasserhühner laufen. Ich dachte, sie wollen sich gewiss dort für Jesus schlachten lassen.

Es war ungemein rührend in der schönen Nacht, wenn Jesus manchmal still stand, betete oder lehrte, und die Vögel sich auch niederließen. So sah ich sie über den Berg ziehen und jenseits hinab. Ich sah heute morgen, am 5., den Simeon ihnen entgegenkommen. Er wusch ihnen allen die Füße, gab ihnen in der Vorhalle einen Becher und einen Bissen und führte sie in sein Haus. Die Vögel, die ich gesehen habe, gehörten dem Hausherrn. Sie flogen aus wie Tauben und waren Wasservögel.

Während des Tages lehrte Jesus hier und am Abend feierten sie den Sabbat im Hause Simeons. Es waren etwa zwanzig Juden versammelt außer Jesus und den Jüngern. Die Synagoge war in einem unterirdischen Gewölbe, man ging Stufen hinab; sie war sehr ordentlich eingerichtet. Das Haus Simeons war sehr hoch. Es war ein Vorbeter da, welcher vorsang und las. Hernach lehrte auch noch Jesus. Ich sah auch die Jünger und Jesus nachher zu Bett gehen; sie schliefen alle mit ihm in demselben Haus.

6. Juli: Jesus und die Jünger schliefen nur ein paar Stunden. Ich sah sie heute bei Tagesgrauen schon in der Ferne auf dem Weg nordwestlich durch Gebirgskrümmungen nach einem kleinen Judenstädtchen im Land Chabul gehen. Es wohnten auch dort vertriebene Juden, welche oft um Vereinigung gebeten hatten. Die Pharisäer wollten sie aber nicht aufnehmen. Sie hatten sich lange gesehnt, Jesus möge zu ihnen kommen; hatten sich dessen aber nicht würdig gehalten und darum auch nicht nach ihm geschickt. Er ging nun aber von selbst zu ihnen. Es war bei den vielen Wanderungen des Weges durchs Gebirge wohl fünf bis sechs Stunden.

In der Nähe des jüdischen Städtchens gingen ein paar Jünger voraus und zeigten bei dem Synagogen-Vorsteher die Ankunft Jesu an. Obschon es Sabbat war, machte Jesus dennoch diesen Weg; denn hier im Lande beobachtete Er, wo es nottat, dieses Gesetz nicht genau. Er ging zu den Vorstehern der Synagoge, die ihn sehr demütig empfingen. Sie wuschen ihm und den Jüngern die Füße und reichten ihnen einen Imbiss. Hierauf ließ Er sich zu allen Kranken führen und heilte wohl zwanzig. Es waren darunter ganz krumme, lahme Menschen, blutflüssige Frauen, Blinde, Wassersüchtige, auch viele Kinder und Aussätzige.

Auf der Straße schrien ihm einige Besessene nach, welche Er befreite. Es ging übrigens sehr ordentlich und ruhig zu. Die Jünger halfen teils die Geheilten aufrichten, teils belehrten sie die Leute, welche nachfolgten und sich an den Türen versammelten. Ich habe gesehen, dass Er die Kranken zum Glauben ermahnte, ehe Er sie heilte, und zur Besserung des Lebens; andere, die schon gläubig waren, heilte Er gleich. Ich sah, dass Er die Augen empor hob und über sie betete und dass Er einzelne berührte oder auch mit der Hand über sie hinfuhr. Ich sah auch, dass Er Wasser segnete und selbst die Leute damit besprengte und von den Jüngern das Haus damit besprengen ließ. In einigen der Häuser nahmen Er und die Jünger einen Bissen zu sich oder einen Becher eines Getränkes. Manche der Genesenen standen auf, warfen sich vor ihm nieder, folgten ihm still freudig nach, so wie man hier das Allerheiligste Sakrament begleitet; aber immer in ehrerbietiger Ferne. Anderen gebot Er zurückzubleiben.

Ich sah auch, dass Er einigen befahl, sich im Wasser zu baden, das Er gesegnet hatte; es waren dieses besonders Aussätzige und Kinder. Ich sah auch, dass Er an einen Brunnen bei der Synagoge ging und ihn segnete. Man ging Stufen hinab, denn er war tief liegend; Er warf auch Salz hinein, welches Er segnete. Er lehrte dabei von Elisäus, der das Wasser bei Jericho mit Salz geheiligt habe und sagte auch, was das Salz bedeute; ich habe es vergessen. Er befahl, die Leute sollten sich ferner mit dem Wasser aus diesem Brunnen waschen, wenn sie krank würden. Er segnete immer kreuzweise. Die Jünger hielten ihm dabei den Mantel, den Er manchmal ablegte, und reichten ihm das Salz, das Er hineinwarf. Er tat dies alles mit großem Ernst und Heiligkeit.

Ich habe da recht gesehen, was das Weihwasser für ein großes Heiligtum ist, und mir fiel dabei ein, wenn doch Professor R. hier wäre und das sähe, der mir einmal so geringschätzig vom Weihwasser gesprochen hat. Mir wurde auch gesagt, dass den Priestern dieselbe Gewalt des Heilens gegeben sei und dass die Heilenden wie Hohenlohe ganz richtig wie Jesus tun und dass es ein großer Verfall ist, dass so wenige den Glauben haben. Ich sah auch, dass man einige Kranke auf Betten zu Jesus trug, die Er heilte und dass Er noch bei der Synagoge eine Lehre hielt. Ich sah ihn hier keine Mahlzeit einnehmen. Den ganzen Tag lehrte und heilte Jesus. Abends nach dem Sabbat aber verließ Er mit den Jüngern diesen Ort und befahl, Abschied nehmend, den betrübten Einwohnern, zurückzubleiben, was sie auch demütig taten. Er hatte ihnen das Wasser geweiht und gereinigt, weil sie schlechtes Wasser hatten; es waren Schlangen und dickköpfige Tiere mit großen Schwänzen darin (Molche). Er kehrte mit den Jüngern ein paar Stunden von hier in einer einzelnen, im Gebirge liegenden, großen Herberge ein, wo sie aßen und schliefen. Diese Herberge hatten sie bei ihrem Herweg zur Seite liegen lassen.

7. Juli: Heute kamen sehr viele Leute mit Kranken in dieser Gebirgsherberge zusammen, welche wussten, dass Jesus kommen werde. Es waren dies Leute, die an beiden Seiten des Berges in Hütten und Erdhöhlen wohnten. An der Westseite gegen Tyrus wohnten Heiden, die auch gekommen waren, und an der Ostseite wohnten arme Juden. Er lehrte von Reinigung, Abwaschung und Buße und heilte wohl dreißig Menschen.

Die Heiden waren abgesondert, und Er lehrte sie erst, als die anderen fort waren. Er sprach ihnen sehr tröstlich zu. Dies dauerte bis nachmittags. Diese Leute sind armes Gesindel. Sie haben kleine Gärten und Pflanzungen um ihre Höhlen und nähren sich teils von Schafmilch, woraus sie Käse kneten, den sie als Brot essen, teils sammeln sie die Früchte ihrer Gärten und auch wildwachsende und bringen sie zum Verkauf; auch tragen viele davon gutes Wasser in Schläuchen nach dem Städtchen, wo Jesus gestern war, und an andere Orte, wo das Wasser schlecht und voll Ungeziefer ist, weswegen Jesus es auch segnete und dadurch reinigte. Es waren bei diesen Leuten viele Aussätzige. Jesus segnete das Wasser, und sie mussten sich darin waschen.

Gegen Abend kam Jesus nach Amichores oder Sichor Libnath zurück, wo Er noch lehrte und sagte, dass seine Jünger am anderen Tage taufen werden.

Die Stadt Amichores, Wasser- oder Regenstadt, heißt auch Amnad Sichor Libnath und liegt ein paar Stunden von Ptolomais landeinwärts an einem kleinen, trüben See, der, von einer Seite unzugänglich, von hohem Gebirge umgeben ist. Aus diesem See fließt das sandige Flüsschen Belus, auch Sichor Libnath genannt, dessen Quelle unter einem Monument hervorkommt, bei Ptolomais in das Meer. Die Stadt ist so groß, dass ich gar nicht begreifen kann, dass man so wenig von ihr weiß. Die Judenstadt Miseal lag nicht weit; mehrere Städte lagen da umher. Als Jesus das erste Mal, vom Taufort flüchtend, hier war, kam Er auch durch einen nahen Ort Bethsemes.

8. Juli: Im Hofe Simeons, des Wirtes Jesu, war ein großes, rundes, flaches Wasserbecken, um welches noch ein vertiefter, runder Graben herumlief. Es hatte sein Wasser von dem überall dort anschwemmenden Wasser, und es war auch nicht gut, es hatte keinen guten Geschmack. Jesus hat es darum auch neulich schon gesegnet wie das in dem anderen kleinen Ort. Das Salz, das Er hineinwarf, war nicht wie unser Salz; es war wie Steine in Stücken, auch war in der Gegend ein ganzer Berg davon.

An diesem Becken, welches vorher abgelassen und nochmals ausgefegt wurde, geschah heute die Taufe von ungefähr dreißig Personen. Der Hausherr, seine männliche Familie und Hausgenossen, einige andere Juden des Ortes, auch mehrere Heiden, die neulich bei Jesus waren, und einige von den Sklaven aus den Hütten, mit denen Er mehrmals, wenn sie von der Arbeit kamen, gesprochen hat, wurden getauft. Die Heiden mussten bis zuletzt warten und erst gewisse Abwaschungen vornehmen. Jesus goss in das Taufbecken zuerst aus einem Fläschchen von jenem Jordanwasser, das die Jünger sonst schon immer mit sich führten, und segnete das Wasser. Es war auch Wasser in den Kreiskanal um das Becken gelassen, so dass die Täuflinge bis am Knie drinnen standen.

Jesus lehrte sie sehr lange und bereitete sie vor. Die Täuflinge erschienen in langen, grauen Mänteln und mit Kapuzen über dem Kopf; ich glaube, es war eine Art von Betmänteln. Wenn sie in den Graben, der das Becken umgab, traten, legten sie den Mantel ab und hatten nur die Lenden verhüllt und um den Oberleib ein Rücken und Brust bedeckendes, an den Armen offenes Mäntelchen wie ein Skapulier. Ein Jünger legte ihnen die Hand auf die Schulter und eine auf den Kopf. Der Taufende goss ihnen mehrmals mit einer flachen Schale Wasser aus dem Becken über den Kopf; ich meine, im Namen des Allerhöchsten. Zuerst tauften Andreas und Petrus und diesen löste Saturnin ab. Die Heiden wurden nachher getauft. Dieses dauerte mit den Vorbereitungen bis gegen Abend.

Als die Leute weg waren, gingen Jesus und die Jünger, als gingen sie spazieren, getrennt aus dem Ort, vereinigten sich auf dem Weg wieder und zogen östlich gegen Adama am See Merom. Ich sah sie in schönem, hohem Gras unter Bäumen Nachtruhe halten.

### *Jesus in Adama und Umgegend*

9. bis 21. Juli:

Obschon mir Adama sehr nahe schien, musste Jesus doch noch einige Stunden an einem Flüsschen aufwärts gehen, um an die Überfuhr zu kommen, welche ohne Fährmann auf daliegendem Balkenrost geschah; dann gingen sie gegen Adama, wo sie nachmittags ankamen. Vor der Stadt waren in einem Badegarten, wohin das Wasser aus dem Flüsschen geleitet war, mehrere vornehme Männer des Ortes versammelt. Sie schienen auf Jesus gewartet zu haben, denn sie traten ihm entgegen und führten ihn in die Stadt zu einem Haus, das mitten in der Stadt auf einem freien Platz lag; es war mit einem Gitterwerk von verschiedenfarbigen, glänzenden Platten umgeben. Sie wurden hier empfangen; man wusch ihnen die Füße, schüttelte ihnen die Mäntel aus und strich sie zurecht. Es war auch eine Mahlzeit bereitet, sehr reichlich, besonders viele Früchte und Grünes.

Sie brachten Jesus hierauf in die Synagoge, wo sich ein großer Teil der Juden versammelte. Sie hatte drei Stockwerke übereinander. Die Frauen waren auch darin im Hintergrund. Zuerst beteten und sangen sie zu Gott, dass sie alles zu seiner Ehre verstehen möchten, was Jesus vorbringen würde. Er lehrte hierauf von den Verheißungen, wie sie alle aufeinander gefolgt seien und sich erfüllt hätten. Er lehrte auch von der Gnade und wie die Gnade, welche einem durch Verdienste der Voreltern zukomme, wenn man selbst auch nicht verdiene, sie zu empfangen, doch nicht verloren gehe, sondern einem anderen gegeben werde, der an Verdiensten der Nächste sei.

Er sagte ihnen auch von einer vermeintlichen Handlung ihrer Vorfahren in dieser Stadt vor so langen Zeiten, dass es ihnen fast unbekannt war und dass ihnen dies noch zugute komme. Sie hatten einmal fremde, vertriebene Leute aufgenommen.

10. Juli: Heute morgen gingen die Jünger in den vier Vierteln der Stadt in einzelne Häuser, die Leute auf den folgenden Tag zu einer großen Lehre einzuladen. Die Leute sagten es ihren Nachbarn weiter.

Am Abend sah ich eine große Mahlzeit in einer offenen Halle gegen den Hof und Garten des Hauses zu, in das Jesus zuerst geführt worden war. Es waren wohl fünfzig Tischgenossen aus der Stadt dort und sie aßen an fünf Tischen. Jesus aß mit den Vornehmsten zusammen, an den anderen Tischen die Jünger, verteilt mit den Gästen. Es war ein sehr reichliches Essen; ich meine, Jesus und die Jünger haben auch etwas beigetragen. Es waren auch ganze Bäumchen, in Erde in Töpfen stehend, auf der Tafel aufgestellt. Jesus erzählte allerlei Lehren während des Essens und ging auch von einem Tisch zum anderen und sprach mit den Gästen.

Nach Tisch, als abgetragen und gedankt war, blieben die Bäumchen noch auf der Tafel stehen, und alle Anwesenden traten vor Jesus in einen halben Kreis. Er hielt eine Lehre und lud sie alle zu einer großen Lehre ein, die Er morgen öffentlich im Freien auf einem Platz nahe bei dem Badegarten, wo Er empfangen worden war, halten wollte. Es war dort ein grüner Hügel, in dessen Mitte ein von einem Baum überschatteter Lehrstuhl stand. Rund umher war ein großer Raum, von fünf Reihen Bäumen gegen die Sonne geschützt; sie waren ganz dicht mit ihrem Schatten zusammengezogen. Es war ein sehr luftiger Ort. Er lag an der Südseite der Stadt, der Badegarten lag mehr nach Südost. Sie nannten diesen Garten Gnadenort, weil sie meinten, von dieser Seite sei ihnen einmal eine Gnade gekommen. Von der nördlichsten Seite hatten sie auch eine Geschichte, als sei ihnen von dort einmal ein großes Unglück in die Stadt gekommen.

Die Stadt war rings mit Wasser umgeben. Auf der Morgenseite hatte sie den See Merom, und ein Wasser umfloss sie, das sich bei dem Badegarten wieder mit dem See vereinigte; es führten fünf Brücken darüber. Die Stadt hatte keine Mauern.

Jesus wohnte in einer großen Herberge bei dem Tor, durch das Er hereingekommen war. Die Leute hatten den Brauch, dass sie Fremde sehr gut bewirteten. Sie glaubten, das komme ihnen wieder zugute. Wenn die Leute ihnen aber nicht gefielen, steckten sie sie auch wohl ins Gefängnis.

Der See Merom, an der Morgenseite der Stadt, liegt ganz in einem tiefen, mit Rohr und Gesträuch bedeckten, steilen Abgrund und hat trübes Wasser bis zur Mitte, wo der Jordan durchfließt. Es halten sich da sehr viele reißende Tiere auf. In dem See werden allerlei seltsame Tiere gefangen, auch Schlangen und große Eidechsen, welche arme Leute des Orts herumtragen und vorzeigen. Ich habe auch gesehen, dass Leute, die sich ablösen, mit einem kurzen, gekrümmten Säbel an der Seite und mit Spießen, unten in dem Gebüsch Futter ausstellen, um die wilden Tiere zu locken und zu fangen. Sie legen auch Äpfel aus, worin Haken an Stricken sind, und ziehen die Tiere mit diesen Angeln zu sich und schlagen sie tot. Ich sah auch, dass sie Tiere fütterten in Kästen, woran vorn ein Trog mit Milch war, und dass Schlangen kamen und daraus soffen. (Sie beschreibt auch Tiere wie Seehunde und hoch aus dem Wasser springende, dicke Aale, Löwen, Tiger, wilde Schweine, gegen die immer gewacht und gejagt werde, um die Herden und Gärten zu hüten.)

Einzelne Leute haben auch kleine Weinberge. Ich glaube, dass jene Tierwächter Soldaten sind, denn ich sah, dass sie keine Frauen hatten und in einem zusammenhängenden, niederen Gebäude in Kammern um einen großen Hof wohnten, in den ich durch einen großen Bogen im Hof des Schlosses auf die Mitte des Marktes sah. Ich habe aber nur hineingeschaut, ich war nicht drinnen. (So sagte sie mit der Geschämigkeit eines Bauernmädchens, das von der Kaserne spricht.)

Die Herren, welche Jesus in das Schloss führten, lebten auch von den Frauen abgesondert, die in einem ganz eigenen Gebäude zurück wohnten, wo auch gekocht wurde. Alle Fremden, die in die Stadt kamen, wurden auch zu diesem Haus gebracht und ausgefragt. Diese Stadt mit einem Bezirk von etwa zwanzig kleinen Orten gehörte zu einer Landschaft, über welche wieder ein Herodes zu befehlen hatte.

Azor oder Hazor liegt etwa fünf Stunden nördlicher von hier. Jesus ist daran vorbeigekommen; es liegt auf einem Berg, nach einer Seite sanft hinab, wo ein Flüsschen ist. (Sie beschreibt noch alle Städte umher, ein Zeichen ihres genauen Sehens.)

Von der Taufe sprach Jesus hier immer wie von einer geistigen Reinigung und Abwaschung. Diese Taufe war auch vor Pfingsten keine Vereinigung mit der Kirche. Frauen wurden vor Pfingsten gar keine getauft; aber unter den Kindern wohl Mägdlein von fünf bis acht Jahren, doch keine, die bereits mannbar oder diesem Zeitpunkt nahe waren. Ich weiß das Geheimnis hiervon nicht mehr.

Ich habe vernommen, es nahe sich ein großes Fasten (wahrscheinlich das Fasten wegen Zerbrechung der Gesetzestafeln durch Moses, wegen des Goldenen Kalbes und der Zerstörung Jerusalems, welches auf den 17. Thamuz fällt).

### *Jesus hält einen großen Lehrvortrag – Wunderbare Bekehrung eines hartnäckigen Juden*

11. Juli: Die Jünger hatten nur die vornehmen Bürger zu dem Mahl eingeladen und Jesus diese wieder zu der heutigen Lehre. Es versammelten sich mehr als hundert auserlesene Männer vor dem Tor um den Lehrstuhl im Schatten der Bäume, im äußersten Kreis auch mehrere Frauen. Jesus und die Jünger gingen etwa gegen neun Uhr dorthin.

Sie waren zuerst in dem Schloss auf dem Markt und da Jesus sah, dass der Oberste oder Herr der Stadt in seinem Ornat von seinen Leuten begleitet hinziehen wollte, befahl Er ihm, dies nicht zu tun, sondern wie alle im langen Mantel und Bußkleid zu erscheinen. Sie hatten lange wollfarbene Mäntel und eine Art Skapulier an, vorn auf der Brust gespalten, fast wie die Tafeln des Moses, hinten war ein ganzer Lappen, beides über der Schulter mit einem schmalen Riemen verbunden. Diese Lappen waren schwarz, und mit verschiedenfarbigen Buchstaben waren, glaube ich, sieben Hauptsünden darauf verzeichnet. Die Frauen, welche zurückstanden, hatten den Kopf verhüllt.

Die Leute waren schon versammelt, als Jesus etwa um neun Uhr mit den Jüngern kam. Da Er eintrat, beugten sich die Leute ehrerbietig, und die Obersten der Stadt standen dicht um den Lehrstuhl. Es war ein schöner Steinstuhl, unten ausgehauen. Die Jünger hatten im äußeren Umkreis jeder auch eine Gruppe Leute um sich, darunter auch die Frauen, und sie lehrten auch.

Jesus erhob erst seine Augen zum Himmel und betete laut zum Vater, von dem alles kommt, auf dass die Lehre reinige und offene Herzen finden möge, und Er befahl den Leuten, ihm nachzusprechen, was sie auch taten. Seine Lehre währte ununterbrochen von neun Uhr morgens bis etwa vier Uhr nachmittags. Einmal war eine Pause, und sie brachten ihm einen Becher zur Erquickung und einen Bissen. Die Zuhörer gingen manchmal ab und zu und wechselten, je nachdem sie Geschäfte in der Stadt hatten. Er lehrte von der Buße, von der Reinigung und Abwaschung durch das Wasser, auch von Moses, von den zerbrochenen Gesetzestafeln, von dem Goldenen Kalb, von dem Donner und Blitz auf Sinai.

Als Jesus seine Lehre beendet hatte und bereits mehrere Leute, auch der Oberste, nach der Stadt zurückgegangen waren, trat ein alter, großer, wohlgebildeter Jude mit einem langen Bart ganz kühn zu Jesus an den Lehrstuhl und sagte: «Nun will ich auch mit dir sprechen; du hast 23 Wahrheiten vorgebracht, es sind deren aber 24» und nun zählte er eine Reihe Wahrheiten hintereinander auf und begann zu disputieren. Jesus aber sagte ihm: «Ich habe dich um deiner eigenen Bekehrung wegen hier geduldet und hätte dich sonst vor allem Volk weggewiesen; denn du bist ohne Einladung hierhergekommen. Du sagst, es gebe 24 Wahrheiten und ich hätte nur 23 gelehrt; du setzest mir aber schon drei hinzu, denn es gibt nur 20, die ich gelehrt habe.»

Und nun zählte Jesus 20 Wahrheiten nach den Buchstaben des hebräischen Alphabets auf, wonach jener auch gezählt hatte, und lehrte hierauf über die Sünde und Strafe derjenigen, welche der Wahrheit etwas hinzusetzen.

Der alte Jude wollte aber auf keine Art sein Unrecht erkennen; es waren Leute da, die ihm beistimmten und ihn mit Schadenfreude anhörten. Jesus aber sagte zu ihm: «Du hast einen schönen Garten, bringe mir die gesündesten, edelsten Früchte, sie sollen verderben zum Zeichen deines Unrechtes; du hast einen geraden, gesunden Körper, du sollst verkrümmen, so du Unrecht hast, auf dass du sehest, wie das Edelste verdirbt und missgestaltet wird, so man der Wahrheit etwas hinzusetzt! So du aber ein einziges Zeichen zu tun vermagst, sollen deine 24 Wahrheiten wahr sein.»

Da eilte der Jude mit seinen Gehilfen in seinen nicht entfernten Garten. Er hatte darin alles, was nur selten und kostbar war an Früchten, Gewürz und Blumen, auch in Gittern allerlei ausgesuchte seltene Tiere und Vögel, und in der Mitte ein ziemliches Wasserbecken mit seltenen Fischen zu seiner Lust.

Schnell sammelte er mit seinen Freunden die edelsten Früchte, gelbe Äpfel und jetzt schon Trauben in ein paar kleine Körbe; kleinere Früchte aber in einer wie von durcheinander geflossenen, bunten Glasfäden geschliffenen Schale. Außerdem nahm er auch in Gitterkörben verschiedene Vögel und seltene Tiere von der Größe eines Hasen und einer kleinen Katze mit sich.

Jesus hatte unterdessen noch von der Hartnäckigkeit gelehrt und von der Zerstörung, welche durch das Zusetzen zu der Wahrheit erfolge. Als nun der Jude mit seinen Begleitern alle seine Raritäten in den Körben und Käfigen um den Lehrstuhl Jesu niedergesetzt hatte, gab es ein großes Aufsehen in der Versammlung. Da er aber stolzierend hartnäckig auf seiner früheren Behauptung blieb, erfüllten sich die Worte Jesu an allem, was er gebracht hatte.

Die Früchte begannen, sich innerlich zu bewegen, es brachen von allen Seiten hässliche Würmer und Tiere aus ihnen hervor, welche sie zerfraßen, so dass bald von einem Apfel nichts mehr übrig blieb als ein Stückchen Schale, auf dem Kopfe eines Wurmes hin und her wankend. Die mitgebrachten kleinen Tiere aber sanken in sich zusammen, ergossen Eiter, aus dem sich Würmer bildeten, welche die Tiere, die endlich wie rohes Fleisch wurden, benagten.

All dies war so ekelhaft, dass die Versammlung, welche sich neugierig herangedrängt hatte, entsetzt zu schreien und sich abzuwenden begann, um so mehr, da der Jude zu gleicher Zeit ganz gelb und bleich wurde und sich nach der einen Seite krumm zusammenzog.

Das Volk begann bei diesem Wunder ein ungeheures Geschrei und Getöse; der alte Jude wehklagte, bekannte sein Unrecht und flehte zu Jesus um Erbarmen.

(Auf diesem Punkt unterbrach sich die Erzählerin mit den Worten:) Hier erwachte ich auf eine Weile aus meinem Schauen; ich hatte aber während der ganzen Lehre Jesu über die Wahrheit in steter Anwendung seiner Worte sehr viel mit allerlei Klosterfrauen und auch mit anderen Menschen zu tun, welche ich zur Wahrheit ermahnen musste. Anfangs lag ich in unserem Kloster wie sonst in der Krankenstube und ermahnte alles zur Wahrheit, was zu mir kam, zuerst Nonnen, die es eben nicht allzugern hörten, dann kamen viele Soldaten. Die würdige Mutter wollte sie aber nicht hereinlassen. Da stand ich auf, stellte mich ans Fenster und ermahnte sie mit einigen Worten zum Fenster hinaus, die Wahrheit zu sagen, was auch Jesus lehrte.

Nachher befand ich mich in einem überirdischen Kloster, in der Luft schwebend; an einer Seite standen Brigitta, Hildegard und viele solche geistige Klosterfrauen, ich war an der anderen Seite allein und guckte mit großem Eifer durch das Gitter hinaus auf den Lehrplatz Jesu und sah alles von oben.

Als nun der verkrümmte Jude so zum Himmel um Erbarmen schrie, meinte ich, er bitte auch mich um Gebet, weil er mich gesehen hatte, indem ich mich so weit zum Gitter hinausgelegt; ich betete herzlich zu Jesus, Er möge ihn wieder heilen. Dies aber war ein Gebet zur Bekehrung ähnlich hartnäckiger Wahrheitsfälscher. Es war ein solcher Tumult, dass der Oberste aus der Stadt, welcher schon wieder zurückgegangen war, gerufen werden musste, um die Ruhe herzustellen, da der Jude sein Unrecht bekannte und eingestand, dass er der Wahrheit etwas hinzugesetzt habe. Auf die heftige Buße des Mannes und auf sein Flehen zu allen Anwesenden, sie sollten doch für ihn bitten, dass er wieder geheilt werde, segnete Jesus ihn und die Dinge, die er gebracht, und alles kehrte alsobald wieder in seinen vorigen Zustand zurück; die Früchte, die Tiere und der Mann, welcher sich mit Tränen dankend vor Jesus niederwarf.

Dieser Mann hat sich so bekehrt, dass er einer der treuesten Anhänger Jesu wurde und noch viele andere zur Bekehrung brachte.

Er teilte zur Buße einen großen Teil seiner schönen Gartenfrüchte an die Armen aus. Dieses Wunder machte einen großen Eindruck auf alle Zuhörer, welche alle zum Essen ab- und zugegangen waren. Solch ein Wunder war hier wohl nötig; denn diese Leute waren, wenn sie auch von ihren Irrtümern überzeugt wurden, doch sehr hartnäckig, wie dies meistens bei Leuten gemischter Abkunft der Fall ist; denn sie stammten von Samaritanern, die in gemischte Ehen mit Heiden getreten und von Samaria vertrieben worden waren.

Sie fasteten nicht wegen der Zerstörung des Tempels zu Jerusalem, sondern wegen der Vertreibung aus Samaria. Sie gestanden zwar ein und klagten, dass sie in Irrtum gefallen waren, wollten aber doch nicht davon ablassen.

Sie hatten auch Jesus besonders gut aufgenommen, weil nach einer alten Offenbarung, die sie noch von den Heiden überkommen, viele Zeichen eingetroffen waren, in deren Zeit ihnen Gnade von Gott widerfahren sollte. Jene Offenbarung war an dem Ort geschehen, den sie den Gnadenort nannten, wo jetzt der Badegarten war.

Ich weiß nur noch, dass diese Heiden damals in großer Bedrängnis an diesem Ort mit zum Himmel emporgestreckten Händen beteten, dass ihnen verkündet wurde, wenn sich neue Quellen in den See ergießen würden und eine neue Quelle hier sich in den Brunnen ergieße, wenn die Stadt sich nach dieser Seite bis zu dem Brunnen hinziehen würde, dann sollten sie Gnade erhalten.

Nun waren aber in dieser Zeit schier alle diese Zeichen erfüllt. Es ergossen sich damals, ich meine, fünf Wasser in den See oder in diesen und den Jordan in der Nähe. Auch war ein Zeichen mit einem Arm des Jordans erfüllt, und es war auch neues gutes Wasser in den Brunnen am Gnadenort geflossen.

An diesem Ort wird Jesus durch die Jünger taufen lassen, und es können sich alle diese Wasserprophezeiungen auf den Taufbrunnen beziehen. Sie hatten auch hier schlechtes Wasser. Die Stadt aber hatte sich ganz nach dieser Seite hingezogen; an der Nordseite lag sie tief und schwarz und voll Sumpfnebel, es wohnte dort nur heidnisches Gesindel in kleinen Hütten. Nach der Südostseite aber waren viele neue Häuser, Gärten und neue Bauanlagen bis zum Gnadenort.

Der Gnadenort lag tief, es war eben umher. Durch eine Uferveränderung und einen entstandenen Berg hatte sich ein Arm vom Jordan westlich bis an diesen Garten erstreckt, vereinte sich dann mit dem kleinen Fluss und kehrte mit diesem in sein Bett zurück; es war dieses eine ziemliche Strecke.

Eines jener Zeichen war, wenn das Jordanwasser hier flösse. Die Leute hatten hier keine Abgötterei, selbst die Heiden nur heimlich in Kellern. Sie waren samaritische Juden, hatten aber durch die Absonderung noch allerlei sektiererische Sachen zugesetzt.

12. Juli – (Sie wusste aus Krankheit die Folge der Begebenheit nicht ganz bestimmt:) Ich sah Jesus in einer großen, schönen Synagoge an der Südseite der Stadt lehren. In der Mitte stand ein sehr prächtiger Schrank für Gesetzesrollen. Die Juden kamen barfuß in die Synagoge. Sie durften sich an diesem Tag nicht waschen, darum hatten sie sich schon gestern nach der Lehre gewaschen und gebadet. Sie trugen heute in der Synagoge über den Kleidern des vorigen Tages noch einen langen, schwarzen Mantel mit einer Kapuze; er war an der Seite offen und mit Bändern gebunden.

Am rechten Arm hatten sie zwei rauhe, schwarze Manipel, am linken eine, hinten eine Schleppe. Sie beteten und sangen sehr flehentlich, sie stiegen auch eine Weile in Säcke, die in der Mitte offen waren, und legten sich so in den Gängen um die Synagoge auf das Angesicht nieder. Die Frauen taten dieses zu Hause.

Alles Feuer war gestern schon zugedeckt gewesen, erst am Abend sah ich eine große Mahlzeit, aber bei unbedecktem Tisch in der Herberge Jesu, der mit seinen Jüngern allein aß; die anderen aßen in einer großen Halle im Hof.

Es wurden kalte Speisen aus dem Hause auf den Markt gebracht. Jesus lehrte über das Essen. Es kamen abwechselnd viele Leute zu Tisch, auch alle Lahmen und Krüppel. Es standen auch Schälchen mit Asche auf dem Tisch.

Der alte, bekehrte Jude gab viele seiner schönsten Früchte den Armen. Ich weiß nicht recht, ob die Mahlzeit am Freitagnachmittag oder Donnerstag vor dem Fastensabbat war; ich glaube aber das erstere. Abends begann der Sabbat in der Synagoge.

Ich sehe Maria oft in ihrem jetzigen Leben. Sie wohnt im Haus bei Kapharnaum mit einer Magd allein. Verwandte Frauen sind nicht fern. Ich sehe sie beim Gebet und häuslichen Arbeiten und Nachricht bringende Jünger und heilige Frauen nimmt sie nicht an.

Manchen Besuch aus Nazaret und Jerusalem, der doch weit hergekommen ist, nimmt sie nicht an. In Jerusalem wird alles still um Jesus. Lazarus wohnt dort in seinem Schloss, erhält und sendet Nachricht von und zu Jesus und den Seinen.

### *Jesus lehrt vom ungerechten Verwalter*

13. Juli: Gestern abend habe ich Jesus schon in der Synagoge lehren gesehen und auch heute; dann sah ich ihn mit den Jüngern und etwa zehn der Juden nach der nördlichen Seite vor die Stadt in den Beeten spazierengehen. Die Gegend war dort hinaus rauher und wilder. Ich sah sie auch an einem einzelnen Haus unter Bäumen verweilen und etwas trinken und essen, was man aus dem Haus brachte. Jesus gab ihnen allerlei Verhaltensregeln; denn Er sagte, Er gehe bald hier weg und komme nur noch einmal wieder.

Unter anderem ermahnte Er sie, nicht so viele Bewegungen beim Gebet zu machen, was sie hier im Übermaß taten, und vor allem nicht so streng gegen die Sünder und Heiden zu sein, sondern sich ihrer zu erbarmen. Hierbei erzählte Er die Parabel vom ungerechten Verwalter und legte sie ihnen wie ein Rätsel vor. Sie wunderten sich darüber, und Er sagte ihnen, warum die Handlung des Verwalters gelobt werde.

(Leider hatte sie diese Auslegung vergessen. Es scheint jedoch aus dem Verbot der Strenge nach anderen Äußerungen von ihr zu vermuten, Christus verstehe unter dem ungerechten Verwalter die Synagoge, unter den anderen Schuldnern die Sekten und Heiden. Die Synagoge solle den Sekten und Heiden die Schuld herabsetzen, da sie mit der Gewalt und den Gnaden ausgerüstet sei, unverdient und ungerecht den Reichtum besitze, um sich, wenn etwa selbst verstoßen, in die Fürbitte der mildbehandelten Schuldner flüchten zu können. Vielleicht ist diese Deutung wenigstens auch den vielen anderen möglichen anzuschließen.)

Als Kind sah ich schon immer alle Parabeln wie lebendige Bilder vor meinen Augen vorübergehen und glaubte, einzelne Gestalten aus ihnen hier und da im Leben wiederzuerkennen. So ging es mir auch mit diesem Verwalter, den ich immer als einen buckligen Rentmeister mit rötlichem Bart, sehr flink und geschwind laufen gesehen und wie er Unterpächter mit einem Rohr schreiben ließ. Wenn ich nun in das Städtchen zur Kirche ging und in einem gewissen Kramladen etwas kaufte, war der Krämer eine solche Gestalt, dass ich mich immer an den ungerechten, pfiffigen Verwalter erinnerte. Ich musste immer für mich lachen, wenn ich ihn sah. Von dem Bild dieser Parabel erinnere ich mich noch an folgendes: Der ungerechte Verwalter wohnte in der Wüste von Arabien, nicht weit von dem Ort, wo die Kinder Israels murrten, in einem Zeltschloss. Sein Herr, der weit weg wie über dem Libanon wohnte, hatte hier ein Korn- und Ölfeld, das schon auf der Grenze des Gelobten Landes lag.

An dessen beiden Seiten wohnten zwei Bauern, denen das Feld verpachtet war. Der Verwalter war ein kleiner buckliger geschwinder Kerl mit rötlichem Bart, sehr pfiffig und listig, und dachte, der Herr komme noch nicht und schlemmte darauflos und ließ alles drunter und drüber gehen; die beiden Bauern verbrauchten auch alles mit Zechen. Auf einmal sah ich den Herrn kommen. Ich sah fern über hohem Gebirge wie eine prächtige Stadt und einen Palast und sah eine wunderschöne, gerade Straße von dem Palast wie über alle Städte hinweg gerade hierher; ich sah den König von dort herabkommen mit einem großen Zug von Kamelen und kleinen, niedrigen, mit Eseln bespannten Wagen und seinem ganzen Hofstaat. Ich sah diese Ankunft so, wie ich etwa eine Straße aus dem himmlischen Jerusalem niederkommen sah; es war ein himmlischer König, der auf der Erde ein Weizen- und Ölgut hatte; er kam aber doch auf Art der altväterischen Könige mit einem großen Zug. Ich sah ihn hoch oben herunterkommen, denn der Rentmeister, der kleine Kerl, war bei ihm verklagt, dass er alles verschleudere. Die Schuldner des Herrn waren zwei Leute mit langen Röcken und vielen Knöpfen bis herunter; der Rentmeister hatte ein Mützchen auf. Das Schloss des Rentmeisters lag etwas mehr gegen die Wüste, das Weizen- und Ölfeld, an dessen beiden

Seiten die Bauern wohnten, lag mehr gegen das Land Kanaan. Sie lagen im Dreieck zueinander. Über dem Kornfeld kam der Herr nieder. Die beiden Schuldner verprassten die Einkünfte mit dem Rentmeister und hatten wieder arme Untertanen, die alles herschaffen mussten.

Es war, als wären sie zwei üble Pfarrer und der Rentmeister wie ein nicht guter Bischof; aber es war mir doch auch wie ein Weltlicher, der alles anzuordnen hat. Der Rentmeister merkte oder sah die Ankunft des Herrn aus der Ferne und war in der größten Angst. Er bereitete ein großes Gastmahl und war so schwänzelnd und emsig und als der Herr im Palast eingezogen war, sagte der Herr zu ihm: «Ei, was muss ich von dir hören, dass du meine Güter verschwendest; gib Rechenschaft! Du kannst nicht mehr Verwalter sein!» Da sah ich den Verwalter schnell die beiden Bauern herbeirufen; sie hatten Rollen, die sie aufrollten. Er fragte sie, was sie schuldig seien, denn das wusste er nicht einmal, und sie zeigten es. Er aber hatte ein krummes Rohr, damit ließ er sie ganz geschwind weniger hinschreiben und dachte, wenn ich vertrieben werde, krieche ich bei ihnen unter und habe zu leben; denn arbeiten kann ich nicht. Ich sah nun, dass die Bauern ihre Untergebenen zu dem Herrn schickten mit Kamelen und Eseln. Sie hatten Korn in Säcke und Oliven in Körbe geladen. Die, welche die Oliven brachten, brachten auch Geld; das waren kleine Stäbchen von Metall in Bündeln, größer und kleiner, nach den Summen mit Ringen zusammengefügt.

Der Herr sah aber an den Bündeln, die er voriges Mal empfangen hatte, dass dies viel zu wenig sei und sah aus der falsch gestellten Rechnung die Absicht des Rentmeisters, und er lächelte gegen seine Hofherren und sprach: «Sieh, der Mann ist listig und klug, er will sich Freunde machen bei seinen Untergebenen. Die Kinder der Welt sind klüger in ihrem Treiben als die Kinder des Lichtes, die selten im Guten so tun wie er im Bösen, dann würden sie belohnt wie dieser bestraft.»

Ich sah aber, dass der bucklige Schelm abgesetzt und weiter zurück in die Wüste geschickt wurde. Es war dort Orgrund (gelber, harter, unfruchtbarer Eisensand, Ocker) und Ellernholz (schlechtes, unfruchtbares Zeichen in ihren Bildern), und er war ganz bestürzt und betrübt. Ich sah aber doch, dass er endlich zu hacken und bauen begann. Die zwei Bauern sah ich auch vertrieben werden und dass sie etwas bessere Flecken im Sand erhielten. Die armen Unterbauern aber kriegten das öde Feld zu besorgen; denn ihnen war alles abgenommen worden.

14. und 15. Juli:

Heute gingen die Jünger und Jesus getrennt durch die ganze Stadt. Jesus war mehr in der Mitte der Stadt; die Jünger gingen in den entfernteren Teilen bis in die Häuser der Heiden, schier von Haus zu Haus und beriefen die Leute, welche vorbereitet waren, teils zur Lehre und Taufe auf morgen, teils zu einer großen Lehre übermorgen jenseits des Sees auf einen grünen, umzäunten Platz. Sie lehrten bei dieser Einladung. Dies währte bis in die Dämmerung. Nun sah ich die Jünger aus der Stadt an der Abendseite des Sees hinaufwandeln und sich zu Fischern auf ihre Schiffe begeben, welche in einer breiteren Stelle des Sees unterhalb des Jordan-Einflusses mit Fackeln auf dem Schiff fischten. Sie lockten die Fische mit dem Fackelschein heran und fingen sie mit Stacheln und Angeln. Die Jünger halfen auf den Schiffen und lehrten die Fischer und sagten ihnen, sie sollten ihre Fische hinüber auf den grünen Platz bei Seleucia bringen, wo die Lehre gehalten werden sollte und wo sie dann gut belohnt würden. Dieser Platz war eine Art Tiergarten, mit Wall und Zaun umgeben; und man pflegte die wilden Tiere dort einzusperren, die man lebendig fing. Es waren allerlei Gräben für sie dort. Der Platz gehörte zu Adama und lag etwa anderthalb Stunden von Seleucia.

Gegen Morgen kam Jesus zu den Jüngern, sie gingen mit ihm einem Umweg, wo noch mehrere Hütten standen, nach der Stadt zurück, und in diesen Hütten wurde wie in den anderen Häusern getan. Jesus ging in der Stadt mit ihnen in das Haus des Obersten auf dem freien Platz und nahm mit ihnen eine Erquickung ein. Es waren kleine Brote, wovon immer zwei und zwei aneinander hingen. Es standen auch kleine Fische mit aufgereckten Köpfen auf einer großen, wie buntes, vielfarbiges Glas schimmernden, schifförmigen Schale auf dem Tisch; Jesus legte jedem Jünger einen solchen ganzen Fisch auf das Brötchen. Der Tisch hatte rings ausgehöhlte Löcher wie Teller, worin die Portionen lagen.

Nach dieser Mahlzeit hielt Jesus vor dem Obersten und seinem Hausgesinde, welches getauft werden sollte, eine Lehre in der gegen den Hof offenen Halle. Jesus begab sich hierauf nach dem Lehrplatz vor die Stadt, wo ihn bereits viele Menschen erwarteten, und bereitete sie auch hier zur Taufe vor. Die Leute gingen und kamen abwechselnd gruppenweise. Sie gingen von hier in die Synagoge, beteten, streuten sich Asche aufs Haupt und büßten; dann gingen sie nach dem Gnadenort, wo sie sich paarweise in einer von Vorhängen getrennten Badegrube reinigten.

Als die letzten den Lehrplatz verlassen hatten, begab sich Jesus mit den Jüngern nach dem Gnadenort. Der Taufteich war jener Teich, in welchen das Wasser aus einem Arm des Jordans floss. Auch hier war das Becken mit einem Graben umgeben, in welchem zwei Personen aneinander vorübergehen konnten.

In diesen Graben flossen fünf schließbare Ableitungsrinnen des mittleren Beckens, und neben demselben gingen fünf Zugänge hinüber. In der Mitte des Beckens war ein Pfahl, der durch einen bis zu dem Ufer reichenden Arm das Becken öffnete und schloss.

Dieser fünfrinnige Wasserbehälter war nicht besonders so zur Taufe eingerichtet worden. Es war dieses eine häufige Form in Palästina, deren Beziehung auf die fünf Zugänge des Teichs Bethesda, auf den Brunnen des Johannes in der Wüste, auf den Taufbrunnen Jesu, auf die heiligen fünf Wunden, sich auf irgendein religiöses Geheimnis begründen mag.

Jesus lehrte hier noch immer, näher auf die Taufe vorbereitend. Die Täuflinge waren abermals in langen Mänteln, die sie ablegten, worauf sie mit der Lendenbedeckung und dem Brustmäntelchen in den umgebenden Graben stiegen, in welchen Wasser aus dem Mittelbecken gelassen war. Auf den Übergängen standen die Täufer und die Paten.

Das Wasser wurde dreimal im Namen Jahwes und seines Gesandten mit einer Schöpfkelle auf das Haupt gegossen. Es tauften immer vier Jünger zugleich, und zwei legten die Hände auf. Dies mit den Vorbereitungen Jesu währte bis zum Abend. Viele wurden auch noch zurückgesetzt und abgewiesen.

16. Juli: Mit Tagesanbruch schifften die Jünger über nach Seleucia und dem grünen Platz. In einiger Entfernung von Adama war der See, der die Gestalt einer Violine hatte, zusammengezogen, etwa eine kleine Viertelstunde breit. Seleucia, eine mittlere Stadt, war eine Festung. Sie hatte eine Mauer, dann einen Wall und wieder eine Mauer. Sie war besonders an der Nordseite ganz unzugänglich steil.

Die Stadt war ganz von heidnischen Soldaten bewohnt. Ich sah die Frauen in einem abgesonderten Teil der Stadt in langen Häusern in einzelnen Kammern wohnen.

Die wenigen Juden, die hier wohnten, waren sehr zurückgesetzt und lebten in elenden Mauerlöchern. Sie hatten auch schwere, niedrige Arbeit in Gräben und Sümpfen zu verrichten.

Eine Synagoge sah ich hier nicht; aber wohl einen runden Tempel. Er stand auf einem Säulenkreis, woran große tragende Figuren waren. In der Mitte stand eine sehr dicke Säule, in welcher die Treppen hinauf in den Tempel führten. Es waren darunter in der Erde Kellergewölbe, worin sie, glaube ich, ihre Toten-Aschenkrüge stellten.

Es war auch eine schwarze Stelle in der Nähe, wo sie, glaube ich, die Leichen verbrannten. In dem Tempel standen Schlangengestalten mit Menschengesichtern, Menschenfiguren mit Hundsköpfen, auch eine Figur mit dem Mond und einem Fisch.

Es war hier umher wenig Fruchtbarkeit; aber die Leute waren sehr arbeitsam. Sie machten allerlei Strickwerk für Pferderüstung, auch waren viele Waffenschmiede da; es war alles Soldatenwerksbereitung.

Die Jünger gingen hier umher und luden die Leute zu der Lehre und der Mahlzeit auf dem grünen Platz ein. Indes tat Jesus dasselbe in den heidnischen Wohnungen zu Adama.

Hierauf begaben sich die Jünger auf den grünen Platz des Tiergartens, der mit schönem Rasen und Blumen und Sträuchern bewachsen war, und rüsteten mit den Fischern, welche ihre Fische hier in einer Zisterne bewahrt hatten, die Mahlzeit zu. Die Tische waren breite Balken, welche aus dem See hinaufgeschleift wurden, etwa zwei Fuß breit. Hinter dem Garten waren Feuerherde, wo die Fische gebraten wurden. Es schienen hier wohl öfter Mahlzeiten stattzufinden; denn es befanden sich dort in Erdkellern eine Art flache Steinschalen, wie von der Natur gebildet, auf welche die Gerichte aufgetragen wurden. Es waren Brote, Fische, Grünes und auch Früchte da. Als dies alles zubereitet war und etwa hundert heidnische Männer versammelt waren, kam auch Jesus über den See. Es folgten ihm etwa zwölf Juden und der Obere und auch mehrere Heiden von Adama.

Jesus lehrte auf einem Hügel. Der Oberste und die anderen Juden hatten Anteil an der Besorgung des Mahles und dienten mit den Jüngern bei Tisch. Jesus lehrte, dass der Mensch aus Leib und Geist bestehe und von der Nahrung des Leibes und des Geistes. Es stehe ihnen nun frei, seine Lehre zu hören oder zu essen.

Er sagte dies, um sie zu prüfen. Es gingen auch einige gleich zu Tisch und dann mehrere, so dass nur etwa der dritte Teil blieb und zuhörte. Er lehrte aber auch vom Beruf der Heiden und erzählte von den drei Königen, welche ihnen nicht unbekannt waren.

Als die Lehre und Mahlzeit zu Ende waren, zog Jesus gegen Abend mit den Jüngern und Juden nach Seleucia, welches wohl anderthalb Stunden südlich und nicht dicht am See lag; die Leute waren schon dorthin zurückgekehrt.

Hier wurde Er von den Vornehmsten vor der Stadt empfangen und mit einem Trunk und Bissen erquickt, ebenso die Jünger und Juden. Sie wurden in die Stadt eingeführt.

Jesus begrüßte sie und lehrte die heidnischen Frauen nicht weit vom Tor auf einem Platz, wo sie üblicherweise gelehrt zu werden pflegten und sich versammelt hatten, um ihn zu sehen.

Sie gehen wie die Jüdinnen gekleidet, doch nicht so ehrbar verschleiert, sind nicht sehr schön, wie überhaupt die Menschen dieser Gegend nicht groß, aber stark und stämmig sind.

Jesus zog nun in ein großes Herbergshaus, wo sie ihm ein reichliches Ehrenmahl bereitet hatten; es wurden in dieser Gegend viele Gelage gehalten. Jesus, die Jünger und Juden aßen an einem Tisch allein. Die Juden wollten anfangs nicht hier essen. Jesus aber lehrte: Was zum Munde eingehe, verunreinige den Menschen nicht und so sie nicht mitessen wollten, folgten sie nicht seiner Lehre.

Er lehrte unermüdlich während der ganzen Mahlzeit. Die Heiden hatten höhere Tische als die Juden und auch einzelne Tischchen. Sie saßen mit untergeschlagenen Beinen auf Kissen wie die Leute im Drei-Königs-Land. Die Speisen waren Fische, Grünes, Honig, Früchte; auch braun gebratenes Fleisch sah ich.

Jesus rührte die Leute durch seine Lehre so, dass sie am Abend sehr betrübt waren, als Er wieder von ihnen schied. Sie baten ihn sehr zu bleiben, und Er ließ ihnen Andreas und Nathanael zurück. Die Heiden waren sehr auf neue Dinge begierig.

Es war schon Dämmerung, als Er sie verließ. Die Wohnungen der Frauen waren mit der Rückseite in die Festungsmauer oder den Wall gebaut, nach vorn sahen sie auf eine breite Straße. Es waren sehr schöne Häuser darunter, von Zeit zu Zeit durch Gärten und Hofplätze getrennt, wo sie wirtschafteten und wuschen. Jesus sprach mit ihnen an einem Versammlungsort.

Jesus hat in Seleucia auch von der Taufe als einer Abwaschung gesprochen. Da sie ihn noch länger behalten wollten, sagte Er, dass sie jetzt nicht noch mehr zu fassen vermöchten.

### *Jesus heilt Kranke und Besessene*

17. und 18. Juli:

Heute sah ich in dem Gnadenort zu Adama die Jünger wieder taufen und vorher ein Dankfest der Neugetauften in der Synagoge, wo sie vor den anderen standen und Lobgesänge sangen, und Jesus lehrte. Dann wurden noch mehrere getauft. Andreas und Nathanael kamen von Seleucia zurück. Der bekehrte Jude macht in allem einen Diener und Boten und ist ganz demütig und hilfreich.

Donnerstag: Heute gingen die vier Jünger, welche aus Galiläa gekommen sind, ganz früh nach einigen nördlicheren Städten, darunter ist Azor und Kades, ich meine auch Berotha; denn ich erinnere mich des Klanges Otha. Kades liegt etwas nördlicher gegen Westen von Adama, etwa zwei bis drei Stunden weit, Azor oder Chazor von Kades nordwestlich, auch zwei Stunden weit, Berotha liegt westlich von Kades; sie bilden ein Dreieck.

(Außer diesen drei Städten erwähnt sie noch eine vierte, deren Namen sie vergessen hat, doch meint sie, Tobias habe hier einen Oheim in der Gegend gehabt.)

Von Azor kommt ein Flüsschen herab, das auch bei Kades vorbeifließt. Bei Berotha ist auch die Versammlung der Kanaaniter gegen Josua gewesen. Kades ist viel größer als Azor.

Zwischen diesen Städten liegt ein hoher Berg, auf dem man zu lehren pflegt. Dorthin haben die Jünger die Einwohner dieser Städte und auch einer Reihe Häuser in der Gegend, von Hirten bewohnt, zu einer Lehre Jesu eingeladen. Der vierte Ort ist wirklich Thisbe, ich sehe, dass Tobias[47] einmal dort gefangen worden ist, es liegt sehr hoch. In der Richtung von Kades nach Berotha zieht sich der Lehrberg sanft aufsteigend hin; Berotha liegt höher. An den Abhängen dieses Berges gegen Nord und Süd wohnen die Hirten in einzelnen Häuserreihen.

Auf der Höhe des Berges, der grün und bewachsen ist, befindet sich ein umwallter Raum, darin ein Lehrstuhl. Es ist früher einmal hier etwas Merkwürdiges geschehen, ich meine bei dem Krieg zwischen Kanaan und Josua. Ich sah, dass die Jünger verteilt in diese Orte gingen. In den größeren gingen sie zu den Vorstehern und kündigten ihnen an, dass sie ihr Volk zu der Lehre Jesu einladen sollten, welche der Prophet aus Galiläa auf dem Berge am Tag nach dem Sabbat halten werde. Zu den anderen Orten gingen sie selbst in einzelne Häuser und luden die Leute ein.

Unter den vielen Städten, die ich sah, fällt mir auch Hetalon ein, wo ich neulich im Traum etwas zu tun hatte. Hetalon liegt noch an der Ostseite des Vorgebirges von Libanon.

Jesus sah ich an diesem Tag in Adama mit Saturnin und dem verwandten Jünger zu einer großen Menge von Kranken gehen, welche nicht zu seiner Lehre und Taufe hatten kommen können, und sie heilen. Er war bei vornehmen und armen Juden und Heiden und heilte Wassersüchtige, Lahme, Blinde und Blutflüssige. Besonders fielen mir etwa zehn Besessene auf, Männer und auch Frauen, lauter Juden; unter den Heiden sah ich nie so viele Besessene.

Es waren auch Vornehme darunter, in vergitterten Kammern der Häuser und im Vorhof angeschlossen. Wenn Jesus sich den

Häusern nahte, fingen sie schrecklich zu schreien und zu wüten an; aber wenn Er sich ihnen selbst nahte, waren sie still und sahen ihn starr und verwirrt an. Ich sah auch, dass Er mit seinem Anblick allein den Teufel von ihnen austrieb und dass dieser sichtbar von ihnen wich, zuerst wie ein Dampf, der dann einen scheußlichen menschlichen Schatten bildete und entfloh.

Die Leute erstaunten und entsetzten sich darüber, die Befreiten erbleichten und sanken in Ohnmacht. Jesus redete sie an, ergriff sie bei der Hand und befahl ihnen aufzustehen. Da kamen sie wie aus einem Traum, sanken auf die Knie, dankten und waren ganz andere Menschen. Jesus ermahnte sie und nannte ihnen ihre Fehler, von welchen sie sich bessern sollten. So ging der ganze Donnerstag bis zum Abend hin.

Die Jünger kamen erst gegen Mittag wieder nach Adama zurück und nahmen mit Jesus bei dem Obersten eine Mahlzeit ein. Sie hatten an jenen Orten auch Fische und Brot gekauft und auf den Lehrberg bestellt, um die Zuhörer zu speisen. Jesus erhielt von manchen Leuten und Orten Geschenke. Ich sah auch kleine Goldstengelchen, wie gewachsen. Die Gaben wurden zur Zahlung solcher Speisungen verwendet. Jesus hatte bis jetzt nichts gegessen seit der Mahlzeit in Seleucia.

19. und 20. Juli:

Ich sah gestern abend den Sabbat feierlich halten und Jesus in der Synagoge lehren, heute den ganzen Tag ähnlich und die Jünger mit Jesus ruhen und beten.

Es ist übrigens zu Adama auch eine Partei gegen Jesus. Sie haben zwei Pharisäer zu Johannes' Lehre gesandt, um zu hören, was dieser von ihm vorbringt. Auch nach Bethabara und Kapharnaum und zeigten dort bei ihresgleichen an, Er treibe sich nun bei ihnen herum, taufe und mache Jünger. Diese Leute sind zurückgekehrt und erzählen, was sie gehört haben und verleumden Jesus, murren gegen ihn; aber sie haben nur eine kleine Partei.

In diesen Tagen oder gar heute fragten die Oberen zu Adama bei der Mahlzeit Jesus, was Er denn von den Essenern halte. Sie wollten ihn in Versuchung führen, weil sie eine Ähnlichkeit in seiner Gesinnung verspürt haben wollten und weil Jakobus Minor (der Jüngere), der sein Verwandter und bei ihm war, zu den

Essenern gehörte. Sie machten allerlei Anschuldigungen wegen ihrer Absonderung und besonders wegen ihrer Ehelosigkeit. Jesus antwortete ihnen ganz allgemein, man könne diesen Leuten nichts vorwerfen; so sie den Beruf dazu hätten, seien sie sehr löblich, jedoch habe jeder einen anderen Beruf, und wenn ein Krummer gerade gehen wolle, werde es ihm nicht gelingen und anstehen.

Als sie ihm einwarfen, dass dadurch so wenige Familien entstünden, zählte ihnen Jesus sehr viele Familien von Essenern auf und sprach ihnen von deren wohlgeratenen Kindern. Er sprach von guter und böser Fortpflanzung und nahm weder die Essener in Schutz, noch verwarf Er sie. Die Leute verstanden ihn nicht. Sie hatten aber darauf gezielt, dass Jesus Familienmitglieder bei den Essenern und Umgang mit ihnen habe und besonders, dass sie enthaltsam lebten.

### *Jesus auf dem Lehrberg bei Adama*

21. und 22. Juli:

In der Nacht vom Sabbat auf den Sonntag vor Tag sah ich Jesus von Adama, wo Er nach dem Sabbat Abschied genommen hatte, doch ohne zu sagen, dass Er nicht wiederkomme, mit seinen Jüngern und mehreren Juden nach dem Berg zur Lehre gehen.

Er ging bei dem Tor von Adama hinaus, durch das Er hereingekommen war, über eine Brücke. Wenn sie zum anderen Tor hinausgegangen wären, hätten sie nachher über den Fluss fahren müssen, der von Azor nach Kades und bei Adama vorüber in den Jordan läuft. Sie ließen Kades zur Rechten und gingen gegen Westen über sanft ansteigende Bergterrassen.

Diese Gegend hatte hohe Bergrücken, die große Flächen bildeten, und es gab dort nicht so viele Schluchten und zerrissene Berge wie im südlichen Palästina. Thisbe lag ihnen zur Linken; es liegt sehr hoch. Dort wohnte einmal Tobias, er hatte den Schwager oder Bruder seiner Frau dort verheiratet und war auch in der Wasserstadt (Anichores) gewesen und hätte dort zurückbleiben können, doch er zog lieber mit in die Gefangenschaft, um seinem

Volk zu nützen. Elias war auch in Thisbe, und Jesus reiste dort schon einmal durch, meine ich. Die Städte lagen ungefähr so. (Hier gab sie mit dem Finger auf der Bettdecke umherdeutend eine ungefähre Ortslage an.)

Die Volksmenge war bereits auf dem Berg versammelt. Schon am Abend vorher waren Leute nach dem Sabbat hinaufgezogen und hatten den Platz in Ordnung gebracht. Es war ein umwallter Platz oben und ein Lehrstuhl darauf. Die Leute, welche an beiden Seiten des Berges in den Häuserreihen wohnten, die ich früher erwähnte, beschäftigten sich auch mit Zeltherstellung und hatten solche schon mit Stangen und Stricken fertig.

Sie hatten sie hinauf gebracht und den Lehrstuhl und andere Plätze überspannt. Diese Stelle war merkwürdig; denn Josua hat hier ein Dankfest gehalten, als er die Kanaaniter besiegte. Es war auch Wasser in Schläuchen und Brot und Fische in Körben hinaufgebracht worden. Diese Körbe waren wie bei uns die Bienenkörbe; man konnte oben noch einen daraufsetzen, und es waren Fächer darin, so dass man Verschiedenes hineinlegen konnte.

Als Jesus auf der Höhe des Berges unter dem Volk ankam, jauchzte es ihm entgegen: «Du bist der wahre Prophet! Der Helfer!» usw. und wo Er durch die Menge ging, beugten sie sich vor ihm. Es mochte wohl schon neun Uhr sein, als Er oben ankam, denn es war von Adama wohl sechs bis sieben Stunden bis hier herauf.

Es waren auch viele Besessene mit hinaufgeführt worden, welche tobten und schrien. Jesus aber sah sie an und befahl ihnen zu schweigen, und sie wurden ruhig und genasen durch seinen Blick und Befehl.

Als Jesus auf die Redestelle gekommen und das Volk durch die Jünger geordnet und ruhig war, betete Er ernst zum himmlischen Vater, von dem alles kommt, und das Volk betete auch. Hierauf begann Er seine Lehre. Er sprach von diesem Ort und was hier früher geschehen war, von den Kindern Israels, wie Josua damals hier erschienen und diese Länder von den Kanaanitern und dem Heidentum befreit und wie Azor zerstört worden sei, und Er erklärte dies sinnbildlich. So komme jetzt die Wahrheit und das Licht abermals zu ihnen mit Gnade und Sanftmut, sie von der Macht der

Sünde zu befreien. Sie sollten nicht widerstehen wie die Kanaaniter, damit die Strafe Gottes nicht über sie komme wie über Azor. Er erzählte auch eine Parabel, die Er später wieder brauchte, und sprach hier deutlicher von Sich und dem himmlischen Vater, als Er je zuvor hier im Lande getan hatte.

Es kamen hier auch der Sohn der Johanna Chusa und der Veronika zu ihm, die Lazarus abgesandt hatte, ihn wegen der zwei Kundschafter zu warnen, welche die Pharisäer von Jerusalem nach Adama geschickt hatten. Die Jünger brachten sie in einer Pause zu ihm, und Er sagte ihnen, sie sollten sich gar nicht um ihn so ängstigen, Er werde seinen Beruf erfüllen; Er danke ihnen für ihre Liebe usw.

Die Boten der Pharisäer waren mit den unzufriedenen Juden aus Adama auch hier oben, Jesus sprach aber nicht mit ihnen. Er lehrte jedoch laut, wie man auf ihn lauere und ihn verfolge, es werde ihnen aber nicht gelingen zu verhindern, was der Vater im Himmel ihm aufgetragen habe. Er werde nun wieder unter ihnen erscheinen und die Wahrheit und das Reich verkünden.

Es waren auch viele Frauen mit ihren Kindern da und begehrten seinen Segen. Die Jünger waren aber besorgt und meinten, Er solle es nicht tun wegen der Lauerer, die zugegen waren; doch Jesus verwies ihnen diese Angst und sagte, dass Er die gute Gesinnung der Frauen sehe und dass die Kinder gut werden würden, und Er ging durch die Reihen und segnete sie.

Es dauerte die Lehre von zehn Uhr morgens bis gegen Abend, und dann lagerte sich das Volk zur Speisung. An einer Seite des Berges waren Feuer mit Rosten, worauf die Fische geröstet wurden. Es war eine schöne Ordnung. Die Bewohner jeder einzelnen Stadt lagen zusammen und wieder die Leute der einzelnen Straßen und dann wieder die Familien und Nachbarn. Für jede Straße gab es einen Mann, der die Speisen holte und verteilte. Die einzelnen Speisenden oder einer von denen, die zusammensaßen, hatte ein zusammengerolltes Leder umhängen, welches entrollt als Teller diente.

Sie hatten auch Essbestecke, beinerne Messer und Löffel, bei sich. Teils hatten sie Flaschenkürbisse umhängen, teils gewickelte Becher von Bast, worin sie das Getränk aus den Schläuchen empfingen. Manche konnten sich solche Becher sehr schnell an Ort und Stelle oder unterwegs bereiten. Die Vorsteher empfingen die Speisen von den Jüngern und verteilten immer eine Portion unter vier oder fünf Zusammensitzenden, denen sie etwas Fisch und Brot auf das zwischen ihnen liegende Leder legten.

Jesus segnete die Speisen, ehe sie ausgeteilt wurden. Es fand auch hier eine Vermehrung der Speisen statt; denn sie reichte sonst bei weitem nicht aus für die paar tausend Menschen, welche zugegen waren. Jede Gruppe erhielt nur eine kleine Portion. Als sie aber gegessen hatten, waren sie alle satt, es blieb noch vieles übrig, das von den Armen in Körbe gesammelt und mitgenommen wurde.

Unter den Zuhörern waren einige durchziehende römische Soldaten. Es waren solche, die den Lentulus in Rom kannten oder denen er zu befehlen hatte; denn er hatte auch Soldaten unter sich. Vielleicht waren sie auch von ihm beauftragt, sich über Jesus zu erkundigen; denn sie kamen zu den Jüngern und baten um einige von Jesus gesegnete Brötchen, um sie dem Lentulus zukommen zu lassen. Sie erhielten auch solche Brötchen und steckten sie in Beutel, die sie über die Schulter hängen hatten.

Als die Mahlzeit zu Ende ging, war es schon dunkel. Man brachte Fackeln. Jesus segnete das Volk und verließ mit den Jüngern den Berg. Er trennte sich aber von ihnen; sie gingen einen näheren Weg nach Bethsaida und Kapharnaum zurück. Er ging mit Saturnin und dem verwandten Jünger südwestlich nach einer Stadt zur Seite von Berotha, welche Zedad heißt, und übernachtete in einer Herberge vor der Stadt.

### *Jesus zieht über Gatepher nach Kapharnaum*

23. und 24. Juli:

Ich sah Jesus in der Nacht vom Montag auf Dienstag im Gebirge mit Saturnin und dem anderen Jünger. Weil Er nun einsam ging und betete und sie ihn darüber fragten, lehrte Er sie vom einsamen Gebet und vom Gebet überhaupt.

Er sprach ein Beispiel von Schlangen und Skorpionen (wahrscheinlich wenn ein Kind um einen Fisch bittet, wird ihm der Vater keinen Skorpion geben usw.). Ich sah ihn an diesem Tage noch in verschiedenen kleinen Orten bei Hirten heilen und ermahnen, auch in einer Stadt Hepher (Gatepher), wo Jonas geboren ist und wo, glaube ich, Verwandte Jesu wohnten. (Vielleicht von Annas Schwestersöhnen in Sephoris, das nahe liegt.) Er heilte auch hier und ging dann gegen Abend bis nach Kapharnaum. Er hatte einen Umweg gemacht und war weiter südlich gereist und ging nun wieder gegen Norden und Osten.

Es fällt mir hier ein, wie unermüdlich Er war und wie sehr Er auch die Jünger und Apostel anstrengte. Sie waren besonders anfangs manchmal erstaunlich müde und schläfrig. Welch ein Unterschied zwischen heutzutage, wo die Apostel oft vor Langeweile schlafen! Sie liefen den Leuten nach und entgegen, hier auf der Landstraße, und lehrten sie etwas Gutes oder riefen sie zur Lehre herbei.

Im Hause Marias waren Lazarus, Obed, Simeons Sohn und die Neffen Josephs von Arimathäa und der Bräutigam von Kana und einige andere Jünger angekommen; auch waren wohl sieben Frauen von den Verwandten und Freunden bei Maria, um Jesus zu erwarten. Man ging aus und ein und schaute ihm auf der Straße entgegen.

Da kamen auch die Jünger des Täufers Johannes und brachten die Nachricht von seiner Gefangenschaft, worüber eine große Betrübnis entstand.

Diese Jünger gingen Jesus entgegen und trafen ihn nicht weit von Kapharnaum und brachten ihm die Botschaft. Er beruhigte sie und kam zu seiner Mutter. Jesus kam allein, Er hatte seine Jünger vorausgesandt. Lazarus kam ihm entgegen und wusch ihm in der Vorhalle des Hauses die Füße. Es waren noch andere Jünger zugegen; die aber, welche in Adama gewesen, waren alle bei ihrer Fischerei. Während Jesus nahte, waren die Jünger und alle unruhig, wie eine Gesellschaft, die jemanden sehnsüchtig erwartet. Sie waren in dem Vorraum vor dem Herdraum, wo Maria lebte; diese war bei ihnen. Die anderen Frauen, darunter die Witwen und die Braut von Kana und Maria Cleophä, waren in einem Anbau.

Als Jesus in die Stube trat, verbeugten sich die Männer tief. Er grüßte sie alle und ging zu seiner Mutter und reichte ihr die Hände. Auch sie neigte sich mit großer Liebe und demütig.

Es gab hier kein Sich-in-die-Arme-Stürzen; es war alles voll zärtlicher, unbefangener Überwindung, die allen Herzen und Gestalten und Gesichtern einen Ausdruck von Güte und innerer Herzensfülle gab. Nun ging Jesus auch zu den anderen Frauen, welche sich verschleierten und vor ihm niederknieten. Bei solchem Kommen und Gehen segnete Er sie alle.

Ich sah nun ein Mahl bereiten. Die Männer lagen um den Tisch, am anderen Ende der Tafel saßen die Frauen mit untergeschlagenen Beinen. Man sprach mit Unwillen von Johannes' Gefangennahme. Jesus verwies es ihnen. Er sagte, sie sollten nicht urteilen und zürnen, alles dieses müsse so sein. Wäre Johannes nicht hinweggenommen, so könne Er nicht sein Werk beginnen und jetzt nach Bethanien gehen. Er erzählte noch allerlei von den Leuten, bei denen Er gewesen war. Die Ankunft Jesu hier war heimlich, es wusste niemand davon als die Anwesenden und andere vertraute Jünger. Jesus schlief dort, wo die anderen anwesenden Fremden schliefen, unter dem Anbau der einen Seite. Auf der anderen und teils im Haus schliefen die heiligen Frauen, außer einige davon, welche ihre Wohnung in der Nähe hatten.

24. Juli: Jesus hielt sich von gestern bis heute früh ganz still im Hause Marias. Er erzählte und lehrte; es gingen einige Jünger ab und zu, auch einige von den zurückgekehrten Fischern, welche Er alle nach dem nächsten Sabbat in der Nähe von Bethoron auf ein einzelnes, hochgelegenes Haus bestellt, wo Jesus und Maria schon öfter einkehrten. Ich sah ihn auch mit Maria allein sprechen; sie weinte, dass Er gen Jerusalem sich in Gefahr begebe. Er tröstete sie und sagte ihr, sie möge nicht sorgen, Er werde seine Aufgabe vollbringen, die traurigen Tage seien noch nicht da.

Er sagte ihr, wie sie sich im Gebet verhalten solle, und allen anderen sagte Er, sie möchten sich alles Urteils und Gespräches über Johannes' Gefangennahme und die Handlungen der Pharisäer gegen ihn enthalten, sie könnten dadurch nur die Gefahr vermehren. Die Handlung der Pharisäer läge auch in der Göttlichen Vorsehung; sie handeln zu ihrem eigenen Untergang.

Es war auch die Rede von Magdalena, man sagte, was Veronika von ihr erzählt. Er sagte abermals, sie sollten für sie beten und ihrer mit Liebe gedenken, sie werde schon kommen und wohl so gut werden, dass sie vielen ein Beispiel werde. Jesus reiste schon früh mit Lazarus und etwa fünf Jerusalemsjüngern gegen Bethanien. Heute wurde der Anfang des Neumonds gefeiert, und ich sah an den Synagogen in Kapharnaum und wo ich durchkam, lange geknüpfte Tücher heraushangen und auch aufgerichtete Fruchtschnüre an anderen bedeutenden Häusern.

### *Der hl. Johannes der Täufer wird gefangengenommen*

19. bis 22. Juli:

Ich bin heute auf der Herreise beim Lehrort Johannes' des Täufers vorbeigekommen. Ich kam von der Gegend von Jerusalem her über Jericho, bei dem verlassenen Taufbrunnen.

Diesen sah ich noch instand, außer dem verwelkten Schmuck. Ich sah auch die zwölf Steine der Kinder Israels auf der Taufinsel Jesu, welche noch instand war, nur die Laube darüber war weg.

Ich sah Herodes und seine Frau mit einem Zug von Soldaten jenseits des Jordans zum Lehrort des Johannes reisen. Er reiste von seinem Schloss zu Livias zwölf Stunden Wegs neben Dibon hin, wo er über zwei Arme eines Flüsschens musste, und über Bethzobra, wo die Frau her ist, die ihr Kind aus Hunger aß. Ich erinnere mich des Orts noch von dem letzten Laubhüttenfest, als Jesus hier durchreiste.

Bis gegen Dibon zu war der Weg ganz gut, dann aber wurde er sehr beschwerlich und uneben, eigentlich nur für Fußgänger und Lasttiere geeignet; Herodes fuhr aber auf einem langen, schmalen Wagen, worauf man seitwärts saß und lag; es saßen noch mehrere bei ihm. Es waren Esel davor gespannt, die gewöhnlichen Räder waren dicke, runde, niedrige Scheiben ohne Speichen.

Es waren jedoch noch andere größere Räder und Rollen hinten angehängt, und der Weg war oft so uneben, dass sie auf der einen Seite hohe, auf der anderen niedere Räder ansteckten.

Es ging sehr beschwerlich. Die Frau des Herodes saß mit ihren Kammerfrauen auch auf einem solchen Wagen. Die Wagen wurden von Eseln gezogen; es zogen Soldaten voraus und hintennach anderes Gefolge.

Herodes zog hin, weil Johannes jetzt wieder lauter und heftiger lehrte als je zuvor; weil er ihn gern hört und hören will, ob er nichts gegen ihn vorbringt. Er hatte ihn neulich zu sich entführt und eine Zeitlang zurückgehalten in der Meinung, ihn umzustimmen und einzuschüchtern. Er entließ ihn aber wieder aus Scheu vor der ungeheuren Volksmenge, welche zu ihm geströmt war, um ihn zu hören.

Ich sah, dass die Frau des Herodes nur auf eine Gelegenheit lauerte, ihren Mann zum Äußersten gegen Johannes zu bringen, dass sie sich aber ganz wohlgesinnt stellte, obschon sie nur aus Arglist mitfuhr. Eine heimliche Ursache für die Reise des Herodes war auch, dass er erfahren hatte, Aretas, ein arabischer König, der Vater seiner verstoßenen ersten Frau, sei zu Johannes gereist und halte sich unter seinen Jüngern auf, und er wollte beobachten, ob er unter dem Volke nichts gegen ihn anzettle.

Diese erste Frau war eine sehr schöne, gute Frau. Sie war nun wieder bei ihrem Vater, der von Johannes' Lehre und Widerspruch gegen Herodes' Tat gehört hatte und sich nun selbst zu seinem Trost überzeugen wollte. Er erschien aber gar nicht auffallend, sondern war ganz einfach gekleidet unter den Jüngern des Johannes verborgen, zu denen er sich wie einer aus ihnen hielt.

Johannes lehrt jetzt Salem gegenüber, etwa anderthalb Stunden östlich vom Jordan und zwei Stunden südlich von Sukkoth, nächst einem sehr schönen, kleinen See oder Teich, aus dem zwei Bäche, einen Hügel umgebend, hinab zum Jordan fließen. Auf diesem Hügel stehen alte herrschaftliche Gebäude und auch andere Wohnungen, und es ziehen sich Alleen und Gärten herum. Diese Gegend gehörte dem Philippus, lag aber wie eine Spitze auf dessen Grenze in das Land des Herodes hinein, welcher sich deswegen noch etwas scheute, sein Vorhaben an Johannes auszuüben. Es war auch ein altes Schloss da, etwas zerfallen, und das Ganze war ein vernachlässigter Lustplatz. Johannes war auch manchmal in dem nahegelegenen Sukkoth.

Der Teich, der ganz hell und voller Fische ist, liegt östlich von dem Hügel, und zwischen dem Teich und dem Hügel liegt der Taufbrunnen des Johannes; dann kommt der Hügel, dessen sehr geräumiger Gipfel ein mit versunkenen Wällen umgebener Kessel ist. Auf diesem Rand befindet sich der Rest eines Schlosses mit Türmen, welches noch bewohnt wird und wo Herodes einkehrte.

In der Mitte dieses Kessels erhebt sich eine Rednerstelle, ein aufgemauerter Hügel mit Treppen und einem Rand, und auf diese ist noch eine Erhöhung und eine Bedeckung mit Zeltwerk von den Jüngern errichtet, wo Johannes lehrt.

Es ist jetzt ein ungeheurer Zulauf von Menschen, welche ihn hören, ganze Züge von Arabien mit Kamelen und Eseln, und viele Hunderte von Menschen aus Jerusalem und Judäa, Männer und Frauen. Die Scharen ziehen abwechselnd ab und zu und bedecken den Kesselhügel und lagern am Rand hinauf und stehen oben auf der Höhe.

Es ist von den Jüngern des Johannes eine große Ordnung dabei eingeführt und unterhalten. Ein Teil der Leute liegt, andere stehen, so dass sie alle übereinander wegsehen können. Heiden und Juden sind getrennt, so auch Männer und Frauen, welche immer zurückstehen. Die am Abhang sitzen, sind meistens gekauert und stützen den Kopf mit dem Arm auf den Knien oder umfassen ein Knie, auf der anderen Lende liegend oder sitzend.

Johannes ist seit einiger Zeit, seit er von Herodes zurückgekehrt ist, wie von einem neuen Feuer durchglüht. Seine Stimme klingt ungemein lieblich und doch gewaltig und übermäßig weit, man versteht jedes Wort. Er ruft weit hinaus, und ein paar tausend Menschen verstehen ihn. Er ist wieder mit Fellen bedeckt und rauher gekleidet als ich ihn bei On gesehen habe, wo er oft ein langes Kleid anhatte.

Er rief laut von Jesus, wie man ihn in Jerusalem verfolgt habe. Er zeigte nach Obergaliläa, dort wandle Er, heile, lehre; Er werde bald wiederkommen, seine Verfolger würden nichts über ihn vermögen, bis sein Werk erfüllt sei.

Herodes saß auf einer Terrasse mit Stufen an dem Schlossgebäude, die Frau auf einer anderen, unter Zeltdächern auf schönen Kissen, von ihren Leuten und Wachen umgeben. Johannes rief laut zum Volk, sie sollten sich an der Ehe des Herodes nicht ärgern, sie sollten ihn ehren, ohne ihn nachzuahmen. Das freute und ärgerte den Herodes.

21. Juli: Ich kam wieder bei Jesu Taufort über den Jordan und zog durch Peräa zu Johannes, den ich heftiger noch als gestern lehren sah. Die Gewalt, mit der er spricht, ist unbeschreiblich, er redet ganz wie der Donner so laut und doch ganz lieblich und verständlich. Ich meine, er muss bald gefangen werden; denn es ist, als wolle er sein Letztes tun. Er hat seinen Jüngern auch schon gesagt, seine Zeit gehe bald zu Ende, sie sollten ihn aber nicht verlassen, sie sollten ihn besuchen, wenn er gefangen sein werde. Er hat nun schon drei Tage nichts gegessen noch getrunken und immer heftig gelehrt und laut von Jesus ausgerufen.

Heute hat er öffentlich dem Herodes seinen Ehebruch verwiesen. Die Jünger baten ihn sehr, er möge doch einhalten und sich erquicken; er ließ aber nicht nach und war ganz begeistert.

Die Menge des Volkes ist noch sehr groß, es sind in der Ferne umher mehrere Lager. Die Aussicht von der Anhöhe, auf der Johannes lehrt, ist ungemein schön, man kann auch den Jordan in der Ferne sehen, man sieht die umliegenden Städte und über Felder und Obstbäume hinweg.

Es muss hier ehemals ein großer Bau gewesen sein; denn ich sehe da noch dicke, durchsichtige Bogen mit grünem Rasen überwachsen wie Brücken oder Bogen von großen Steinen. Das Schloss, wo Herodes wohnte, ist auch größtenteils zerstört und verwildert; es sind aber ein paar Türme neu daran hergestellt, worin er sich aufhält.

Ich meine, der Ort kann Ennon oder Ainon bei Salem selbst sein, denn es liegt Salem gegenüber, und Johannes hat schon einmal dort getauft. (Oben hat sie undeutlich den Taufort als einen wallumgebenen Ruinenbezirk bei Salem am Jordan beschrieben; sie wusste mit dem Wasser nicht recht Bescheid und sagte damals, es seien Ruinen von Melchisedechs Zeltschloss.)

Es ist sehr quellenreich hier und der Badebrunnen in bestem Stand, ja ein künstliches Werk; denn die Quelle kommt durch einen ausgewölbten Kanal aus dem Hügel, worauf Johannes lehrt. Der ovale Brunnenteich hat drei schöne, grüne Erdterrassen, die ihn umgeben, die wieder durch fünf Gänge durchschnitten sind. Ja, er ist wiewohl viel kleiner, doch schöner instand als Bethesda zu Jerusalem, der hier und da mit Schilf und hineinfallendem Laub von den umgebenden Bäumen unrein war. Hier stehen zwar auch Bäume, aber alles ist rein[48].

Der Brunnenteich liegt hinter dem Hügel und etwa 150 Schritte hinter diesem der große Teich, in dem sehr viele Fische sind, auch große; ich habe sie gesehen und wie sich alle nach der Seite hinzudrängen schienen, wo Johannes lehrte, als wollten sie zuhören. Es sind kleine Kähne, ausgehöhlte Balken, nur für zwei Mann höchstens, auf dem Teich mit Sitzen (Stühlen, sagte sie) in der Mitte zum Fischen. Ich habe wohl Johannes manchmal mit den Jüngern darauf fahren sehen. Johannes isst nur wenig und schlechte Kost; und wenn ich ihn auch mit seinen Jüngern zusammen essen sah, aß er immer so geringe Speise. Ich sehe ihn oft allein beten, auch wohl auf dem Rücken liegend, nachts gegen den Himmel schauend.

23. Juli: Dienstagmorgens war ich bei Johannes. Er ist gefangen. Herodes' Soldaten haben ihn fortgeführt. Ich habe geschrieen und bin gelaufen; ich habe den bestürzten Jüngern sagen wollen, auf welchem Weg er sei, sie wussten es nicht und verstanden mich nicht, ja sie rannten hin und her und taten, als ob sie mich gar nicht sähen. Das ist so beängstigend, ich habe entsetzlich mit ihnen geweint.

Johannes wusste wohl, daß seine Gefangenschaft nahe sei und hatte darum in diesen Tagen so hastig und begeistert geredet und gleichsam Abschied genommen. Er hatte Jesus lauter verkündet als je: Er komme nun, er müsse weichen, zu Jesus sollten sie sich wenden. Er lehrte am Montag noch, er werde bald entrissen werden. Sie seien ein rauhes, hartes Volk, sie sollten gedenken, wie er zuerst gekommen, da habe er die Wege des Herrn bereitet, die Brücken und Stege gebaut, Steine gewälzt, die Taufbrunnen geordnet, die Wasser geleitet. Es sei eine harte, schwere Arbeit gewesen, mit harter Erde, festen Felsen, knorrigem Holz, und dann habe er es mit diesem Volk zu tun gehabt, das sei auch verhärtet und grob und eigensinnig. Die aber, die er gerührt habe, sollten nun zum Herrn gehen, zum geliebten Sohn des Vaters; wen Er aufnehmen werde, der sei aufgenommen, wen Er verwerfen werde, der sei verworfen. Er komme nun und werde lehren und taufen und vollenden, was er vorbereitet habe. Er verwies auch an diesem Morgen dem Herodes vor allem Volk heftig seinen Ehebruch, und Herodes, der ihn sonst ehrte und fürchtete, ergrimmte heftig innerlich, ließ sich aber nichts merken.

Die Lehre schien übrigens an diesem Tag beendet; denn es zogen die Scharen von allen Seiten nach und nach hinweg, auch die Leute aus Arabien und auch Aretas, der Schwiegervater des Herodes mit ihnen. Herodes hatte ihn nicht zu sehen bekommen. Die Frau des Herodes ist gestern oder vorgestern schon wieder weggegangen.

Die Soldaten wechselten mehrmals; heute waren neue angekommen. Herodes reiste auch ab, er verbarg seinen Grimm und nahm ganz freundlich von Johannes Abschied. Er hatte viel Gepäck, das auf Kamelen vorauszog oder nachfolgte, er fuhr wieder auf dem Wagen.

Johannes fühlte wohl, dass das Ende seiner Freiheit herannahte, er wusste aber wohl nicht, dass es schon so nahe sei. Er sandte mehrere Jünger mit Botschaften nach verschiedenen Seiten; darunter waren die zwei, welche Saturnin im Auftrag Jesu aus Galiläa zu ihm gesandt hatte, als Er dorthin gekommen war, die Aposteljünger nach Tyrus zu rufen. Ich meine, es war Simeons Sohn Obed dabei.

Gegen Abend waren noch mehrere Jünger bei ihm. In der Nähe waren keine Leute mehr, in einiger Entfernung noch Zelte. Johannes ging in sein Zelt und entließ seine Jünger; er wollte ruhen und sich im Gebet sammeln. Als es bereits dunkel wurde und die Jünger weg waren, sah ich die Soldaten des Herodes, die gestern angekommen waren und wovon ein Teil zurückgeblieben war, herannahen. Etwa zwanzig Mann nahten von allen Seiten dem Zelt, nachdem sie bei den Zugängen zu der Gegend Wachen ausgestellt hatten.

Zuerst trat einer herein und sprach mit ihm, und dann kamen mehr. Johannes sagte ihnen, dass er ruhig folgen werde, er wisse, dass seine Zeit gekommen sei und dass er Jesus Platz machen müsse. Sie brauchten ihn nicht zu fesseln, er folge ihnen freiwillig, sie sollten ihn ruhig abführen, um keine Störung zu machen. Und so gingen denn zwanzig Mann mit starken Schritten mit ihm von dannen. Er hatte nichts an als sein rauhes Fell und seinen Stab in der Hand. Es nahten aber einige Jünger, als man ihn wegführte; er nahm mit einem Blick Abschied von ihnen und sagte, sie sollten ihn in der Gefangenschaft besuchen.

Jetzt aber entstand ein Zusammenlaufen der Jünger und Leute. Es hieß, sie haben Johannes weggeführt, es war ein Wehklagen und Jammern! Sie wollten nach, sie wussten aber den Weg nicht, denn die Soldaten hatten sich bald von dem gewöhnlichen Weg abgewendet und zogen eine ganz fremde Bahn nach Süden zu. Es war da große Verwirrung, Jammern und Wehklagen, und ich jammerte mit und schrie ganz laut und wollte ihnen immer sagen, wohin sie gezogen wären; sie waren aber, als sähen und hörten sie mich nicht.

Die Jünger zerstreuten sich gleich nach allen Seiten und flohen wie bei Jesu Gefangennahme und verbreiteten die Nachricht im ganzen Land. Ich eilte aber zu Jesus und fand ihn mit Saturnin und den anderen Jüngern schon an der Wasserstadt vorüber im Gebirge gegen Gatepher zu. Er geht über einen Umweg nach Kapharnaum, wo seine Jünger gerade hingegangen sind. Ich sah ihn auch nur mit einem Blick und verlor ihn aus dem Gesicht und fing an zu jammern und zu wehklagen, dass ich ihn verloren hatte.

Der Ort, wo Johannes taufte, als er gefangen wurde, ist wirklich jenes Ainon, das in der Schrift bei Salem liegend angegeben wird. Es hat hier auf den Grundlagen bei dem Lehrort des Täufers das Zeltschloss Melchisedechs gestanden. Ich meine, er wohnte schon hier, als Abraham ins Land kam; auch die erste Anlage des Taufbrunnens und Teiches hier ist von ihm. In Jerusalem hatte er auch schon manche Fundamente gelegt.

Melchisedech gehört unter die Chöre der Engel, welche über Länder und Orte gesetzt sind. Es gehören jene Engel in diese Chöre, die zu den Altvätern kamen und ihnen allerlei Botschaft brachten, z.B. zu Abraham. Sie stehen den Engeln Gabriel, Raphael, Michael usw. gegenüber.

Der mittlere Taufort liegt zwischen Bethabara und dem Einfluss des zweiarmigen Flüsschens, das von Dibon her in den Jordan fließt. Es war höchstens ein paar Stunden von Bethabara stromaufwärts, dem wasserumflossenen Gilgal gegenüber, etwa eine Viertelstunde vom Jordan in einem Talwinkel.

(Sie meinte, das Wasser wäre aus dem Jordan dahingeleitet, ein Bach, ein Kanal, am Jordan etwas breiter; in dem Tal sei es durch den Berg in bleiernen Röhren wieder hineingeflossen. Sie irrt meistens über den Lauf der Flüsse. Wahrscheinlich kam der Quell aus dem Berg selbst oder durch den Berg aus dem Jordan in den Teich, und der Lauf ist umgekehrt, worauf auch der breite Ausfluss deutet. Der Teich sei einfacher als die anderen zwei, jedoch sei das Tal mit schönen Bäumen bewachsen gewesen.)

### *Johannes im Gefängnis zu Machärunt*

Ich sah heute morgen, dass Johannes der Täufer von den Soldaten in einen Turm an einem etwas vernachlässigten Schloss zu Hesebon gebracht. Es waren schöne Teiche und einige Alleen vor dem Schloss.

Sie waren die Nacht hindurch mit Johannes gegangen und gegen Morgen kamen ihnen andere Soldaten von Hesebon entgegen, denn es war schon laut geworden, dass Johannes gefangen sei, und es liefen hier und da Leute zusammen. Die Soldaten, welche ihn führten, schienen mir keine gewöhnlichen. Sie schienen eine Art Leibwache des Herodes zu sein, denn sie hatten Helme auf und Schilde und Ringe auf Brust und Schulter gegen Hiebe; sie hatten auch lange Spieße.

Ich sah, dass sich hier viele Leute vor dem Gefängnis des Johannes versammelten und dass die Wachen genug zu tun hatten, sie zu vertreiben. Es gingen oben Öffnungen aus dem Gefängnis, und ich sah, wie Johannes in seinem Kerker stand und mit lauter Stimme rief, so dass man draußen hörte: er habe die Wege bereitet, Felsen gebrochen, harte Bäume gefällt, Quellen geleitet, Brunnen gegraben, Brücken gebaut, er habe mit widerspenstigen, harten Gegenständen zu tun gehabt; so sei auch dieses Volk und darum sei er gefangen.

Auch dass sie sich zu jenem wenden sollten, den er verkündigt habe, zu jenem, der über die gebahnten Wege herankomme. Wenn der Herr einziehe, träten die Wegbereiter ab; sie sollten sich alle zu Jesus wenden; er sei nicht würdig, seine Schuhriemen aufzulösen. Jesus sei das Licht und die Wahrheit und der Sohn des Vaters. Seine Jünger sollten ihn in seinem Gefängnis besuchen; denn man werde noch nicht wagen, Hand an ihn zu legen; seine Stunde sei noch nicht gekommen. Er redete und lehrte dieses so laut und vernehmlich, als stehe er noch auf seiner Redestelle unter dem versammelten Volk.

Nach und nach vertrieben die Wachen das Volk. Der Zulauf und die Reden Johannes' wiederholten sich am Morgen noch mehrmals. Am Abend sah ich, wie Johannes von Soldaten begleitet auf einem niederen, schmalen Wagen, worauf eine Art bedeckter Kasten stand, in dem noch mehrere bei ihm saßen, weiter gebracht wurde; der Wagen war mit Eseln bespannt.

25. Juli: Heute morgen oder abend in der Dämmerung sah ich, wie Johannes in das Gefängnis zu Machärunt gebracht wurde. Machärunt liegt ganz wunderbar hoch und steil. Erst führten sie Johannes einen Bergpfad hinauf, dann wurde er nicht durch ein Tor in die Festung geführt, sondern daneben war in einem Wall ein sonst mit Rasen belegter Eingang geöffnet. Hier brachten die Soldaten Johannes still hinein und führten ihn zurück etwas niedersteigend an eine große erzene Tür und durch diese über einen langen Gang hin. Er ging unter dem Festungstor hinweg und dann in ein großes Gewölbe, das unter dem Gebäude lag und seine Lichtlöcher von oben aus den Höhen hatte. Es war ganz reinlich, aber keine Art Bequemlichkeit darin.

Ich sah hierauf Herodes in einem Schloss, das der alte Herodes erbaut, und wo er einmal zur Belustigung Leute im Teich hatte ersäufen lassen. Es hieß Herodium. Er hatte sich hier aus Unmut verborgen, er ließ niemand vor sich, und da sich viele bei ihm anmelden ließen, um ihm die Gefangenschaft des Johannes zu verweisen, sah ich ihn bang und verwirrt in den Zimmern hin- und herlaufen und sich verstecken. Seine Frau war nicht hier.

21. Juli: Morgen ist Magdalenenfest. Darum ging ich auf meiner Reise von Johannes zu Magdalena auf Magdalum und musste erst wieder über den Jordan.

Ich fand Gäste bei ihr. In dem Saal, worin die Spiegel und grünen Bäume sind, lagen sie um einen Tisch, es schien die Mahlzeit zu Ende. Es waren wohl ein Dutzend Männer dort, Juden und Heiden. Einer schien dort zu wohnen und wie der Hausherr oder Ehemann Magdalenas von den anderen gehalten zu werden. Er war aber nur ein Buhle, der sich seit einiger Zeit eingenistet hatte und mit dem sie lebte; die anderen waren Gesellen von ihm und durchziehende Fremde und Offiziere, deren viele hier lagen. Es waren auch Römer darunter. Im ganzen waren es keine vornehmen Leute, sondern Künstler, Offiziere und Abenteurer, und Magdalena schien etwas heruntergekommen durch ihren Ruf, obschon sie noch sehr schön war.

Sie war fremd und ausgezeichnet, aber nicht sehr prächtig gekleidet und trug keinen Schleier. Es gab schier täglich solche Gastereien hier; denn sie war sehr gastfrei und verschwenderisch. Das Haus und die Gärten waren vernachlässigt und schienen zu verfallen, außer den Gemächern, die sie bewohnte.

Magdalena war anfangs auch noch bei der Mahlzeit, und ich hörte einem Gespräch von den Männern zu, welches gerade war, wie man heutzutage über heilige Dinge spricht. Magdalena sprach mit Achtung und mit einer geheimen Bewegung von Jesus, den sie einmal in Jezrael gesehen hatte. Sie erwähnte Veronika, eine vornehme Frau, welche sie vor acht Tagen besucht hatte und zu Maria gereist war, und sprach von deren Achtung und gänzlicher Ergebenheit an Jesus.

Da zogen aber die Männer auf allerlei Art untereinander los und gar nicht bedenkend, dass sie selbst eine schlechte Gesellschaft und teils Heiden, teils gesetzesbrüchige Juden waren, sagten sie, wie sie nur diesen Menschen und seinen Anhang verteidigen möge; die Frau, von der sie spreche, müsse auch sehr verblendet sein, sich zu diesen Leuten zu halten. Seine Familie sei verarmtes Gesindel, und Er laufe wie ein Tor ohne Schuhe herum.

Als sein Vater gestorben war, habe Er, statt ein ehrliches Handwerk zu ergreifen und seine Mutter zu ernähren, diese im Stich gelassen und ziehe im Land herum und wiegele die Leute auf; Er habe eine schöne Gesellschaft von Unwissenden und faulen Fischern in Galiläa gefunden, die auch ihre Familie im Stich ließen und ihm nachzögen, statt zu arbeiten. Man wisse aber jetzt wohl, was an ihm sei.

Von Jerusalem sei Er wegen seiner falschen Lehren und Störungen am Osterfest verjagt worden, und seine Mutter habe man auch nach Hause geschickt. Statt aber aus der Warnung zu lernen, treibe Er sich jetzt in Obergaliläa herum und mache die Leute zu Narren und bringe überall Störung und Unruhe hervor.

Es waren auch Römer in der Gesellschaft, welche sagten, es sei wunderbar, was der Mensch für ein Aufsehen mache; auch in Rom habe Er Freunde. Lentulus, ein vornehmer Mann, sei ganz von ihm begeistert und gebe viele Aufträge, um Nachrichten von ihm zu bekommen, und wenn Schiffe aus Judäa ankämen, so laufe er hin und frage immer um Nachricht von Jesus und seinem Treiben.

Anfangs sah ich in diesem Gespräch die gute Gesinnung der Magdalena wieder erkalten, und sie schien dem Geschwätz Gehör zu geben. Als es aber endlich gar zu schlimm wurde, begab sie sich in eine Nebenstube, wo sie ihren Sitz hatte. Die Gemeinheit und plumpen Sitten empörten ihren Stolz; sie fühlte, wie sehr sie heruntergekommen war, sie war sonst feineren Umgang gewohnt. Sie fühlte ihre Sklaverei; sie dachte an die Worte Veronikas, an die Sitten ihrer eigenen Geschwister, sie fühlte ihr Elend; und da der Mann, mit dem sie vertrauter verbunden schien, – es war ein ganz schöner Mann – ihr folgte, sie zu fragen, was ihr fehle, weinte sie und wollte allein sein. Ihre Kammerfrauen waren bei ihr; sie hatte zwei, eine taugte nichts, die andere war gut und berichtete der Familie immer, wie sie es trieb und wie es hier zuging.

Aus diesem Bilde sah ich, wie es damals mit Magdalena stand. Sie war tief herabgekommen. Sie war einmal zu Jezrael sehr gerührt gewesen von Jesus, hatte es sich aber wieder aus dem Sinn geschlagen und war noch mehr gesunken; aber die Erinnerung an den vorherigen größeren Glanz ihres Sündenlebens öffnete der Rührung wieder den Weg. Sie kämpfte in sich.

Als Veronika bei ihr war, übernachtete sie auch da. Diese ehrbare bejahrte Frau kam auf ihren Reisen zu Maria immer zu ihr. Sie war ihrer Familie sehr vertraut und suchte gut auf sie zu wirken. Diese ankommenden Freunde gingen nie in den Teil des Schlosses, wo Magdalena ihr Wesen trieb; sie gingen unter dem Eingangsbogen in den entgegengesetzten Flügel, und Magdalena ging dann oben über den Bogen zu ihnen. Solche Besuche waren ihr von einer Seite widerwärtig, weil sie sich schämte und Ermahnungen erhielt; von der anderen Seite entsprachen sie ihrem Stolz. Sie glaubte dadurch vor der Welt nicht für so schlecht angesehen zu werden, dass ihre geachteten, vornehmen Verwandten sie nicht besuchen sollten.

Ich sah auch einmal Jakobus Major (den Älteren) bei Magdalena, der von großem Mitleid bewegt eine Zeitlang vorher, ehe Martha sie einlud, die Lehre Jesu zu hören, durch welche sie bekehrt wurde, zu Magdalena nach Magdalum ging, um sie zu diesem Entschluss zu stimmen. Er wollte eigentlich sehen, in welchem Grade sie widerspenstig sei. Ich sah ihn mehrmals bei ihr. Er machte sich Gelegenheit mit einer Botschaft von Martha. Sie empfing ihn nicht in ihrem Schloss, sondern in einem Nebengebäude. Sie hatte Wohlgefallen an ihm; er war sehr bedeutend in seinem Aussehen, sprach ernst und weise und konnte auch sehr anmutig sprechen.

Sie erlaubte ihm, sie mehrmals zu besuchen, wenn er in die Gegend käme. Sie behandelte diese Besuche etwas versteckt; denn sie war damals nicht ohne Verbindung. Der Mann, mit dem sie lebte, erfuhr nichts von ihren Unterredungen mit Jakobus. Dieser sprach nicht strafend mit ihr, sondern mit Achtung und Freundlichkeit.

Er lobte ihren Geist und forderte sie auf, doch Jesus einmal zu hören; Geistreicheres, Beredsameres könne man nicht hören, da sei was zu lernen. Sie solle sich gar nicht an der Art und Weise der anderen Zuhörer stören, sie solle nur mit dem Schmuck erscheinen, den sie zu tragen gewohnt sei. Sie nahm seine Aufforderung ganz gut an und meinte, es sich überlegen zu wollen. Sie war ganz geneigt und doch stellte sie sich nachher noch so spröde an, als Martha sie aufforderte. Sie kannte übrigens Jakobs genauere Verhältnisse nicht. Ich sah ihn einige Male bei ihr.

22. Juli: Ich war auch heute zu Magdalum bei Magdalena, als ich nach Kapharnaum zog. Es war nachmittags, gegen Abend. Es war ein Tanz und Fest bei Magdalena, ich meine, es war der Geburtstag des Mannes, mit dem sie damals lebte und den ich neulich schon gesehen habe. Er war ein Jude und Soldat und lag hier in Magdalum in Garnison.

Ich sah einen Tanz von etwa 20 bis 30 Paaren in einem großen, prächtigen Saal, neben dem Speisesaal. Auch hier in diesem Saal konnten sich die Tanzenden in den Spiegeln wenden sehen. Es war an der einen Seite ein breiter, etwas erhöhter Sitz, mit Kissen und Vorhängen davor. Hier saß Magdalena oder ging mit einzelnen auf und ab. Ich sah nicht, dass sie mittanzte. Sie kümmerte sich nicht viel um die Gäste und diese nicht um sie; es schien mehr die Sache des hier herrschenden Mannes, und die Leute behandelten alles wie ein gewohntes Treiben, wobei nicht viel zu denken ist.

Die Gesellschaft bestand aus leichtfertigem, eitlem Gesindel, Frauen und Mädchen, die nach der Welt und außer dem Gesetze lebten, und Offizieren und Beamten von Magdalum und Abenteurern. Die Musikanten waren fast lauter Kinder, Knaben und Mädchen mit Kränzen, Flöten und Triangeln. Der Tanz war nicht springend oder herumschwenkend wie bei uns, sondern ein beständiges, künstliches Durcheinanderwandeln mit kleinen schwebenden Schritten und einem steten lieblichen Hin- und Herbewegen der ganzen Gestalt und des Kopfes und der Hände. Es ging alles ganz gemessen und schicklich zu, aber es drückte doch allerlei Leidenschaften und Torheiten aus und war ein stetes Prangen und Locken mit dem Leibe.

Die Frauen hatten sehr lange Schleppen, waren aber nicht verschleiert wie strengere Jüdinnen bei dem Tanz; auch waren ihre Hände nicht bedeckt wie bei jenen, aber sie berührten doch die Hände einander nicht anders als durch Tücher, die sie in den Händen trugen. Ich habe überhaupt bei leichtsinnigen Jüdinnen nie vor anderen eine anstößige Vertraulichkeit mit Männern, auch keinen Kuss gesehen; bei den Heiden und Römern war das Betragen zwischen beiden Geschlechtern sehr frech.

Die Tanzenden waren so vornehmes, gemeines Sündenvolk, das nach dem Fleische lebt und seine Schande und Abscheulichkeit mit schönen Kleidern und zierlichen Manieren bedeckt, aber sie waren doch viel geringer als der frühere Umgang Magdalenas, der mehr mit Geistreichen, Gelehrten und Künstlern war, wobei Gedichte und Rätsel gelesen und gemacht wurden. Sie fühlte daher ihre Gesunkenheit sehr und nahm wenig Anteil.

Der Tanz war bei Tag; ich sah sie nachher in das Spiegelzimmer an dem prächtig bereiteten Tisch liegen. Die Frauen saßen an einer Seite zusammen, die Männer lagen an der anderen Seite, und Magdalena hatte einen Polstersitz zwischen ihnen. Als sie zu Tisch lagen, kamen noch einige Gäste an und traten mit der Neuigkeit ein, dass Herodes den Johannes gefangen genommen habe. Darüber entstand ein abgeschmacktes, billigendes Geplauder. Da aber Magdalena betrübt darüber erschien und mit ein paar Worten Anteil daran nahm, lachten die Männer sie aus und spotteten über Johannes. Ich sah, dass sie sich sehr daran ärgerte, bald den Tisch verließ und sich nachdenklich in den Abschlag mit Polstersitzen begab, der ihr Gemach am Speisesaal war. Ich verließ sie hierauf.

### *Aus der Jugendgeschichte Magdalenas, mitgeteilt während der Oktav des Festes der Heiligen im Jahr 1821*

Der Vater des Lazarus ist aus dem Lande gewesen, wohin die drei Könige nach ihrer Heimreise von Bethlehem gezogen sind. Der Großvater war aus Ägypten. Er war ein Fürst aus Syrien; ist aber nachher abgesetzt worden.

Im Kriege hatte jener Güter bei Jerusalem und in Galiläa erhalten, war Jude geworden und hatte eine vornehme Jüdin von pharisäischem Geschlecht geheiratet.

Sie hatten große Güter. Das Schloss des Lazarus in Bethanien war sehr groß, mit vielen Gärten, Terrassen und Brunnen und war zweifach mit Gräben umgeben. Die Familie wusste von Hannas und Simeons Prophezeiung. Sie war den Messias erwartend, hatte schon in Jesu Jugend Bekanntschaft mit der Heiligen Familie, wie oft vornehme fromme Leute auch mit geringen frommen Leuten Verkehr haben.

Sie hatten fünfzehn Kinder, von welchen sechs früh starben, neun älter wurden und nur vier Christi Lehrzeit erlebten. Diese vier waren: Lazarus, Martha, zwei Jahre jünger, Maria, genannt «die Stille», zwei Jahre nach Martha, dann Maria Magdalena, fünf Jahre nach der stillen Maria. Ich habe von der stillen Maria gehabt, dass sie in der Schrift nicht genannt und nicht gerechnet sei, aber doch vor Gott. Sie ist ganz unbekannt, ich habe sie aber in den Bildern aus Magdalenas Leben gesehen.

Magdalena, das jüngste Kind, war sehr schön und früh groß und voll. Sie war früh wie ein erwachsenes Mädchen und voll Gaukelei und allerlei Streichen. Sie war sieben Jahre alt, als ihre Eltern starben. Sie mochte diese von Jugend auf ihres strengen Fastens halber nicht leiden. Ich habe vieles als Kind von ihr gesehen:

Sie war unaussprechlich eitel, naschhaft, stolz und weichlich und eigensinnig, sie war nie getreu und hing an dem, was ihr gerade am meisten schmeichelte. Sie war dabei verschwenderisch und wohltätig aus sinnlichem Mitleid, sehr gutmütig und hingebend zu allem Glänzenden und Äußerlichen. Ihre Mutter hatte etwas teil an ihrer Verziehung, und jenes weichliche Mitleid hatte sie von ihr.

Die Mutter und ihre Ammen verwöhnten Magdalena. Sie schoben sie überall vor und ließen ihre Gaukeleien und Artigkeiten bewundern und saßen immer mit ihr am Fenster im Schmuck. Fenstersitzen war die erste Quelle ihres Verderbens.

Ich sah sie immer am Fenster und auf Terrassen am Haus auf einem glänzenden Sitz von Teppichen und Kissen. Da sah man sie von der Straße in ihrer Pracht. Sie fing mit ihrem neunten Jahr ihre Liebschaften und ihr glanzvolles Leben an. Mit ihren wachsenden Talenten und Eigenschaften wuchs auch der Lärm und die Bewunderung um sie. Sie hatte sehr viele Gesellschaften, war auch gelehrt und schrieb Sprüche von Liebessachen auf kleine Rollen von Pergament; und ich sah, dass sie dabei an den Fingern zählte. Sie schickte diese herum und wechselte sie mit ihren Liebhabern und war überaus berühmt und bewundert. Ich habe nie gesehen, dass sie wirklich liebte und geliebt wurde. Es war alles Eitelkeit, Weichlichkeit und Selbstanbetung und Trotz auf ihre Schönheit. Ich sah sie als ein Ärgernis ihrer Geschwister, welche sie in ihrem einfacheren Leben verachtete und sich ihrer schämte.

Als sich die Kinder in die Güter teilten, fiel ihr das Schloss Magdalum durchs Los zu. Magdalum war ein sehr luftiges, schönes Schloss.

Als Kind war sie oft mit dahingekommen und hatte immer eine besondere Vorliebe für diesen Ort. Magdalena war etwa elf Jahre alt, als sie mit vieler Pracht und einer ganzen Haushaltung von Mägden und Dienern dahin zog. Ihre Liebhaber folgten ihr, und alle diese, welche mit ihr prassten und schwelgten und von welchen sie verführt worden war, wurden, durch ihr Wechseln mit anderen geärgert oder sonst überdrüssig, ihre Feinde und Verleumder.

Anfänglich waren die Besucher in Magdalum nicht sehr schlechte Leute als vielmehr vornehme, reiche Männer und Frauen, die nach der Welt lebten. Als aber dieses schwelgerische Leben ein ausschweifendes wurde, zogen sich die vornehmen und die auf Ehre hielten zurück, und alles ging immer zu größerem Verderben bis zur Schlechtigkeit.

Das Schloss und die Umgebung verfielen und verwilderten, und nur die Zimmer, worin Magdalena ihr Wesen trieb, waren voller Glanz und Pracht. Ich sah eine Stube, wo die Wände und Decke lauter Spiegel von Metall waren und dazwischen allerlei grüne Büsche und Blumen.

Einmal war Magdalena ganz herunter, verachtet, ohne Mittel und krank und abgehärmt. Sie war auch verlassen und hatte keine Anhänger mehr. Da lebte sie mehr allein und ruhiger und erlangte ihre Gesundheit und Schönheit wieder und begann ihre Lebensart von neuem.

Sie hat ungefähr vierzehn Jahre ihr Sündenleben auf Magdalum geführt und war, als sie durch Jesu Lehre bekehrt wurde, in ihrem fünfundzwanzigsten Lebensjahr.

# ELFTES KAPITEL

*Jesus am Jakobsbrunnen – Dina, die Samaritin*

*Vom 25. Juli bis 2. August 1822*

## *Jesus geht mit Lazarus nach Bethanien*

25. Juli: In der verflossenen Nacht sah ich Jesus mit Lazarus und den jerusalemischen Jüngern, etwa zu fünft, einmal mit einem Blick in der Gegend bei Bethulien. Die Stadt lag hoch, und ich meinte, sie müssten durch dieselbe gehen; aber der Weg schlängelte sich um sie herum. Dann sah ich sie gegen Morgen vor Jezrael in einen Hof und Garten gehen, der Lazarus gehörte. Man ging ein Stück Wegs zwischen dem Wall und der Stadtmauer hin. Es war nur eine Art Absteigeherberge, aber doch ein Garten dabei. Die Jünger waren vorausgegangen und hatten einen Imbiss bestellt. Es war ein vertrauter Mann von Lazarus hier.

Es war früh am Morgen, da sie hier die Füße wuschen, Kleider ausschüttelten, etwas aßen und ruhten. Von Jezrael überquerten sie ein Flüsschen, ließen Scythopolis und dann Salem links, wanderten über ein Bergende gegen den Jordan zu. Dann gingen sie südlicher als Samaria, über den Jordan, und ruhten, da es schon Nacht war, wenige Stunden an einer Berghöhe des Jordanufers, wo vertraute Hirten wohnten.

26. Juli: Ich sah Jesus mit Lazarus (die Jünger waren zerstreut kürzere Wege vorausgegangen) vor Tagesanbruch über den Jordan und zwischen Hay und Gilgal hindurch sich in die Wüste

von Jericho begeben. Sie gingen den ganzen Tag unbemerkt auf einsamen Pfaden und berührten keine Orte. Einige Stunden etwa vor Bethanien lief Lazarus voraus, und Jesus wandelte allein. Sie umgingen auch die Herberge, welche Lazarus an dieser Seite der Wüste hatte.

In Bethanien im Schloss wusste man schon um die Ankunft Jesu, und es waren hier Saturnin, Nikodemus, Joseph von Arimathäa, seine Neffen, Johann Markus, die Söhne Simeons, die Söhne der Johanna Chusa und der Veronika und drei Söhne eines verstorbene Beamten am Tempel, Obed genannt. Darunter waren die Mitgekommenen aus Galiläa. Es waren mit Lazarus etwa fünfzehn Männer und auch mehrere Frauen.

Die Witwe des Obed, Mutter jener Söhne, mit Lazarus von mütterlicher Seite verwandt, eine bejahrte, vornehme Frau, Veronika, Johanna Chusa, Susanna, Maria, Mutter des Johannes Markus, Martha und ihre verständige, bejahrte Dienerin, eine Frau, die nachher auch der Gemeinde folgte und eine Jüngerin des Herrn wurde; es waren etwa sieben Frauen. Alle diese waren still und heimlich im Schloss, in dem unterirdischen Raum, dem großen Gewölbe, wo ich sie einmal vor dem bitteren Leiden versammelt sah.

Jesus ging etwa um vier Uhr nach Tisch, durch eine Hintertür in die Gärten des Lazarus, der ihm in einer Halle entgegenkam, wo er ihm die Füße wusch. Ich sah in dieser Halle ein vertieftes Becken, wie aus dem Hause ein Kanal eingeleitet wurde und wie Martha warmes und kaltes Wasser gemischt im Hause hineingoss, das durch den Kanal in das Becken floss, und ich sah, dass Jesus, auf dem Rande sitzend, die Füße hineinstellte und Lazarus sie ihm wusch und abtrocknete, ihm dann die Kleider ausschüttelte und andere Sohlen anlegte und einen Imbiss und Trunk, der da stand, reichte.

Nun begab sich Jesus mit ihm durch einen langen Laubengang nach dem Hause und hinab in das gewölbte Gemach. Die Frauen verschleierten sich und beugten sich kniend vor ihm, die Männer beugten sich bloß tief. Er sprach eine Begrüßung und segnete sie alle. Dann legte man sich sehr bald zur Mahlzeit. Die Frauen saßen mit untergeschlagenen Beinen an einer Seite des Tisches auf Polstern.

Nikodemus war ungemein bewegt und begierig auf Jesu Worte. Die Männer sprachen mit Unwillen von Johannes' Gefangenschaft. Jesus sagte, es habe so kommen müssen und sei der Wille Gottes. Sie sollten von allen solchen Dingen nicht sprechen, um kein Aufsehen zu machen und dadurch Gefahr herbeizuführen. Wenn Johannes nicht hinweggetan worden wäre, hätte Er noch nicht hier wirken können. Die Blütenblätter müssten fallen, wenn die Frucht kommt.

Sie sprachen auch mit Unwillen von dem Lauern und Verfolgen der Pharisäer, und Jesus gebot auch hierin Friede und Stille. Er bedauerte die Pharisäer und erzählte die Parabel vom ungerechten Hausverwalter. Ich hatte wieder die Auslegung, dass die Pharisäer auch ungerechte Haushalter seien, aber nicht so klug täten wie dieser und sich darum keine Zuflucht am Tage der Verwerfung erwerben. Nach dem Mahl gingen sie in einen anderen Raum, wo die Lampen angesteckt waren und Jesus vorbetete und wo sie den Sabbat hielten. Nachher sprach Jesus noch mit den Männern, dann legten sie sich zur Ruhe. Jesus schlief nicht, wo sonst, oben und der Straße zu gelegen, sondern sie schliefen in einer Reihe von abgesonderten Kammern an einem Gang, über dem oben eine Galerie oder ein Weg hinging. Ich dachte noch an die Häuser in Freiburg in der Schweiz, wo die Straße darüber hingeht.

### *Ölberg*

Als das Haus stille geworden und alles im Schlaf war, erhob sich Jesus von seinem Lager und ging von allen unbemerkt allein in die Höhle am Ölberg, wo Er am Tage vor seinem bitteren Leiden im Gebet gerungen, und betete auch jetzt mehrere Stunden zu seinem himmlischen Vater um Stärke in seiner Arbeit. Er kehrte vor Tagesanbruch unbemerkt nach Bethanien zurück.

27. Juli: Ich sah Jesus noch mit den versammelten Freunden in Bethanien verborgen. Die drei Söhne Obeds, welche Tempeldiener waren, und andere, die am Tempel zu tun hatten, gingen nach Jerusalem. Auch diesen Tag sah ich sie nie aus dem Hause

gehen. Alles war still und niemand wusste von Jesu Anwesenheit. Abermals sah ich Simon (den Aussätzigen) nicht bei ihnen.

Jesus erzählte heute während der Mahlzeit von seinem Aufenthalt bei den Leuten in Obergaliläa, Amead, Adama und Seleucia; und da die Männer aus Eifer heftig gegen die Sekten sprachen, verwies Er ihnen diese Härte und erzählte ihnen eine Parabel von einem Mann, der auf dem Wege nach Jericho unter die Räuber gefallen sei und wie sich ein Samaritan seiner mehr erbarmt habe als ein Levit. Ich habe ihn immer dieselbe Parabel erzählen und immer neu auslegen hören. Er berichtete auch vom Schicksal, das über Jerusalem kommen werde.

Heute in der Nacht, da alles ruhte, ging Jesus wieder an den Ölberg, um in der Höhle zu beten. Er vergoss viele Tränen und erlitt große Angst und Bangigkeit. Er war wie ein Sohn, der zu großen Werken auszieht und sich erst an die Brust seines Vaters wirft, um Trost und Stärkung zu empfangen.

Mein Führer sagte mir, jedesmal, so oft Er in Bethanien gewesen, wenn Er nur irgendeine Stunde erübrigen konnte, sei Er in der Nacht hierher beten gegangen. Es sei dies ein Vorarbeiten zu seiner letzten Angst am Ölberg gewesen. Mir wurde auch gezeigt, dass Jesus hauptsächlich hier am Ölberg bete und trauere, weil Adam und Eva, aus dem Paradies verstoßen, hier am Ölberg zuerst die unwirtliche Erde betreten hätten. Ich sah sie in dieser Höhle trauern und beten.

Ich sah, dass Kain hier umher im Garten des Ölbergs zuerst pflanzend ergrimmte und sich entschloss, Abel zu töten. Ich dachte dabei an Judas. Ich sah Kain seinen Brudermord in der Gegend des Kalvarienberges vollbringen und wie ihn Gott hier wieder am Ölberg zur Rechenschaft zog. Jesus war mit Tagesgrauen schon wieder in Bethanien. Er wird, wie ich glaube, in der folgenden Nacht nach Bethoron gehen, wo die zwölf Jünger hinberufen sind.

*Bethanien – Beratung über die Verpflegung Jesu und der Apostel auf den Lehrreisen – Losspiel der heiligen Frauen*

28. Juli: Heute, da nun der Sabbat vorüber war, geschah das, weswegen Jesus hauptsächlich nach Bethanien gekommen war. Die heiligen Frauen nämlich hatten mit Betrübnis erfahren, dass Jesus und seine Begleiter auf der Reise Mangel leiden mussten, und wie es ihm, besonders auf der letzten eiligen Reise nach Tyrus, so übel gegangen war, dass Er die harten Brotrinden, die ihm Saturnin zusammen bettelte, in Wasser geweicht essen musste. Darum hatten sich diese Freundinnen Jesu zur Errichtung von Herbergen und zur Ausstattung derselben mit allen Bedürfnissen erboten, und Jesus hatte es angenommen. Das hierzu Notwendige mit ihnen zu bereden, war Jesus jetzt hierher gekommen.

Als nun Jesus erklärte, Er werde fortan an allen Orten öffentlich lehren, boten sich Lazarus und die Freundinnen nochmals zur Errichtung von Herbergen an, weil besonders die Juden in den Städten um Jerusalem, von den Pharisäern aufgewiegelt, Jesus und seinen Jüngern nichts verabreichten.

Sie baten also den Herrn, ihnen die Hauptruhepunkte seiner Lehrreisen und die Zahl seiner Jünger zu bestimmen, um die Zahl der Herbergen und das Maß der Vorräte danach zu berechnen. Hierauf gab ihnen Jesus die Richtung und die Ruhepunkte seiner Lehrreisen und die Zahl der Jünger ungefähr an, und es wurden etwa fünfzehn einzurichtende Herbergen mit vertrauten, teils verwandten Pflegern zu besetzen bestimmt, und zwar durch das ganze Land, außer von Galiläa durch das Land Chabul gegen Tyrus und Süden hin.

Die heiligen Frauen überlegten nun zusammen, welchen Bezirk, welche Art Vorsorge eine jede von ihnen zu übernehmen habe. So teilten sie die Einsetzung der Herbergs-Pfleger, die Lieferung von Gerätschaften, Decken, Kleidern, Sohlen usw. und deren Reinigung und Ausbesserung und die Besorgung von Broten und anderer Nahrungsmittel untereinander. Alles dieses geschah vor und während der Mahlzeit, und Martha war recht an ihrer Stelle.

Nach Tisch aber sollte durch das Los die Verteilung der Unkosten unter ihnen stattfinden. Ich sah nach der Mahlzeit Jesus mit Lazarus, den Freunden und heiligen Frauen in einem großen Gewölbe heimlich versammelt. Jesus saß an der einen Seite des Raumes an erhöhter Stelle auf einem Sitz; die Männer standen und saßen um ihn; die Frauen saßen an der anderen Seite des Saales, auf einer mit Stufen erhöhten Terrasse, die mit Teppichen und Kissen belegt war.

Jesus lehrte von der Barmherzigkeit Gottes mit seinem Volke, wie Er einen Propheten nach dem anderen gesandt habe, wie sie alle verkannt und misshandelt worden wären und wie dies Volk die letzte Gnadenzeit auch verworfen habe und wie es ihm ergehen werde. Als Er lange darüber gesprochen hatte, sagten einige zu ihm: «Herr, erzähle uns dies in einer schönen Parabel.» Da erzählte Jesus wieder die Parabel von einem König, der seinen Sohn in den Weinberg sandte, nachdem alle seine Diener von untreuen Rebleuten erschlagen worden waren und wie sie auch diesen erschlagen haben.

Am Schluss dieser Lehre waren einige der Männer hinausgegangen, und Jesus ging mit anderen im Saale wandelnd auf und ab; Martha, welche von den Frauen ab- und zuging, nahte sich ihm und sprach viel von ihrer Schwester Magdalena mit großer Sorge nach der Erzählung Veronikas über sie.

Während Er nun im Saal mit den Männern auf- und abging, saßen die Frauen und spielten eine Art Losspiel zum besten ihrer Verpflegungsämter. Sie hatten eine Tafel auf Rollen zwischen sich auf dem erhöhten Sitzplatz. Diese Tafel war ein in fünf Ecken sternförmig auslaufender, etwa zwei Zoll hoher Kasten.

Auf der oberen Fläche dieses inwendig hohlen und in verschiedene Fächer geteilten Kastens waren von den fünf Ecken nach dem Mittelpunkt hin fünf vertiefte Rinnen eingeschnitten und zwischen diese Rinnen verschiedene Löcher eingebohrt, welche in das Innere des Kastens führten.

Jede der Frauen hatte lange, aufgereihte Perlenschnüre und viele andere kleine Edelsteine bei sich, von welchen jede nach der Spielordnung, eine Anzahl vermischt, dicht zusammen in eine der Rinnen einlegte. Dann legte eine nach der anderen eine kleine, feine Büchse am Ende der Rinne hinter die letzte Perle derselben und schnellte durch einen Druck der Hand einen kleinen, feinen

Pfeil aus der Büchse gegen die nächstliegende Perle, wodurch die ganze Linie einen Stoß erhielt, so dass einzelne Perlen oder Steinchen aus der Reihe aussprangen und entweder durch die Öffnungen ins Innere des Kastens fielen oder auf andere Rinnen übersprangen.

Wenn alle Perlen aus den Linien ausgeschossen waren, wurde die Tafel, welche auf kleinen Rollen stand, etwas hin- und hergerüttelt, wodurch die ins Innere gefallenen Perlen und Steinchen in mehrere kleine Kästchen fielen, welche man am Rande der Tafel herausziehen konnte und deren jedes seine besondere Besitzerin hatte. So zog dann jede der heiligen Frauen ein Kästchen heraus und sah, was sie für ihr Amt gewonnen und von ihrem Geschmeide verloren hatte.

Obeds Witwe hatte ihren Mann noch nicht lange verloren, sie trauerte noch, und ihr Mann war noch vor der Taufe mit Jesus zusammen bei Lazarus gewesen.

In diesem Spiel ging den heiligen Frauen eine sehr köstliche Perle verloren, welche zwischen ihnen niedergefallen war, und als sie alles wegräumten und mit großer Sorge nach der Perle suchten und sie endlich mit der größten Freude wiederfanden, trat Jesus zu ihnen und erzählte ihnen die Parabel von der verlorenen Drachme und der Freude des Wiederfindens und bildete aus ihrer verlorenen und nach fleißigem Suchen mit Freude wiedergefundenen Perle ein neues Gleichnis auf Magdalena.

Er nannte sie eine Perle, köstlicher als viele, welche von der Lostafel der heiligen Liebe auf die Erde gefallen und verloren gegangen sei. Mit welcher Freude, sagte Er, würdet Ihr diese kostbare Perle wiederfinden! Da fragten die Frauen ganz bewegt: «Ach Herr, wird diese Perle wiederzufinden sein?» Jesus sagte ihnen, sie sollten noch fleißiger als das Weib in der Parabel nach der Drachme und als der Hirt nach dem verlorenen Schäflein suchen!

Auf diese Rede versprachen sie alle tiefgerührt noch emsiger nach Magdalena als nach der Perle zu suchen und sich weit mehr zu freuen, wenn sie sie wiedergefunden hätten. Einige der Frauen baten heute auch den Herrn, Er möge doch den Jüngling von Samaria unter seine Jünger aufnehmen, welcher ihn nach Ostern in Samaria auf dem Weg darum angefleht habe.

Sie sprachen auch von der großen Tugend und Wissenschaft dieses Jünglings, welcher, wie ich glaube, mit einer aus ihnen verwandt war. Aber Jesus sagte ihnen, er werde schwerlich kommen; er sei blind nach einer Seite, und er legte ihnen dies so aus, dass er an den Gütern hänge.

Am Abend trafen mehrere der Männer und Frauen bereits Anstalt, nach Bethoron zu gehen, wo Jesus morgen lehren wollte.

Der Herr aber war wieder heimlich am Ölberg und betete mit großer Anstrengung, worauf Er mit Lazarus und Saturnin gegen Bethoron wanderte, was wohl sechs Stunden entfernt ist.

### *Jesus in Bethoron und der Umgegend – Leiden und Gesinnungen der Jünger*

29. Juli: Um ein Uhr in der Nacht sah ich Jesus mit Lazarus und Saturnin und ein paar anderen, die Wüste durchschneidend, in nordwestlicher Richtung gegen Bethoron gehen, welches etwa sechs Stunden entfernt lag. Die dahin bestellten Jünger waren schon den ganzen gestrigen Tag in der Herberge zwischen den zwei sich hier schneidenden Wüsten, etwa eine Stunde östlich von dem auf einem Berge liegenden Bethoron, versammelt und kamen Jesus in der Frühe ein paar Stunden weit entgegen. Es waren Petrus, Andreas und deren Halbbruder Jonathan, Jakobus Major (der Ältere), Johannes, Jakobus Minor (der Jüngere) und Judas Thaddäus, der zum ersten Mal mitkam, dann Philippus, Nathanael (Chased) und, ich meine, auch der Bräutigam von Kana und einer oder zwei von den Söhnen der Witwen. Ich sah Jesus mit ihnen eine Zeitlang in der Wüste unter einem Baum sitzen und lehren. Er sprach abermals über die Parabel vom Herrn des Weinbergs, der seinen Sohn sendet. Erst mit dem schimmernden Morgen kehrten sie zu der Herberge zurück. Ich sah sie etwas genießen; Saturnin hatte Münzen in einem Beutel von den Frauen erhalten und für Speise gesorgt.

Gegen acht Uhr morgens kamen sie nach Bethoron. Ein paar Jünger gingen voraus in die Wohnung des Synagogen-Vorstehers und begehrten die Schlüssel, ihr Meister wolle lehren; andere verteilten sich in die Straßen und versammelten die Leute zur Schule. Jesus ging mit den übrigen gerade hinein, und sie war bald mit Menschen gefüllt. Er lehrte hier abermals sehr streng über die Parabel vom Herrn des Weinberges, dessen Knechte von den untreuen Winzern erschlagen wurden und der endlich seinen Sohn sendet, den sie auch ermordeten, und wie der Herr anderen seinen Weinberg geben werde. Auch sprach Er von der Verfolgung der Propheten, von der Gefangennahme des Johannes und wie man auch ihn verfolge und Hand an ihn legen werde und von dem Gericht und Wehe über Jerusalem. Seine Reden verursachten ein großes Aufsehen unter den Juden. Einige freuten sich, andere ergrimmten und murrten: «Wo kommt dieser plötzlich wieder her? Man hat gar nichts von seiner Ankunft gehört!» Einige aber, die vernommen hatten, in der Talherberge seien Frauen, die zu Jesus gehörten, gingen hinaus, diese über seine Absicht zu fragen.

Er heilte auch mehrere Kranke vom Fieber und verließ nach einigen Stunden die Stadt.

In der Herberge waren Veronika, Johanna Chusa und Obeds Witwe angekommen und hatten einen Imbiss bereitet. Der Herr und die Jünger aßen und tranken stehend, schürzten sich und zogen weiter. Ich sah ihn an diesem Tage noch in Kibzaim auf ähnliche Weise lehren und in einzelnen kleinen Hirtenflecken. In Kibzaim waren die Jünger nicht alle beisammen, aber sie sammelten sich wieder in einem geräumigen, mit Nebengebäuden versehenen Hirtenhaus an den Grenzen von Samaria, wo Maria und Joseph auf der Reise nach Bethlehem aufgenommen worden waren, nachdem sie bei anderen vergebens um Aufnahme gebeten hatten. Hier aßen und schliefen sie. Es waren ihrer etwa noch fünfzehn. Lazarus und die Frauen waren zurückgegangen.

30. Juli: Heute sah ich Jesus und die Jünger bald vereint, bald zerstreut in großer Eile durch mehrere größere und kleinere Orte ziehen, welche hier im Umkreis von einigen Stunden lagen. Ich erinnere mich darunter des Namens Gabaa und auch Najoth, das etwa vier Stunden von Kibzaim, wo Jesus gestern war, entfernt sein mag. In allen diesen Orten ließ der Herr sich nicht die Zeit, in irgendeiner Synagoge zu lehren. Er lehrte auf Hügeln im Freien,

auf öffentlichen Plätzen und in den Straßen der Orte, wo die Menge sich versammelte. Die Jünger wanderten teils von ihm getrennt in den Tälern, kleinen Orten und zu den zerstreuten Hirtenhäusern voraus und riefen die Leute nach den einzelnen Orten hin, wo Jesus auftrat. Mehrere jedoch waren um ihn. Das ganze Tagewerk geschah mit unglaublicher Mühseligkeit und Anstrengung von Ort zu Ort.

Er heilte dabei viele Kranke, welche an einzelne Orte herbeigebracht worden waren und ihn anriefen. Es waren mehrere Mondsüchtige darunter. Viele Besessene liefen ihm schreiend nach, und Er gebot ihnen zu schweigen und auszuweichen. Was dieses Tagewerk beschwerlicher machte, war die teilweise üble Gesinnung der Leute und der Hohn der Pharisäer. Diese Orte, Jerusalem nahe gelegen, waren voll von Leuten, welche gegen Jesus Partei genommen hatten. Es war hier wie heutzutage in den kleinen Orten, die alles nachschwätzen und nichts ergründen. Dazu kam die plötzliche Erscheinung Jesu mit so vielen Jüngern und seine sehr ernste und drohende Lehre; denn überall lehrte Er wie zu Bethoron und sprach von der letzten Gnadenzeit; dann komme die Gerechtigkeit. Er lehrte immer von der Misshandlung der Propheten, von der Gefangennahme des Johannes und von der Verfolgung gegen ihn selbst. Er stellte überall die Parabel vom Herrn des Weinbergs auf und wie der Herr nun seinen Sohn gesandt habe, wie das Reich komme und der Sohn des Königs es in Besitz nehmen sollte. Dabei rief Er oft Wehe über Jerusalem und jene aus, welche sein Reich nicht annehmen und nicht Buße tun wollten. Diese strengen und drohenden Reden waren durch viele Handlungen der Liebe und durch Heilungen unterbrochen, und so ging es von Ort zu Ort.

Die Jünger hatten vieles auszustehen, was ihnen teils sehr unbequem war. Wo sie hinkamen und ihn ankündigten, hörten sie oft sehr höhnische Reden: «Nun kommt Der auch wieder! Was will Er? Wo kommt Er her? Ist es ihm nicht verboten?» Auch lachte man ihrer, rief ihnen nach und verspottete sie. Manche aber freuten sich auch, doch es waren deren nicht sehr viele. Jesus selbst wagte keiner anzureden und wo Er gerade lehrte und die Jünger in der Nähe umherstanden oder ihm durch die Straßen folgten, wandten sich alle Schreier an sie, hielten sie an, fragten, hatten seine strengen Worte halb oder falsch verstanden und wollten eine Erklärung haben; dazwischen erschallte dann wieder Freudengeschrei. Er hatte Leute geheilt, das ärgerte sie; sie zogen sich zurück und so ging es bis zum Abend unter beschwerlichem, eilendem Wandern ohne Erquickung, Ruhe und Labung.

Ich sah sie heute nochmals in dem gestrigen Hirtenhaus einkehren. Ich meine da ein Fußwaschen gesehen zu haben.

Ich bemerkte, wie schwach und menschlich die Jünger noch waren, wie sie oft, wenn Er so lehrte und sie gefragt wurden, die Köpfe zusammensteckten und nicht begriffen, was Er eigentlich vorhabe. Sie waren nicht zufrieden mit ihrer Lage. Sie dachten vereinzelt: «Nun haben wir alles im Stich gelassen und kommen da in die Verwirrung und den Lärm! Was ist das für ein Reich, wovon Er spricht? Wird Er es auch wirklich erringen?» So dachten sie, aber sie verbargen es in sich; nur gaben sie oft ihre Verlegenheit zu erkennen. Johannes allein ging mit wie ein Kind ganz gehorsam und unbefangen. Und doch hatten sie die vielen Wunder gesehen und sahen sie noch!

Ungemein rührend war es, wie Jesus alle diese ihre Gedanken wusste und unbekümmert darum gar nicht dergleichen tat, keine Miene veränderte, immer ruhig und liebevoll und ernsthaft das Seinige forttat.

Sie sind noch bis in die Nacht gegangen und haben im Tal diesseits eines Flüsschens, das die Grenze zu Samaria bildet, bei einigen Hirten übernachtet, wo sie wenig oder nichts erhielten. Das Wasser des Flüsschens war nicht gut zum Trinken, es war schmal und hatte hier nicht weit von seinem Ursprung am Fuß des Garizim einen schnellen Lauf gegen Westen zu.

31. Juli: Jesus ging heute mit seinen Begleitern über das Flüsschen. Sie umgingen den Berg Garizim zu ihrer Rechten und gingen gegen Sichar. Nur Andreas, Jakobus Major (der Ältere) und Saturnin blieben bei Jesus auf diesem Wege; alle übrigen gingen nach anderen Richtungen, ich weiß jetzt nicht bestimmt, welche Aufträge zu verrichten. Jesus aber ging zu dem Brunnen Jakobs, der hier nördlich vom Berg Garizim und südlich vom Berg Ebal im Erbe Josephs auf einem kleinen Hügel ist, vor welchem Sichar etwa eine Viertelstunde westlich in einem kleinen Tal liegt, das sich wohl noch eine Stunde längs der Stadt westlich hinzieht. Von Sichar etwa zwei starke Stunden nordwestlich liegt Samaria auf einem Berg.

Mehrere tief eingeschnittene Wege winden sich von verschiedenen Seiten den kleinen Hügel hinauf zu dem von Bäumen und Rosensitzen umgebenen, achteckigen Gebäude, welches den Brunnen Jakobs umschließt. Dieses Brunnenhaus ist rings mit einer offenen Bogenstellung umgeben, unter welcher etwa zwanzig Menschen rings stehen können. Gerade dem Wege von Sichar gegenüber führt unter dieser offenen Halle eine gewöhnlich verschlossene Tür in das innere Brunnenhaus, dessen Dach oben eine Öffnung hatte, die manchmal mit einer Kuppe bedeckt war. Das Innere des Häuschens hat so viel Raum, dass man zwischen dem sitzhohen Steinrand des tiefen Brunnens und den Wänden bequem herumgehen kann.

Der Brunnen ist mit einem hölzernen Deckel verschlossen; ist dieser geöffnet, so sieht man eine schwere Walze gerade vom Eingang nach der entgegengesetzten Seite hin quer über dem Brunnenrand liegen, an welcher der darin hängende Schöpfeimer vermittelst einer Kurbel schwer aufgewunden wird. Der Tür gegenüber befindet sich eine Pumpe, durch welche man Wasser auf die Höhe der Mauer des Brunnenhauses pumpen kann, welches an der Ost-, Süd- und Westseite des Hauses nach außen unter der umgebenden Halle in drei dort in dem Boden angebrachte kleine Becken fließt, teils zum Fußwaschen und Reinigen der Reisenden, teils zum Tränken der Tiere.

Es war gegen Mittag, als Jesus mit den drei Jüngern zu dem Hügel kam. Er sandte sie nach Sichar, um Speise zu holen, denn es hungerte ihn. Er selbst ging allein den Hügel hinauf, um sie zu erwarten. Es war ein heißer Tag; Jesus war sehr müde und dürstete. Er setzte sich sinnend eine Strecke vom Brunnen an den Rand des Weges, der von Sichar hinaufführt und schien, den Kopf auf die Hand stützend, sehnsüchtig auf jemanden zu harren, der den Brunnen öffne und ihm zu trinken gebe. Ich sah aber eine wohlgewachsene, schmucke samaritische Frau von etwa dreißig Jahren, den Schlauch am Arm hängend, von Sichar aus den Hügel heraufsteigen, um Wasser zu holen.

Sie war schön, und ich sah sie mit rechter Lust an, als sie so anmutig, rasch und kräftig mit großen Schritten den Hügel hinauf ging. Ihr Anzug war vornehmer als die gewöhnlichen und schien etwas gewählt. Ihr blau und rot gestreiftes Kleid war mit großen, gelben Blumen durchwirkt, die Ärmel, in der Mitte des Ober- und Unterarmes mit gelben Armringen angeschlossen, schienen kraus um die Ellbogen. Sie trug einen weißen Brustlatz[49] mit gelblichen, ich meine seidenen, Schnüren verziert. Den Hals hatte sie ganz mit einem wollgelben Kragen bedeckt, der dicht mit Perlen und Korallen-Schnüren behängt war. Ihr Schleier von einem feinen, reichen Wollgewebe hing lang über ihren Rücken nieder, und sie konnte diese hintere Seite mit einer Strippe zusammenziehen und um die Mitte des Leibes festbinden. So zusammengezogen endete der Schleier hinten mit einem Zipfel und bildete an den Seiten des Leibes zwei Falten, in welchen die Arme bequem mit den Ellbogen ruhen konnten. Fasste sie die beiden Seiten des Schleiers vor der Brust zusammen, so war der ganze Oberleib wie mit einem Mäntelchen verhüllt. Der Kopf der Frau war mit Binden schön umwunden, man sah kein Haar; vor der Stirn ragte an diesem Kopfputz wie ein Türmchen oder ein Haken hervor, hinter welchem der vordere Teil des Schleiers aufgeschürzt ruhte, der, über das Gesicht herabgelassen, bis zur Brust reichte.

Die anmutige, rüstige Frau hatte ihre bräunliche, grobe, ziegen- oder kamelhaarene Schürze, worin oben Taschen waren, über den rechten Arm geworfen, so dass sie den ledernen Schlauch etwas bedeckte, welchen sie an diesem Arm hängen hatte. Diese Schürze schien eine gewöhnliche Arbeitsschürze beim Wasserschöpfen zu sein, um die Kleider nicht durch den Eimer oder Schlauch zu verderben.

Der Schlauch war von Leder wie ein Sack ohne Naht. An zwei Seiten war er etwas ausgewölbt, als sei er mit gebogenen, festen Holzflächen gefüttert; die anderen zwei Seiten legten sich, wenn er leer war, in Falten zusammen, wie die Falten einer Brieftasche. An den beiden festen Seiten waren mit Leder überzogene Handhaben befestigt, durch welche ein lederner Riemen gezogen war, an dem die Frau den Schlauch an dem Arm trug. Die Mündung des Schlauches war enger und ließ sich zum Eingießen trichterartig auseinandertun und wieder schließen, wie man die Arbeitstaschen schließt. Leer hing der Schlauch platt an der Seite nieder, gefüllt rundete er sich und fasste so viel wie ein gewöhnlicher Wassereimer.

So sah ich die gute Frau rüstig den Hügel hinanschreiten, wo sie das Wasser am Brunnen Jakobs für sich und andere holte. Ich habe sie gar lieb, sie ist so gutmütig, so geistreich und freimütig. Sie heißt Dina[50], ist das Kind einer gemischten Ehe und von samaritischer Sekte. Sie lebt in Sichar, wo sie eigentlich nicht gebürtig ist, ihrem Verhältnisse nach unbekannt unter dem Namen Salome, aber man mag sie und den Mann wegen ihres offenen, freundlichen, dienstfertigen Wesens in dem Ort gar wohl leiden.

Wegen der Windungen des Pfades konnte Dina den Herrn nicht eher sehen, als bis sie vor ihm stand. Sein Anblick, wie Er da so einsam dürstend am Wege zum Brunnen saß, hatte etwas ungemein Überraschendes. Er war mit einem langen, weißen Rock von feiner, weißer Wolle mit breitem Gürtel wie mit einer Albe bekleidet. Es war ein Prophetenrock, den ihm die Jünger gewöhnlich nachtrugen. Er legte ihn an, wenn Er bei öffentlichen Anlässen lehrte oder prophetisch wirkte.

Dina, plötzlich aus dem Wege hervor Jesus entgegentretend, stutzte bei seinem Anblick, ließ den Schleier vor ihrem Angesicht nieder und zögerte vorüberzugehen; denn der Herr saß dicht am Wege. Ich sah nach ihrer Gemütsart in ihrem Innern den flüchtigen Gedanken aufblitzen: ein Mann! Was will er hier? Ist dies eine Versuchung? Jesus, den sie als einen Juden erkannte, sah sie leuchtend und freundlich an und indem Er die Füße zurückzog, weil der Weg hier sehr eng war, sagte Er zu ihr: «Gehe vorüber und gib mir zu trinken!»

Das rührte die Frau, weil die Juden und Samariten gegenseitig nur Blicke des Abscheues voreinander gewohnt waren, und sie verweilte noch und sprach: «Warum bist Du hier so allein zu dieser Stunde? Wenn man mich hier mit Dir erblicken würde, gäbe es ein Ärgernis.» Da erwiderte Jesus, seine Gefährten seien in der Stadt, um Speisen zu holen, und Dina sprach: «Ja, die drei Männer, denen ich begegnete! Aber sie werden um diese Stunde wenig erhalten. Was die Sichemiten heute bereitet haben, brauchen sie für sich selbst.» Sie sprach, als sei ein Fest oder Fasttag heute in Sichar und nannte einen anderen Ort, wohin sie hätten nach Speise gehen sollen.

Jesus sagte ihr abermals: «Geh' vorüber und gib mir zu trinken!» Da ging Dina an ihm vorüber, der sich erhob und ihr zum Brunnen folgte, den sie aufschloss. Hierhergehend sprach sie: «Wie kannst du als Jude von einer Samaritin zu trinken begehren?» Und Jesus antwortete ihr: «Kenntest du die Gabe Gottes und wüsstest du, wer der ist, der von dir zu trinken begehrt, so hättest du ihn selbst gebeten, und Er hätte dir lebendiges Wasser gegeben.»

Da schloss Dina die Decke des Brunnens und den Eimer los und sprach zu Jesus, der sich auf den Rand des Brunnens setzte: «Herr, Du hast ja kein Schöpfgefäß, und die Quelle des Brunnens liegt sehr tief; woher hast Du denn das lebendige Wasser? Bist Du denn noch größer als unser Vater Jakob, der uns diesen Brunnen gab und selbst daraus trank mit seinen Kindern und mit seinem Vieh?» Als sie dies sagte, sah ich ein Bild, wie Jakob diesen Brunnen grub und wie das Wasser ihm entgegenquoll.

Die Frau verstand aber Jesu Rede von Quellwasser und unter diesen Reden ließ sie den Eimer an der Walze, die schwer ging, nieder und zog ihn auf und ich sah, dass sie ihre Ärmel mit den Armspangen in die Höhe schob, so dass sich das Zeug oben bauschte und wie sie mit bloßem Arm ihren Schlauch aus dem Eimer füllte und eine kleine, aus Bast gewundene Tüte mit Wasser gefüllt Jesus reichte, welcher auf dem Rande des Brunnens sitzend trank und zu ihr sprach: «Wer von diesem Wasser trinkt, den dürstet bald wieder; wer aber von dem lebendigen Wasser, das ich ihm geben werde, trinken wird, der wird in alle Ewigkeit nicht mehr dürsten! Ja, das Wasser, das ich ihm gebe, wird in ihm eine Quelle werden, die sich bis ins ewige Leben ergießt»[51].

Dina, die Samaritin, war gar freudig und freimütig und sprach lächelnd zu Jesus: «Herr, gib mir solches lebendiges Wasser, damit ich nicht mehr dürste und nicht so mühselig hier Wasser schöpfen muss!» Aber sie war dennoch durch seine Worte vom lebendigen Wasser gerührt und ahnte, ohne sich dessen ganz bewusst zu sein, Jesus verstehe unter dem lebendigen Wasser die Erfüllung der Verheißung. So sprach sie denn die Bitte um das lebendige Wasser in einer prophetischen Bewegung ihres Herzens aus.

Ich habe immer gefühlt und erkannt, dass die Personen, mit welchen der Erlöser etwas zu tun hatte, nicht bloß nur einzelne Menschen waren. Sie waren immer zugleich ein vollkommenes Bild einer ganzen Gattung von Menschen. Dass sie dies aber waren, das war die Fülle der Zeit; und so stand eigentlich in Dina der Samaritin die ganze samaritische, vom wahren Glauben Israels, vom Brunnen des lebendigen Wassers getrennte Sekte vor dem Erlöser.

Jesus dürstete am Brunnen Jakobs nach den erwählten Seelen Samarias, um sie mit den lebendigen Wassern zu erquicken, von welchen sie sich losgetrennt hatten. Und es war hier der noch rettungsfähige Teil der abtrünnigen Sekte von Samaria, welcher nach diesem lebendigen Wasser dürstete und gewissermaßen die offene Hand hinreichte, es zu empfangen. Samaria sprach aus Dina: «Gib mir, o Herr, den Segen der Verheißung; lösche mein langes Dürsten, hilf mir zu dem lebendigen Wasser, damit ich mehr Trost empfange als nur aus diesem zeitlichen Brunnen Jakobs, durch welchen wir allein noch mit den Juden Gemeinschaft haben.» Als Dina so gesprochen hatte, sagte Jesus zu ihr: «Gehe nach Hause, rufe deinen Mann und kehre wieder!», und ich hörte, dass Er ihr dies zweimal sagte, da Er nicht hier sei, sie allein zu unterrichten. Hiermit aber sprach der Erlöser zur Sekte: «Samaria, rufe mir den herbei, dem du angehörst, den, der ehelich im geheiligten Bunde rechtmäßig aus dir zeugt.» Dina erwiderte dem Herrn: «Ich habe keinen Mann!»

Samaria gestand dem Bräutigam der Seelen, sie habe keinen Bund, niemandem gehöre sie an, aus ihr komme keine Blüte, welche der Heilige Geist befruchten könne. Sie habe keine Mutter des Messias. Jesus versetzte: «Du sagst recht; denn fünf Männer hast du gehabt, und der, mit dem du jetzt lebst, ist dein Mann nicht; das hast du wahr gesagt.» Mit diesen Worten sagte der Messias zu der Sekte: «Samaria, du sprichst die Wahrheit; mit den Götzen von fünf Völkern warst du vermählt, deine jetzige Verbindung mit Gott ist nur eine Buhlerei und kein ehelicher Bund»[52]. Hier erwiderte Dina, die Augen niederschlagend und das Haupt beugend: «Herr, ich sehe, dass du ein Prophet bist», und sie senkte ihren Schleier wieder. Es erkannte die samaritische Sekte die göttliche Sendung des Herrn und gestand sich schuldig.

Ganz als verstehe Dina den prophetischen Sinn der Worte Jesu: «Und der, mit dem du jetzt lebst, ist dein Mann nicht», nämlich deine jetzige Verbindung mit dem wahren Gott ist unrechtmäßig, außergesetzlich, der Gottesdienst der Samariten ist durch Sünde und Eigenmacht getrennt von dem Bunde Gottes mit Jakob, ganz als fühle sie die Bedeutung dieser Worte, deutete sie gegen Süden auf den nahe liegenden Tempel auf dem Berge Garizim und sprach, Belehrung suchend: «Unsere Väter haben auf diesem Berge angebetet, und Ihr sagt, zu Jerusalem sei der Ort, wo man anbeten müsse?»

Da belehrte sie Jesus mit den Worten: «Weib! glaube mir, es kommt die Stunde, da ihr weder auf dem Garizim noch in Jerusalem den Vater anbetet.» Damit sprach Jesus: «Samaria, die Stunde kommt, wo nicht hier noch im Tempel Gott in dem Heiligtum angebetet wird, weil Er unter euch wandelt» und weiter fuhr Er fort: «Ihr wisst nicht, was ihr anbetet, aber wir wissen, was wir anbeten, denn das Heil kommt von den Juden.» Hierbei sagte Er ihr ein Gleichnis von wilden, unfruchtbaren Nebenschößlingen der Bäume, welche ins Holz und Laub schössen und keine Frucht brächten. Hiermit hatte der Heiland zu der Sekte gesprochen: «Samaria, du hast keine Sicherheit der Anbetung, du hast keinen Bund, kein Sakrament, kein Pfand des Bundes, keine Bundeslade, keine Frucht; alles dieses, die Verheißung und Erfüllung haben die Juden; aus ihnen wird der Messias geboren.»

Und weiter sprach Jesus: «Aber es kommt die Stunde, und sie ist schon da, wo die wahren Anbeter den Vater im Geist und in der Wahrheit anbeten; denn auch der Vater will solche Anbeter. Gott ist Geist und die ihn anbeten, müssen ihn im Geist und in der Wahrheit anbeten.» Hiermit sprach der Erlöser: «Samaria, die Stunde kommt, ja sie ist schon da, wo der Vater von den rechten Anbetern im Heiligen Geist und im Sohn, welcher der Weg und die Wahrheit ist, angebetet werden muss»[53]. Dina aber erwiderte Jesus: «Ich weiß, dass der Messias kommt. Wenn Er nur kommen wird, so wird Er uns alles eröffnen.» In diesen Worten sprach der Teil der samaritischen Sekte, welchem ein Anspruch an die Verheißung zustehen konnte, hier am Brunnen Jakobs: «Ich hoffe und glaube die Ankunft des Messias; Er wird uns helfen.» Jesus erwiderte ihr: «Ich bin es, Ich, der mit dir redet.»

Und dies war ebenso viel, als hätte Er zu allen aus Samaria, welche sich bekehren wollten, gesagt: «Samaria, Ich kam zum Brunnen Jakobs und dürstete nach dir, du Wasser aus diesem Brunnen! Und da du Mich tränktest, verhieß Ich dir lebendiges Wasser, das nimmer dürsten lässt: Und du gestandest Mir glaubend und hoffend deine Sehnsucht nach diesem Wasser. Sieh', Ich lohne dir; denn du hast Meinen Durst nach dir durch dein Verlangen nach Mir gestillt. Samaria, Ich bin der Quell des lebendigen Wassers, Ich bin der Messias, der mit dir redet.»

Als Jesus gesagt hatte: «Ich bin es, der mit dir redet», blickte ihn Dina staunend und von heiliger Freude zitternd an. Plötzlich aber raffte sie sich auf, ließ ihren Wasserschlauch stehen, ließ den Brunnen offen und eilte den Hügel hinab nach Sichar, ihrem Mann und allen zu verkünden, was ihr geschehen war. Es war streng verboten, den Brunnen Jakobs offenstehen zu lassen, aber was kümmerte sie noch der Brunnen Jakobs, was kümmerte sie ihr Eimer voll irdischen Wassers! Sie hatte lebendiges Wasser empfangen, und ihr liebevolles, freudiges Herz verlangte, alle damit zu erquicken. Indem sie aber aus dem offenstehenden Brunnenhaus eilte, lief sie an den drei Jüngern vorüber, welche Speise gebracht hatten und schon einige Zeit lang in kleiner Entfernung vor der Tür des Brunnenhauses befremdet standen, was nur ihr Meister so lange mit einem samaritischen Weibe zu reden haben könne.

Sie fragten ihn aber nicht aus Ehrerbietung. Dina aber lief hinab nach Sichar und sagte ihrem Manne und anderen Leuten auf der Straße mit großem Eifer: «Kommt hinauf zum Brunnen Jakobs, da werdet ihr einen Mann sehen, der hat mir alles geheime Tun meines Lebens gesagt, kommt, Er ist wohl der Christus!»

Währenddessen traten die drei Apostel zu Jesus an den Brunnen und boten ihm kleine Brote und Honig aus ihrem Korb an und sagten: «Meister, iss!» Jesus stand auf, verließ den Brunnen und sprach: «Ich habe eine Speise zu essen, die Ihr nicht kennt.» Die Jünger aber sprachen untereinander: «Hat ihm jemand zu essen gebracht?» und dachten wohl heimlich gar: Hat ihm das samaritische Weib zu essen gebracht? Jesus wollte nicht verweilen, um hier noch erst zu essen, sondern Er ging den Hügel gegen Sichar hinab und während die Jünger hinter ihm hergehend aßen, sprach Er zu ihnen: «Meine Speise ist es, den Willen Dessen zu tun, der Mich gesandt hat, dass ich sein Werk vollbringe.» Er meinte damit, dass Er die Leute in Sichar bekehre, nach deren Heil seine Seele hungere. Er sprach noch mehreres hiervon mit ihnen.

In der Nähe der Stadt kam Dina, die Samaritin, schon wieder Jesus entgegengeeilt. Sie gesellte sich ganz demütig, aber voll Freude und Offenheit zu ihm, und Jesus sprach, bald stillstehend, bald ruhig gehend, noch vieles mit ihr. Er enthüllte ihr all ihr Treiben von je und ihre ganze Gesinnung. Sie war sehr gerührt und versprach für sich und ihren Mann, alles zu verlassen und Jesus zu folgen, der ihr mancherlei Wege anzeigte, ihre persönlichen Verschuldungen zu büßen und zu tilgen. Dina war eine geistreiche Frau von Stand, aus gemischter Ehe, aus einer jüdischen Mutter und einem heidnischen Vater auf einem Landsitz bei Damaskus gezeugt. Sie verlor ihre Eltern früh und wurde von einer ausschweifenden Amme genährt, wodurch sie böse Leidenschaften einsog. Fünf Männer hatte sie hintereinander gehabt; sie wurden teils durch Kummer, teils durch ihre Liebhaber hinweggeräumt. Wie das dann so geht, wenn man nach allen Seiten gefallsüchtig im Ehebruch lebt: Man darf den einen nicht lassen und will den anderen nicht meiden. Man verbirgt anfangs den einen vor dem anderen, der hinderlich ist; man sucht dann allerlei Gelegenheiten, sich zu sehen; es werden Feste veranstaltet, und im Rausche kommt der Ehemann durch den Buhlen um; und ist nun dieser Ehemann geworden, so geht es ihm eben nicht besser.

Dina hatte aus diesen Ehen drei Töchter und zwei Söhne, schon ziemlich erwachsen. Sie waren bei den Verwandten ihrer Väter zurückgeblieben, als sie selbst Damaskus verlassen musste.

Die Söhne kamen später zu den 72 Jüngern. Der Mann, mit dem sie jetzt lebte, war ein Verwandter eines ihrer früheren Männer, ein reicher Kaufmann. Sie zog, weil sie samaritischer Religion war, mit ihm nach Sichar, führte ihm den Haushalt und lebte unehelich mit ihm. In Sichar hielt man sie für Eheleute. Es war ein starker Mann von etwa 36 Jahren mit rotem Angesicht und rötlichem Bart. Dina hatte manches gleich Magdalena[54] in ihrem Leben; aber sie war noch tiefer gesunken; doch sah ich auch einmal, dass im Anfang von Magdalenas bösem Leben in Magdalum einer ihrer Liebhaber durch einen zweiten ums Leben kam. Ich scheute mich nur immer, es zu sagen: Dina war eine ungemein geistreiche, freimütige, leicht hingegebene, anmutige Frau von großer Lebendigkeit und Raschheit; aber immer in ihrem Gewissen gedrückt. Sie lebte jetzt ehrbarer, nämlich mit diesem ihrem angeblichen Mann allein in einem abgesonderten, mit einem Wassergraben umgebenen Haus nahe am Brunnentor in Sichar, wo man, ohne sie zu verachten, doch nicht viel mit ihr umging, weil sie abweichende Sitten hatte und etwas verschieden und gezierter gekleidet ging, was man ihr jedoch als einer Fremden zugute hielt. Während Jesus mit der Frau sprach, folgten ihm die Jünger immer in einiger Entfernung mit dem Gedanken, was Er nur mit dem Weibe zu reden habe? «Wir haben die Speise mit solcher Mühe gekauft, warum isst Er nun nicht?»

In der Nähe von Sichar aber verließ Dina den Herrn und eilte voraus, ihrem Mann und vielen anderen Leuten entgegen, die neugierig aus dem Tor herausströmten, Jesus zu sehen; und da Jesus nahte, stand Dina an der Spitze und zeigte ihnen den Herrn. Die Leute jubelten voll Freude und jauchzten ihm willkommen zu. Jesus aber winkte ihnen stillstehend mit der Hand zu schweigen, redete einige Minuten freundlich zu ihnen und sagte ihnen unter anderem: Sie sollten ja alles glauben, was die Frau ihnen gesagt habe. Er war auch in dieser Rede so wunderbar freundlich, und sein Blick war so leuchtend und eindringlich, dass alle Herzen erschüttert und zu ihm hingerissen wurden. Dringend baten sie Jesus, doch auch in ihre Stadt zu kommen und zu lehren. Er versprach es ihnen, ging aber jetzt vorüber. Dies geschah etwa zwischen drei und vier Uhr nachmittags.

Indem Er so mit den Samaritern vor dem Tor sprach, kamen alle die übrigen Jünger, darunter auch Petrus, die morgens nach anderer Richtung, etwas zu bestellen, gegangen waren, wieder zu ihm. Auch sie waren erstaunt und nicht recht zufrieden, dass Er so lange mit den Samaritern sprach. Sie fühlten sich teils verlegen deswegen; denn sie waren mit dem Vorurteil, gar nicht mit diesem Volk zu verkehren, aufgewachsen, und daher dergleichen ganz ungewohnt. Sie fühlten sich versucht, Ärgernis zu nehmen. Sie dachten an die Mühseligkeiten des gestrigen und vorgestrigen Tages, an allen Hohn und alle Beschimpfung, an allen bitteren Mangel, den sie ertragen, und doch hatten sie erfahren, dass die Frauen in Bethanien so vieles hergeschossen, und hatten sich es bequemer erwartet. Nun sahen sie den Verkehr mit den Samaritern und meinten stille, auf diese Weise sei es freilich kein Wunder, dass man ihn nicht besser aufnähme. Sie hatten auch immer wunderliche, irdische Gedanken von dem Reiche im Kopf, das Er gründen würde; so würde man sie vielleicht verhöhnen.

Petrus hatte in Samaria viel mit dem Jüngling gesprochen, der aufgenommen werden wollte, der sich aber noch immer besann, und er sprach mit Jesus davon.

Jesus ging nun mit ihnen allen etwa eine halbe Stunde um die Stadt nordöstlich, und sie ruhten dort unter den Bäumen. Auf diesem Weg und hier sprach der Herr mit ihnen von der Ernte. Er sagte, es sei ein Sprichwort, das auch sie oft im Munde führten: «Es ist noch vier Monate, und dann kommt die Ernte.» Die Faulen wollten immer alle Arbeit weit hinausschieben; aber sie sollten nur sehen, alle Felder stünden weiß zur Ernte. Damit meinte Er die Samariter und die anderen, welche zur Bekehrung reif seien.

Sie, die Jünger, seien zur Ernte berufen, aber sie hätten nicht gesät, andere hätten gesät, nämlich die Propheten und Johannes und Er selbst. Wer erntet, empfängt Lohn und sammelt die Früchte für das ewige Leben, so dass der Sämann und die Schnitter sich zusammen freuen; denn hier ist das Sprichwort wahr, ein anderer sät, ein anderer erntet. «Ich habe euch gesandt, das, was ihr nicht gebaut habt, einzuernten, andere haben es gebaut, ihr seid in die Arbeit eingetreten.»

Solches sprach Er zu den Jüngern, um ihnen Mut zur Arbeit zu machen. Sie ruhten aber nur eine kurze Weile und trennten sich hierauf. Bei Jesus blieben nur Andreas, Philippus, Saturnin und Johannes, die anderen gingen zwischen Thebez und Samaria gegen Galiläa zu.

Jesus ging aber nun, Sichar zur Rechten lassend, etwa eine Stunde südöstlich mit den übrigen Jüngern nach einem Feld, wo etwa zwanzig zerstreute Hirtenhäuser und Zelte standen. Hier in einem der größeren Häuser erwarteten ihn seine Mutter und Maria Cleophä, dann die Frau Jakobus' und zwei sogenannte Witwen. Sie waren schon den ganzen Tag hier gewesen, sie hatten Speise mitgebracht und auch kleine Balsam-Flaschen. Sie bereiteten ein Mahl. Jesus reichte seiner Mutter bei dem Empfang beide Hände. Sie neigte das Haupt vor ihm; die Frauen grüßten, sich beugend und die Hände vor der Brust kreuzend. Vor dem Haus war ein Baum, unter welchem die Mahlzeit eingenommen wurde.

Hier war es, wo Jesus einmal vor Lazarus' Erweckung Kinder segnete[55].

Unter den hier wohnenden Hirten waren auch die Eltern der Jünglinge, welche Jesus nach Lazarus' Erweckung auf der Reise nach Arabien und Ägypten mit sich nahm. Diese Leute hatten den Zug der Heiligen Drei Könige nach Bethlehem begleitet, waren bei deren schneller Rückkehr hier im Lande zurückgeblieben und hatten sich mit Hirtentöchtern aus den Tälern bei Bethlehem verheiratet. Es zogen sich solche Hirtenansiedlungen durch die verschlungenen Täler von hier bis nach Bethlehem zu. Die Leute, welche hier wohnten, bauten auch das Feld auf dem Erbe Josephs, sie hatten es von den Sichemiten gepachtet. Es waren ihrer viele hier versammelt; es waren keine Samariter.

Das erste, was hier geschah, war, dass Maria Jesus bat, Er möge doch einen lahmen Knaben heilen, welchen benachbarte Hirten hierher gebracht hatten. Sie hatten schon früher Maria um ihre Fürbitte gebeten; es geschah dies sehr oft und war gar rührend, wenn sie Jesus bat. Jesus ließ den Knaben herbeitragen; die Eltern brachten ihn auf einem Tragebettchen vor das Haus; er war ungefähr neun Jahre alt. Jesus ermahnte die Eltern, und als sie, etwas schüchtern erwartend, zurückgetreten waren, standen die Jünger bei Jesus. Er redete den Knaben an und beugte sich ein wenig über ihn und dann nahm Er ihn bei der Hand und hob ihn empor, und dieser stieg von dem Tragbett herab, konnte gehen und lief in die Arme seiner Eltern, die sich dann mit ihm vor Jesus niederwarfen. Alle Leute umher jubelten. Jesus ermahnte sie aber, dem himmlischen Vater zu danken.

Er lehrte auch noch eine kleine Weile die versammelten Hirten und nahm dann mit den Jüngern eine kleine Mahlzeit ein, welche die Frauen in einer Laube vor dem Hause bei einem großen Baum zugerichtet hatten. Maria und die Frauen saßen abgesondert am Ende des Tisches. Ich glaube, dass dieses Haus vielleicht eine Herberge werden wird, welche von seiten der Frauen von Kapharnaum aus eingerichtet und bedient wird.

Es nahten sich nun schüchtern mehrere Leute aus Sichar, unter ihnen auch Dina, die Frau vom Brunnen. Sie wagten nicht, gleich heranzukommen, weil sie nicht gewohnt waren, mit diesen jüdischen Hirten zu verkehren. Dina aber nahte sich zuerst, und ich sah, dass sie mit den Frauen und der heiligen Mutter Jesu sprach und dass nach der Mahlzeit Jesus mit den Jüngern von den heiligen Frauen Abschied nahm, welche sich gleich zur Rückreise nach Galiläa, wohin Jesus übermorgen gehen wird, anschickten.

Jesus zog nun mit Dina und den anderen Samaritern nach Sichar. Diese Stadt ist nicht sehr groß, hat aber breite Straßen und große Plätze. Das samaritische Bethaus ist geschmückter und außen reicher gebaut als die Synagoge an kleinen jüdischen Orten.

Die Frauen sind nicht so zurückgezogen wie die Jüdinnen; sie gehen und reden mehr mit den Männern durcheinander. Als Jesus nach Sichar kam, umgab ihn gleich eine große Volksmenge. Er ging nicht in ihre Synagoge, sondern lehrte durchgehend hier und da auf den Straßen und auf dem Platz, wo ein Redestuhl stand. Überall war der Zusammenlauf der Menschen sehr groß. Sie waren voller Freude, dass der Messias zu ihnen gekommen sei.

Dina, wenngleich sehr gerührt und in sich gekehrt, ist doch unter den Frauen ihm am nächsten stehend. Man achtet sie jetzt besonders, weil sie Jesus zuerst gefunden hat. Sie sandte auch den Mann, mit dem sie lebt, zu Jesus, der wenige ermahnende Worte zu ihm sprach. Der Mann stand ganz verschüchtert und sich seiner Sünde schämend vor ihm. Jesus verweilte nicht lange in Sichar, Er zog zum entgegengesetzten Tor wieder hinaus und lehrte vor der Stadt noch hier und da bei Häusern und Gärten, welche sich eine gute Strecke weit noch im Tal hinzogen. Er blieb aber eine starke halbe Stunde weit vor Sichar in einer Herberge und versprach den Leuten, am folgenden Tag wieder in Sichar zu lehren.

1. August: Jesus ist heute wieder nach Sichar gegangen und hat den ganzen Tag in der Stadt auf dem Redestuhl und auf Plätzen und vor der Stadt auf Hügeln und am Abend wieder in der gestrigen Herberge gelehrt. Es waren Leute aus der ganzen Gegend da; sie strömten bald hierhin, bald dorthin. Es hieß: «Jetzt lehrt Er hier, jetzt lehrt Er dort.» Der Jüngling von Samaria hörte auch einmal zu, sprach aber nicht mit ihm. Dina ist überall voran und schreitet mit großen Schritten durch das Volk auf Jesus zu. Sie ist sehr aufmerksam, sehr gerührt und ernst. Sie hat wieder mit ihm gesprochen, sie will sich gleich von ihrem Buhlen trennen. Sie wollen all das Ihrige nach seinem Willen für die künftige Gemeinde und die Armen anwenden. Jesus hat ihr gesagt, wie sie es tun soll. Es waren sehr viele Leute gerührt, und sie sagten zu der Frau: «Du hast recht gesagt; nun haben wir ihn selbst gehört; Er ist der Messias.» Die gute Frau ist jetzt ganz oben an und so ernst und freudig; ich habe sie immer besonders lieb gehabt[56]. Jesus lehrte hier wie an den vorhergehenden Orten von der Gefangenschaft des Johannes, von der Verfolgung der Propheten, von dem Vorläufer, dem Wegbereiter, von dem in den Weinberg gesandten Sohn, der erschlagen wird. Er spricht deutlich aus, dass der Vater ihn gesandt habe. Er lehrt auch über alles, was Er der Frau am Brunnen gesagt hat; von dem lebendigen Wasser, vom Berge Garizim; dass das Heil von den Juden komme, von der Nähe des Reiches und Gerichtes, von der Strafe über die bösen Knechte, welche den Sohn des Herrn des Weinbergs erschlagen. Viele fragen ihn auch, wo sie sich sollen taufen und reinigen lassen, da Johannes gefangen sei,

und Er sagte ihnen, dass des Johannes Jünger bei Ainon jenseits des Jordans wieder taufen und dass sie, bis Er hinkomme und taufen lassen werde, dorthin gehen sollten. Es sind auch schon am folgenden Tag sehr viele dorthin gezogen.

Gegen Abend ging Jesus wieder vor die Stadt in die gestrige Herberge, lehrte noch daselbst und schlief dort. Heute abend begann, glaube ich, ein Fasttag. Ich habe gesehen, dass Er am folgenden Tag gar nicht, heute abend nur kalte Speisen verzehrte.

2. August: Heute morgen lehrte Jesus in der Herberge und auf Hügeln in der Nähe allerlei Volk. Arbeiter und auch jene Sklaven, die Er vor elf Monaten einmal am Feld der Hirten bei Bethabara nach seiner Taufe getröstet hatte, hörten ihn. Gestern und noch heute waren viele Lauerer von den Pharisäern aus der Gegend zugegen. Sie hörten mit Ingrimm alle seine Lehren, steckten die Köpfe zusammen und murrten höhnisch. Sie wagten aber nicht, ihn anzureden, und Er sah auch nicht zu ihnen hin. Auch mehrere samaritische Lehrer und Leute waren unbeugsam und verdrossen anwesend.

# ZWÖLFTES KAPITEL

*Jesus an den Grenzen von Samaria und in Niedergaliläa*

*Vom 2. bis 7. August 1822*

## *Jesus auf Lazarus' Gut bei Ginäa*

2. und 3. August:

Noch am Nachmittag sah ich Jesus mit den fünf Jüngern von der Herberge bei Sichar zwischen Thebez zur Rechten und Samaria zur Linken sechs Stunden weit in eine Stadt Ginäa oder Ginnim gehen. Diese Stadt liegt im jenseitigen Tal und bildet die Grenze zwischen Samaria und Galiläa. Kaum dreiviertel Stunde näher gegen Samaria liegt das Gut des Lazarus, ein hohes Haus im Gebirge, von wo man sehr weit sehen kann.

Weil es schon spät geworden war, eilten sie zuerst in die Stadt Ginäa in der Ebene zum Sabbat. Sie kamen mit ihren aufgeschürzten Röcken dort an und gingen gleich in die Synagoge; denn es war schon gegen 8 Uhr. Die früher abgereisten Jünger waren auch noch hier. Die Frauen waren die erste Nacht in Thebez etwa drei Stunden von dem Hirtenhaus geblieben und dann am Donnerstag nach Kapharnaum zurückgegangen.

Es war heute am Freitag ein Fasttag wegen des Murrens der Kinder Israels gewesen, da ihnen Gott das Gelobte Land verboten hatte. Deswegen waren die anderen Jünger wohl hier liegengeblieben. Sie hatten alle auf Lazarus' Gut geherbergt und gingen mit Jesus aus der Synagoge dorthin zurück, wo sie übernachteten. Es ist dasselbe Gut, wo Maria, die Mutter Jesu, auf der Reise nach Bethlehem und auch auf anderen Reisen einkehrte. Der Verwalter war ein großer, einfacher Mann wie aus den alten Zeiten. Er hatte viele Kinder. Es waren schon Gärten mit viel Obst hier, und die ganze Gegend war überhaupt sehr schön und reizend. Sie nahmen hier ein Mahl ein und schliefen hier.

Ich habe Johannes vor etwa zwei bis drei Tagen in seiner Gefangenschaft gesehen, wie mehrere seiner Jünger mit ihm sprachen. Sie können nicht zu ihm, aber sie können ihn doch sehen und ihm durch das Gitter etwas reichen. Es ist erlaubt, einige zu ihm zu lassen. Wenn aber sehr viele kommen, werden sie von den Soldaten abgewiesen. Seine Jünger fragten ihn wegen des Taufens. Er befahl ihnen, zu Ainon weiterzutaufen, bis Jesus dort taufen lasse. Johannes' Gefängnis ist zwar hell und groß, aber er hat gar kein Lager darin als nur eine Steinbank, die wie ein Lager ausgehauen ist. Er ist wie immer sehr ernst. Er hat immer etwas Tiefsinniges, Trauriges in seinem Gesicht gehabt, als einer, der das Lamm Gottes erwartete, sah und liebte und weiß, dass sie es umbringen werden.

3. August: Heute hielten sie alle den Sabbat in Ginäa. Jesus lehrte in der Synagoge. Es wurde aus einer Rolle gelesen vom Zug der Kinder Israels durch die Wüste und der Austeilung des Landes Kanaan. Es wurde auch etwas von Jeremias gelesen. Es waren zwölf hartnäckige Pharisäer hier, die mit Jesus disputierten. Jesus lehrte von der Nähe des Reiches Gottes und wie sie es mit dem Lande Kanaan gemacht, so sollten sie es nicht auch mit diesem tun. So legte Er alles auf das Reich Gottes aus und wie sie noch immer in der Wüste herumzögen, und die, welche gegen das Reich Gottes murrten, sollten in der Wüste sterben. Er sprach auch von der Strafe über Jerusalem. Es werde eine Zeit kommen, da dieser Tempel nicht mehr stehen werde, und eine Zeit, wo Jerusalem nicht mehr zu erkennen sei. Er sprach auch wieder vom Herrn des Weinbergs, der seinen Sohn sende, den sie hinausstoßen und töten würden, und aus den Psalmen vom Eckstein, den die Bauleute verwerfen, und legte es auf den Sohn des Herrn des Weinbergs aus. Er sprach auch von Elias und Elisäus.

Sie legten ihm spitzfindige Fragen vor. Sie zeigten eine Schriftrolle und fragten, was denn das bedeute, dass Jonas drei Tage im

Bauche des Walfisches liege. Er legte dies auf eine allgemeine, für sie ganz verständliche Art aus, wie der getötete Messias drei Tage im Grabe ruhen werde und in den Schoß Abrahams gehen und wieder auferstehen werde. Darüber lachten sie, und die meisten verließen die Synagoge.

Einer aber hörte die Lehre bis zu Ende und lud ihn mit den Jüngern zum Mahl ein; doch lauerte auch er noch, obschon er besser als die anderen war. Es waren noch mehrere zugegen. Als Jesus wieder zur Synagoge ging, hatten sie ihm Kranke vor die Schule gebracht und verlangten, Er solle sie heilen und sie ein Zeichen sehen lassen. Jesus heilte aber nicht und sagte, sie wollten nicht an ihn glauben, und Er wolle sie auch kein Zeichen sehen lassen. Sie wollten ihn aber am Sabbat in Versuchung führen zu heilen, um ihn darüber zu verklagen.

Als der Sabbat zu Ende war, reisten die vornehmeren galiläischen Jünger alle nach Hause. Jesus aber ging mit Saturnin und noch zwei anderen nach dem Gute des Lazarus, wo Er noch bleibt. Ich glaube, Er will morgen noch in der Gegend umhergehen, und zwar wieder etwas südlicher ins Gebirge. Es dünkt mich, der Ort heiße Atharot.

Sehr rührend war es zu sehen, wie Jesus die Kinder des Hausherrn im Garten lehrte. Er hatte sie bald vor sich, bald an seiner Brust, bald die Kleineren mit den Armen zu zweit umfasst. Er lehrte sie vom Gehorsam gegen die Eltern und von der Ehrerbietung gegen das Alter. Der Vater im Himmel habe ihnen diesen Vater gegeben; wie sie ihren Vater ehrten, würden sie auch den himmlischen Vater ehren. Er sprach auch zu den Kindern von den Söhnen Jakobs und von den Kindern Israels, wie sie gemurrt hätten und darum nicht in das Gelobte Land gekommen wären, und doch sei das Gelobte Land so schön. Da zeigte Er ihnen die schönen Bäume und Früchte im Garten und sprach vom Himmelreich: Wie das uns auch versprochen sei, so wir die Gebote Gottes erfüllen, und jenes sei ein viel herrlicheres Land; das hier sei eine Wüste dagegen. Sie sollten daher gehorchen und alles dankbar ertragen, was Gott über sie verhänge. Sie sollten sich das immer in Gedanken fest vorstellen und es durch jegliche Mühe und Arbeit verdienen. So beschäftigte sich Jesus an diesem Tage.

(Die Schwester Emmerick erzählte am Nachmittag noch folgendes Nähere von Jesu Sabbatlehre vor den Pharisäern, deren zwölf zugegen waren:) Er sprach von den Kindern Israels, wie sie, mit dem Richteramt Samuels nicht zufrieden, nach einem König schrien und wie sie Saul erhielten. Jetzt, da die Prophezeiung erfüllt sei, dass wegen ihrer Gottlosigkeit das Szepter von Juda genommen sei, verlangten sie wieder nach einem König und der Herstellung des Reiches, und Gott werde ihnen ihren König, ihren eigentlichen König senden, wie der Herr des Weinbergs seinen Sohn sende, nachdem seine Knechte von den gottlosen Weinbauern erschlagen worden sind; und sie würden diesen ihren König ebenso töten. Es werde ihnen aber übel ergehen; denn nun werde Gott sie wieder unter die Richter stellen. Dann sprach Er von der Zerstörung Jerusalems, vom verworfenen Eckstein und dem Heil, das von den Juden genommen werde.

Als sie ihm die Frage stellten von Jonas, sagte Er, so würde ihr König drei Tage im Grabe sein und wiederkehren, worüber sie unter sich lachten.

Er sprach nun auch vom Zorn der Kinder Israels in der Wüste, wie sie einen viel näheren Weg in das Gelobte Land hätten nehmen können, wenn sie die Gebote, die Gott auf dem Berge Sinai gegeben, gehalten hätten. Sie seien aber um ihrer Sünden willen immer wieder zurückgesetzt worden, und die Murrenden seien gar in der Wüste gestorben. Nun aber nahe das Reich Gottes und das letzte Erbarmen, und ihr Leben sei wieder ein Irren in der Wüste. Jetzt sollten sie den nächsten Weg gehen, um zum verheißenen Reich Gottes zu gelangen; er werde ihnen jetzt gezeigt.

Da traten drei Pharisäer ganz heuchlerisch hervor und sagten: «Ehrwürdiger Rabbi, du sprichst immer vom nächsten Weg; sage uns diesen nächsten Weg.» Da sagte Jesus: «Kennt ihr die Zehn Gebote vom Sinai?» Sie sagten: «Ja.» Und Er sprach: «Haltet das erste davon und liebt den Nächsten wie euch selbst, und legt den Untergebenen nicht schwere Bürden auf, die ihr selbst nicht befolgt. Das ist der Weg.» Da sagten sie: «Das wussten wir auch, was du da sagst.» Und Jesus sagte ihnen: «Dass ihr es wisst und doch nicht tut, ist eure Schuld, um die ihr werdet gezüchtigt werden.» Nun warf Er ihnen vor, wie sie denn auch hier in der Stadt ganz besonders taten, dass sie den Leuten so viel aufbürdeten und dass sie selbst das Gesetz nicht hielten. Er sprach auch von den Kleidern der Priester, welche Gott Moses vorgeschrieben hatte, und was sie bedeuteten, und wie sie alles das nicht erfüllten und noch viel Äußerliches, Verkehrtes zusetzten. Sie waren aber alle sehr erbittert, konnten ihm jedoch nichts anhaben. Manchmal sprachen einige untereinander: «Das ist also der Prophet aus Nazaret, ja der Zimmermannssohn» usw.

Das Gut des Lazarus war höchstens dreiviertel Stunde hiervon entfernt. Jesus ging während des Sabbats morgens und nachmittags wieder dorthin, lehrte die Kinder und kehrte zurück.

### *Jesus in Atharot – Hinterlist und Wut der Sadduzäer*

4. August: Am Sonntagmorgen hielt Jesus im Landhaus des Lazarus bei Ginäa eine sehr große Kinderlehre; es waren auch benachbarte Kinder zugegen. Er lehrte erst die Knaben und dann die Mädchen allein, auf die Art, wie ich gestern sagte. Gegen Mittag ging Er mit den drei Jüngern wieder südöstlich etwa vier Stunden zurück in einen hochgelegenen, kleinen Ort, Atharot genannt, der ungefähr zwei Stunden von Samaria lag.

Es war dies ein Hauptsitz der Sadduzäer, und die hier Wohnenden hatten bei der Verfolgung der Jünger nach Ostern, wie zu Gennabris die Pharisäer, mehrere gefangen und mit Ausfragen gequält. Es hatten einige von ihnen schon Jesu Lehren in der Herberge bei Sichar belauert, wo Er besonders auch die Härte der Pharisäer und Sadduzäer gegen die Samariter gerügt hatte. Sie hatten damals schon einen Plan gemacht, Jesus in Versuchung zu führen und ihn aufgefordert, den Sabbat in Atharot zu halten.

Er wusste aber ihre Absicht und ging den weiteren Weg nach Ginäa.

Mit den Pharisäern dort hatten sie sich auch beredet und schickten am Samstagmorgen Boten zu ihm: Er habe so schön von der Menschenliebe gelehrt, man solle seinen Nächsten lieben wie sich selbst; Er möge doch nach Atharot kommen und einen Kranken heilen. Wenn Er ihnen dieses Zeichen tue, so wollten sie alle und auch die Pharisäer von Ginäa an ihn glauben und seine Lehre in der Gegend ausbreiten.

Jesus kannte ihre Bosheit und wusste ihren Betrug. Der Mann lag schon mehrere Tage unbeweglich und tot, und sie behaupteten gegen alle Einwohner der Stadt, er liege in Entzückung, selbst seine Frau wusste nicht, dass er tot war. Hätte nun Jesus ihn erweckt, so hätten sie gesagt, dass er nicht tot gewesen sei. Sie kamen Jesus entgegen und führten ihn vor das Haus des Toten. Dieser war einer der ersten Sadduzäer gewesen und hatte es am ärgsten gegen die Jünger getrieben. Sie trugen den Toten auf einem Tragbett hinaus auf die Straße, als Jesus kam. Es standen wohl fünfzehn Sadduzäer und alles Volk umher. Die Leiche sah ganz schön aus. Sie hatten ihn aufgeschnitten und einbalsamiert, um Jesus zu betrügen. Jesus sagte aber: «Dieser Mensch ist tot und bleibt tot.» Da sagten sie, er sei nur entzückt, und wenn er tot wäre, so sei er jetzt gestorben. Jesus aber sagte: «Er hat die Auferstehung geleugnet und wird hier nicht auferstehen; ihr habt ihn mit Gewürzen gefüllt, aber seht, mit welchen Gewürzen! Deckt seine Brust auf!» Da sah ich, dass einer auf der Brust des Toten die Haut wie eine Klappe aufhob, und es brachen eine Menge Würmer, sich reckend und rührend, daraus hervor.

Da wurden die Sadduzäer ganz grimmig; denn Jesus sagte alle seine Sünden und Verbrechen laut und öffentlich aus und sagte, das seien die Würmer des bösen Gewissens, welche er sonst zugedeckt habe und die jetzt sein Herz zerfressen. Er sprach auch drohend ihren Betrug und ihre böse Absicht aus und sprach sehr hart von den Sadduzäern und auch vom Gericht über Jerusalem und alle, welche das Heil nicht annehmen würden.

Sie brachten den Toten dann ganz geschwind wieder in das Haus, und es war ein entsetzliches Lärmen und Schmähen. Als Jesus mit den Jüngern wieder zum Tor hinauszog, warf das aufgehetzte Gesindel mit Steinen hinter ihnen her; denn die Aufdeckung der Würmer und die Bosheit des Toten hatten sie gewaltig geärgert.

Ich sah unter dem bösen Gesindel doch auch einige wohlgesinnte Leute, welche weinten. In einer Straße wohnten abgesondert kranke, blutflüssige Frauen; sie glaubten an Jesus und flehten von ferne, denn sie durften als unrein nicht nahen. Er ging, es wohl wissend, barmherzig durch ihre Straße und da Er vorüber war, gingen sie in seine Fußstapfen und küssten sie. Er schaute sich um, und sie genasen.

Jesus ging noch beinahe drei Stunden bis auf einen Hügel in der Nähe von Engannim. Dieser Ort liegt ungefähr in derselben Linie wie Ginäa, aber einige Stunden mehr östlich in einem anderen Tal. Dieses ist die gerade Richtung nach Nazaret über Endor und Naim. Von Naim ist es etwa sieben Stunden entfernt.

Jesus übernachtete auf diesem Hügel, wohin ihm mehrere Jünger aus Galiläa entgegengekommen waren, in einem Schuppen einer offenen Herberge, wo sie auch etwas aßen, was die Jünger mitgebracht hatten. Es waren Andreas und der Bräutigam Nathanael und zwei Knechte des sogenannten Hauptmanns von Kapharnaum. Sie baten ihn sehr dringend, Er solle doch eilen, der Sohn des Mannes sei so krank. Er sagte aber, Er werde zur rechten Zeit kommen.

Dieser Hauptmann war ein in den Ruhestand versetzter Vorsteher des Herodes Antipas über einen Teil von Galiläa. Er war von guter Gesinnung und hatte die Jünger in ihrer letzten Verfolgung nach der Taufe gegen die Pharisäer unterstützt, hatte ihnen auch schon mit Geld und Lebensmitteln geholfen. Er war aber noch nicht ganz gläubig, obschon er an die Wunder glaubte.

Er wünschte sehr um des Kindes willen und auch um die Pharisäer zu beschämen, Jesus möge das Wunder an seinem Sohn tun, und auch die Jünger wünschten es; sie hatten mit ihm gesprochen: «Da sollen sich die Pharisäer ärgern, da sollen sie sehen, wer Er ist, dem wir folgen!»

Darum übernahmen auch Andreas und Nathanael die Botschaft. Jesus wusste dies. Er lehrte sie noch am Morgen, und die zwei Knechte, welche Sklaven und Heiden waren, bekehrten sich.

5. und 6. August:

Heute, am Montagmorgen, verweilte Jesus noch immer mit den Jüngern in der Herberge auf dem Hügel. Er ist gestern spät in der Nacht angekommen. Nachmittags gingen die Jünger zurück nach Galiläa, und Er ging mit dreien, Saturnin und dem Sohn der Schwester der Mutter des Bräutigams von Kana und einem Sohn der Witwe Obeds von Jerusalem, einem etwa sechzehnjährigen Jüngling, in das nahegelegene Engannim.

Jesus hatte hier entfernte Verwandte von der Familie Annas her, Essener. Ich habe wieder erfahren, dass Annas Voreltern viel mit Essenern verkehrten und dass auch Essener unter ihnen gewesen sind. Diese Leute hatten Jesus sehr demütig, einfach und vertraut aufgenommen. Sie wohnten abgesondert an einer Seite der Stadt. Ich erfuhr auch viel von ihrer Lebensweise. Mann und Frau lebten sehr keusch und achtungsvoll gegeneinander, und sobald die Frau empfangen hatte, enthielten sie sich gänzlich. Es lebten auch viele Unverheiratete beisammen, wie im Kloster zum Essen zusammenkommend. Es war aber hier nicht mehr die ganz strenge alte Verfassung. Sie waren wie andere gekleidet und gingen mit zur Schule. Ich sah heute Jesus in der Synagoge lehren. Es waren gute Leute hier, und ich bemerkte keinen Pharisäer im Ort, nur einige Lauerer von fremden Orten.

Dienstag: Jesus hat den ganzen Tag in Engannim in der Synagoge gelehrt. Es waren ungemein viele Menschen aus der Gegend zugeströmt. Sie warteten scharenweise vor der Synagoge, die sie nicht alle fasste, und wenn eine Schar draußen war, füllte die andere sie wieder an. Er lehrte hier ungefähr dasselbe wie auf der ganzen Reise, nur nicht so streng, weil die Leute gut gesinnt waren. Es war auch damals wie jetzt: Jedes Dorf hatte je nach der Gesinnung der Priester eine andere Gesinnung.

Jesus sagte, wenn Er gelehrt habe, wolle Er auch heilen. Er lehrte von der Nähe des Reiches und der Ankunft des Messias. Er führte alle Stellen der Schrift und der Propheten an und wies sie in der Zeit nach. Er sprach auch von Elias und was er gesagt und gesehen hatte und nannte auch die Jahreszahl, wann er es gesehen – ich habe sie vergessen – und dass er einen Altar in einer Grotte zur Ehre der Mutter des künftigen Messias aufgerichtet hatte. Er beschrieb nun die Zeit, dass es keine andere sein könne, und erwähnte, dass das Szepter von Juda genommen sei, und erinnerte sie auch des Zuges der drei Könige. Er sprach dies alles im allgemeinen, als wenn Er von einem Dritten spräche, und erwähnte sich und seine Mutter gar nicht. Er sprach auch von dem Mitleiden und von der gütigen Behandlung der Samariter. Er erzählte die Parabel vom Samariter, doch erwähnte Er Jericho nicht. Er sprach auch, Er habe selbst erlebt, dass sie hilfreicher gegen die Juden seien als diese gegen sie. Er erzählte die Geschichte von der samaritanischen Frau und wie sie ihm Wasser gereicht habe, was ein Jude nicht so leicht einem Samariter getan hätte; Er sprach, wie gut sie ihn überhaupt aufgenommen hatten. Er lehrte auch hier von den Strafgerichten über Jerusalem. Der Fasttag am 9. bezog sich auch auf die Zerstörung von Jerusalem. Er sprach auch von den Zöllnern; es wohnten einige in der Gegend.

Ich sah, dass die Essener eine Art Hospital hatten, wo sie die Kranken pflegten, und dass sie auch an langen Tischen die Armen speisten.

Engannim ist eine Levitenstadt. Sie liegt am Abfall eines Tales, das gegen Jezrael zuläuft, auf einem Vorsprung des östlichen, langen Seitengebirges. In dem Tal fließt der Bach gegen Norden. Die Einwohner treiben hier Tuchweberei und Spinnerei für Priesterkleider und arbeiten auch Quasten, seidene Fransen und Knöpfe, welche am Saum dieser Kleider hängen. Die Frauen nähen diese Kleider. Es ist ganz gutes Volk hier.

Das Hospital, das die Essener besorgen, ist von kranken und verkommenen Menschen aus allen Sekten angefüllt. Sie nehmen alle auf und lehren und bessern sie auch. Sie haben es sehr weise eingerichtet, und es liegt immer ein böser Mensch zwischen ein paar Guten, welche ihn ermahnen und zu bessern suchen. Jesus ging hier auch durch und heilte einige Menschen.

Schon während Jesus noch in der Synagoge lehrte, hatte man aus der Stadt und der ganzen Gegend eine große Menge von Kranken herbeigeschafft. Sie wurden, wo Jesus vorübergehen musste, an den Häusern entlang auf Tragbetten und Kissen gelegt und

Zeltdecken über sie gespannt, und die Ihrigen standen bei ihnen. Es war die Ordnung, dass alle Kranken einer Art beieinander lagen. Es war wie ein ganzer Jahrmarkt von elenden Menschen.

Jesus kam nach der Lehre heraus, ging an der Reihe der Kranken entlang, welche ihn demütig anflehten, und Er heilte unter stetem Lehren und Ermahnen wohl vierzig Lahme, Blinde, Stumme, Gichtkranke, Fieberhafte, Wassersüchtige usw. Besessene sah ich hier keine. Er lehrte auch noch auf einem Hügel in der Stadt, weil des Volkes zu viel war. Das Gedränge wurde aber zuletzt so groß, dass die Leute in die Häuser drangen und auf die Dächer stiegen und die Wände zerbrachen. Als diese Unordnung begann, verlor sich Jesus in der Menge, verließ die Stadt und ging einen Seitenweg steil durchs Gebirge, wo es einsam war. Seine drei Jünger folgten ihm nach und mussten ihn noch suchen, fanden ihn aber erst in der Nacht betend.

Ich sah auch mit einem Blick, dass die Johannesjünger wieder taufen und dass die Apostel wieder alle bei ihren Haushaltungen und Fischereien sind.

7. August: Ich glaube, Jesus hat mit den Jüngern im Gebirge übernachtet. Ich sah, dass sie ihn betend fanden, und da sie ruhten, ihn fragten, was sie denn beten sollten, wenn Er bete, worauf Er ihnen auf eine ganz kurze Art einige Bitten des Vaterunsers vorsprach; ich kann es nicht so wiedergeben. Er sprach: «Geheiligt werde dein Name, vergib uns unsere Schuld, wie wir auch vergeben unseren Schuldigern, und erlöse uns von dem Bösen.» Er sagte: «Betet jetzt dies und tut es auch!» Er lehrte sie noch gar wunderbar darüber. Ich sah, dass sie es gar treulich taten, wenn Er nicht mit ihnen sprach und für sich allein ging. Sie hatten jetzt immer etwas Speise in Beuteln bei sich, und ich sah, wenn andere Reisende vorüberzogen, selbst auf sichtbaren Seitenwegen, dass Jesus sie lehrte, zu ihnen hinzueilen und ihnen zu sagen, wessen sie bedurften, besonders wenn es Arme waren.

Jesus zog an Jezrael und an Endor vorbei und kam gegen Mittag etwa um 11 Uhr vor Naim an. Er ging dort ohne Aufsehen vor der Stadt in eine Herberge.

Die Witwe von Naim, die Schwester der Frau des Jakobus Major (des Älteren), wusste durch Andreas und Nathanael von seiner nahen Ankunft und hatte auf ihn warten lassen, und ich sah, dass sie mit einer anderen mir bis jetzt ganz unbekannt gewesenen Witwe zu ihm in die Herberge kam. Sie warfen sich vor ihm nieder und waren verschleiert, und die Witwe von Naim bat ihn, das Anerbieten dieser anderen guten Witwe anzunehmen, welche alles das Ihrige zu der Kasse der heiligen Frauen zur Verpflegung der Jünger und Armen hergegeben und selbst dabei dienen wollte. Jesus nahm das Anerbieten der Witwe an, lehrte und tröstete beide. Sie brachten auch einige Gaben zu einem Mahl, welches die Jünger empfingen, und die Witwe gab ihnen sogleich eine Summe Geld, welche sie zur Verpflegung nach Kapharnaum zu den Frauen sandten. Jesus ruhte hier mit den Jüngern; denn Er hatte am vorigen Tage in Engannim mit unbeschreiblicher Anstrengung gelehrt und geheilt und war von da wieder etwa sieben Stunden bis hierher gereist. Ich habe ihn wieder nachts beim Tabor vorüberwandern sehen. Er ließ Nazaret zur Linken liegen, und ich hörte ihn die Jünger wieder vom Gebet lehren.

Die neuangekommene Witwe meldete Jesus auch eine andere Frau, namens Maria, welche mir unbekannt ist, die das Ihrige auch hergeben wolle. Jesus sagte, sie solle es bis weiterhin bewahren, wenn es nötiger sein werde.

### *Der Hauptmann von Kapharnaum – Heilung von Besessenen*

8. August: Jesus kam heute früh in der Dämmerung nach Kana und kehrte bei einem Schriftgelehrten an der Synagoge ein. Nachdem Er geruht und sich erquickt hatte, war bald der Vorhof des Hauses voll von Menschen; denn man hatte hier seine Nähe von Engannim aus erfahren, und alles erwartete ihn.

Er lehrte den ganzen Morgen und war von einer Masse Volk umgeben, als der sogenannte Hauptmann von Kapharnaum ankam. Er kam mit mehreren Knechten und Maultieren. Er war sehr eilig und wie in großer Angst und Sorge und suchte von allen Seiten vergebens, durch das Volk zu Jesus durchzudringen, vermochte es aber nicht. Da er mehrmals vergebens vorgedrungen war, begann er heftig zu rufen: «Ehrwürdiger Meister, lasse einen Knecht vor dich! Ich bin hier als Gesandter meines Herrn von Kapharnaum und als er selbst und als der Vater seines Sohnes. Ich bitte dich, doch gleich mit mir zu kommen; denn mein Sohn ist sehr krank und dem Tode nahe.»

Jesus hörte nicht auf ihn; er aber suchte, da man auf ihn aufmerksam wurde, mehr vorzudringen, drang jedoch nicht durch und schrie von neuem dasselbe: «Komm doch gleich mit mir, mein Sohn ist am Sterben!» Da er so ungestüm schrie, wandte Jesus sich zu ihm und redete dann zu ihm, dem Volk zum Gehör: «Wenn ihr nicht Zeichen und Wunder seht, so glaubt ihr nicht. Ich weiß deine Sache wohl; ihr wollt damit prahlen und den Pharisäern trotzen und bedürft es ebenso sehr wie sie. Das ist nicht meine Sendung, dass ich Wunder tue zu euren Zwecken. Ich bedarf nicht eurer Bestätigung. Ich werde mich bewähren, wo es der Wille meines Vaters ist, und werde Wunder tun, wo meine Sendung es erfordert!» Er sprach lange und schmähte ihn vor allem Volk, dass er schon lange auf ihn warte, seinen Sohn heilen zu lassen, um damit gegen die Pharisäer zu prahlen. Sie sollten nicht Wunder zum Vorzeigen vor anderen begehren; sie sollten glauben und sich bekehren.

Das hörte der Mann ohne allen Erfolg an und ließ sich nicht irre machen und drang noch näher und rief nochmals: «Was kann das helfen, Meister! Mein Sohn ist am Sterben, komme doch gleich mit mir, er ist vielleicht schon tot!» Da sagte Jesus zu ihm: «Gehe hin, dein Sohn lebt!» Der Mann sagte noch: «Ist das gewiss?», und Jesus sagte: «Er ist gesund in dieser Stunde, auf mein Wort!»

Da glaubte ihm der Mann und begehrte nicht ferner, dass Er mit ihm reise. Er bestieg sein Maultier und ritt sehr schnell nach Kapharnaum. Jesus sagte auch noch, dieses Mal wolle Er es noch tun, in einem ähnlichen Fall nicht wieder.

Ich sah diesen Mann nicht als den königlichen Beamten selbst, aber doch als den Vater des Sohnes. Er war ein erster Hausbeamter jenes Hauptmanns von Kapharnaum. Dieser hatte keine Kinder und lange danach verlangt und hatte einen Sohn dieses seines vertrauten Dieners und seiner Frau als den seinen angenommen, der jetzt schon vierzehn Jahre alt war. Der Bote kam als der Gesandte und als der Herr und Vater selbst. Ich habe das alles gesehen, und es ist mir das ganze Verhältnis erklärt worden, und darum hat vielleicht Jesus ihn auch so lange rufen lassen. Es war dies übrigens nicht bekannt.

Der Knabe hatte schon lange nach Jesus verlangt. Zuerst war die Krankheit gelind, und sie verlangten schon nach Jesus der Pharisäer wegen. Seit vierzehn Tagen wurde die Krankheit heftiger, und der Knabe hatte bei den vielen Arzneien immer gesagt: «Die vielen Tränkchen helfen mir nicht, nur Jesus, der Prophet von Nazaret, wird mir helfen.» Da nun die Gefahr so groß war, schickten sie schon nach Samaria Botschaft durch die heiligen Frauen und dann wieder Andreas und Nathanael gegen Engannim. Endlich ritt der Vater und Verwalter selbst nach Kana, wo er Jesus fand. Jesus hatte aber gezögert, um ihre Absicht zu strafen.

Es war von Kana nach Kapharnaum eine Tagreise. Der Mann eilte aber so, dass er noch vor der Nacht ankam. Ein paar Stunden vor Kapharnaum kamen ihm Knechte entgegen und sagten, dass der Knabe gesund sei: Sie hätten ihm nachziehen und sagen sollen, er brauche sich nicht weiter zu bemühen, wenn er Jesus noch nicht gefunden habe, man hätte die Kosten sparen können; denn der Knabe sei um die siebte Stunde plötzlich von selbst gesund geworden. Da sagte er ihnen die Worte Jesu, und sie wunderten sich und eilten mit ihm nach Hause.

Ich sah aber den Hauptmann Serobabel mit dem Knaben ihm unter der Tür entgegenkommen. Der Knabe umarmte ihn, und er erzählte die Worte Jesu, und seine mitgewesenen Knechte beteuerten alles. Da entstand ein großer Jubel. Ich sah auch ein Mahl bereiten. Der Jüngling saß zwischen seinem Pflegevater und wirklichem Vater, und die Mutter saß auch dabei. Der Knabe liebte den rechten Vater ebenso sehr wie den vermeintlichen, und jener hatte auch große Gewalt im Hause.

Nachdem Jesus den Mann von Kapharnaum abgefertigt hatte, heilte Er noch mehrere Kranke, welche in einen Hof des Hauses gebracht worden waren. Es waren mehrere Besessene dabei, doch nicht von der bösartigen Gattung. Die Besessenen wurden oft mit zu seiner Lehre geführt. Wenn sie kamen, so tobten sie und warfen sich entsetzlich hin und her, und Jesus befahl ihnen, still zu sein. Dann wurden sie ganz still. Nach einer gewissen Zeit war es, als könnten sie es nicht mehr aushalten, und sie fingen wieder an zu zucken; da winkte Jesus mit der Hand, und sie hielten wieder ein und nach der Lehre befahl Er dem Satan auszufahren, wobei die Kranken gewöhnlich ein paar Augenblicke wie ohnmächtig zusammensanken und dann fröhlich dankend erwachten und nicht wussten, wie ihnen gewesen war. Es sind aber solche gutartigen Besessenen, Menschen, welche ohne ihre Schuld besessen sind. Ich kann es nicht deutlich erklären, aber ich habe es in diesem Bild und sonst auch deutlich gesehen, wie es zusammenhängt, dass bei einem bösen Menschen, welcher aus Gnade und Langmut noch verschont bleibt, oft der Satan einen schwachen Unschuldigen, der jenem Bösen verwandt ist, in Besitz nimmt. Es ist dann, als wenn dieser einen Teil der Strafe des anderen auf sich nehme.

Ich kann dies nicht so recht deutlich machen; es hängt damit zusammen, dass wir Glieder eines Leibes sind, und es ist so, wie wenn ein gesundes Glied durch die Sünden eines anderen Gliedes durch geheimen inneren Bezug erkrankt. Solche Besessene waren hier. Die Bösartigen sind viel fürchterlicher und wirken mit dem Satan mit; die anderen leiden nur und sind dazwischen ganz fromm.

Jesus lehrte nachher noch in der Synagoge, wohin mehrere anwesende Schriftgelehrte aus Nazaret ihn einluden. Sie sagten, es sei in seiner Vaterstadt bekannt geworden, welche große Wunder Er in Judäa, Samaria und vorgestern in Engannim gewirkt habe. Er wisse aber wohl, in Nazaret sei man der Meinung, wer nicht in der Schule der Pharisäer gelernt habe, der könne nicht viel wissen. Es sei daher ihr Wunsch, Er möge zu ihnen kommen und sie eines Besseren belehren. Sie meinten, ihn dadurch zu locken. Jesus sagte ihnen, Er werde noch nicht kommen und wenn Er komme, werden sie nicht das von ihm erhalten, was sie verlangten.

Nach der Synagoge war Er bei einem großen Mahl in dem Haus des Brautvaters von Kana. Die Witwe, die Tante des Bräutigams, die Braut und der Bräutigam waren auch zugegen. Nathanael, der Bräutigam, war als ein Jünger gleich zu Jesus gekommen und hatte bei der Lehre und Krankenheilung geholfen, Ordnung zu halten. Der Bräutigam und die Braut wohnen allein; sie haben auch keine Wirtschaft. Sie erhalten Speise von den Brauteltern.

Ihr Vater hinkt ein wenig, es sind gute Leute. Kana ist ein schöner, reicher Ort auf einer hohen Ebene. Es ziehen mehrere Landstraßen durch. Es geht von hier ein Weg direkt nach Kapharnaum, es ist, glaube ich, etwa sieben Stunden bis dahin. Gegen Kapharnaum senkt sich der Weg etwas.

Nach der Mahlzeit ging Jesus wieder in seine Herberge und heilte noch mehrere Kranke, die seiner harrten. Er heilt nicht immer auf dieselbe Art. Bald befiehlt Er, bald legt Er die Hände auf, manchmal beugt Er sich über sie, manchmal befiehlt Er, sich noch zu baden, bald mischt Er Staub und seinen Speichel und bestreicht ihre Augen. Manche ermahnt Er, anderen sagt Er ihre Sünden, andere weist Er ab.

### *Jesus kommt nach Kapharnaum*

9. bis 11. August:

Jesus ging am Freitagmorgen mit seinen Jüngern, die Er mitgebracht hatte, von Kana nach Kapharnaum. Es folgte auch Nathanael; seine Frau, ihre Tante und noch einige andere Leute waren voraus.

Der Weg kann etwa sieben Stunden sein; er geht ziemlich gerade, gegen Kapharnaum geht er bergab. Auf diesem Weg lässt Er links einen Teich oder luftigen See liegen, ähnlich wie der Teich zu Ainon; es fließt ein Bach mitten durch, es sind viele kleine Kähne darauf. Gärten und Lustschlösser sind in der Gegend, und auf einem Berge liegen alte Türme. Es fängt da die herrliche, fruchtbare Strecke Gennesaret an. Ich meine, es ist in einer Linie mit Magdalum. In der Gegend sind im Feld einzelne Wachttürme wie die um das Feld von Magdalum. An dem Berg, wo die Türme sind, sind warme Bäder.

Als Jesus in die Nähe von Kapharnaum kam, tobten mehrere Besessene vor den Toren und in der Stadt. Sie schrien: «Der Prophet kommt, was will Er hier, was hat Er mit uns zu schaffen?» Nun sah ich Jesus etwa um zwei Uhr vor Kapharnaum ankommen und die Besessenen sich verlaufen. Eine Strecke Wegs vor der

Stadt hatte man ein Zelt errichtet. Der Hauptmann und der Vater des Knaben führten diesen zwischen sich Jesus entgegen, und es folgte seine ganze Familie, alle seine Knechte und Angehörigen und Sklaven: diese waren Heiden, welche ihm Herodes sandte. Es war eine ganze Prozession. Alle warfen sich vor Jesus nieder und dankten. Sie wuschen hier Jesus die Füße und reichten ihm einen Becher und Bissen. Jesus legte dem vor ihm knienden Knaben unter Ermahnungen noch die Hand auf den Kopf, und er erhielt nun den Namen Jesse, da er vorher Joel geheißen hatte. Der Hauptmann hieß Serobabel. Dieser ersuchte Jesus dringend, bei ihm in Kapharnaum einzukehren und eine Mahlzeit einzunehmen. Jesus aber schlug es ihm ab und verwies ihm nochmals seine Begierde, Wunder von ihm sehen zu wollen, um andere zu ärgern. Er sagte: «Ich würde den Knaben nicht geheilt haben, wenn der Glaube des Boten nicht so stark und dringend gewesen wäre.» Hierauf setzte Jesus seinen Weg fort.

Serobabel aber hatte ein großes Festmahl bereiten lassen. Alle Diener und Arbeiter seiner vielen umherliegenden Gärten waren herzugerufen. Allen war das Wunder erzählt worden, alle glaubten gerührt an Jesus. Während des Mahles stimmten das Gesinde und viele Arme, denen Geschenke ausgeteilt wurden, in der Vorhalle einen Lobgesang an.

Das Wunder wurde schon heute ganz früh in Kapharnaum bekannt gemacht. Serobabel sandte die Nachricht an die Mutter Jesu und an die Apostel, die ich alle wieder mit ihrer Fischerei beschäftigt sah. Ich sah auch, dass die Nachricht zur Schwiegermutter des Petrus gebracht wurde, welche krank darniederlag.

Jesus ging um Kapharnaum herum nach der Wohnstelle seiner Mutter, wo noch etwa fünf Frauen und Petrus, Andreas, Jakobus und Johannes versammelt waren. Sie kamen ihm entgegen, und es war eine große Freude über seine Ankunft und seine Wunder. Er nahm hier ein Mahl ein und begab sich dann gleich mit den Jüngern nach Kapharnaum zum Sabbat. Die Frauen blieben zu Hause. In Kapharnaum waren eine große Volksmenge und viele Kranke versammelt. Die Besessenen liefen und schrien in den Straßen, als Er kam. Er gebot ihnen zu schweigen und ging mitten durch sie hindurch zur Synagoge.

Nach dem Gebet wurde ein hartnäckiger Pharisäer namens Manasse aufgerufen: an ihm sei die Reihe vorzulesen. Jesus aber begehrte die Rollen und sagte, dass Er lesen wolle. Da gaben sie ihm die Rolle, und Er las zuerst aus dem Anfang des fünften Buches Moses bis zu dem Murren der Kinder Israels und lehrte von dem Undank ihrer Väter und von der Barmherzigkeit Gottes mit ihnen und von der Nähe des Reiches, dass sie sich jetzt hüten sollten, wie damals zu tun. Er legte alle jene Wege und Irrsale auf ihre jetzigen Irrtümer aus und stellte das damalige Gelobte Land dem jetzt so nahen Reich gegenüber. Dann las Er auch noch das erste Kapitel von Jesaja. Er legte es auf die jetzige Zeit aus. Er sprach von den Lastern und der Strafe und wie sie so lange einen Propheten erwartet hätten und nun mit dem umgehen würden, den sie jetzt hätten. Er sprach von allerlei Tieren, die ihren Herrn erkennten, sie aber würden ihn nicht erkennen; Er sprach auch, wie der, der ihnen helfe, durch ihre Misshandlung aussehen werde und wie Jerusalem gestraft werden würde und wie die heilige Gemeinde nur sehr klein sein werde. Der Herr werde sie aber groß machen, und die anderen würden vertilgt werden. Er sprach, sie sollten sich bekehren; und wenn sie auch ganz mit Blut bedeckt wären, sollten sie zu Gott schreien und sich bessern, und sie würden rein werden.

Er lehrte dann noch von Manasse, wie er so schändlich gewesen sei und wie er gelästert habe vor Gott und darum zur Strafe gefangen nach Babylon geführt worden sei, wie er sich bekehrt, zu Gott gebetet und noch Verzeihung erhalten habe. Er schlug auch eine Rolle wie zufällig auf und las die Stelle Jesaja 7,14. «Siehe, eine Jungfrau wird gebären» und legte dieses auf Sich aus und auf die Ankunft des Messias. Dasselbe hatte Er bei seiner Anwesenheit in Nazaret vor seiner Taufe auch so ausgelegt, und sie hatten seiner noch gespottet und gesagt: «Butter und Honig haben wir ihn nicht viel essen sehen bei seinem Vater, dem armen Zimmermann.»

Die Pharisäer und viele andere Leute in Kapharnaum waren gar nicht zufrieden, dass Er ihnen heute so streng über den Undank lehrte; denn sie hatten sich etwas Schmeichelhaftes erwartet, weil Er so gut aufgenommen worden war. Die Lehre dauerte ziemlich lange und als Er hinausging, hörte ich ein paar Pharisäer sich einander zuflüstern: «Sie haben Kranke ausgestellt; ob Er es wagen wird, sie am Sabbat zu heilen?» Man hatte die Straße mit Fackeln und viele Häuser mit Lampen erleuchtet. Einige Häuser der Übelgesinnten waren dunkel. Die Leute hatten, wo Er vorüberging, noch Kranke vor den Häusern und Licht dabei; einige wurden in den Armen ihrer Angehörigen in die Türen geschleppt. Es war ein großes Getümmel und Jauchzen in den Straßen, und mehrere Besessene schrien ihm zu, Er befreite sie durch seinen Befehl.

Einen solchen sah ich ganz wild und wütend gegen ihn springen und mit einem fürchterlichen Angesicht und emporgesträubtem Haar ihn anschreien: «Du! Was willst Du hier? Was hast Du hier zu schaffen?» Da stieß ihn Jesus zurück und sagte: «Fahr' aus, Satan!», und ich sah den Menschen niederstürzen, als müsse er Hals und Beine gebrochen haben. Dann richtete er sich ganz verwandelt und sanft auf, kniete vor Jesus, weinte und dankte. Jesus befahl ihm, sich zu bessern. Ich sah ihn viele so im Vorübergehen heilen.

Darauf sah ich Jesus mit den Jüngern durch die Nacht zum Haus seiner Mutter wandern und hörte unterwegs ihr natürliches und einfaches Gespräch. Petrus sagte von seiner Haushaltung, er habe doch bei seiner Fischerei viel versäumt, da er so lange abwesend gewesen sei; er müsse für Frau und Kinder und für seine Schwiegermutter sorgen. Johannes erwiderte ihm, und er müsse mit Jakobus für seine Eltern sorgen; das sei noch wichtiger als eine Schwiegermutter, und so redeten sie ganz und teils scherzhaft miteinander, und ich hörte, dass Jesus ihnen sagte, es werde bald die Zeit kommen, da sie dieses Fischen ganz aufgeben würden und andere Fische fangen würden. Johannes war viel kindlicher und vertrauter mit Jesus als die anderen; er war so lieblich und in alles ergeben, ohne Sorge und Widerspruch. Jesus ging zu seiner Mutter, die anderen gingen nach Hause.

10. August: Jesus ging am Sabbatmorgen früh mit seinen Jüngern nach Kapharnaum aus der Wohnung seiner Mutter fort, die etwa dreiviertel Stunden gegen Bethsaida zu liegt. Der Weg führt von da etwas aufwärts und dann wieder abwärts nach Kapharnaum. Bald vor dem Tor liegt in einer Senke ein Haus, in welches ein frommer, alter Mann als Verwalter gesetzt ist. Dieses Haus ist zur Aufnahme Jesu und der Jünger bestimmt. Es fanden sich alle Jünger von Bethsaida und der Gegend in Kapharnaum ein. Maria und die heiligen Frauen folgten später. Als Jesus in die Stadt kam, waren sehr viele Kranke ausgestellt, welche schon gestern gekommen und noch nicht geheilt waren. Jesus heilte sehr viele auf dem Weg zur Synagoge, in welcher Er unter anderem über eine Parabel lehrte, die ich vergessen habe.

Als Er vor der Synagoge beim Herausgehen noch lehrte, warfen sich mehrere vor ihm nieder und begehrten Vergebung ihrer Sünden. Es waren zwei ehebrecherische, von ihren Männern verstoßene öffentliche Frauen und etwa vier Männer, darunter solche, die mit jenen gesündigt hatten. Sie zerflossen in Tränen und wollten ihre Sünden vor dem ganzen versammelten Volk bekennen. Jesus aber sagte zu ihnen, dass ihre Sünden ihm bekannt seien. Es werde eine Zeit kommen, wo selbst das offene Bekenntnis werde nötig sein; hier aber könne es nur Ärgernis und ihnen Verfolgung bringen. Er ermahnte sie auch, über sich zu wachen, damit sie nicht zurückfielen; aber selbst bei dem Rückfall nie zu verzweifeln, sondern sich zu Gott zu wenden und zur Buße. Er vergab ihnen auch ihre Sünden.

Da die Männer fragten, zu welcher Taufe sie gehen sollten, ob zur Taufe der Johannesjünger oder ob sie seiner Jünger Taufe harren sollten, sagte Er, sie sollten zur Taufe der Johannesjünger gehen.

Die Pharisäer, die gegenwärtig waren, wunderten sich sehr, dass Er Sünden zu vergeben wage, und stellten ihn darüber zur Rede. Er brachte sie mit seinen Antworten zum Schweigen und sagte, es sei ihm leichter, Sünden zu vergeben als zu heilen; denn wer aufrichtig bereue, dem seien die Sünden vergeben, und er sündige nicht leicht wieder; die Kranken aber, die am Leib geheilt würden, blieben oft an der Seele krank und gebrauchten ihren Leib zur Sünde.

Sie fragten ihn auch, ob denn nun, da diesen Frauen ihre Sünden vergeben seien, ihre Männer, die sie verstoßen, sie wieder nehmen müssten. Jesus sagte, hierüber erlaube die Zeit nicht zu sprechen; Er wolle sie ein andermal darüber belehren. Auch über das Heilen am Sabbat fragten sie ihn, und Er verteidigte sich und sagte, wenn ihnen am Sabbat ein Tier in den Brunnen falle, zögen sie es auch heraus.

Am Nachmittag ging Er mit allen Jüngern in das Haus vor Kapharnaum, die heiligen Frauen waren schon dort. Es wurde eine Mahlzeit hier genommen, welche der Hauptmann Serobabel besorgt hatte; dieser und Salathiel, der Vater des Knaben, lagen mit zu Tisch. Jesse (sonst Joel), der Knabe, diente; die Frauen saßen an einem anderen Tisch. Jesus sprach und lehrte. Sie schleppten ihm die Kranken bis in dieses Haus und drangen mit Hilfegeschrei in den Speisesaal. Er heilte viele. Nach Tisch ging Er abermals in die Synagoge, und ich hörte ihn unter anderem von Jesaja lehren, wie er dem König Achaz prophezeit: «Siehe, die Jungfrau wird empfangen und einen Sohn gebären» (Js 7,14).

Als Er die Synagoge verließ, blieben noch viele Menschen auf den Straßen bis in die Nacht. Unter diesen befanden sich viele blutflüssige Frauen, welche entfernt und verhüllt traurig standen. Er wandte sich an sie und heilte sie mit einem Blick. Er berührte solche Leidenden nie; es liegt ein Mysterium in diesem Verbot, das ich jetzt nicht aussprechen kann. An diesem Abend brach ein Fasttag an.

Als Er mit den Jüngern nach seiner Mutter Haus ging, war die Rede davon, dass Er am Morgen mit ihnen zum See gehen wolle, und ich hörte, dass Petrus sich wegen seines schlechten Schiffes entschuldigte. Die Leute, denen Er die Sünden vergeben hatte, waren in Bußkleidern und verhüllt. Am vorletzten Sabbat waren die Juden schwarz gekleidet, und die ganze letzte Zeit war ein Bußleben wegen der Feier der Zerstörung Jerusalems, darum auch seine strengen Lehren von der Strafe über Jerusalem.

Als Jesus nach dem Sabbat beim Anbruch des Fasttages von seinen vielen Heilungen nach dem Hause seiner Mutter gehend

Kapharnaum verließ, kam Er in der Stadt an einem Gebäude vorüber, welches mit Wasser umgeben war, worüber eine Brücke führte. Man sperrte darin die bösartigeren Besessenen abends ein. Sie tobten und schrien bei seinem Vorübergehen: «Da geht Er, was will Er, warum will Er uns vertreiben?» Da sprach Jesus: «Schweigt und bleibt, bis ich wiederkomme; dann ist eure Zeit zu weichen.» Darauf wurden sie ruhig.

Als Er die Stadt verlassen hatte, sah ich, dass die Pharisäer und Oberen der Stadt sich versammelten und dass der Hauptmann Serobabel auch dabei war. Sie hielten Rat über alles, was sie gesehen hatten, was sie von Jesus halten und welche Maßnahmen sie ergreifen sollten. Sie sagten: «Welchen Aufstand und Unruhe macht dieser Mensch! Aller ruhige Gang wird gestört; die Leute verlassen ihre Arbeit und ziehen mit ihm herum. Er beunruhigt und beschimpft alles mit seinen Strafreden. Er spricht immer von seinem Vater. Ist Er nicht von Nazaret, der Sohn des armen Zimmermanns? Wie kann Er solche Kühnheit und Sicherheit haben? Auf welches Recht stützt Er sich? Er heilt und stört am Sabbat; Er vergibt die Sünden: Kommt seine Kraft von oben? Hat Er geheime Künste? Wo hat Er alle seine Auslegungen der Schrift her? Ist Er in Nazaret nicht in die Schule gegangen? Er muss irgendeinen geheimen Zusammenhang haben mit einem fremden Volk! Er spricht immer von der Ankunft des Reiches, der Nähe des Messias, der Zerstörung Jerusalems. Sein Vater Joseph war von vornehmem Geschlecht; vielleicht ist Er ein untergeschobenes Kind von einem anderen mächtigen Vater, der sich Anhang im Lande sucht und sich der Herrschaft von Judäa bemächtigen will; Er muss eine große geheime Hinterlage, eine unbekannte Unterstützung haben, auf die Er sich verlässt, sonst könnte Er nicht so sicher und kühn sein, als hätte Er alles Recht dazu, gegen allen Gebrauch und Autorität zu handeln. Er war oft lange abwesend; welche Verbindungen muss Er haben? Wo mag Er seine Künste und Wissenschaften her haben? Was ist zu tun mit ihm?»

So redeten sie in mancherlei Vermutungen ärgerlich miteinander. Der Hauptmann Serobabel hielt sich ganz ruhig und wusste sie zuletzt auch zu beruhigen; denn er sagte zu ihnen, sie sollten sich ohne Sorge verhalten: «Ist seine Macht von Gott, so wird sie sich gewiss bestätigen; ist es nicht so, so wird sie zerfallen. So lange Er uns heilt und bessert, dürfen wir ihn gewiss lieben und dem danken, der ihn gesandt hat.» Jesus übernachtete in der Wohnung seiner Mutter vor Kapharnaum.

### *Jesus wandelt mit den Jüngern – Belehrt sie über den Zehnten*

11. August: Die Jünger waren alle mit Jesus bei dem Haus Mariens geblieben. Jesus wollte heute als an einem Fasttag[57] mit ihnen spazierengehen und ruhen und sie unterrichten und vorbereiten. Er ging am Morgen mit etwa zwanzig Jüngern zum See. Es waren außer den Jüngern hier aus der Gegend noch jene von Kana, die Witwensöhne, Saturnin und die gewöhnlichen Begleiter bei ihm.

Er ging nicht den geraden Weg zum See, wohin es höchstens eine Stunde ist, sondern südlich um die Höhe herum, an welcher das Haus Marias gegen Westen liegt. Dieser Berg ist nur der Auslauf einer Wurzel des nördlich laufenden Berges, von diesem jedoch durch eine Senke etwas geschieden.

Jesus ging südlich mit den Jüngern; es war ein Lehrweg. Es waren hier viele schöne Wässerchen, die von den Höhen in den See flossen, und es floss auch das Flüsschen von Kapharnaum an dieser Seite. Die Quellen durchschnitten hier das Land reichlich und flossen um Bethsaida herum. Jesus ruhte mehrmals mit ihnen an luftigen Plätzen und stand auch oft still und lehrte. Er lehrte vom Zehnten. Sie klagten über große Bedrückungen, welche zu Jerusalem mit den Zehnten geschehen, und meinten, ob dies nicht könne abgestellt werden. Er sprach, dass der zehnte Teil aller Früchte dem Tempel und seinen Dienern zu geben von Gott befohlen worden sei, damit die Menschen sich erinnern, dass sie kein Eigentum, sondern nur die Nutznießung haben. Auch von den Gemüsen sollte man den Zehnten geben durch Enthaltung. Die Jünger sprachen auch von Samaria und äußerten, dass es ihnen leid tue, seine Abreise von dort vielleicht befördert zu haben; sie hätten nicht gewusst, dass diese Leute so begierig auf diese Lehre gewesen und sie so gut aufgenommen hätten; Er wäre ohne ihr Dringen vielleicht länger dort geblieben.

Jesus sagte aber, die zwei Tage, die Er dort gewesen, seien hinreichend gewesen. Die Sichemiten hätten heißes Blut und seien schnell bewegt, es würden doch vielleicht nur zwanzig von den Bekehrten jetzt standhaft bleiben; die künftige, größere Ernte überlasse Er ihnen.

Die Jünger, von seiner letzten Lehre bewegt, sprachen mitleidig von den Samaritern und erwähnten zu ihrem Lobe die Geschichte des Mannes, der bei Jericho unter die Räuber gefallen war, an dem der Priester und Levit vorübergegangen waren und den der Samarit aufgenommen und mit Wein und Öl gepflegt habe. Diese Geschichte war bekannt. Sie war wirklich geschehen, und zwar in den ersten Zeiten bei Jericho. Jesus sprach dann noch von ihrer gestrigen Besorgnis um ihre Versäumnisse bei der Fischerei und führte den Königssohn an, der alles verlassen habe, und da die anderen bei ihrer Fülle den elenden Verwundeten haben darben lassen, habe dieser ihn mit Öl und Wein gesalbt. Er sprach: Der Vater werde die Diener seines Sohnes nicht verlassen, und sie würden alles reichlich wieder erhalten, wenn Er sie in seinem Reich um Sich versammle.

Unter solchen und manchen anderen Lehren kamen sie unterhalb Bethsaida an den See, wo die Schiffe des Petrus und des Zebedäus lagen. Es war eine abgeschlossene Uferstelle, und am Ufer waren mehrere leichte Erdhütten für die Fischer aufgestellt. Jesus ging mit den Jüngern hinab. Auf den Schiffen waren heidnische Sklaven und keine Juden mit Fischen beschäftigt, weil ein Fasttag war. Zebedäus war in der Hütte am Ufer. Jesus sagte: Sie sollten aufhören zu fischen und ans Land kommen, und sie taten es. Da lehrte Er auch hier.

Hierauf ging Er den See aufwärts gegen Bethsaida, welches wohl eine halbe Stunde von hier liegt. Petri Fischergerechtigkeit umfasst etwa eine Stunde des Ufers. Zwischen dem Lager der Schiffe und Bethsaida war eine Bucht. Es gossen sich hier viele kleine Bäche in den See, Arme des Baches, der von Kapharnaum durch das Tal kommt und mehrere andere Quellen aufnimmt. Vor Kapharnaum bildet er einen großen Teich. Jesus ging nicht ganz nach Bethsaida, sondern sie wandten sich gegen Westen und gingen an der nördlichen Seite des Tales bis an Petri Haus, das an der Ostseite der Anhöhe liegt, an deren Westseite sich Mariens Haus befindet.

Jesus ging mit Petrus in sein Haus, wo Maria und die anderen heiligen Frauen der Gegend, auch die von Kana, versammelt waren. Die anderen Jünger gingen nicht mit hinein, sie hielten sich in der Nähe im Garten auf oder gingen voraus nach Mariens Haus. Als Petrus mit Jesus in sein Haus ging, sagte er zu ihm: «Herr, wir haben einen Fasttag gehabt, aber Du hast uns gesättigt.» Petri Haus war ganz gut in Ordnung mit Vorhof und Garten; es war lang und oben konnte man darauf gehen. Es hatte eine schöne Aussicht auf den See. Ich sah weder die Stieftochter noch Söhne des Petrus, die er mit der Frau angeheiratet hatte; sie schienen in der Schule zu sein.

Seine Frau war bei den heiligen Frauen; er hatte keine Kinder mit ihr. Seine Schwiegermutter, eine kränkliche, hagere, große Frau, ging, sich an den Wänden stützend, umher. Jesus sprach lange mit den Frauen über die Einrichtung der Verpflegung hier oben am See, wo Er sich viel aufzuhalten gedenke. Er ermahnte sie, ohne Verschwendung und Leichtsinn, aber auch ohne Sorge und Ängstlichkeit zu sein. Er für sich brauche sehr wenig, und es sei ihm nur für die Jünger nötig und für die Armen. Ich meine, Er wird sich meistens um die Winterzeit hier aufhalten und vor dieser Zeit wird Er, glaube ich, auch noch taufen lassen. Er ging hier mit den Jüngern nach Marias Wohnung, wo Er noch mit ihnen sprach und sich dann zum Gebet absonderte.

Der Bach von Kapharnaum fließt bei Petri Haus entlang, und er kann von da an auf einem kleinen Kahn, in dessen Mitte ein Sitz ist, mit seinem Fischgerät bis in den See fahren.

Da die heiligen Frauen von Jesus hörten, dass Er übermorgen nach Nazaret, welches neun bis zehn Stunden von hier ist, zum Sabbat gehen wolle, sahen sie es nicht gern und wünschten, Er möge hier bleiben oder wenigstens doch bald wieder hierherkommen.

Er sagte, Er glaube nicht, dass Er lange dort bleiben werde; denn sie würden nicht mit ihm zufrieden sein, weil Er nicht tun könne, was sie verlangten. Er sagte auch mehrere Punkte, die sie ihm vorwerfen würden, und machte seine Mutter darauf aufmerksam, Er wolle es ihr sagen, so es eingetroffen sei. Ich habe diese Punkte soeben noch gewusst, aber wieder vergessen. Die heiligen Frauen blieben die Nacht in Petri Haus.

## *Jesus in Bethsaida*

12. August: Jesus ging mit den Jüngern von Marias Haus an der nördlichen Seite des Tales dem Abhang des Berges entlang nach Bethsaida, welches etwa eine kleine Stunde Wegs war. Die heiligen Frauen gingen aus dem Hause Petri dorthin; sie gingen in das Haus des Andreas, es lag am Ende von Bethsaida gegen Norden, war gut instand, aber nicht so groß wie Petri Haus.

Bethsaida ist ein kleines Fischerstädtchen, das nur in der Mitte etwas landeinwärts liegt und sich in zwei dünnen Armen an dem See hinstreckt. Von Petri Schiffstelle gegen Norden aus sieht man es vor sich liegen. Es ist meist von Fischern bewohnt, außerdem wohnen Deckenweber und Zeltmacher hier. Es ist ein rohes und einfältiges Volk und kommt mir immer vor wie die Torfarbeiter gegen andere Leute bei uns zu Land. Die Decken werden aus Ziegen- und Kamelhaaren gemacht. Die langen Haare, welche die Kamele am Halse und an der Brust haben, kommen wie Fransen und Borten an die Ränder, weil sie so schön glänzend sind.

Der alte Hauptmann Serobabel war nicht mit hier. Er war ein schwächlicher Mann und konnte nicht weit gehen. Er hätte zwar reiten können, aber da hätte er doch Jesu Lehren unterwegs nicht gehört; auch war er ja nicht getauft. Es waren sehr viele Leute aus den umliegenden Orten hier, auch viele Fremde von jenseits des Sees, aus der Landschaft Chorazin und aus Bethsaida-Julias gegenüber.

Jesus lehrte hier in der Synagoge, welche nicht sehr groß ist, von der Nähe des Reiches Gottes und sprach es ziemlich deutlich aus, dass Er der König dieses Reiches sei. Er erregte die gewöhnliche Verwunderung seiner Jünger und Zuhörer. Er lehrte im allgemeinen wie alle diese Tage und heilte viele Kranke, welche vor die Synagoge gebracht wurden. Es schrien ihn auch mehrere Besessene an: «Jesus von Nazaret, Prophet, König der Juden!» Jesus befahl ihnen zu schweigen; es sei die Zeit noch nicht, auszusprechen, wer Er sei.

Als Er seine Lehre und Heilung vollendet hatte, gingen sie nach dem Hause des Andreas, um zu essen; aber Jesus ging nicht hinein und sagte, Er habe einen anderen Hunger. Er ging aber mit Saturnin und einem anderen Jünger eine halbe Viertelstunde etwa den See aufwärts von Andreä Haus in ein abgesondert am See liegendes Hospital, worin arme Aussätzige, Irrsinnige und sonst verlorene, elende Menschen schier ganz vergessen schmachteten. Es waren fast ganz nackte Leute darunter. Es folgte ihm niemand aus der Stadt, um sich nicht zu verunreinigen.

Die Zellen dieser armen Leute gingen rund um einen Hof. Sie kamen nicht heraus, man reichte ihnen die Speise durch Löcher in den Türen. Jesus ließ sie durch den Aufseher des Hauses herausführen und ließ durch seine Jünger Decken und Kleider bringen, um sie zu verhüllen. Er lehrte und tröstete sie, ging von einem zum anderen im Kreise herum und heilte viele durch Auflegung der Hände. Manche überging Er noch und einzelnen befahl Er, sich zu baden und andere Verrichtungen zu tun. Die Genesenen sanken vor ihm nieder, dankten und weinten. Es war gar rührend. Diese Leute waren ganz verkommen. Jesus nahm den Verwalter mit zu Andreas zur Mahlzeit. Es kamen nun die Angehörigen von einzelnen Geheilten aus Bethsaida mit dahin; man holte sie freudig ab, brachte ihnen Kleider und brachte sie nach Hause und in die Synagoge, um Gott zu danken.

Es war bei Andreas eine recht schöne Mahlzeit von guten, großen Fischen. Sie aßen in einer offenen Halle, die Frauen an einem Tisch allein. Andreas diente zu Tisch. Seine Frau war sehr geschäftig und fleißig; sie kam nicht viel aus dem Haus. Sie hatte eine Art von Gewerbe mit Netzstricken und hatte viele arme Mädchen, welche sie damit beschäftigte, in großer Ordnung. Es waren auch arme, gefallene, verworfene Frauen darunter, die keine Zuflucht hatten, deren sie sich erbarmte, sie beschäftigte, sie belehrte und zum Gebet anleitete.

Nach dem Abendessen lehrte Jesus noch in der Synagoge und ging dann mit den Jüngern weg. Er ging noch an vielen Kranken vorüber, die Er nicht heilte. Er sagte, es sei jetzt ihre Zeit noch nicht gekommen.

Er hatte von seiner Mutter Abschied genommen und ging mit allen Jüngern in das Haus vor Kapharnaum, welches etwa anderthalb Stunden vom See liegt. Dieses Haus gehört dem Petrus, der es zu diesem Zweck überlassen hat.

Jesus sprach dort noch lange mit den Jüngern und sonderte sich dann ab auf einem spitz zulaufenden Hügel, deren mehrere dort waren, mit einer Art von Bäumen wie Wacholder, ich glaube, oben mit Taxus oder Zypressen umwachsen. Hier brachte Er die Nacht im Gebet zu. Er kam bei anbrechendem Tage ins Haus und weckte die Jünger, um die Reise nach Nazaret anzutreten; sie wollten ihn ein Stück Weges geleiten.

Kapharnaum liegt am Berg hinan in einem halben Bogen, es hat viele Garten-Terrassen und auch Weingärten, und oben wächst dicker Weizen wie Schilf; es ist ein großer und angenehmer Ort. Der Boden ist sehr verschieden in der Nähe. Es liegen auch nicht weit davon allerlei Trümmer wie von Zerstörung. Die Stadt war entweder größer oder es war einmal noch eine andere Stadt hier.

## *Jesus in Klein-Sephoris*

13. bis 15. August:

Jesus ging heute, Dienstag, von Kapharnaum nach Nazaret zu. Die Jünger aus Galiläa begleiteten ihn etwa fünf Stunden weit. Er lehrte unterwegs fortwährend. Er sprach auch von ihrer künftigen Bestimmung und riet dem Petrus, aus der Nähe des Sees weg in sein Haus vor Kapharnaum zu ziehen, da dieser mit ihm von seinem Gewerbe sprach, das er aufgeben müsse. Sie zogen an mehreren Städten und auch an dem kleinen See vorüber, von dem neulich die Rede war. Unterwegs in einem Hirtenfeld kamen ein paar besessene Männer zu ihm gelaufen und begehrten Heilung. Sie waren Besitzer der Herden in der Gegend und nur dann und wann vom Teufel geplagt; sie waren zur Zeit in gutem Zustand. Jesus heilte sie nicht und befahl ihnen zuerst Besserung und sagte ihnen noch ein Beispiel vom Überladen des Magens. Es sei, als wenn einer den kranken Magen geheilt haben wolle, um sich von neuem der Prasserei zu ergeben. Die Leute gingen ganz beschämt zurück.

Die Jünger verließen Jesus ein paar Stunden vor Sephoris; auch Saturnin kehrte mit ihnen in das Haus von Petrus zurück. Bei Jesus blieben nur zwei Jünger aus Jerusalem, wohin sie zurück wollten. Er ging nach Unter-Sephoris, einer kleineren Stadt, und kehrte bei Verwandten der hl. Anna ein. Es ist dies nicht das elterliche Haus Annas; das liegt zwischen diesem Sephoris und Ober-Sephoris, welche Orte wohl eine Stunde auseinanderliegen. Es gehörten in einem Umfang von fünf Stunden viele Häuser zu Sephoris. In Groß-Sephoris ist Er diesmal nicht gewesen. Dort sind große Schulen aller Sekten und auch Gerichte.

In Unter-Sephoris gibt es nicht viele reiche Leute. Man bereitet dort Tücher, und die reichen Frauen fertigen Seidenquasten und Borten für den Tempel.

Die ganze Gegend ist wie ein Lustgarten von vielen kleinen Dörfern und zerstreuten Gütern, mit Gärten und Alleen dazwischen. Das größere Sephoris ist ganz bedeutend und liegt weit ausgedehnt und hat mehrere Schlösser. Es ist eine sehr schöne Gegend hier mit Brunnen und sehr großem Viehbestand.

Jesu Verwandte hatten drei Söhne, wovon einer, namens Colaja, ein Jünger Jesu war. Die Mutter wünschte, dass Er auch die anderen aufnehmen möge. Sie sprach noch von den Söhnen der Maria Cleophä. Jesus gab ihr auch Hoffnung dazu. Diese Söhne sind nach Christi Tod zu Eleutheropolis von Joses Barsabas, der dort Bischof war, zu Priestern geweiht worden.

Mittwoch, 14. August: Heute lehrte Jesus hier in der Synagoge. Es waren viele Leute hier aus der umliegenden Gegend. Er ging auch mit seinen Vettern in der Gegend umher und lehrte hier und da kleine Versammlungen von Volk, das ihm nachzog oder ihn erwartete. Zurückkehrend heilte Er viele Menschen vor der Synagoge und lehrte dann in derselben über die Ehe und die Ehescheidung. Er warf den Lehrern vor, dass sie allerlei hinzufügten, und zeigte einem alten Lehrer in einer Schriftrolle eine solche Stelle, die er hinzugefügt hatte. Er bewies ihm die Falschheit und befahl ihm, sie auszulöschen.

Ich sah auch, dass der Lehrer sich vor ihm demütigte, ja sich vor ihm vor allen anderen auf die Erde niederwarf, seinen Fehler eingestand und für die Belehrung dankte.

Jesus aß und schlief bei seinen Verwandten, und es war nochmals die Rede von der Aufnahme der Söhne. Diese Leute sind, wie ich meine, durch einen Mann der Maria Cleophä mit Jesus verwandt; denn ich hörte so viel von Joses Barsabas hier, der mir nicht von demselben Vater wie Jakobus, Thaddäus und Simon Cananäus zu stammen scheint.

### *Die verschiedenen Arten der Wunderheilungen Jesu*

15. August: Jesus ging in der vorigen Nacht, Mittwoch, um 12 Uhr aus dem Haus seiner Verwandten in Klein-Sephoris und sonderte sich im Gebet ab. Ich sah ihn heute zwischen Klein- und Groß-Sephoris in das ehemalige väterliche Gut Annas gehen. Er hatte nur einen Jünger bei sich. Die hier Wohnenden waren durch Anheirat nicht mehr nahe mit ihm verwandt. Es war aber hier noch eine alte, bettlägerige, wassersüchtige Frau, die mit ihm näher verwandt war, und es saß gewöhnlich ein kleiner, blinder Knabe bei ihr. Er betete mit der alten Frau; sie musste ihm nachsprechen. Er legte ihr etwa eine Minute lang die Hand auf den Kopf und die Magengegend; sie war etwa eine Minute ohnmächtig und fühlte sich dann ganz erleichtert. Jesus gebot ihr dann aufzustehen. Die Wassersucht war nun nicht wie weggeblasen, sondern die Frau konnte gehen und war in kurzer Zeit durch Schweiß und Ausleerung ohne Beschwerde.

Die Frau bat ihn für den blinden Knaben. Dieser war etwa acht Jahre alt und hatte nie sehen und sprechen können, aber er höre. Sie lobte seine Frömmigkeit und seinen Gehorsam. Jesus legte ihm den Zeigefinger in den Mund, hauchte dann auf beide Daumen seiner Hände oder benetzte sie mit Speichel, was ich nicht mehr weiß, und hielt sie, betend emporschauend, zugleich auf die Augen des Knaben, die geschlossen waren. Dann schlug das Kind die Augen auf, und das erste, was er (jemals) erblickte, war Jesus, seinen Erlöser.

Der Knabe war ganz verwirrt vor Freude, Ungewohntheit und Staunen. Er eilte unsicher zu Jesus hin und dankte stammelnd weinend zu seinen Füßen. Er ermahnte ihn aber über den Gehorsam und die Elternliebe. Da er blind diese geübt habe, solle er sie sehend noch treuer befolgen und seine Augen nicht zur Sünde gebrauchen. Hernach kamen die Eltern und die Leute des Hauses, und es war große Freude und großes Lobpreisen.

Jesus heilte nicht den einen wie den anderen. Er heilte auch nicht anders als die Apostel und die späteren Heiligen und Priester bis auf unsere Zeiten. Er legte die Hände auf und betete mit den Kranken. Er tat es aber schneller als die Apostel.

Seine Heilungen und Wunder tat Er auch als Vorbild für seine Nachfolger und Jünger. Er tat sie immer auf eine Art, welche dem Übel und Bedürfnis angemessen war. Lahme berührte Er, ihre Muskeln wurden gelöst, und sie richteten sich auf. Bei zerbrochenen Gliedern fasste Er den Bruch, und sie fügten sich zusammen. Bei Aussätzigen sah ich sogleich auf seine Berührung die Blattern sich trocken abschuppen; aber ich sah rote Flecken zurückbleiben, welche nach und nach, jedoch schneller als gewöhnlich und nach dem Grade des Verdienstes der Heilung vergingen.

Ich habe nie gesehen, dass ein Buckliger im Augenblick kerzengerade, ein krummer Knochen ein gerader Knochen geworden wäre; nicht als hätte Er es nicht gekonnt, sondern Er tat es nicht; denn seine Wunder waren kein Schauspiel, sondern sie waren Werke der Barmherzigkeit, sie waren ein Bild seiner Sendung, ein Lösen, Versöhnen, Lehren, Entwickeln, Erziehen, Erlösen. Und so wie Er die Mitwirkung der Menschen verlangte, um seiner Erlösung teilhaftig zu werden, so musste auch bei den Heilungen der Glaube, die Hoffnung, die Liebe, die Reue und Besserung der Menschen als Mitwirkung des Empfangens erscheinen. Jedem Zustand geschah sein Recht in der Behandlung, wodurch eine jede Krankheit und ihre Heilung ein Sinnbild einer geistlichen Krankheit, einer Sünde und Strafe und einer Heilung, einer Verzeihung und Besserung wurde. Nur bei den Heiden sah ich einige seiner Wunder auffallender und seltsamer.

Die Wunder der Apostel und späterer Heiligen waren weit auffallender und dem üblichen Gang der Natur widersprechender; denn die Heiden bedurften der Erschütterung, die Juden nur der Betreuung.

Oft heilte Er durch Gebet in die Ferne, oft nur durch einen Blick, besonders blutflüssige Frauen, welche ihm nicht zu nahen wagten und auch nach jüdischen Gesetzen nicht durften. Solche Gesetze, welche einen geheimen Sinn hatten, befolgte Er, andere nicht. Ich habe zu Atharot blutflüssige Frauen seine Fußstapfen küssen gesehen und genesen. Ich sah in Kapharnaum solche aus der Ferne nach ihm blicken, und sie waren geheilt.

Jesus lehrte noch in der Gegend hier und da an einzelnen Orten. Gegen Abend ging Er zu einer einzelnen, bei einigen Wohnungen liegenden Schule, in gleicher Entfernung von Nazaret wie Klein-Sephoris.

Hier kamen sein zweiter ihn begleitender Jünger und der Jünger Parmenas von Nazaret zu ihm. Sie aßen dort bei einer Herberge unter freiem Himmel einige Speisen. (Ich sah Synagogen-Diener von Groß-Sephoris Rollen hierher tragen und glaube deswegen, es werde morgen eine Lehre hier gehalten werden.)

Parmenas war schon ein Jugendfreund Jesu und würde ihm bereits mit den anderen Jüngern gefolgt sein, wenn er nicht ein paar arme Eltern in Nazaret gehabt hätte, welche er durch allerlei Beschäftigungen, besonders durch Botengänge, ernährte.

### *Jesus verweist den Pharisäern ihre Fälschung des Gesetzes bezüglich der Ehescheidung*

16. August: Ich sah heute morgen viele Lehrer und Pharisäer aus Groß-Sephoris und Klein-Sephoris und der Umgebung und auch einiges andere Volk, in der allein liegenden Schule zusammenkommen, bei der Jesus sich gestern eingefunden hatte. Sie kamen, um mit ihm über die Stelle von der Ehescheidung zu

disputieren, welche Er am Mittwoch dem Lehrer in der Synagoge als unerlaubt eingefügt verwiesen hatte. Sie hatten ihm dies in Groß-Sephoris sehr übelgenommen, denn diese eingeschobene Auslegung stammte aus ihrer Lehre her. Die Ehescheidungen wurden in dieser Stadt sehr leichtsinnig gehandelt, und es gab ein eigenes Haus für geschiedene Frauen. Jener Lehrer, der seine Schuld eingestand, hatte eine Gesetzrolle abgeschrieben und kleine, verkehrte Auslegungen dazwischen eingefügt.

Sie disputierten lange mit Jesus und wollten gar nicht einsehen, wie Er es sich herausnehmen könne, das auszustreichen. Er brachte sie aber zum Schweigen, jedoch nicht zur Erkenntnis wie den ersteren. Er bewies ihnen das Verbot der Einschaltung und daher die Pflicht der Austilgung und bewies ihnen die Falschheit jener Erklärung, und Er rügte scharf die Umgehung des Gesetzes der Ehescheidung in ihrer Stadt. Er sagte, in welchen Fällen es ganz unerlaubt sei, dass der Mann die Frau verstoße, und sagte, wenn ein Teil den anderen gar nicht lieben könne, so könne er sich mit Einwilligung des anderen von ihm trennen, aber der stärkere Teil dürfe den anderen nicht gegen dessen Willen und Schuld vertreiben. Er richtete aber wenig bei ihnen aus. Sie waren verärgert und aufgeblasen, obschon sie ihn nicht widerlegen konnten.

Der von Jesus in Unter-Sephoris überzeugte und bekehrte Schriftgelehrte sonderte sich ganz von den Pharisäern ab und erklärte seiner Gemeinde, er werde ohne Zusatz künftig das Gesetz lehren und wenn sie dies nicht wollten, werde er sich ganz zurückziehen. Die eingeschaltete Stelle in dem Scheidungsgesetz lautete, wenn ein Teil der beiden Eheleute früher mit einem anderen zu tun gehabt habe, so sei die Ehe nicht gültig und jener, welcher mit dem einen Ehepartner zu tun gehabt habe, könne diesen als sein reklamieren, wenn die Leute auch gut zusammenlebten. Dies verwarf Jesus und sagte, das Scheidungsgesetz sei nur für ein verhärtetes Volk gegeben.

Er erlaubte auch wohl eine Scheidung, doch nie eine Wiederverehelichung, solange einer der beiden noch lebe. Es waren aber zwei der vornehmsten Pharisäer bei diesem Disput selbst in der Lage, hieraus ein Recht auf Scheidung für sich zu entwickeln. (Hier erzählte sie weitläufig, doch etwas verwirrend deren

Eheverhältnisse.) Sie hatten darum seit längerer Zeit solche Gesetzes-Erweiterungen angebracht. Es war nicht bekannt, aber Jesus wusste es und sagte zu ihnen: «Ihr verteidigt wohl in dieser Gesetzesverdrehung nicht etwa eure eigene Fleischeslust?» Darüber ärgerten sie sich ganz entsetzlich.

### *Die Pharisäer wollen Jesus vom Berg hinabstürzen*

16. und 17. August:

Nachmittags ging Jesus nach Nazaret, wohin Er etwa zwei Stunden hatte, ungefähr ebensoweit wie von Klein-Sephoris, welches von hier östlicher lag. Jesus kehrte an der Seite, wo Er in die Stadt einging, vor der Stadt in der Wohnung der Hinterbliebenen seines verstorbenen Freundes, des Esseners Eliud, ein. Sie wuschen ihm die Füße und gaben ihm eine Erquickung. Diese Leute waren ruhig dienend und liebevoll. Sie sagten ihm auch, wie sehr die Nazaretaner sich über seine Ankunft freuten. Er erwiderte ihnen aber, diese Freude werde nicht lange anhalten; denn sie würden nicht hören wollen, was Er ihnen sagen müsse.

Hierauf ging Er in die Stadt; man hatte am Tor bestellt, auf ihn zu warten. Kaum erschien Er, als ihm verschiedene Pharisäer und Vornehme und viel Volk entgegenkamen. Man empfing ihn sehr feierlich und wollte ihn in eine öffentliche Herberge führen, wo sie ihm eine Empfangsmahlzeit vor dem Sabbat angerichtet hatten. Er nahm es aber nicht an und sagte, Er habe jetzt anderes zu tun, und begab sich gleich in die Synagoge, wohin sie ihm folgten, und wo sehr viel Volk zusammenkam. Es war noch vor dem Anbruch des Sabbats.

Er lehrte hier von der Ankunft des Reiches, von der Erfüllung der Prophezeiungen, verlangte die Rolle des Jesaja, rollte sie auf und las (61,1): «Der Geist des Herrn ruht auf mir, weil mich gesalbt hat der Herr; frohe Botschaft zu bringen den Armen, hat Er mich gesandt, auf dass ich heile, die bedrückten Herzens sind und ankünde den Gefangenen Erlass und den Eingekerkerten Aufschließung» (Lk 4,18f; Mt 5,3). Eine Stelle, die Er ganz so sprach, als sei von ihm selbst die Rede, dass der Geist Gottes über ihm sei, und dass Er gekommen sei, den armen, elenden Menschen das Heil zu verkünden, und dass alles Unrecht sollte ausgeglichen, die Witwen getröstet, die Kranken geheilt, den Sündern vergeben werden. Das stand teils darinnen, teils legte Er es ihnen so aus. Er sprach gar schön und lieblich. Alle waren verwundert und noch voll Freude an ihm heute abend; sprachen aber doch manchmal untereinander: «Er spricht gerade, als wenn Er der Messias selber wäre.» Aber die Bewunderung hatte sie so gefangengenommen, dass sie voller Eitelkeit waren, dass Er aus ihrer Stadt sei, und sie hörten ganz vergnügt zu. Als der Sabbat anfing, lehrte Jesus auch noch von einer Stimme des Wegbereiters in der Wüste[58] und wie alles soll ausgeglichen und geebnet werden.

Nachher war Er mit ihnen bei einem Mahl. Sie waren sehr freundlich mit ihm. Sie sprachen auch mit ihm, es seien viele Kranke da, Er solle sie doch heilen! Jesus lehnte es aber ab, und sie nahmen es einstweilen so hin, meinten jedoch, Er werde es morgen wohl tun. Nach dem Mahle ging Er wieder zu den Essenern hinaus. Da diese noch sehr erfreut waren über seinen guten Empfang, sagte Er ihnen, sie sollten bis zum folgenden Tag warten, da würden sie anderes erfahren.

17. August: Am Samstagmorgen lehrte Jesus wieder in der Synagoge. Es wollte zwar ein anderer Jude, an dem die Reihe war, die Rolle nehmen; Jesus aber verlangte die Rolle und lehrte aus dem Dtn, Kapitel 4 von dem Gehorsam gegen die Gebote und dass man nichts hinzufügen und wegnehmen soll und wie Moses den Kindern Israels alles wiederholt, was Gott geboten, und wie sie es schlecht gehalten haben. Es kamen auch die Zehn Gebote in der Lesung vor und die Auslegung des ersten Gebots von der Gottesliebe. Jesus lehrte hierüber sehr streng und warf ihnen vor, wie sie allerlei dem Gesetz hinzufügten und dem armen Volk Lasten auflegten und das Gesetz selbst nicht erfüllten. Er griff sie auch so ernst an, dass sie sich ärgerten; denn sie konnten nicht sagen, dass Er die Unwahrheit spreche. Sie murrten aber und sagten zueinander: «Wie ist Er auf einmal so keck! Er ist erst kurze Zeit von hier weg und tut so, als wäre Er weiß Gott wer. Er spricht gar, als sei Er der Messias.»

Jesus lehrte aber ruhig weiter und ging zu seiner Stunde hinaus zu der Essenerfamilie, um etwas zu essen. Hier kamen die Söhne des reichen Mannes zu ihm, welche ihn schon die vorigen Male so dringend um Aufnahme unter die Jünger gebeten hatten, deren Eltern aber nur weltlichen Ruhm und Gelehrsamkeit suchten. Sie verlangten, Er solle bei ihnen essen. Er nahm es nicht an. Sie baten nochmals um Aufnahme und sagten, dass sie alles erfüllt hätten, was Er ihnen geboten habe. Da sagte Er ihnen: «Wenn ihr das getan habt, so tut es euch nicht not, meine Schüler zu werden; so seid ihr selbst Meister» und somit wies Er sie ab. Er aß und lehrte bei den Essenern im häuslichen Kreis, und sie erzählten, wie sie auf mancherlei Weise unterdrückt würden. Er riet ihnen, auch nach Kapharnaum zu ziehen, wo Er künftig wohnen werde.

Unterdessen hatten die Pharisäer sich untereinander beraten und aufgehetzt und beschlossen, wenn Er heute abend wieder so frei spreche, ihm zu zeigen, dass Er kein Recht hier habe, und sie wollten an ihm das tun, was man in Jerusalem längst wünschte. Sie hofften aber noch immer, Er würde einlenken und aus Respekt vor ihnen Wunder tun. Als Er zum Schluss des Sabbat in die Synagoge kam, hatten sie Kranke vor die Synagoge gebracht. Er aber ging durch sie durch und heilte keinen.

In der Synagoge fuhr Er fort, von der Fülle der Zeit, von seiner Sendung, von der letzten Zeit der Gnade zu sprechen und von ihrem Verderben und ihrer Strafe, so sie sich nicht besserten, und dass Er gekommen sei zu helfen, zu heilen und zu lehren. So ärgerten sie sich immer mehr und murrten; da sagte Er: «Ihr sagt, Arzt, heile dich selber! So du in Kapharnaum und sonst Wunder getan, tue sie nun auch hier in deiner Vaterstadt! Aber es gilt kein Prophet etwas in seiner Vaterstadt.»

Da ärgerten sie sich immer mehr und murrten, und Er verglich die jetzige Zeit mit großer Hungersnot und die einzelnen Städte mit armen Witwen und sagte, zu Elias' Zeiten bei der Hungersnot gab es auch viele Witwen im Lande, und der Prophet sei doch zu keiner gesandt worden als zu der Witwe zu Sarepta. Und zu Elisäus' Zeiten seien viele Aussätzige gewesen, und Er habe doch nur Naaman, den Syrer, geheilt, und so verglich Er ihre Stadt mit einem Aussätzigen, der nicht geheilt würde. Sie aber ergrimmten entsetzlich, dass Er sie mit Aussätzigen verglich. Sie standen von ihren Sitzen auf und tobten gegen ihn und wollten ihn ergreifen. Er aber sagte: «Haltet, was ihr lehrt, und brecht den Sabbat nicht! Hernach tut, was ihr vorhabt!» Da ließen sie ihn mit Murren und mancherlei Hohnreden weiter lehren, verließen ihre Plätze und gingen hinab zur Tür.

Jesus aber lehrte noch und legte seine letzten Worte aus und begab sich aus der Synagoge. Ungefähr zwanzig ergrimmte Pharisäer umgaben ihn vor der Tür, fassten ihn an und sagten: «Wohlan, nun komm mit uns an einen hohen Platz, da magst du deine Lehre nochmals vorbringen, da wollen wir dir antworten, wie auf deine Lehre zu antworten ist.» Er sagte ihnen aber, sie sollten ihn lassen, Er wolle ihnen folgen, und sie gingen rings um ihn wie eine Wache und viel Volk hinterdrein. Es war auch ein unbändiges Schmähen und Höhnen im Augenblick, da der Sabbat geschlossen war. Sie tobten durcheinander, jeder wollte einen besseren Hohn anbringen:

«Wir wollen dir antworten! Du sollst zur Witwe von Sarepta gehen, du sollst Naaman, den Syrer, heilen! Bist du Elias, so fahre gen Himmel, wir wollen dir einen guten Platz zeigen! Wer bist du? Warum hast du deinen Anhang nicht mitgebracht? Du hattest den Mut nicht! Hast du nicht hier mit deinen armen Eltern dein Brot gehabt? Und nun, da du satt bist, willst du uns schmähen! Aber wir wollen dich hören! Du sollst reden vor allem Volk unter freiem Himmel: Wir wollen dir antworten!» Und so ging es unter Geschrei des Volkes den Berg hinan. Jesus aber lehrte immer ruhig weiter und antwortete auf ihre Rede mit heiligen Sprüchen und tiefen Worten, welche sie teils beschämten, teils mehr ergrimmten.

Die Synagoge lag ganz an der Abendseite von Nazaret. Es wurde schon dunkel. Sie hatten ein paar Leuchten bei sich und führten ihn an der Morgenseite der Synagoge herum und drehten sich hinter ihr in einer breiten Straße wieder gegen Abend zur Stadt hinaus. Am Berge aufsteigend kamen sie an einen hohen Rücken, auf dessen mitternächtlicher Seite unten Sumpf war und der gegen Mittag einen Felsenvorsprung mit einem steilen Absturz bildete. Es war da eine Stelle, wo sie Verbrecher hinabzustürzen pflegten. Sie wollten ihn da nochmals zur Rede stellen und dann hinabstoßen.

Der Abgrund war in einer engen Schlucht. Als sie aber nicht mehr weit von dem Ort waren, sah ich Jesus, der wie ein Gefangener zwischen ihnen war, stillstehen; sie aber gingen schimpfend und höhnend weiter. Ich sah in dem Augenblick zwei hohe, lichte Gestalten neben Jesus und sah, dass Er nun ein Stück zwischen dem nachdringenden Volk wieder zurückging und dann längs der Stadtmauer auf dem Bergrücken von Nazaret bis an das Tor ging, durch welches Er gestern hereingekommen war. Er ging wieder in das Haus der Essener. Es war diesen nicht bange um ihn gewesen. Sie glaubten an ihn und erwarteten ihn.

Er nahm etwas Erquickung zu sich, sprach von diesem Ereignis, sagte ihnen nochmals, sie sollten nach Kapharnaum ziehen, erinnerte sie, dass Er ihnen diese Behandlung vorausgesagt hatte, und verließ nach etwa einer halben Stunde die Stadt, anfangs in der Richtung, als gehe Er gegen Kana.

Nichts war lächerlicher als die Torheit und Verwirrung und der Lärm der Pharisäer, als sie ihn auf einmal nicht mehr zwischen sich sahen. Es war ein Geschrei: «Halt! Wo ist Er? Halt!» Das nachdringende Volk drang vor und sie zurück, und es war auf dem schmalen Weg ein Gedränge und Getobe, und einer ergriff den anderen. Sie zankten und schrien und liefen nach allen Schluchten und leuchteten in die Höhlen und meinten, da habe Er sich versteckt. Sie liefen Gefahr, selbst Hals und Bein zu brechen, und einer beschimpfte den anderen, dass Er durch seine Schuld entkommen sei. Sie kehrten endlich ganz still wieder um, nachdem Jesus längst aus der Stadt war. Doch besetzten sie die ganze Gegend des Berges mit Wachen und sagten zurückkehrend, da sehe man, wer Er sei. Er sei ein Gaukler; der Teufel habe ihm geholfen; jetzt werde Er auf einmal in einem anderen Winkel wieder hervorkommen und alles in Aufruhr bringen.

# DREIZEHNTES KAPITEL

## *Jesu Lehrwanderungen am See Gennesaret*

*Vom 18. bis 24. August 1822*

### *Jesus in Tarichäa*

18. August: Die drei Jünger hatten nach Jesu Auftrag gleich am Schluss der Synagoge Nazaret verlassen und erwarteten ihn an einem bestimmten Ort in der Richtung gegen Morgen nach Tarichäa zu. Ich sah Jesus in der Nacht allein gehen und dann mit den Jüngern gegen Morgen zusammenkommen. Ich sah auch Saturnin, von Kapharnaum herabgekommen, mit ihnen hier zusammentreffen. Er war um diese Zeit hierher bestellt, und die anderen Jünger waren ihm entgegengegangen. Er brachte Brot und Honig und andere Erquickung mit. Ich sah sie mit Jesus in einem einsamen Tal, wo Hirten wohnten, an einer Hütte ruhen und sich erquicken.

Jesus sprach von dem Ereignis zu Nazaret und lehrte sie, wie sie sich ruhig und gehorsam verhalten müssten, um durch zu großes Aufsehen seine Arbeit nicht zu behindern. Ich sah sie dann durch einsame Wege an Städten vorüber, durch Täler gegen den Ausfluss des Jordans aus dem Galiläischen Meer wandern.

Es lag da eine große, feste Stadt am Fuß eines Berges am südlichen Ende des Galiläischen Meeres, nicht weit vom Ausfluss des Jordans. Sie lag auf einer Landzunge; es begrenzte sie auch südlich das Wasser. Es war eine große Brücke in ihr und auch ein Damm;

sie hatte eine seltsame Lage. Von der Stadt bis zum See war noch ein sanft abhängendes, grünes Feld. Die Stadt heißt Tarichäa.

Ich habe Jesus noch nie hier gesehen. Er ging aber nicht in die Stadt, sondern nahte nur auf einem Seitenweg einer südlichen Mauer, nicht weit von einem Tor. Es waren an diese Mauer nach außen eine Reihe von Hütten für Aussätzige gebaut. Es war nicht die eigentliche Stadtmauer selbst, sondern eine Außenmauer des Stadtbezirkes, welche fest und weitläufig war.

Als Jesus in einiger Entfernung etwa um 4 Uhr nachmittags dieser Stelle nahte, sagte Er zu den Jüngern: «Ruft diese Aussätzigen aus der Entfernung herbei, damit sie mir folgen und ich sie heile! Wenn sie aber heraustreten, so entfernt euch, dass ihr euch nicht entsetzt und verunreinigt, und sprecht nicht von dem, was ihr seht; denn ihr kennt den Grimm der Nazaretaner, und ihr sollt jetzt niemanden ärgern.» Da ging Jesus etwas vorwärts gegen den Jordan zu, und die Jünger riefen den Kranken zu: «Kommt heraus und folgt dem Propheten von Nazaret! Er wird euch helfen!» Als sie dann die Leute hervorkommen sahen, eilten sie weg.

Jesus ging langsam nach der Gegend des Jordan.

Ich sah fünf Männer von verschiedenem Alter in langen, weiten, weißen Kleidern ohne Gürtel, eine Kapuze über dem Kopf, die über dem Gesicht einen schwarzen Lappen mit Augenlöchern hatte, aus den Mauerzellen herauskommen. Sie gingen in einer Reihe dem Herrn nach, bis auf einen abgesonderten Platz, wo Jesus still stand.

Da warf sich der vorderste auf die Erde und küsste den Saum seines Kleides. Jesus wandte sich ihm zu und legte ihm die Hand auf das Haupt, betete und segnete ihn und hieß ihn zur Seite treten. Dann tat der zweite und so fort jeder bis zum fünften dasselbe. Sie schlugen aber ihre Gesichtsdecken auf und enthüllten ihre Hände, und die Rinde des Aussatzes löste sich rein von ihnen ab.

Jesus hielt ihnen eine Ermahnung über die Sünde, wodurch sie in diese Krankheit gefallen und wie sie fortan leben sollten. Er befahl ihnen, nicht zu sagen, dass Er sie geheilt hatte. Sie erwiderten aber: «Herr, Du erscheinst so plötzlich bei uns; so lange haben wir auf Dich gehofft und nach Dir geseufzt und hatten niemanden, der Dir unser Elend sagte und Dich zu uns führte:

Herr, Du erscheinst so plötzlich, wie sollen wir unsere Freude und Deine Wunder verschweigen!»

Er sagte ihnen nochmals, sie sollten nicht eher davon sprechen, bis sie das Gesetz erfüllt hätten. Sie sollten sich bei den Priestern melden, dass sie rein seien, und die gehörigen Opfer und Reinigungen verrichten; dann könnten sie sagen, dass Er sie geheilt hätte. Nun warfen sie sich nochmals dankend nieder und kehrten zu ihren Zellen zurück. Jesus aber ging zu den Jüngern am Jordan.

Diese Aussätzigen waren nicht ganz abgesperrt. Sie hatten einen abgesteckten Raum, wie weit sie gehen durften. Es kam niemand in ihre Nähe. Man redete aus der Ferne zu ihnen; man stellte ihnen Nahrung hin auf bestimmte Stellen in Schüsseln, welche aber nicht wieder zurückgenommen, sondern von ihnen zerschlagen und vergraben wurden. Man brachte immer ein anderes Geschirr von geringem Wert.

Jesus ging mit den Jüngern noch eine weite Strecke durch angenehme Büsche und Alleen gegen den Jordan zu. Sie ruhten an einer einsamen Stelle und nahmen Speise zu sich, und Er lehrte sie. Sie ruhten ziemlich lange; ich glaube, sie schliefen auch. Ich sah sie erst in der Nacht auf einem Balken, der da lag, sich selbst über den Fluss schiffen.

### *Martha und die besessene Witwe von Naim – Jesus unterweist die Jünger in Gleichnissen*

Während Jesu jetziger Abwesenheit von Kapharnaum war Martha mit Johanna Chusa und Veronika dahin unterwegs. In Kana, wo sie wahrscheinlich während des Sabbats verweilten, kam eine Verwandte der Heiligen Familie, eine Witwe von etwa 30 Jahren namens Maria, zu Martha und bat sie um ihre Fürbitte bei Jesus. Sie war jene Witwe, welche in Naim von der Freundin der Witwe von Naim Jesus empfohlen wurde, von ihm aber unbeachtet blieb. Sie hatte an anderen Orten schlecht gelebt und zuletzt einen ihrer Liebhaber vergiftet. Man wusste das nicht hier im Land; sie war aber durch das Hören von Jesu Barmherzigkeit mit den Sündern sehr gerührt und hatte kein anderes Verlangen, als Buße zu tun und Gnade zu finden. Sie suchte Martha in Kana auf und bat sie um ihre Fürsprache bei Jesu Mutter, und sie gestand ihr alle ihre Verbrechen und wollte alles übrige noch hergeben.

Die heiligen Frauen, wohl eingedenk, was ihnen Jesus in Bethanien bei Gelegenheit der verlorenen Perle gesagt hatte, nahmen sie freundlich auf und begleiteten sie nach Kapharnaum, weil sie damals noch von einem Teufel, und zwar einem stummen, besessen war. Sie musste dann bewacht werden; denn sie konnte in ihren Anfällen nicht um Hilfe rufen, war dann ganz stumm und wurde hin und wieder ins Feuer und Wasser getrieben. Wenn sie wieder zu sich kam, saß oder lag sie in einer Ecke und weinte ganz entsetzlich. Diese Witwe war die Tochter oder Enkelin einer Schwester der hl. Mutter Anna. Väterlicherseits war sie mit der Mutter des Lazarus, einer Jerusalemitin, verwandt. Auch mit Maroni, der Witwe von Naim, war sie verwandt, und zwar durch deren Mann Eliud, einen Schwestersohn der hl. Anna; darum wurde sie auch neulich Jesus von der Freundin der Maroni in Naim empfohlen.

19. August: Gestern schiffte sich Jesus mit den vier Jüngern unterhalb Tarichäa, wie gesagt, über den Jordan hinüber. Es lagen immer Kähne, auf denen man selbst überfuhr, an verschiedenen Stellen des Flusses, und diese wurden von Leuten, die an den Ufern arbeiteten und von Strecke zu Strecke am größten Teil des Flusses Hütten bewohnten, immer wieder an die Stelle zurückgeführt, wohin sie gehörten. Ich sah Jesus mit den vier Jüngern nicht dicht am See herumgehen, sondern Er schritt aufwärts gegen Morgen der Stadt Galaad zu. Die vier Jünger bei ihm waren: Parmenas von Nazaret, Saturnin, und von den zweien, die ich von Jerusalem genannt, hieß der eine auf Art einer Stadt, die bei Paulus vorkommt, Tarsus, ich glaube Tharzissus, der andere, sein Bruder, hieß auch stadtartig, wie bolus. (Sie sagte später, Aristobolus.)

Tharzissus wurde später Bischof in Athen[59]. Aristobolus wurde später dem Barnabas zugeordnet; ich hörte das mit dem Ausdruck «verbrüdert»; aber er war nur sein geistlicher Bruder[60]. Er war viel mit Paulus und Barnabas, und ich meine, er war Bischof in Britannia[61]. Er war Jesus durch Lazarus zugeführt worden, ich meine auf dessen letzter Reise nach Galiläa. Sie waren Ausländer, ich glaube, Griechen. Ihr Vater hatte sich vor kurzem in Jerusalem niedergelassen. Sie waren Handelsleute mit Schiffen; ihre Sklaven oder Diener waren auf einem Handelstransport mit ihren Lasttieren zur Lehre des Johannes gekommen und hatten sich von ihm taufen lassen. Durch diese wurde ihren Eltern von Johannes und Jesus berichtet. Sie zogen nun selbst mit den Söhnen zu Johannes. Der Vater und die Söhne ließen sich taufen, nahmen die Beschneidung an, und die Familie zog nach Jerusalem. Sie waren nicht ohne Vermögen, und ich meine, dass sie nachher alles das Ihrige der Gemeinde übergaben. Die beiden Brüder waren groß, bräunlich, geschickt und hatten eine feine Bildung. Sie waren ausgewachsene junge Männer. Ich sah sie gewandt und behende auf dem Wege alles ordnen und bequem machen.

Aus der Gegend, in die Jesus hinaufstieg, entströmte ein Flüsschen; ich glaube, Er ging auch darüber. Der Prophet Elias hat sich einmal dort aufgehalten; Jesus erzählte davon.

Jesus lehrte die Jünger den ganzen Weg über. Ich habe sehr viel davon verstanden und wusste davon, habe es aber heute morgen durch den Besuch vergessen. Er lehrte in lauter Gleichnissen von allerlei Ständen und Gewerben, von jedem Busch und Stein, jeder Pflanze und jeder Stelle und was sich so auf dem Wege darbot. Die Jünger fragten allerlei, was sie in Sephoris und Nazaret mit ihm erlebt hatten. Er sprach mit ihnen von der Ehe, in Bezug auf den Disput mit den Pharisäern bei Sephoris und sprach gegen die Scheidung. Er sprach von der Unverbrüchlichkeit des Jaworts; die Scheidung sei nur ausgesprochen von Moses für ein hartes, sündhaftes Volk.

Sie fragten ihn auch über den Vorwurf der Nazaretaner, dass Er keine Nächstenliebe habe, und warum Er in seiner Vaterstadt, die ihm doch die nächste sei, nicht hatte helfen wollen; ob man denn seine Landsleute nicht als seine Nächsten halten müsse? Da lehrte sie Jesus sehr lange von der Nächstenliebe und legte ihnen allerlei Gleichnisse und Fragen vor. Er nahm diese Gleichnisse von allerlei Ständen in der Welt und kam auf diese, indem Er auf einzelne Orte deutete, die man in der Gegend von ferne sehen konnte und in denen diese Gewerbe besonders betrieben wurden. Er sagte auch, wer ihm nachfolgen wolle, müsse Vater und Mutter verlassen und doch das vierte Gebot halten; er müsse seine Vaterstadt behandeln wie Er Nazaret, wenn sie es so verdiente, und doch die Nächstenliebe üben. Gott, der himmlische Vater, sei der Nächste, und der, den Er gesandt habe.

Dann sprach Er von der Nächstenliebe der Welt. Er sprach von den Zöllnern bei Galaad, worauf sie zugingen. Sie lieben jene am meisten, die ihnen brav Zoll zahlen. Er zeigte auf Dalmanutha, das links von ihnen lag, und sagte: «Diese Zeltmacher und Teppichweber lieben ihre Nächsten, die ihnen viele Zelte abkaufen; ihre eigenen Armen lassen sie ohne Obdach.»

Er nahm ein Gleichnis vom Sohlenmacher her, das sich auf die Neugier der Nazaretaner bezog. Ich weiß es nicht mehr ganz; es hieß darin: «Ich bedarf ihrer Ehre nicht, welche schön gefärbt dasteht wie die bunten Sohlen in der Werkstatt der Sohlenmacher, die nachher unter den Füßen in den Kot getreten werden.»

Er sagte auch: «Sie sind wie die Sohlenmacher jener Stadt», auf die Er deutete; «ihre eigenen Kinder verschmähen und verachten sie und wenn sie in die Fremde gestoßen sind und irgend etwas gelernt haben von schönen, grünen Sohlen oder eine neue Mode, so lassen sie diese aus Neugier wiederkommen und wollen dann prahlen mit den Sohlen, welche wie diese Ehre mit Füßen getreten werden.»

Er fragte auch: «Wenn einer eine Sohle auf der Reise zerreißt und kommt zu diesen Sohlenmachern und will eine kaufen, ob sie ihm wohl die andere dazu schenken würden?» Ich weiß es nicht mehr recht. So sprach Er von Fischern, Baumeistern und allerlei Ständen. Sie fragten ihn auch, wo Er denn wohnen wolle; ob Er in Kapharnaum ein Haus bauen wolle? Er sagte, dass Er nicht auf Sand baue, und sprach von einer anderen Stadt, die Er bauen wolle; ich verstand es nicht immer, wenn sie gingen; wenn sie saßen, verstand ich es besser. So viel erinnere ich mich, dass Er ein eigenes Schiffchen haben wolle, um auf dem See hin und her zu fahren. Er wolle lehren zu Wasser und zu Land.

Sie gingen in das Land Galaaditis. Hier hatte sich auch Abraham mit Loth aufgehalten, und es gab damals schon eine Spaltung unter ihnen. Er sprach davon. Er sagte ihnen auch, sie sollten nicht von den geheilten Aussätzigen sprechen, um niemanden zu ärgern, und dass sie sich jetzt besonders behutsam verhalten sollten, um kein Aufsehen zu machen, weil die Nazaretaner gewiss großen Lärm und Hass anstiften würden. Am Sabbat wolle Er, glaube ich, wieder in Kapharnaum lehren; da sollten sie die Nächstenliebe und den Dank der Menschen kennenlernen. Sie würden ihn anders aufnehmen als damals, da Er den Sohn des Hauptmanns geheilt hatte.

Sie mochten etwa einige Stunden nordöstlich in einem Bogen vom See weggegangen sein, als sie nachmittags gegen Galaad (?) südlich von Gamala kamen. Es waren in dieser Stadt Heiden und Juden, wie meist in den Städten hier. Die Jünger wären gerne darin eingekehrt. Jesus aber sagte ihnen, wenn Er hier zu den Juden gehe, würden sie ihn schlecht aufnehmen und ihm nichts geben, und gehe Er zu den Heiden, so würden sich die Juden daran ärgern und ihn verleumden.

Er sagte auch von dieser Stadt, dass sie ganz zerstört werden würde und dass die Menschen dort sehr böse seien. Ich weiß nicht bei welcher Gelegenheit, ob jetzt oder später, da sie es vielleicht in der Herberge gehört, sprachen ihm die Jünger von einem gewissen Agabus, einem jetzt lebenden Propheten aus Argob hier in der Gegend, der seit längerer Zeit vom Wandel Jesu mancherlei Gesichte gehabt und auch unlängst von ihm prophezeit hatte. Er ist später ein Jünger geworden. Jesus sagte von ihm, seine Eltern seien Herodianer und hätten ihn in dieser Sekte erzogen, er aber habe sich bekehrt. Dann sprach Er von den Sekten als von schön zugedeckten Gräbern voller Verwesung.

Die Herodianer waren an der Ostseite des Jordans, in Peräa, Trachonitis, Ituräa besonders häufig. Sie hielten sich heimlich und trieben ein dunkles Wesen, sie unterstützten sich insgeheim. Es kamen arme Leute zu ihnen, denen sie plötzlich aufhalfen. Sie waren äußerlich sehr pharisäisch, arbeiteten heimlich auf die Freiheit der Juden von den Römern und hingen mit Herodes zusammen. Sie trieben ein Wesen wie die Freimaurer. Ich fühlte bei den Worten Jesu, dass sie sich sehr heilig und edel anstellten, aber Heuchler waren.

Jesus blieb mit den Jüngern in einiger Entfernung von Galaad in einer Zöllnerherberge; es waren da viele Zöllner zusammen, denen die Heiden hier Zoll für eingeführte Waren zahlten. Sie waren heute hier und da auf dem Wege Leuten begegnet; aber sie schienen ihn nicht zu kennen, und Er redete sie nicht an. Jesus lehrte hier von der Nähe des Reiches und von dem Vater, der seinen Sohn in den Weinberg sendet; Er gab ganz deutlich zu verstehen, dass Er der Sohn sei; sagte aber auch, dass alle jene Kinder des Vaters seien, welche dessen Willen täten, wodurch ihnen die Sache wieder verhüllt wurde. Er ermahnte sie auch zur Taufe, und es bekehrten sich mehrere. Sie fragten ihn, ob sie sich bei den Jüngern des Johannes sollten taufen lassen; Er sagte ihnen, sie sollten harren, bis durch seine Jünger dort getauft werde. Die Jünger fragten ihn heute auch, ob seine Taufe anders als die des Johannes sei, weil sie Johannes' Taufe empfangen hatten. Er machte einen Unterschied und nannte jene eine Abwaschung der Buße usw. (Sie weiß es nicht mehr.)

In seiner Lehre vor den Zöllnern kam etwas von der Dreieinigkeit vor, von dem Vater, dem Sohn und dem Heiligen Geist in ihrer Einheit, doch ganz anders ausgesprochen. Diese Jünger hier scheuten sich gar nicht vor den Zöllnern.

Weil Jesus in Nazaret bei den Essenern gewohnt und die Pharisäer ihm dieses auch vorgeworfen hatten, fragten die Jünger nach den Essenern, und ich hörte, dass Jesus sie lobte. Er sprach von allerlei Fehlern gegen die Nächstenliebe und Gerechtigkeit und fragte immer dabei: «Tun die Essener dies, tun die Essener jenes?»

In der Nähe von Galaad schrien einige Besessene, welche vor der Stadt in wüster Gegend umherliefen, Jesus an. Sie waren ganz verlassen und raubten und töteten hier herum die Leute und trieben allerhand Greuel. Er sah zu ihnen hin und segnete sie; da wurden sie still und befreit und eilten zu ihm und fielen ihm zu Füßen. Er ermahnte sie zur Buße und zur Taufe und befahl ihnen zu warten, bis seine Jünger zu Ainon taufen würden. Bei Galaad war es steinig, ein weißer, bröckliger Felsgrund.

20. August: Jesus zog heute mit den Jüngern über die Berge, auf deren südlichem Ende Gamala liegt, in nordwestlicher Richtung dem See zu. Auf diesem seinem Weg über die Berge, welche an der Ostseite des Galiläischen Sees liegen, ging Er etwa eine Stunde östlich von Gergesa[62] vorüber, wo Er später die Teufel in die Schweine trieb. Es lag in einer Vertiefung des Bergrückens und hatte einen Sumpf in der Nähe, welcher von einem abgedämmten Bach entstand, der durch eine Schlucht bei Magdalum in den See hinabfloss. Jesus sprach auf dem Weg mit den Jüngern von diesem Ort: Ein Prophet (den Namen habe ich vergessen) sei einst wegen seiner schiefen Gestalt von den Leuten in Gergesa sehr verspottet worden und habe ihnen hierauf gesagt: «Hört ihr, die ihr meiner spottet; eure Kinder werden verstockt bleiben, wenn ein Größerer als ich hier lehrt und heilt, und ihr werdet euch nicht freuen über das Heil aus Betrübnis über den Verlust von unreinen Tieren.»

Diese Weissagung ging auf Christus und das Ausfahren der Teufel in die Schweine. Jesus sprach mit den Jüngern von dem, was ihn in Kapharnaum erwarte. Die Pharisäer aus Sephoris, erbittert über seine Lehre von der Scheidung, hätten nach Jerusalem geschickt, und die Nazaretaner hätten sich mit ihnen in ihren Klagen vereinigt, und es sei nun eine ganze Rotte von Pharisäern aus Jerusalem, Nazaret und Sephoris nach Kapharnaum gesandt, um dort auf ihn zu lauern und wider ihn zu streiten.

Auf dem heutigen Weg begegneten ihnen große Scharen von Heiden mit Maultieren und Ochsen, welche dicke Mäuler hatten und mit schweren, breiten Hörnern gesenkten Hauptes gingen. Es waren Handelskarawanen dabei, welche von Syrien nach Ägypten zogen und in der Gegend von Gerasa teils über den Fluss setzten, teils höher oben über die Jordanbrücke zogen. Es waren viele Leute dabei, welche sich, um den Propheten zu hören, diesen Gruppen angeschlossen hatten. Einige Scharen zogen auf getrennten Wegen; von einer Gruppe aber kamen viele zu ihm an den Weg und fragten ihn, ob der Prophet in Kapharnaum lehre. Er aber sagte ihnen, sie sollten jetzt nicht nach Kapharnaum ziehen, sondern sich an dem Bergabhang nördlich bei Gerasa lagern; der Prophet werde bald dorthin kommen. Er sprach aber so mit ihnen, dass sie sagten: «Herr, Du bist auch ein Prophet!», und sein Anblick machte sie wundern, ob Er es nicht selbst sei.

Auf dieser Reise, ich weiß nicht mehr genau, wo, kam ein Bote der heiligen Jungfrau zu Jesus. Sie ließ ihn bitten, doch nach Kapharnaum zu kommen und die von einem stummen Teufel besessene Witwe, Maria, welche Martha zu ihr gebracht hatte, zu befreien. Ich sah dabei, wie Martha sie zur heiligen Jungfrau brachte und bittend zu ihr sprach. Die Mutter Jesu sah die unglückliche Frau mit einem ernsten Blick an und ließ sie längere Zeit in einiger Entfernung stehen. Da wurde die Reue immer heftiger in dem Herzen der Witwe, und sie flehte unter heftigen Tränen: «O Mutter des Propheten, flehe deinen Sohn für mich an, dass ich noch Gnade vor Gott finden möge!» Als nun die Mutter Jesu ihre Reue erkannt hatte, sandte sie den Boten zu ihm. Jesus aber schickte den Boten zurück: Sie sei bereits geheilt. Er werde zu seiner Zeit kommen. Er heilte sie aus der Ferne, wie Er den Sohn des Hauptmanns von Kapharnaum geheilt hatte.

Ich sah aber in dem Augenblick, da Er diese seine Worte sprach, dass die Witwe in Kapharnaum wie tot zur Erde sank und die Frauen sie zu Bett brachten, worauf sie bald wieder zu sich kam und ganz befreit war. Ich meine, dass früher während ihrer Reue schon andere Teufel von ihr gewichen waren. Martha und ihre Begleitung reisten mit ihr, noch ehe Jesus kam, nach Bethanien zurück. Hier brachte Martha sie in ein Gebäude neben ihrem Haus, worin sie schon mehrere Frauen wohnen hatte, welche für die Armen und die Jünger allerlei Kleidungsstücke bereiteten. Sie lebte hier ganz still in Buße und Arbeit und gab ihr ganzes Hab und Gut der Gemeinde hin. Sie hatte viel Ähnliches mit Magdalena, außer dass sie verheiratet gewesen war. Sie kannte Dina, die Samaritin, welche auch aus Damaskus war, sehr gut.

21. August: Jesus kehrte mit seinen Jüngern gegen Abend vor Gerasa in einer Herberge ein. Es war aber darin ein solches Gedränge von Heiden und Reisenden, dass Jesus sich gleich absonderte. Die Jünger sprachen noch mit den Heiden von dem Propheten und belehrten sie. Ich meine unbestimmt, Jesus habe noch heute abend mit einem Judenschulmeister gesprochen.

Gerasa liegt am Abhang eines Tals, das vom nördlichsten Ende des Sees etwa zwei Stunden und vom See selbst etwa anderthalb Stunde liegt. Es ist größer und auch reinlicher als Kapharnaum. Gerasa ist, wie schier alle Städte hier herum, heidnisch gemischt; es sind Tempel hier. Die Juden sind der unterdrückte Teil, haben aber doch eine Schule und Lehrer. Es ist viel Handel und Gewerbe hier, denn es kommen hier die Karawanen von Syrien und Asien nach Ägypten durch. Ich habe vor dem Tor ein langes Gebäude gesehen, wohl eine halbe Viertelstunde lang, worin lange, eiserne Stangen und auch eiserne Röhren geschmiedet wurden. Sie schmiedeten die Stangen platt und löteten sie rund zusammen; es wurden auch Röhren aus Blei gemacht. Sie arbeiteten nicht mit dem Holzfeuer, sondern brannten schwarze Klumpen, die sie aus der Erde herausholten. Es kommt Eisen aus der Gegend, wo Agabus der Prophet her ist, aus Argob hierher; denn ich sehe dort solchen Eisenboden. Es ist dort so gelber Ockergrund; Bergwerke sah ich aber nicht.

Die durchziehenden Heiden hatten sich nördlich von Gerasa an der Südseite des Bergvorsprungs aufwärts steigend gelagert, es waren auch Heiden aus der Stadt dort und auch einige Juden, die abgesondert standen. Die Heiden waren anders als die Juden gekleidet; sie hatten Röcke bis ans halbe Bein. Es mussten auch reiche dabei sein, denn ich sah Frauen, welche ihre Haare ganz zu einer Perlenkappe eingeflochten hatten. Einige hatten über den Schleier hinaus das Haar mit Perlen in ein Körbchen geflochten.

Jesus begab sich auf diese Anhöhe, lehrte, den Berg aufwandelnd, die Scharen, indem Er an ihnen entlang ging und bald hier, bald dort stehen blieb. Er wandelte so hin und her. Er lehrte auf die Art einer Unterhaltung mit Reisenden. Er redete sie an mit Fragen und unterrichtete sie mit Antworten. Er fragte: «Wo seid ihr her? Was bewegt euch zu der Reise? Was erwartet ihr von dem Propheten?» Er lehrte, wie sie werden müssen, um des Heiles teilhaftig zu werden. Er sagte: «Selig sind die, welche so weit und mühsam gereist kommen, das Heil zu suchen! Wehe denen, unter denen es aufsteht und die es nicht aufnehmen!» Er erklärte die Weissagung vom Messias, den Beruf der Heiden und erzählte den Beruf und den Zug der Heiligen Drei Könige. Die Leute wussten davon.

Es waren auch Leute aus der Gegend und der Stadt her, wo der Diener Abgar von Edessa, der Jesu Bild und Brief dorthin brachte, auf der Rückreise bei dem Ziegelofen übernachtet hatte. Jesus erzählte allerlei kleine Gleichnisse.

Er heilte keine Kranken. Die Leute waren meistens sehr gutmütig. Es war aber auch eine Partei darunter, welche es gereute, mitgezogen zu sein. Sie hatten sich etwas ganz anderes von dem Propheten erwartet, was ihren Sinnen mehr schmeichelte. Gegen Mittag ging Jesus mit den vier Jüngern zu einem pharisäischen Judenlehrer speisen, welcher vor der Stadt wohnte und ihn gestern abend oder heute morgen zu Gast geladen hatte, der aber doch zu hoffärtig war, bei seiner Heidenlehre zu erscheinen.

Es waren noch einige andere Pharisäer aus der Stadt zugegen. Sie nahmen Jesus sehr freundlich, aber gleißnerisch auf, und es ergab sich bei Tisch eine Gelegenheit, ihnen tüchtig die Wahrheit zu sagen.

Es brachte ein heidnischer Sklave oder Diener eine schöne, bunte Schüssel mit allerlei köstlichem, aus Gewürzen zusammengeknetetem Zuckerwerk, das in Figuren von Vögeln, Blumen und dergleichen geformt war, auf den Tisch, und einer der Anwesenden machte einen großen Lärm darüber, dass an der Schüssel etwas Unreines sei, stieß den armen Sklaven ganz grob zurück, schimpfte ihn und setzte ihn unter andere Diener zurück.

Da sagte Jesus: «Nicht die Schüssel, sondern was darin ist, ist voll Unreinigkeit.» Der Hausherr erwiderte, Er irre, das Zuckerwerk sei ganz rein und köstlich. Jesus sagte so viel wie: «Es ist sehr unrein, denn es ist nichts als aus Schweiß, Blut, Mark und Tränen der Witwen, Waisen und Armen zusammengeknetete Wollust» und nun hielt Er ihnen eine strenge Lektion über ihr Treiben und Verschwenden, ihren Geiz und ihre Heuchelei.

Sie wurden darüber sehr erbittert, konnten aber nichts erwidern und verließen das Haus bis auf den Hausherrn, der Jesus immer noch sehr gleißnerisch schmeichelte und eigentlich etwas zu erlauern hoffte, das er der Versammlung zu Kapharnaum gegen ihn vorbringen wollte.

Jesus lehrte gegen Abend nochmals die Heiden an dem Berg. Sie fragten auch, ob sie sich bei des Johannes Jüngern sollten taufen lassen, und äußerten den Wunsch, sich hier im Lande niederzulassen.

Jesus riet ihnen, noch mit der Taufe zu warten, bis sie besser belehrt seien, und vorerst über den Jordan nach Obergaliläa in die Gegend von Adama zu ziehen, wo bereits belehrte Heiden und gute Leute seien und wo Er auch noch lehren werde.

Er lehrte sie noch, da es schon Abend wurde, beim Fackelschein; dann verließ Er sie.

### *Jesus im Haus des Petrus – Maßnahmen der Pharisäer*

21. und 22. August:

Jesus ging nun nordwestlich über den Berg nach der Stelle, wo ihn des Petrus Knechte mit einer Barke erwarteten. Er ging zu dem Seeufer hinab und bestieg das Schiff etwa ein halbe Stunde unterhalb Bethsaida-Julias, das wie eine Stadt mit Mauern umgeben ist. Es war schon abends spät, und die drei Schiffsknechte, welche heidnische Sklaven von Petrus waren, hatten Leuchten bei sich, womit sie über den See fuhren.

Das Schiffchen, worin Jesus übergefahren wurde, hatten Petrus und Andreas mit ihren Knechten selbst für Jesus gezimmert, denn sie waren nicht allein Schiffer und Fischer, sie bauten sich auch ihre Schiffe selbst.

Petrus hatte drei Schiffe und darunter ein sehr großes, so lang wie ein Haus. Das Schiffchen fasste etwa zehn Mann, es war der Breite und Länge nach ungefähr wie ein Ei geformt. Der hintere und vordere Teil war ein geschlossener Behälter, wo man allerlei bewahren und auch die Füße waschen konnte. In der Mitte stand der Mast, und vom Rande des Schiffes stützten Stangen gegen diesen. Oben um diese Stangen konnte man das Segel drehen. Um den Mast befanden sich Sitze.

Auf diesem Schiffchen hat Jesus nachher oft gelehrt und ist darauf zwischen den anderen Schiffen herum gegen das Ufer gefahren. Die großen Schiffe hatten um den Mast runde, terrassenförmige Verdecke wie Galerien übereinander, worunter man durchsehen konnte, und oben konnte man sich mit Segeltuchwänden rund um Zellen absondern. An den Stangen, die den Mast stützten, waren Sprossen zum Hinaufklettern; an beiden Seiten des Schiffes waren schwimmende Kästen oder Tonnen wie Flügel oder Floßfedern, so dass das Schiff im Sturm nicht umschlagen konnte, und welche man beschwerte oder erleichterte, um das Schiff höher- oder tiefergehend zu machen. Manchmal waren sie mit Wasser gefüllt, manchmal leer.

Auch wurden die gefangenen Fische darin aufbewahrt. Man konnte Bretter hinten und vorn am Schiff herausschieben, um besser zu diesen Kästen oder auch auf benachbarte Schiffe zu kommen und um die Netze zu ziehen. Wenn nicht gefischt wurde, führte man damit auch Karawanen und Reisende über den See. Die Fischer- und Schifferknechte waren meist Sklaven, Heiden; auch Petrus hatte Sklaven.

Jesus landete oberhalb Bethsaida nicht weit von dem Haus der Aussätzigen, wo ihn Petrus, Andreas, Johannes, Jakobus Major (der Ältere), Jakobus Minor (der Jüngere), Philippus und ich meine, noch einer erwarteten. Sie gingen nicht durch Bethsaida, sondern den kürzesten Weg vor dem Nordende Bethsaidas über die Höhe und kamen zu des Petrus Haus im Tal zwischen Kapharnaum und Bethsaida. Hier im Hause waren die Mutter Jesu und die anderen Frauen. Des Petrus Schwiegermutter war krank und lag zu Bett. Jesus besuchte sie, heilte sie aber noch nicht. Es wurden Jesus hier die Füße gewaschen, und es war ein Mahl, wobei das Hauptgespräch war, dass in Kapharnaum fünfzehn Pharisäer aus den verschiedenen Hauptschulen von Judäa und Jerusalem gesandt, angekommen seien, um auf ihn zu lauem.

Von einigen größeren Orten waren zwei, von Sephoris nur einer, von Nazaret aber war der junge Mann, der ihn schon mehrmals um Aufnahme gebeten und den Er noch das letzte Mal abgewiesen hatte, nun als ein Schriftgelehrter dieser Kommission beigeordnet. Er hatte noch kurz vorher geheiratet, und Jesus sagte zu den Jüngern. «Seht, für wen ihr mich gebeten habt! Er kommt, um auf mich zu lauern und verlangt mein Jünger zu sein!»

Dieser junge Mensch wollte aus Eitelkeit zu Jesus, und weil dieser ihn nicht aufnahm, hielt er nun zu den Feinden Jesu. Es sollten diese Pharisäer sich länger in Kapharnaum aufhalten. Von den paarweise Angekommenen sollte einer zurückkehren und berichten, und der zweite sollte in Kapharnaum bleiben und Jesu Tun und seine Lehren belauern.

Sie hatten bereits eine Versammlung gehalten und den Hauptmann Serobabel, Sohn und Vater, vor sich gehabt und ihn und allerlei Leute über Heilungen und Jesu Lehre ausgefragt. Sie konnten die Heilungen nicht leugnen, die Lehren nicht verwerfen, doch waren sie niemals zufrieden, wie alles geschah. Es ärgerte sie, dass Er nicht bei ihnen studierte, dass Er mit gemeinen Leuten, Essenern, Fischern, Zöllnern und Sündern umging, dass Er keine Sendung von Jerusalem aus habe, dass Er sie nicht als Gelehrte um Rat fragte, kein Pharisäer oder Sadduzäer war, dass Er bei den Samaritern gelehrt, am Sabbat geheilt hatte. Kurz, Er war ihnen nicht recht, weil sie sich selbst herabsetzen mussten, wenn sie ihn anerkannten. Der junge Mann von Nazaret war ein besonders heftiger Feind der Samariter, die er auf alle Weise verfolgte.

Die Freunde und Verwandten Jesu wünschten nicht, dass Er am Sabbat in Kapharnaum lehre. Auch seine Mutter war besorgt, und sie äußerte sich, Er solle doch lieber wieder auf die andere Seite des Sees gehen. Bei solchen Gelegenheiten sprach Jesus kurz ablehnend, ohne Auseinandersetzung.

Es waren in Bethsaida und auch in Kapharnaum große Scharen von Kranken, Heiden und Juden. Mehrere Züge von Reisenden, welche Jesus vorgestern jenseits des Sees begegnet waren, warteten hier auf ihn. Bei Bethsaida waren große, offene Herbergen, mit Schilf gedeckt, für Heiden und Juden getrennt. Oberhalb des Ortes waren heidnische, unterhalb jüdische Bäder.

Petrus hatte viele jüdische Kranke innerhalb seines Hauses aufgenommen, und Jesus heilte heute morgen viele davon. Er hatte dem Petrus gestern abend gesagt, er solle heute seine Fischerei nicht betreiben und ihm bei der Menschenfischerei helfen; bald werde Er ihn ganz abrufen. Petrus gehorchte, aber er war dabei in einiger Verlegenheit.

Er hatte immer die Meinung, das Leben mit dem Herrn sei ihm zu hoch, er verstehe das nicht. Er glaubte, er sah die Wunder, er teilte gern alles mit, tat alles gern, aber er meinte immer, er tauge doch nicht dazu, er sei zu einfältig, er sei nicht würdig, und daran knüpfte sich eine geheime Sorge um sein Geschäft. Auch war es ihm manchmal verdrießlich, dass man ihn schmähte, wie er, ein einfältiger Fischer, sich mit dem Propheten herumtreibe, in seinem Hause eine Niederlassung von Schwärmerei und Aufruhr habe und sein Geschäft vernachlässige.

Alles das kämpfte noch in ihm; denn er war nicht so begeistert, so feurig wie Andreas und die anderen damals, doch voll Glaube und Liebe; aber er war schüchtern, an sein Geschäft gewöhnt und demütig und hielt sich gern mit seiner Einfalt bei seinem Gewerbe auf.

### *Jesus heilt viele Kranke – Art und Weise seiner Heilungen*

Jesus ging von der Wohnung des Petrus über den Bergrücken dem nördlichen Ende von Bethsaida zu. Dieser ganze Weg war mit kranken Heiden und Juden angefüllt, doch waren sie getrennt und die Aussätzigen ganz weit abgesondert. Es waren Blinde, Lahme, Stumme, Taube, Gichtbrüchige und besonders viele wassersüchtige Juden dort. Die Heilungen gingen heute mit größerer Ordnung und Feierlichkeit vor, als ich es manchmal früher gesehen habe. Die Leute waren teils schon zwei Tage hier, und die hiesigen Jünger Andreas, Petrus und die anderen, welchen Jesus seine Ankunft gemeldet, hatten sie nach seiner früheren Unterweisung bequem geordnet; denn es waren auf diesem Wege mehrere abgesonderte, schattige Bergwinkel und Gärtchen. Jesus lehrte und ermahnte die Kranken, welche scharenweise im Kreis um ihn getragen oder geleitet wurden. Mehrere verlangten, ihm ihre Verbrechen zu bekennen, und Er trat mit ihnen an einen abgesonderten Ort. Ich sah, dass sie bekennend und weinend vor ihm niedersanken.

Unter den Heiden waren mehrere, welche Mord und Raub auf ihren Reisen begangen hatten. Manche ließ Er eine Zeitlang liegen und wandte sich anderen zu, kam später wieder zu ihnen und sagte ihnen: «Stehe auf, deine Sünden sind dir verziehen!» Unter den Juden waren Ehebrecher und Wucherer. Wenn Er ihre Reue erkannt hatte und ihnen den Ersatz befohlen, betete Er mit ihnen, legte ihnen die Hände auf, und sie genasen. Vielen befahl Er, sich noch in einem Bade zu reinigen. Manche der Heiden wies Er zur Taufe oder zu den bekehrten Heiden in Obergaliläa. Eine Schar trat nach der anderen vor ihn, und die Jünger sorgten für Ordnung. Heute sah ich keine kleinen Kinder. Gestern waren bei Gerasa heidnische Frauen mit ganz kleinen und etwas größeren Kindern.

Jesus zog auch durch Bethsaida, wo es voller Menschen wie auf einer großen Wallfahrt war. Ich sah ihn auch hier in verschiedenen Herbergen und auf der Straße heilen. Er ging hierauf mit anderen in das Haus des Andreas, wo eine Erquickung bereitet war. Hier sah ich auch die Kinder. Ich sah die etwa zehnjährige Stieftochter von Petrus mit anderen Mädchen ihres Alters und sah zwei andere Töchterchen von etwa zehn und acht Jahren und einen Knaben des Andreas; er hatte ein gelbes Röckchen an mit einem Gürtel. Es waren auch ältere Frauen bei ihnen. Sie standen unter einem Vordach des Hauses und sprachen von dem Propheten, ob Er wohl bald komme. Sie liefen ab und zu, forschend, ob Er sich nahe. Sie waren hier, um ihn zu sehen; denn gewöhnlich wurden die Kinder sehr zurückgehalten. Jesus blickte sie an und segnete sie. Ich sah Jesus nachher wieder nach dem Haus des Petrus zurückkehren und noch viele Leute heilen; Er hat wohl hundert Menschen heute geheilt, ihnen die Sünden vergeben und sie für die Zukunft angewiesen, was sie tun sollten.

Ich habe auch heute wieder gesehen, dass die Heilungsarten Jesu sehr verschieden waren und dass Er wahrscheinlich so heilte, um den Jüngern zu zeigen, wie sie selbst nachher und die Kirche zu ewigen Zeiten es machen sollte. In allem seinem Tun und Leiden war eine menschliche Form und Gestalt, und nichts war gauklerisch und plötzlich verwandelnd. Ich sah bei allen Heilungen einen gewissen Übergang nach Art der Krankheiten und Sünden. Ich sah bei allen, über die Er betete oder denen Er die Hand auflegte, eine Stille und Innerlichkeit von einigen Augenblicken eintreten, und sie erhoben sich genesen wie nach einer kleinen Ohnmacht.

Lahme erhoben sich sanft, warfen sich vor ihm nieder und waren gesund; aber die ganze Kraft und Behendigkeit der Glieder trat erst nach einiger Zeit ein: bei einigen in Stunden, bei anderen in Tagen. Ich sah Wassersüchtige, die nahe zu ihm wanken konnten, und solche, die getragen wurden. Er legte ihnen meistens die Hand auf Kopf und Magen, sie konnten sich nach seinen Worten sogleich aufrichten und gehen, fühlten sich ganz leicht, und das Wasser ging in Schweiß von ihnen. Aussätzige verloren gleich nach seiner Heilung die Schuppen, hatten aber doch noch rote Male, wo der Aussatz gesessen.

Sehend, sprechend, hörend Gewordene hatten im Anfang noch das Gefühl der Ungewohntheit dieser Sinne. Ich sah Gichtgeschwollene geheilt, sie waren schmerzlos und konnten gehen; aber die Geschwulst war nicht wie weggeflogen, sondern sie wich nur sehr bald. Krampfhafte waren gleich geheilt, die Fieber wichen; aber die Menschen waren nicht im Augenblick wieder ganz stark und frisch; sie genasen wie eine verwelkte Pflanze nach dem Regen. Die Besessenen sanken gewöhnlich in kurze Ohnmacht und erholten sich dann befreit; aber müde und mit beruhigtem Antlitz. Es ging alles sehr ruhig und ordentlich zu, und nur für die Ungläubigen und Feindseligen waren die Wunder Jesu etwas Schreckliches.

Die Heiden, welche hierherzogen, waren meistens durch Leute, welche bei Johannes' Taufe und Lehre gewesen waren, auch durch Heiden aus Obergaliläa, und wo Jesus sonst gelehrt und geheilt hatte, angeregt worden und strebten nach Unterricht. Manche hatten des Johannes Taufe, andere nicht. Jesus befahl ihnen nicht die Beschneidung; Er lehrte, wenn sie darüber fragten, von der Beschneidung des Herzens und aller Sinne. Er lehrte sie, wie sie sich verhalten sollten; Er lehrte sie Nächstenliebe, Mäßigkeit, Abbruch, befahl ihnen, die Zehn Gebote zu halten, lehrte sie einzelne Teile eines Gebetes, so einzelne Bitten des Vaterunsers. Er sagte ihnen auch, dass Er ihnen Jünger senden wolle, und ich sah, dass die Jünger nachher hauptsächlich zu solchen kamen.

23. August: Gestern abend sah ich schon in Bethsaida und Kapharnaum die Fahnen mit Knoten und Fruchtschnüren daran auf den Synagogen und anderen öffentlichen Häusern heraushängen, weil der letzte Tag des Monats Ab eintrat und heute abend mit dem Sabbat der erste Elul beginnt. Jesus heilte heute morgen noch viele kranke Juden in Bethsaida. Er aß im Haus des Petrus und ging nachher mit den Jüngern, wohin die Frauen schon vorausgegangen waren, nach dem Haus des Petrus dicht vor Kapharnaum, wo ihn wieder viele Kranke erwarteten.

Es waren zwei taube Männer dabei, denen Jesus die Finger in die Ohren legte. Zwei andere wurden herangeführt, die kaum gehen konnten, deren Arme unbeweglich steif und die Hände dick geschwollen waren. Jesus legte ihnen die Hand auf und betete und fasste sie bei beiden Händen und bewegte diese auf und nieder, und sie waren genesen. Die Geschwulst aber wich nicht augenblicklich, sondern etwa in ein paar Stunden. Er ermahnte sie auch, ihre Hände künftig zur Ehre Gottes zu gebrauchen; denn sie waren wegen ihrer Sünden in diesem Zustand. Er heilte noch viele und ging dann zum Sabbat in die Stadt. Es waren unbeschreiblich viele Leute darin, und man hatte die Besessenen aus dem Gefangenenhaus losgelassen. Sie liefen ihm auf den Straßen entgegen und schrien ihn an. Er befahl ihnen aber zu schweigen und auszufahren; da folgten sie zum Erstaunen aller Menschen ruhig zur Synagoge und hörten seine Lehre.

Die Pharisäer und besonders die fünfzehn Neuangekommenen saßen um seinen Lehrstuhl; man behandelte ihn mit wirklicher Scheu und geheuchelter Ehrfurcht. Man gab ihm die Rollen, und Er lehrte aus Jesaja (Kap. 49), dass Gott seines Volkes doch nicht vergesse. Er las und legte aus dem folgenden dar, dass Gott durch die Gottlosigkeit der Menschen nicht könne gehindert werden, sich der Verlassenen zu erbarmen. Es sei die Zeit gekommen, wovon der Prophet spreche, Sions Mauern sehe Er immerdar. Jetzt sei die Zeit, wo die Zerstörer fliehen würden und die Baumeister kommen. Er würde viele versammeln, sein Heiligtum zu zieren. Es würden so viele fromm und gut, so viele würden Wohltäter und Führer des armen Volkes werden, dass die unfruchtbare Synagoge sagen werde, «Wer hat mir diese Kinder gezeugt?»

Die Heiden sollten sich zur Kirche bekehren, die Könige ihr dienen! Der Gott Jakobs werde dem Feind, werde der verderbten Synagoge ihre Leute entreißen, und die, welche sich am Heiland wie Mörder vergreifen, würden gegeneinander wüten und sich einander selbst erwürgen lassen[63]. Er legte dies auf den Untergang von Jerusalem aus, wenn es das Reich der Gnade nicht annehme. Gott frage, ob er sich dann von der Synagoge geschieden habe, ob sie dann einen Scheidebrief habe, ob er dann sein Volk verkauft habe? Ja! Wegen der Sünden seien sie verkauft, die Synagoge sei wegen ihrer Verbrechen verlassen. Er habe gerufen und gemahnt, es habe niemand geantwortet. Aber Gott sei mächtig, Er könne Himmel und Erde erschüttern. Alles legte Jesus auf seine Zeit aus. Er bewies, dass alles erfüllt sei. Er sagte, dass der Vater ihn gesandt habe, das Heil zu verkünden und zu bringen und die von der Synagoge Verlassenen und Verführten zu sammeln. Und da Er die Stelle aussprach als von Sich, Gott der Herr habe ihm eine weise Zunge gegeben, die Verlassenen, Verirrten zurückzuführen, Er habe ihm die Ohren früh geöffnet, seine Gebote zu hören, und Er habe nicht widersprochen. Als Jesus dies sagte, nahmen es die Pharisäer ganz plump, als lobe Er Sich selber. Obgleich sie von seiner Rede hingerissen waren und nach der Lehrestunde zueinander sagten, nie habe ein Prophet so gelehrt, so zischelten sie sich dennoch in die Ohren.

Er legte dann noch die Stelle des Propheten, dass Er Sich um sie Mühe gegeben habe, dass Er Sich habe ins Angesicht schlagen und seinen Leib habe geißeln lassen, auf die Verfolgung aus, die Er erduldet habe und noch erdulden werde. Er sprach von seiner Misshandlung in Nazaret; aber wer ihn verdammen wolle, der solle hervortreten! Alle seine Feinde würden verfallen mit ihrer Lehre, der Richter werde über sie kommen. Die Gottesfürchtigen sollten seine Stimme hören, die Unwissenden ohne Erleuchtung sollten zu Gott rufen und hoffen! Das Gericht werde kommen und die das Feuer angezündet, würden dann zu Grunde gehen[64]. Das legte Er wieder auf den Untergang des jüdischen Volkes und Jerusalems aus.

Sie konnten ihm kein Wort widersprechen. Sie hörten ganz still zu, nur zischelten sie sich in die Ohren und höhnten und waren doch alle hingerissen. Er erklärte auch noch etwas aus Moses, das kommt aber immer zuletzt. Er fügte auch noch eine Parabel an und sprach diese mehr zu seinen Jüngern, und zwar dem verräterischen, jungen Schriftgelehrten aus Nazaret zu Gehör. Es war die Parabel von den Talenten, weil dieser so eitel auf seine Kenntnisse war. Der junge Mann wurde dadurch innerlich sehr beschämt, aber nicht gebessert. Jesus führte diese Parabel nicht ganz so an, wie sie im Evangelium steht, doch ähnlich.

Vor der Synagoge heilte Er noch auf der Straße und ging dann mit seinen Jüngern vor das Tor in das Haus des Petrus. Es war aber Nathanael (Chased) und der Bräutigam und Thaddäus zu diesem Sabbat von Kana hierhergekommen.

Thaddäus hielt sich öfter dort auf; er ging überhaupt öfter hin und her im Land, denn er handelte mit Fischernetzen, Segeltuch, Strickwerk und dergleichen.

Das Haus war in der Nacht wieder voll von Kranken. Es befanden sich auch abgesondert mehrere blutflüssige Frauen dort; einige führten sie zu ihm, einige andere brachten Frauen auf einer Trage, ganz eingewickelt. Sie sahen bleich und elend aus und hatten sich schon lange nach seiner Hilfe gesehnt. Ich sah diesmal, dass Er ihnen die Hände auflegte und sie segnete und die Bettlägerige loszuwickeln befahl und dass Er sie aufstehen hieß. Er ermahnte und entließ sie. Man nahm noch eine kleine Erquickung wie gewöhnlich, und Er sprach noch mit den Jüngern. Als alle schlafen gegangen waren, begab Er sich nachts zum Gebet.

Die lauernden Pharisäer in Kapharnaum hatten den Zweck ihrer Sendung nicht öffentlich ausgesprochen, sie hatten den Hauptmann Serobabel auch nur heimlich ausgefragt. Sie hielten sich hier auf unter dem Vorwand, so wie manche Juden zum Sabbat an andere Orte reisen, besonders wenn sich dort ein berühmter Lehrer aufhält. Es kamen auch viele in die Gegend von Gennesaret, um sich in der Schönheit und Fruchtbarkeit dort von Geschäften zu erholen.

24. August: Jesus ging sehr früh nach Kapharnaum. Es waren unbeschreiblich viele Menschen und Kranke hier vor der Synagoge

versammelt. Er heilte viele. Als Er in die Synagoge kam, wo die Pharisäer sich unterdessen versammelt hatten, schrien ihm viele Besessene entgegen, und einer, der besonders rasend war, kam zu ihm gerannt und schrie: «Was haben wir mit dir zu tun, Jesus von Nazaret? Du kamst, uns zu verderben! Ich weiß, du bist der Heilige Gottes!» Da befahl ihm Jesus zu schweigen und von ihm auszufahren. Der Mensch stürzte zurück zu den anderen, und der Teufel fuhr und schrie aus ihm. Der Mensch war ganz ruhig und warf sich vor Jesus nieder. Da sagten viele Leute und besonders die Jünger den Pharisäern zu Gehör, die sich darüber ärgerten: «Was ist doch das für eine neue Lehre, wer mag Er sein? Er hat Gewalt über die unreinen Geister!»

Es waren aber eine so erstaunliche Volksmenge und so viele Kranke in und um die Synagoge umher, dass Jesus auf einer Stelle der Synagoge lehren musste, die nach innen und auch nach dem menschenvollen Vorhof sah. Die Pharisäer standen innen um ihn herum und nach außen lehrte Er zu dem Volk hin. Er wandte sich bald hinein, bald heraus. Es waren gestufte Gebäude um den Hof, auf denen man oben zuhören und wieder nach der anderen Seite in den Vorhof hinabgehen konnte. Unten waren allerlei Zellen und Räume für Büßende und Betende; alles war voller Zuhörer und an besonderen Stellen voller Kranker.

Jesus lehrte wieder sehr lebhaft aus Jesaja und legte alles auf diese Zeit und auf Sich aus. Er sprach, dass die Zeit erfüllt sei und dass das Reich sich nahe. Immer hätten sie sich nach der Erfüllung der Prophezeiung gesehnt und nach dem Propheten und Messias verlangt, der ihnen ihre Bürde abnehme; aber wenn Er da sei, werden sie ihn nicht wollen, weil Er nicht nach ihren verkehrten Vorstellungen sein werde. Er nannte nun die Zeichen des Propheten, nach deren Erfüllung sie sich immer sehnten und die sie noch in den Schulen aus den Rollen lasen und darum beteten, und zeigte deren Erfüllung auf.

Er sagte: «Die Lahmen werden gehen, die Blinden sehen, Taube hören. Tun sie es etwa nicht? Was will diese Versammlung der Heiden zur Lehre? Was schreien die Besessenen? Warum fahren die Teufel aus? Warum loben die Genesenen Gott? Verfolgen ihn die Verderber nicht? Umgeben ihn nicht die Lauerer? Aber sie werden

den Sohn des Weinbergsherrn hinausstoßen und erschlagen, und wie wird es ihnen ergehen? Wollt ihr das Heil nicht annehmen, so soll es doch nicht verloren sein, und ihr sollt es den Armen, Kranken, Sündern und Zöllnern, den Büßenden, selbst den Heiden nicht wehren, zu denen es sich von euch abwenden wird!»

Dieser Art war der Inhalt seiner Lehre. Er sagte auch: «Ihr erkennt Johannes als einen Propheten, den sie gefangen haben: Geht zu ihm in sein Gefängnis, fragt ihn, wessen Wege er bereitet hat und von wem er Zeugnis gibt!» Indem Er so lehrte, wurde der Grimm der Pharisäer immer größer, und sie zischelten und murrten sich in die Ohren.

Während seiner Lehre schleppten acht halbkranke Männer vier an einer unreinen Krankheit leidende, vornehme Männer aus Kapharnaum zur Synagoge zu einer Stelle in den Vorhof, wo Jesus sie sehen und sie seine Worte hören konnten. Sie durften ihrer Krankheit halber nur an einer Seite hineingebracht werden, die durch das Gedränge ganz verstellt war. Deswegen mussten die Träger die Bettlägerigen an einer Stelle über ein Mauerwerk heben und sich durch die Leute drängen, welche vor den Unreinen wichen. Als die Pharisäer dies sahen, ärgerten sie sich und murrten über diese Leute, die offenbar Sünder waren, welche an einer unreinen Krankheit litten. Sie sprachen laut davon, welche Unordnung es sei, dass solche Leute sich in ihre Nähe wagten!

Da ihre Reden bis zu diesen Kranken drangen, waren sie sehr traurig. Sie fürchteten sich, da Jesus ihre Sünden vernommen, würde Er sie nicht heilen. Sie waren aber voll Reue und hatten sich längst nach seiner Hilfe gesehnt.

Als Jesus dieses Murren der Pharisäer hörte, wandte Er sich im Augenblick, da die Kranken so betrübt waren, mit seiner Rede zu dem Vorhof, wo sie lagen. Er sah sie liebevoll und ernst an und rief ihnen zu: «Eure Sünden sind euch vergeben!» Da brachen die armen Leute in Tränen aus. Die Pharisäer aber murrten mit großer Erbitterung: «Wie wagt Er das zu sagen? Wie kann Er Sünden vergeben!» Er aber sagte zu ihnen: «Folgt Mir hinab und seht, was Ich tue! Was ärgert ihr euch, dass Ich den Willen Meines Vaters tue? Wollt ihr nicht das Heil, so sollt ihr es den Bußfertigen doch nicht missgönnen! Ihr ärgert euch, dass Ich am Sabbat heile. Ruht die Hand des Allmächtigen am Sabbat, Gutes zu tun und Böses zu strafen? Nährt Er, heilt Er, segnet Er nicht am Sabbat? Macht Er euch am Sabbat nicht krank? Lässt Er euch am Sabbat nicht sterben? Ärgert euch nicht, dass der Sohn am Sabbat den Willen und die Werke seines Vaters tut!»

Und als Er den Kranken nahe gekommen war, stellte Er die Pharisäer fern von ihnen in eine Reihe und sagte zu ihnen: «Bleibt hier, denn sie sind euch unrein, Mir sind sie es nicht; denn ihre Sünden sind ihnen vergeben. Und nun sagt: Ist es schwerer, zu einem reumütigen Sünder zu sagen: ‹Deine Sünden sind dir vergeben›, als dem Kranken zu sagen: ‹Steh auf und trage dein Bett von dannen?›» Sie konnten nichts antworten, und Jesus ging zu den Kranken, legte einem nach dem anderen die Hände auf, betete über sie wenige Worte und hob sie an den Händen empor. Er befahl ihnen, Gott zu danken und nicht mehr zu sündigen und ihre Betten hinwegzutragen. Sie standen alle von den Betten auf. Die acht Männer, die sie getragen hatten und auch halb krank waren, waren ganz rüstig. Sie halfen den anderen aus den einhüllenden Decken und obwohl sie noch etwas müde und unsicher waren, schlugen sie ihre Betten zusammen, nahmen sie auf die Schultern und gingen alle zwölf freudig unter dem Gesang hinaus: «Gelobt sei der Herr, der Gott Israels; Er hat Großes an uns getan; Er hat sich über sein Volk erbarmt und uns durch seinen Propheten geheilt». Sie gingen durch die staunende und jauchzende Menge von dannen.

Die Krankheit jener Geheilten war ein unreiner Fluss, sie waren dabei ganz ausgezehrt, gestreckt und erstarrt, als hätte sie der Schlag gerührt. Die acht anderen waren teilweise an einer Seite gelähmt. Die Betten waren zwei Stangen mit Füßen und einem Querholz; in der Mitte war eine Matte gespannt, sie rollten das Ganze zusammen und trugen es auf den Schultern wie ein paar Stangen hinweg. Es war ungemein rührend, als diese Leute so singend durch das Volk zogen.

Jesus ging ohne Verweilen mit den Jüngern nun zum Tor hinaus dem Berg entlang zum Haus des Petrus bei Bethsaida. Man hatte ihn dringend gerufen, weil man glaubte, die Schwiegermutter des Petrus werde sterben. Ihre Krankheit hatte sich sehr verschlimmert, denn sie hatte ein hitziges Fieber. Jesus ging sofort in ihre Kammer. Es waren noch andere bei ihm, ich meine auch die Stieftochter des Petrus. Er trat an die Seite ihres Lagers, wo ihr Kopf lag, und lehnte sich halb stehend, halb sitzend gegen das Lager, so dass ihr Kopf ihm nahe war. So sprach Er einiges mit ihr. Er legte ihr die Hand auf Kopf und Brust, und sie wurde ganz still. Da stand Er vor ihr, nahm ihre Hand, hob sie zum Sitzen auf und sagte: «Gebt ihr zu trinken!» Da gab ihr die Stieftochter des Petrus aus einer schiffförmigen Schale zu trinken.

Jesus segnete das Getränk und befahl ihr aufzustehen, und sie erhob sich von dem niedrigen Lager. Sie war unten ganz eingewickelt und hatte noch einen weiten Schlafrock darüber. Sie ließ die Einhüllung liegen, stand auf und dankte dem Herrn, und das ganze Haus dankte ihm.

Sie gingen dann zur Mahlzeit, und die Genesene trug mit anderen Frauen auf und diente ganz gesund bei Tisch. Es mochte etwa um zwölf Uhr sein, als sie geheilt wurde, und dreizehn bis vierzehn Uhr, als sie aßen.

Nach Tisch ging Jesus mit Petrus, Andreas, Jakobus und Johannes und mehreren anderen Jüngern an den See an Petrus' Fischerstelle spazieren. Er lehrte sie und sprach hauptsächlich davon, dass sie bald diese Arbeit ganz aufgeben würden und ihm folgen. Da wurde es Petrus ganz bange, und er warf sich vor Jesus auf die Knie nieder und bat ihn, Er möge doch auf seine Unwissenheit und Schwäche sehen und nicht verlangen, dass er bei so wichtigen Dingen sein solle; er sei dessen gar nicht würdig und vermöge nicht, andere zu unterrichten.

Jesus sagte, dass sie keine weltliche Sorge haben sollten und dass der, welcher den Kranken Gesundheit gebe, auch ihnen Nahrung und die Kraft zu ihren Verrichtungen geben werde. Die anderen waren ganz zufrieden, Petrus allein konnte vor Demut und Einfalt nicht begreifen, wie er nicht mehr Fischer, sondern ein Lehrer sein sollte.

Es war dies immer noch nicht das Berufen, welches im Evangelium steht; dies ist noch nicht gewesen. Jedoch hat Petrus sein Gewerbe schon mehr dem Zebedäus übergeben. Nach diesem Spaziergang am See ging Jesus wieder gegen Kapharnaum und fand ungemein viele Kranke vor der Stadt um des Petrus Haus. Er heilte viele und lehrte dann noch in der Synagoge.

Als aber das Gedränge immer größer wurde, entzog sich Jesus der Menge unbemerkt. Er ging ohne alle Begleitung durch jene Gartenschlucht bei der Synagoge, in welche Er sich voriges Jahr nach Sabbatschluss am 30. Eisleu (29. Dezember) mit mehreren Jüngern zurückgezogen hatte, nach einer sehr angenehmen, wilden Schlucht, welche sich südwärts von Kapharnaum von dem Gute Serobabels nach einem kleinen Dorf seiner Knechte und Arbeiter hinzieht.

In dieser Schlucht waren schöne Höhlen, Büsche, Quellen und Gewächse; es wurden auch viele Vögel und allerlei zahme, seltene Tiere darin gehalten. Es war eine künstlich gepflegte Wildnis und der dem Serobabel gehörende, übrigens öffentliche Teil des Lustlandes Gennesaret. Jesus blieb hier die Nacht einsam im Gebet. Seine Jünger wussten nicht, wo Er war, und die Leute von Kapharnaum zogen teils am Abend, teils am Morgen ab. Es war jetzt die zweite Ernte hier in der Gegend.

Die Pharisäer aber gingen voll Ärger und ganz beschämt weg, ohne Abschied zu nehmen. Es ärgerte sie alles, was Er tat, und dass Er nicht mit ihnen der Meinung war, dass sie die Gerechten, Weisen, Erwählten wären und dass Er mit Leuten zu tun hatte, welche sie verachteten. Sie hatten tausend Aber: Sie sagten auch, Er halte die Fasten nicht richtig, Er gehe mit Sündern, Heiden, Samaritern und allerlei Gesindel um, Er sei selbst von geringer Abkunft. Er lasse seinen Jüngern zu viel Freiheit und halte sie nicht in gehörigem Respekt.

Kurz, alles war ihnen nicht recht und doch konnten sie seine Weisheit und erstaunlichen Wunder nicht leugnen. Sie steigerten sich nur immer mehr in größeren Grimm und größere Verleumdungen. Wenn man das Leben Jesu betrachtet, so findet man alles

Volk und die Priester so, wie viele auch heutzutage sind. Wenn Jesus jetzt käme, würde es ihm mit vielen Schriftgelehrten und der Polizei noch viel schlimmer ergehen.

# VIERZEHNTES KAPITEL

*Jesus am Badesee von Bethulien –*
*In Jotapata – Dothaim und Gennabris*

*Vom 25. August bis 1. September 1822*

### *Jesus kommt an den Badesee von Bethulien*

25. bis 27. August:

Jesus war die ganze Nacht einsam betend in der angenehmen Wildnis hinter dem Schloss des Hauptmanns Serobabel. Am frühen Morgen fanden ihn Petrus und andere Jünger. Sie sagten ihm, dass noch viele Kranke nach ihm verlangten; Er erwiderte aber, dass Er nun weitergehen müsse; am nächsten Sabbat, meine ich, wolle Er zurückkommen, bis dahin sollten sie ihr Gewerbe ruhig weiterbetreiben. Er bestellte auch, dass sie ihm Parmenas, Saturnin, Aristobolus und Tharzissus nach einer gewissen Stelle senden sollten, wo Er heute mit ihnen zusammentreffen wolle. Sie verließen ihn hierauf, und Er trat seine Reise allein an. Er ging durch das Tal in Richtung Südwest, als wolle Er nach Magdalum ziehen. Da Er durch das kleine Dorf des Serobabel kam, heilte Er zwei aussätzige Männer[65] und setzte seinen Weg fort. Ich habe ihn den Tag über gehen und ruhen und mit seinen vier Jüngern zusammenkommen sehen. Er lehrte sie über allerlei ganz auf die Art wie das letzte Mal, da Er von Nazaret ging. Ich war so krank, dass ich das meiste vergessen habe. Er wanderte heute etwa fünf bis sechs Stunden mit Umwegen. Er umging die Höhe des Tales, worin Magdalum liegt, das ihm östlich ein paar Stunden zu seiner Linken blieb; es liegt gegen Mitternacht eines Berges in das Tal hinein.

An des nämlichen Berges Mittagsseite liegt, von Wald und Tälern umgeben, eine wunderliche Stadt wie angeklebt, die einen kuriosen Namen hat. Ich meine, es ist kein rechter Name und habe ihn fast verworfen; er klingt wie ein Scherzwort. (Sie meint, sie heiße Jotapata). Jesus war noch nie dorthin gekommen; ich sah diese Gegend im Überschauen. Ich glaubte anfangs, Jesus werde nach Gennabris gehen, welches etwa drei Stunden westlich von Tiberias zwischen den Bergen liegt; aber Er ging heute noch nicht hin. Ich sah ihn an der Nordseite des Tales ankommen, wo ich neulich den reizenden See und die Bäder erwähnte. Es ist dies der Brunnen von Bethulien oder Bethuel, welches gegen Mittag dieses Tales höchstens zwei Stunden weit im Gebirge liegt. Kana liegt etwa eine Stunde westlicher im Tal unter Bethuel. Dies im Tal gelegene Bad und dieser Erholungsort gehört zu Bethulien. Sehr viele vornehme und wohlhabende Leute aus Galiläa und Judäa haben Lusthäuser und Gärten hier, welche sie in der schönen Jahreszeit bewohnen.

An der Mittagsseite des Sees, am nördlichen Abhang der Höhen von Bethuel, sind Reihen von Häusern und warme Bäder. Die gegen Osten sind wärmer, die mehr gegen Abend sind lauer. Die Bäder haben ein gemeinsames, großes Becken und ringsum abgezeltete Eingänge, wo man getrennt in Trögen höher und tiefer liegt; auch kann man daraus in das Gesamtbecken zusammenkommen. Es sind auch viele Herbergen hier, man kann auch einzelne Häuser und Gärten auf eine Zeit pachten und hat alles übrige frei. Die Einnahme kommt Bethulien zugute, und das Ganze wird davon unterhalten.

Der See selbst ist ungemein rein und spiegelklar bis auf den Grund, wo er schöne, weiße Steinchen hat. Er entsteht aus einem Wasser, das von Abend kommt und aus dem Badesee in das Tal von Magdalum fließt. Der See wimmelt von kleinen Lustkähnen, welche in der Ferne wie Enten aussehen. An der Mitternachtsseite des Sees stehen die Wohnungen der weiblichen Badegäste, gegen Mittag schauend. Ihre Lustwege und Spielplätze nähern sich jedoch an dem einfließenden Bach den Spielplätzen der Männer. Das Tal ist von beiden Seiten gegen den See sanft abfallend. Vor den Wohnungen, Bädern und um den See ziehen sich Verbindungswege, Alleen, schattige, überzogene Laubengänge, breit ausgespannte Bäume und Lauben; dazwischen liegen Wiesen mit sehr hohem, schönem Gras, Obst- und Wurzgärten und Tummelplätze. Die Aussicht ist ganz bezaubernd schön, voller Hügel und Berge und alles in der üppigsten Fruchtbarkeit, besonders an Trauben und Obst. Es ist jetzt hier die zweite Ernte im Jahr.

Jesus blieb am Abend an der Seite des Sees, wo Er hergekommen, in einer Reiseherberge. Es fanden sich bald allerlei Leute um ihn, und Er lehrte vor der Herberge mit ungemeiner Sanftmut und Milde; es hörten hier auch viele Frauen zu. Es war auch schlechtes Gesindel aus Jotapata dabei, welches gleich nach Hause zog, ohne ihn zu hören. Ich weiß den Hergang nicht mehr, ich wurde krank.

Am Morgen sah ich viele kleine Kähne vom Südufer des Badesees, wo die Bäder waren, herüberfahren, und eine Gesellschaft der Angesehensten Jesus höflich einladen, zu ihnen herüberzukommen und sie zu lehren. Jesus fuhr gern mit ihnen hinüber. Er ging nach einer Herberge, wo man ihm einen Imbiss gab, und Er war den ganzen Tag teils lustwandelnd, teils ruhend, teils lehrend. Er lehrte am Morgen in der Kühle und gegen Abend vor der Herberge unter schattigen Baumlauben an einem Hügel. Die meisten Anwesenden standen um ihn, an einer Seite die Frauen verschleiert.

Es war hier eine gar gefällige Ordnung, es waren meist gesittete und vermögende, auch sehr viele wohlgesinnte Leute, welche sehr heiter und gutmütig gestimmt waren, und weil es keine Parteien hier gab, so scheute sich keiner vor dem anderen, sich seinem Gefühl hinzugeben, so dass sich alle ganz wohlgesinnt, ehrerbietig und gesittet neugierig gegen Jesus benahmen, und als sie ihn erst einmal gehört hatten, waren sie ganz erquickt und erfreut. Er lehrte hier auch gar nicht streng.

Er sprach von der Reinigung durch das Wasser vom Bad, von der Vereinigung der Gesellschaft hier und ihrer Gleichheit und dem Gefühl der Vertrautheit unter ihnen, von dem Geheimnis des Wassers, von der Sündenabwaschung, vom Bad der Taufe, von

Johannes, von der Vereinigung und Liebe unter den Getauften, unter den Bekehrten usw.

Außerdem hatte Er sehr anmutige Reden und Gleichnisse von der schönen Jahreszeit, der Gegend, den Bergen, Bäumen, Früchten und Herden und was alles sie umgab. Ich sah die Gesellschaft kreisweise in seine Nähe treten und ordentlich wechseln, und Er wiederholte den abwechselnden Scharen die einzelnen Sätze seiner Lehre. Ich weiß die Ordnung nicht mehr recht, wie alles am Tag hintereinander ging. Ich sah wenige Kranke, welche etwas gichtkrank umherschlichen. Es waren meistens Beamte und auch Offiziere, welche sich erholten; ich erkannte diese an ihrer Kleidung, da sie den Ort verließen und wieder nach verschiedenen Besatzungen in der Gegend reisten; denn während der Anwesenheit waren alle Leute gleich gekleidet.

Die Männer waren sehr leicht gekleidet in ganz dünne, feine, gelbliche Wolle; sie hatten ein Frauenröckchen von vier getrennten Lappen an, welche um die Lenden zu einer Art Hose bis an die Knie gewickelt waren; die Füße waren teils barfuß, teils mit Sandalen. Den Oberleib bedeckte ein an der Seite offenes Skapulier, das ein breiter Gürtel um den Leib schloss. Die Schultern bis auf den halben Oberarm bedeckte ein Ärmellappen, der Kopf war unbedeckt. In dieser Kleidung sah ich alle mit kürzeren und längeren Bärten von verschiedener Farbe.

Ich sah sie allerlei Spiele treiben, sie fochten mit Stäbchen und Schilden von Blättern. Sie drangen in Reihen und einzeln gegeneinander an, um sich von der Stelle zu drängen. Sie liefen um die Wette nach dem Ziele und sprangen über Schnüre und durch Reifen, an welchen allerlei blinkende Sachen aufgehängt waren, welche sie nicht berühren durften, sonst klingelten sie und fielen ab und nach der Anzahl des Abgefallenen hatten sie verloren.

Es lagen Früchte da, um die sie spielten. Ich sah andere auf Rohrflöten spielen, andere hatten dicke, lange Schilfrohre, durch welche sie in die Ferne sahen und in den See; auch bliesen sie Kugeln oder Pfeilchen durch, als schössen sie nach den Fischen. Ich sah, dass sie diese Rohre in einen Ring gebogen um den Arm hängen konnten. Ich sah auch, dass sie bunte Glaskugeln auf die Spitze dieser Rohre steckten und damit hin und her schwankend in der Sonne spiegelten und dass sich die ganze Landschaft in den Kugeln verkehrt spiegelte und sich drehte, als gehe der See über ihren Köpfen weg, woran alle sich ergötzten.

Es waren ganz herrliche Früchte und besonders Trauben hier, und ich sah, dass einzelne sehr ehrerbietig und gefällig Jesus die schönsten Früchte brachten. Es ist dieses Tal aber jenes Lusttal, wo Jesus den Nathanael unter dem Feigenbaum stehend anblickte, da er nach den Frauen sah, und auch Bartholomäus war damals dort und erhielt von Jesus einen rührenden Blick; ich meine, Er grüßte ihn auch im Vorübergehen, was Bartholomäus, der Nephtali heißt, sehr rührte.

Die Frauenwohnungen sind an der anderen Seite des Tales, ihre Bäder jedoch diesseits, aber mehr gegen Abend, und die Männer können nicht sehen, wo die Frauen ins Bad gehen. Sie gehen über das Bächlein vor dessen Eintritt in den See. Am Rande dieses Baches sah ich kleine Knaben mit geschürzten, weißwollenen Röcken (fast wie Johannes der Täufer als Knabe) mit buntgeschälten Weidenruten Herden von mancherlei Wasservögeln treiben.

Das Wasser aus diesem Bach und See wird hinauf bis zu den Herbergen an der Höhe und zu den Bädern geleitet, in Rinnen geschöpft, durch die es in höher liegende Becken und, aus denen wieder gehoben, so fort steigt. Die Frauen sah ich auch mancherlei Spiele auf der Wiese treiben. Sie waren alle in ganz leichte, wollweiße, feine, weite Hemden gekleidet mit vielen Falten, und viele zweimal unter der Brust und um die Hüften gegürtet, worin das Gewand sich schürzte. Es waren sehr leichte, dünne Kleider, aber durchaus ehrbar. Die weiten Ärmel wurden mit Spangen hinauf- und hinabgeschoben, um die Hände hatten sie große, steife Krausen mit vielen Falten wie Pfauenräder.

Sie hatten einen Kopfputz auf, schier wie Magdalena einmal hatte, eine aus mehreren, immer niedriger und enger werdenden wülstigen Ringen, die mit Seiden oder natürlichen, weißen Federchen umwunden waren, wie ein Schneckenhaus von Federn aussehende Haube. Hinten war sie zusammengezogen und hing mit einem Zipfel in Quasten lang hernieder. Sie hatten keinen Schleier, aber über dem Gesicht zwei fein gestaltete, weiße, durchsichtige Fächerhälften, welche, niedergeschlagen, die Nase bedeckten und

Öffnungen vor den Augen hatten; sie konnten sie auch halb und ganz zurückschlagen, wie sie es gegen die Sonne wünschten. In Gesellschaft der Männer schlugen sie sie nieder.

Ich sah die Frauen ein lustiges Spiel treiben. Jede hatte einen Gürtel mit einem Ring oder einer Schlinge um die Hüften, und sie fassten sich bei diesen Ringen in einem Kreis an und hatten die eine Hand frei. Es war aber im Grase irgendein Kleinod versteckt, und der Kreis drehte sich so lange hin und wieder, bis eine es fand, die sich dann niederbückte, es aufzuheben; die anderen rissen den Kreis geschwinder dann um, die folgende bückte sich dann auch danach, und jede wollte nicht gern fallen. Manchmal purzelten sie alle übereinander unter großem Gelächter.

Ich sah heute sehr früh Andreas und Jakobus von Kapharnaum hierher gehen und gegen Mittag mit Jesus reden; ich weiß es nicht gewiss, aber ich glaube, es war wegen des Taufens. Jesus will – glaub' ich – zu Ainon taufen lassen. Sie gingen dann wieder zurück.

Bethulien liegt anderthalb Stunden südlich im Gebirge von hier auf einer Höhe sehr einsam und wild. Es hat oben einen großen, wilden Turm über sich und viel altes, verfallenes Gemäuer und Türme. Es muss sonst größer und sehr fest gewesen sein. Es wachsen Bäume auf den Mauern, und man kann darauf fahren. Ich sah von dem Bade Leute darauf spazierengehen. Es liegt hoch um den Berg. Hier ist es, wo Judith gewesen ist. Das Lager des Holofernes zog sich von dem See durch die Schlucht Jotapata herum bis gegen Dothan, welches ein paar Stunden mittäglich von Bethulien liegt.

Es waren am ersten Abend noch einige leichtfertige Frauen mit Männern von Jotapata hier gewesen. Sie hörten aber Jesu Lehre nicht an und begaben sich nach Jotapata zurück und erzählten dort, dass Jesus hier sei.

Jotapata liegt etwa anderthalb Stunden östlich von hier gegen Mittag vor einem Berg wie in einer großen Höhle, in einen Bergbusen hineingebaut. Vor sich hat es noch einen Hügel, von dem man wieder etwas abwärts in der mittleren Höhe des Berges in die Stadt über tiefe, wilde Gräben ging. Die Stadt war wie in einen tiefen Steinbruch hineingebaut, und der Berg hing wie oben drüber. Nördlich von diesem Berg, nicht ganz zwei Stunden entfernt, lag

Magdalum am Rande einer Schlucht, und seine Umgebung von Alleen, Gärten und allerlei zerbrochenen Türmen erstreckte sich bis zur Mitte dieser Schlucht. Zwischen dem Berg und Magdalum standen noch Reste der überwachsenen Rinne einer Wasserleitung, man konnte durch ihre Bogen gar angenehm in die Landschaft sehen. Südlich von Jotapata sah man wieder einen wilden Berg und rechts und links in weite Schluchten hinaus. Es war ein wunderlicher, verborgener Ort. In Jotapata hielten sich viele Herodianer auf. Sie hatten in einer Mauer der Festung ein geheimes Versammlungshaus. Diese Sekte bestand fast aus lauter klugen, aufgeklärten Leuten und stand unter geheimen Oberen. Sie hatten Zeichen, woran sie sich erkannten, und die Oberen konnten auch merken, wenn einer etwas verriet, ich weiß nicht mehr, woran. Sie waren heimliche Feinde der Römer und arbeiteten an einer Rebellion für die herodische Sache.

Sie waren heimliche Anhänger der Sadduzäer, schienen aber äußerlich Pharisäer und glaubten, beide Teile zu ihren Zwecken zu führen und zu leiten. Sie wussten wohl, dass die Zeit des Königs der Juden da sei, und hatten irgendeine Absicht, diesen Glauben für ihre Zwecke zu nützen. Äußerlich waren sie aus Vorschrift sehr höflich und duldsam, aber ganz verräterische Schleicher. Sie hatten eigentlich gar keine Religion, arbeiteten unter deren Deckmantel auf ein weltliches, freies Reich hin; Herodes unterstützte sie. Als die Leute der Synagoge in Jotapata von der Nähe Jesu erfahren hatten, sandten sie ein paar Herodianer ins Bad Bethulien, um auf ihn zu lauern und ihn einzuladen, Jotapata zu besuchen. Diese Kerle sah ich heute oft als Badegäste in seiner Nähe, sehr untertänig und gefällig lauernd. Jesus gab sich wenig mit ihnen ab. Sie luden ihn auch nach Jotapata ein; Er gab aber keine bestimmte Antwort.

Ich habe heute auch etwa sieben Jünger Jesu hier gesehen, die früher manchmal ein paar Wochen mit ihm gereist waren. Es waren ein paar Johannesjünger, auch verwandte Jünger aus der Gegend von Hebron und einer von den Vettern aus Klein-Sephoris. Sie hatten ihn in Galiläa gesucht und hier gefunden. Ich habe ihn während des Tages auch mit einzelnen Gästen hier vertraut sprechen hören. Es mussten einige Anhänger von ihm darunter sein. Ich sah ihn mit den Jüngern nur eine Art Imbiss essen und dann und wann einiges von geschenkten Früchten. Die Badeleute aßen teils in ihren Häusern, teils zusammen in Lauben.

27. August: Die Herodianer waren wieder nach Jotapata zurückgekehrt, und man bearbeitete dort das Volk für den Fall, dass Jesus etwa kommen sollte. Man sagte den Bewohnern, es sei möglich, dass Jesus, der Prophet von Nazaret, der am vorigen Sabbat so viel Aufsehen in Kapharnaum und den vorhergehenden Sabbat in Nazaret gemacht, da Er hier nahe bei dem Brunnen Bethulien sei, vielleicht nach Jotapata komme, etwa gar auf den Sabbat. Man warnte sie, sich nicht verführen zu lassen; sie sollten ihm nicht zujauchzen und ihn nicht so lange reden lassen, sondern ihn so oft mit Murren und Einwürfen unterbrechen, wie Er ihnen etwas Unbegreifliches, Fremdes vorbringe. So wurde das Volk vorbereitet.

Jesus war am Morgen noch im Bade Bethulien, ich sah ihn noch eine Lehre halten. Es waren viele Männer in einem Kreis um ihn her, Er ging mitten zwischen ihnen umher. Im Hintergrund entfernt und schüchtern standen mehrere gichtlahme Männer, welche das Bad hier brauchten; sie hatten sich nie zu Jesus herangewagt. Jesus wiederholte im allgemeinen, was Er gestern und vorgestern gelehrt hatte, und ermahnte sie zur Reinigung von Sünden. Alle liebten ihn und waren gerührt; manche sagten: «Herr, wer Dich gehört, kann Dir nicht widerstehen.» Jesus fragte sie: «Ihr habt viel von mir reden hören und habt mich selbst gehört: Wer glaubt ihr, dass ich sei?» Da sagten einige: «Herr, Du bist ein Prophet»; andere: «Du bist mehr als ein Prophet; kein Prophet lehrt solches, keiner tut Deine Taten»; andere aber schwiegen.

Und Jesus, welcher fühlte, was diese dachten, zeigte auf die Schweigenden und sprach: «Diese haben recht». Einer von ihnen sagte auch: «Herr, Du kannst alles. Ist es wahr? Sie sagten, Du hättest schon Tote erweckt, die Tochter des Jairus?» Er meinte jenen Jairus, der in einer Stadt nicht weit von Gidea wohnte, wo so verderbtes, armes Volk von ihm belehrt worden war. Ich habe es früher einmal erzählt. Jesus sagte: «Ja!», und jener sprach noch davon, warum der Mann nur in einem so schlechten Ort lebte.

Da sprach Jesus von Quellen in der Wüste, nämlich es sei gut, dass die Schwachen einen Führer hätten. Die Leute waren sehr vertraulich. Er fragte sie dann: «Was wisst ihr von mir? Was sagte man euch Böses von mir?» Da sagten einige: «Man klagt Dich an, dass Du am Sabbat Deine Werke nicht einstellst und die Kranken heilst.» Da zeigte Jesus nach einem naheliegenden, kleinen Schiffteich, an welchem Hirtenknaben zarte, junge Lämmer und anderes junges Vieh weideten, und sagte: «Seht die schwachen Hirtenknaben und die jungen, zarten Lämmer! Wenn eines derselben in den Sumpf stürzte und blökte, würden die anderen nicht alle dastehen und traurig schreien; und die schwachen Knaben könnten nicht helfen, und der Sohn des Herrn dieser Lämmer ginge vorüber am Sabbat, und wäre gesandt, die Lämmer zu erhalten und zu weiden, würde er sich nicht des Lammes erbarmen und es aus dem Sumpf ziehen?»

Da hoben sie alle die Hände empor wie die Kinder im Katechismus und schrien: «Ja, ja! Er würde es tun!» Da sagte Jesus: «Und so es kein Lamm wäre, so es die gefallenen Kinder des himmlischen Vaters, so es eure Brüder wären, ja ihr selbst! Sollte der Sohn des himmlischen Vaters ihnen am Sabbat nicht helfen?»

Da sagten wieder alle: «Ja, ja!» und Jesus zeigte nach den fernstehenden, gichtkranken Männern und sprach: «Seht diese kranken Brüder! Soll ich ihnen nicht helfen, wenn sie mich am Sabbat um Hilfe anflehen? Sollten sie keine Verzeihung der Sünden erhalten, so sie am Sabbat bereuten? Am Sabbat die Sünde bekennen und zum Vater im Himmel schreien?» Da riefen alle mit aufgereckten Händen: «Ja, ja!»

Jesus aber winkte jenen Gichtkranken, und sie kamen schwerfällig in den Kreis. Er sprach mit ihnen einige Worte vom Glauben, betete und sagte: «Streckt eure Arme aus!» Da streckten sie die kranken Arme gegen ihn, und Er fuhr ihnen mit der Hand über den Arm, hauchte nur einen Augenblick auf ihre Hände, und sie fühlten sich geheilt und konnten ihre Glieder gebrauchen. Jesus sagte ihnen noch, sie sollten sich baden und ermahnte sie, sich von gewissen Getränken zu enthalten. Sie warfen sich vor ihm nieder und dankten ihm, und die ganze Gesellschaft war voll Lob und Preis.

Nun aber wollte Jesus von dannen gehen. Sie baten ihn aber noch zu bleiben und waren voll Liebe und guter Gesinnung, und viele waren sehr gerührt. Jesus sagte, Er müsse weitergehen und seiner Sendung folgen. Sie geleiteten ihn noch ein Stück Weges mit den Jüngern, und Er segnete sie und begab sich nach Jotapata, welches etwa anderthalb Stunden östlicher von hier liegt.

### *Jesus in Jotapata und Dothaim*

27. August: Es war Nachmittag, als Er hier ankam. Er wusch sich die Füße und nahm einen Imbiss in einer Herberge vor der Stadt. In Jotapata gingen die Jünger vor ihm her nach dem Vorsteher der Synagoge und begehrten die Schlüssel für ihren Meister; Er wolle lehren. Da eilte viel Volk zusammen, und die Schriftlehrer und Herodianer waren voller Erwartung, um ihn in seiner Lehre zu fangen.

Als Er in der Synagoge war, legten sie ihm Fragen über die Annäherung des Reiches, über die Zeitrechnung und Erfüllung der Wochen Daniels und über die Annäherung des Messias vor. Jesus hielt eine lange Lehre darüber und wies die ganze Erfüllung der Prophezeiung mit dem Eintritt dieser Zeit nach. Er sprach auch von Johannes und dessen Weissagung. Sie sagten dabei ganz heuchlerisch, Er möge sich doch in seinen Lehren etwas in acht nehmen und die jüdischen Gebräuche nicht verletzen; Er möge sich doch durch die Gefangenschaft Johannes' warnen lassen; was Er von der Erfüllung der Wochen Daniels und der Nähe des Messias und Königs der Juden sage, sei ganz vortrefflich und sei auch ganz ihre Meinung, sie könnten aber doch den Messias nirgends finden. Sie möchten hinschauen, wohin sie wollten.

Jesus hatte aber die Prophezeiungen ganz allgemein auf seine Person gedeutet, und sie hatten es wohl verstanden, stellten sich aber an, als könne das niemand einfallen und als hätten sie das gar nicht verstanden; denn sie wünschten, dass Er recht deutlich heraussprechen solle, um ihn anklagen zu können. Da sagte Jesus zu ihnen: «Wie heuchelt ihr! Was wendet ihr euch von mir ab und verachtet mich! Ihr lauert mir auf und wollt mit den Sadduzäern ein neues Komplott anstiften wie am Pascha zu Jerusalem! Was warnt Ihr mich durch Johannes und vor Herodes?» Und nun offenbarte Er ihnen alle Schandtaten des Herodes ins Angesicht, alle seine Mordtaten, seine Angst vor dem neugeborenen König der Juden, seinen greulichen Kindermord und sein scheußliches Ende, so auch die Verbrechen seiner Nachfolger, den Ehebruch des Antipas und die Gefangennahme des Johannes. Er sprach auch von der heuchlerischen, geheimen Sekte der Herodianer, welche mit den Sadduzäern zusammenhingen, und welchen Messias und welches Reich Gottes sie erwarteten. Er zeigte auch in die Ferne nach verschiedenen Orten und sagte: «Sie werden nichts gegen mich vermögen, bis meine Sendung erfüllt ist. Ich werde noch zweimal Samaria, Judäa und Galiläa durchwandern; ihr habt große Zeichen von mir gesehen, ihr werdet noch größere sehen und werdet blind bleiben.»

Dann sprach Er noch vom Gericht, von der Tötung der Propheten und von der Strafe über Jerusalem usw. Die Herodianer aber, welche ein geheimer Orden waren, der sich nicht gern öffentlich verkünden sah, wurden ganz bleich, als Er von des Herodes Schandtaten offenlegte und die Geheimnisse dieser Sekte gerade vor dem Volke verriet. Sie schwiegen und verließen einzeln die Synagoge, so auch die Sadduzäer, welche hier die Schulen innehatten; Pharisäer waren nicht hier.

Er war nun mit den sieben Jüngern und dem Volk allein und lehrte noch eine Zeitlang. Viele waren gerührt und sagten, sie hätten nie so lehren gehört, und Er lehre besser als ihre Lehrer. Sie besserten sich auch und folgten ihm später nach. Ein großer Teil des Volkes aber, von den Sadduzäern und Herodianern aufgewiegelt, murrte und machte Tumult. Da verließ Jesus mit etwa sieben Jüngern die Stadt und ging südlich durch das Tal und dann ein paar Stunden aufwärts in ein Erntefeld zwischen Bethulien und Gennabris, wo Er in einem großen Bauernhaus einkehrte. In diesem Haus waren gute, ihm bekannte Leute. Die heiligen Frauen übernachteten hier oft auf den Reisen nach Bethanien, und es kehrten hier die Boten hin und wieder ein.

28. August: Jesus hat auf diesem Erntefeld, welches dasselbe ist, auf welchem Er später mit den Jüngern die Körner aus den Ähren gegessen hat, die im Evangelium vorkommen, bei den Schnittern, Ährensammlern und Binderinnen gelehrt. Er ging hier und da auf

dem Feld umher und erzählte vom Sämann und vom steinigen Acker; hier war der Acker auch steinig.

Er sagte, dass Er auch gekommen sei, die guten Ähren zu sammeln und erzählte das Gleichnis vom Ausreißen des Unkrautes bei der Ernte. Er verglich die Ernte mit dem Reiche Gottes. Er erzählte dies zwischen den Arbeiten und ging von einem Feld zum anderen.

Die Halme blieben hoch stehen, nur die Ähren wurden abgeschnitten und ins Kreuz gebunden.

Am Abend nach der Ernte hielt Er vor allen Arbeitern an einem Hügel eine große Lehre; Er sprach auch ein Gleichnis von einem Bach, der dort vorüberfloss, vom sanften, Segen bringenden Wandel, von der vorüberfließenden Welle der Gnade, vom Leiten der Gnade auf unser Feld usw. Er sandte hierauf die zwei Johannesjünger nach Ainon zu den Jüngern und ließ diesen sagen, sich gegen Machärunt zu begeben und das Volk zu beruhigen; denn Er wusste, dass ein Tumult vor Machärunt ausgebrochen war.

Es hatten sich die Täuflinge sehr gehäuft zu Ainon. Es waren große Züge angekommen und als sie hörten, der Prophet sei gefangen, zogen sie gegen Machärunt, und viele Leute schlossen sich an, und sie tobten und schrien, man solle den Johannes freigeben, damit er sie lehre und taufe; sie warfen auch mit Steinen. Die Wachen schlossen alle Zugänge, und Herodes stellte sich, als sei er nicht zu Hause.

29. August: Jesus ist am Abend noch etwas näher gegen Gennabris in einem zweiten Bauernhaus eingekehrt und hat heute und gestern die Leute dort auf dieselbe Art gelehrt. Er lehrte auch vom Senfkörnlein.

Wunderbar war mir eine Sache: Der Mann, bei dem Er wohnte, klagte ihm über einen Nachbarn, der ihm schon seit langer Zeit allerlei Abbruch an seinem Feld und seinen Gerechtigkeiten getan. Jesus ging mit ihm zu dem Feld und ließ sich zeigen, um was er gekommen war. Es war dies nach längerer Zeit schon ein bedeutendes Stück geworden, und er jammerte, dass er mit dem Mann nichts ausrichten könne.

Jesus fragte ihn, ob er noch so viel habe, um sich und die Seinigen zu ernähren. Der Mann sagte: Ja, er habe noch gut sein Auskommen. Da sagte ihm Jesus, dann habe er noch nichts verloren, denn es gebühre uns nichts. So wie wir unser Auskommen hätten, das Leben zu fristen, hätten wir genug. Er solle jenem Manne noch mehr dazugeben, als er verlange, um dessen Hunger nach Gütern zu sättigen. Alles, was er mit freudigem Sinne, um Frieden zu erhalten, hier verlasse, finde er in seinem Reich wieder. Jener Mann tue richtig nach seiner Art; denn er habe sein Reich auf der Erde, und er suche darum an irdischem Gute zu wachsen, er wolle in seinem Reich nichts haben. Er solle von ihm lernen, wie man sich vergrößern müsse, und solle die Güter im Reiche Gottes zu erwerben streben. Er sagte ein Gleichnis von einem Fluss, welcher das Land diesseits abreißt und jenseits anlegt.

Es war eine Lehre wie die vom ungerechten Hausverwalter, wo irdische Habsucht und List nach Bereicherung als Beispiel dafür aufgestellt wurde, wie man im Geistlichen handeln müsse. Der irdische Reichtum wurde dem himmlischen gegenübergestellt; die Lehre erschien etwas dunkel, aber sie war für den Begriff, die Religion und die Lage der Juden richtig und verständlich, weil alles an diesem Volk leiblich geschah.

Es war aber hier der Acker, auf welchem der Brunnen Josephs lag, und Jesus erzählte von einem ähnlichen Streit im Alten Testament, ich meine zwischen Abraham und Loth, in welchem Abraham dem Loth noch mehr dazugegeben, als er wollte. Jesus setzte dieses auseinander und sagte, wo denn Loths Kinder hingekommen seien und ob Abraham nicht das Ganze erhalten habe! Er legte dies aus, ob wir nicht tun müssen wie Abraham. Ob diesem dieses Reich nicht verheißen sei. Ob er es nicht erhalten habe. Nun aber sei dieses Reich ein Vorbild des Reiches Gottes, und der Streit Loths gegen Abraham sei ein Vorbild dieses Streites, und nun solle er wie Abraham tun und für sich das Reich Gottes erwerben. Jesus nannte auch die Stelle in der Schrift, wo von diesem Streit die Rede ist[66].

Jesus lehrte noch viel von dieser Sache und von dem Reich vor allen versammelten Ernteleuten. Der ungerechte Bauer war mit seinem Anhang auch zugegen; er hielt sich aber ganz still und stand fern. Er hatte seine Freunde angestiftet, Jesus manchmal in die Rede zu fallen mit allerlei spitzen Fragen. So fragte einer einmal, wo das schließlich mit seiner Lehre hinauswolle, was dann daraus werden solle. Ich weiß nicht mehr bestimmt, was Jesus antwortete, aber es war ausweichend, und sie konnten nichts mit der Antwort anfangen. Es hieß ungefähr, dem einen würde es zu lang, dem anderen zu kurz scheinen. Er sprach dies alles in Gleichnissen von der Ernte, vom Sämann, vom Einsammeln, vom Verwerfen des Unkrautes, von Brot und Speise des ewigen Lebens usw. Dieser sein Wirt ist auch Jesu Lehre gefolgt; er hat seinen Feind nicht verklagt, hat sein übriges Gut zur Gemeindekasse gegeben, und seine Söhne sind Jünger geworden.

Es war auch hier viel die Rede von den Herodianern. Die Leute klagten, dass sie so auf alles lauern und dass sie vor kurzem mehrere Ehebrecher von hier und Kapharnaum verklagt und gefangen nach Jerusalem gebracht hätten, die jetzt gerichtet werden sollten. Sie lobten es zwar, dass solche Leute aus ihrer Nähe weggebracht würden, aber das Gefühl, beständig belauert zu werden, war ihnen doch widerwärtig. Jesus lehrte ganz frei über diese Herodianer. Er sagte den Leuten, dass sie sich vor Sünde hüten sollten, aber auch vor der Heuchelei und dem Richten über andere. Sein eigenes Verbrechen müsse man zuerst bekennen, ehe man andere richte. Er schilderte nun die böse Art dieser Leute selber und lehrte nach dem Kapitel des Propheten Jesaja, das am vorigen Sabbat in der Synagoge gelesen wurde, von den stummen Hunden, welche nicht bellen, die Sünde nicht abwehren und heimlich die Menschen zerreißen. Er erwähnte, wie sie diese Ehebrecher dem Gericht überliefert hätten, während Herodes, ihr Freund, im Ehebruch lebe. Er sagte den Leuten auch, woran sie die Herodianer erkennen sollten – ich habe es vergessen.

Es waren hier in mehreren herumliegenden Hütten Kranke, durch Arbeit erlahmte Menschen. Jesus besuchte diese Hütten und heilte die guten Leute und sagte ihnen, zur Lehre und Arbeit zu gehen, und sie taten es unter Lobgesang.

Jesus schickte von hier aus selbst noch einige Hirten nach Machärunt mit der Aufforderung an die Jünger des Johannes, das Volk in Machärunt zum Auseinandergehen zu bewegen, da dieser Tumult dem Johannes schweres Gefängnis oder gar den Tod einbringen könnte.

Herodes und seine Frau waren in Machärunt. Ich sah, dass Herodes den Täufer vor sich rufen ließ. Herodes saß in einem großen Saal in der Nähe der Gefängnisse, von seiner Wache und mehreren Beamten und Schriftgelehrten und besonders Herodianern und Sadduzäern umgeben. Johannes wurde durch einen Gang in diesen Saal gebracht und stand vor der großen, offenen Tür zwischen den Wachen. Ich sah die Frau des Herodes mit großer Frechheit und voll Hohn an Johannes vorüber in den Saal hineinschreiten und sich auf einen hohen Sitz niederlassen.

Diese Frau hatte eine andere Gesichtsform als die meisten jüdischen Frauen; alle Formen waren sehr spitz und scharf und der Kopf selbst sehr spitz. Ihre Mienen waren in steter buhlerischer Bewegung, sie war sehr schön gewachsen und in ihrer Kleidung sehr frech und sehr eng geschnürt. Man sah alle Formen ihres Leibes, und jedes Glied war, als spreche es von sich und wolle seine Schönheit zeigen, anbieten und wieder verbergen. Sie musste jedem unschuldigen Menschen ärgerlich sein und lockte doch alle Augen auf sich.

Herodes sagte zu Johannes, er solle ihm deutlich sagen, was er von Jesus halte, der solchen Aufruhr in Galiläa mache; wer Er denn sei, ob Er nun an seine Stelle komme. Er habe zwar gehört, dass er früher von ihm verkündet habe, aber er habe dieses nicht besonders beachtet; er solle ihm nun nochmals seine volle Meinung sagen, denn dieser Mensch führe wunderbare Reden, spreche von einem Reich, nenne sich in Gleichnissen einen Königssohn und dergleichen, da Er doch der Sohn eines armen Zimmermannes sei.

Nun sah ich, dass Johannes mit lauter Stimme und ganz, als rede er vor dem versammelten Volk, von Jesus Zeugnis gab: wie nie ein Mensch noch Prophet das gewesen sei, noch sein werde, was Er sei; dass Er der Sohn des Vaters, der Christus, der König der Könige, der Heiland und Hersteller des Reiches sei, dass keine Gewalt über seine gehe, dass Er das Lamm Gottes sei, welches die Sünden der Welt trage.

So redete er von Jesus laut rufend, nannte sich seinen Vorläufer und Wegbereiter und geringsten Diener. Er sprach dies alles in solcher Begeisterung und hatte ein so übernatürliches Wesen, dass Herodes in die größte Angst kam und sich zuletzt gar die Ohren zuhielt. Er sagte hierauf zu Johannes: «Du weißt, dass ich dir wohl will, aber du redest Aufruhr erregend gegen mich vor dem Volk, indem du meine Ehe verwirfst! So du deinen verkehrten Eifer mäßigst und vor dem Volk meine Verbindung anerkennst, will ich dich freilassen, und du magst hingehen und lehren und taufen!»

Da erhob Johannes abermals seine Stimme mit großem Ernst gegen Herodes und strafte ihn seines Wandels vor dem Volk und sagte ihm: «Ich kenne deine Gesinnung und weiß, dass du das Recht erkennst und vor dem Gericht erzitterst; aber du hast dich mit Schleppsäcken behängt und liegst in den Schlingen der Unzucht gefangen!» Der Grimm der Frau bei diesen Reden war nicht auszusprechen, und Herodes kam in solche Angst, dass er den Johannes schnell wegzubringen gebot. Er ließ ihn in einen anderen Kerker bringen, welcher keine Aussicht nach außen hatte, so dass er nicht mehr vom Volk gehört werden konnte.

Dieses Verhör hielt Herodes aus Sorge über den Aufruhr der Täuflinge und die Nachrichten der Herodianer von Jesu Wunder.

Es war aber im ganzen Lande ein Gespräch wegen der strengen Hinrichtung einiger Ehebrecher in Jerusalem, welche die Herodianer aus Galiläa dorthin geliefert hatten. Man sprach davon, dass man die kleinen Verbrecher hinrichte und die großen laufen lasse und dass eben diese Ankläger, die Herodianer, dem ehebrecherischen Herodes zugetan seien und dass dieser den Johannes gefangengenommen, weil er ihn des Ehebruches beschuldigt hatte. Herodes war dabei nicht gut zu Mute. Ich habe diese Ehebrecher richten sehen. Man las ihnen ihr Verbrechen vor und stieß sie in einer Halle in ein schmales Loch, an dessen Rand sie standen. Sie fielen auf ein Messer, das ihnen die Kehle abschnitt, und unten in einem Gewölbe standen Büttel, welche die Leichname beiseite schleppten. Es war eine Maschine, in die sie stürzten. Es war in der Gegend, wo Jakobus gerichtet wurde.

### *Jesus in Gennabris*

30. August bis 1. September:

Jesus lehrt an diesem Morgen noch unter den Ackerleuten wie gestern. Andreas, Jakobus und Johannes sind hier noch zu ihm gestoßen. Nathanael war in seinem Haus in der Vorstadt bei Gennabris. Es liegt zwischen Gennabris und Tiberias noch ein Ort. Ich habe gehört, dass Jesus den Jüngern etwas sagte, als werde Er nächstens durch Samaria zum Jordan ziehen. Ich meine, sie werden zum Taufort gehen. Das Feld, wo Er hier lehrte, war einst ein Streitfeld im Alten Testament wegen eines Brunnens; ich meine, es war der Brunnen bei Dothaim, das nicht sehr weit von hier war, bei welchem Joseph verkauft wurde. Jesus erwähnte dabei die Teilung zwischen Abraham und Loth.

Die Leute fragten hier Jesus, ob sie nicht recht täten, da sie mehrere arme lahme Arbeiter, die nicht mehr arbeiten könnten, ernährten. Jesus sagte ihnen, dass sie ihre Schuldigkeit täten; sie sollten sich aber nicht rühmen, sonst hätten sie ihren Lohn weg. Er ging dann in die Hütten dieser Kranken, heilte viele derselben und sandte sie in die Lehre und Arbeit; sie kamen und lobten Gott.

Jesus ging nicht eher nach Gennabris als kurz vor dem Sabbat, so dass Er gerade zur Synagoge kam. Gennabris ist wohl so groß wie Münster, es liegt etwa eine Stunde von der Feldhöhe, auf der Jesus jetzt war, gegen Morgen an einem Abhang hinab, wo seine Gärten, Bäder und Lustorte liegen. Von der Seite, von wo Jesus herkam, war es durch tief gehauene, stehende Wassergräben befestigt. Nach einer halben Stunde Wegs kam Jesus mit den Jüngern schon an Mauern und Turmtore im Umfang der Stadt. Es waren hier noch mehrere Jünger aus der Gegend zusammengekommen, und es kamen etwa zwölf mit ihm in die Stadt.

Es waren viele Pharisäer, Sadduzäer und besonders Herodianer an diesem Sabbat versammelt. Sie hatten sich vorgenommen, Jesus mit arglistigen Fragen in seiner Rede zu fangen. Sie sagten untereinander, in kleinen Orten sei das schwerer, da sei Er kühner als hier, und sie freuten sich und waren ihrer Sache ganz sicher. Durch ihre Vorbereitung hielten sich die vielen anwesenden Menschen ganz ruhig und machten gar kein Aufsehen bei Jesu Ankunft.

Er ging ruhig in die Stadt hinein, und die Jünger wuschen ihm vor der Synagoge die Füße. Die Schriftgelehrten und das Volk waren schon in der Synagoge versammelt. Man empfing ihn ohne Aufsehen und mit geheuchelter Ehrfurcht. Sie ließen ihn vorlesen und auslegen. Er las wieder aus Jesaja, immer einen Satz und legte ihn wieder aus. Es war aus Jes 54, 55, 56. Ich erinnere mich, es handelte davon, wie Gott seine Kirche herstelle, wie Er sie erquicken wolle, wie alle kommen sollen, von dem Wasser zu trinken und wie die, welche kein Geld haben, kommen sollen, Brot zu essen. Sie strengten sich an, in der Synagoge gesättigt zu werden, und es sei kein Brot da, und wie das Wort seines Mundes, nämlich der Messias, sein Werk vollenden solle. Im Reiche Gottes, in der Kirche, sollten die Fremden, die Heiden auch wirken und fruchtbar sein, so sie glauben. Er nannte die Heiden Verschnittene, weil sie nicht durch Zeugung am Geschlecht des Messias Anteil hatten. Er legte sehr vieles davon aus auf sein Reich, auf die Kirche und den Himmel. Er verglich auch die jetzigen Lehrer der Juden mit stummen Hunden, welche nicht wachsam sind, sondern sich mästen, fressen und saufen. Er zielte damit auch auf die Herodianer und Sadduzäer, welche nur heimlich lauerten und ohne zu bellen die Menschen anfallen, ja den Hirten selbst. Er lehrte sehr scharf und treffend.

Am Schluss las Er auch aus Dtn 11,29 vom Segen und Fluch auf Garizim und Hebal und noch vieles über die Gebote und das verheißene Land. Er legte aber alles auf das Reich Gottes aus.

Ein Herodianer trat ganz ehrerbietig zu ihm und bat ihn, doch zu erklären, wie groß denn die Zahl derer sein würde, welche in sein Reich kommen. Sie wollten ihn mit dieser Frage fangen, weil Er sogar von den Heiden und Verschnittenen dabei gesprochen und so viele Juden verworfen hatte.

Jesus ging auf diese Frage nicht mit bestimmter Antwort ein, sondern Er lehrte weit ausladend und kam zuletzt auf einen Punkt, welcher die Frage ganz aufhob. Er antwortete etwa wieder mit einer Frage, wie viel denn aus der Wüste in Kanaan eingegangen seien und ob sie nicht alle durch den Jordan gegangen seien, wie viele das Land denn wirklich besessen und ob sie es denn je ganz erobert hätten, ob sie es nicht noch jetzt teils mit den Heiden teilen müssen, ob sie nie und nirgends daraus vertrieben worden seien; Er sagte auch, es werde keiner in sein Reich eingehen als durch den engen Weg und die Brauttür; und ich hatte die Erklärung, es sei dies Maria und die Kirche, in welcher wir durch die Taufe wiedergeboren werden und aus welcher der Bräutigam geboren sei, auf dass Er uns in dieselbe hineinzeuge und durch sie wieder in Gott; das ist aber nicht auszusprechen. Er setzte dem Eingehen durch die Brauttür das Eingehen durch die Seitentür entgegen. Es war ein ähnliches Gleichnis wie das vom guten Hirten und Mietling, Joh 10,1. Auch hier sagte Er: Durch die Tür allein gehe der Eingang. Die Rede Jesu am Kreuz vor seinem Tod, da Er Maria, die Mutter des Johannes, und diesen den Sohn Marias nennt, haben einen geheimen Sinn dieser Wiedergeburt aus- und ineinander durch Jesu Tod.

Sie konnten ihm nichts anhaben heute abend und hatten sich auch erst auf den Schluss des Sabbats dazu bereitet. Es ist wunderlich, wenn sie beisammen sind, haben sie immer ein großes Maul, wie sie Jesus fangen und festhalten wollen in seinen Lehren und wenn Er zugegen ist, können sie nichts vorbringen, sind ganz erstaunt und teils auch überzeugt, aber voll Grimm.

Jesus verließ die Synagoge ganz ruhig, und sie brachten ihn zu einer Mahlzeit bei einem Pharisäer, wo sie auch nichts vorbringen und erlauern konnten. Er erzählte hier eine Parabel von einer Mahlzeit, wozu der Herr die Gäste einlade zu einer bestimmten Zeit; dann aber werde die Tür geschlossen und die nicht zugegen wären, würden nicht eingelassen.

Er ging dann zum Schlafen mit den Jüngern in das Haus eines Pharisäers, der mit Andreas bekannt war; denn dieser rechtschaffene Mann hatte jene Jünger, darunter auch Andreas, welche nach dem Pascha hier vor Gericht gestellt worden waren, redlich verteidigt. Er war seit kurzem Witwer und noch nicht alt und ist bald zu den Jüngern gekommen; er hieß Dinocus oder Dinotus, sein zwölfjähriger Sohn Josaphat. Sein Haus lag außerhalb der Abendseite der Stadt. Jesus war von der Mittagsseite in die Stadt gekommen, denn Er war die Feldhöhe gegen Dothaim zu, mittäglicher als Gennabris, hinabgezogen und im Winkel wieder dahin zurückgekehrt. Das Haus des Pharisäers lag an der Abendseite und die Wohnung Nathanaels vor der Nordseite nach Galiläa zu.

Heute sah ich, dass Herodes nach jenem Verhör des Johannes Beamte zu dem aufrührerischen Volk schickte, welche der Menge sehr sanft vorstellten, sie möchten keine Sorge um Johannes haben und sich ruhig nach Hause begeben. Er befinde sich sehr wohl und genieße eine freundliche Behandlung. Herodes habe ihn nur näher bei sich haben wollen; durch ihren Aufstand könnten sie einen bösen Schein auf ihn werfen und seine Lage verschlimmern. Sie sollten sich daher nach Hause begeben, dann werde er wohl bald wieder zum Taufen erscheinen. Da nun auch die Boten von Jesus und den Johannesjüngern bald mit ihren Aufträgen zu ihnen kamen, so zerstreuten sie sich nach und nach.

Herodes war aber in einer großen Bangigkeit und Unruhe. Die Hinrichtung der Ehebrecher in Jerusalem hatte das Volk auf die Erinnerung seiner ehebrecherischen Ehe gebracht, und es murrte laut darüber, dass er Johannes gefangenhalte, weil er die Wahrheit gesagt und das Gesetz aufrecht gehalten, nach welchem jene in Jerusalem getötet worden seien. Zudem hörte er noch von den Taten und Lehren Jesu in Galiläa. Auch war es ihm zu Ohren gekommen, dass er jetzt an den Jordan herabkommen und lehren wolle.

Er war in großer Furcht, es möchte dadurch das unruhige Volk noch mehr aufgewiegelt werden, und in dieser Angst sah ich ihn heute eine Versammlung von Pharisäern und Herodianern halten, um sich zu beratschlagen, wie man Jesus zurückhalten könne. Der Schluss war, dass er acht aus diesen zu Jesus absandte, welche ihm ganz fein möchten zu verstehen geben, Er solle sich doch in Obergaliläa und jenseits des Sees mit seinen Lehren und Wundern aufhalten und nicht im Lande des Herodes in Galiläa und doch ja nicht nach dem Jordan herab ins Gebiet des Johannes kommen, weil Herodes sich leicht könne gezwungen sehen, ihn zu Johannes gefangen zu legen. Diese Gesandtschaft reiste heute nach Galiläa ab.

31. August: Am Morgen lehrte Jesus wieder in der Synagoge ohne vielen Widerspruch, denn sie wollten ihn in der Mittagslehre alle zusammen anfallen. Er lehrte wieder abwechselnd aus Jesaja und Deuteronomium. Es ergab sich auch eine Gelegenheit, vom würdigen Halten des Sabbats zu reden, und Er lehrte viel davon. Die Kranken dieser Stadt hatten nicht gewagt, ihn um Hilfe anzuflehen, so waren sie eingeschüchtert.

Jesus sprach auch den Lauerern in der Synagoge von der Gesandtschaft des Herodes an ihn, welche ich gestern von Mahärunt abreisen sah. Er sagte, wenn sie kommen, sollten sie den Füchsen sagen, sie möchten dem Fuchs die Nachricht bringen, er brauche sich um ihn nicht zu ängstigen; er möge ungehindert sein Treiben fortsetzen und sein Werk an Johannes vollenden. Er werde sich übrigens nicht an ihm stören und lehren, wohin Er gesandt sei, in jeder Gegend, auch zu Jerusalem, wenn es nötig sei. Er werde seine Aufgabe vollenden und seinem Vater im Himmel Rechenschaft davon geben. Sie ärgerten sich sehr darüber.

Nachmittags ging Jesus mit den Jüngern aus dem Haus des Pharisäers Dinotus hinaus ein wenig spazieren, und da sie vor das Tor kamen, wo das Haus Nathanaels lag, ging Andreas hinein und rief ihn heraus. Nathanael stellte Jesus hier auch seinen Vetter vor, einen noch sehr jungen Mann, dem er sein Geschäft nun übergeben wollte, um Jesus ganz nachzufolgen. Ich meine, er wird jetzt schon mit Jesus hinabreisen. Nach diesem Spaziergang gingen sie in die Stadt, in der die Synagoge an dieser Seite lag. Es hatten aber etwa zwölf arme, durch Arbeit erkrankte Tagelöhner vom Lande die Heilung von ihresgleichen durch Jesus auf dem Erntefeld gehört und waren in der Hoffnung einer ähnlichen Gnade in die Stadt gekrochen und hatten sich vor der Synagoge in eine Reihe gestellt, um seine Hilfe anzurufen. Jesus ging tröstend an ihnen vorüber und ermahnte sie auf ihr Flehen zu einiger Geduld. Es folgten aber gleich hinter ihm die Schriftgelehrten. Sie ergrimmten, dass es doch einige Fremde gewagt hatten, hier Heilung von Jesus zu suchen, da es ihnen bisher gelungen war, die Kranken der Stadt zurückzuhalten. Sie fuhren die armen, elenden Menschen grob und doch mit dem Schein von frommer Absicht an, sie sollten hier keine Störung und kein Aufsehen machen und sich sogleich wegbegeben; Jesus habe wichtigere Dinge mit ihnen zu verhandeln, es sei jetzt keine Zeit, sich mit ihnen abzugeben. Da aber die armen, elenden Menschen nicht gleich von der Stelle konnten, ließen die Pharisäer sie vertreiben.

Jesus lehrte in der Synagoge meistens vom Sabbat und dessen Heiligung. Es kam dieses Gebot auch in den Stellen bei Jesaja vor, welche heute gelesen wurden. Als Er darüber gelehrt hatte, fragte Er sie, indem Er nach dem tiefen Stadtgraben hindeutete, an dessen Rand ihre Esel grasten, wenn am Sabbat einer dieser Esel hinabstürzte, ob sie ihn herausziehen dürften am Sabbat, damit er nicht sterbe. Sie schwiegen hierauf. Ob sie dieses wohl auch an einem Menschen tun dürften. Sie schwiegen. Ob sie wohl erlauben würden, dass ihnen selbst an Leib und Seele ein Heil am Sabbat erlaubt sei? Auch hierauf schwiegen sie. Da sagte Jesus: «Da ihr schweigt, muss ich annehmen, dass ihr nichts dagegen einwenden könnt. Wo sind also die armen Kranken, welche Hilfe von mir vor der Synagoge begehrten? Bringt sie her!» Da sie aber das nicht wollten, sagte Jesus: «So ihr es nicht tun wollt, will ich es durch meinen Jünger tun lassen.» Da besannen sie sich eines anderen und ließen die Kranken aufsuchen. Diese kamen alle ganz elend herbei, es waren etwa zwölf, teils Lahme, teils schrecklich von Wassersucht Geschwollene, so dass die Finger dick auseinander standen. Diese Leute waren erfreut; denn das Weggejagtwerden durch die Schriftgelehrten hatte sie sehr traurig gemacht.

Jesus befahl ihnen, sich in eine Reihe zu stellen, und es war rührend zu sehen, wie die weniger Kranken die Kränkeren vorausstellten, damit Jesus sie zuerst heilen solle. Jesus ging zu ihnen ein paar Stufen hinab und rief die ersten herbei, von denen die meisten an den Armen gelähmt waren. Jesus betete schweigend über sie, indem Er die Augen emporhob, und berührte ihre Arme sanft herabstreichend. Dann bewegte Er ihre Hände auf und nieder und befahl ihnen, zurückzutreten und Gott zu loben. Sie waren geheilt. Die Wassersüchtigen konnten kaum gehen. Er legte ihnen die Hand auf Kopf und Brust; sie wurden kräftiger und konnten zurückgehen, und das Wasser verließ sie nach wenigen Tagen ganz.

Während dieser Handlung entstand ein großes Zudringen des Volks und anderer armer und kranker Leute, welche Gott mit den

Genesenen laut lobten. Die Menge war so groß, dass die Schriftgelehrten voll Zorn und Beschämung weichen mussten und teils von dannen gingen. Jesus lehrte aber die versammelte Menge von der Nähe des Reiches, von Buße und Bekehrung bis zum Schluss des Sabbats. Die Schriftgelehrten mit allen ihren Einwendungen und Spitzfindigkeiten kamen gar nicht mehr zu Wort. Es war äußerst lächerlich zu sehen, wie sie gegeneinander geprahlt hatten und nun nicht einmal zur Rede kamen und wie sie auch nicht das mindeste Recht gegen Jesus behielten und ihm auch nichts hatten antworten können.

Nach dem Sabbat war in einem öffentlichen Lokal der Stadt ein großes Gastmahl, wegen Vollendung der Ernte, und Jesus mit seinen Jüngern war dazu eingeladen. Die meisten waren vornehme Bürger, es waren auch manche Fremde da, selbst einige reiche Bauern. Man aß an mehreren Tischen. Es befanden sich von allen Früchten, Obst und Getreide auf dem Tisch, selbst Geflügel, und alles, was besonders in dieser Ernte ergiebig gewesen, war doppelt da. Auch gebratene Tiere als ein Bild des Überflusses.

Man hatte Jesus und seinen Jüngern die obersten Plätze zugewiesen. Ein hoffärtiger Pharisäer hatte sich aber schon obenan gesetzt. Jesus ging zu ihm, sprach mit ihm heimlich und fragte, wie er an diesen Platz komme. Da erwiderte er, weil hier die löbliche Gewohnheit herrsche, dass die Gelehrten und Vornehmeren obenan sitzen. Da sagte Jesus zu ihm, jene, welche auf Erden die ersten Plätze einzunehmen strebten, würden keinen Platz in dem Reich seines Vaters haben. Er sagte ihm noch mehr, was ich vergessen habe, und der Mann setzte sich ganz beschämt weiter hinab, wo er sich aber anstellte, als habe er dies aus eigenem Besserdünken getan.

Bei Tisch erklärte Jesus noch einiges vom Sabbat, besonders aus Jesaja 58,7: «Brich dem Hungrigen dein Brot, und die, so im Elend sind, führe in dein Haus.» Jesus sagte, ob es nicht üblich bei diesem Fest sei, das ein Dankfest des Überflusses sei, die Armen zu Gast zu holen und mit ihnen zu teilen. Er wundere sich, dass man von diesem Brauch abgekommen sei und fragte, wo denn die Armen seien. Da sie ihn eingeladen, obenan gesetzt und ihn zum Vorsitzenden der Tafel gemacht hätten, müsse Er sich auch um die rechtmäßigen Gäste bekümmern. Sie sollten die Leute, die Er geheilt habe, und alle übrigen Armen herbeirufen. Da sie es aber nicht gleich taten, gingen seine Jünger und riefen die Armen von allen Straßen; und als sie bald kamen, überließen ihnen Jesus und die Jünger ihre Plätze, und die Schriftgelehrten machten sich nach und nach davon. Jesus aber und einzelne gute Leute dienten den Armen und teilten noch alles aus, was übrig war, wodurch rings umher eine große Freude entstand. Dann begab Er sich mit den Seinen zu dem Pharisäer Dinotus vor die Abendseite der Stadt zur Ruhe.

1. September: Heute, Sonntag, kamen am Morgen unzählige Kranke vor Gennabris aus der Stadt und aus der Gegend zu dem Haus, wo Jesus herbergte, und Er heilte den ganzen Morgen. Es waren meistens Handlahme und Wassersüchtige. Der Pharisäer Dinotus, bei dem Jesus gewohnt hatte, war ein sehr guter Mann, ein Witwer von etwa 30 Jahren; er hatte einen Sohn Josaphat von etwa zwölf Jahren, der, als sein Vater Jesus ganz nachfolgte, mit ihm gekommen ist. Die jüdischen Knaben trugen einen langen Rock, an beiden Seiten mit einem Zwickel und an dessen Saum einen Schlitz wie bei Manneshemden; vorn hatte er bis auf die Füße Knöpfe und Schnüre. Wenn sie mehr erwachsen waren, erhielten sie erst um die Beine gewickelte Beinkleider und andere Röcke wie die Großen. Wenn ihr Röckchen gegürtet war, war es kraus, sonst hing es gewöhnlich weit wie ein Hemd; es war auch oft geschürzt.

Nachmittags nach einer Mahlzeit nahm Jesus von Dinotus Abschied, drückte ihn an sich, und der Mann weinte sehr.

Jesus aber ging mit Nathanael, Andreas, Jakobus, Saturnin, Aristobulus, Tharsitus, Parmenas und noch etwa vier anderen Jüngern südlich in Tälern ungefähr zwei bis drei Stunden weit und übernachtete an einem Abhang zwischen zwei Städten in einem leeren Schnitterschuppen. Die zur Linken gelegene Stadt hieß Ulama, die zur Rechten, glaube ich, Japhia. (Doch wusste sie dieses nicht gewiss.) Ulama liegt gegen Tarichäa, etwa so wie Gennabris gegen Tiberias. Die rechts gelegene Stadt liegt tiefer als Bethulien, und sie sind auch eine gute Strecke voneinander entfernt, aber das Gebirge schiebt sich in der Ansicht so zusammen, dass man meint, Bethulien liege oben darüber. Dieser Ort liegt auch dem Weg, den Jesus nahm, sehr nahe; es sieht aus, als gehe er drauf zu. Der Weg aber krümmt sich, so dass man ihn bald ganz aus dem Gesicht verliert. Jenes Feld, wo Jesus die Ernteleute gelehrt hatte, heißt in der letzten Gegend, wo der Streit wegen des Brunnens und Feldes gewesen, das Feld Dothaim. Es ist wirklich das Feld, wo Joseph seine Brüder mit den Herden angetroffen, und der längliche, viereckige Brunnen ist jene Zisterne, in die sie Joseph hineingeworfen hatten. (Sie glaubt, sie liegt südlich von Bethulien in einem Tal; Dothaim aber noch etwas weiter.)

# FÜNFZEHNTES KAPITEL

*Einiges aus dem Alten Testament – Maria, die Suphanitin*

*Vom 2. bis 9. September 1822*

## *Jesus in Abelmehola*

2. September: Jesus ging am Morgen mit den Jüngern etwa fünf Stunden weiter gegen Mittag und kam ungefähr um zwei Uhr zu einer kleinen Stadt Abelmehola, wo der Prophet Elisäus geboren ist. Sie lag an einer Anhöhe des Berges Hermon, so dass die Türme mit der Höhe des Bergrückens gleich standen. Sie war nur ein paar Stunden von Scythopolis; man konnte abendwärts von ihr gehend ins Tal Jezrael kommen. Sie lag ungefähr mit der Stadt Jezrael in gleicher Linie. Nicht sehr weit von Abelmehola und näher am Jordan lag ein Ort Bezech, den ich, den Herrn begleitend, in der Ferne sah. Samaria lag südwestlich mehrere Stunden von hier. Ich meine, Abelmehola liegt in oder auf der Grenze von Samaria, ist aber von Juden bewohnt.

Jesus und seine Jünger setzten sich vor der Stadt auf einen Ruheplatz nieder, wie es Wanderer in Palästina zu tun pflegten, und dann wurden sie gewöhnlich von gastfreien Leuten aus der Stadt in ihr Haus geholt. So geschah es auch hier. Leute, die am Wege vorübergingen, erkannten Jesus, der früher einmal, ich meine, um die Zeit des Laubhüttenfestes oder zu anderer Zeit, hier durchgekommen war, und sie sagten es zu Hause. Da kam bald ein wohlhabender Bauer aus dem Ort mit Dienern und brachte

Jesus und den Jüngern zu trinken und Brot und Honig. Er lud sie in sein Haus ein, und sie folgten ihm. Da wusch er ihnen die Füße, gab ihnen andere Kleider, schüttelte und streckte die ihrigen aus, worauf sie dieselben wieder anlegten. Er ließ auch gleich eine Mahlzeit anrichten und schnell mehrere Pharisäer einladen, mit denen er gut stand, welche auch bald erschienen. Er war außerordentlich freundlich, aber innerlich doch ein Halunke. Er wollte vor den Leuten prahlen, dass der Prophet bei ihm sei, und von den Pharisäern ausforschen lassen. Sie meinten, so allein bei Tisch gehe das besser als vor der Volksmenge in den Synagogen.

Kaum aber war der Tisch bereitet, als sich alle beweglichen Kranken des Ortes schon vor dem Haus und in dem Hof des Mannes versammelten, was diesen und die Pharisäer sehr ärgerte. Er ging hinaus und wollte sie hinwegweisen. Jesus aber sagte: «Ich habe eine andere Speise, nach der mich hungert», und setzte sich nicht zu Tisch, sondern ging hinaus zu den Kranken und begann, sie zu heilen. Auch alle seine Jünger folgten ihm. Ich hätte es ihnen auch sehr übel genommen, wenn sie es nicht getan hätten. Es waren mehrere Besessene da, welche ihn anschrien. Er heilte sie mit einem Blick und einfachem Befehl. Viele Kranke waren an einer Hand oder beiden Händen gelähmt. Er fuhr ihnen mit der Hand über die Arme und bewegte sie ihnen einmal auf und nieder. Andere waren wassersüchtig. Er legte ihnen die Hände auf Kopf und Brust; andere waren auszehrend, andere hatten kleine, jedoch nicht bösartige Geschwüre. Ich hörte, dass Er einigen sagte, sie sollten sich baden, anderen, sie würden in wenigen Tagen ganz gesund sein, und Er befahl ihnen gewisse Werke. Weit zurück an eine Mauer gelehnt standen verschleiert, verschämt seitwärts sehend oder dann und wann mit elendem Angesicht durch eine Falte des Schleiers nach Jesus hinblickend, mehrere blutflüssige Frauen. Zuletzt ging Jesus zu ihnen hinüber, rührte sie an und heilte sie, und sie warfen sich vor ihm nieder.

Alle diese Menschen jubelten und lobsangen. Die Pharisäer aber im Hause hatten alle Zugänge des Hauses versperrt und ärgerten sich bei ihrem Gastmahl und lauschten manchmal durch das Gitter. Es dauerte dieses Heilen aber lange, und sie mussten, da sie nach Hause wollten, durch den Hof, zwischen allen Kranken,

Genesenen und Jubelnden hindurch, was ihnen ein rechter Stich ins Herz war. Die Menge war aber zuletzt so groß, dass sich Jesus im Haus verbergen musste, bis sie weggezogen waren.

Es war schon in der Dämmerung, als fünf Leviten kamen und Jesus mit den Jüngern in das Schulhaus, dem sie vorstanden, zur Herberge einluden. Sie verließen den pharisäischen Bauern mit Dank, und Jesus gab ihm noch eine kurze Lehre und bediente sich eines Ausdrucks wie «von den Füchsen» bei den Herodianern. Der Mann stellte sich immer ganz freundlich. Im Schulhaus nahmen Jesus und die Jünger einen kleinen Imbiss ein. Sie schliefen in einem langen Gang, in dem Teppiche ausgebreitet und die Lager durch Stellwände getrennt wurden. Es wurde in dem Haus eine Knabenschule gehalten. Auch wurden in einer Stube erwachsene Frauen unterrichtet, welche gründliche Kenntnis verlangten, um Jüdinnen zu werden.

Diese Schule war noch von Jakobs Zeiten her hier gebräuchlich; die Juden hatten sie noch durch Überlieferung. Ich sah folgendes von ihrem Ursprung und dabei traten mir wieder viele Bilder aus dem Alten Testament vor die Seele. Was ich nicht vergessen habe, ist folgendes:

### *Rebekkas Schule in Abelmehola*

Isaak wohnte nicht weit von Hebron im Land der Hethiter, wo Abraham einen Acker gekauft hatte; er war sehr reich an Herden und Knechten und war vor Alter blind. Esau und Jakob waren auch schon Männer, als Jakob vor Esau den Segen empfing, der die wirkliche sakramentalische Übergabe eines Segens war, zeugend den Stamm des verheißenen Messias aus sich fortzupflanzen. Esau war schon verheiratet. Er hatte heidnische Frauen und mehrere Kinder. Er verfolgte nachher Jakob auf alle mögliche Weise, und Rebekka schickte ihn daher heimlich nach Abelmehola, wo er Herden und Knechte hatte und in Zelten wohnte.

Rebekka hatte dort eine Schule für Kananiterinnen und andere heidnische Mädchen eingerichtet. Weil Esau und seine Kinder und Knechte sowie auch andere Leute Isaaks sich mit solchen verheirateten, ließ Rebekka, die einen Widerwillen gegen solches Volk hatte, die Jungfrauen, welche es wünschten, an diesem Ort in den Sitten und der Religion Abrahams unterrichten; denn dieses Feld dort gehörte ihr.

Jakob hielt sich lange dort verborgen auf, und wenn man nach ihm fragte, sagte sie, er sei in der Fremde bei anderer Leute Herden. Manchmal kam er nachts zu ihr, und sie hielt ihn einige Zeit vor Esau verborgen. Er grub bei Abelmehola einen Brunnen, denselben, an dem Jesus vor der Stadt gesessen. Die Leute hielten den Brunnen dort sehr in Ehren, und er war immer zugedeckt. Er grub auch dort noch eine Zisterne herum, lang und viereckig, in die man auf Treppen hinabsteigen konnte. Später wurde Jakobs Aufenthalt bekannt, und weil Rebekka merkte, dass er sich auch wie Esau mit einer kananitischen Frau befassen würde, schickten Isaak und sie Jakob in ihre Heimat zu Laban, seinem Oheim, wo er um Rachel und Lea diente.

Es hatte aber Rebekka die Schule so weit von ihrer Wohnung im Lande Heth gesetzt, weil Isaak viel Streit mit den Philistern hatte, die ihm oft alles zuschanden machten. Sie hatte dort einen Mann aus ihrem Vaterland Mesopotamien und ihre Amme hingesetzt, die, glaube ich, dessen Frau war. Die Schülerinnen wohnten in Zelten und wurden in allem unterrichtet, was die Frau in herumziehenden Hirtenhaushaltungen wissen musste. Sie lernten auch die Pflichten einer Frau im Stamme Abrahams und dessen Religion kennen. Sie hatten Gärten und pflanzten allerlei rankende Gewächse, wie Kürbisse, Melonen, auch Gurken und eine Art Getreide. Sie hatten auch sehr große Schafe, deren Milch sie tranken.

Ich habe auch gesehen, dass sie lesen lernten und wie ihnen dies und das Schreiben sehr schwer ankam. Man schrieb damals ganz seltsam auf braune, dicke Lappen. Es waren dies keine Rollen wie später, es waren Rinden von Bäumen; ich sah, wie solche abgezogen wurden. Sie brannten die Buchstaben hinein. Sie hatten ein Kästchen, in welchem Zickzack-Fächer waren, und ich sah diese Gefächer oben blinken; denn es lagen allerlei Zeichen von Metall darin, welche sie in einer Flamme heiß machten und nacheinander in die Rinde einbrannten. Ich habe das Feuer, worin sie es heiß machten und das sie auch zum Kochen, Braten und Backen und als Lampe brauchten, auf folgende Art bei ihnen gesehen und noch dabei gedacht, sie haben das Licht hier alle unter dem Scheffel stehen. In einem Gefäß dieser Gestalt, welche mich noch an den Aufsatz erinnerte, den manche heidnische Götterbilder auf dem Kopf haben, brannte eine schwarze Masse, in deren Mitte ein Loch eingebohrt war, vielleicht zum Luftzug. Die runden Türmchen um das Gefäß waren hohl, und es wurde da wohl etwas zum Kochen hineingegossen. Über dieses Feuerbecken stülpten sie etwas wie einen Scheffel, der oben dünn und wie fein durchlöchert war. Auch an diesem waren rings so runde Türmchen, worin man etwas erwärmen konnte. An diesem Scheffel waren rings Öffnungen mit Schieber, und wohin sie Licht haben wollten, machten sie so ein Fensterchen auf; dort fiel das Licht der Flamme hin. Sie öffneten immer nach den Seiten, wo kein Zugwind herkam, der in den Zelten oft sein konnte. Unter dem Feuerbecken war auch ein kleiner Aschenraum, in dem sie dünne Brotkuchen backen konnten, und oben über dem Scheffel kochten sie in niedrigen Gefäßen Wasser, das sie zu Bädern und zum Waschen und Kochen abzapften. Sie brieten und rösteten auch darauf. Diese Gefäße waren dünn und leicht. Sie nahmen diese auf allen Zügen mit sich und konnten sie leicht von einer Stelle zur anderen bringen. Über einem solchen Feuerbecken wurden die Buchstaben heiß gemacht und dann in die Rinden eingebrannt.

Die kananitischen Menschen hatten schwarze Haare und waren brauner als Abraham und seine Landsleute; diese waren gelblicher mit durchschimmernder Röte. Die kananitischen Frauen waren anders gekleidet als die Töchter Israels. Sie trugen von wollgelbem Zeug ein weites Röckchen bis an die Knie. Es bestand aus vier Lappen, welche unter den Knien mit einer Strippe zusammengezogen waren und ein weites Beinkleid mit getrennten Beinen bildeten, das nicht um die Lenden gewickelt war wie bei den Juden, sondern in seinen weiten Falten an beiden Seiten die Trennung bedeckte. Um den Leib war dieses Beinkleid auch zusammengezogen. Der Oberleib war mit einem ähnlichen, doppelten Zeuglappen über Rücken und Brust und Bauch bedeckt. Die Lappen waren auf den Schultern zusammengebunden, und diese

Art weites Skapulier, ebenfalls an beiden Seiten offen, war unten mit einer Strippe um den Leib geschlossen. So sahen Leib und Lenden wie ein weiter Sack aus, in der Mitte gebunden und unter den Knien plötzlich endend. Die Beine standen auf Sohlen und waren von diesen herauf bis an die Knie mit Riemen kreuzweise umwunden, zwischen welchen man das nackte Bein durchsah. Die Arme waren mit einem feinen, durchsichtigen Stofflappen bedeckt, der sich durch mehrere glänzende Metallringe zu einem Ärmel daran anschloss. Auf dem Kopf hatten sie eine Mütze von kleinen Federn, die oben in einer Spitze endeten, von welcher sich hinten eine Art Helmkamm herabzog, der mit einem starken Busch endigte. Sie waren schön von Körperbau, sonst aber viel unwissender als die Kinder Abrahams. Einige hatten auch noch lange Mäntel, oben enger, unten weiter. Die Frauen von Israel trugen eine gewickelte Lendenbedeckung auf dem bloßen Leib, dann einen langen Hemdrock und darüber einen langen Rock, vorn zugeknöpft; den Kopf hatten sie mit einem Schleier umwunden oder auch mit vielen Kreisen hintereinander umgeben, wie die Leute ihn jetzt am Hals tragen.

Ich sah und hörte auch, was sie damals lernten; es war von der Religion Abrahams. Folgendes ist mir noch davon erinnerlich. Die kananitischen Jungfrauen lernten von der Erschaffung der Welt und Adams und Evas und ihrer Einführung ins Paradies, von der Verführung Evas durch den Satan und von dem Sündenfall des ersten Menschenpaares durch Übertretung der von Gott gebotenen Enthaltsamkeit.

Ich sah immer, dass durch das Essen der verbotenen Frucht alles sündhafte Gelüste im Menschen entstand. Sie wurden gelehrt, dass der Satan den ersten Eltern ein göttliches Licht und Erkennen versprochen habe, die Menschen aber nach der Sünde blind geworden seien, dass ihnen wie ein Fell über die Augen gezogen worden, dass ihnen ein früher besessenes Schauen verloren gegangen sei und dass sie nun mühselig arbeiten, die Kinder in Schmerzen gebären und demütig nach aller Erkenntnis ringen müssten.

Sie lernten auch, dass der Frau ein Sohn verheißen sei, der der Schlange das Haupt zertreten solle; von Abel und Kain, von den Nachkommen Kains, wie sie ausgeartet und böse geworden und wie die Kinder Gottes, von der Schönheit der Töchter der Menschen angezogen, sich mit diesen verbunden und wie ein gottloser, gewaltiger Menschenstamm von Riesen aus ihnen entstanden sei, voll von zauberischer Macht, böser Wissenschaft und Kunst, ein Geschlecht, das alle Wollüste und falsche Weisheit, alles, was zur Sünde lockt und von Gott abzieht, erfunden und gelehrt und die Menschen so verführt und verdorben habe, dass Gott sie alle bis auf Noe und seine Familie zu vertilgen beschlossen habe.

Dieses Volk habe auf einem hohen Gebirge seinen Hauptsitz gehabt und sei immer höher und höher gedrungen, in der Sündflut aber sei dieser Berg versunken und zu einem Meer geworden. Sie lernten weiter von der Sündflut, von der Rettung Noes in der Arche, von Sem, Cham und Japhet, von der Sünde Chams und der abermaligen Bosheit der Menschen bei dem Turmbau zu Babel; und dieser Bau, seine Zerstörung, die Sprachenverwirrung und feindselige Trennung der Menschen wurde ihnen wieder mit dem Treiben jener bösen, gewaltigen, zauberischen Menschen auf dem hohen Berge zusammengestellt und als Folge unerlaubter, von Gottes Gesetz verbotener Vermählungen nach bloßer Sinneslust dargestellt; denn auch auf dem Turm zu Babel wurde Zauberei, Abgötterei und Unzucht getrieben.

Bei diesen Lehren wurden dann die bekehrten Jungfrauen vor jeder Verbindung mit Götzendienern, vor allem eitlen Trachten nach Kunst, Zauberei, Reizen, Sinnesbelustigungen, vor bösem Schmuck des Geistes und Leibes, vor allem, was nicht zu Gott führt, gewarnt als vor Dingen, welche alle zu den Sünden gehören, wegen welcher Gott die Menschen vertilgte. Sie wurden hingegen zur Gottesfurcht, zum Gehorsam, zur Untertänigkeit und zur treuen, einfältigen Übung aller Pflichten des Hirtenlebens hingeführt. Sie wurden auch in den Geboten unterrichtet, die Gott dem Noe gegeben, z.B. kein rohes Fleisch zu essen. Die anderen habe ich vergessen.

Sie wurden auch gelehrt, wie Gott das Geschlecht Abrahams erwählt habe, sein auserwähltes Volk aus dessen Nachkommen zu bilden, aus dem der Messias solle geboren werden, und wie Gott den Abraham aus dem Lande Ur herausgeführt und abgesondert habe. Sie wurden gelehrt, wie Gott zu Abraham Männer gesandt habe, nämlich Männer, die weiß, die leuchtend erschienen, und diese hätten dem Abraham das Geheimnis des Segens Gottes gegeben, dass seine Nachkommenschaft solle groß werden über alle Völker der Erde. Es wurde ihnen von diesem übergebenen Geheimnis nur im allgemeinen als von einem Segen gesprochen und mit heiliger Scheu, mit welcher großen Ehrfurcht dieser Segen Gottes bei den Kindern Abrahams in heiliger Ehe müsse gehütet werden, weil das Volk Gottes und die Erlösung aus ihm kommen werde. Sie lernten auch von Melchisedech als einem solchen weisen Mann, wie er Brot und Wein geopfert und Abraham gesegnet habe.

Ich meine, Melchisedech hat hier im Lande auch den Getreide- und den Weinbau eingeführt, der noch nicht aufgekommen war. Ich weiß es jetzt aber nicht mehr ganz genau. Auch über das Strafgericht Gottes über Sodoma und Gomorrha wurden sie belehrt.

Diejenigen dieser Kananiterinnen, welche sich mit Männern aus der Nachkommenschaft Abrahams verheirateten, wurden von dem heiligen Bund und Bundeszeichen Gottes mit Abraham und seinen Nachkommen unterrichtet. Ich erfuhr dabei, dass in jenen früheren Zeiten auch die Töchter aus reiner abrahamitischer Nachkommenschaft, und zwar am 25. Tag nach ihrer Geburt am Körper bezeichnet wurden, damit sie und auch andere bedenken möchten, dass sie heilige Gefäße des Volkes Gottes seien. Es währte dieser Brauch nicht sehr lange; schon lange vor dem Auszug aus Ägypten geschah es nicht mehr. Ich sah, dass, wenn eine solche Kananiterin einen Mann aus Abrahams Geschlecht heiratete, man sie vorher über der Herzgrube mit einem unauslöschlichen Zeichen bezeichnete. Es waren diese Zeichen verschieden, bald ganze Linien, bald einzelne Buchstaben. Es war, als empfange sie den Stempel ihrer Abkunft oder das Wappen Abrahams. Ich weiß es nicht mehr genau.

Das Bundeszeichen zwischen Gott und Abrahams Geschlecht war nicht als ein ganz neues Zeichen überhaupt von Gott gegeben, sondern als ein ewiges, heiliges Zeichen des Bundes Gottes mit Abrahams Nachkommen als seinem Volk. Es war ein zu einem Sakrament erhobenes Zeichen, welches jedoch auch einzelne andere Menschenstämme als bloßes Merkzeichen reinerer Abkunft hatten, ohne dass es bei diesen ein heiligstes, unter Strafe der Ausrottung verbindliches Gesetz Gottes wie bei den Israeliten gewesen wäre, so wie es auch die Taufe als eine sinnbildliche Reinigung bei anderen Völkern und den Juden selbst gab, ehe sie von dem Erlöser als das Sakrament der Wiedergeburt des Neuen Bundes erhoben wurde. Ich erkannte also, dass das Bundeszeichen Abrahams schon bei verschiedenen anderen Völkern, und zwar bei priesterlichen Stämmen, war, z.B. in Ägypten und auch in Chaldäa.

Die heidnischen Frauen, welche Altväter heirateten, z.B. Abrahams mohrische Frau Ketura, war aus solchem reineren, bezeichneten Stamm. Woher die anderen Völker belehrt wurden, auch ihre Stämme durch Bezeichnung abzusondern, ist mir jetzt nicht gegenwärtig. Sie verfuhren hierbei auch anders als die Nachkommen Abrahams, bei welchen es das Siegel Gottes ihrer ehelichen Verbindung war, in deren reinster und heiligster Frucht das Wort selbst durch die Überschattung des Heiligen Geistes Fleisch werden sollte. Es war damals die heiligste Aufgabe der Religion, mitzuwirken mit den barmherzigen Absichten Gottes gegen die Menschen in der Entwicklung eines reinsten Menschenstammes durch Trennung oder Sammlung der Menschenpaare zu einem heiligeren Geschlecht, aus welchem alle Propheten, alle Voreltern und Stammesgenossen der Heiligen Familie und endlich die Heilige Familie selbst hervorging.

Dieses Ausscheiden des Bösen und Sammeln des zerstreuten Guten zu einem heiligen Geschlecht dauert noch jetzt fort in dem Ehebund Jesu Christi mit seiner Braut, der Kirche, und wer das recht begreift, wird auch verstehen, welche ernsten, den Absichten Gottes widerstrebende Sache die gemischten Ehen sind. Solche Dinge schienen so fremd und liegen doch so nah, wie die Parabel vom Sammeln und Sichten des Weizens auf den Tennen und dem Verbrennen der Stoppeln. O, wie ist es so rührend, wenn der hl. König Wenzeslaus (von Böhmen, Märtyrer, geb. 903, gest. 929, Anm. d. Hrsg.) selbst die reinsten Weizenkörner, die edelsten Weinbeeren aussuchte, um die Materie zum Allerheiligsten Sakrament auf dem Altare zu opfern!

Es hatten in jenen alten Zeiten manche Menschen gewisse Zeichen an sich gleich Muttermalen, und es brachten oft einzelne

Kinder aus denselben solche Zeichen mit zur Welt, als auserwählte Sprossen dieser Stämme, welche Gott zu Propheten, Königen und anderen Ämtern bestimmt und bezeichnet hatte. Man achtete sehr darauf, und es war ungefähr so wie noch heutzutage auf dem Lande, wo man sich mancherlei erwartende Gedanken macht, wenn ein Kind mit dem sogenannten Helm zur Welt kommt. Es waren solche Kinder beiderlei Geschlechts sozusagen von der Natur schon leiblich da bezeichnet, wo sie früher äußerlich bezeichnet zu werden pflegten. Es gab Knaben, welche so in der Hüfte bezeichnet waren. Es waren gezeichnete Menschen von einer gewissen Bestimmung. Es gab auch Menschen, welche dieses Zeichen verstanden und untersuchten. Sie mussten den Eltern die natürlichen Urkunden lesen, welche ihre Kinder mit zur Welt brachten, wie es jetzt Leute gibt, welche den Bauern ihre Urkunden über ihr Hab und Gut erklären; denn auch ein natürliches Zeichen wurde oft verfälscht, um irgendeine Person in einen edleren Stamm oder in irgendeine Würde einzuschwindeln, wodurch ungemein viel verderbt werden konnte.

Man muss sich das alles so denken wie bei dem Verfahren, wenn Bäume oder Schafherden veredelt werden, wo man keine wilden Zweige mit edleren Stämmen, keine gröbere Wolle mit feineren Vliesen verbindet. Und wie ein sorgsamer Gärtner oder Herdenbesitzer seinen vertrauten Knecht weithin sendet, ihm edlere Gattungen zu holen, so sehen wir Abraham selbst seinen vertrauten Diener Eliezer nach Mesopotamien senden, um ihm dort eine Frau aus edlem Stamm zu holen, und Eliezer musste seine Hand unter die Hüfte Abrahams legen und ihm bei dem Herrn Himmels und der Erde schwören, dass er seinem Sohn Isaak keine Frau nehmen wolle von den Töchtern der Kananiter.

Wenn nun gleich die Patriarchen selbst kein rechtmäßiges Eheweib aus diesem Volk nahmen, so vermählten sie doch oft von ihren Angehörigen mit solchen, und darum ließ Rebekka bei ihren Zelten in Abelmehola solche Jungfrauen in Glauben und Sitten ihres Stammes unterrichten[67].

Jesus ging am 3. morgens mit den Jüngern in die Knabenschule, bei der Er gewohnt hatte. Diese Schule war jetzt eine Stiftung für aufgefundene elternlose und aus der Sklaverei losgekaufte Judenkinder männlichen und weiblichen Geschlechts. Es waren solche, die entführt und von der jüdischen Lehre entfernt erzogen worden waren. Die Knaben waren von verschiedenem Alter, die Mädchen aber noch verschiedener, so dass die Erwachsenen die Kleineren wieder lehrten. Es hatten an dieser Schule auch Pharisäer und Sadduzäer als Lehrer teil, welche später als Jesus hierherkamen.

Die Knaben hatten außer vom Propheten Elisäus heute etwas von Ijob auszurechnen und konnten gar nicht damit fertig werden. Jesus legte es ihnen aus und schrieb ihnen alles mit einigen Buchstaben auf; Er erklärte ihnen auch etwas von einem Maß, ich habe den Namen vergessen; ich meine, es war das Maß von zwei Stunden, Wegs oder Zeit. Das weiß ich nicht mehr[68].

Jesus erklärte den Knaben viel vom Buche Ijob, und zwar, weil es von einigen Rabbinern als wahre Geschichte angefochten wurde, indem die Edomiter, aus deren Volk Herodes stammte, die Juden damit aufzogen und verspotteten, als glaubten sie an die Wahrheit dieser Geschichte von einem Mann aus dem Lande Edom, den doch kein Mensch dort kenne; und es sei dieses eine bloße Fabel gewesen, um die Israeliten in der Wüste zu unterhalten. Jesus erklärte den Knaben nun die Geschichte Ijobs, wie sie wirklich geschehen war und erzählte sie zugleich in der Weise eines Propheten und Kinderlehrers, als sehe Er alles vor sich, als sei es seine eigene Geschichte, als habe Er alles gesehen und gehört, als habe Ijob sie ihm erzählt; man wusste nicht, ob Er damals mitgelebt oder ob Er ein Engel Gottes oder Gott selbst sei. Das war den Knaben nicht sehr befremdend, denn sie fühlten bald, dass Jesus ein Prophet sei, und sie wussten auch von Melchisedek, dass man nicht wusste, wer er war; ich habe leider das meiste aus Kummer und Angst vergessen, weiß aber doch noch einiges von der Lehre über Ijob.

Ijob war ein Vorfahre Abrahams, von Mutterseite im vierten Geschlechtsalter (also ein Ur-Urgroßvater von Abrahams Mutter).

Seine Geschichte und seine Gespräche mit Gott wurden weitläufig von zweien seiner treuesten Knechte, welche wie Rentmeister waren, aufgeschrieben, und zwar aus seinem Munde, wie er es ihnen selbst erzählte. Diese beiden Diener hießen Hai[69] und Uis oder Ois. Sie schrieben auf Rinden. Diese Geschichte wurde gar heilig gehalten bei seinen Nachkommen und kam von Geschlecht zu Geschlecht bis auf Abraham; auch in der Schule der Rebekka wurden drei Kananiterinnen daraus unterrichtet wegen der Unterwerfung unter die Prüfungen Gottes.

So kam diese Geschichte durch Jakob und Joseph zu den Kindern Israels nach Ägypten, und Moses fasste sie zusammen und richtete sie zum Gebrauch der Israeliten in ihrer Bedrückung in Ägypten und ihren Beschwerden in der Wüste anders ein; denn sie war viel weitläufiger, und es war vieles darin, was sie nicht verstanden und ihnen nicht gedient haben würde. Salomo arbeitete sie nochmals ganz um, ließ vieles weg und setzte vieles selbst hinzu und so wurde diese wahre Geschichte zu einem Erbauungsbuch, voll der Weisheit Ijobs, Moses' und Salomos, und man konnte schwer die eigentliche Geschichte herausfinden, denn sie war auch in Länder- und Volksnamen dem Lande Kanaan näher gebracht, wodurch man glaubte, Ijob sei ein Edomiter.

Ijob hat an verschiedenen Orten gewohnt und seine Leiden an drei verschiedenen Orten getragen. Das erstemal hatte er neun, dann sieben und dann zwölf Jahre Ruhe, und immer traf ihn das Leiden auf einer anderen Wohnstelle. Sein Vater war ein großer Stammführer; er wohnte in der Gegend eines Berges, wo es auf der einen Seite warm, auf der anderen kalt und voll Eis ist. Ijob war der jüngste unter dreizehn Brüdern; zuletzt waren einige davon bei ihm. Kurz vor seiner Zeit war die Zerstreuung des babylonischen Turmbaues. Er konnte nicht bei seinen Eltern bleiben, denn er hatte eine andere Gesinnung und betete Gott allein an in der Natur, besonders in den Sternen und dem Wechsel des Lichtes. Er redete immer von den wunderbaren Geschöpfen mit Gott und hatte einen reineren Dienst. Er zog mit den Seinigen in den nördlichen Kaukasus.

Hier war eine sehr elende Gegend und viel Moor; ich meine, es wohnt jetzt ein Volk dort mit platten Nasen, hohen Backenknochen und kleinen Augen. Hier fing Ijob zuerst an, und es gelang ihm alles. Er sammelte allerlei arme, verlassene Menschen, die in Höhlen und Büschen wohnten und nichts zu leben hatten als Vögel und andere Tiere, die sie fingen und das Fleisch roh aßen. Er bebaute mit ihnen das Land, und sie gruben selbst alles um. Ijob und seine Leute gingen damals schier ganz nackt, sie hatten nur einen kleinen Schurz um. Die Frauen waren kurios gekleidet, auf den Brüsten hatten sie etwas wie Kapseln, dann war der Leib bis zum Nabel wieder nackt. Den Unterleib und die Lenden hatten sie mit einer Bekleidung gleich Hosen bedeckt, die um die Knie weit und kraus waren; ihre Beine waren nackt. Alles das sah ich, während Jesus von diesem Volke lehrte.

Ijob gedieh alles; er wohnte in Zelten, sein Vieh mehrte sich, und es wurden ihm einmal drei Söhne, ein andermal drei Töchter zugleich geboren. Er hatte damals nur eine Frau; später hatte er drei Frauen. Er hatte hier noch keine Stadt, sondern lebte hin- und herziehend auf den Feldern. Sie aßen das Getreide nicht zu Brot gebacken, sondern als Pappe und geröstet. Das Fleisch aßen sie damals noch roh; aber er führte nachher das Kochen ein.

Er war unbeschreiblich sanft, lieb, gerecht und wohltätig und half allem armen Volk. Auch war er sehr keusch und hielt die fleischliche Lust für einen Zustand des Bußlebens, für eine Sündenstrafe.

Er war mit Gott sehr vertraut, und Gott erschien ihm oft durch einen Engel oder weißen Mann, wie sie es nannten. Er betete keine Götzen an wie die anderen Leute umher, welche sich allerlei Tierbilder machten und sie anbeteten. Er hatte sich aber ein Bild von dem allmächtigen Gott ersonnen und verfertigt. Es war die Figur eines Kindes mit Strahlen um den Kopf; die Hände hielt es untereinander und hatte in der einen Hand eine Kugel, worauf Wasserwellen und ein Schiffchen abgebildet waren; ich meine, es sollte sie Sündflut vorstellen. Diese Figur war glänzend wie von Metall, und er konnte sie überall mitnehmen. Er betete und opferte Körner davor, die er verbrannte. Der Dampf stieg wie durch einen Trichter hoch in die Höhe.

Ich habe den Gebrauch der Beschneidung nicht bei ihm bemerkt. Wenn aber die Kinder geboren waren, wurden sie eine

Zeitlang in eine Grube mit Wasser gehalten und wenn sie krank davon wurden und es nicht vertrugen, hielt man nichts auf sie und glaubte, sie seien nicht viel wert. (Vielleicht ein Brauch von der Sündflut entnommen.) Hier überkam den Ijob sein erstes Unglück. Es war immer ein Gefecht und Streiten zwischen jedem Leiden; denn er war von vielen bösartigen Stämmen umgeben, und er zog nachher mehr auf das Gebirge (den Kaukasus), wo er wieder neu anfing und ihm alles wieder gedieh. Hier fingen er und seine Leute schon an, sich mehr zu bekleiden, und sie wurden schon viel vollkommener im Leben. Hier war er sehr geachtet von einem König und begleitete eine Königsbraut nach Ägypten mit Kamelen und Leuten und blieb wohl fünf Jahre in Ägypten, wo er sehr geehrt wurde. In Ägypten steckten sie damals, glaub' ich, die Kinder in glühende Götzenbilder, und ich meine, das kam durch ihn ab; sie machten sich aber nachher ihre kuriosen Bilder von Ochsen.

Als Ijob wieder nach Hause kam, traf ihn das zweite Unglück, und als ihn das dritte traf, nach zwölf Jahren Ruhe, wohnte er mehr südlich und von Jericho aus gerade gegen Morgen. Ich glaube, es war ihm diese Gegend nach seinem zweiten Leiden gegeben worden, weil man ihn überall sehr liebte und ehrte wegen seiner großen Gerechtigkeit, Gottesfurcht und Wissenschaft.

Er hatte hier wieder von neuem angefangen. Auf einer Höhe, die fruchtbar war, liefen allerlei edle Tiere, auch Kamele, wild umher, und man fing sie da heraus wie bei uns die wilden Pferde in der Heide (Dülmener Wildpferde, Anm. d. Hrsg.).

Auf dieser Höhe baute er sich an, wurde sehr reich, baute eine Stadt, so nahm er zu. Die Stadt war auf steinernen Grundlagen, oben mit Zeltdächern; und als er wieder ganz im Flor war, überfiel ihn das dritte Leid, da er so entsetzlich krank wurde. Als er auch dieses mit großer Weisheit und Geduld überstanden hatte, wurde er wieder ganz gesund und bekam noch viele Söhne und Töchter. Ich meine, er ist auch ganz spät gestorben, als ein anderes Volk da eindrang.

Wenngleich die Geschichte von Ijob ganz verändert ist, so sind doch noch viele wirkliche Reden von Ijob darin, und ich meine, ich wollte sie alle unterscheiden. In der Geschichte von den Knechten, wie sie so schnell hintereinander kommen, ist zu bemerken, daß die Worte, «als er noch davon redete», bedeuten: als das letzte Leiden noch im Gedächtnis der Menschen war, noch nicht ganz getilgt war.

Dass der Satan vor Gott tritt mit den Kindern Gottes und den Ijob verklagt, das ist auch nur so zusammengezogen geschrieben. Es war damals viel Verkehr böser Geister mit den abgöttischen Menschen, und sie erschienen ihnen wohl in der Gestalt von weißen Männern. (Sie meint hierunter die Gestalt der Engel.) So wurden hier die bösen Nachbarn gegen Ijob aufgehetzt. Sie verleumdeten Ijob, sie sagten, er diene Gott nicht recht, er habe alles vollauf, er habe leicht gut sein. Da wollte Gott zeigen, dass Leiden oft nur Prüfungen sind.

Die Freunde, die um Ijob herum sprechen, bezeichnen die Betrachtung der ihm Befreundeten über seine Schicksale. Ijob erwartete sehnsüchtig den Erlöser und trug zum Stamm Davids bei; er verhält sich zu Abraham durch Abrahams Mutter, die aus seinen Nachkommen war, wie die Vorfahren Annas zu Maria.

### *Jesus in der Mädchenschule zu Abelmehola*

Jesus ging nachher auch in die Schule der Jungfrauen; diese hatten auch eine Zeitrechnung auf die Ankunft des Messias auszurechnen, und alle ihre Rechnungen trafen auf die jetzige Zeit. Als sie so weit waren, trat Jesus mit den Jüngern in die Schule herein, und dies machte einen sehr erschütternden Eindruck. Er lehrte nochmals über diese Stelle und legte alles viel deutlicher aus. Er sprach auch, dass der Messias schon da sei, dass Er aber nicht erkannt werde. Er sprach vom unerkannten Messias und allen seinen erfüllten Zeichen.

Von den Worten «Eine Jungfrau wird einen Sohn gebären» sprach Er verhüllt; dieses sei ihnen noch zu schwer zu verstehen. Er ermahnte sie, sich glücklich zu preisen, die Zeit erlebt zu haben, nach welcher Altväter und Propheten so lange geseufzt. Er sprach auch von den Verfolgungen und Leiden des Messias und legte ihnen Stellen davon aus. Er sagte ihnen auch eine bestimmte Zeit voraus, ich meine, bis auf das nächste Laubhüttenfest, und sagte ihnen, darauf zu achten, was da in Jericho geschehen würde. Ich meine, Er sagte mehrere Wunder und auch etwas von zu heilenden Blinden voraus.

Die Jungfrauen saßen in der Schule mit unterschlagenen Beinen, manchmal ein Knie aufgerichtet. Jede hatte ein Bänkchen neben sich, welches einen Winkel bildete. An eine Seite lehnten sie sich seitwärts, auf die breitere legten sie beim Schreiben ihre Rollen, oft standen sie auch und hörten zu.

Jesus machte ihnen auch eine Zeitrechnung vom Messias. Die Rechnung der Knaben über Ijob wurde so schwer, weil er nach den Juden ein Edomiter sein sollte und es damals noch keine gegeben hat. Er erzählte den Kindern auch von Johannes und von der Taufe und ob sie auch die Taufe wünschten. Er erzählte diesen Waisen auch Parabeln. Den Knaben sprach Er von der Bedeutung des Salzes und erzählte ihnen einzelnes vom verlorenen Sohn. Den Mädchen erzählte Er von der verlorenen Drachme. Während Jesus in der Schule vom Messias predigte, kamen auch die Pharisäerlehrer herzu und ärgerten sich sehr darüber; denn sie merkten, dass Er alles auf sich auslegte.

Er aß an diesem Tag mit den Leviten und ging am Abend mit diesen und den Kindern vor die Stadt spazieren. Die Mägdlein, von den größeren geführt, folgten nach, manchmal blieb Er stehen, bis diese herankamen, während die Knaben vorausgingen, und lehrte auch diese mit schönen Beispielen aus der Natur, welche Er von allen Dingen nahm, von Bäumen, Früchten, Blumen, Bienen, Vögeln, Sonne, Erde, Wasser, Herden und Feldarbeiten. So lehrte Er auch die Knaben unbeschreiblich schön. Ich habe das einzelne in der Störung vergessen. Er lehrte die Knaben auch von Jakob und dem Brunnen, den er hier gegraben, und wie sich nun das lebendige Wasser zu ihnen ergieße, und von dem, was es heiße, die Brunnen zu verstopfen und verschütten, wie die Feinde Abrahams und Jakobs getan. Er legte dieses aus auf jene, welche die Lehre und Wunder der Propheten unterdrücken wollen. Er legte es deutlich auf die Pharisäer aus.

Er ging mit den Kindern westlich der Höhe von Abelmehola. Etwa eine Stunde von hier mehr im Tal lag ein Ort Thabat.

4. September: Jesus ging heute morgen in die Synagoge. Alle die Pharisäer und Sadduzäer, welche im Ort waren, und viel Volk kamen herein. Er schlug Rollen auf und erklärte aus den Propheten, und sie disputierten ganz hartnäckig mit ihm. Er aber beschämte sie alle. Es war ein Mann mit lahmen Armen und Händen bis an die Tür der Synagoge gekrochen. Er hatte sich so lange gesehnt, und endlich war es ihm gelungen, dorthinzukommen, wo Jesus vorbei musste, wenn Er hinausging. Einige Pharisäer ärgerten sich über ihn und befahlen ihm wegzugehen; da er aber nicht wollte, versuchten sie, ihn wegzuschicken. Er stemmte sich nun so gut er konnte gegen die Tür und sah gar wehmütig nach Jesus, der auf erhöhtem Stande, durch die vielen Menschen getrennt, ziemlich entfernt war. Jesus aber wandte sich zu ihm und sagte: «Was verlangst du von mir?» Da erwiderte der Mann: «Herr, ich flehe, dass du mich heilst, denn du vermagst es, so du willst.» Jesus sagte zu ihm: «Dein Glaube hat dir geholfen; strecke deine Hände aus über das Volk», und in dem Augenblick war dem Mann aus der Entfernung geholfen; er streckte seine Hände empor und lobte Gott. Jesus sagte nun: «Geh nach Hause und mache kein Aufsehen!» Der Mann aber antwortete: «Herr, wie kann ich eine so große Wohltat verschweigen?», und er ging hinaus und verkündete es allen Menschen. Es kamen nun viele Kranke vor der Synagoge zusammen, welche Jesus heilte, als Er herausging.

Nachher war Er bei einer Mahlzeit mit den Pharisäern, welche ihn trotz ihres inneren Ärgers äußerlich immer mit viel Höflichkeit behandelten, um ihn auszuhorchen. Am Abend hat Er noch geheilt.

### *Jesus geht von Abelmehola nach Bezech*

5. September: Jesus war am Morgen noch in der Schule von Abelmehola. Er war zuletzt von den kleinen Mägdlein umgeben, welche dicht bei ihm standen und ihn an der Hand und den Kleidern fassten. Er war ungemein freundlich und ermahnte die Kinder zu Gehorsam und Gottesfurcht. Die Größeren standen mehr zurück. Die anwesenden Jünger waren etwas verlegen und bange;

sie wünschten, Er möge weggehen. Sie meinten nach jüdischem Empfinden, diese Vertraulichkeit mit den Kindern schicke sich nicht für einen Propheten und könne seinem Ruf schaden.

Jesus kümmerte sich nicht um sie und als Er alle Kinder belehrt, die Erwachsenen ermahnt und die Lehrer im Guten bestärkt hatte, sagte Er einem der Jünger, er solle jedem der kleineren Mägdlein ein Geschenk machen, und sie erhielten kleine Münzen, die aneinander befestigt waren, ich meine, jedes erhielt ein paar Drachmen. Er segnete nachher die Kinder insgesamt, und sie verließen den Ort in Richtung Jordan.

Unterwegs lehrte Jesus noch auf dem Felde vor einzelnen Hütten, wo sich eine Menge Feldarbeiter und Hirten versammelten. Sie kamen erst nachmittags etwa gegen vier Uhr vor Bezech an, welches etwa zwei Stunden östlich von Abelmehola am Jordan liegt. Es ist wie zwei Orte, an beiden Seiten eines Baches liegend, der in den Jordan fließt. Die Gegend ist hier hügelig und zerrissen, und die Häuser liegen etwas zerstreut. Bezech ist mehr zwei Dörfer als eine Stadt zu nennen. Die Einwohner sind hier einsam und ohne vielen Verkehr; sie sind meistens Ackerleute und ebnen ihr zerrissenes und hügeliges Gelände mit sehr vieler Mühe. Außerdem verfertigen sie Ackergeräte für den Verkauf und machen grobe Teppiche und Zeltdecken.

Etwa anderthalb Stunden von hier macht der Jordan eine Wendung gegen Abend, als wolle er gerade gegen den Ölberg hinfließen; er wendet sich aber wieder zurück, er umfasst so eine Art Halbinsel des östlichen Ufers, und ich meine, es liegt eine Stadt und eine Reihe Häuser darauf. Von Bezech mochte Ainon jenseits etwa vier Stunden sein. Jesus kehrte vor dem Ort in einer Herberge ein, welche die erste der von Bethanien aus für ihn und die Jünger eingerichteten Herbergen war, die Er auf dieser Reise berührte. Es war ein frommer, wohlgesinnter Mann hineingesetzt. Er kam den Ankommenden entgegen, wusch ihnen die Füße und bewirtete sie. Jesus ging in den Ort, wo die Vorsteher der Schule ihn auch noch auf der Straße empfingen. Er ging in verschiedene Häuser, wo Er Kranke heilte.

6. und 7. September:

Es sind jetzt wohl dreißig Jünger hier bei Jesus. Es sind mit Lazarus Jünger aus Jerusalem und der Umgegend und mehrere Jünger des Johannes gekommen. Einige kamen gerade von Machärunt mit einer Botschaft von Johannes an Jesus. Johannes ließ ihn dringend ersuchen, Er solle doch deutlich auftreten und aussprechen, dass Er der Messias sei. Das Nähere habe ich vergessen; es war nicht jene Sendung, die im Evangelium steht. Unter den Gesandten von Johannes war der Sohn eines verwitweten Kleophas. Ich meine des Kleophas von Emmaus, der mit dem Kleophas, dem Mann der ältesten Schwester Marias, verwandt ist. Ein anderer dieser Jünger war Judas Barsabas, mit Zacharias aus Hebron verwandt. Seine Eltern hatten früher in Nazaret gewohnt und wohnten jetzt in Kana.

Bei diesen Johannesjüngern fallen mir noch andere ein. Drei Söhne der Maria Heli, der älteren Schwester der heiligen Jungfrau, waren Johannesjünger; einer davon hieß Matthias oder Matthäus. Sie waren so spät nach ihrer Schwester Maria Cleophä geboren, dass sie kaum älter als deren Söhne waren. Sie folgten dem Täufer bis zu seiner Enthauptung und kamen dann zu den Jüngern Jesu. Keiner wurde Apostel.

Ihre Mutter, Marias älteste Schwester, war in dieser Zeit schon sehr alt, wie die alte Hanna; sie ging wenig aus und lebte sehr zurückgezogen. Jetzt fällt mir auch ein, wie der Sohn des Kleophas von Emmaus hieß, er hieß Azo (wahrscheinlich Asor oder Hazor). Dieser Kleophas von Emmaus war ein Neffe des anderen Kleophas, des Vaters Maria Cleophä. Die Juden gaben den Kindern oft in der Beschneidung Namen geliebter und naher Verwandter.

Die beiden Eheleute, welche hier in Bezech der Herberge vorstanden, waren fromme, gute Leute, und sie lebten nach einem Gelübde in Enthaltung, obwohl sie keine Essener waren. Sie waren heimliche, in der Heiligen Familie verschwiegene Verwandte, beiderseits aus unehelichem Ursprung. Der Mann war mit Susanna von Jerusalem verwandt, die eine uneheliche Tochter von einem Bruder des hl. Joseph war, und ich meine schier, es war gar ein Bruder dieser Susanna.

Die Frau war eine uneheliche Tochter aus der Familie Annas, ich weiß nicht, ob gar von jenem Fall her, da ich sah, dass Anna aus

Betrübnis, weil eine Person aus ihrer Familie, nämlich eine ihrer Mägde, mit einem Verwandten Joachims zu Falle gekommen, zu früh mit ihrer ältesten Tochter niederkam.

Diese Verwandtschaft der Herbergsleute mit Jesus war nur wenigen von der Familie bekannt. Die Juden suchten solche Schmach liebevoll zu bedecken; aber die Früchte solcher Vergehungen blieben doch immer untergeordnete Menschen. Jesus sprach mehrmals während seines Hierseins allein mit diesen Leuten.

Es waren zehn Jünger des Johannes hier, darunter Matthias oder Matthäus Cleophä und dessen zwei Brüder, dann Azor Cleophä von Emmaus und Judas Barsabas. Zehn andere waren mit Lazarus aus Jerusalem und Bethanien gekommen. Kleophas von Emmaus ist erst ganz in der letzten Zeit Jesu begleitender Jünger geworden. Er war aber jetzt schon dem Herrn zugetan, unterhielt sich oft mit Joseph von Arimathäa über ihn und steuerte auch von dem Seinigen zur Herberge bei. Jesus und alle anwesenden Freunde und Jünger aßen und schliefen in der neu angelegten Herberge. Es waren Geschirre, Decken, Teppiche, Lager, Scheidewände, auch Sohlen und einzelne Kleidungsstücke für sie bereit, alles durch des Lazarus und der Frauen Vorsorge.

Martha hatte nahe an der Wüste von Jericho ein Haus mit Frauen, welche allerlei hierzu bereiteten. Sie ließ manche arme Witwe und manche arme, verkommene Person, die nach Besserung strebte, dort wohnen und arbeiten, und all dies geschah still und ohne Aufsehen. Es war aber keine Kleinigkeit, so viele Herbergen für so viele Menschen zu unterhalten und in steter Übersicht zu haben und überall Boten hinzusenden oder selbst nachzusehen.

Jesus hielt am Morgen eine große, herrliche Lehre auf einem Hügel mitten im Ort, wo die Einwohner ihm einen Lehrstuhl bereitet hatten. Es waren sehr viele Menschen da, unter anderen auch etwa zehn Pharisäer, welche aus benachbarten Orten hierhergekommen waren, um seine Lehre zu belauern. Er lehrte hier sehr mild und liebevoll zum Volk, welches gutartig und durch den Besuch von Johannes' Lehre und durch die Taufe, welche viele empfangen hatten, schon sehr gebessert war. Er ermahnte sie, zufrieden bei ihrem geringen Stande zu bleiben, arbeitsam und barmherzig zu sein.

Er sprach von der Zeit der Gnade, vom Reich, dem Messias und deutlicher als sonst von sich selbst. Er sprach von Johannes und seinem Zeugnis, von dessen Gefangenschaft und Verfolgung. Er sprach auch von den königlichen Ehebrechern, die er ermahnt; deswegen sei er gefangen. In Jerusalem aber habe man die Ehebrecher, welche ihre Laster doch nicht so öffentlich getrieben, hingerichtet. Er sprach sehr deutlich und treffend. Er ermahnte jeden Stand, jedes Geschlecht und Alter insbesondere. Ein Pharisäer fragte, ob Er denn an Johannes' Stelle trete oder ob Er der sei, von dem Johannes gesprochen. Er antwortete umgehend und verwies ihm seine lauernde Frage.

Er hielt nachher noch eine sehr rührende Ermahnung an die Knaben und Mägdlein. Er ermahnte die Knaben untereinander zur Geduld und wenn ein anderer sie schlage oder nach ihnen werfe, es nicht zu erwidern, sondern es geduldig zu leiden, sich zurückzuziehen und dem Feind zu vergeben. Nichts sollten sie vergelten als die Liebe doppelt, und selbst ihren Feinden sollten sie Liebe erweisen. Sie sollten nicht nach fremdem Eigentum verlangen und wenn ein anderer Knabe gerne ihre Federn, ihr Schreibzeug, ihre Spielsachen, ihre Früchte hätte, so sollten sie ihm noch mehr geben als er wolle und seine Habsucht ganz sättigen, wenn sie die Sachen weggeben dürften; denn nur die Geduldigen, die Liebenden und Freigebigen würden einen Stuhl in seinem Reich erhalten und diesen Stuhl beschrieb Er ihnen ganz kindlich wie einen schönen Thron.

Er sprach von den Gütern der Erde, die man hingeben müsse, um die Güter des Himmels zu erlangen. Die Mädchen ermahnte Er unter anderem, sich nicht um den Vorzug und schöne Kleider zu beneiden, und alle hielt Er zu Gehorsam, Elternliebe, Milde und Gottesfurcht an.

Am Schluss der öffentlichen Lehre wandte Er sich an seine Jünger, ermahnte und tröstete sie ungemein liebevoll, alles mit ihm zu ertragen und keiner weltlichen Sorge nachzugeben. Er sagte ihnen, sein Vater im Himmel werde sie reichlich belohnen, und sie sollten das Reich mit ihm besitzen. Er sprach von der Verfolgung, die Er und sie erleiden würden, und sprach deutlich aus, wenn die Pharisäer, die Sadduzäer, die Herodianer sie lieben oder loben würden, so sollten sie daraus erkennen, dass sie von seiner Lehre abgewichen und nicht mehr seine Jünger seien. Er nannte diese Sekten mit bezeichnenden Beinamen. Er lobte aber die Einwohner hier wegen ihrer Mildtätigkeit; denn sie nahmen oft arme Waisen aus der Schule zu Abelmehola zu sich in ihre Dienste und Arbeit. Er lobte sie auch wegen einer neuen Synagoge, die sie gebaut durch Beisteuer, wozu auch fromme Leute aus Kapharnaum beigetragen hatten. Dann heilte Er noch viele Kranke und aß mit allen Jüngern in der Herberge und ging am Abend, da der Sabbat anbrach, in die Synagoge.

Jesus lehrte in der Synagoge aus Jesaja 51,12 «Ich bin euer Tröster». Er sprach gegen die Menschenfurcht: Sie sollten sich nicht vor den Pharisäern und anderen Bedrängern fürchten und sollten denken, dass Gott sie erschaffen und bis jetzt erhalten habe. Er legte die Worte «Ich lege mein Wort in deinen Mund» aus, dass Gott den Messias gesandt, dass dieser Gottes Wort im Munde seines Volkes sei und dass dieser Messias Gottes Worte spreche und dass sie sein Volk seien. Alles das deutet Er so klar auf sich, dass die Pharisäer untereinander flüsterten, Er gebe sich für den Messias aus.

Dann ermunterte Er sie, Jerusalem solle erwachen von seinem Rausch, der Grimm sei vorüber, die Gnade sei da. Keinen habe die unfruchtbare Synagoge erzeugt und geboren, der das arme Volk leite und aufrichte; jetzt aber sollten die Verderber, die Heuchler und Unterdrücker gestraft und unterdrückt werden. Jerusalem solle sich erheben, Sion aufwachen!

Alles das legte Er im geistlichen Sinne aus auf die frommen und heiligen Leute, auf die Bußetuenden, auf die, welche durch den Jordan der Taufe in das verheißene Kanaan, in das Reich seines Vaters einziehen würden. Es sollte kein Unbeschnittener noch Unreiner, keiner, welcher seine Sinne nicht gebändigt, kein Sünder mehr das Volk verderben. So lehrte Er fort von der Erlösung und dem Namen Gottes, der jetzt unter ihnen verkündet werde. Er lehrte auch aus Dtn 16 bis 18 über die Richter und die Amtsleute, über das Rechtsverdrehen und das Bestechen und traf streng auf die Pharisäer. Auch von Priestern, von Abgötterei lehrte Er. Nachher heilte Er noch viele Kranke vor der Synagoge.

7. September: Es war eine große Menge Volkes in Bezech von beiden Jordanufern her. Es wollten alle Zuhörer des Johannes nun auch Jesus hören. Sehr viele Täuflinge waren da, und eine große Karawane von Heiden von der Ostseite des Galiläischen Meeres, die nach Ainon hatte ziehen wollen, war herübergekommen, um Jesus zu hören. Sie lag in einem Lager außerhalb von Bezech. Es waren auch eine große Anzahl von Kranken und viele Besessene hier. Bezech lag nicht dicht am Jordan, sondern etwa dreiviertel Stunden davon entfernt an einem kleinen, raschen Bach, welcher den Ort in zwei Teile trennte, wovon der erste höher lag und der dem Jordan nähere niedriger.

Jesus lehrte in der Synagoge wieder aus Jesaja 51 und 52 und Dtn 16 bis 21. Er sprach von Johannes und dem Messias. Er sprach über die Kennzeichen des Messias und lehrte hier in anderer Weise als gewöhnlich; denn Er sprach es sehr deutlich aus, dass Er der Messias sei, da viele der Anwesenden durch die Lehre des Johannes schon sehr vorbereitet waren. Es floss diese Lehre aus Jesaia 52,13-15. Er sagte: Der Messias werde sie sammeln. Er werde voll Weisheit sein, erhöht und verherrlicht werden; und wie viele sich über das unter den Heiden zertretene und verwüstete Jerusalem entsetzt hätten, so werde auch sein Erlöser unter den Menschen ohne Ansehen, verfolgt und verachtet erscheinen. Er werde viele Heiden taufen und reinigen; die über ihn belehrten Könige würden über ihn schweigen, und die, denen Er nicht verkündet worden sei, würden seine Lehre vernehmen, würden ihn sehen.

Er wiederholte auch alle seine Taten und Wunder seit seiner Taufe und alle Verfolgung, die Er erlitten zu Jerusalem und zu Nazaret, die Verachtung, das Lauern und Hohnlächeln der Pharisäer. Er erwähnte das Wunder zu Kana, die geheilten Blinden, Stummen, Tauben, Lahmen, die Erweckung der Tochter des Jairus zu Phasael. Er zeigte nach der Gegend hin und sagte: «Es ist nicht sehr weit von hier; geht und fragt, ob dem nicht so ist.» Er sagte: «Ihr habt den Johannes gesehen und erkannt; er hat euch gesagt, dass er sein Vorläufer, sein Wegbereiter sei. War Johannes weichlich, zärtlich, vornehm? Oder war er wie einer aus der Wüste? Wohnte er in Palästen, aß er köstliche Speise, trug er zarte Kleider, sprach er feine, glatte Worte? Er sagte aber, dass er der

Vorläufer sei; trägt denn der Diener nicht die Kleider seines Herrn? Wird ein König, ein glänzender, mächtiger, reicher Herr, wie ihr ihn erwartet als euren Messias, einen solchen Vorläufer haben? Aber ihr habt den Erlöser und ihr wollt ihn nicht erkennen; Er ist nicht nach eurer Hoffart und weil Er nicht so ist wie ihr, so wollt ihr ihn nicht erkennen!»

Er lehrte auch noch vieles über Dtn 18,18-19. «Ich will ihnen einen Propheten erwecken aus ihren Brüdern, und wer seine Worte in meinem Namen nicht hören wird, von dem will ich Rechenschaft fordern.» Es war eine ganz gewaltige Lehre, und es wagte keiner, ihm zu widersprechen. Er sagte auch zu ihnen: «Johannes war einsam in der Wüste und ging zu niemandem. Das war euch nicht recht. Ich gehe von Ort zu Ort, lehre und heile, und das ist euch auch nicht recht. Was wollt ihr für einen Messias? Jeder will etwas anderes. Ihr seid wie die Kinder, welche auf den Straßen laufen; jedes macht sich ein anderes Instrument, darauf zu blasen, der eine ein tiefes Horn von Bast, der andere eine hohe Rohrpfeife.» Nun nannte Er allerlei Kinderspielwerk und wie jedes wolle, man solle in seinem Ton singen, und jedem gefalle nur sein Spielwerk[70].

Gegen Abend, als Jesus aus der Synagoge kam, war eine große Menge Kranker davor versammelt. Viele lagen auf Tragbetten, und es waren Zeltdächer über sie gespannt. Jesus ging, von seinen Jüngern begleitet, von einem zum anderen und heilte sie. Dazwischen waren hier und da Besessene, welche tobten und ihn anschrien. Er befreite sie, indem Er vorüberging und ihnen befahl zu schweigen. Es waren hier Lahme, Schwindsüchtige, Wassersüchtige mit Geschwüren am Hals wie Drüsen, Taube und Stumme. Er heilte sie alle einzeln mit Auflegung der Hände; doch war seine Art und Berührung verschieden.

Die Genesenen waren teils gleich ganz geheilt, nur noch etwas schwach, teils ganz erleichtert, und die Genesung folgte schnell, je nachdem die Art des Übels und das Gemüt des Kranken war. Die Geheilten gingen von dannen und sangen einen Psalm Davids. Es waren aber so viele Kranke, dass Jesus nicht ganz hindurchkommen konnte.

Die Jünger halfen ihm mit Heben, Aufrichten, Loswickeln der Kranken, und Jesus legte Andreas, Johannes und Judas Barsabas die Hände auf den Kopf, nahm ihre Hände in seine Hand und befahl ihnen, einem Teil der Kranken in seinem Namen zu tun, wie Er tue. Sie taten dies auch sogleich und heilten viele.

Hierauf begab sich Jesus mit den Jüngern zu der Herberge, wo sie eine Mahlzeit hatten, und niemand anderer war dabei. Er ließ aber einen großen Teil der Speisen, die übrig waren und die Er segnete, hinaus zu den vor Bezech lagernden armen Heiden und auch zu anderen Armen bringen. Diese Heiden-Karawanen waren von den Jüngern belehrt worden.

### *Jesus verlässt Bezech und kommt nach Ainon*

8. September: Jesus lehrte und heilte noch vor der Herberge. Das Taufvolk und die Karawane der Heiden und viele Menschen zogen nach dem Jordan, um überzusetzen. Die Überfahrt war aber anderthalb Stunden südlich von Bezech unter einer Stadt Zarthan, welche eine Stunde unter Bezech am Jordan liegt. Jenseits liegt zwischen Bezech und Zarthan ein Ort Adam. Bei diesem Zarthan blieb der Jordan stehen, als die Kinder Israels hinüberzogen; auch ließ Salomon hier einmal Gefäße gießen. Es sind noch solche Gewerbe hier, und abendlich von der Westwendung des Jordans liegt ein Bergwerk in einem Berg, der sich bis gegen Samaria zieht; sie fanden da etwas, was man bei uns Erz nennt. Jesus lehrte immer hier und da unterwegs.

Als Er gefragt wurde, ob Er nicht in Zarthan lehren wolle, sagte Er, andere bedürfen es mehr, Johannes sei oft da gewesen; sie sollten fragen, ob er dort geschmaust und weichliche Speisen gegessen habe. Es war hier eine große Fähre auf dem Jordan; unter dieser Überfuhr ist die Ausbeugung des Jordans nach Westen. Sie wanderten jenseits etwa zwei Stunden gegen Morgen an der Nordseite eines Flüsschens, das sich etwas weiter unter der Überfuhr in den Jordan ergoss. Nun überquerten sie ein Flüsschen, nächst welchem Sukkoth ihnen zur Linken lag, als sie es überschritten hatten.

Sie ruhten zwischen Sukkoth und Ainon, welche etwa vier Stunden voneinander sein mochten, unter Zelten. Jesus hatte hier, wo sie übernachteten, noch gelehrt und geheilt. Als sie über den Jordan gefahren und eine Strecke aufwärts gegangen waren, konnten sie zwischen West und Süd zurückschauend jenseits Salem liegen sehen, das ihnen das Hügelufer verdeckt hatte. Es lag etwas unter der Mitte des westlichen Ausbugs des Jordans gegenüber von Ainon.

9. September: Jesus ist erst gegen Mittag gegen Ainon gekommen. Er hat am Morgen noch gelehrt. Er wiederholte meistens seine letzte Lehre über Johannes und den Messias. In Ainon sind unzählig viele versammelt; die Leute und die Karawane von jenseits des Flusses sind noch dazugekommen. Die Heiden lagerten sich zwischen dem Hügel, worauf Ainon liegt, und dem Jordan. Es waren auch hier etwa zehn Pharisäer teils aus Ainon, teils von anderen Orten, darunter auch der Sohn des Simon von Bethanien. Es waren einige kluge und rechtschaffene Leute unter ihnen.

Ich habe hier Ainon besser gesehen als früher, wo ich von der Mittagsseite her kam, an welcher nicht viel Häuser liegen. Hier von der Nordseite des Hügels hinab liegt es als eine kleine Stadt, wie sie sich wohl an Lustschlössern anbaut. Es waren manche schöne Häuser darin.

An dieser Seite vor der Stadt war der Abfluss der Quelle des Taufbrunnens, der östlich des Hügels lag und von welcher ich früher gesagt habe, dass sie durch den Hügel hindurch in eiserne Röhren geleitet sei. Dieser Abfluss wurde gestaut und nur nach Bedarf herausgelassen. Es war dazu ein Brunnenhaus da.

Hier von dem Ort kamen die Pharisäer, darunter Simons des Aussätzigen Sohn, Jesus und den Jüngern entgegen und empfingen sie ganz freundlich und ehrenvoll, brachten sie in ein Zelt, wuschen ihnen die Füße, schüttelten ihnen die Kleider aus, und erquickten sie mit Brot und Honig in einem Becher. Jesus äußerte sich hier auch, dass rechtschaffen denkende Leute unter ihnen seien; es tat ihm jedoch leid, dass sie dieser Sekte angehörten.

Er folgte ihnen in die Stadt, wo Er gleich in einen Hof trat, in welchem eine große Menge von Kranken aller Art, fremde und einheimische, auf ihn harrten. Sie lagen teils unter Zelten, teils unter gegen den Hof zu offenen Hallen. Manche konnten noch gehen, und Jesus half ihnen, einem nach dem anderen, mit Handauflegung und Ermahnung. Die Jünger halfen ihm die Kranken herauszubringen, aufzurichten, loszuwickeln. Die Pharisäer und viele andere Leute waren zugegen. Mehrere blutflüssige Frauen standen bleich und eingehüllt entfernt, und als Jesus mit allen fertig war, ging Er auch zu diesen, legte ihnen die Hände auf und heilte sie. Es waren hier lahme, wassersüchtige, auszehrende Leute, mit Geschwüren an Hals und Leib, welche nicht unrein waren, Taube, Stumme, Kranke aller Art.

Es endete dieser Hof mit einer weiten Säulenhalle, in welcher von der Stadt her ein Eingang war, und ich sah viele Zuschauer, die Pharisäer und auch mehrere Frauen in dieser Halle. Jesus aber hatte den Pharisäern hier, weil rechtschaffene Leute unter ihnen waren und sie ihn doch teils aufrichtig und anständig empfangen hatten, einen gewissen Vorzug im Vergleich mit anderen Orten zugestanden; denn Er wollte ihrem Vorwurf begegnen, als gebe Er sich nur immer mit Zöllnern, Sündern und Bettlern ab. Er wollte ihnen zeigen, dass Er sie in allen Ehren lasse, so sie sich wohlgesinnt betrügen. Sie kümmerten sich deshalb besonders darum, die Leute in Ordnung zu halten, und Er ließ es geschehen.

## *Maria, die Suphanitin*

Ich sah nun, während Jesus heilte, zur hinteren Pforte der großen Halle eine schöne, fremdgekleidete Frau von mittlerem Alter hereintreten. Sie hatte den Kopf und die Haare mit einem dünnen Schleier umwunden, der mit Perlen durchflochten war. Ihren Oberleib bedeckte vom Hals bis zu den Hüften ein anliegendes, herzförmig endendes Mieder, das an den Seiten offen war. Diese Mieder wurden wie ein Skapulier übergehängt, um den Leib zusammengezogen und ganz straff um die Hüften mit vom Rücken hervorreichenden Riemen angeschlossen. Dieses Bruststück war um Hals und Brust mit Schnüren und Perlen verziert. Aus ihm fiel erstens ein kraus, mit tiefen Falten gefalteter Rock bis in die Mitte der Waden herab und unter diesem ein ähnlicher Rock bis in die Mitte auf die Fußknöchel.

Diese beiden Röcke waren von feiner, weißer Wolle, mit allerlei bunten, großen Blumen durchnäht. Die Ärmel waren weit und mit Armbändern umschlossen. Auf den Schultern war an die Achselverbindung des Rückenstücks und Bruststücks der obere Teil eines kurzen Mantels geheftet, der bis auf die Hüften über beide Arme fiel. Über dieser ihrer Kleidung war sie mit einer langen, wollweißen Hülle umhüllt.

Sie trat sehr traurig und bang, voll Scham und Kummer herein, und ihr bleiches Gesicht war verweint und von Trauer ganz verwirrt. Sie wollte zu Jesus. Es waren viele Menschen da, und sie konnte nicht zu ihm. Die geschäftigen Pharisäer traten ihr entgegen. Sie sagte: «Führt mich zu dem Propheten, dass Er mir meine Sünden vergebe und mich heile.» Da sagten ihr die Pharisäer: «Frau, geh nach Haus! Was willst du hier? Er wird sich nicht mit dir befassen, du bist eine Ehebrecherin.»

Als die Frau dies hörte, erblasste sie, bekam ein schreckliches Angesicht, warf sich auf die Erde hin, zerriss ihre Mantelhüllen von oben bis unten, zerraufte die Decke ihres Hauptes und schrie: «Ach, so bin ich denn verloren. Nun fassen sie mich. Sie zerreißen mich. Da sind sie», und sie zeigte und warf sich hin und her und nannte fünf Teufel, die in sie führen: den Teufel ihres Ehemannes und noch vier von vier Buhlen, mit denen sie gesündigt hatte. Es war ein schrecklicher Anblick. Einige umherstehende Frauen hoben sie auf und brachten die wehklagende, gepeinigte Frau zu ihrer Wohnung zurück. Jesus wusste das wohl, aber Er wollte die Pharisäer hier nicht beschämen, ließ dies alles geschehen und fuhr in seinem Heilen fort, denn ihre Stunde war noch nicht gekommen.

Jesus begab sich hierauf mit den Jüngern und Pharisäern vom Volke begleitet durch die Stadt hinauf auf die Höhe nach dem Lehrplatz des Johannes in die Mitte des von überwachsenen Wällen und einzelnen Gebäuden umgebenen Hügels, an welchem auch an der Seite, wo sie heraufkamen, das halbwüste Schloss lag, in dessen einem Turm Herodes bei Johannes' Lehre gewohnt hatte. Der ganze Hügelrand war schon mit harrendem Volk bedeckt, und Jesus stieg auf den Lehrhügel des Johannes, der mit einem Zeltdach, auf allen Seiten offen, überspannt war.

Er hielt eine große Lehre, in welcher Er die Barmherzigkeit Gottes mit den Menschen und insbesondere mit seinem Volk und alle Führungen und Verheißungen, die ganze Schrift durchgehend, ausführte und die Erfüllung von allem in der jetzigen Zeit nachwies. Er sprach jedoch nicht so deutlich wie zu Bezech, dass Er der Messias sei. Er sprach auch von Johannes, seiner Gefangenschaft und Arbeit, und es wurden die Scharen des Volkes abwechselnd, um ihn zu hören, ab- und zugeführt.

Er fragte auch einzelne Scharen, warum sie getauft sein wollten und warum sie bis jetzt gewartet hätten; was sie unter der Taufe verstünden. Er teilte sie auch in Klassen, welche zuerst und welche später, nach weiterer Belehrung, getauft werden sollten. Ich entsinne mich der Antwort von einer Schar der Täuflinge auf die Frage, warum sie bis jetzt geharret? Es sagte einer, weil Johannes immer gelehrt habe, dass einer komme, der größer sei als er, so hätten sie auf diesen geharrt, um noch größere Gnade zu erhalten. Hierauf hoben alle, welche derselben Meinung waren, die Hände in die Höhe und bildeten eine Gruppe, welcher dann von Jesus gewisse Lehren und Anweisungen der Vorbereitung und Taufzeit gegeben wurden.

Nachmittags etwa gegen drei Uhr war diese Lehre geschlossen, und Jesus ging mit den Jüngern und den Pharisäern vom Hügel zur Stadt hinab, wo sie ihm ein großes Mahl in einer offenen Herbergshalle bereitet hatten. Als aber Jesus in die Nähe des Festhauses kam, ging Er nicht mit hinein, sondern sagte: «Ich habe einen anderen Hunger.» Er fragte sie, obschon Er es wusste, nach dem Haus, wo die Frau wohne, die er am Morgen abgewiesen habe. Da zeigten sie ihm das Haus nahe bei dem Festhaus, und Er ließ sie stehen und ging durch den Vorhof hinein.

Ich sah schon, als Jesus nahte, die große Qual und Angst der Frau im Hause. Der Teufel, der sie in Besitz hatte, trieb sie aus einem Winkel in den anderen; sie war wie ein furchtsames Tier, das sich verkriechen will. Als Jesus durch den Hof einging und sich der Stelle nahte, wo sie war, floh sie durch einen Gang an dem Abhang des Hügels, worauf ihr Haus lag, in einen Keller, und stieg dort in ein Gefäß wie ein Fass, doch oben enger als unten, und da sie sich darin verbergen wollte, zersprang es mit großem

Geklirr. Ich meine, es war ein großes, irdenes Gefäß. Jesus aber stand still und rief: «Maria von Supha, Frau des...» (hier sprach Er den Namen ihres Mannes aus, den ich vergessen). «Ich befehle dir im Namen Gottes, komm zu mir!» Da kam die Frau, von Kopf bis zu den Füßen ganz zugewickelt, als zwänge sie der Teufel, sich noch in ihren Mantel zu verkriechen. Sie kam wie ein Hund, der Schläge erwartet, auf allen Vieren zu Jesu Füßen gekrochen. Jesus aber sagte zu ihr: «Steh auf!» Da stand sie auf, zog aber die Hülle so heftig über ihr Gesicht und um ihren Hals, als wolle sie sich mit dem Tuch erwürgen. Da sprach der Herr: «Decke dein Angesicht auf!» Da löste sie den Schleier vom Angesicht. Ihr Angesicht war ganz wüst und bang, ihre Augen niedergeschlagen und abgewendet, als zwänge sie eine innere Gewalt von Jesus weg. Jesus aber nahte sein Haupt dem ihrigen und sagte: «Schaue Mich an!», und sie tat es. Ich glaube, Er hauchte sie an, da zitterte sie. Ich sah wie einen schwarzen Dampf nach allen Seiten von ihr weichen, und sie sank vor Jesus in die Knie zusammen.

Es waren aber ihre Mägde vorher bei dem Lärm des zerspringenden Gefäßes genaht und standen in einiger Entfernung. Jesus befahl ihnen, die Frau in das Haus auf ein Ruhebett zu bringen. Jesus folgte ihr mit ein paar Jüngern, die bei ihm waren. Er fand sie in heftigen Tränen. Er nahte ihr, legte ihr die Hand auf das Haupt und sprach: «Deine Sünden sind dir vergeben!» Sie weinte entsetzlich und richtete sich auf. Es kamen ihre drei Kinder in die Stube, ein Knabe von etwa zwölf Jahren und zwei Mägdlein von etwa neun und sieben Jahren; diese hatten gelbgestickte Röckchen an mit kurzen Ärmeln. Jesus ging zu diesen Kindern, sprach mit ihnen freundlich, fragte und lehrte sie.

Die Mutter sagte: «Danket dem Propheten, Er hat mich geheilt!» Da warfen sich die Kinder vor Jesus auf die Erde; Er aber segnete sie und führte sie einzeln zu der Mutter, nach ihrem Alter, und legte ihre Hände in die der Mutter, und es schien mir, als nähme Er dadurch einen Schimpf von den Kindern, als seien es nun rechtmäßige Kinder, denn es waren Kinder, die sie im Ehebruch empfangen hatte. Jesus tröstete noch die Frau, ich meine, dass sie noch mit ihrem Manne könne ausgesöhnt werden. Er ermahnte sie, in Reue und Buße fortzufahren und gerecht zu leben. Dann ging

Er mit den Jüngern zur Mahlzeit bei den Pharisäern in der Nähe. Es war dies eine Frau aus der Gegend von Supha[71] im Moabiter Land und ein Nachkomme von Orpha[72], der Witwe Cheljons, der Schwiegertochter Noemis, welche auf das Anraten Noemis nicht mit nach Bethlehem ging, wohin Ruth, die andere Witwe ihres Sohnes Mahalon, sie begleitete.

Diese Orpha, Witwe Cheljons, des Sohnes Elimelechs von Bethlehem, heiratete in Moab wieder, und aus dieser Familie stammte Maria, die Suphanitin. Sie war eines Juden Ehefrau und reich; sie war eine Ehebrecherin und hatte nacheinander vier Buhlen gehabt, von welchen die drei Kinder waren, die sie bei sich hatte. Ihr Mann hatte sie verstoßen und die rechtmäßigen Kinder bei sich behalten. Sie wohnte hier in einem eigenen Haus in Ainon und war seit langer Zeit voller Reue und Buße; sie führte sich sehr gut und zurückgezogen auf, und andere rechtschaffene Frauen in Ainon waren ihr ganz gut. Die Lehre des Täufers gegen den Ehebruch, bei Gelegenheit des Ehebruchs Herodes', hatte sie noch mehr erschüttert. Sie war oft von fünf Teufeln besessen. Diese fuhren in sie plötzlich ein, als sie mit ihrer letzten Hoffnung zu dem Hof ging, wo Jesus heilte, und wo die Abweisung der Pharisäer, die sie in ihrer großen Kleinmütigkeit als richtig annahm, sie an den Rand der Verzweiflung brachte.

Ich sah, dass diese Frau durch ihre Abstammung von Orpha, Ruths Schwägerin, eine Berührung mit Jesu Abstammung aus David hatte, und es wurde mir gezeigt, wie dieser abgeirrte Strom, der in ihr bis zu solcher Sünde getrieben worden war, durch Jesu Gnade auch mit ihr wieder zur Reinheit kam und in die Kirche einging. Ich kann nicht sagen, wie ich das so wunderbar mit Millionen sich durchkreuzenden, feinen Würzelchen verwickelt und wieder zutage kommen sehe. Ich habe hierbei auch wieder die Geschichte der Noemi und Ruth gesehen, wovon ich nachher etwas sagen will.

Jesus kam nun in das Festhaus zu den Pharisäern und den übrigen Jüngern und lag mit ihnen zu Tisch. Sie waren etwas verärgert, dass Er an ihnen vorübergegangen und selbst die Frau aufgesucht hatte, welche sie früher vor so vielen Leute so hart abgewiesen hatten; sie sagten aber nichts davon, weil sie einen

Verweis fürchteten. Jesus behandelte sie während des Mahles noch immer mit Achtung und lehrte in manchen Vergleichen und Parabeln. Gegen die Mitte des Mahles kamen die drei Kinder der Suphanitin in ihren Feierkleidern herein. Das eine Töchterlein trug ein weißes Krüglein mit wohlriechendem Wasser, das andere ein ähnliches mit Nardenöl; der Knabe hatte auch ein Gefäß. Sie traten in den Saal an die offene Seite des Tisches, warfen sich vor Jesus nieder und stellten die Geschenke vor ihm auf die Tafel. Es folgte ihnen aber Maria selbst mit ihren Mägden und wagte nicht hervorzutreten. Sie war verschleiert und trug eine Schale von schimmerndem, bunt in sich marmoriertem Glas, in welcher, von aufrechtstehenden, feinen, lebendigen Kräutern umgeben, allerhand ganz feine, teuere Gewürze lagen; ihre Kinder hatten auch solche kleinere Schalen niedergesetzt.

Die Pharisäer schauten verdrießlich zu der Frau und den Kindern hin. Jesus aber sagte zu der Frau: «Tritt näher, Maria!», und sie trat demütig hinter ihn, und ihre Kinder, denen sie es gab, setzten ihr Geschenk zu den anderen auf die Tafel. Jesus dankte ihr. Die Pharisäer murrten wie später bei Magdalenas Geschenk. Sie meinten, dies sei eine große Verschwendung und sei ganz gegen die Mäßigkeit und gegen die Armut. Sie wollten aber nur etwas gegen die arme Frau einzuwenden haben. Jesus redete mit dieser sehr freundlich und auch mit den Kindern, schenkte diesen einige Früchte, womit sie weggingen.

Die Suphanitin stand immer noch verschleiert demütig hinter Jesus, und dieser sagte zu den Pharisäern: «Alle Gaben kommen von Gott. Für Köstliches gebe ich als Dank das Köstlichste, was ich habe; das ist keine Verschwendung; die Leute, welche diese Gewürze sammeln und bereiten, müssen auch leben.» Er befahl aber einem der Jünger, den Wert davon unter die Armen zu verteilen. Er sprach nachher noch einiges über die Bekehrung und Reue dieser Frau und stellte ihre Ehre vor allen wieder her, forderte auch die Einwohner auf, ihr mit Liebe zu begegnen. Die Frau sprach kein Wort. Sie weinte immer still unter ihrem Schleier, warf sich dann schweigend vor Jesus nieder und verließ den Speisesaal.

Jesus lehrte noch allerlei tiefe Dinge über den Ehebruch. Wer sich denn rein fühle unter ihnen vom geistlichen Ehebruch. Er sagte, dass Johannes den Herodes nicht bekehrt habe, aber diese habe sich bekehrt. Er sprach vom verlorenen und wiedergefundenen Schaf und dergleichen. Er hatte die Frau auch zu Hause schon getröstet: «Es sollen gute Kinder aus deinen Kindern werden», und Er hatte ihr Hoffnung gemacht, dass sie zu den Frauen bei Martha kommen solle, um für die Pflege zu arbeiten. Nach der Mahlzeit sah ich die Jünger noch vieles den Armen austeilen. Jesus aber begab sich noch an der Westseite des Hügels von Ainon hinab, wo das Lager der Heiden in einiger Entfernung lag; es war, meine ich, auch eine Zeltherberge an dieser Seite. Er lehrte auch noch die Heiden. Ainon lag im Lande des Herodes, aber es gehörte wie ein Gut, das über der Grenze liegt, dem Tetrarchen Philippus. Doch waren wieder mehrere Soldaten des Herodes da, um zu lauern.

Bei der Geschichte der Maria von Supha sah ich ihre ganze Abstammung von Orpha, der Witwe Cheljons, des Sohnes der Noemi. (Anna Katharina Emmerick hat das Buch Ruth nie gelesen und erzählt die Geschichte schier ganz so. Was sie mehr erzählt, ist folgendes:) Noemi war eine Schwester oder Schwestertochter der Hanna, Mutter der Sara, der Frau des jungen Tobias, und ich glaube, Elimelech hat sie in der Gefangenschaft geheiratet. Ruth wollte nicht von der aus Moab zurückkehrenden Noemi weichen und auf dem Wege, da sie ihr sagte: «Dein Volk ist mein Volk» und Noemi ihr noch Vorstellungen machte, sagte ihr Ruth, dass sie sicher sei, sie müsse in Israel bleiben; denn sie sei mit einem Zeichen auf der Brust geboren und wisse von ihrem Mann, dass dieses ein heiliges Zeichen in Israel sei.

Da öffnete sie ihr Kleid und zeigte Noemi ein Mal an ihrer Brust, ich meine, wie einen Buchstaben. Noemi umarmte sie und nahm sie mit. Ruth war schön, schlank und behend und gar lieblich und demütig. Die Ähren, welche sie bei Booz sammelte, waren Weizen mit dickem Stengel, und die Ähren waren über eine Hand lang. Booz schlief unter einem Zelt bei Weizenhaufen. Sie sagte auch die Zeit der Ernte, der Schreiber vergaß sie. (Das ist der kleine Rest von einem ausführlichen Bild.)

# SECHZEHNTES KAPITEL

## *Jesus auf dem östlichen Jordanufer*

*Vom 10. bis 30. September 1822*

### *Jesus in Ramoth-Galaad*

10. September: Jesus ist heute mit etwa zwölf Jüngern an das Flüsschen Jabok und die nahe liegenden Orte gezogen. Unter seinen Begleitern waren die drei ihm verwandten Johannesjünger, deren einer Matthias hieß und schon älter als Jesus war. Zu Ainon waren Andreas, Jakobus, Johannes und mehrere andere zurückgeblieben; sie tauften am Taufteich. Er lag östlich von dem Hügel. Das Wasser kam aus dem Hügel in den Taufteich, füllte einen kleinen See dahinter, wässerte dann einige Wiesen als ein Bächlein und war an der Nordseite von Ainon wieder in einen Brunnen gefasst, von welchem man es in den Jordan abfließen lassen konnte. Ich sah Jesus mit den Jüngern etwa eine Stunde östlich von Sukkoth an der Mittagsseite des Jabok in einer Stadt, deren Namen ich nicht genau weiß, lehren. Es waren viele Kranke dort, die Er heilte. Es war ein Mann dabei, der seit seiner Geburt das eine Auge geschlossen hatte. Jesus benetzte es mit seinem Speichel, es öffnete sich, und der Mann war sehend. Im Namen der Stadt meine ich die Klänge Ca und On gehört zu haben, ich weiß es aber nicht genau (vielleicht Kamon?).

Jesus ging von hier über den Jabok, der im Tal fließt, und wandte sich östlich bis vor Mahanaim, einer reinlichen Stadt, in zwei

Teilen liegend. Er setzte sich vor dem Ort an den Brunnen, und es kamen bald die Synagogenvorsteher und andere Älteste der Stadt heraus mit Wasserbecken, Speise und Trank. Sie bewillkommneten ihn, wuschen ihm und den Jüngern die Füße und gossen ihm auch Salbe auf das Haupt. Sie gaben ihm und den anderen einen Bissen und Trunk und führten ihn mit großer Liebe und Einfalt in die Stadt. Jesus hielt eine kurze Lehre vom Erzvater Jakob, was dieser hier in der Gegend alles erlebt habe. Die Leute hier waren meistens von Johannes getauft. Es herrschte eine patriarchalische Einfalt und viele alte Sitten in allen Orten umher. Jesus verweilte nicht lange hier, es war nur eine Ehrenbezeugung auf dem Durchzug.

Er zog von Mahanaim am Nordufer des Jabok noch etwa eine Stunde östlich, wo die Stelle war, wo Jakob und Esau zusammenkamen. Das Tal machte hier eine Bucht. Er lehrte seine Jünger über alle diese Wege. Nach einer Weile gingen sie wieder über den Jabok und auf dessen mittägliches Ufer, nicht weit unter der Vereinigung zweier Flüsschen zum Jabok. Dann wanderten sie etwa noch eine Meile östlich, sie hatten die Wüste Ephraim zur rechten Hand.

Hier gegen Osten des Waldes Ephraim auf einem Bergrücken über dem Tale liegt Ramoth-Galaad, eine schöne, regelmäßig und reinlich erbaute Stadt, in welcher auch Heiden einige Straßen und einen Tempel hatten. Es versahen hier Leviten den Gottesdienst. Ein Jünger war vorausgegangen, Jesu Ankunft zu melden, und die Leviten und andere angesehene Leute erwarteten ihn schon in einem Zelt vor der Stadt bei einem Brunnen. Sie wuschen den Ankommenden hier die Füße und gaben ihnen einen Imbiss und Trunk und geleiteten sie in die Stadt, wo schon sehr viele Kranke auf einem Platz versammelt waren, welche Jesus um Hilfe anflehten. Er heilte viele. Als der Abend anbrach, lehrte Er auch noch in der Synagoge; denn es war dies der Sabbat vom Opferfest der Tochter Jephtes, welches in dieser Stadt ein Trauer- und Volksfest war. Es waren besonders viele Jungfrauen und auch andere Leute aus der Gegend hier. Was ich mich von der Lehre noch erinnere, will ich morgen sagen.

Jesus und die Jünger hatten eine Mahlzeit bei den Leviten und übernachteten in einem Haus bei der Synagoge. Hier in der Gegend waren keine angelegten Herbergen für ihn, aber in Ainon, Kamon und Mahanaim waren die Herbergen voraus gemietet und die Anzahl der Gäste bestimmt. Ramoth liegt auf einer Bergterrasse auf einem Hügel, und hinter diesem Hügel in einem kleinen Tal vor einer steilen Felswand liegt der Teil der Stadt, den die Heiden bewohnen. Sie haben einen Tempel. Man kann ihre Häuser immer an den Figuren erkennen, welche auf den Dächern stehen. Auf dem Tempeldach stand eine Anzahl Figuren. In der Mitte war eine gekrönte Figur, welche ein Becken in der Hand trug und selbst in einem Becken oder über Quellen stand; mehrere Kinderfiguren um sie her schöpften und gossen sich einander zu, und zuletzt floss das Wasser in das Becken der Mittelfigur.

Alle die Städte hier herum sind reinlicher und schöner als die alten Judenstädte gebaut. Alle Straßen sind sternförmig, nach einem Mittelpunkt laufend gebaut, und die Ecken sind rund, so zickzack laufen auch die Stadtmauern. Es war sonst hier eine Freistätte für Verbrecher[73]. Es ist auch ein großes, abgelegenes Gebäude da, wo sie sonst wohnen mussten; es ist aber verfallen und scheint nicht mehr recht im Gebrauch. Man macht hier Decken und stickt allerlei Blumen und Tiere hinein, teils zum Handel, teils Gewebe für den Tempel. Ich sah viele Frauen und Jungfrauen in langen Zelthäusern darin arbeiten. Die Leute sind hier mehr nach der Altväter Art gekleidet. Sie sind sehr reinlich. Ihre Kleider sind von feiner Wolle, ich meine auch seidene gesehen zu haben.

### *Fest der Tochter Jephtes*

11. September: Jesus wohnte heute einem großen Gedächtnisfest des Opfers der Tochter Jephtes bei. Er zog nebst seinen Jüngern mit den Leviten vor die Ostseite der Stadt auf einen schönen Platz im Freien, wo alle Anstalten zum Fest getroffen waren. Es war da alles Volk von Ramoth-Galaad in weiten Kreisen versammelt. Hier stand noch der Hügel mit dem Altar, worauf die Tochter Jephtes geopfert worden war, und diesem gegenüber war ein Halbkreis von Rasensitzen für die Jungfrauen und auch

Sitze für die Leviten und Richter der Stadt. Alles zog in einem langen, ordentlichen Zuge zu der Stelle hinaus. Alle Jungfrauen von Ramoth und viele von anderen Städten umher waren auf dem Fest und hatten Trauerkleider an. Eine Jungfrau stellte, weiß gekleidet und verschleiert, die Tochter Jephtes selbst vor. Eine Schar anderer Jungfrauen war ganz dunkel gekleidet. Sie hatten das Kinn verhüllt und an einem Vorderarm schwarz gefranste Riemen niederhängen. Sie stellten die klagenden Gespielinnen der Jephtes vor. Es gingen Blumen streuende Mägdlein vor dem Zug, und einige bliesen auf kleinen Flöten gar betrüblich; auch drei Lämmer wurden hinausgeführt.

Es war hier in großer Ordnung ein sehr rührendes und langes Fest mit allerlei Gebräuchen, Lehren und Gesängen, worunter teils Handlungen jenes traurigen Opfers vorgestellt, teils Gedächtnisgesänge und Psalmen gesungen wurden. Die Vorsteherin der Jephtias wurde in Chören von den Gespielinnen getröstet und beklagt; sie selbst verlangte nach ihrem Tode. Es wurde unter den Leviten auch in einigen Chören wie ein Rat über sie gehalten. Sie selbst trat herzu und sprach gewisse Reden, worin sie die Erfüllung des Gelübdes verlangte. Man hatte geschriebene Rollen bei allen diesen Handlungen, die man teils auswendig wusste, teils ablas.

Jesus aber nahm an diesem Fest lebhaften Anteil. Er stellte selbst den obersten Richter oder Priester dar und sagte teils einige übliche Reden, teils hielt Er vor, mitten und in dem Feste lange Lehren. Es wurden zum Gedächtnis der Jephtias drei Lämmer geopfert, das Blut um den Altar gesprengt und das gebratene Fleisch den Armen gegeben. Jesus belehrte auch die Mägdlein über die Eitelkeit, und ich meine, das kam dabei heraus, ich fühlte es wenigsten so, Jephtias hätte vom Tode freigesprochen werden können, wenn sie nicht so eitel gewesen wäre.

Das Fest dauerte bis nachmittags. Die Mägdlein wechselten die Rolle der Jephtes das ganze Fest durch ab; bald diese, bald jene setzte sich auf den Steinstuhl in die Mitte des Kreises, darauf wechselte sie mit der vorigen Jephtes unter einem Zelt das Kleid. Sie waren damals noch gekleidet wie die Jephtes beim Opfer.

Das Grabmal derselben stand noch da auf einem Hügel und die Opferstelle der Lämmer daneben. Das Grabmal war ein viereckiger Sarkophag, oben konnte man ihn öffnen. Als das Fett und die Opferstücke der Lämmer verbrannt waren, wurde der Rest mit der Asche und einigen Überbleibseln zum nahen Grabmal getragen und schief gegen die Öffnung gehalten, so dass die Asche und die Reste in das Grab hinabfielen. Als die Lämmer geschlachtet wurden, sah ich das Blut um den Altar sprengen und dass die Jungfrauen einen Tropfen auf den Zipfel des langen schmalen Schleiertuches empfingen, das sie über den Schultern hängen hatten.

Jesus sprach eine Lehre: «Jephtias, du hättest zu Hause Gott danken sollen für den Sieg, den Er dem Volke gegeben, aber du zogst eitel den Ruhm einer Heldentochter suchend mit eitlem Putz und großem Festgeräusch hinaus, vor den Töchtern des Landes prahlend.» (Auf diese Art war die Lehre.) Als die Festzeremonien zu Ende waren, zogen sie in einen nahegelegenen Lustgarten, wo Lauben und Zelte waren; hier war eine Mahlzeit bereitet.

Jesus nahm daran teil und setzte sich an einen Tisch, an welchem die Armen gespeist wurden. Er erzählte auch eine Parabel. Da es aber immer die bekannten sind, vergesse ich sie meist, weil ich nicht mehr weiß, ob diese oder jene. Die Jungfrauen speisten in demselben Zelt, aber abgesondert durch eine halbmannshohe Scheidewand. Wenn man zu Tische lag, sah man einander nicht, aber stehend konnte man sich sehen.

Nach dem Mahl ging Jesus mit den Jüngern und den Leviten und vielen anderen zur Stadt. Es harrten seiner viele Kranke, die Er heilte, auch Schwermütige und Mondsüchtige. Er lehrte auch noch in der Synagoge. Er sprach viel von Jakob und auch von Joseph und dessen Verkauftwerden an die Ägypter und sagte, dass einst ein anderer um dieselbe Summe von seinen Brüdern werde verkauft werden; auch dieser werde die reuigen Brüder aufnehmen und sie in der Hungersnot mit Brot des ewigen Lebens erquicken.

Da erfuhr ich, dass Josef um dreißig Silberlinge verkauft worden war. Es sprachen an diesem Abend auch noch einige Heiden aus der Stadt ganz demütig mit den Jüngern, ob sie wohl auch einen Teil an dem großen Propheten haben könnten, und diese meldeten es Jesus, der ihnen versprach, morgen zu ihnen zu kommen.

Jephte war als Bastard von einer heidnischen Mutter durch die rechtmäßigen Kinder seines Vaters aus Ramoth, das auch Mizpa heißt, vertrieben und lebte dann in dem nahen Lande Tob mit anderem Kriegsgesindel von Freibeuterei. Er hatte von seiner verstorbenen Frau, welche auch ein heidnischer Bastard gewesen war, eine einzige Tochter, die schön, fein gestaltet, außerordentlich klug und auch ziemlich eitel war. Jephte war ein sehr rascher, gewaltiger, fester Mann von einer großen Siegesbegierde und hielt streng auf sein Wort. Er war wie ein heidnischer Kriegsheld, obwohl er ein Jude war. Er war ein Werkzeug in der Hand Gottes. Voll Begierde zu siegen und das Haupt des Landes zu sein, aus dem er vertrieben worden war, tat er das feierliche Gelübde, dem Herrn als Brandopfer das zu opfern, was ihm nach dem Sieg zuerst aus seinem Haus entgegenkommen werde. Seine einzige Tochter erwartete er wohl nicht, die anderen aus seinem Hause liebte er wohl nicht besonders.

Das Gelübde gefiel Gott gar nicht, aber Er ließ es zu, und die Erfüllung musste durch eine Fügung ihn selbst und seine Tochter strafen und seine Nachfolge in Israel unmöglich machen. Seine Tochter wäre vielleicht durch den Sieg und die Erhebung des Vaters sehr bösartig geworden; jetzt büßte sie zwei Monate und starb für Gott und mochte auch ihren Vater zur Besinnung bringen und frömmer machen. Die Tochter kam mit einem großen Zug Jungfrauen mit Gesang, Flöten und Pauken ihrem Vater wohl schon über eine Stunde Wegs von der Stadt entgegen, noch ehe er jemand anderen gesehen hatte.

Als Jephtes ihr Unglück erfahren hatte, ging sie recht schön in sich und verlangte, zwei Monate vor dem Opfer mit ihren Gespielinnen in die Einsamkeit zu gehen, um ihren Tod als Jungfrau zu beweinen, so dass ihr Vater keine Nachkommen sollte in Israel haben, auch um sich durch Buße zu ihrem Opfertode zu bereiten. Sie zog mit mehreren Jungfrauen über das Tal von Ramoth in das Gebirge gegenüber und lebte da zwei Monate in Zelten unter Gebet und Fasten in Bußkleidern. Die Mägdlein von Ramoth wechselten bei ihr ab. Sie beweinte besonders ihre Eitelkeit und Ruhmsucht.

Ich habe auch gesehen, dass ein Rat und Gericht über sie gehalten wurde, ob sie von dem Tode könne befreit werden; es war aber nicht möglich, denn sie war vom Vater mit einem heiligen Schwur verlobt worden, war daher ein Opfer, das auf keine Weise eingelöst werden konnte.

Ich sah auch, dass sie die Erfüllung selbst verlangte und mit großer Klugheit und Rührung sprach. Ich habe auch ihren Opfertod gesehen und erinnere mich noch an einiges davon. Er war von großer Trauer begleitet, ihre Gespielinnen sangen Klagelieder. Sie saß an demselben Ort, wo sie am Feste vorgestellt wurde. Auch hier wurde nochmals ein Rat gehalten, ob sie ausgelöst werden könne; doch sie trat abermals hervor und verlangte zu sterben, wie es auch bei der Festzeremonie geschah. Sie war in ein weißestes Gewand gekleidet, von der Brust bis zu den Füßen ganz umwickelt, vom Kopf aber bis auf die Brust nur mit dünnem, durchsichtigem, weißem Stoffe verschleiert, so dass man ihr Angesicht, ihre Schultern und den Hals durchschimmern sah. Sie trat selbst vor den Altar. Ihr Vater nahm nicht Abschied von ihr und verließ den Opferplatz. Sie trank aus einer Schale; ich weiß nicht, welchen roten Trank, ich glaube, um bewusstlos zu werden.

Einer von den Kriegsleuten Jephtes musste sie töten. Es wurden ihm die Augen verbunden, warum, weiß ich nicht, sei es, um ihre Blöße nicht zu sehen oder nicht verwirrt zu werden oder als eine Zeremonie, dass er nicht ihr Mörder sei, dass er nicht gesehen hatte, als er sie tötete. Sie wurde in seinen linken Arm gelegt. Er setzte ein spitziges, kurzes Eisen auf ihren Hals an der Seite und stach ihr die Kehle durch. Nachdem sie den roten Trank getrunken, war sie wie ohnmächtig, und da fasste sie der Kriegsmann an.

Zwei ihrer Gespielinnen, die wie ihre Brautführerinnen waren, auch in weißer Kleidung, fingen das Blut in einer Schale auf und gossen es auf den Altar. Sie wurde nachher von den Jungfrauen eingewickelt und der Länge nach auf den Altar gelegt, dessen Oberfläche ein Rost war. Das Feuer wurde darunter angezündet und als ihre Gewänder verkohlt und alles wie ein schwarzer Haufen aussah, jedoch sie noch keineswegs verbrannt war, nahmen Männer die Leiche mitsamt dem Rost und hoben denselben auf den Rand des nebenstehenden, offenen Grabmals und ließen, den

Rost schief haltend, die Leiche hinabgleiten, worauf das Grab geschlossen wurde. Dieses Grab stand noch zu Jesu Zeiten.

Die Gespielinnen der Jephtes und viele Anwesende hatten ihre Schleier und Tücher mit ihrem Blut bezeichnet. Auch von der Asche des Opferfeuers wurde gesammelt. Ehe sie in der Opferkleidung hervortrat, wurde sie von ihren Begleiterinnen unter einem Zelt gebadet und so geschmückt herausgebracht.

Es war wohl über zwei Stunden Wegs im Gebirge gegen Norden von Ramoth, wo Jephtes ihrem Vater mit ihren Gespielinnen entgegengekommen war. Sie ritten auf kleinen Eseln, die mit Bändern geschmückt und mit vielen klingenden Schellen behangen waren. Eine ritt vor Jephtes und zwei an ihrer Seite, dann folgten die anderen mit Sang und Klang. Sie sangen das Lied des Moses über den Untergang der Ägypter. Als Jepthe seine Tochter erblickte, zerriss er seine Kleider und war trostlos. Jephtes war nicht so traurig; sie war still, als sie ihr Schicksal hörte.

Als sie zur Wüste gingen mit den Gespielinnen, welche auch Nahrungsmittel mitnahmen, soviel zum Fasten gehörte, sprach ihr Vater das letzte Mal mit ihr, es war dies gewissermaßen schon der Anfang des Opfers; denn damals legte er ihr die Hand, wie man den Schlachtopfern tut, auf das Haupt und sprach die einfachen Worte: «Gehe hin, du wirst keinen Mann haben», und sie antwortete: «Nein, ich werde keinen Mann haben.» Nachher sprach er nicht mehr mit ihr. Nach ihrem Tode ließ er ihr und seinem Sieg ein schönes Denkmal in Ramoth errichten und einen kleinen Tempel darüber bauen und ordnete eine Gedächtnisfeier jährlich am Opfertage an, um das Andenken seines traurigen Gelübdes zu wahren und für alle Verwegenen zu erhalten (Ri 11,39.40).

Jephtes Mutter war eine Heidin, die Jüdin geworden war; seine Frau war die Tochter eines aus Heiden und Juden unehelich geborenen Mannes. Seine Tochter war bei seiner Vertreibung nicht mit ihm im Lande Tob gewesen, sondern die ganze Zeit in Ramoth geblieben, wo ihre Mutter indessen starb. Jephte war nach seiner Berufung aus Tob durch seine Landsleute noch nicht in seiner Geburtsstadt gewesen. Im Lager vor Mizpa hatte er alles verabredet und gleich Volk gesammelt. Er hatte sein Haus und seine Tochter noch nicht gesehen. Da er das Gelübde tat, dachte er nicht an sie, sondern an die anderen Verwandten, die ihn verstoßen hatten, und darum strafte ihn Gott. Vier Tage lang dauerte das Fest noch, auf dem Jesus jetzt hier war.

*Jesus lehrt die Heiden*

12. September: Heute ganz früh sah ich Jesus mit seinen Jüngern in das Quartier der Heiden in Ramoth gehen, welche ihn mit großer Ehrerbietung am Eingang ihrer Straße empfingen. Er ging nicht weit von ihrem Tempel an einen Lehrplatz, den sie hatten, und es wurden mehrere kranke und alte Leute gebracht, welche Er heilte.

Jene, welche ihn hatten rufen lassen, schienen Gelehrte, Priester und Philosophen zu sein. Sie wussten auch vom Zuge der Könige und wie sie die Geburt des Königs der Juden aus den Sternen gesehen, denn sie waren von einem verwandten Glauben und hatten auch mit den Sternen zu tun. Nicht weit von hier war ein solches Gerüst, wie ich es im Lande der Heiligen Drei Könige gesehen habe auf einem Hügel, auf welchem sie nach den Sternen sahen. Sie hatten sich lange nach Belehrung gesehnt und empfingen sie nun von Jesus selbst.

Er sprach ganz tiefsinnige Lehren vor ihnen aus, von der Heiligsten Dreifaltigkeit, und ich hörte auch die Worte, die mir besonders auffielen: Drei sind, die Zeugnis geben, das Wasser, das Blut und der Geist, und diese sind in eins beisammen. Er sprach auch vom Sündenfall, vom verheißenen Erlöser und vieles von der Führung der Menschen, von der Sündflut, dem Zug durchs Rote Meer und den Jordan und von der Taufe. Er sagte ihnen, dass die Juden das Gelobte Land nicht ganz eingenommen hätten, dass viele Heiden darin übrig geblieben und dass Er nun komme, das einzunehmen, was sie übrig gelassen, und es seinem Reiche einzuverleiben, aber nicht mit dem Schwert, sondern mit der Liebe und Gnade. Er rührte viele ganz ungemein und sandte sie nach Ainon zur Taufe. Sieben alten Männern aber, welche nicht mehr dorthin gehen konnten, ließ er hier von zwei Jüngern die Taufe geben. Es wurde ein Becken gebracht und vor sie gestellt. Sie selbst traten in eine Badezisterne, welche hier nahe war, so dass sie bis an die Knie im Wasser standen; über das Wasserbecken wurde ein Geländer gestellt, worauf sie sich lehnten. Zwei Jünger legten den Täuflingen die Hände auf die Schulter, und Matthias, der Johannesjünger (ältester der drei Söhne der Maria Heli, der älteren Schwester der heiligen Jungfrau Maria und Vetter Jesu), goss ihnen nach der Reihe das Wasser aus einer Schale, woran ein Stiel war, über den Kopf. Jesus sprach den Jüngern die Taufformel vor, die sie bei der Taufe sprechen sollten; ich weiß sie aber nicht mehr genau.

Die Leute waren alle sehr reinlich, schön weiß gekleidet. Jesus lehrte das Volk noch im allgemeinen von der Keuschheit und der Ehe; die Frauen lehrte Er besonders vom Gehorsam, der Demut und der Kindererziehung. Die Leute waren sehr gut und begleiteten ihn mit großer Liebe zurück. Als Jesus gegen neun Uhr in die Judenstadt zurückkehrte, heilte Er noch vor der Synagoge. Die Leviten hatten es nicht gern gesehen, dass Er bei den Heiden gewesen war, und Er lehrte auch in der Synagoge, wo heute das Jephte-Fest noch fortgesetzt wurde, von der Berufung der Heiden und dass viele von den Kindern Israels in seinem Reiche sitzen würden und dass Er gekommen sei, die Heiden, welche die Israeliten nicht bezwungen hätten, mit dem Gelobten Land durch die Gnade, Lehre und Taufe zu vereinigen. Er lehrte auch vom Sieg und Gelübde Jephtias.

### *Monument der Tochter Jephtes*

Während Jesus in der Synagoge lehrte, feierten die Jungfrauen ihr Fest bei dem Monument, das Jephte seiner Tochter errichtet hatte und das später erneuert und durch viele Beiträge von Schmuck der Jungfrauen an den jährlichen Festen verschönert worden ist. Dieses Denkmal steht in einem runden Tempel, dessen Decke eine Öffnung hat. In der Mitte dieses Tempels steht ein kleineres, rundes Tempelchen, aus offenen Säulen bestehend, welche eine Art Kuppel tragen, zu der eine Treppe hinaufführt, welche in einer der Säulen verborgen ist. Um die Kuppel herum windet sich aufsteigend eine Bahn, der die Vorstellung des Triumphzuges von Jephtias in kindeshohen Figuren zur Seite läuft. Dieses Bildwerk ist von dünner Masse, schimmernd wie von Metallplatten; es ist durchbrochen, so dass die Figuren hinab in das Tempelchen schauen.

Oben angelangt, steht man auf einer runden Metallplatte, von deren Mitte eine Stange mit Sprossen durch die Öffnung des Tempeldaches hinausreicht, so dass man an ihr durch die Öffnung hinaussteigend die Stadt und Gegend übersieht. Die Platte war um die Stange so geräumig, dass zwei Jungfrauen Hand in Hand, wenn eine an der Stange fasste, um sie im Kreise herumgehen konnten. In der Mitte dieses Tempelchens befand sich auf einem Postament die sitzende Figur der Tochter Jephtes von weißem Marmor, auf einem ähnlichen Stuhl, wie sie vor dem Opfer gesessen. Ihr Kopf reichte schon in die erste Windung der schneckenförmigen Kuppel. Rings um die Figur war so viel Raum, dass wohl drei Menschen nebeneinander vorüber konnten.

Die Säulen des Tempelchens waren durch schöne Gitter verbunden. Das Äußere war von buntem, geadertem Stein in verschiedenen Farben, die Wandelbahn um die Kuppel wurde mit jeder Windung weißer. Im Tempel um dieses Monument feierten die Jungfrauen heute das Fest der Jephtes, deren Bildsäule die eine Hand mit einem Tuch gegen die Augen hält, als weine sie; die andere Hand ist niedergesenkt und hält etwas wie einen abgebrochenen Zweig oder eine Blume. Auch heute war die Feier bei den Jungfrauen ganz geordnet. Bald spannten sie Vorhänge vom Umkreis des Tempels nach dem Monument und saßen, in einzelnen kleinen Versammlungen voneinander abgesondert in stillen Gebeten und seufzten und klagten in mehreren Einsamkeiten, deren jede das Bild in der Mitte vor sich sah; bald stimmten sie Chöre, bald Wechselgesänge an.

Dann traten sie wieder paarweise ins Innere zu dem Bild, streuten Blumen, schmückten es mit Kränzen und sangen Trostlieder von der Vergänglichkeit des Lebens. Ich erinnere mich des Ausdruckes «heute mir, morgen dir». Dann lobten sie ihre Seelenstärke und ihre Ergebung und priesen sie hoch als den Preis des Sieges;

dann zogen sie wieder in Scharen auf der Wandelbahn zu der Spitze des Monuments und sangen Siegeslieder. Einzelne stiegen die Stange hinauf, schauten hinaus nach dem Sieger und sprachen das fürchterliche Gelübde aus.

Dann kehrte der Zug wehklagend wieder hinab an das Monument und beklagte und tröstete die Jungfrau, dass sie ohne Mann sterben müsse, und alles war mit Dankliedern zu Gott und Betrachtungen von Gottes Gerechtigkeit durchflochten. Es waren viele rührende Gebärden bei dem ganzen Spiele und alles mit Lust und Trauer und Andacht schön abwechselnd. Es wurde auch eine Mahlzeit in dem Tempel gehalten, und ich sah die Jungfrauen nicht an einem Tisch liegen, sondern sie saßen auf treppenförmigen Gestellen mit unterschlagenen Beinen immer drei übereinander im Kreise des Tempels und hatten kleine, runde Tischchen neben sich. Sie hatten allerlei wunderliche Gerichte und figurierte Speisen. Zum Beispiel erinnere ich mich der Figur eines Lammes von einer essbaren Masse, das auf dem Rücken lag und aus seinem Leibe aßen sie Grünes und andere Speisen heraus.

### *Jesus verlässt Ramoth und geht nach Arga*

12. bis 15. September:

Jesus ging heute, nachdem Er einer Mahlzeit der Leviten beigewohnt, mit sieben Jüngern und einigen Leuten aus Ramoth mitternachtwärts über den Jabok und dann das Gebirge ansteigend etwa drei Stunden westlich in das ehemalige Königreich Basan auf eine Stadt zu, welche in der Mitte von zwei Spitzen und einem langen Berg lag. Sie heißt Arga und gehört in den Distrikt Argob in Halb-Manasse. Anderthalb oder zwei Stunden gegen Morgen von Arga, noch bei dem Ursprung des Baches Og, liegt eine große Stadt Gerasa. Südöstlich von dieser sieht man sehr hoch Jabesch-Galaad liegen. Das Land hier herauf ist steinig und in der Ferne meint man, es seien keine Bäume hier, es ist aber an vielen Orten mit kleinen, grünen Büschen überzogen. Das Königreich Basan beginnt hier, und Arga ist die erste Stadt darin; der Stamm Halb-

Manasse aber erstreckt sich noch ein Stückchen südlicher. Etwa eine Stunde von Jabok nördlich sah ich schon eine Grenzscheide durch Pfähle gemacht. Das Land Basan hat die Gestalt einer Hose, es liegt ein trennender anderer Landstrich herein. Es hat an einer Seite eine Menge schöne Städte und gehörte zu Moses' Zeiten dem König Og, der ein schrecklich großer Mann war. (Sie beschreibt ihn etwa acht Fuß groß.) Er war sehr grob und plump, und man fürchtete sich vor ihm; er ging im Land herum und nahm, was er wollte. Der Bach im Tal von Gerasa heißt Og. Jesus übernachtete mit seinen Begleitern etwa eine halbe Stunde vor der Stadt in einer offenen Herberge an einer von Osten gegen Arga zuführenden großen Handelsstraße. Sie hatten Speise bei sich.

In der Nacht, da alle schliefen, stand Jesus auf und ging allein ins Freie, um zu beten. Arga ist eine große, volkreiche und ungemein reinliche Stadt. Sie ist wie die meisten Städte hierzulande, wo auch Heiden wohnen, mit geraden, nicht engen Straßen und auf sternförmige Art gebaut. Die Leute haben eine ganz andere Lebensart als in Judäa und Galiläa und viel bessere Sitten. Es sind hier von Jerusalem und anderen Orten gesandte Leviten, welche in der Synagoge lehren, und sie werden von Zeit zu Zeit abgelöst. Wenn die Leute nicht mit ihnen zufrieden sind, dürfen sie auch klagen und erhalten dann andere. Es werden auch keine schlechten Leute hier geduldet, und sie haben einen Strafort, wo man sie hinsendet.

Die Einwohner haben keine eigenen Haushaltungen, d.h. sie bereiten die Speisen nicht zu Hause, sondern es sind große Kochhäuser, wo alles gekocht wird und wohin sie essen gehen oder sich Speise holen lassen. Man schläft hier auf den Dächern der Häuser unter Zelten. Es sind hier sehr große Färbereien, und zwar künstliche, besonders schön ist die violette Farbe. Das Verfertigen und Sticken von großen Teppichen ist hier noch viel künstlicher und weiter getrieben als in Ramoth.

Zwischen der Stadt und den Stadtmauern sind viele Zeltgebäude, wo Frauen an ausgespannten, langen Bahnen sitzen und arbeiten. Wegen dieser Geschäfte ist von altersher die größte Reinlichkeit im Ort. Es wächst hier herum sehr vieles und ganz vortreffliches Öl. Die Ölbäume stehen in langen Reihen ordentlich an Spalieren ausgebreitet. Auch sind hier in den Tälern nach dem Jordan hinab ganz vortreffliche Viehweiden und viele Kamele. Es wächst hier in der Gegend ein köstliches Holz, welches bei der Bundeslade und dem Tisch der Schaubrote verwendet wurde. Der Baum ist ungefähr so dick, dass ich ihn umarmen kann und hat eine schöne, glatte Rinde; seine Zweige hängen wie bei einer Weide herab. Die Blätter haben die Form wie etwa Birnblätter, sind aber viel größer, auf der einen Seite grün, auf der anderen wie betaut, grau. Er hat große Beeren wie Hagebutten, doch größer. Das Holz ist ungemein hart und zäh und lässt sich sehr fein, ja wie Bast auseinanderspalten; dann wird es gebleicht, getrocknet und wird dann unzerstörbar fest und schön. Der Baum hat ein sehr feines Mark in sich, aber ein Sägeschnitt vertilgt schon die Markrinne, und es bleibt nichts als eine feine, rötliche Ader in der Mitte der innersten Bohlen.

Sie verarbeiten dieses Holz hier zu kleinen Tischen und allerlei eingelegten Arbeiten. Sie haben hier sehr große Kühe und Schafe. Sie handeln auch mit Myrrhe und anderen Spezereien, die jedoch nicht hier wachsen, aber sie bekommen sie von den Karawanen, die hier oft wochenlang rasten und umpacken. Aber sie pressen diese Spezereien in Ballen und bereiten sie, wie sie zum Balsamieren bei den Juden gebraucht werden.

13. September: Heute morgen ging Jesus mit den Jüngern zur Stadt und saß an einem Brunnen. Die Leviten und Ersten der Stadt, welche schon durch die vorausgesandten Jünger benachrichtigt worden waren, erwarteten ihn, kamen ihm sehr ehrerbietig entgegen, führten ihn in ein Gezelt, wuschen ihm die Füße und reichten ihm einen Imbiss. Als Er in die Stadt kam, lehrte Er in der Synagoge und heilte dann sehr viele Kranke, die versammelt waren, darunter viele Schwindsüchtige. Auch ging Er in mehrere Häuser zu Kranken. Gegen drei Uhr war eine Mahlzeit. Er aß mit den Leviten und anderen Leuten in einem öffentlichen Haus, die Speisen wurden aus dem Speisehaus gebracht. Da der Sabbat anfing, lehrte Jesus am Abend in der Synagoge, was ich hernach sagen will. Am Morgen sprach Er viel von Moses in der Wüste am Berg Sinai und Horeb und von der Verfertigung der Bundeslade, von dem Tisch der Schaubrote und anderem. Denn die Leute

hatten von hier Opfer dazugegeben, und Er sprach, als sei ihr Opfer vorbildlich gewesen. Er ermahnte sie, jetzt in der Zeit der Erfüllung auch ihre Herzen und Seelen durch Buße und Bekehrung zum Opfer darzubringen und legte ihre damaligen Opfer ganz auf ihren jetzigen Zustand aus, wie, weiß ich nicht mehr. Der Grund dieser Lehre war folgender:

Ich sah während Jesu Lehre ganz weitläufig und mit allen Umständen, dass zur Zeit des Auszugs aus Ägypten Moses' Schwiegervater Raguel und sein Schwager Jethro und Sephora, die Frau Moses', mit ihren zwei Söhnen und einer Tochter in Arga wohnten. Ich sah, dass Jethro und Moses' Frau und Kinder zu ihm an den Berg Horeb reisten, wie Moses sie voll Freuden empfing und alles erzählte, wie Gott ihnen aus Ägypten geholfen habe und wie Jethro opferte. Auch sah ich, wie Moses alle Israeliten selbst richtete und wie Jethro ihm riet, Unterrichter einzusetzen, und dann wieder nach Hause zog, Frau und Kinder aber bei Moses, dem Vater, blieben. Ich sah, wie Jethro alle die Wunder, die er gesehen, in Arga erzählte und wie viele Leute dort große Verehrung für den Gott der Israeliten empfingen und wie Jethro Geschenke und Opfer auf Kamelen hinsandte, wozu viele Argiter beigetragen. Diese Geschenke bestanden aus feinem Öl, das nachher in der Stiftshütte brannte, in sehr feinen, langen Kamelhaaren zu Gespinst und Gewebe von Decken und in gar schönem Holz, Sethim, woraus nachher die Bundesladenstangen und der Tisch der Schaubrote gemacht wurden. Ich meine auch, sie sandten eine Art Getreide, woraus die Schaubrote gebacken wurden; es war jenes Mark aus einer rohrartigen Pflanze, wovon ich Maria für Jesus schon früh Mus kochen sah.

Jesus lehrte am Sabbat in der Synagoge aus Jesaja und Dtn 21,26. Er kam auch schon am Morgen auf Balak, um den Propheten Bileam zu sprechen, und ich sah viel von beiden, weiß es aber jetzt nicht mehr zusammenzureimen. Heute abend in der Sabbatlehre erzählte Er auch beispielsweise aus den vorgelesenen Gesetzen Moses' hervorgehend die Geschichte, wie Sambri und die Madianitin durch Phinees erstochen wurden (Num 25,7.8).

(Anna Katharina erzählte noch auf eine bewunderungswürdige Art, wovon sie doch gar nie gehört noch jemals gelesen hat, eine

Menge der Gesetze Moses' aus Buch Dtn 21-26, und zwar besonders solche, welche ihrem Stand und ihrer Gesinnung entsprechend sind, zum Beispiel wenn man Vogelnester ausnehme, solle man die Alten zurücklassen. Man solle die Nachlese der Ernte den Armen lassen, vom Pfandnehmen der Armen, vom Borgen. Alles dieses habe Jesus gelehrt und besonders vom Nichtzurückhalten des Arbeitslohns, weil die Leute hier viele Arbeiter gehabt. Sie freute sich sehr, dass alles dieses in der Bibel steht und wunderte sich, dass sie es so richtig hörte.)

14. September: Jesus lehrte heute noch immer von den Geboten des Moses in der Schule, heilte dann in der Stadt und ging nach dem Sabbat in die Herberge der Heiden, welche ihn durch die Jünger sehnlich hatten einladen lassen. Sie empfingen ihn mit großer Demut und Liebe, und Er lehrte sie von der Berufung der Heiden und dass Er komme, jene Heiden zu erobern, welche Israel nicht besiegt habe. Sie fragten ihn über die Erfüllung von Prophezeiungen, unter anderem, dass das Zepter von Juda solle genommen werden zur Zeit des Messias; Er lehrte darüber. Sie begehrten auch getauft zu werden und wussten von den Drei Königen. Er legte ihnen die Taufe aus und sagte ihnen, es sei für sie eine Vorbereitung zur Teilnahme am Reich des Messias.

Diese wohlgesinnten Heiden waren Durchreisende, welche ein paar Wochen hier liegenblieben und auf das Zusammentreffen mit einer Karawane harrten. Es waren fünf Familien und zusammen 37 Menschen. Sie konnten nicht nach Ainon zur Taufe ziehen, weil sie die Karawane zu versäumen fürchteten. Sie fragten Jesus auch, wo sie sich niederlassen sollten, und Er wies ihnen den Ort an. Ich habe nie gehört, dass Er den Heiden von der Beschneidung sprach, aber wohl von der Enthaltsamkeit und dass sie nur eine Frau haben sollten.

15. September: Heute sah ich, dass Jesus diese Heiden noch belehrte und dass sie hier auch von Saturnin und Judas Barsabas getauft wurden. Sie traten mit den Füßen in eine Badezisterne und beugten sich über ein großes, vorstehendes Becken, welches Jesus gesegnet hatte. Das Wasser wurde ihnen dreimal über das Haupt gegossen. Die Taufformel weiß ich nicht mehr genau, ich meine, sie tauften: «Im Namen Jahwes und seines Gesandten.»

Die Johannesjünger aber sprachen nur im Namen des Gesandten Jahwes, doch weiß ich es nicht gewiss, ich fühlte mich zu zerstört und krank.

Die Heiden waren alle weiß gekleidet und machten Jesus nachher für die Kasse seiner Jünger ein Geschenk mit goldenen Spangen und Ohrengehängen, womit sie handelten. Es wurde zu Geld gemacht und an die Armen verteilt. Jesus lehrte hierauf in der Synagoge, heilte noch und nahm mit den Leviten ein Mahl ein.

## *Von einer in Azo getöteten falschen Prophetin*

15. bis 17. September:

Nach dem Mahl ging Jesus, von mehreren Leuten des Ortes begleitet, ein paar Stunden weiter nördlich nach einer kleinen Stadt, die Azo hieß[74]. Es waren hier viele Menschen versammelt, denn am Abend begann die Feier eines Festes von Gideons Sieg. Jesus wurde von den Leviten vor der Stadt empfangen. Es wurden ihm die Füße gewaschen und ein Imbiss gereicht, dann ging Er in die Synagoge und lehrte.

Ich habe sehr vieles von dieser Stadt gesehen, was dort alles geschehen ist, indem teils Jesus, teils die Einwohner mit ihm sprachen und Er darüber lehrte. Ich habe das meiste über meinem Haushalt vergessen. Was ich noch davon weiß, will ich erzählen. Es muss Azo eine von den alten Städten in Basan sein, denn ich sah hier etwas mit Simson vorgehen, was ich nicht mehr weiß; ich meine, er forschte hier etwas aus oder war mit seinen Eltern hier. Azo war zu Jephtes Zeit eine Festung; es ist in dem Krieg, da er aus dem Lande Tob gerufen wurde, zerstört worden.

Jetzt war Azo ein sehr reinlicher, kleiner Ort, in einer langen Reihe liegend. Es waren gar keine Heiden hier, die Leute waren besonders gut, fleißig und gesittet; sie haben auch hier viel Ölbau. Die Ölbäume sind vor der Stadt auf Terrassen kunstmäßig gepflanzt und gezogen. Auch wird hier Stoff bereitet und gestickt. Die Lebensart ist wie in Arga. Die Leute halten sich für besonders reine Juden vom Stamme Manasse, weil sie ganz unvermischt mit den Heiden leben. Man ist sehr reinlich hier. Der Weg führt durch ein sanftes Tal hinab, in welchem die Stadt westlich von einem Berg liegt.

(Sie beschreibt viele Details vom Terrain nach ihrer Art sehr genau, doch unmöglich wiederzugeben, weil sie oft ganze Teile auslässt und meint, das sehe man auch und das wisse jedermann.)

Ich habe eine kuriose Geschichte gesehen, die hier passiert ist in einem Krieg zu der Zeit, da Debora in Israel richtete und Sisara von der Jahel getötet wurde[75]. Ich weiß noch so viel davon. Eine Frau aus dem vertilgten Stamm Benjamin, von einer übriggebliebenen Frau abstammend, hatte lange verborgen in Maspha in Mannskleidern gelebt und wusste ihr Geschlecht so zu verbergen, dass sie niemand erkannte. Sie hatte Gesichte, prophezeite und diente den Israeliten oft als Spion. Wo sie aber gebraucht wurde, schlug es ihnen immer schlecht aus. Ich habe vieles von ihr vergessen. Es lagen damals Feinde hier, ich meine, Madianiten, und sie kam in Mannskleidern ganz wie ein stattlicher Soldat gekleidet, und gab sich als Abinuem aus, einem von den Helden, welche bei der Niederlage Sisaras vorkommen.

Sie kam, um zu spionieren, und war schon durch mehrere Lager durchgeschlichen. Hier im Zelt des Anführers gab sie nun vor, als wolle sie ganz Israel in seine Hand geben. Sie trank sonst niemals Wein und war sehr behutsam und keusch. Hier aber berauschte sie sich; da wurde ihr Geschlecht entdeckt. Man gab sie preis und nagelte sie mit Hand und Fuß auf ein Brett und ließ sie eine Zeitlang zur Schmach liegen. Dann sah ich sie mit dem umgekehrten Brett in ein Loch werfen und hörte den Ausdruck dabei, hier sei sie nebst ihrem Namen begraben, weil niemand ihren Namen wusste. Sie prophezeite und spionierte für Geld. Die Feinde zogen nachher hinab an den Jordan.

Es war hier von Azo aus, dass Gideon in das Lager der Feinde brach. Ich habe verschiedene Blicke von dieser Geschichte gehabt. Gideon stammte aus dem Stamm Manasse, er wohnte mit seinem Vater bei Selo. Damals war eine elende Zeit in Israel. Die Madianiten und andere Heiden zogen überall ins Land, verwüsteten ihnen die Felder und nahmen ihnen die Ernte weg. Gideon, ein Sohn Joas des Abiesriters, in Ephra wohnhaft, war sehr tapfer und auch mildtätig; er drosch oft seinen Weizen etwas früher aus und teilte den Bedürftigen mit. Ich sah ihn morgens vor Tagesanbruch im Tau nach einem ungemein dicken Baum gehen, unter dem versteckt er seine Tenne hatte. Er war ein sehr schöner und kräftiger Mann. Die Eiche bedeckte mit ihren breiten Ästen ein weites Felsenbecken, in dem sie stand, und dieses Becken war von einem Hügelrand umgeben, der bis an die Zweige des Baumes reichte, so dass man von außen nicht gesehen werden konnte und am Fuß der Eiche wie in einem weiten Gewölbe stand, deren Stamm wie von vielen einzelnen Stämmen zusammengewunden war. Der Boden war fester Felsengrund. Rings in dem Wall waren Löcher, worin das Getreide in Fässern von Bast bewahrt war. Sie droschen mit einer Walze, die sich um den Baum auf Rädern drehte, und es waren hölzerne Hämmer an der Walze, die niederfielen. Es war oben im Baum ein Sitz, wo man sich umsehen konnte. Hier fand Gideon auf einem Stein bei der Eiche einen Engel, einen weißen Jüngling, sitzen.

(Anna Katharina Emmerick erzählte nun die Geschichte nicht sehr verschieden von der Schrift, außer Gideon habe den Engel einen ganzen Tag warten lassen, bis er mit dem Opfer kam. Der zerstörte Baalshain habe aus einer Gruppe von Bäumen bestanden. Sie freute sich besonders über die Antwort Joas an die Götzendiener, welche Gideons Auslieferung verlangten. Sie übergeht alles und sah es teils nicht bis zum Eindringen Gideons in das Lager der Madianiten mit dreihundert Mann, wovon sie sagt:)

Die Madianiten standen von Basan herab bis über den Jordan in das Feld Esdrelon, und das Jordantal wimmelte von weidenden Kamelen. Dies diente dem Gideon sehr. Er kundschaftete mehrere

Wochen lang alles aus und schlich sich mit seinen dreihundert Mann ziemlich weit bis gegen Azo hinauf. Ich sah ihn zum Lager der Madianiten schleichen und an einem Zelt lauern. Da sagte ein Soldat zu dem anderen: «Ich habe geträumt, es falle ein Brot hier von dem Berg herunter und werfe das Zelt um.» Da sagte der andere: «Das ist kein gutes Zeichen. Gideon fällt gewiss mit den Israeliten über uns her.» Ich sah in der folgenden Nacht Gideon nur mit einem kleinen Haufen von hier posaunenblasend ins Lager eindringen mit Fackeln in der Hand; seine anderen Haufen kamen von der anderen Seite. Die Feinde kamen von allen Seiten in Verwirrung; sie brachten sich teils selbst um, und die anderen wurden dann von den Kindern Israels überall vertrieben und erschlagen. Der Berg, von dem nach dem Traum des Soldaten das Brot rollte, lag gleich hinter Azo; von hier griff auch Gideon persönlich an. Sie erzählte noch mehreres von Gideons Söhnen, ehelichen und unehelichen, und von seinem nochmaligen Götzendienst, auch von Abimelechs Tod, doch alles sehr flüchtig. Barak war der Bruder von Deboras Mann.

16. September: Am Morgen des 24. Elul war in Azo das Jahresfest von Gideons Sieg. Vor der Stadt ist eine große Eiche im Schoße eines Hügels, und unter dieser ist ein Altar von Steinen. Zwischen diesem Baum und dem Berg, wo der Soldat das Brot herunterrollen sah, war die verkleidete, falsche Prophetin begraben. Diese Art Bäume sind anders als unsere Eichen. Sie tragen eine große Frucht, außen hat diese eine grüne Schale, unter der ein ausnehmend harter Kern sitzt, und zwar auch in einem Töpfchen wie unsere Eicheln. Aus diesem Kern machen die Juden dort die Knöpfe an ihren Stäben. Es war von dieser Eiche bis in die Stadt eine ganze Reihe von Laubhütten mit allerlei Früchten ausgeschmückt für die große Menge des versammelten Volkes. Jesus und die Jünger zogen mit den Leviten in einer Prozession zu der Eiche. Es wurden fünf kleine Ziegenböckchen mit roten Kränzchen um den Hals vorausgeführt und in kleine, vergitterte Höhlen in den Hügelrand um den Baum eingesperrt. Auch Kuchen trug man zum Opfer und blies dabei auch Posaunen. Es wurden allerlei Rollen über Gideons Taten vorgelesen und Siegespsalmen gesungen. Dann wurden die Böcklein geschlachtet und zerlegt, und

mehrere Teile von den Kuchen wurden auch auf den Altar gelegt. Das Blut wurde nun um den Altar gesprengt, und ein Levit hatte ein Rohr, aus welchem er Feuer in das unter dem Rost des Altars liegende Holz blies, ich meine zum Andenken, dass der Engel Gideons Opfer mit einem Stab anzündete.

Jesus hielt an das versammelte Volk eine Lehre. Das übrige Fleisch wurde unter die Armen verteilt. Mit diesem Fest ging der Morgen hin. Am Nachmittag ging Jesus nebst den Leviten und den angesehensten Einwohnern ins Tal südlich vor die Stadt, wo um eine kleine Quelle ein Bade- und Belustigungsort angelegt war. Hier waren auch die Frauen und Jungfrauen versammelt in einem abgesonderten Garten und spielten und belustigten sich. Es war hier eine Mahlzeit bereitet, und die Armen hatten nach einem alten Herkommen Tische obenan. Jesus setzte sich an den Tisch der Armen. Er erzählte die Parabel vom verlorenen Sohn und dem Kalb, das ihm der Vater schlachtete.

Jesus schlief die Nacht auf dem Dach der Synagoge unter einem Zelt. Die Leute schlafen hier auf den Dächern.

Das Fest dauerte am folgenden Tag noch fort, und die Laubhütten werden gleich für das Laubhüttenfest, das etwa in vierzehn Tagen beginnt, aufgerichtet. Am Morgen hielt Jesus eine Lehre in der Synagoge und heilte vor der Schule viele Blinde, Schwindsüchtige und auch mehrere gutartig Besessene. Danach war noch eine Mahlzeit und dann verließ Jesus die Stadt.

### *Jesus geht nach Ephron*

17. und 18. September:

Die Leviten und überhaupt dreißig Menschen begleiteten Jesus. Der Weg führte zuerst über den Berg, von welchem der Soldat im Traum ein Gerstenbrot ins Lager der Madianiten hinabrollen sah (Ri 7,13). Hierauf stiegen sie in eine Schlucht quer über einen schmalen, langgestreckten und hohen Berg[76] und zogen jenseits etwa noch eine Stunde nördlich in ein Tal zu einem angenehmen, kleinen Fischsee, bei welchem einige Gebäude stehen. Der kleine

Ort gehört den Leviten von Azo. Ein Bach fließt durch den See und das Tal in den Jordan hinab.

Nordöstlich etwa sechs Stunden von hier liegt Betharamphtha-Julias um einen Berg. Unterwegs hierher habe ich diese und noch viele andere Städte gesehen.

Jesus nahm an dem Fischsee einen Imbiss. Sie hatten gebratene Fische, Honig, Brote und Balsam-Krüglein mitgenommen. Der Weg von Azo hierher betrug etwa drei Stunden. Jesus erzählte unterwegs und hier Gleichnisse vom Sämann und steinigem Acker, denn es war steinig unterwegs hierher. Er erzählte auch eine Parabel von den Fischen und ihrem Fang, ich weiß sie nicht mehr. Es waren kleine Schiffe auf dem Teich. Man fischte mit Hamen (sackfömiges Fischnetz; Anm. d. Hrsg.); die gefangenen Fische wurden den Armen gebracht.

Etwa anderthalb Stunden von hier liegt Ephron am Abhang einer Schlucht. Hier kann man es nicht sehen, aber wohl die höheren Berge gegenüber. Jesus trennte sich hier von den Leuten aus Azo, welches der beste Ort auf allen seinen Wegen hierher war, und ging nach Ephron. Er wurde vor Ephron von den dortigen Leviten wie gewöhnlich empfangen. Es lagen vor dem Ort schon viele Kranke in hölzernen Kästen, welche man oben mit einem Gewebe aufrichtete. Der Herr heilte sie.

Ephron liegt an der mittäglichen Anhöhe eines engen Passes, in dem ein oft versiegender Bach zum Jordan fließt, auf den man in der Schlucht weit hinabsieht. Gegenüber liegt ein schmaler, höherer Berg, auf welchem die Tochter Jephtes mit ihren Mägdlein auf ein Siegeszeichen ihres Vaters geharrt hat, das durch aufsteigenden Rauch gegeben wurde, worauf sie nach Ramoth zurückgeeilt und mit großer Pracht ihrem Vater entgegengezogen ist. Jesus hat hier viele geheilt und belehrt.

Die hiesigen Leviten waren von einer alten Sekte der Rechabiten. Jesus verwies ihnen die allzu große Strenge und Härte ihrer Meinungen und ermahnte auch das Volk, vielen ihrer Gebote nicht zu folgen. Er erwähnte in dieser Lehre jene Leviten bei Bethsames, welche die von den Philistern zurückgekehrte Bundeslade unrecht (vielleicht unrein oder zu neugierig) angesehen hatten und gestraft worden waren. (Wie dieses aber angewendet wurde, weiß sie nicht mehr.) Die Rechabiten stammen von Jethro, dem Schwager des Moses, her. Sie lebten ehemals unter Zelten, betrieben keinen Ackerbau und tranken keinen Wein. Sie waren Sänger und Torhüter am Tempel. Jene, welche bei Bethsames die rückkehrende Bundeslade gegen das Gebot angesehen hatten und mit dem Tod bestraft wurden, sind Rechabiten gewesen, die dort unter Zelten gewohnt haben. Jeremias versuchte sie einmal vergeblich, im Tempel Wein zu trinken, und ihr Gehorsam gegen ihre Gesetze wurde Israel zum Beispiel vorgestellt. Jetzt zur Zeit von Jesus wohnten sie nicht mehr unter Zelten, hatten aber doch noch viele seltsame Bräuche. Sie trugen ein härenes Ephod (Skapulier) als Cilicium auf bloßem Leib und darüber ein Kleid von Fellen, außerdem ein reines, schönes, weißes Kleid und einen sehr breiten Gürtel. Durch ihre bessere Kleidung unterschieden sie sich von den Essenern. Sie hatten übertriebene Reinheitsgesetze, besonders die Ehe betreffend. Sie enthielten sich drei Tage vor dem Opfer und hielten sich durch unwillkürliche, fleischliche Begierde verunreinigt. Sie hatten seltsame Gebräuche bei der Verheiratung, beurteilten aus gelassenem Blut, ob der Mensch heiraten müsse oder nicht, und verbanden die Menschen ihres Stammes nach diesen Zeichen oder verboten anderen die Ehe. Ich habe keine anderen mehr in Palästina gesehen als nur hier in Ephron. Sonst wohnten sie auch in Argob und Jabesch und in Judäa. Sie waren ohne Widerspruch und ganz demütig und nahmen die Lehre und Verweise Jesu gut auf. Ich habe eine Empfindung, als stamme das Judenvolk der Judith in Abessinien[77] teils von den Rechabiten ab. Ich habe etwas davon gesehen, denn diese sind auch noch meistens in Felle gekleidet. Sie sind von einer Gefangenschaft noch dort übrig. Jesus verweist ihnen hauptsächlich ihre unerbittliche Strenge gegen Ehebrecher und Mörder, deren Wiederaussöhnung sie gar nicht annehmen wollten. Sie hielten auch die Fasten sehr streng. Es waren hier an dem Berg mehrere Gießereien und Metallschmieden, sie machten Töpfe und Rinnen, auch Rohre für Wasserleitungen, wobei zwei Rinnen zusammengelötet wurden.

19. bis 23. September:

Jesus hat in Ephron noch geheilt und ist dann mit seinen Jüngern und mehreren Rechabiten etwa fünf Stunden nordöstlich nach Betharamphtha-Julias, einer schönen, höhergelegenen Stadt, gewandert. Unterwegs hatte Er noch an einem Bergwerk gelehrt, wo das Erz gefördert wird, das man in Ephron verarbeitet. In Betharamphtha waren auch Rechabiten und auch Priester unter denselben. Jene von Ephron schienen mir unter diesen zu stehen. Die Stadt liegt groß und ausgedehnt um den Berg. (Sie glaubte, ihn genau auf der Klödenschen Karte zu erkennen.) Der westliche Teil ist von Juden bewohnt, der östliche und ein Teil der Höhe von den Heiden. Beide Teile der Stadt sind durch einen gemauerten Weg und durch einen Lustplatz mit Alleen geschieden. (Sie beschreibt die Teile der Stadt mit dem Finger hin- und herzeigend auf der Bettdecke, wie einer, der etwas sehr genau weiß, aber sehr unbestimmt beschreibt.) Oben auf dem Berg liegt ein schönes Schloss mit Türmen, auch Gärten und Bäumen. Es wohnte eine geschiedene Frau des Tetrarchen Philippus hier oben, und es waren ihr die Einkünfte dieser Gegend zum Unterhalt zugewiesen. Sie hatte fünf erwachsene Töchter bei sich. Sie war von den jebusitischen Heiden und stammte von den Königen von Gessur. Sie hieß Abigail und war schon eine bejahrte Frau, stark und schön und von sehr gutem und wohltätigem Charakter.

Philippus war älter als der Herodes von Peräa und Galiläa. Er war ein friedfertiger, aber wohllebender Heide, des anderen Herodes Halbbruder, von einer anderen Mutter. Dieser Philippus hatte zuerst eine Witwe mit einer Tochter geheiratet. Als aber der Mann dieser Abigail bei ihm durchreiste, ich meine, in einen Krieg oder da er nach Rom ging, ließ er seine Frau bei ihm zurück. Diese wurde unterdessen von Philippus verführt und geheiratet, worüber ihr Mann aus Betrübnis nachher starb. Als nun nach einigen Jahren die erste wegen Abigail verstoßene Frau des Philippus zum Sterben kam, bat sie vor ihrem Tode den Philippus, sich doch wenigstens ihrer Tochter zu erbarmen. Philippus aber, der Abigail müde, heiratete nun diese seine Stieftochter und verwies die Abigail mit ihren fünf Töchtern nach Betharamphtha, das auch zu Ehren einer römischen Kaiserdame Julias genannt war. Sie lebte hier sehr wohltätig und den Juden geneigt mit einer großen Begierde nach Heil und Erkenntnis. Sie war aber unter einer beschränkenden Aufsicht von einigen Beamten des Philippus, welche auf sie achtgaben. Philippus hatte auch einen Sohn. Seine jetzige Frau war viel jünger als er.

Jesus wurde in Betharamphtha gut empfangen und bewirtet. Er heilte am Morgen nach seiner Ankunft viele kranke Juden, lehrte am Abend in der Synagoge und auch am Samstag über den Zehnten und die Erstgeburt (Dtn 26-29 und Jes 60). Abigail stand bei den Einwohnern in einem sehr guten Ruf; sie sandte auch Gaben an die Juden herab zur Bewirtung Jesu und der Jünger. Am ersten Tisri war die Feier des Neujahrsfestes. Es wurde von der Höhe der Synagoge mit allerlei Instrumenten musiziert. Es waren auch Harfen dabei, besonders aber wurde viel mit großen Posaunen geblasen, woran mehrere Mündungen waren. Ich sah auch wieder das wunderlich zusammengesetzte Instrument mit Blasebälgen spielen, das ich einmal auf der Synagoge von Kapharnaum spielen sah. Ich sah an diesem Festtag alles mit Früchten und Blumen geschmückt und unter verschiedenen Klassen des Volkes verschiedene Gebräuche. Ich sah viel in der Nacht, besonders Frauen in langen Kleidern mit Lichtern und Scheffeln darüber sich auf den Gräbern niederwerfen und beten. Ich sah auch, dass alle sich badeten, die Frauen in den Häusern und die Männer an den Badeorten. Die verheirateten Männer und Jünglinge badeten getrennt, so auch die Frauen und Jungfrauen. Das viele Baden bei den Juden, da in diesem Lande das Wasser nicht überall im Überfluss war, ging oft auch mit Sparsamkeit zu. Sie lagen auf dem Rücken in Trögen und schöpften das Wasser mit einer Muschel über sich, und es war oft mehr ein Abwaschen als Baden. Sie badeten heute vor der Stadt in ganz kaltem Wasser.

Es geschah auch, dass sich alle gegenseitig beschenkten, und besonders die Armen wurden mit Gaben bedacht. Es gab dabei zuerst eine große Mahlzeit, und es waren auf einem langen Wall viele Geschenke von Lebensmitteln, Kleidern und Decken ausgestellt. Jeder empfing seine Geschenke von seinen Freunden und gab davon wieder an die Armen ab, und die anwesenden Rechabiten lenkten und ordneten alles, und sie sahen, was und wie ein jeder mit den Armen teilte. Sie hatten drei Rollen, in welche sie die Tugend jedes Gebers, doch diesem nicht bewusst, aufschrieben. Die eine Rolle hieß das Buch des Lebens, die andere der Mittelstraße, die dritte des Todes.

Die Rechabiten übten allerlei solche Ämter. Sie waren auch sonst im Tempel Türhüter, Zahlmeister und besonders Sänger, welche Ämter sie auch am heutigen Fest ausübten; doch waren hier und überhaupt jetzt auch Priester unter ihnen. Jesus bekam in Betharamphtha Geschenke von Kleidern, Decken und Münzen, welche Er alles an die Armen austeilen ließ.

Während dieser öffentlichen Feste ging Jesus zu den Heiden. Abigail hatte ihn dringend um seine Anwesenheit gebeten, und die Juden selbst, denen sie viel Gutes erwiesen, baten ihn, mit ihr zu reden. Am Morgen sah ich ihn nebst einigen seiner Jünger durch die Judenstadt zu der Heidenstadt auf einen öffentlichen, mit Bäumen bepflanzten Lustplatz gehen, der zwischen beiden Stadtteilen lag und wo gewöhnlich die Zusammenkunft der Juden und Heiden bei Geschäften war. Hier war Abigail mit ihrem Gefolge und ihren fünf erwachsenen Töchtern und vielen heidnischen Jungfrauen und anderen Heiden versammelt. Abigail war eine große und starke Frau von etwa 50 Jahren; sie war wohl ebenso alt wie Philippus.[78] Sie hatte etwas Trauriges und Sehnsüchtiges an sich. Sie verlangte nach Hilfe und Belehrung, wusste aber nicht, wie sie es anfangen sollte, denn sie war in ihren Verhältnissen verwickelt und von Aufsehern belauert. Sie warf sich vor Jesus nieder, der sie aufrichtete und sie und alle Anwesenden belehrte, indem Er auf und nieder ging. Er sprach von der Erfüllung der Prophezeiungen und der Berufung der Heiden und von der Taufe.

Ich muss hier einschalten, dass von allen Orten, wo Jesus war seit Er Ainon verließ, immerwährend Züge von Juden und Heiden dorthin zogen und von seinen zurückgelassenen Jüngern getauft wurden. Andreas, Jakobus Minor (der Jüngere), Johannes und die Jünger Johannes' des Täufers waren dort noch mit Taufen beschäftigt. Lazarus war damals gleich nach Hause zurückgereist. Von dem gefangenen Täufer gingen Boten ab und zu.

Jesus empfing von Abigail die gewöhnlichen Ehrenbezeigungen. Sie hatte jüdische Diener bestellt, welche ihm die Füße wuschen und ihm den Willkommensbissen und -trunk reichten. Sie bat ihn sehr demütig um Vergebung, dass sie seine Ansprache gewünscht habe, und sagte, dass sie schon lange nach seiner Lehre verlangt habe. Sie bat ihn auch, an einem Fest teilzunehmen, das sie für ihn bereitet habe. Jesus war sehr gütig gegen alle und besonders gegen sie, und alle seine Worte wie sein Anblick erschütterten sie tief, denn sie war voll Kummer und halber Erkenntnis. Diese Belehrung der Heiden dauerte bis gegen Nachmittag. Jesus begab sich auf Abigails Einladung nach der Morgenseite der Stadt, nicht weit vom Tempel der Heiden, wo viele Bäder und eine Art Volksfest war, denn die Heiden feierten auch den heutigen Neumond mit besonderer Pracht.

Ehe Jesus hierherkam, führte ihn der Weg durch die Scheidestraße zwischen der Juden- und Heidenstadt. Da lagen in den Mauerwohnungen viele arme, kranke Heiden in Kästen voll Stroh und Spreu. Die Heiden hatten sehr viele Arme hier. Jesus heilte jetzt keine. An dem Belustigungsort der Heiden, wo die Mahlzeit war, lehrte Jesus die Heiden lange, teils auf- und abwandelnd, teils beim Mahl. Er sprach in allerlei Gleichnissen von Tieren, um ihr unnützes, unfruchtbares Treiben darzustellen. Er sprach vom beständigen, oft so unnützen Arbeiten der Spinne, von der Geschäftigkeit der Ameisen und Wespen und stellte es der schönen, geordneten Arbeit der Bienen gegenüber. Das Mahl, woran Abigail zu Tische liegend, teilnahm, wurde größtenteils auf Jesu Befehl an die Armen verteilt. Ich sah auch an diesem Tag große Festlichkeit im Heidentempel, der sehr prächtig war. Er hatte von fünf Seiten große, offene Säulenhallen, durch die man durchsehen konnte. In der Mitte war eine hohe Kuppel.

Es waren mehrere Götter in verschiedenen Hallen dieses Tempels. Der Hauptgott hieß Dagon; er war oben wie ein Mensch und hinten wie ein Fisch. Es waren auch andere Götter in Tiergestalten darin und gar keine so schönen Figuren wie bei den Griechen und Römern. Ich sah Mädchen Kränze bei den Bildern aufhängen und singen und tanzen, auch Götzenpriester auf einem dreifüßigen Tischchen räuchern. Auf der Kuppel dieses Tempels war eine wunderliche, künstliche Einrichtung die Nacht hindurch in Bewegung. Es bewegte sich eine mit Sternen umgebene, leuchtende Kugel über das Dach hin, und man konnte sie von außen und auch im Tempel sehen. Es stellte etwas vom Sternenlauf und Neumond oder neuen Jahr dar. Es bewegte sich langsam und wenn sie auf der anderen Seite ankam, hörten die Spiele und Feste auf dieser Seite des Tempels auf und begannen auf der Seite, wo der Mond ankam. Nicht weit von dem Festort, wo Jesus die Mahlzeit einnahm, war ein großer Lustplatz, worauf die Jungfrauen spielten. Sie waren geschürzt und hatten die Beine bewickelt und hatten Bogen und Pfeile und kleine, mit Blumen umwundene Spieße, und sie liefen an einem wunderbaren Festgerüst von Zweigen, Blumen und allerlei Verzierungen vorüber und schossen und warfen im Laufen nach Vögeln, die daran angebunden waren, und nach verschiedenen Tieren, Böckchen und Tieren wie kleine Esel, die um das Gerüst eingezäunt waren.

Es befand sich an diesem Festgebäude ein hässliches Götzenbild mit einem breiten, offenen Rachen wie ein Tier, sonst wie ein Mensch, die Hände vorhängend; es war hohl und unter ihm Feuer. Die getöteten Tiere wurden ihm in den Rachen gelegt, verbrannten und fielen in das Feuer nieder. Die Tiere, welche nicht getroffen wurden, wurden abgesondert, und ich meine, sie wurden wie heilig gehalten. Es wurden ihnen von den Priestern die Sünden der anderen aufgelegt und so wurden sie in Freiheit gesetzt. Es war etwas wie die Versöhnungstiere der Juden. Wäre das widerliche Martern der Tiere nicht gewesen und der hässliche Götze, so hätten mir die Schnelligkeit und Geschicklichkeit der Jungfrauen sehr gut gefallen.

Das Fest dauerte bis gegen Abend und als der Mond aufging, wurden die Tiere geopfert. Am Abend war der ganze Tempel und das Schloss der Abigail voller Fackeln. Ich sah Jesus am Abend noch bei Fackelschein den Berg wieder hinaufsteigen und mit Abigail in einer Vorhalle ihres Schlosses unter Säulen in einem Garten sprechen. Es waren einige Beamte des Philippus bei ihr, welche sie stets beobachteten. Sie war dadurch sehr gehindert in allem, was sie tat, und gab dem Herrn ihre Verlegenheit durch einen Blick zu verstehen, den sie auf diese Männer warf. Jesus kannte aber ihr ganzes Innere und die Bande, welche sie gefangen hielten. Er hatte Mitleid mit ihr. Sie fragte, ob sie versöhnt werden könne mit Gott; ein Punkt drücke sie unaufhörlich, es war der Ehebruch an ihrem rechten Mann und dessen Tod. Jesus tröstete sie und sagte ihr, ihre Sünden seien ihr vergeben, sie solle mit guten Werken fortfahren und harren und beten. Sie war vom Geschlecht der Jebusiten. Diese Heiden pflegten ihre krüppelhaften Kinder verkommen zu lassen und hatten viel Aberglauben mit Zeichen bei der Geburt.

23. September: In allen Orten, wo Jesus zuletzt durchgekommen war, war man schon beschäftigt, allerlei Zurüstungen auf das Laubhüttenfest zu machen. Man trug Lattenwerk zusammen und schlug in Betharamphtha leichte Zelte und Laubengerüste hier und da auf Dächer auf. Die Jungfrauen waren auch beschäftigt, sich nach Pflanzen und Blumen umzusehen und sie in Wasser und in Teller zu setzen, um sie frisch zu halten. Es sind vor dem Fest so viele Fasttage, und es wird so viel gebraucht dabei wegen der Gastmähler, dass jetzt schon alles zusammengetragen wird.

Die Lieferungen von all dem Bedarf sind unter vielen Leuten verteilt, und die Armen werden dafür belohnt und freigehalten und am Ende erhalten sie noch ein reichliches Fest und eine Belohnung.

Man sieht in allen diesen Orten keine öffentlichen Kaufläden. In Jerusalem gibt es außer um den Tempel einige Plätze, wo Buden beisammenstehen. Sonst ist in anderen Städten höchstens hier und da am Tor ein Zelt, wo Decken verkauft werden, besonders wo Karawanen durchziehen. Leute in Wirtshäusern zusammensitzen wie bei uns, sieht man auch nicht. Hier und da steht in einem Mauerwinkel ein Mann bei einem Zelt mit einem Schlauch oder Krug, und es kommt ein Reisender und lässt sich ein Krüglein füllen; selten setzt sich einer hin und trinkt. Betrunkene auf Straßen sieht man nicht. Auch sieht man Leute, die Wasser verkaufen. Sie tragen Schläuche an einer Stange an beiden Seiten über dem Nacken hängend. Benötigte Geschirre und benötigtes Eisenwerk holt sich jeder da, wo es bereitet wird, auf Eseln.

Jesus ging nach seiner gestrigen Abendunterredung mit Abigail in die Judenstadt zurück, wo Er bei den Leviten übernachtete.

Montag, den 2. Tisri, sah ich ihn früh am Morgen in der Mauerstraße zwischen der Heiden- und Judenstadt alle armen, kranken Heiden heilen, welche da in den Löchern so elend lagen, und die Jünger teilten ihnen Almosen aus. Nachher lehrte Er noch zum Abschied in der Synagoge und weil bei diesem Fest auch der Gedächtnistag von Isaaks Opferung ist, sprach Er auch von dem wahren und wirklichen Isaak, was sie jedoch nicht verstanden. Er spricht in allen diesen Orten sehr deutlich vom Messias, doch nicht bestimmt, dass Er es ist.

### *Jesus geht nach Abila*

23. bis 26. September:

Jesus ging hierauf mit den Jüngern und von einigen Leviten begleitet etwa zwei bis drei Stunden nordwestlich gegen eine Schlucht, welche den Bach Chrit in den Fluss Hieromar führt, nach der schönen Stadt Abila. Die Leviten begleiteten ihn den halben Weg bis an einen Berg und gingen dann zurück. Es war drei Uhr nachmittags, als Jesus vor Abila, welches im Busen der Schlucht um die Quelle des Baches Chrit gebaut ist, von den Leviten der Stadt, wobei auch mehrere Rechabiten waren, empfangen wurde. Es waren bei diesen auch drei Jünger aus Galiläa, die Jesus hier erwarteten; ich habe ihr Geschäft vergessen. Er wurde sogleich in die Stadt an einen sehr schönen Brunnen geführt. Es war die Quelle des Baches Chrit, um welche die Stadt herum gebaut war. Das schöne Brunnenhaus auf Säulen lag in der Mitte von Säulengängen, welche die Synagoge und andere Gebäude mit diesem Mittelpunkt der Stadt verbanden, die sich nach den beiden Seiten der Anhöhe sanft aufsteigend mit ihren Straßen sternförmig um diese Gebäude verbreitete, so dass man von allen Straßen aus auf diesen Brunnen sehen konnte. Hier an diesem Brunnen wurden Jesus und den Jüngern von den Leviten die Füße gewaschen und der gewöhnliche Imbiss gereicht. Ich sah in den benachbarten Gärten und an den Gebäuden Jungfrauen und Männer mit den Vorbereitungen für das Laubhüttenfest beschäftigt.

Von hier zog Jesus mit ihnen hinaus, mehr in den nördlichen Teil, etwa eine halbe Stunde vor der Stadt, wo über das Bett des Baches eine breite Brücke von Steinen gebaut war, auf welcher zum Gedächtnis des Elias eine Lehrsäule stand, mit einem offenen, achtsäuligen Tempelchen überbaut. Die beiden Ufer des schmalen Baches waren treppenförmig für die Zuhörer eingerichtet und ganz mit Menschen besetzt. Der Lehrstuhl bestand aus einer kleinen Säule, darauf eine Kanzel. Man ging in der Säule hinauf. Jesus lehrte oben, sich nach allen Seiten wendend.

Es war aber heute ein Gedächtnistag des Elias in dieser Stadt, weil ihm heute an dem Bach hier etwas geschehen war; ob er hier angekommen oder weggegangen, ich weiß es nicht. Nach dieser Lehre Jesu war auf einem Bade- und Belustigungsplatz vor der Stadt noch eine Mahlzeit. Mit dem Sabbat aber wurde die Stadt geschlossen, weil am folgenden Tag ein Fasttag wegen der Ermordung des Godolias[79] war. Es ist auch hier noch mit Posaunen geblasen worden.

Es war im Anfang des Monats Tisri ein Brauch, die Toten auf den Gräbern zu beweinen. Ich sah auch hier etwas dergleichen, weiß jedoch nicht, ob es der Todestag einer bestimmten Person oder ein allgemeines Totengedächtnis war. Ich sah an dem Berghang östlich der Stadt Abila eine einzelne schöne Grabhöhle und einen kleinen Garten davor, in welchem die Frauen von drei Familien aus Abila eine Totenfeier hielten. Sie saßen verhüllt, weinten und sprachen Klagelieder und legten sich oft mit dem Angesicht auf die Erde. Sie töteten auch mehrere sehr schöne, gefiederte Vögel und rupften sie und verbrannten die schönen, schimmernden Federn auf dem Grab. Das Fleisch der Vögel erhielten die Armen.

Es war das Grab einer ägyptischen Frau, von der sie herstammten. Vor dem Auszug der Kinder Israels lebte in Ägypten eine uneheliche Verwandte des damaligen Pharao, welche Moses sehr geneigt war und den Israeliten große Dienste erwies. Sie war eine Prophetin und entdeckte dem Moses in der letzten Nacht die Mumie Josefs. Sie hatte, ich weiß nicht, welche Verwandtschaft mit den Israeliten. Sie nannten sie Segola. Eine Tochter dieser Segola war ein Kebsweib Aarons. Er trennte sich aber von ihr, obschon sie Kinder hatten, und heiratete Elisabeth, die Tochter Aminadabs vom Stamme Juda. Mit diesem Aminadab hatte die geschiedene Frau auch eine Beziehung, welche ich jetzt nicht mehr weiß. Segolas Tochter, welche von Aaron und ihrer Mutter gut ausgestattet war und die besonders viele Schätze mit aus Ägypten genommen hatte, folgte den Israeliten und heiratete noch auf dem Zug einen anderen. Sie schloss sich später den Madianiten an, und zwar an das Geschlecht Jethros. Ihre Nachkommen ließen sich bei Abila nieder, wohnten unter Zelten, und ihre Leiche wurde dort in ein Grab gelegt. Nach den Zeiten des Elias wurde Abila erst erbaut, und damals setzten sich ihre Nachkommen hier fest; denn zu Elias' Zeiten sah ich die Stadt nicht, sie müsste denn früher einmal zerstört worden sein. Es waren noch drei Familien von ihrem Geschlecht hier. Ich erinnere mich unbestimmt, als sei von ihren Schätzen noch wohltätige Wirkung bei dem Bau der Stadt erfolgt.

Jetzt besinne ich mich; es war der Todestag der Tochter Segolas, ihre Mumie war aus der Wüste hier begraben. Die Frauen brachten den Leviten Ohrringe und Geschmeide zu ihrem Andenken. Jesus lobte diese Frau und lehrte auf dem Lehrstuhl des Elias von der Milde ihrer Mutter Segola. Die Frauen hörten zu, hinter den Männern stehend. Bei der Mahlzeit in dem Badegarten waren sehr viele Arme, und jeder Gast musste zuerst von seiner Portion den Armen etwas abgeben.

### *Heilung von Taubstummen, Blinden und Besessenen*

24. September: Heute morgen sah ich Jesus von den Leviten in einen großen, mit Zellen umgebenen Hof geführt werden, worin Taubstumme und Blinde wie in einem Hospital gepflegt wurden. Es waren Wärter und ein paar Leute wie Ärzte bei ihnen. Es waren Taubstumme von Geburt an und auch Blindgeborene. Es waren teils schon alte Leute, im ganzen vielleicht zwanzig zusammen. Die Taubstummen waren ganz wie Kinder. Jeder hatte ein Gärtchen, worin er spielte und pflanzte. Sie kamen bald alle zu Jesus, lächelten und zeigten mit den Fingern auf den Mund. Jesus schrieb mit dem Finger allerlei Zeichen in den Sand. Sie sahen aufmerk-

sam zu und zeigten bei jedem, was Er schrieb, auf diesen oder jenen Gegenstand. Ich meine, Er gab ihnen so etwas von Gott zu verstehen. Ich weiß nicht, ob Er Buchstaben oder Figuren machte und ob sie früher schon lesen gelernt hatten. Nachher legte ihnen Jesus die Finger in die Ohren und berührte sie mit dem Daumen und Zeigefinger unter der Zunge. Da wurden sie heftig bewegt, schauten um sich, sie hörten, sie weinten, sie lallten und sprachen. Sie warfen sich vor Jesus nieder und brachen nachher in ein sehr rührendes, eintöniges Singen von wenigen Worten aus. Es lautete fast wie das rührende Singen des Zuges der Heiligen Drei Könige.

Jesus ging dann auch zu den blinden Männern, die still in einer Reihe standen. Er betete und legte ihnen die zwei Daumen auf die Augen, und sie taten die Augen auf und sahen den Heiland und Erlöser und mischten ihren Lobgesang mit denen der Taubstummen, welche ihn nun loben und seine Lehre hören konnten. Es war ein unbeschreiblich liebliches und freudiges Bild. Die ganze Stadt kam in Freude und Jubel, da Jesus mit den Genesenen heraustrat, welchen Er befahl, sich zu baden.

Er ging mit den Jüngern und Leviten durch die Stadt zum Lehrstuhl des Elias. Es war eine große Bewegung in der Stadt. Man hatte auf die Nachricht von seinem Wunder mehrere Besessene losgelassen. An einer Straßenecke liefen mehrere geisteskranke Frauen auf ihn zu und schwätzten mit geschwinden Worten auf ihn ein: «Jesus von Nazaret, Prophet! Du bist Prophet! Du bist Jesus, Du bist der Christus! Der Prophet!».

Es waren gutmütige Törinnen. Jesus gebot ihnen zu schweigen, da waren sie still. Er legte ihnen die Hand auf das Haupt, da sanken sie auf die Knie und weinten, wurden ganz still, schämten sich und wurden ruhig von den Ihrigen zurückgeführt. Auch mehrere wütende Besessene drangen durch das Volk, als wenn sie Jesus zerreißen wollten. Er blickte zu ihnen hin, da kamen sie wie winselnde Hunde zu seinen Füßen, und Er trieb die Teufel durch Befehl von ihnen aus. Da sanken sie zusammen, es ging ein dunkler Dampf von ihnen aus. Sie erholten sich, weinten und dankten und wurden von den Ihrigen nach Hause gebracht. Gewöhnlich befahl Jesus ihnen, sich zu reinigen. Er lehrte wieder von dem Lehrstuhl über dem Bach aus. Er sprach viel von Elias, auch von

Moses und dem Auszug aus Ägypten, auch von den Geheilten, von den Prophezeiungen, dass zur Zeit des Messias die Stummen sprechen, die Blinden sehen würden. Er sprach auch von denen, welche diese Zeichen sehen und nicht erkennen und dergleichen.

### *Bild von Elias*

Ich sah dabei vieles von Elias, was ich teils vergessen habe. Er war ein langer, hagerer Mann mit eingefallenen, rötlichen Wangen, einem scharfen, glänzenden Blick, einem dünnen, langen Bart und einem kahlen Kopf, nur hinten um das Haupt einen Kranz von Haaren. Oben auf dem Kopf hatte er drei dicke Knoten, schier wie Zwiebeln gestaltet, einen in der Mitte des Hauptes, zwei mehr vorwärts auf der Stirn. Er hatte ein Kleid von zwei Fellen, die auf den Schultern zusammengeheftet, an der Seite offen und um den Leib mit einem Strick gebunden waren. Über die Schultern und um die Knie hingen die Zotten der Felle. Er hatte einen Stab in der Hand. Seine Schienbeine waren noch viel brauner als sein Gesicht. Elias war neun Monate hier; zwei Jahre, drei Monate in Sarepta bei der Witwe. Er lebte hier in einer Höhle am östlichen Abhang des Tales, nicht weit vom Bach. Ich habe gesehen, wie ihm der Vogel Speise gebracht hat. Zuerst kam eine kleine, dunkle Gestalt zu ihm. Sie kam wie ein Schatten aus der Erde und hatte einen dünnen Kuchen vor sich in den Händen.

Es war dies kein Mensch und kein Tier; es war der böse Feind, der ihn versuchte. Elias nahm aber dies Brot nicht an und wies ihn zurück. Nachher sah ich einen Vogel, groß wie eine Gans, in die Nähe seiner Höhle kommen und Brot und andere Speisen in seinen Füßen tragen und dort verbergen, indem er das Gebrachte mit Laub bedeckte. Es war, als verberge es der Vogel anfangs für sich selbst. Es kann kein Rabe, es muss ein Wasservogel gewesen sein; denn er hatte Häute zwischen den Zehen. Sein Kopf hatte etwas Breites, und es hingen ihm wie Backentaschen neben dem Schnabel nieder, auch unter dem Schnabel hatte er etwas wie einen Kropf hängen. Er klapperte auf Art eines Storchs. Ich sah auch, dass dieser Vogel ganz vertraut mit Elias wurde, so dass dieser ihm links und rechts deutete, als sende er ihn aus und locke ihn an. Ich habe dieselbe Art Vögel oft bei den Einsiedlern gesehen, auch bei Zosimus und Maria von Ägypten. Als Elias bei der Witwe zu Sarepta war, wurde ihnen außer dem vermehrten Öl und Mehl manchmal von einem Raben Speise gebracht.

Ich sah Jesus noch mit den Leviten zu der Höhle des Elias gehen. An dem östlichen Abhang des Tales unter einem weit überhängenden Felsenblock war eine schmale Steinbank, worauf Er von dem Felsen überdeckt geschlafen. Das Lager war noch mit Moos überzogen. Als der Sabbat des 4. Tisri begann und der Fasttag vorüber war, war ein Mahl in dem Badegarten, wobei abermals die Armen gespeist wurden.

25. September: Ich sah am Morgen Jesus in der Synagoge lehren und heilen. Die Männer und Jünger gingen dann getrennt zum Bad und ebenso die Frauen und Jungfrauen. Die alten Leute blieben zu Hause und als die anderen heimgekehrt waren, sah ich gegen Mittag die alten Männer und Frauen der Stadt miteinander nach einem Lustort wandeln, welchen sie nahe bei der Stadt hatten. Sie führten einander; es waren so alte Leute dabei, dass sie an beiden Seiten geführt werden mussten.

Jesus sah ich mit den Jüngern, Leviten und Rechabiten und einigen Leuten der Stadt auf der westlichen Anhöhe des Gebirges wohl eine Stunde lang zwischen Weinbergen spazierengehen und lehren. Es waren auf diesem Gebirge bis gegen Gadara hin viele Hügel, teils natürliche, teils künstlich aufgetürmte Steinhaufen, um welche Reben gepflanzt waren. Die Weinstöcke waren wohl armdick und ziemlich weit voneinander, aber die Zweige waren sehr weit gezogen. Die Trauben waren oft armlang und hatten Beeren, wie Pflaumen so groß. Die Blätter waren auch größer als bei uns, doch gegen die Trauben klein.

Die Leviten fragten ihn allerlei Stellen aus den Psalmen, die sich auf den Messias bezogen. Sie sagten: «Du bist gewiss der nächste am Messias, du wirst es uns sagen!» Es war die Stelle: Dixit Dominus Domino meo, und dann noch eine Stelle, wo etwas von Wein in Blut verwandelt vorkommt. (Vielleicht vom Keltertreter mit Blut besprengt, was am folgenden Sabbat zu Gadara vorkam. Leider hat sie das meiste vergessen.) Jesus erklärte ihnen alles sehr tiefsinnig und legte es auf sich aus. Sie saßen bei dieser Erklärung um einen Weinhügel herum und aßen Weinbeeren. Die Rechabiten hatten nicht mitessen wollen, weil der Wein ihnen verboten war. Jesus forderte sie aber dazu auf und gebot es ihnen, indem Er sagte, wenn sie damit sündigten, solle die Schuld auf ihn kommen. Da sie von diesem ihrem Gesetz sprachen, kam also auch die Rede darauf, dass Jeremias es ihnen einmal auf Gottes Befehl geboten und sie es nicht getan hatten; jetzt aber befahl es ihnen Jesus, und sie taten es. Gegen Abend gingen sie zurück. Es war noch eine Mahlzeit, wobei die Armen gespeist wurden; dann lehrte Jesus in der Synagoge und schlief im Haus der Leviten auf dem Dach unter einem Zelt.

### *Jesus geht nach Gadara*

26. September, Donnerstag, 5. Tisri: Jesus lehrte heute in der Schule und heilte viele Kranke. Er ging nachmittags vom Südende der Weinberge nach Westen, von den Leviten begleitet, und nahm abends, als der Fasttag zu Ende ging, unterwegs eine kleine Mahlzeit mit ihnen ein. Dann nahm Er Abschied von den Abilenern und setzte seinen Weg nach Gadara fort, wo Er abends von der Mittagsseite vor dem kleinen, jüdischen Stadtteil ankam, der von dem größeren, heidnischen Teil, der wohl vier Götzentempel hat, getrennt liegt. Ich erkannte Gadara gleich als eine Heidenstadt, weil das Götzenbild des Gottes Baal unter einem großen Baum stand.

Jesus wurde hier ganz gut empfangen. Es waren Pharisäer und Sadduzäer und ein Synedrium für diese Gegend hier, wenngleich nur drei- bis vierhundert männliche Juden hier lebten. Es kamen hier auch noch einige andere galiläische Jünger zu Jesus; es waren Nathanael (Chased) und Jonathan, der Halbbruder des Petrus, und ich meine, Philippus war dabei. Jesus wohnte vor der Judenstadt in einer Herberge, wo bereits eine große Menge Lauben zum Laubhüttenfest aufgeschlagen waren.

27. September: Heute morgen, als Jesus zur Synagoge zur Lehre ging, war eine große Menge von Kranken vor dieser versammelt und auch viele tobende Besessene. Die Pharisäer und Sadduzäer, welche übrigens ganz gut gesinnt schienen, wollten diese Leute abweisen. Sie sollten nicht so zudringlich sein, es sei jetzt nicht Zeit hierzu. Jesus sprach aber ganz freundlich, sie möchten doch bleiben, Er sei um ihretwillen gekommen. Er heilte hier viele.

Das jüdische Synedrium hier hatte sich währenddessen beratschlagt, ob sie ihn sollten lehren lassen, weil soviel Widerspruch gegen ihn sei; sie gestanden es aber einstimmig zu. Sie hatten hier im voraus sehr vorteilhaft von ihm sprechen hören und besonders von der Fernheilung des Hauptmannssohnes von Kapharnaum.

Die neu angekommenen Jünger sprachen gestern abend auch mit Jesus von einem anderen Heilsbedürftigen von Kapharnaum, der seine Hilfe sehr verdiene. Jesus lehrte hierauf in der Synagoge. Er sprach viel von Elias, von Achab und Jezabel und von dem Götzen Baal, der in Samaria aufgerichtet worden war. Ich sah alles, was Er lehrte. Nach Tisch war eine Mahlzeit, und Er heilte noch.

Am Abend begann der Sabbat, und die Lehre war über Dtn 29,10-31,1 und Jes 61,10-64,1 wie Moses, ehe er Josua sein Amt übergab, den Bund Gottes mit Israel erneuerte. In der Auslegung kam viel von der Abgötterei in Samaria und bei Achab, Jezabel und Elias vor. Auch von Jonas erzählte Jesus; er habe kein Brot vom Raben erhalten (ich meine, es muss auch hier etwas mit ihm vorgegangen sein; ich habe es vergessen), weil er ungehorsam gewesen. Auch vom König Balthasar von Babylon war die Rede, der die heiligen Gefäße Nebukadnezars missbrauchte und die Schrift an der Wand gesehen hat. Ich sah das alles. Aus Jesaja aber lehrte Er sehr lange und kräftig und legte es sehr wunderbar auf sich aus und sprach vom Keltertreten, vom roten, blutigen Gewand, vom einsamen Arbeiten, vom Zertreten der Völker. Vorher sprach Er von der Erneuerung Sions, von Wächtern auf Sions Mauern; ich fühlte, dass Er die Kirche damit meinte. Er lehrte so klar für mich, aber so tief und ernst, dass die jüdischen Gelehrten betroffen und erschüttert wurden, ohne ihn doch zu verstehen. Sie kamen auch noch in der Nacht zusammen und schlugen allerlei Rollen nach und sprachen hin und her, denn sie meinten, Er müsse mit irgendeinem benachbarten Volk verbunden sein und nächstens mit einem großen Kriegsheer kommen wollen und Judäa erobern.

Jesus schlief wieder vor der Stadt in der Herberge, wo die Laubhütten in einer Reihe erbaut waren. Der Götze Baal vor dem Eingang der Heidenstadt war von Metall. Er saß unter einem großen Baum. Er hatte einen breiten Kopf und ein großes Maul; sein Kopf war sehr spitz oben wie ein Zuckerhut, und es war ein Kranz von Blättern wie eine Krone darum. Er war breit, dick und kurz und saß wie ein Tier, wie ein aufgerichteter Ochse. In der einen Hand hatte er ein Büschel Ähren, in der anderen hatte er wie ein Kraut herabhängen, ich weiß nicht, ob Trauben oder sonst ein Gewächs. Er hatte sieben Löcher im Leib und saß in einer Art Kessel, unter dem man Feuer machen konnte. An seinen Festen wurde er bekleidet.

Gadara ist eine Festung. Die Heidenstadt ist ziemlich groß, sie liegt etwas unter der höchsten Höhe des Berges. Es liegen am nördlichen Fuße des Berges warme Bäder in schönen Gebäuden.

28. September: Am Morgen sah ich viele Kranke bei Jesus vor der Stadt, Er heilte sie. Alles lag ganz voller Kranker unter den Laubhütten. Als ein Priester zu ihm kam, sagte Er zu ihnen: «Was seid ihr heute nacht so in Sorgen über meine gestrige Lehre gewesen? Warum fürchtet ihr euch vor einem Kriegsheer, da Gott die Gerechten beschützt? Erfüllt das Gesetz und die Propheten! Warum fürchtet ihr euch?» Er lehrte dann noch wieder wie gestern in der Synagoge.

### *Jesus heilt heidnische Kinder –*<br>*Er beschämt eine Götzenpriesterin*

Gegen Mittag kam eine heidnische Frau ganz scheu zu den Jüngern und flehte Jesus an, in ihr Haus zu kommen und ihr Kind zu heilen. Jesus kam auch nach Tisch mit mehreren Jüngern in die Heidenstadt. Der Mann dieser Frau empfing ihn am Tor und führte ihn in das Haus. Da warf sich die Frau vor ihm nieder und sagte: «Herr! Ich habe von deinen Taten gehört und dass du Größeres tust als Elias. Sieh, mein einziges Knäblein ist am Sterben, und unsere weise Frau kann ihm nicht helfen. Erbarme dich über uns!» Der Knabe lag in der Ecke in einem Kästchen; er war etwa drei Jahre alt. Sein Vater war gestern abend im Weinberg gewesen und das Kind mit ihm; es hatte einige Beeren gegessen, und der Vater hatte es laut wimmernd zurückgebracht. Die Mutter hatte es bis jetzt immer auf dem Schoß gehabt und alles vergeblich versucht. Es war schon ganz wie tot; ja es schien wirklich tot. Da lief sie zur Judenstadt und bat Jesus; denn die Heiden hatten von seinen gestrigen Heilungen gehört.

Jesus sagte zu ihr: «Lasse mich mit dem Kind allein und schicke mir zwei meiner Jünger!» Es kamen nun Judas Barsabas und Nathanael der Bräutigam herein. Jesus nahm den Knaben von seinem Lager auf seinen Schoß in seine Arme und legte ihn mit seiner Brust an die seine und hatte ihn quer um sich liegen und an sich geschlossen und beugte sein Angesicht zu des Kindes Angesicht und hauchte es an. Da schlug das Kind die Augen auf und regte sich, und Jesus stellte das Kind vor sich in die Höhe und befahl den beiden Jüngern, die Hände auf des Kindes Haupt zu legen und es zu segnen. Sie taten es. Da wurde das Kind ganz gesund, und Er brachte es seinen harrenden Eltern, welche es umarmten und sich unter Tränen vor Jesus niederwarfen. Die Frau sagte noch: «Groß ist der Herr Gott Israels, Er ist über allen Göttern! Mein Mann hat mir das schon gesagt, und ich will auch keinem anderen Gott mehr dienen!» Es waren bald viele Leute versammelt, und sie brachten dem Herrn noch mehrere Kinder. Ein Knäbchen von einem Jahr heilte Er durch Handauflegung. Ein Knabe von sieben Jahren hatte Konvulsionen und war wie irrsinnig; er war dämonisch krank, doch ohne heftige Anfälle und oft wie lahm und stumm. Jesus segnete ihn und befahl, ihn in einem aus drei Wassern gemischten Bad zu baden; aus dem warmen Brunnen Amathus, nördlich am Fuße des Bergs von Gadara, aus dem Bache Chrit bei Abila und aus dem Jordan.

Die Juden hatten hier Jordanwasser aus der Gegend, wo Elias hinübergegangen, in Schläuchen vorrätig und brauchten es bei Aussätzigen. Es klagten unter den Heidinnen auch die Mütter, dass sie so viel Unglück mit ihren Kindern hätten und die Priesterin sie nicht immer heilen könne. Da befahl ihnen Jesus, diese Priesterin zu rufen. Diese Frau kam ungern und wollte nicht hereinkommen. Sie war ganz verhüllt. Jesus befahl ihr, sich zu nähern. Sie sah ihn aber nicht an und wandte das Gesicht ab, und ihr Betragen war von der Art der Besessenen, welche innerlich gezwungen werden, sich von dem Anblick Jesu abzuwenden, aber doch auf seinen Befehl wieder herannahen. Jesus sagte aber zu den versammelten Heidinnen und Männern: «Ich will euch zeigen, welche Weisheit ihr in dieser Frau und ihrer Kunst verehrt», und dann befahl Er, ihre Geister sollten sie verlassen. Da ging wie ein schwarzer Dampf von ihr aus, und allerlei Gestalten von Ungeziefer, Schlangen, Kröten, Ratten, Drachen wichen in diesem Dampf wie Schatten von ihr. Es war ein greulicher Anblick, und Jesus sagte: «Seht, welcher Lehre ihr folget!» Die Frau aber sank zu Boden in die Knie und weinte und wimmerte. Nun war sie ganz geschmeidig und gutwillig, und Jesus befahl ihr zu sagen, wie sie es anstelle, die Kinder zu heilen. Sie sagte unter Tränen halb wider ihren Willen, wie sie gelehrt worden sei; dabei kam heraus, dass sie die Kinder durch Zauberei krank machte, um sie zur Ehre der Götter zu heilen. Jesus Christus befahl ihr nun, mit ihm und den Jüngern dorthin zu gehen, wo der Gott Moloch stehe, und Er ließ mehrere heidnische Priester dazurufen. Es versammelte sich auch viel Volk umher, denn es war der Ruf von der Heilung der Kinder schon bekannt geworden. Es war dieser Ort aber kein Tempel, sondern ein Hügel, rings von Gräbern umgeben, und der Götze selbst war zwischen den Gräbern unter der Erde in einem Gewölbe[80], das mit einem Deckel verdeckt war.

Jesus sagte nun den Götzenpriestern, sie sollten ihren Gott doch herbeirufen, und da sie ihn durch eine Maschine heraufsteigen ließen, bedauerte sie Jesus, dass sie einen Gott haben, der sich nicht selbst helfen kann.

Er sagte der Priesterin, sie sollte nun laut das Lob ihres Gottes aussprechen und erzählen, wie sie ihm diente und was er ihnen dafür gebe. Da ging es der Frau wie dem Propheten Balaam. Sie sagte laut alle Greuel dieses Dienstes aus und verkündete die Wunder des Gottes Israels vor allem Volk. Jesus befahl nun seinen Jüngern, den Götzen umzuwerfen und hin und her zu wälzen, und sie taten es. Er sagte aber: «Seht, welchen Götzen ihr dient, seht die Geister, die ihr anbetet!»

Und es erschienen aus dem Bild herausfahrend vor den Augen aller Anwesenden allerlei teuflische Gestalten und zitterten und krochen umher und verschwanden wieder bei den Gräbern in die Erde hinab. Die Heiden waren sehr erschrocken und beschämt. Jesus sagte: «Wenn wir euren Götzen wieder in die Grube hinabwerfen, wird er wohl in Stücke gehen.» Die Priester baten ihn aber, Er möge ihn doch nicht zerbrechen; und Er ließ ihn wieder aufrichten und hinabhaspeln.

Die meisten Heiden waren sehr gerührt und beschämt, besonders die Priester; einige unter ihnen waren jedoch sehr unwillig. Das Volk war jedoch ganz auf Jesu Seite. Er hielt ihnen noch eine schöne Lehre, und es bekehrten sich viele. Der Gott Moloch saß wie ein Ochse auf den Hinterbeinen, er hatte die Arme wie einer, der etwas auf die beiden Arme nehmen will, und diese Arme konnte er mit einem Mechanismus an sich ziehen. Er war sehr groß und dick wie ein sitzender Ochse; sein Kopf war oben in einen weiten Rachen gespalten und auf der Stirn hatte er ein gekrümmtes Horn. Der Götze saß in einer weiten Schale, um den Leib herum hatte er mehrere Vorsprünge wie offene Taschen. Bei Festen wurde er bekleidet. Es bestand diese Bekleidung aus einer Art langer Riemen, die ihm um den Hals gehängt wurden. In dem Becken unter ihm wurde Feuer gemacht beim Opfer. Es brannten immer viele Lampen um den Rand des Beckens vor ihm. Früher hatten sie ihm oft Kinder geopfert, jetzt durften sie es nicht mehr. Sie opferten ihm allerlei Tiere, welche sie in den Öffnungen seines Leibes verbrannten oder durch die Öffnung des Kopfes hineinwarfen. Das schönste Opfer war für ihn eine syrische Kamelziege.

Es waren auch Zugwerke da, an denen man sich zu dem Gott hinablassen konnte. Der Gott stand ganz in der Erde und zwischen lauter Gräbern. Sein Dienst war nicht mehr recht im Gang, sie riefen ihn nur in Zauberei an, und die Frau hatte besonders wegen der kranken Kinder mit ihm zu tun. In jede der Taschen an seinem Leib erhielt er besondere Opfer. Früher wurden ihm die Kinder in die Arme gelegt und durch das Feuer unter ihm und in ihm (er war hohl), das im Kessel brannte, verzehrt. Er zog dann die Arme an sich und erdrückte sie, damit sie nicht laut schrieen. Er hatte einen Mechanismus in den Beinen, und man konnte ihn auch aufstellen. Er war mit Strahlen umgeben.

### *Jesus geht nach Dium (Dion)*

Die Heiden, deren Kinder Jesus gestern in Gadara heilte, fragten ihn, wo sie sich hinwenden sollten; denn sie wollten dem Götzendienst absagen. Jesus sprach ihnen von der Taufe und dass sie sich einstweilen ruhig verhalten und harren sollten. Er sprach ihnen von Gott als einem Vater, dem wir unsere bösen Gelüste opfern müssen und der keiner anderen Opfer als der unserer Herzen bedürfe. Er sagte zu den Heiden immer deutlicher als zu den Juden, dass Gott unserer Opfer nicht bedürfe. Er ermahnte sie zur Reue und Buße, zum Dank für die Wohltaten und zur Barmherzigkeit gegen die Elenden. In der Judenstadt schloss Er noch den Sabbat und nahm ein Mahl ein, und dann begann der Sabbat des Fasttags wegen der Anbetung des goldenen Kalbes, welcher den 8. Tisri gehalten wurde, weil der 7. als gewöhnlicher Fasttag dieses Jahr auf den Sabbat fiel.

Jesus lehrte und heilte am 8. Tisri noch morgens in Gadara und verließ nachmittags die Stadt. Die Heiden, deren Kinder Er geheilt, dankten ihm nochmals vor der Heidenstadt. Er segnete sie und ging mit etwa zwölf Jüngern hinab durch das Tal südlich von Gadara, dann über einen anderen Berg südlich und bis zu einem Flüsschen, das in einem Tal unter Betharamphtha-Julias, wo die Bergwerke von hier gegen Morgen liegen, aus dem Gebirge herabkommt.

An diesem Flüsschen blieb Jesus heute abend etwa drei Stunden südlich von Gadara in einer Herberge. Es waren dort allerlei Leute mit Einsammeln von Früchten beschäftigt, bei welchen Er hin und wieder ging und lehrte. Dies waren Juden. Es war aber auch eine Gruppe Heiden in der Gegend, welche in der Nähe des Flüsschens von einem Heckengewächs weiße Blumen sammelten; ich weiß nicht, wozu sie gebraucht wurden. Sie sammelten aber auch ganz große scheußliche Käfer und Insekten, vor welchen mir schauderte. Als Jesus ihnen nahte, zogen sie sich zurück und waren wie scheu. Ich hatte dann einen wunderlichen Anblick, vor dem es mir grauste, und es war mir in demselben Augenblick so greulich, dass ich mich vor Ekel und Schrecken schüttelte.

### *Beelzebub*

Bei dem Käfersammeln der Heiden kriegte ich einen Blick ungefähr eine Stunde südlicher an der Abendseite eines Bergabhangs nach einer Stadt Dion oder Dium. Da sah ich einen greulichen Götzen vor dem Tor der Stadt unter einem, ich meine, Weidenbaum so groß wie ein Nussbaum sitzen. Er hatte eine ziemlich menschliche, doch mehr affenartige Gestalt mit kurzen Armen und dünnen Beinen, doch auf menschliche Art sitzend. Sein Kopf war oben sehr spitz und hatte zwei kleine, gekrümmte Hörner wie Mondsicheln, sein Gesicht war menschlich, doch greulich, mit senkrechter, sehr langer Nase; das Kinn war niedrig, doch vorstehend, das Maul groß und tierisch, der Leib schlank; um den Schoß eine Schürze, die Beine ziemlich dünn, die Füße lang, mit kralligen Zehen.

In der einen Hand hatte er einen Kelch auf einem Stiel, in der anderen hielt er eine große Schmetterlingsfigur[81], die aus der Larve zu schlüpfen schien, als wenn sie auf den Kelch los wollte. Dieser Schmetterling sah aber teils wie ein Vogel, teils wie ein ekelhaftes Insekt aus. Hinten, wo der Götze ihn hielt, war er wie eine Puppe (Insekten-Larve) gedreht und gewickelt. Vor der Hand breitete er ein paar ausgepackte Flügel aus, und sein Kopf hatte rote, blinkende Augen und einen offenen Schnabel. Der Götze saß wie in einem ihn umgebenden Thron. Unter seinen gespreizten Beinen war eine Feuerstelle in seinem Sitz. Der ganze Schmetterling war sehr blinkend und bunt.

Das Greulichste aber war mir: Rund um den Kopf des Götzen über die Stirne weg hatte er einen Kranz wie ein Krone von grässlich großen, ekelhaften Käfern und fliegenden Würmern;

einer hatte den anderen gepackt, und über der Stirn in der Mitte des spitzen Kopfes zwischen den Hörnern saß einer, größer und ekelhafter als alle die anderen, an welchem sich die anderen Enden anschlossen. Sie waren schimmernd und von allerlei Farben, aber von greulicher, giftiger Gestalt mit langen Bäuchen, Füßen, Zangen und Stacheln. Diese Tiere sind mir an sich so greulich, und diese waren es mir noch mehr. Kaum sah ich sie an und meinte, weil sie so still saßen, sie seien gemacht.

Da sah ich auf einmal, als Jesus in die Nähe der Heiden kam, welche solche Tiere für den Gott am Flüsschen suchten, die ganze Krone auseinanderfahren und fortfliegen, worüber ich so erschrak, als kämen sie mir auf den Leib. Ich sah aber, wie sie als ein dunkler Schwarm, der sich zerstreut, in Löcher und Winkel der Gegend flogen und sah allerlei grässliche, schwarze Geistergestalten, welche sich mit ihnen zu verbergen schienen, als kröchen sie bang mit ihnen in die Löcher. Es waren dieses die bösen Geister, die mit diesen Käfern in dem Beelzebub geehrt wurden. Die Käfer saßen still, glaube ich, weil sie dem Götzen Blut oder sonst etwas um die Stirn schmierten. (Sie kann die Tiere nicht grässlich genug beschreiben.)

30. September: Montag gegen zehn Uhr morgens kam Jesus vor Dium an, von der Herberge am Flüsschen etwa ein Stunde weiter südlich, am östlichen Bergabhang gegen den Jordan, ein paar Stunden östlich von Scythopolis gelegen, und zwar vor dem jüdischen Teil der Stadt, der an einer Seite lag und viel kleiner als die Heidenstadt, welche schön gebaut ist und mehrere Tempel hat. Die Judenstadt liegt ganz getrennt, und vor dieser Seite steht der Beelzebub nicht. Wo Jesus ankam, vor der Stadt, waren die Laubhütten schon größtenteils fertig und unter einer derselben wurde Er von den Priestern und Vorgesetzten des Ortes wie gewöhnlich mit Fußwaschung und Imbiss feierlich empfangen.

Er begann dann sogleich die vielen Kranken zu besuchen, welche unter den Laubhütten bis zu der Stadt lagen und standen. Die Jünger halfen und hielten Ordnung. Es waren Kranke aller Art: Lahme, Stumme, Blinde, Wassersüchtige, Gichtbrüchige; Er heilte und ermahnte viele. Es waren einige dabei, welche zwischen dreifüßigen Krücken aufrecht standen; es waren Krücken, auf welchen sie lehnen konnten, ohne die Füße zu gebrauchen, fast wie Laufstühle. Zuletzt kam Er zu den kranken Frauen. Sie lagen, lehnten und saßen der Stadt näher unter einer langen Laubhütte, welche über einen terrassenförmigen Erdsitz gebaut war. Dieser Sitz war mit einem feinen, schönen und von oben niederhängenden Gras belegt, welches wie sanfte, seidene Haare niederhing, und darüber waren Teppiche gebreitet. Es waren mehrere blutflüssige Frauen ganz verhüllt, entfernter, und auch einige melancholische, ganz finster und braunbleich dasitzend, und andere Kranke.

Jesus redete sie sehr liebevoll an und heilte sie, eine nach der anderen, und gab ihnen verschiedene Weisungen zu Badereinigungen und Ratschläge zur Besserung einzelner Fehler und Sünden und zu Genugtuungen. Er heilte und segnete auch mehrere Kinder, welche die Mütter brachten. Diese Arbeit währte bis nachmittags und endete mit einer allgemeinen Freude. Alle Genesenen zogen lobsingend, ihre Betten und Krücken tragend und ganz heiter und froh, von ihren freudigen Verwandten, Freunden und Dienern begleitet, in einer schönen Ordnung, wie sie geheilt worden waren, in die Stadt, und Jesus mit den Jüngern und Leviten war in ihrer Mitte.

Die Demut und der Ernst Jesu in solchen Fällen ist unaussprechlich. Die Kinder und Frauen zogen voraus, und sie sangen alle den 40. Psalm Davids: «Heil dem, der sich des Dürftigen annimmt.» Sie gingen nach der Synagoge und dankten Gott; dann war unter einer Laubhütte ein Mahl von Obst, Vögeln, Honigwaben und geröstetem Brot. Als der Sabbat aber anfing, begaben sich alle in Trauerkleidern nach der Synagoge, denn es begann der 16. Tisri, der große Versöhnungstag der Juden.

# ANMERKUNGEN

1 Es wird auch von den bedeutendsten Exegeten angenommen, dass Jesus nicht erst im Alter von zwölf Jahren zum ersten Mal nach Jerusalem gekommen sei.

2 Der Leser wundere sich nicht, wenn in der Lehre des Heilandes scheinbar so fremdartige Gegenstände berührt werden. Es sind darunter gerade jene Wissenschaften, an welchen sich der menschliche Stolz am meisten zu versündigen pflegt, so dass sie, statt zu Gott zu führen, den Menschen Gott entfremden und in immer dichtere Finsternis stürzen. Da nun der Heiland selbst diese in seinem Lehrvortrag behandelt, so leistet Er für diese Art von Hochmut und Wissensdünkel Sühne und zeigt zugleich, welches der Ausgang und das Ziel aller Erkenntnis sein muss, damit sie ein Dienst an Gott werde.
Es sei hier auch für alle Fälle bemerkt, dass dem aufmerksamen Leser nicht wird entgehen können, wie sich nach den Gesichten in dem Tun und Wirken des Heilands eine wunderbar fortschreitende Ordnung kundgibt. So nämlich, wie der Menschgewordene alle Alters- und Entwicklungsstufen eines Menschen bis zum vollen Mannesalter sühnend und heiligend durchlebt, indem Er sich selbst der Ordnung unterwirft, unter die Er als der höchste Gesetzgeber den Menschen gestellt hat, so offenbart Er, dieser Ordnung entsprechend, auch die Geheimnisse seiner erlösenden Wirksamkeit und erwirbt auf jeder Stufe neue Verdienste von unendlichem Wert zum Heile aller.
Wo darum der Leser auf etwas stoßen sollte, was ihm nicht auf den ersten Augenblick einleuchtet, so wird eine vergleichende Erwägung des Einzelnen aus dem Ganzen die Schwierigkeit leicht beheben.

3 Die Erzählende meint die Grabhöhle Marahas, der Amme Abrahams.

4 Den Ortsnamen Kimki sagte sie erst am 11. September. Unter den hebräischen Männernamen mag sie, wo nicht einen anderen, Kimean oder Kimham, 2 Sam 19,37ff, meinen.

5 Der Berg des Absturzes wird heutzutage über eine halbe Stunde südlich von Nazaret entfernt gezeigt. Nazaret muss demnach Veränderungen erlitten haben oder ihre Angabe ist schwankend.

6 Ausführlicheres hierüber findet sich in den Gesichten vom Patriarchensegen.

7 Die hier eingeflochtenen Erzählungen der Flucht nach Ägypten, des Lebens in Ägypten, des Kindermordes des Herodes sind in das Marienleben aufgenommen.

8 Ri 4,2

9 Diese Bilder sind in das Marienleben übertragen.

10 So sprach sie den Namen aus.

11 Das hier erzählte Bild von der Hochzeit Marias und die genaue Beschreibung des Brautschmucks sind in die Bilder vom Marienleben übertragen.

12 Es ist bei diesen Erklärungen zu beachten, dass Anna Katharina ihre Erzählung vom Lehrwandel Jesu 1820 im Juli mit dem dritten Jahr begann und bis nach seiner Himmelfahrt fortfuhr, 1821 aber das erste Jahr begann und bis zu ihrem Tod 1824 wieder dahin gelangte, wo sie 1820 ausgegangen war; daher rühren an manchen Stellen die Erwähnungen späterer Ereignisse.

13 Ausführlich erzählt im Marienleben.

14 Nach einer vorgezeigten Abbildung erkennt sie diese Pflanze als Telephium purpureum oder Sedum Linnaei (Leinsamen). Sie erklärt dieselbe als Heilmittel von Skrofelgeschwüren, besonders am Halse. Mit Majoran in Wasser und Wein gekocht, zerteilt sie als Umschlag alte Geschwüre und dient auch als Gurgelwasser bei Halsweh.

15 Sollte dies jene Quelle sein, welche er als Knabe mit seinem Stab aufwühlte, als er in einer Vision Jesus auf der Flucht nach Ägypten dürsten sieht?

16 Unten folgt eine wiederholte und deutlichere Beschreibung des Taufortes.

17 Als die unbefleckt empfangene, sündenlose Jungfrau bedurfte Maria des Sakramentes der Wiedergeburt nicht; aber sie wollte als Mutter aller Wiedergeborenen die Sakramente des Neuen Bundes empfangen und wollte das unauslöschliche Merkmal des Taufsakramentes in seiner höchsten Glorie empfangen.

18 Dies Bethabara ist derselbe Ort, der bei Joh 1,28 «Bethania jenseits des Jordans» genannt wird.

19 Die Erzählende teilte das Erscheinen der Taufinsel als vor dem dreitägigen Fest geschehen mit; es ist aber vom Herausgeber wegen des Zusammenhangs mit dem unmittelbar darauf folgenden hierher gestellt worden.

20 Vielleicht wurden sie jedoch durch das Verweilen des Johannes hier wieder zutage gefördert oder später erneuert. Der hl. Hieronymus nämlich erzählt, Paula sei in Gilgal gewesen und habe diese Steine gesehen. Auch Eusebius erwähnt sie in seinem Ortsverzeichnis unter Galgala als zu seiner Zeit noch anwesend. Einige Kirchenlehrer glauben, der Täufer habe, zu den Pharisäern sprechend: «Gott kann dem Abraham aus diesen Steinen Kinder erwecken», auf diese Steine gedeutet. Johann Moschus im «Leben der Altväter», Buch 2, Kap. 11, sagt, der Abt Agiodulus habe von Gott die Gnade erhalten, die zwölf im Jordan aufgerichteten Steine zu sehen.

21 Sonst wurde den Getauften nur ein kleineres, weißes Tuch umgehängt, von Jesu Taufe an aber wurde ein größeres verwendet.

22 Dieser Turm ist im Marienleben ausführlich beschrieben.

23 Das auf diese Höhle Bezügliche ist vollständig mitgeteilt im Marienleben.

24 Die Jerusalemreise des Minoriten Ant. Gonzalez, Antw. 1673 sagt p. l., p. 556, eine kleine Meile von Hebron gegen Jerusalem zu, zur Linken des Weges, sei er in einem Dorf Mariä gewesen, wo sie auf der Flucht geherbergt habe. Es liege auf einer Höhe und stehe noch eine ganze Kirche mit drei Bogen und drei Türen dort. Maria auf dem Esel mit dem Kinde und Joseph, der sie führt, sind noch auf der Wand abgebildet; unter dem Berg, worauf Kirche und Dorf sind, ist ein schöner Brunnen, der Marienbrunnen genannt.

25 1 Makk 3,46

26 Den Namen dieses Ortes, den sie hier vergaß, nannte sie erst am 12. Februar, da der Heiland wieder dahin kam.

27 Die Erzählende erinnert sich nicht, welche Wüste der Kinder Israels die stille Maria mit Magdalenas Zustand verglichen oder ähnlich gesehen. Sie sagt: «Es ist ein so böser Ort gewesen; die Israeliten kamen hin ‹as sie wier hebben wat Schlimmes ut gohn laten›» (als sie wieder etwas Schlimmes haben ausgehen lassen), und Aaron habe gesagt, hier sei noch nie eines Menschen Fuß gewesen; sie sind nur 11 Tage dort gewesen.

28 Es sind wohl jene gemeint, die dem Herrn beim ersten Auszug von Nazaret nach Hebron folgten. Doch erwähnte die Erzählende damals nur zwei.

29 Nach ihren bisherigen Mitteilungen erscheint der durch Gebet entlarvte Satan immer in einer Missgestalt, welche der Lüge entspricht, der er überführt wurde. Es ist wie im Leben, wo der Lügner, vom Moment der Beschämung überrascht, etwas anders als gewöhnlich aussieht.

30 Joh 1,36

31 Ei was, das ist ja helo, helo, wie die Kinder rufen, wenn sie die Kühe austreiben.

32 Helo, helo! Anna Kathrinchen Emmerick! Willst du mit nach der Wasserfurt gehen, so geh schnell zu! Hele le loh loh!

33 Wohnort der Erzählerin

34 Arbela lag etwa anderthalb Stunden südwestlich von Tiberias am See Gennesaret.

35 Joh 1,41-42

30 Joh 1,36

37 Joh 1,43

38 Joh 1,45-51

39 Siehe oben: 2. Kapitel, Abschnitt 3. bis 22. Juni

40 Lydda kommt auch unter dem Namen Lod vor, Esr 2,33; Esr 11,34; in späterer Zeit, nach Christus, wechselt der Name Lydda mit Diospolis.

41 Der Schreiber las Jahre nachher, dass manche unter den Juden, welche neben dem Esther-Fasten am 13. Adar den Sieg des Judas Makkabäus über Nikanor feiern, sagen, Judas, eine Schwester des Judas Makkabäus, habe Nikanor den Kopf abgeschnitten; auch sollen sie am Tempelweihfest durch Judas Makkabäus Lieder von einer Judith singen, von der man nicht weiß, ob es die Bethulische ist.

42 Nach einer weiter unten folgenden Mitteilung meint sie die jedem Israeliten vom Gesetz auferlegte Kopfsteuer, die an den Tempel entrichtet werden musste.

43 Es war ihr seit langem von ihrem Schutzengel verkündet worden, weil ihr in diesem Jahr am Karfreitag ein Überfall von übelwollenden Menschen drohe, so solle sie dieses Jahr der mitleidenden Anschauung der Passion nicht am kirchenfestlichen, sondern am historischen Freitag teilhaft werden; dieses geschah nun seit gestern, Donnerstagabend, bis heute abend. Es muss also der 14. Nisan des Todesjahres Jesu auf den 29. März gefallen sein.
Ihre unaussprechlichen Leiden an diesem und überhaupt schier allen Tagen ihres jetzigen Lebens erwähnen wir nicht; der Leser mag sie aus der schwachen und mangelhaften Mitteilung ihrer Anschauungen vom Leben des Herrn selbst entnehmen.

44 Worte der Erzählenden

45 In den ersten Tagen des Mai hatte Anna Katharina in Abwesenheit des Schreibers dieses Ereignis gesehen, ihm aber erst im August erzählt.

46 Vermutlich war der seidene Umschlag des Briefes doppelt, und die Fläche, welche die Brieffläche enthielt, hatte eine ähnliche auf der anderen Seite; denn sie sah bestimmt, dass Jesus den Brief auf die andere Seite umkehrte, als Er schrieb, und ihn auch ganz auf die andere Seite faltete, als Er ihn schloss.

47 Tob 1,2

48 Wahrscheinlich durch die Jünger und den häufigen Gebrauch; sie sieht die Taufstelle Johannes' immer sehr zierlich.

49 So sagte sie; vielleicht war es jene breite, mit Gold, Silber und dgl. verzierte Binde, Strohpium genannt, womit sich die Frauen um die Brust zu gürten pflegten.

50 In dem Römischen Martyrologium heißt sie Photina.

51 Die «Wasserquellen steigen und ergießen sich wieder so hoch, als sie von ihrem Ursprung niedergekommen sind». Das lebendige Wasser, der Heilige Geist, kam nieder zum versiegelten Brunnen der Menschheit Jesu Christi, des Sohnes, und Jesus stieg wieder hinauf mit Gottheit und Menschheit bis zur Rechten des Vaters. Der Herr selbst sprach: «Wer an mich glaubt, von dessen Leib werden, wie die Schrift sagt, Ströme lebendigen Wassers fließen.» Das sagt Er aber vom Heiligen Geist, welchen die empfangen würden, die an ihn glauben (Joh 7,28-39). Wer aber hat den Heiligen Geist in dem Maße empfangen als die heilige Jungfrau Maria? Um die tiefere, eigentliche Bedeutung des Gespräches Jesu mit der Samaritin am Brunnen Jakobs einigermaßen zu verstehen, müssen wir erwägen, dass so wie in der Natur auch in der allgemeinen prophetischen und Schriftsprache unter den Begriffen Wasser, Quelle, Ströme, Brunnen, Regen usw. meistens die Begriffe von Befruchtung, Ursprung, Fortpflanzung, Segen der Ehe, Mutter usw. verbunden sind.

Der Bund Gottes mit dem Menschen trägt in der Schrift immer den Charakter einer rechtmäßigen sakramentalen Ehe; denn das Gegenteil, der Götzendienst, wird immer mit dem Namen der Unzucht, der unehelichen Verbindung der Geschlechter bezeichnet.

Oft wird in der Schrift von lebendigem Wasser, von Wasserströmen gesprochen (Ez 47,1; Joel 3,18; Sach 14,88; Offb 7,17-21; 6,22; 1,17 usw.), unter welchen die Kirchenväter die Gnaden des Messias, die Sendung des Heiligen Geistes in der Taufe verstehen. Manche alte Übersetzungen nennen das Alte Testament die alte Ehe, das Neue Testament die neue Ehe, und zwar mit gutem Verständnis. Auch die Kirche ist eine Mutter, in ihrem Taufbrunnen müssen wir wiedergeboren werden aus dem Wasser und dem Heiligen Geist, sonst können wir nicht in das Reich Gottes eingehen. (Anmerkung des Schreibers.)

52 Diese Worte Jesu deuteten auf fünf verschiedene heidnische Völkerschaften, die der König von Assyrien mit ihrem Götzendienst nach Samaria versetzt hatte, 2 Chr 17,24, da der größte Teil des Volkes in die Babylonische Gefangenschaft geführt worden war. Was von dem ursprünglichen Volk Gottes in Samaria übrig gewesen, hatte sich mit diesen Heiden und ihrer Abgötterei vermischt, und so war hier ein von Gottesdienst und Teufelsdienst gemischter Greuel entstanden. Dass aber der Mann, mit dem Dina jetzt lebte, auch nicht ihr rechter Ehemann war, deutete darauf, dass Samaria zu Jesu Zeiten zwar nicht mehr dem Götzendienst ergeben war, aber doch nur auf eine ungesetzliche Weise nach eigenem Gelüsten dem wahren Gott diente. So war also die Teilnahme an dem irdischen Brunnen Jakobs allein noch die Verwandtschaft der Samariten mit den Juden und deren Verheißung, nämlich, was in dem mit so vielen unreinen heidnischen Quellen vermischten Blut der Samariten noch aus Jakob mit den Juden verwandt war, gab ihnen allein noch einen Bezug auf das Heil. Der Erlöser dürstete nach ihrem Heil am Brunnen Jakobs, und Samaria schöpfte Wasser daraus und gab ihm zu trinken.

53 Merkwürdig ist, dass auch der hl. Athanasius in einem seiner vier Briefe an den ägyptischen Bischof Serapion sagt, den Vater im Geiste und in der Wahrheit anbeten, heiße, den Dreifaltigen und einen Gott im Sohn und Heiligen Geist anbeten. In Bezug auf die tiefere Bedeutung des Gesprächs zwischen Jesus und der Samaritin, welche hier dem Gespräche eingefügt ist, sagte die Schwester Emmerick: «Ich habe immer schon von Jugend auf solche Erklärungen davon gehabt, habe sie aber damals nicht mitteilen wollen, um nicht prahlhaft zu scheinen.»

54 Wäre Dina so wie Magdalena von einer frommen Familie im Gesetz wahren Glaubens aufgewachsen, sie wäre wohl nicht so tief gesunken. Magdalena erwuchs gehütet, gepflegt im Garten des Gesetzes zwischen den edelsten Pflanzen; aber durch Eitelkeit, falsche Wissbegier, Sucht zu glänzen, rankte sie an gebrechlichem Rohr über den Zaun hinüber und sank mit allen ihren herrlichen Blüten nieder in den Sumpf, bis sie die Füße Jesu umschlang, ihren Duft über sein Haupt goss und am Kreuze der Erlösung zum Licht emporstieg.

Dina erwuchs außer dem Garten des Gesetzes auf der Heide, ohne Stütze und Beispiel, den Stürmen der Sinne, allen Anfechtungen der Triebe preisgegeben. Unveredelt, ungeschnitten, wie eine wilde Rebe rankte sie durch Disteln und Dornen und wildes Gestein hin, und Schlangen und Drachen brüteten unter ihr, deren Laub reichlich, deren Trauben bitter waren, bis ihr am Brunnen Jakobs der Sohn, den sein Vater in den Weinberg gesendet hat, lebendiges Wasser gab, die wilden Ranken schnitt, sie selbst als Rebzweig dem wahren Weinstock einfügte und am Kreuz aufband.

Magdalena wurde in dem Gesetz durch Untreue an der Gnade zur Sünderin. Dina verfiel, in geringer Verwandtschaft zu dem Gesetz, der gefallenen Natur ungewarnter hingegeben, dieser Natur mit noch größerer Schuld; sie ergriff aber die Gnade rascher und schneller, eben weil sie noch tiefer gesunken war. Beide suchten und fanden die Gnade, und diese Gnade war eine Frucht der Verheißung, erwachsen und gepflegt im Garten des Gesetzes – denen draußen geschah aber alles in Gleichnissen.

55 Es muss bemerkt werden, dass Anna Katharina die letzten Lehrjahre früher erzählt hat.

56 Anna Katharina hatte die Samaritin allerdings sehr lieb, und diese schien ihre Liebe zu erwidern, denn dreimal erschien sie ihr in diesen Tagen außer den Betrachtungen vom Wandel des Herrn. Sie sah sie als eine ganz weiß gekleidete Braut mit einer Krone auf dem Haupt sich vor Jesus tief und demütig beugen. Ein anderes Mal erblickte sie Dina in dieser Gestalt plötzlich, als schaue sie von der Straße ihr freundlich durchs Fenster winkend auf ihr Krankenbett herein. Sie sah dieses im wachen Zustand. Einmal hatte sie eine solche Anschauung in der Gegenwart des Schreibers. Sie hatte in diesen Tagen die Versuchung zur Ungeduld zu bekämpfen. Mitten in ihren Klagen darüber scheint ihr höherer Zustand sie aufzufordern, sich mit ihm über ihre Schwachheit lustig zu machen, und so spricht sie plötzlich, während sie die Augen noch voll Tränen hat: «Sieh! da steht die Samaritin vor mir, und da steht Jesus! Sie beugt sich den Weg vor ihm herum und blickt ihn so demütig an. Sie ist jetzt ganz anders, ganz schneeweiß und ehrbar gekleidet. Das ist jetzt noch nicht, das kommt noch.» Aufmerksam gemacht, wie das so seltsam zu ihren Klagen passe, muss sie selbst lachen und sich schämen, gesteht aber doch, jenen verkehrten Gedanken nur schwer aus dem

Kopf bringen zu können. Solch erquickende Bilder werden ihr öfters plötzlich vorgestellt, wie eine gütige Mutter ein krankes, weinendes Kind in seinem Unmut durch ein Bilderbuch zu beruhigen pflegt.

57 Dieser Fasttag wird angegeben als wegen der erloschenen Lampe des Tempels unter Achaz. Da nun Jesaja diesem König die Prophezeiung «Es wird eine Jungfrau gebären» getan, so mag sich wohl die Anführung dieser Prophezeiung gestern abend auf die Nähe dieses Fasttages bezogen haben.

58 Jes 40,3. Dieses ist nach der jüdischen Tradition die heutige Sabbatlesung.

59 Dies sagt auch Dorotheus in Synopsi Discipulorum.

60 In vielen Legenden heißt er «frater Barnabae», in anderen nennen sie ihn auch Zebedäus.

61 Dorotheus verschreibt Bethanien.

62 Heute versuchte Anna Katharina durch Falten, welche sie in ihre Bettdecke legte, das Tal des Flüsschens abzubilden, das südlich vom See Gennesaret in den Jordan fließt, und ebenso die Gebirge und Ortslagen an der Morgenseite des Sees. Sie tat dieses, um den Schreiber einigermaßen von der Wegrichtung Jesu zu unterrichten, und es war erfreulich zu sehen, dass manche ihrer Angaben der Berge und Talzüge mit besseren Karten übereinstimmten. Sie erzählte: «Gegenüber von Tarichäa, eine Stunde landeinwärts auf einer Höhe, liegt Dalmanutha. Man hat es zur Linken, wenn man in das Tal des Flüsschens eingeht. Zur Rechten an der Südseite des Tales liegt Gadara auf der Höhe, unter welcher sich ein anderer Bach mit dem Hieromax vereinigt, dessen eigentliches Tal sich hinter den östlichen Gebirgen des Sees von Norden herabzieht und sich westlich gegen den Jordan wendet. Die Berge an der Ostseite des Sees bilden mehrere Terrassen übereinander. Auf der höchsten ist eine weite Aussicht über die Berge, den See und viele Städte. Von dieser Höhe sieht man westlich niederschauend in einer Vertiefung Gergesa, von dem sich eine Schlucht in den See niederzieht. Über dem See sieht man nordwestlich Kapharnaum, wendet man das Auge nördlich an die Ostseite des Jordanflusses, so sieht man Bethsaida-Julia und vor diesem in südöstlicher Richtung nicht sehr weit Gerasa an der Höhe eines Tales liegen, das gegen den See hin abfällt. Etwas nördlich von diesem Gerasa liegt die Gegend Chorazaim. Nördlich über Gerasa wegschauend sieht man einen hohen Rücken, der mit einem vielfach getürmten, hohen Gebirge voll Wald und weißen Felsen endet, neben welchem westlich Seleucia am See Merom liegt. Blickt man von der Höhe, von welcher ich dieses alles sage, gegen Mittag, so sieht man auf dem Südende derselben auf einem steilen Gipfel die feste Stadt Gamala und unter derselben, etwa eine Stunde südlich um eine Höhe herum die Stadt liegen, nach welcher Jesus ging, und die, wie ich meine, Galaad heißt. Galaad liegt wunderschön um eine Höhe herum gestuft; man sieht Gärten über Tempel und Häusern hinansteigen. Oben darüber ragt Gamala hervor.»

63 Jes 50,1

64 Jes 50,11

65 Sie vergaß aus Krankheit, dieses zu erwähnen, und teilte es erst am 14. November mit, als diese Geheilten Jesus dankten. Es ist hier eingefügt.

66 Gen 13,7

67 Bei dieser Gelegenheit erzählte Anna Katharina auch noch von Abraham, seine Eltern seien Heiden gewesen und hätten kleine Figuren angebetet; auch Abraham

habe anfangs noch solche kleine Figuren gehabt. Sie sagt, die Stelle in der Schrift «Gott führte ihn aus dem Feuer der Chaldäer» Esr 9,7 heiße so viel, als habe er ihn frei gehalten von der großen Üppigkeit dieses Volkes, habe ihn bewahrt vor der Feueranbetung, habe ihn hinausgeführt aus der Stadt Ur, welches Feuer heißt; sie wisse aber doch auch noch dunkel eine Geschichte, wie er als Kind im Feuer, so wie Moses im Wasser, habe umkommen sollen, und dass seine Amme sich mit ihm verborgen habe, weil auf ihm eine besondere Prophezeiung geruht habe, und dass seine Amme umgekommen und er eine andere erhalten habe.

68 Sie weiß überhaupt gar nicht mehr bestimmt, was die Knaben auszurechnen hatten, sie meint bald von dem Zeitalter, bald dem Geschlechtsalter, bald von den verschiedenen Wohnplätzen, bald von den Leidenszwischenräumen Ijobs.

69 Hai heißt der Stammvater der Armenier.

70 Trotz der Ähnlichkeit dieser Lehre und des Ereignisses der zwei von Johannes auch hierher gesandten Jünger mit Lk 7,17-36 behauptete sie doch, dass dieses nicht die dort erzählte Sendung sei, sondern nur eine ähnliche Lehre; Jesus habe sehr oft, wie die Parabeln, doch auch den Inhalt, ja einzelne Beispiele und Vergleiche seiner Lehre wiederholt.

71 Dieses Supha muss jenes sein, welches im hebräischen Text Num 21,14-15 angeführt ist als beim Arnon, die Vulgata nennt es nicht; siehe Calmets Erklärung über diese Stelle. (Diese Anmerkung wurde geschrieben am 7. Juli 1838.)

72 Rut 1,1-14

73 Vgl. Dtn 4,43; Jos 20,8

74 Sie suchte lange nach dem Namen dieses Ortes, nannte ihn bald Gozzo, bald Ozo und blieb endlich mit fester Behauptung auf dem Namen Azo; es seien nur drei Buchstaben.

75 Ri 4,17-20

76 Sie erkannte diese Berge als nicht ganz unrichtig auf der Klödenschen Karte und meinte, der, von dem hier die Rede, sei auf der Karte in der Form einer Sohle ausgedrückt, es fehle aber die Schlucht darauf.

77 Diese Äußerung bezieht sich auf einen Judenstaat auf dem Mondgebirge in Abessinien, den sie oft in Visionen besucht und dessen jetzige Beherrscherin, mit der sie viel verkehrt, sie Judith nannte. Sie sagte, diese Juden hätten keine Schuld an Jesu Tod, sie seien lange vorher nach Abessinien gekommen.

78 Sie sagte nochmals, dass dieser älter als Herodes Antipas gewesen, welcher viel rascher und strenger, auch nicht so dick und weichlich wie Philippus gewesen sei.

79 Godolias war ein den Juden wohlgesinnter Statthalter des Nabuchodonosor, welcher vom Ammoniterkönig Baalim meuchlings ermordet wurde. Nach der Rückkehr aus dem Exil hielten die Juden alljährlich an seinem Todestag einen Fasttag (2 Chr 25,24-25).

80 Die Gräber um den Moloch waren in dem Gewölbe, wo er stand, unter der Erde umher. Ich sah keine Särge. Diese Heiden verbrannten die Toten; es standen da viele große Töpfe, wie kleine Fässer groß, ich meine von Metall gegossen, es sah nicht wie Töpferzeug aus, darin waren Asche und Gebeine. Ich sah aber bei vielen wie ausgestopfte, kleine Puppen, wie die Mumien; ich glaube, dass diese einzelne Verstorbene vorstellen sollten, weiß aber nicht, ob sie etwas enthielten, vielleicht waren die Überreste von Kindern darin. In Ägypten bei den Mumien standen auch oft die Abbildungen der Verstorbenen, bei Josephs Mumie aber

nicht; denn diese stand so am Eingang, als wenn man alle Augenblicke sie woanders hinzubringen gedächte. Die Kinder Esaus und der anderen vom Volke Gottes geschiedenen Nachkommen Abrahams begruben ihre Toten.

81 Sie sagt: «Ein Tier, as en Molkenthiemer, de ut de Puppe geit.»